会计·出纳·做账·纳税
财务分析岗位实战

（第2版）

平准◎编著

人民邮电出版社

北京

图书在版编目（ＣＩＰ）数据

会计·出纳·做账·纳税财务分析岗位实战 / 平准
编著. -- 2版. -- 北京：人民邮电出版社，2024.2
ISBN 978-7-115-63326-2

Ⅰ. ①会… Ⅱ. ①平… Ⅲ. ①会计－基本知识②出纳
－基本知识③纳税－基本知识④会计分析－基本知识
Ⅳ. ①F23②F810.42

中国国家版本馆CIP数据核字(2024)第001377号

内 容 提 要

本书按照会计理论基础和出纳工作的基本要求以及税收优惠、纳税申报和财务报表解读等方面分门别类地进行归纳和总结；针对复杂笼统的专业表述，本书通过典型案例分析的方式进行讲解，在加深读者对各难点理解的同时，力求多角度全方位提升读者的业务分析能力和实务操作水平。

本书可以作为初入职场的会计新人了解会计与做账、出纳、纳税、财务分析工作的基础知识的工具书，也可以作为会计主管把握财会工作关键要点的指导用书。

◆ 编　著　平　准
　　责任编辑　李士振
　　责任印制　周昇亮

◆ 人民邮电出版社出版发行　　北京市丰台区成寿寺路 11 号
　　邮编　100164　　电子邮件　315@ptpress.com.cn
　　网址　https://www.ptpress.com.cn
　　河北京平诚乾印刷有限公司印刷

◆ 开本：787×1092　1/16
　　印张：33　　　　　　　　2024 年 2 月第 2 版
　　字数：758 千字　　　　　2024 年 2 月河北第 1 次印刷

定价：168.00 元

读者服务热线：(010)81055296　印装质量热线：(010)81055316
反盗版热线：(010)81055315
广告经营许可证：京东市监广登字 20170147 号

PREFACE 前言

随着我国经济进入稳定发展的新阶段，企业经营规模和经营范围不断扩大，业务活动越来越多元化，企业面临着日益激烈的市场竞争。要想在竞争中占据优势，企业需要强化自身的管理。而财务工作作为对企业经济活动进行核算、监督和管理的重要手段，在经济管理和决策中的作用越来越重要，直接影响着企业的经济效益、经营成果、竞争能力和发展前景，在一定程度上决定着企业的前途和命运，因此，各个企业都应重视财务工作。

在企业中，无论是管理工作还是各项经济业务的开展，都与财务工作有着紧密的联系。企业的财务工作，随着现代企业会计准则、税法等的不断修正，也需要做出与时俱进的调整。财务工作的严谨性和专业性对财务工作者的业务能力提出了更高的要求，需要工作人员及时更新自己的知识储备，掌握最新的会计处理方法，严格按照新准则、新法规的要求进行财务处理。

本书内容

本书是一本专门面向财会人员的知识手册，从会计与做账、出纳、纳税和财务分析四个方面分门别类地介绍了财会从业者必须掌握的专业知识。

第一篇：会计与做账。从第 1 章到第 14 章，详尽地介绍了会计理论基础和会计确认、计量、核算的方法。从会计的基本内容介绍，到针对资产、负债和所有者权益的会计核算，均按照《企业会计准则》进行编纂。

第二篇：出纳。从第 15 章到第 21 章，主要讲解出纳的基本功，现金管理、银行存款管理、银行票据结算及外汇管理，出纳查错与纠错及出纳工作交接。

第三篇：纳税。从第 22 章到第 31 章，分别对增值税、消费税、房产税等税种做了详细的解读和分析，全篇内容紧扣新税法，对现行税收优惠政策、纳税申报进行了解释。

第四篇：财务分析。从第 32 章到第 41 章，对财务报表和附注进行了概括性的介绍，对财务分析、企业内部控制和财务预测与企业预算的内容进行了梳理。

本书特色

（1）内容权威，全面翔实。本书依据《企业会计准则》和税收法律法规编写，结合会计与出纳人员的实际工作经验，每个部分都从基础的理论讲起，并逐步深入，在将理论和实务良好结合的同时，确保内容的全面性，可以作为从业者的案头必备手册。

（2）通俗易懂，图文并茂。本书极力避免枯燥无味地罗列条条框框，重点讲解会计实务中的操作，真正指导工作实践。会计与做账篇在讲解会计凭证和会计账簿时，附相关凭证和账页；出纳篇也附图说明了票据，避免"盲人摸象"式的无所适从。本书通俗易懂的讲解，加上实际操作图片，给读者一个清晰直观的印象，便于无财务基础知识的人士学习。

（3）案例丰富，可操作性强。本书对各种账目知识，采用图示、案例的形式讲解，结合实际的操作流程与适当的案例，对操作中容易遇到、容易忽视的问题做到贴心的解答与提示，帮助读者尽快入手。

适用人群

本书体系完整，内容全面，并与现行的会计法规、税法保持同步。阅读、查询本书，具有不同需求的读者会有不同的收获。

会计专业的学生：了解企业会计与做账、出纳、纳税、财务分析工作的基本知识，为学好财务知识奠定基础。

初入职场的会计新人：了解和学习企业会计与做账、出纳、纳税、财务分析工作的基本流程和具体要求。

有一定会计基础的财务工作者：了解现行的会计与做账、出纳、纳税、财务分析知识，把握实务工作的关键点，为做好财务工作起到指导性作用。

企业的经营管理人员：了解财务、会计的工作流程，为科学地管理企业打下基础。

创作团队

本书由平准老师及其团队编写，具体参与编写的有陈家玲（中央财经大学）、刘淑凤（中国财政科学研究院）、许诺（中国财政科学研究院）、普艳阳（中国财政科学研究院）、胥彤（中央财经大学）、王婷（中央财经大学）。

在编写本书的过程中，编者参考了相关的教材和资料及相关专家的观点，并加以借鉴，在此谨向这些文献的作者致以诚挚的谢意！

由于编者水平有限，书中难免存在疏漏之处，恳请读者批评指正。

编者

2023 年 12 月

CONTENTS 目录

第一篇 会计与做账

第二篇 出纳

第三篇　纳税

第四篇 财务分析

第一篇　会计与做账

第1章
初识会计——会计与会计人员

本章导读

会计的历史源远流长，在文字出现之前，人们就用符号、图画记录狩猎的收获。在我国西周时期，担任"司会"之职的人就负责接收朝廷和地方官员的会计文书并进行考核。会计是每个企业必然进行的管理活动，而会计人员则是每个企业必备的工作人员。

本章将解答以下问题。

（1）如何理解会计？

（2）会计具有哪些职能？

（3）会计职能怎么表现？

（4）会计职业的现状是什么？

（5）会计人员的职业选择有哪些？

（6）会计人员应具备什么样的基本素质？

1.1　会计到底是什么

1.1.1　会计其实不复杂

"会计"一词至少有三种含义：其一是指会计工作；其二是指从事会计工作的人；其三是指以会计为研究对象的学科，也就是会计学。在本书中，如没有特别的说明，"会计"均指会计工作和会计业务。

在一个企业或一个经济单位中，什么是会计业务呢？根据我们的生活和工作经验，有人认为，"会计就是记账""会计就是管钱""会计就是负责发工资的"等。其实，以上的说法都只说明了会计业务的一部分内容。从不同的角度来看，会计的定义是有所区别的。不同角度的会计定义如图 1-1 所示。

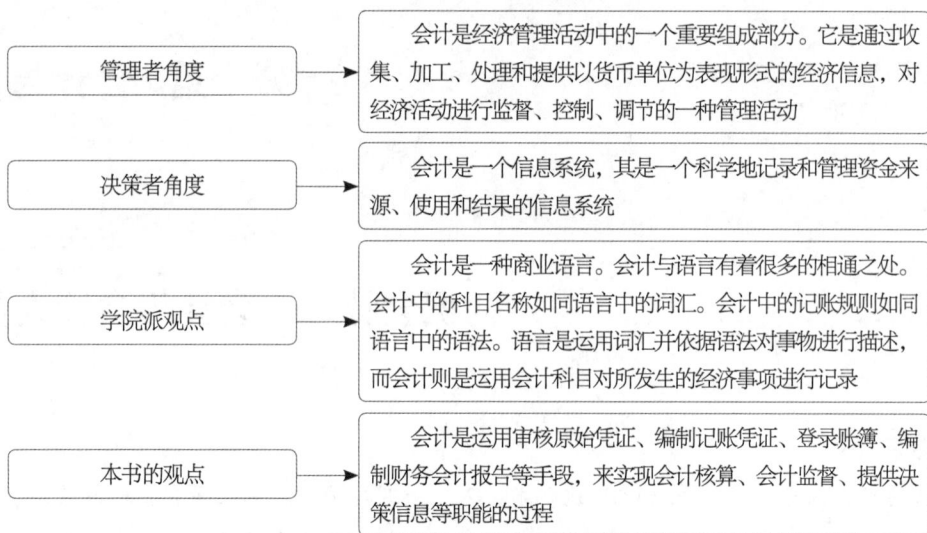

管理者角度	→	会计是经济管理活动中的一个重要组成部分。它是通过收集、加工、处理和提供以货币单位为表现形式的经济信息，对经济活动进行监督、控制、调节的一种管理活动
决策者角度	→	会计是一个信息系统，其是一个科学地记录和管理资金来源、使用和结果的信息系统
学院派观点	→	会计是一种商业语言。会计与语言有着很多的相通之处。会计中的科目名称如同语言中的词汇。会计中的记账规则如同语言中的语法。语言是运用词汇并依据语法对事物进行描述，而会计则是运用会计科目对所发生的经济事项进行记录
本书的观点	→	会计是运用审核原始凭证、编制记账凭证、登录账簿、编制财务会计报告等手段，来实现会计核算、会计监督、提供决策信息等职能的过程

图 1-1　不同角度的会计定义

1.1.2　会计的职能

会计的职能是会计在经济管理过程中所具有的功能。从我国当前会计实践和会计法规的规定来看，会计的主要职能有会计核算和会计监督。《中华人民共和国会计法》（以下简称《会计法》）明确规定："会计机构、会计人员依照本法规定进行会计核算，实行会计监督。"

1. 进行会计核算

会计核算贯穿经济活动的全过程，是会计最基本的职能，也称为会计的反映职能。它是指会计以货币为主要计量单位，对特定主体的经济活动进行确认、计量、记录和报告，为有关各方提供会计信息的过程。

会计核算的内容具体表现为生产经营过程中的各种经济事项。《会计法》第十条对会计核算的内容进行了具体规定，如图 1-2 所示。

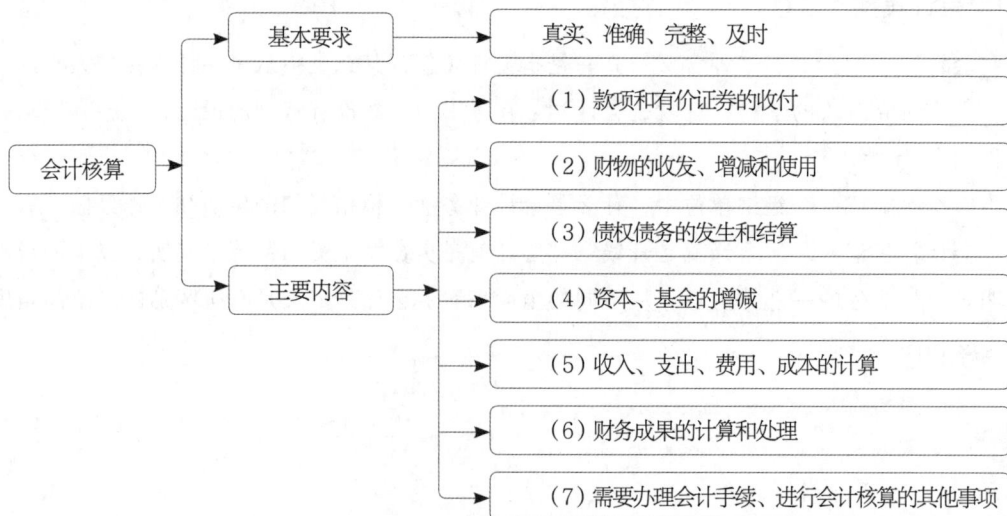

会计核算	→	基本要求	→	真实、准确、完整、及时
		主要内容	→	（1）款项和有价证券的收付
			→	（2）财物的收发、增减和使用
			→	（3）债权债务的发生和结算
			→	（4）资本、基金的增减
			→	（5）收入、支出、费用、成本的计算
			→	（6）财务成果的计算和处理
			→	（7）需要办理会计手续、进行会计核算的其他事项

图 1-2　会计核算的内容

2. 实行会计监督

会计监督，即会计监督职能，也称会计控制职能。它是指会计人员在进行会计核算的同时，通过预测、决策、控制、分析、考评等具体方法，对特定会计对象所发生的经济事项的合法性、合理性进行审查。会计监督的主要内容如图 1-3 所示。

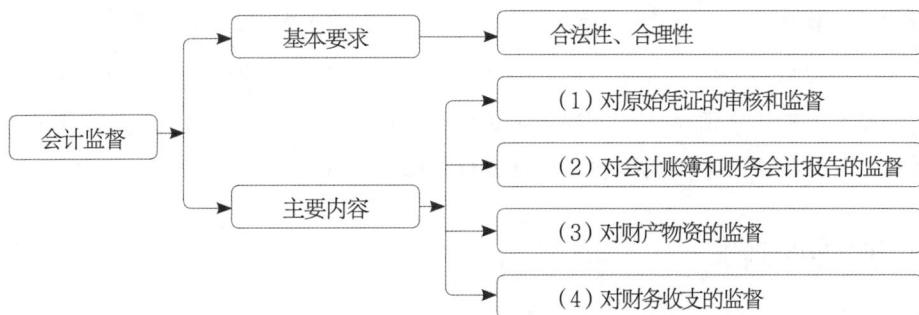

图 1-3　会计监督的主要内容

除具有核算和监督两项基本职能外，会计还具有预测经济前景、参与经济决策、计划组织及绩效评价等职能。随着生产力水平的日益提高、社会经济关系的日益复杂和管理理论的不断深化，会计所发挥的作用日益重要，其职能也在不断丰富和发展。

1.1.3　会计职能的表现

会计职能需要通过具体的内容表现出来，如图 1-4 所示。

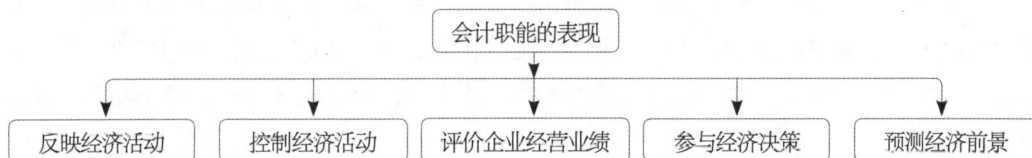

图 1-4　会计职能的表现

1. 反映经济活动

会计信息系统所提供的信息具有连续、系统、全面、综合的特点，不仅能反映出一个会计主体的财务状况、财务状况的变化及经营成果，而且能够以货币形式再现会计主体的生产经营活动，为经济管理提供便利。

2. 控制经济活动

具体表现在以下三个方面。

（1）财务会计的专门方法包括填制凭证、设置账户、复式记账、登记账簿、成本计算、财产清查和编制报表等，这些方法使得会计成为严密的信息系统，具有保护性的控制作用（保证会计信息的正确性与真实性）。当然，会计还具有保护资产安全、明确产权的作用。

（2）会计确认运用一定标准，明确哪些数据可以并在何时计入该系统，以及如何进行报告。会计提供这种过滤的作用，可以控制经济活动的合法性与合理性。

（3）会计信息能够揭示实际与计划或预算的偏差，便于修订计划或预算。

3. 评价企业经营业绩

具体来说，财务会计可以通过定期编制财务报表，揭示一个企业的财务状况及其变动情况和最终经营业绩；可以通过对财务会计报告的分析肯定成绩、找出差距，并提出改进意见。

4. 参与经济决策

会计收集数据、提供信息，为制定经营管理目标而提供有助于决策的财务数据。据估计，企业在经营管理中所需要的 70% 以上的信息来自会计信息系统。当然，在整个决策过程中，会计只能支持决策而无法代替决策，会计所起的是参谋作用。

5. 预测经济前景

企业为了确定恰当的经营管理目标，必须收集大量信息。企业决策者通过财务会计报告提供的具有预测价值的历史信息，能够预测企业的经营前景。特别提到的是，我国对在财务报表以外的其他财务会计报告中应披露预测信息进行了相应的规定。

1.2 会计职业的现状

1.2.1 认识会计职业

在当今社会，会计职业给人的第一印象就是专业岗位，会计职业在发展中，表现出越来越强的吸引力。

会计职业的发展空间较大。据美国《福布斯》杂志统计，在世界 500 强企业中的首席执行官中，约有 25% 的人拥有会计专业教育背景，有约 34% 的人是从首席财务官升任的。可见，会计确实是充满机遇的职业。

会计职业具有很大的责任与风险。按照我国有关法律的规定，企业的会计人员除了要向管理者负责之外，还要向国家、社会公众负责，这就使得会计职业面临着责任和风险。会计人员只有遵守国家的各项法规，恪守职业道德，严格按照国家的财经纪律工作，才能尽可能地减少职业风险。

会计是充满挑战的职业，截至 2021 年底我国有 2 000 万人从事会计职业，无论是就业还是升职都面临激烈的竞争。

会计从业人员需要不断地学习会计和相关法律法规知识。在传统的会计工作中，经验是至关重要的因素，会计技能往往是通过"老师带徒弟"的方式传递的。但在现代会计工作中，随着经济活动的复杂化，会计技术、会计规则总是在不断变化，这就需要会计人员不断地更新自身的知识结构，不断地学习新知识。

1.2.2 会计人员的职业选择

会计人员的职业选择大致可分为两种，如图 1-5 所示。

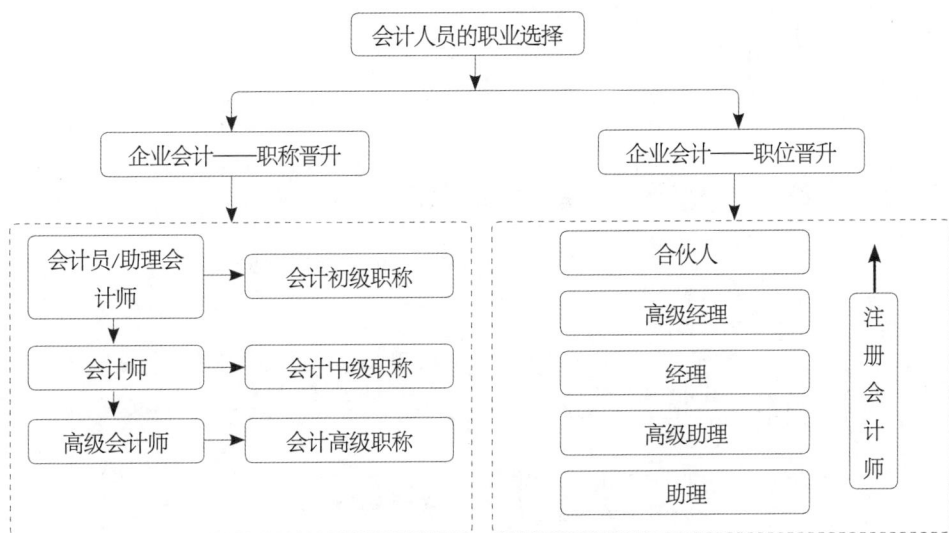

图 1-5 会计人员的职业选择

随着我国会计国际化进程的推进，会计证书的国际化程度也大大提升。在会计领域中，常见的国际证书如图 1-6 所示。

图 1-6 会计领域常见的国际证书

1.3 会计人员的专业技能和职业道德

会计作为一个专业性很强的职业，其对专业技能和职业道德有着很高的要求。会计人员需要具备哪些素质才能走上成功的职业之路？这是现在广大会计人员面临的难题。

1.3.1 会计人员应具备的专业技能

专业技能是指做好一项工作所需要的基础知识和操作技术。做好会计工作，必须具备的专业技能如图 1-7 所示。

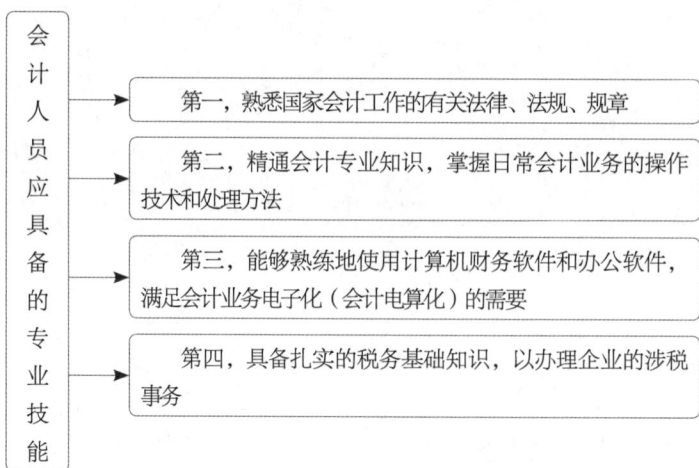

图 1-7　会计人员应具备的专业技能

1.3.2　会计人员应具备的职业道德

会计人员应有较高的职业素养。《会计基础工作规范》从六个方面对会计人员的职业道德做出了具体规定，如图 1-8 所示。

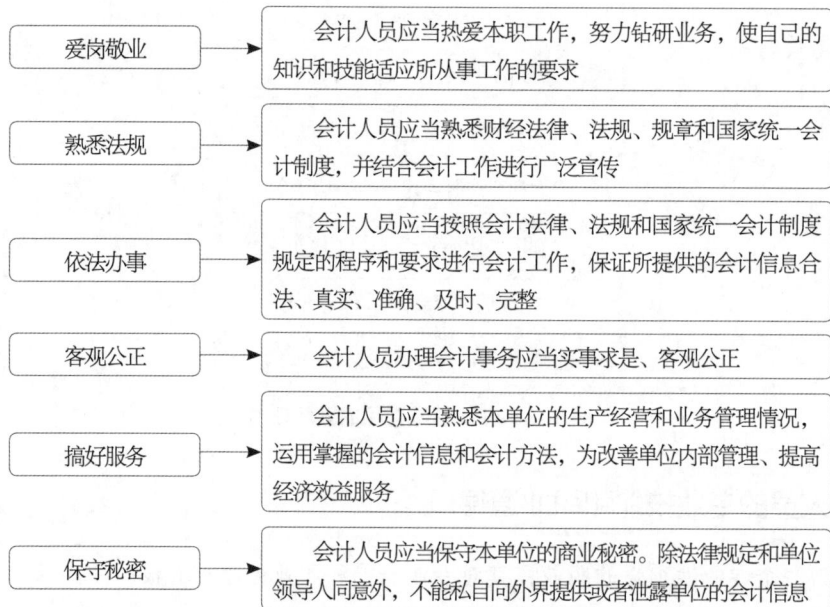

图 1-8　会计人员的职业道德

为了保证职业道德的贯彻，《会计基础工作规范》第二十四条规定："财政部门、业务主管部门和各单位应当定期检查会计人员遵守职业道德的情况，并作为会计人员晋升、晋级、聘任专业职务、表彰奖励的重要考核依据。会计人员违反职业道德的，由所在单位进行处理。"

第 2 章
会计初印象——会计基础理论

本章导读

虽然会计是一门注重实际操作能力的学科，但它有着完备的理论基础，掌握好会计学科的基础理论，对准确、灵活地运用会计规则有着重要的作用。本章重点介绍会计基本假设、会计信息质量要求、会计要素等会计基础理论。

本章将解答以下问题。

（1）会计的基本假设包括哪些？具体是什么？

（2）会计信息质量要求包括哪些？怎样理解？

（3）会计要素包括哪些？具体是什么？

（4）会计科目和会计账户的关系是什么？如何设立会计账户？

（5）复式记账法的记账规则是什么？如何运用它进行记账？

会计基础理论涉及的内容包括：会计的职能、会计基本假设、会计信息质量要求、会计要素等。会计基础理论的框架如图 2-1 所示。

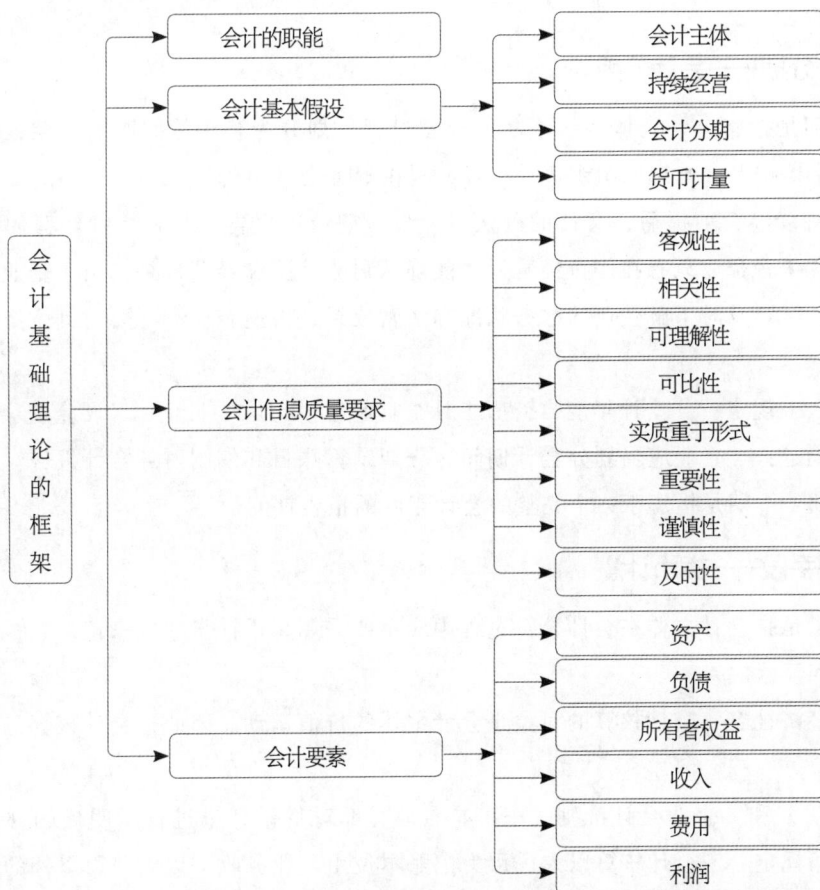

图 2-1　会计基础理论的框架

2.1 会计基本假设

会计基本假设是企业会计确认、计量和报告的前提，是对会计核算所处时间、空间环境等所做的合理设定。会计基本假设包括会计主体、持续经营、会计分期和货币计量。

2.1.1 空间范围——会计主体

会计主体是指会计工作所服务的特定单位或组织。《企业会计准则——基本准则》规定："企业应当对其本身发生的交易或者事项进行会计确认、计量和报告。"这其实是在明确会计主体假设。

值得注意的是，会计主体不同于法律主体。一般来说，法律主体都应是会计主体，但会计主体不一定是法律主体。如股份公司，其既是法律主体，又是会计主体；如独资企业与合伙企业，通常不具有法人资格，但在会计核算上应作为独立的会计主体。

2.1.2 时间范围——持续经营

持续经营的基本含义是指会计主体的生产经营活动将无限期地延续下去，在可以预见的未来，会计主体不会因清算、解散、倒闭而不复存在。换句话来说，持续经营是指任何会计主体除非有确切的证据证实其不会再存续下去，否则，便认为它会无限期地延续下去。《企业会计准则——基本准则》第六条明确规定："企业会计确认、计量和报告应当以持续经营为前提。"

2.1.3 任务分期——会计分期

会计分期是指将会计主体持续不断的经营过程，划分为若干等间距的时期，即"会计期间"，会计主体按照会计期间组织会计核算，提供财务会计报告。

在设定持续经营前提后，会计的确认、计量、记录和报告都是在持续经营的前提下进行的，但并不意味着企业只有在停止经营后才能确认财务状况和经营成果。由于企业的经营者和各利益相关者需要及时了解企业的财务状况和经营成果，因此企业有必要对其生产经营活动分期进行核算。

《会计法》规定："会计年度自公历1月1日起至12月31日止。"《企业会计准则——基本准则》规定："企业应当划分会计期间，分期结算账目和编制财务会计报告。会计期间分为年度和中期。中期是指短于一个完整的会计年度的报告期间。"

2.1.4 必要手段——货币计量

货币计量是指会计主体在会计核算过程中应主要采用货币计量单位来记录和报告会计主体的财务状况和经营成果。

在商品经济社会，会计核算的对象是会计主体的价值运动。因此，会计核算只能以货币为主要计量单位。

《会计法》和《企业会计准则——基本准则》都对货币计量进行了明确的规定，《会计法》第十二条规定："会计核算以人民币为记账本位币。业务收支以人民币以外的货币为主的单位，可以选定其中一种货币作为记账本位币，但是编报的财务会计报告应当折算为人民币。"

2.2　会计信息质量要求

向企业的利益相关方提供及时、可靠的会计信息，是企业会计系统的基本职能，也是核心任务。《企业会计准则——基本准则》第二章对企业会计信息质量进行了规定，它包括客观性、相关性、可理解性、可比性、实质重于形式、重要性、谨慎性和及时性八项基本要求。

1. 客观性

客观性是指会计核算应当以实际发生的经济业务为依据，如实反映企业的财务状况、经营成果和现金流量，要求企业提供的会计信息，应做到内容真实，数字准确，项目完整，手续齐备，资料可靠。客观性包含真实性、可靠性和完整性，它是对会计信息质量的基本要求。

2. 相关性

相关性要求企业提供的会计信息应当与财务会计报告使用者的经济决策需要相关。这有助于财务会计报告使用者对企业过去、现在或者未来的情况做出评价或者预测。

会计核算的目标是向有关方面提供对决策有用的信息。会计信息的使用者可以分为三类：一是国家宏观管理部门；二是企业投资人和债权人；三是企业内部职工和经营管理部门。会计信息的相关性就是指所提供的信息能满足这三方面决策的需要，对决策有用。要充分发挥会计信息的有用性，必须使所提供的会计信息与各方面对信息的要求相协调。

3. 可理解性

可理解性要求企业提供的会计信息应当清晰明了，便于财务会计报告使用者理解和使用。企业编制财务会计报告的目标是向财务会计报告使用者提供与企业财务状况、经营成果和现金流量等有关的会计信息，反映企业管理层受托责任的履行情况，以有助于财务会计报告使用者做出经济决策。这就要求财务会计报告所提供的会计信息应当清晰明了，易于理解。

4. 可比性

可比性要求企业提供的会计信息应当具有可比性。具体包括纵向可比和横向可比两个方面的要求。

（1）纵向可比。所谓纵向可比，是指同一个企业在不同时期可比较。为了便于企业管理者等财务信息的使用者，了解企业财务状况和经营成果的变化趋势，比较企业在不同时期的财务会计报告信息，从而全面、客观地评价过去、预测未来。会计信息质量的可比性要求同一企业对不同时期发生的相同或者相似的交易或者事项，应当采用一致的会计政策，不得随意变更。

（2）横向可比。所谓横向可比，是指同一时期，不同的企业之间可比较。为了便于企业管理者等财务信息的使用者评价不同企业的财务状况、经营成果的水平及其变动情况，从而有助于使用者做出科学合理的决策，会计信息质量的可比性还要求不同企业发生的相同或者相似的交易或者事项，应当采用规定的会计政策，确保会计信息口径一致、相互可比，即对相同或者相似的交易或者事项，不同企业应当采用一致的会计政策，以使不同企业按照一致的确认、计量和报告基础提供有关会计信息。

5. 实质重于形式

实质重于形式要求企业应当按照交易或者事项的经济实质进行会计确认、计量和报告，而不应当仅仅以它们的法律形式作为会计核算的依据。

在实际工作中，交易或事项的外在法律形式并不能真实反映其实质内容。为了使会计信息真实反映企业财务状况和经营成果，就不能仅仅依据交易或事项的外在表现形式来进行核算，而要反映交易或事项的经济实质。违背这一原则，就可能会出现误导会计信息使用者决策的情况。

6. 重要性

重要性要求企业在全面核算的前提下，对在会计核算过程中的交易或事项应当区别其重要程度，采用不同的会计核算方式。对资产、负债、损益等有较大影响，进而影响财务会计报告使用者据以做出合理判断的重要会计事项，必须按照规定的会计方法和程序进行处理，并在财务会计报告中予以充分、准确的披露；对次要的会计事项，在不影响会计信息真实性和不至于误导财务会计报告使用者做出正确判断的前提下，可适当简化处理。

7. 谨慎性

谨慎性亦称稳健性。该原则要求企业在进行会计核算时，不得多计资产或收益，也不得少计负债或费用。

企业是在各种经济风险之中从事经营活动的，坚持谨慎性原则，有利于增强企业抵御风险的能力和竞争能力，有利于债权人维护自身的利益。

8. 及时性

及时性是指企业的会计核算应当及时进行，不得提前或延后。会计信息的价值在于帮助使用者做出经济决策，因此具有时效性。即使是可靠、相关的会计信息，如果不及时提供，也会因失去了时效性而导致对使用者的效用大大降低，甚至不再具有任何意义。

《会计法》规定，企业必须在每年的4月29日之前公布其上一年度的财务报告，这就是要求会计信息具备及时性的体现。

2.3 会计要素

《企业会计准则——基本准则》把企业的会计要素分为资产、负债、所有者权益、收入、费用和利润六项。会计要素的分类如图2-2所示。

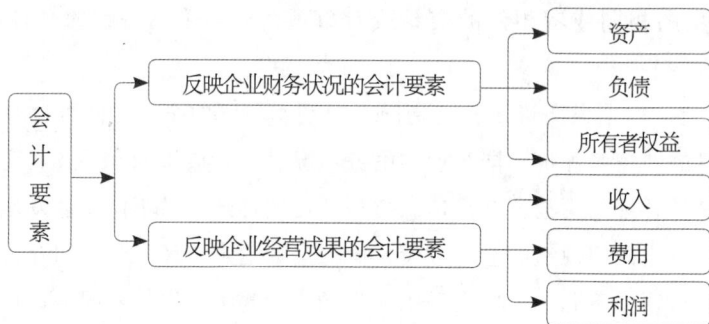

图2-2 会计要素的分类

2.3.1　资产

1. 资产的概念与特征

资产是指由企业过去的交易、事项形成的并由企业拥有或者控制的资源，该资源预期会给企业带来经济利益。它包括企业的各种财产、债权和其他权利。资产的特征如图 2-3 所示。

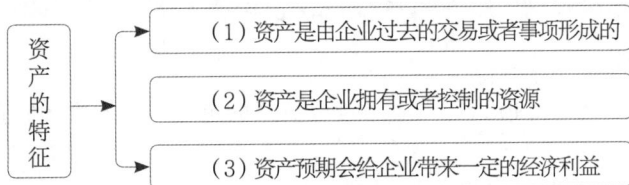

图 2-3　资产的特征

2. 资产的确认条件

将一项资源确认为企业的资产，除需要符合资产的定义，该资源还应同时满足以下两个条件。

（1）与该资源有关的经济利益很可能流入企业。根据资产的定义，能够带来经济利益是资产的一个本质特征，但是周围的环境处于不断的变化之中，同一项资源，在正常的情况下，可以带来一定的经济利益，但确实也存在在某些特殊的情形中，不能带来应有的经济利益的情况。因此，资产的确认应当与经济利益流入的不确定性程度的判断结合起来，如果根据编制财务报表时所取得的证据，与该资源有关的经济利益很可能流入企业，那么就应当将其作为资产予以确认。

（2）该资源的成本或者价值能够比较准确地计量。因为会计是以货币为计量单位，通过数字对经济行为进行反映的一种管理行为，所以可计量性是确认所有会计要素的重要前提。只有当有关资源的成本或者价值能够可靠地计量时，资产才能予以确认。

因此，关于资产的确认，除了应当符合定义外，上述两个条件缺一不可，只有在同时满足的情况下，才能将一项资源确认为一项资产。

【小贴士】

故事的主角叫刘晨，从北京某大学毕业即到北京某公司做销售。销售人员，代表了公司的形象，因此需得体的行头，而置办行头是需要花钱的。于是，刘晨来到自动取款机前，将银行卡插了进去，显示卡里还有 1 500 元，他全取出来了。刘晨想：我得从现在开始建账，看看销售这份工作到底能挣多少钱，到底需花多少钱。目前这本账上记录的 1 500 元就是他的资产。

什么是资产？简单地说，资产就是所拥有的东西。资产可分为固定资产和流动资产。张会计说，"例如你拿出来积累的 20 万元成立了 ABC 计算机科技公司，这 20 万元就是 ABC 计算机科技公司的资产。"

2.3.2　负债

1. 负债的定义

负债是指由企业过去的交易或者事项形成的、预期会导致经济利益流出企业的现时义务。负债的特征如图 2-4 所示。

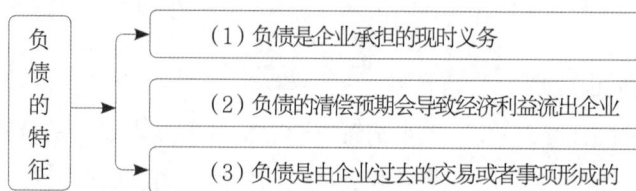

图2-4 负债的特征

2. 负债的确认条件

将一项现时义务确认为负债，首先应当符合负债的定义。除此之外，还需要同时满足以下两个条件。

（1）与该义务有关的经济利益很可能流出企业。根据负债的定义，预期会导致经济利益流出企业是负债的一个本质特征。鉴于履行义务所需流出的经济利益带有不确定性，尤其是与推定义务相关的经济利益通常依赖于大量的估计，因此，负债的确认应当与经济利益流出的不确定性程度的判断结合起来。如果根据编制财务报表时所取得的证据判断，与现时义务有关的经济利益很可能流出企业，那么就应当将其作为负债予以确认。

（2）未来流出的经济利益的金额能够可靠地计量。负债的确认也需要符合可计量性的要求，即对未来流出的经济利益的金额应当能够比较准确地计量。对与法定义务有关的经济利益流出金额，通常可以根据合同或者法律规定的金额予以确定。考虑到经济利益的流出一般发生在未来期间，有时距现在的时间还很长，在这种情况下，有关金额的计量通常需要考虑货币时间价值等因素的影响。对与推定义务有关的经济利益流出金额，通常需要较大程度地估计。为此，企业应当根据履行相关义务所需支出的最佳估计数进行估计，并综合考虑有关货币时间价值、风险等因素的影响。

2.3.3 所有者权益

1. 所有者权益的定义

所有者权益是指企业资产扣除负债后，由所有者享有的净资产，也叫剩余权益。公司的所有者权益又称为股东权益。所有者权益反映了所有者对企业资产的剩余索取权，是企业资产扣除债权人权益后应由所有者享有的部分。

2. 所有者权益与负债的区别

所有者权益和负债同属权益，都是对企业资产的要求权。企业的资产总额等于负债总额加上所有者权益总额。可见，两者都对企业的资产有要求权。但是，所有者权益和负债之间仍然存在着明显的区别。两者的区别主要体现在三个方面，如图2-5所示。

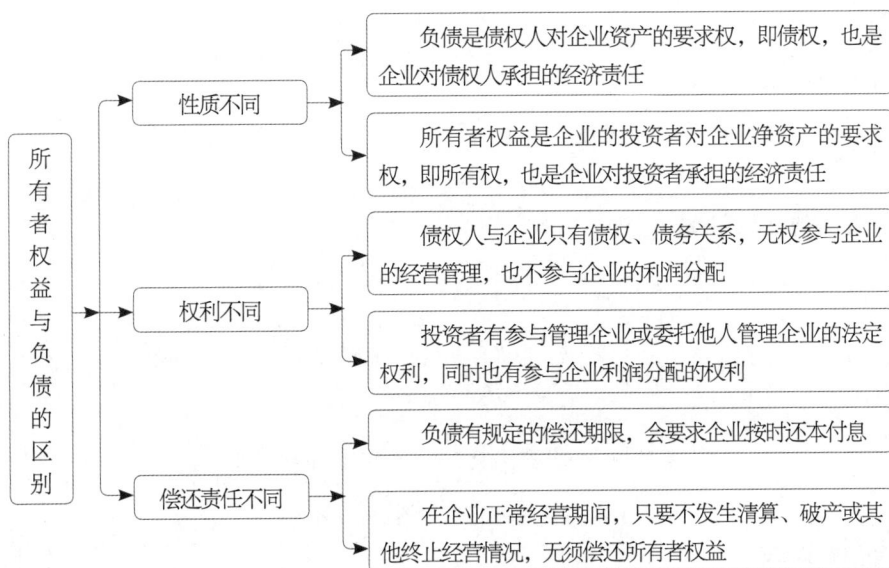

图 2-5　所有者权益与负债的区别

3. 所有者权益的确认条件

由于所有者权益体现的是所有者在企业中的剩余权益，因此所有者权益的确认主要依赖于其他会计要素，尤其是资产和负债的确认；所有者权益金额的确定也主要取决于资产和负债的计量。例如，企业接受投资者投入的资产，在该资产符合企业资产确认条件时，也相应地符合所有者权益的确认条件。

2.3.4　收入

1. 收入的定义

收入是指企业在日常活动中形成的、会导致所有者权益增加的、与所有者投入资本无关的经济利益的总流入。

收入的特征如图 2-6 所示。

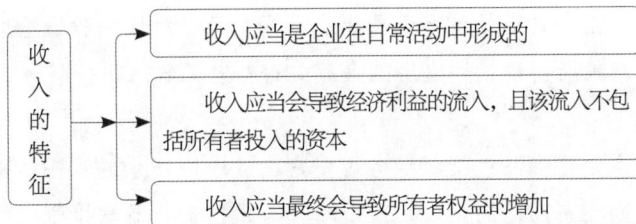

图 2-6　收入的特征

2. 收入的确认条件

收入只有在经济利益很可能流入，从而导致企业资产增加或者负债减少，且经济利益的流入额能够可靠计量时才能予以确认。因此，收入的确认至少应当同时符合下列条件：

（1）与收入相关的经济利益很可能流入企业；

（2）经济利益流入企业会导致企业资产的增加或者负债的减少；

（3）经济利益的流入额能够可靠计量。

2.3.5 费用

1. 费用的定义

费用是指企业在日常活动中发生的、会导致所有者权益减少的、与向所有者分配利润无关的经济利益的总流出。

费用具有的特征如图 2-7 所示。

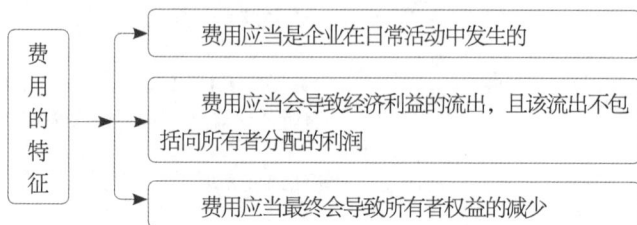

图 2-7 费用的特征

2. 费用的确认条件

费用的确认至少应当符合以下条件：

（1）与费用相关的经济利益应当很可能流出企业；

（2）经济利益流出企业会导致资产的减少或者负债的增加；

（3）经济利益的流出额能够可靠计量。

费用的确认应当注意以下两点：

（1）企业为生产产品、提供劳务等发生的可归属于产品成本、劳务成本等的费用，应当在确认产品销售收入、劳务收入等时，将已销售产品、已提供劳务的成本等计入当期损益；

（2）企业发生的支出不产生经济利益的，或者即使能够产生经济利益但不符合或者不再符合资产确认条件的，应当在发生时确认为费用，计入当期损益。

2.3.6 利润

1. 利润的定义

利润是指企业在一定会计期间的经营成果。利润为营业利润、投资净收益和营业外收支净额等三个项目的总额减去所得税费用之后的余额。有些补贴收入也应计入利润。

2. 利润的构成

营业利润是企业在销售商品、提供劳务等日常活动中所产生的利润，即主营业务利润和其他业务利润减去有关期间费用后的余额；投资净收益是投资收益与投资损失的差额；营业外收支是与企业的日常经营活动没有直接关系的各项收入和支出。

【小贴士】比尔的利润

比尔在城里开了一间五金店，生意还不错，但他却是一个对会计一窍不通的人。他从不用账簿，他将支票都装进一个深色的信封内，现金钞票放在盒里，到期的账单都插在票插上。

做会计师的小儿子对他说："你每天不记账，根本就不清楚你一天的支出、收入是多少，也不知道一天的利润是多少。你这样经营是不行的。"

比尔说："我只知道我来城里前只有一条裤子和一双鞋——这就是我所拥有的一切。而现在，我有一间很好的五金店、一栋房子和两辆汽车，我还有一个善解人意的妻子和两个可爱的孩子——一个是大学老师，另一个是优秀的会计师。我的利润就是这些！"比尔说完笑着看着小儿子。

2.4 会计科目和会计账户

2.4.1 会计科目

会计要素是对会计对象的基本分类，而上述六项会计要素仍显得过于粗略，难以满足有关方面对会计信息的需要。例如，所有者需要了解利润构成及其具体分配情况，了解负债及其构成情况；债权人需要了解流动比率、速动比率等有关指标等。为此还必须对会计要素做进一步分类。对会计要素的具体内容进行分类核算的项目被称为会计科目。

2.4.2 设置会计科目的原则

会计科目能反映会计要素的构成及其变化情况，是为投资者、债权人、企业经营管理者等提供会计信息的重要手段。设置会计科目应遵循合法性、相关性、实用性原则，如图 2-8 所示。

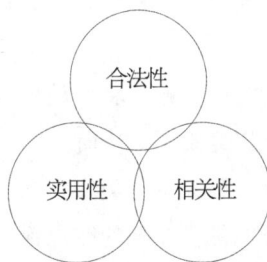

图 2-8 设置会计科目的原则

1. 合法性原则

为了保证会计信息的可比性，所设置的会计科目应当符合国家统一的会计制度的规定。

2. 相关性原则

会计科目的设置，应为提供有关各方所需要的会计信息服务，满足对内管理与对外报告的要求。

3. 实用性原则

企业的组织形式、所处行业、经营内容及业务种类等不同，在会计科目的设置上亦应有所区别。在合法性的基础上，企业应根据自身特点，设置符合自身需要的会计科目。

2.4.3 会计科目的层级

会计科目按其所提供的信息的详细程度及其统驭关系的不同，又分为总分类科目和明细分类科目。图 2-9 是总分类科目和明细分类科目示例。

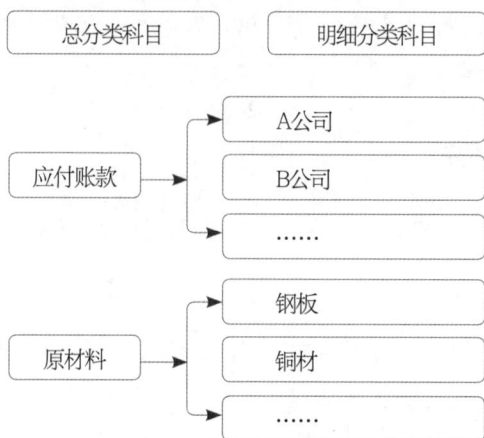

图 2-9　总分类科目和明细分类科目示例

2.4.4　会计账户

会计科目只是对会计对象具体内容进行分类的项目或名称，企业还不能在此基础上进行具体的会计核算。为了全面、序时、连续、系统地反映和监督会计要素的增减变动，还必须设置会计账户（简称"账户"）。账户是根据会计科目设置的，具有一定格式和结构，用于反映会计要素的增减变动情况及其结果的载体。

设置账户是会计核算的重要方法之一。账户将原始数据转换为初始会计信息。企业利用账户，可以对大量复杂的经济业务进行分类核算，从而提供具有不同性质和内容的会计信息。

与会计科目的分类相对应，账户也分为总分类账户和明细分类账户。根据总分类科目设置的账户称为总分类账户，根据明细分类科目设置的账户称为明细分类账户。根据会计科目的内容分类，账户还可分为资产类账户、负债类账户、所有者权益类账户、成本类账户和损益类账户五类。

2.4.5　会计账户的结构

从数量上看，发生经济业务所引起的会计要素变动，无非增加和减少两个方面，因而可将账户分为左方、右方两个方向，一方登记增加，另一方登记减少。至于哪一方登记增加，哪一方登记减少，取决于所记录的经济业务和账户的性质。本期增加的金额，称为本期增加发生额；本期减少的金额，称为本期减少发生额；增减相抵后的差额，称为余额，余额按照表示的时间不同，分为期初余额和期末余额。资产类、负债类账户中金额的基本关系如下。

（1）资产类账户。

$$期末余额 = 期初余额 + 借方发生额 - 贷方发生额$$

（2）负债类账户。

$$期末余额 = 期初余额 - 借方发生额 + 贷方发生额$$

2.5　会计记账方法

记账方法的演进经历了一个非常漫长的过程，先后产生单式记账法和复式记账法。所谓单式记账法，是指对发生的各项经济业务，通常只在一个账户中进行单方面登记，而且基本上只记录现金的收付以及往来账项。复式记账法是指对任何一项经济业务，都必须用相等的金额在两个或两个以上的有关账户中相互联系地登记，借以反映会计对象具体内容的增减变化。由于复式记账法下科目相互对应，具有有利于查账和发现错误等诸多优点，因此复式记账法已成为世界通用的一种记账方法。

2.5.1　会计恒等式

会计恒等式是复式记账法的理论基础，也是资产负债表的理论基础。

1. 关于资产的会计恒等式

企业开展经营活动，其资金无非来源于两个方面：一是债权人借债，二是投资人投资。这些资金形成了企业的资产，其中来源于债权人的资金，形成了企业的负债；来源于投资人的资金，形成了企业的所有者权益。这种关系用公式表示如下。

$$企业的全部资产 = 债权人借债 + 投资人投资$$
$$资金占用 = 资金的来源$$
$$资产 = 负债 + 所有者权益$$

2. 关于利润的会计恒等式

企业的目标就是获得利润，只有取得的收入抵销因获得收入所花的费用还有剩余，企业才算有盈利。由此可以推出关于利润的会计恒等式。

$$利润（或亏损） = 收入 - 费用$$

3. 综合会计恒等式

将以上两个会计恒等式综合，可得到综合会计恒等式。

$$资产 = 负债 + 所有者权益$$
$$利润（或亏损） = 收入 - 费用$$
$$年末资产 = 年初负债 + 年初所有者权益 + 本年利润（或减去亏损）$$
$$= 年初负债 + 年初所有者权益 + 本年收入 - 本年费用$$

2.5.2　复式记账法

由于复式记账法将一笔经济业务在两个或两个以上的相关账户中进行记录，能够全面、系统地反映经济业务的来龙去脉，有利于试算平衡和检查账户记录的正确性，因此被世界各国广泛采用。

复式记账法包括几种具体的方法，有借贷记账法、增减记账法、收付记账法等。其中，借贷记账法是世界各国普遍采用的一种记账方法。《企业会计准则——基本准则》规定，所有企业都应该采用借贷记账法记账。借贷记账法主要有以下几项内容。

（1）以"借"和"贷"为记账符号。在借贷记账法下，以"借""贷"作为记账符号，人们在会计核算中长期以来习惯称账户的左方为借方，右方为贷方。"借"和"贷"是代表记账方向的一对记账符号，在不同性质的账户中表示不同的含义。

（2）以"有借必有贷，借贷必相等"为记账规则。当经济业务发生时，如何运用借贷记账法把每一项经济业务记入相互联系的两个或两个以上的账户，这需要遵循一定的记账规则：一方面记入有关账户的借方，另一方面记入有关账户的贷方，而且借方的金额与贷方的金额必然相等。

（3）账户的对应关系、对应账户及会计分录。按照借贷记账法的记账规则登记每一项经济业务时，在有关账户之间就发生了应借、应贷的关系。这种反映经济业务相互联系的有关账户之间的依存关系，叫作账户的对应关系；存在对应关系的账户，叫作对应账户。账户的对应关系，可以反映经济业务的内容及其内在联系，同时，还可以反映相关人员对经济业务的处理以及经济业务本身是否合理、合法。

【小贴士】

复式记账法一般由许多 T 字账户组成，左边为借方，右边为贷方。例如，一笔用银行存款支付 5 000 元房租的业务，在与房租账户的借方记入 5 000 元，同时在"银行存款"账户的贷方记入 5 000 元。

2.5.3 会计分录

所谓会计分录，就是按反映一项经济业务的会计科目，以货币为计量单位，借助记账符号，分别记录其增加或减少数量变化的一种记录。会计分录应该包含三个要素：账户名称、借贷方向以及记账金额。

会计分录可分为简单会计分录和复合会计分录：简单会计分录由一个借方账户与一个贷方账户所组成；复合会计分录由一个借方账户与几个贷方账户或一个贷方账户与几个借方账户所组成的。

编制会计分录应该注意以下几点。

（1）每笔分录要用简明、规范的语言写明摘要，简要说明经济业务的内容。

（2）在编制会计分录的时候，"借""贷"应该分行，将应借账户写在上面，应贷账户写在下面，并按规定缩进。

（3）账户的名称要写齐全，金额数字要写整齐、准确，上下笔分录的借方金额和贷方金额要按规定对齐。

【小贴士】记账规则口诀

借增贷减是资产，权益和它正相反。成本资产总相同，细细记牢莫弄乱。损益账户要分辨，费用收入不一般。收入增加贷方看，减少借方来结转。

2.5.4 借贷记账法下的平衡关系

在借贷记账法下，由于对每一项经济业务都要用借贷相等的金额来记录，全部账户的借方发生额和全部账户的贷方发生额必然相等，从而全部账户的借方余额与贷方余额也必然相等。由此形成账户之间的平衡关系，这种平衡关系可以表述如下。

（1）发生额平衡。

$$全部账户本期借方发生额合计 = 全部账户本期贷方发生额合计$$

（2）余额平衡。

$$全部账户借方余额合计 = 全部账户贷方余额合计$$

由于余额有期初余额与期末余额之分，余额平衡也可以分写如下。

$$全部账户期初借方余额合计 = 全部账户期初贷方余额合计$$

全部账户期末借方余额合计 = 全部账户期末贷方余额合计

通过上述平衡关系（试算平衡）来检查账簿记录是否平衡并不是绝对的：如果借贷不平衡，则表明账户的记录或者计算有错误；但是如果借贷平衡，却不能表明记账没有错误，因为有些错误并不影响借贷平衡。如果在有关账户中重记或者漏记某些经济业务，或者将借贷方向弄反，就不能通过试算平衡发现错误。

2.6　我国会计法律法规

会计工作应遵循一定的规范，自 1992 年以来，我国的会计核算法规经历了一系列深层次、全方位的改革。尤其是 2006 年以来，我国在多年摸索、试点的情况下，推出了新的企业会计准则体系，使我国的会计核算标准逐步与国际惯例接轨。时至今日，我国已经初步形成了以《会计法》为核心，以会计准则为主体的一个比较完整的会计核算法规体系，如图 2-10 所示。

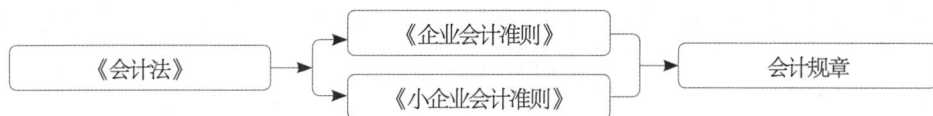

图 2-10　我国企业会计核算法规体系

2.6.1　《会计法》

《会计法》于 1985 年由全国人民代表大会常务委员会通过，并于同年 5 月 1 日起施行；为适应我国深化会计改革的需要，1993 年 12 月、1999 年 10 月、2017 年 11 月人大常委会对其进行了三次修订。

《会计法》是我国会计工作的根本大法，它在我国的会计规范体系中处于最高层次，是制定其他会计规范的基本依据。《会计法》对我国会计工作的主要方面做出规定，涉及我国会计工作的各个领域。它用法律形式确定了会计工作的地位和作用，对我国会计管理的体制，会计核算和会计监督的对象及内容，会计机构、会计人员的职责和权限，以及有关的法律责任做出了明确的规定。

2.6.2　企业会计准则

2006 年是我国会计法规和国际惯例接轨十分关键的一年。2006 年 2 月 15 日，财政部发布了企业会计准则，其中包括 1 项基本准则和 38 项具体准则，同年 10 月 30 日，《企业会计准则——应用指南》颁布，这标志着我国企业会计准则体系的全面建立。

企业会计准则具体包括三个层次，如图 2-11 所示。

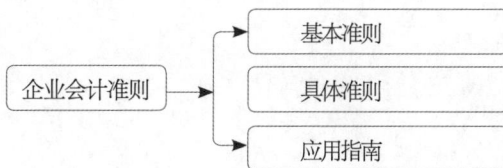

图 2-11　企业会计准则的层次

基本准则在整个企业会计准则体系中起统驭作用，主要规范会计目标，会计基本假设，会计信息质量要求，会计要素的确认、计量和报告原则等。基本准则的作用是指导具体准则的制定和为尚未有具体准则规范的会计实务问题提供处理原则。

具体准则涉及存货、固定资产、无形资产等 38 项准则，主要规范企业发生的具体交易或者事项的会计处理，为企业处理会计实务问题提供具体而统一的标准。

应用指南主要包括具体准则解释和会计科目、主要账务处理等，为企业执行企业会计准则提供操作性规范。

自 2007 年 1 月 1 日起，企业会计准则在上市公司中全面实施，并在之后进行了多次修订。本书依据企业会计准则（2019 年）编写，为企业会计准则在不同行业的企业中顺利推广尽一份应有之力。

第 3 章
会计平时做什么——会计凭证与会计账簿

本章导读

会计可以说天天都要和凭证、账簿打交道。会计的主要工作内容可以用"算账、记账、报账"来概括，而会计人员完成以上工作内容主要是通过收集票证、编制记账凭证、登录会计账簿来实现的。本章将介绍会计凭证与会计账簿的基础知识和填制规则。

本章将解答以下问题。

（1）什么是会计凭证？会计凭证包括哪些种类？

（2）会计凭证具有什么作用？

（3）会计凭证如何传递？

（4）会计凭证如何保管？

（5）什么是原始凭证？

（6）原始凭证包括哪些种类？

（7）如何填制原始凭证？

（8）什么是记账凭证？

（9）记账凭证包括哪些种类？

（10）如何填制记账凭证？

（11）什么是会计账簿？

（12）会计账簿有哪些种类？

（13）如何填制会计账簿？

（14）怎样更正错账？

3.1　认识会计凭证

3.1.1　会计凭证的概念

会计凭证，简称"凭证"，是记录经济业务、明确经济责任并作为登记账簿依据的书面证明。会计凭证有许多种，购货发票单、发货单、材料入库单等都是会计凭证。

会计凭证首先要由执行该项经济业务的有关人员进行填制或取得，然后交给有关部门进行审核，经过审核确认没有任何差错，再由审核人员签章后，才可以作为记账的依据。

3.1.2　会计凭证的作用

会计凭证的填制和审核作为会计核算的一项重要内容，在经济管理中有着十分重要的意义。会计凭证的作用如图 3-1 所示。

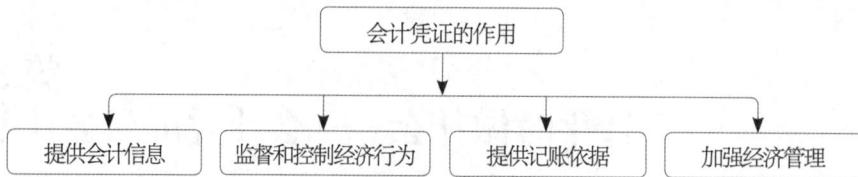

图 3-1　会计凭证的作用

3.1.3　常见会计凭证的格式

企业所使用的会计凭证种类繁多，其用途、性质、格式等因业务需要而具有多样性。按照填制程序和用途，会计凭证可分为原始凭证和记账凭证两大类，如图 3-2 所示。

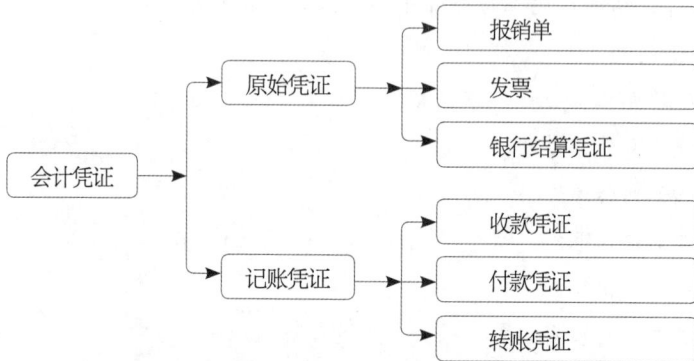

图 3-2　会计凭证的种类

以下列举了一些会计凭证的常见格式。

费用报销单的基本格式如图 3-3 所示。

费　用　报　销　单

部门＿＿＿＿＿＿＿＿　　报销日期　　年　　月　　日　　　附件　　张

费　用　项　目	类　别	金　额	
			负责人（签章）
			审　查　意　见
			报销人（签章）
报　销　金　额　合　计			¥＿＿＿＿＿＿＿
核实金额（大写）　　拾　万　仟　佰　拾　元　角　分			¥＿＿＿＿＿＿＿
借款数	应退金额	应补金额	

主管：　　　　会计：　　　　　　总务：　　　　　　　制表：

图 3-3　费用报销单的基本格式

增值税专用发票的基本格式如图 3-4 所示。

<u>**XX省增值税专用发票**</u>　　**No**12345678

发 票 联

校验码：　　　　　开票日期：　　　年　月　日

购货单位	名　称		密码区				
	纳税人识别号						
	地址、电话						
	开户行及账号						

货物或应税劳务名称	单位	数量	单价	金　额										税率	金　额								
				千	百	十	万	千	百	十	元	角	分		百	十	万	千	百	十	元	角	分
合　计																							

价税合计（大写）　　仟　佰　拾　万　仟　佰　拾　元　角　分　　（小写）

销货单位	名　称		备注
	纳税人识别号		
	地址、电话		
	开户行及账号		

收款人：　　　　　复核：　　　　　开票人：　　　　　销货单位：

第一联：发票联　购货方记账凭证

图3-4　增值税专用发票的基本格式

　　银行结算凭证，是收付款双方及银行办理银行转账结算的书面凭证。它是银行结算的重要组成内容，也是银行办理款项划拨、收付款单位和银行进行会计核算的依据。例如，银行汇票结算方式的结算凭证包括银行汇票委托书、银行汇票、银行汇票挂失电报等，商业汇票结算方式的结算凭证包括商业承兑汇票、银行承兑汇票、银行承兑汇票协议、贴现凭证等。尽管各种结算凭证的格式、联次和办理程序不同，其具体内容也有较大差别，但各种结算凭证的基本内容大致相同。

　　银行汇票的基本格式如图3-5所示。

图 3-5　银行汇票的基本格式

收款凭证是指用来反映库存现金和银行存款收款业务而编制的凭证。收款凭证的常见格式如图 3-6 所示。

图 3-6　收款凭证的常见格式

付款凭证是根据现金和银行存款付出业务的原始凭证编制的、专门用来填列付款业务会计分录的记账凭证。根据现金付出业务的原始凭证编制的付款凭证，称为现金付款凭证；根据银行存款付出业务的原始凭证编制的付款凭证，称为银行存款付款凭证。付款凭证既是登记现金日记账、银行存款日记账以及有关明细分类账、总分类账的依据，也是出纳人员付出款项的依据。付款凭证的基本格式如图 3-7 所示。

付　款　凭　证

贷方科目：　　　　　　　　　年　　月　　日　　第＿＿＿号　附件＿＿＿张

摘　　要	会计科目		借方金额										账页或√
	总账	明细	千	百	十	万	千	百	十	元	角	分	
合　　　　计													

会计主管：　　　　　　记账：　　　　　　审核：　　　　　　制单：

图 3-7　付款凭证的基本格式

　　转账凭证是根据转账业务（即不涉及现金和银行存款收付的各项业务）的原始凭证填制或汇总原始凭证填制的，用于填列转账业务会计分录的记账凭证。转账凭证是登记有关总分类账与明细分类账的依据。转账凭证的基本格式如图 3-8 所示。

转　账　凭　证

　　　　　　　　　　　　　年　　月　　日　　第＿＿＿号　附件＿＿＿张

摘　　要	会计科目		借方金额										贷方金额										账页或√
	总账	明细	千	百	十	万	千	百	十	元	角	分	千	百	十	万	千	百	十	元	角	分	
合　　　计																							

会计主管：　　　　　　记账：　　　　　　审核：　　　　　　制单：

图 3-8　转账凭证的基本格式

　　原始凭证是在经济业务发生或完成以后取得或填制的，用以明确经济责任，载明经济业务的具体内容和完成情况的书面证明，是进行会计核算的原始资料和重要依据。例如，各种报销单、发票、银行结算凭证等都是原始凭证。

　　记账凭证是指会计人员根据审核无误的原始凭证或原始凭证汇总表，按记账的要求归类整理而编制的会计凭证，是登记账簿的直接依据。各种收款凭证、付款凭证、转账凭证等都属于记账凭证。

【小贴士】怎样根据会计业务的特点书写摘要

会计凭证中有关经济业务内容的摘要必须真实。在填写摘要时，既要简明，又要全面、清楚，应以说明问题为主。写物要有品名、数量、单价；写事要有过程；银行结算凭证，要注明票据号码、去向；送存款项，要注明现金、支票、汇票等。遇有冲转业务，不应只写冲转，应写明冲转某年、某月、某日、某项经济业务和凭证号码，也不能只写对方科目。摘要应能够正确、完整地反映经济活动和资金变化的来龙去脉，切忌含糊不清。

3.1.4　会计凭证的传递

1. 会计凭证传递的作用

会计凭证的传递是指会计凭证从填制或取得时起到归档保管时止，在本单位内部各有关部门和人员之间的传递程序和传递时间。正确组织会计凭证的传递，对于及时处理和登记经济业务、明确经济责任、实行会计监督具有重要作用。

2. 会计凭证如何传递

各种记账凭证所记载的经济业务内容不同，其涉及的部门和人员不同，办理的经济业务手续也不尽一致。组织会计凭证传递，必须遵循内部牵制原则，力求做到及时反映、记录经济业务。会计凭证的传递应考虑以下基本要求。

（1）会计凭证的传递程序，既要保证会计凭证经过必要的环节，以便有关部门（工作人员）进行处理和审核，又要尽量减少不必要的重复，以加快传递速度和提高工作效率。

（2）会计凭证的传递时间，要根据各个环节的工作内容和工作量，规定各种凭证在每个部门和业务环节停留的最长时间，以保证会计核算的及时性。

3.1.5　会计凭证的保管

会计凭证的保管是指会计凭证记账后的整理、装订、归档和存查工作。会计凭证的保管主要有下列要求。

（1）会计凭证应定期装订成册，防止散失。从外单位取得的原始凭证遗失时，应取得原签发单位盖有公章的证明，并注明原始凭证的号码、金额、内容等，由经办单位会计机构负责人、会计主管人员和单位负责人批准后，代作原始凭证。若确实无法取得证明的，如车票丢失，则应由当事人写明详细情况，由经办单位会计机构负责人、会计主管人员和单位负责人批准后，代作原始凭证。

（2）会计凭证封面应注明单位名称、凭证种类、凭证张数、起止号数、年度、月份、会计主管人员、装订人员等有关事项，会计主管人员和保管人员应在封面上签章。

（3）会计凭证应加贴封条，防止抽换凭证。原始凭证不得外借，其他单位如有特殊原因确实需要使用时，经本单位的会计部门负责人、会计主管人员批准，可以复制。向外单位提供的原始凭证复制件，应在专设的登记簿上登记，并由提供人员和收取人员共同签名、盖章。

（4）原始凭证较多时可单独装订，但应在凭证封面注明所属记账凭证的日期、编号和种类，同时应在所属的记账凭证上注明"附件另订"及原始凭证的名称和编号，以便查阅。

（5）严格遵守会计凭证的保管期限要求，期满前不得任意销毁。

3.2　原始凭证——会计核算的原始资料

3.2.1　原始凭证的概念

原始凭证又称单据，是指在经济业务发生或完成时取得或填制的，用以记录或证明经济业务的发生或完成情况，明确经济责任的原始凭证。它是载明经济业务的具体内容和完成情况的书面证明，是进行会计核算的原始资料和重要依据。

原始凭证按照其取得来源可以分为外来原始凭证和自制原始凭证。外来原始凭证是在经济业务完成时从其他单位或个人处取得的原始凭证，如向外单位购货时由供货单位开出的购货发票等。自制原始凭证是由本单位经办业务人员在执行或完成某项经济业务时所填制的原始凭证。例如，单位仓库保管人员在验收材料入库时所填制的收料单、领用材料所填制的领料单，以及开给其他单位或个人发票的副联和单位发放工资编写的工资单等。

3.2.2　填制原始凭证的要求

原始凭证填制的依据和方法有所差别，大体上有以下两种情况：第一种是根据经济业务的执行情况直接填制；第二种是在经济业务完成之后，根据账簿记录对某项经济业务加以归类、整理而重新填制。

原始凭证是具有法律效力的证明文件，是进行会计核算的依据，必须认真填制。为了保证原始凭证能够正确、及时、清晰地反映各项经济业务的真实情况，原始凭证的填制，必须符合图 3-9 所示的基本要求。

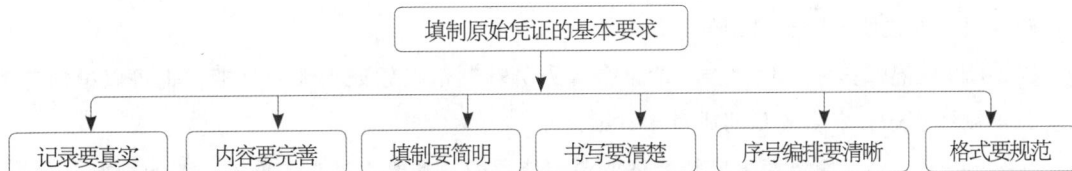

图 3-9　填制原始凭证的基本要求

3.3　记账凭证——登记账簿的直接依据

3.3.1　记账凭证的定义

记账凭证，又称记账凭单或分录凭证，是会计人员根据审核无误的原始凭证按照经济业务的内容加以归类，并据以确定会计分录后所填制的会计凭证。它是登记会计账簿的直接依据。

3.3.2　记账凭证的种类

记账凭证主要有两种分类方法：按照所反映的经济业务内容的不同，可分为收款凭证、付款凭证和转账凭证；按照填制方法的不同，可分为复式记账凭证和单式记账凭证。记账凭证具体的分类情况如图 3-10 所示。

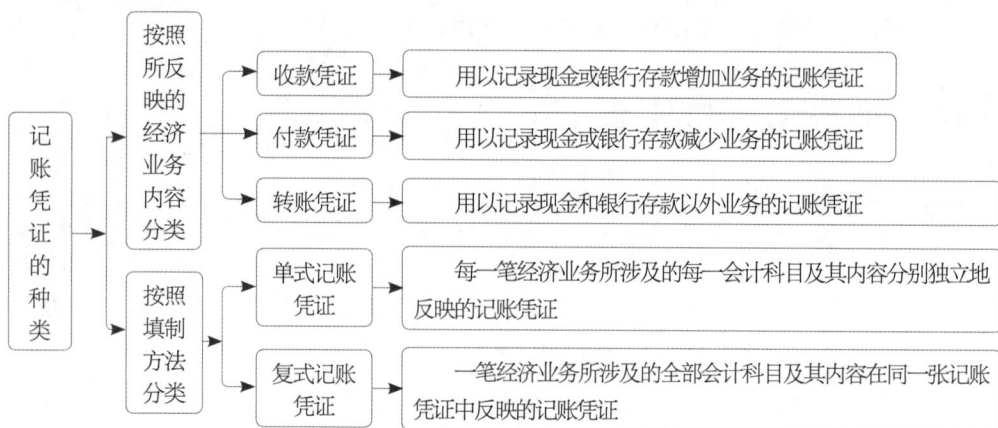

图 3-10　记账凭证的种类

3.3.3　如何填制记账凭证

填制记账凭证是会计核算的重要环节，记账凭证填制正确与否，关系到记账的真实性。填制时，必须满足下列要求。

（1）确定采用何种记账凭证。首先，应确定采用哪种格式的记账凭证。若企业规模大、收付款业务多，宜采用专用记账凭证；若企业规模小、业务少，宜采用通用记账凭证。其次，若采用专用记账凭证，在按照原始凭证填制记账凭证时，还要具体确定填制收、付、转哪一种专用记账凭证。

（2）必须根据审核无误的原始凭证填制记账凭证。企业可以根据一张或若干张反映同一经济业务的原始凭证填制记账凭证，也可以把若干张同类经济业务的原始凭证进行汇总，根据汇总表填制。对于调账、结账及更正错账等经济业务，一般没有原始凭证，但填制记账凭证时要做较为具体的说明或附有自制的计算单。

（3）填写记账凭证的日期。一般是会计人员填制记账凭证当天的日期，也可以根据管理需要，填制经济业务发生的日期或月末日期。

（4）填好摘要。摘要用于反映经济业务。填写的基本要求是真实准确、简明扼要。

（5）准确填写账户名称并正确反映借贷方向。

（6）金额的填写。记账凭证的金额必须与所附原始凭证的金额相符。填写金额时，阿拉伯数字要规范，写到格宽的二分之一处，并平行对准借贷栏次和科目栏次，防止错栏串行。金额数字要写到分位，角、分位没数字也要填上"0"，角、分位的数字，要与元位数字平行，不得上下错开。

（7）记账凭证的签章。记账凭证填制完成后，要由有关人员签名或盖章，以示负责。

（8）填写记账凭证的编号。记账凭证编号必须连续，不得跳号、重号。在具体编号时，可采用统一编号和分类编号两种方法。统一编号适用于通用记账凭证，即将全部凭证作为一类统一编号；分类编号适用于专用记账凭证，采用该方法时，应将企业经济业务分为现金收付、银行存款收付和转账业务三类，分别起头，连续编号。

如果一笔经济业务需要填制两张以上的复式记账凭证，可采用分数编号法编号。如第15号记账凭证的经济业务需填制3张记账凭证，可分别编"转字第15-1/3号""转字第15-2/3

号"　"转字第 15-3/3 号"。

（9）过账符号栏。根据记账凭证登记有关账簿以后，在过账符号栏注明所记账簿的页数后打"√"，表示已登记入账，避免重记、漏记。在没有登账之前，该栏没有记录。

3.3.4　记账凭证的审核

记账凭证是登记账簿的直接依据，为了保证账簿记录的正确性及整个会计信息的质量，记账前必须由专人对已编制的记账凭证进行认真、严格的审核。记账凭证审核的主要内容如图 3-11 所示。

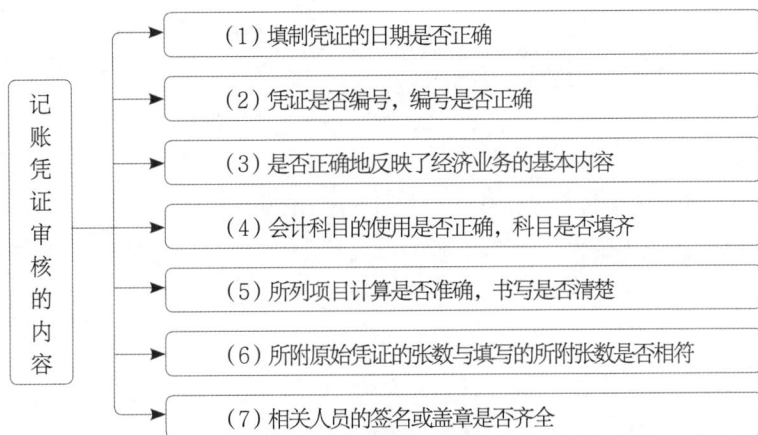

图 3-11　记账凭证审核的内容

3.4　会计账簿

3.4.1　会计账簿的定义和基本要素

会计账簿，简称"账簿"，是由具有一定格式、互有联系的若干账页组成的，以会计凭证为依据，对各项经济业务进行全面、系统、连续、分类的记录和核算的簿籍。

虽然账簿有很多种类，其所记录的经济内容也不尽相同，而且格式又多种多样，但各种账簿具备的一些基本要素是一致的，这些基本要素主要包括以下三项内容。

（1）封面。封面主要标明账簿名称，如总分类账、材料物资明细账、债权债务明细账等。

（2）扉页。扉页主要列明科目索引及账簿使用登记表。活页账、卡片账装订成册后，填列账簿使用登记表。

（3）账页。账页是账簿的主要内容，账页一般包括以下内容：账户名称，或称会计科目名称；登账日期栏；凭证种类和号数栏；摘要栏；借、贷方金额及余额栏；总页次和分账户页次。

3.4.2　会计账簿的分类

会计账簿主要的几种分类方法如图 3-12 所示。

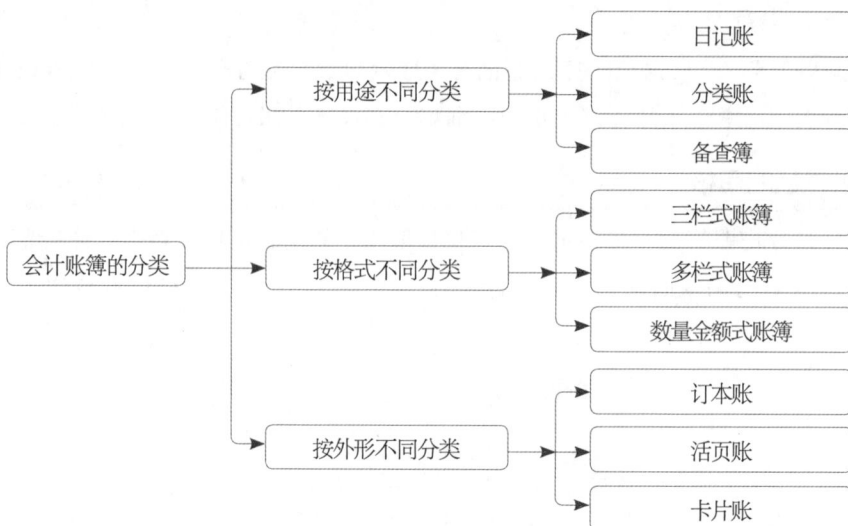

图 3-12　会计账簿的分类

日记账是按照经济业务的发生或完成时间的先后顺序逐日、逐笔登记的账簿。它可以用来核算和监督某一类经济业务或全部经济业务的发生或完成情况。其中，用来记录全部经济业务的日记账称为普通日记账，用来记录某一类经济业务的日记账称为特种日记账。日记账应按顺序逐笔登记，最少每天登记一次。现金日记账的基本格式如图 3-13 所示。

现金日记账

月	日	凭证号	摘要	对方科目	借方	贷方	方向	余额
			承前页				借	4,153.00
04	11	记账-0003	提现金	银行存款	3,000.00		借	7,153.00
04	11		本日小计		3,000.00		借	7,153.00
04	15	记账-0004	提现金	银行存款	3,000.00		借	10,153.00
04	15	记账-0005	借款购税控设备			2,316.00	借	7,837.00
04	15	记账-0006	购办公桌3张			1,100.00	借	6,737.00
04	15	记账-0008	付差旅、注册等费用			2,791.10	借	3,945.90
04	15	记账-0009	提现金		3,000.00		借	6,945.90
04	15		本日小计		6,000.00	6,207.10	借	6,945.90
04	18	记账-0010	提现金		30,000.00		借	36,945.90
04	18	记账-0010	支付借款			30,000.00	借	6,945.90
04	18	记账-0010	支付手续费			50.00	借	6,895.90
04	18	记账-0011	付开户手续费			200.00	借	6,695.90
04	18		本日小计		30,000.00	30,250.00	借	6,695.90
04	22	记账-0013	存现金			100.00	借	6,595.90
04	22		本日小计			100.00	借	6,595.90
04	24	记账-0019	付借款			500.00	借	6,095.90
04	24		本日小计			500.00	借	6,095.90
04	25	记账-0015	付保险、加油等费用			3,580.00	借	2,515.90
04	25	记账-0016	购文件柜			920.00	借	1,595.90
04	25		本日小计			4,500.00	借	1,595.90
04	27	记账-0017	提现金		5,000.00		借	6,595.90
04	27	记账-0018	提现金		12,000.00		借	18,595.90
04	27		本日小计		17,000.00		借	18,595.90
04	28	记账-0020	提现金		12,000.00		借	30,595.90
04	28		本日小计		12,000.00		借	30,595.90
04	29	记账-0022	收回职工借款		7,900.00		借	38,495.90
04	29	记账-0022	付职工借款			2,850.00	借	35,645.90
04	29	记账-0022	付职工借款			22,080.00	借	13,565.90
04	29	记账-0024	付考察、网银等费用			4,665.00	借	8,900.90
04	29	记账-0026	付住宿费			796.00	借	8,104.90
04	29		本日小计		7,900.00	30,391.00	借	8,104.90
			本月合计		75,900.00	71,948.10	借	8,104.90
			本年累计		83,900.00	75,795.10	借	8,104.90
			过次页				借	8,104.90

图 3-13　现金日记账的基本格式

　　分类账是用于登记各类经济业务增减变动及其余额的账簿。按总分类账户登记的账簿，称为"总分类账"；按明细分类账户登记的账簿，称为"明细分类账"。

　　总分类账是根据总分类科目开设账户，用来登记全部经济业务，进行总分类核算，提供总括核算资料的分类账簿。总分类账所提供的会计核算资料，是编制财务报表的主要依据。任何单位都必须设置总分类账。总分类账的基本格式如图 3-14 所示。

<h1 style="text-align:center">总分类账</h1>

总 页 码	
本户页次	

会计科目名称：　　　　　　　　　　　　　科目编号：

年		凭证编号	摘　要	借　方											贷　方											借或贷	余　额										
月	日			十	亿	千	百	十	万	千	百	十	元	角	分	十	亿	千	百	十	万	千	百	十	元	角	分		十	亿	千	百	十	万	千	百	十	元	角	分

图 3-14　总分类账的基本格式

　　明细分类账，是指按照明细分类账户进行分类登记的账簿，其是根据单位开展经济管理的需要，对经济业务的详细内容进行的会计核算，是对总分类账进行的补充反映。明细分类账的基本格式如图 3-15 所示。

明细分类账

年		记账凭证号数	摘　要	对方科目	借　　方											贷　　方										
月	日				千	百	十	万	千	百	十	元	角	分	千	百	十	万	千	百	十	元	角	分		

图 3-15　明细分类账的基本格式

　　三栏式账簿是设有借方、贷方和余额三个基本栏目的账簿。各种日记账、总分类账以及资本、债权、债务明细账都可采用三栏式账簿的格式。三栏式账簿的基本格式如图 3-16 所示。

明细分类账

科目＿＿＿＿＿

年		记账凭证号数	摘　要	对方科目	借　　方										贷　　方										借或贷	余　　额									
月	日				千	百	十	万	千	百	十	元	角	分	千	百	十	万	千	百	十	元	角	分		千	百	十	万	千	百	十	元	角	分

图 3-16　三栏式账簿的基本格式

　　多栏式账簿是在账簿的两个基本栏目——借方和贷方，按需要分设若干栏的账簿。多栏式账簿的基本格式如图 3-17 所示。

明　细　账

年		凭证号		摘　要	合　计												交通费												招待费												公关费											
					亿	千	百	十	万	千	百	十	元	角	分	亿	千	百	十	万	千	百	十	元	角	分	亿	千	百	十	万	千	百	十	元	角	分	亿	千	百	十	万	千	百	十	元	角	分
月	日	字	号																																														

（管理费用）借方科目

图 3-17　多栏式账簿的基本格式

数量金额式账簿的借方、贷方和余额三个栏目内，都分设数量、单价和金额三小栏，借以反映财产物资的实物数量和价值量。它是指采用数量和金额双重记录的账簿。"原材料"账户和"库存商品"账户等一般采用数量金额式账簿格式。数量金额式账簿的基本格式如图 3-18 所示。

材　料　明　细　账

储备定额　　　　最低存量　　　　最高存量　　　　存放地点　　　　计算单位　　　　计划单位

年		摘　要	借方（进仓）			贷方（出仓）			余　额		
月	日		数量	单价	金额	数量	单价	金额	数量	单价	金额

图 3-18　数量金额式账簿的基本格式

3.4.3　设置和登记账簿的作用

设置和登记账簿，是编制财务报表的基础，也是连接会计凭证与财务报表的中间环节。设置和登记账簿的作用如图 3-19 所示。

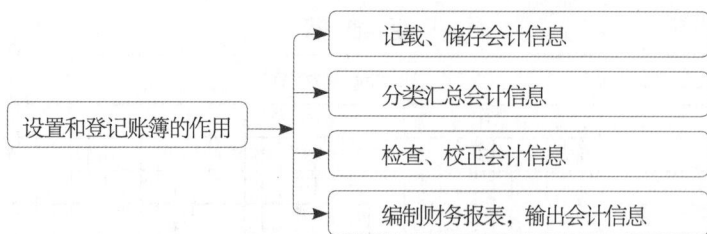

图3-19　设置和登记账簿的作用

3.4.4　启用账簿

账簿是储存数据资料的重要会计档案，登记账簿要由专人负责。为了保证账簿记录的严肃性和合法性，明确记账责任，保证资料完整，在启用账簿时，应在"账簿启用和经管人员一览表"中详细记载单位名称、账簿编号、账簿册数、账簿页数、启用日期，并加盖单位公章，经管人员（包括企业负责人、主管会计、复核和记账人员等）均应登记姓名并加盖印章。

启用订本式账簿，对于未印制顺序号的账簿，应从第一页到最后一页顺序编定页数，不得跳页、缺号。使用活页式账页，应按账页顺序编号，并须定期装订成册；装订后再按实际使用的账页顺序编定页数，另加目录，记明每个账户的名称和页次。

3.4.5　登记账簿时应注意的问题

会计人员应根据审核无误的会计凭证及时地登记会计账簿。对于总账，要按照各单位所选用的会计核算组织形式来确定登账的具体时间；而对于各种明细账，要根据原始凭证、原始凭证汇总表和记账凭证每天进行登记，也可以定期（三天或五天）登记。登记账簿，一般应满足以下要求。

（1）登记账簿必须用蓝黑色墨水钢笔书写，不许用铅笔或圆珠笔书写。这是因为，各种账簿归档保管时间一般都在1年以上，有些关系到重要经济资料的账簿，则要长期保管，因此，要求账簿记录清晰、耐久，以便长期查核使用，防止涂改。

（2）登记会计账簿时，应当将会计凭证的日期、编号、业务内容摘要、金额和其他有关资料逐项登记。登记完毕后，记账人员要在记账凭证上签名或盖章，并注明已经登账的标记（如打"√"等），表示已经登记入账，以避免重记或漏记。

（3）各种账簿应按账户页次顺序连续登记，不得跳行、隔页。如果发生跳行、隔页现象，应在空行、空页处用红色墨水画对角线注销，注明"此行空白"或"此页空白"字样，并由记账人员签章。

（4）账簿中的文字或数字不能顶格书写，一般应占格距的二分之一，以便留有改错的空间。

（5）记账除结账、改错、冲销记录外，不能用红色墨水。在会计工作中，红色数字表示对蓝色数字的冲销、冲减或表示负数。

（6）对于登错的记录，不得刮擦、挖补、涂改或用药水消除字迹等手段更正错误，也不允许重抄，应采用正确的错账更正方法进行更正。

（7）各账户在一张账页登记完毕结转下页时，应当结出本页合计数和余额，写在本页最后一行和下页第一行有关栏内，并在本页最后一行的"摘要"栏内注明"过次页"字样，在下一页第一行的"摘要"栏内注明"承前页"字样。"过次页"的本页合计数的计算，一般分以下三种情况。

①需要结出本月发生额的账户，结计"过次页"的本页合计数应当为自本月初起至本页末止的发生额合计数，如账结法下的各损益类账户等。

②需要结计本年累计发生额的账户，结计"过次页"的本页合计数应当为自年初起至本页末止的累计数，如"本年利润"账户和表结法下的各损益类账户。

③既不需要结计本月发生额也不需要结计本年累计发生额的账户，可以只将每页末的余额结转次页，如债权债务结算类账户、"实收资本"等资本类账户和"原材料"等财产物资类账户等。

【小贴士】在会计处理中，什么情况下可以使用红色墨水

在会计处理中，发生以下情况时可以使用红色墨水：

①按照红字冲账的记账凭证，冲销错误记录；

②在不设借贷等栏的多栏式账页中，登记减少数；

③在三栏式账页的余额栏前，如未印明余额方向，在余额栏内登记负数余额。

3.4.6　错账更正方法

在根据审核无误的原始凭证和记账凭证登记账簿记录的过程中，由于种种原因，不可避免地会发生各种各样的错误。在查找出错账时，应按规定的方法进行更正。更正错账的方法主要有以下三种。

1. 划线更正法

划线更正法，又称红线更正法。这种方法主要适用于：在每月结账前，发现账簿记录中的文字或数字有错误，而其所依据的记账凭证没有错误。

划线更正法的具体操作方法是：将错误的文字或数字用一条红色横线予以注销，但必须使原有文字或数字清晰可认，以备查阅；然后，在画线文字或数字的上方用蓝字或黑字将正确的文字或数字填写在同一行，并由更正人员在更正处签章，以明确责任。

采用这种方法更正错账时应注意：对于文字差错，只划去错误的文字，并相应地予以更正，而不必将全部文字划去；对于数字差错，应将错误的数额全部划去，而不能只划去错误数额中的个别数字。例如，将"1343"误记为"1334"，应在"1334"上画一条红线（不能只在"34"上画线），然后在"1334"的上方填写正确的数字"1343"。

2. 红字更正法

红字更正法，又称红字冲销法。它是用红字冲销原有记录后再予以更正的方法，主要适用于以下两种情况。

（1）根据记账凭证记账以后，发现记账凭证中的应借、应贷会计科目或记账方向有错误，而账簿记录与记账凭证是相吻合的。更正的方法是：首先用红字填制一张与原错误记账凭证内容完全一致的记账凭证，并据以用红字登记入账，以冲销原错误记录；然后用蓝字填制一张正确的记账凭证，并据以用蓝字登记入账。

（2）根据记账凭证记账以后，发现记账凭证中的应借、应贷会计科目和记账方向都正确，只是所记金额大于应记金额并据以登记账簿。更正的方法是：根据多记的金额用红字填制一张与原错误记账凭证的会计科目、记账方向相同的记账凭证，并据以用红字登记入账，以冲销多记金额。

采用红字更正法更正金额多记错误记录时应注意：不得以蓝字填制与原错误记账凭证记账方向相反的记账凭证去冲销原错误记录或错误金额，因为蓝字记账凭证反方向记录的会计分录反映某类经济业务，而不能反映更正错账的内容。例如，借记"库存现金"科目，贷记"其他应收款"科目，如用蓝字填制，则可能反映的是企业收取某职工的欠款的业务，并不反映对错误账簿记录的更正内容。

3. 补充登记法

补充登记法，也称蓝字补记法。这种方法主要适用于：根据记账凭证记账以后，发现记账凭证中的应借、应贷会计科目和记账方向都正确，只是所记金额小于应记金额并据以登记入账。

出现以上错误情况时应采用补充登记法予以更正。更正的方法是：根据少记金额用蓝字填制一张与原错误记账凭证科目名称和方向一致的记账凭证，并用蓝字据以登记入账，以补足少记的金额。

第 4 章
会计核算——货币资金

本章导读

资金是企业的"血液",企业的生存发展离不开资金。而货币资金作为企业正常运转所必需的资产和流动性最强的资产,在企业的资金管理中占据了重要地位。因此,准确地核算货币资金是会计人员必须具备的职业素养。货币资金主要包括库存现金和银行存款。

本章将解答以下问题。

(1)哪些情况下需要支付现金?如何对现金进行会计核算?

(2)现金盘点中出纳长款、短款,如何进行会计核算?

(3)如何对备用金进行会计核算?

(4)如何对银行存款进行会计核算?

(5)怎样进行银行存款的对账?

(6)如何对其他货币资金进行会计核算?

货币资金是指处于货币形态的资产,包括库存现金、银行存款和其他货币资金。货币资金是企业资产中流动性最强的部分。

4.1　库存现金

库存现金是指通常存放于企业财会部门、由出纳人员经管的货币。企业应当严格遵守相关现金管理制度,正确进行现金收支的会计核算,保证现金使用的合法性与合理性。

4.1.1　可用现金支付的款项

根据《现金管理暂行条例》的规定,企业可用现金支付的款项如下:

(1)职工工资、津贴;

(2)个人劳务报酬;

(3)根据国家规定颁发给个人的科学技术、文化艺术、体育等各种奖金;

(4)各种劳保、福利费用以及国家规定的对个人的其他支出;

(5)向个人收购农副产品和其他物资的款项;

(6)出差人员随身携带的差旅费;

(7)结算起点[①] 以下的零星支出;

(8)中国人民银行确定需要支付现金的其他支出。

除上述情况外,其他款项的支付应通过银行转账结算。

---

① 结算起点为 1 000 元。

4.1.2 库存现金的相关会计处理

1. 科目与账户的设置

为了总括地反映企业库存现金的收入、支出和结存情况，企业应当设置"库存现金"科目，借方登记现金的增加，贷方登记现金的减少，期末余额在借方，反映企业实际持有的库存现金的金额。企业内部各部门周转使用的备用金，可以通过单独设置的"备用金"科目进行核算。

企业应当设置现金总账和现金日记账，分别进行企业库存现金的总分类核算和明细分类核算。

2. 库存现金收支业务的会计核算

（1）当库存现金增加时。

借：库存现金

  贷：相关科目

（2）当库存现金减少时。

借：相关科目

  贷：库存现金

3. 库存现金清查业务的会计核算

如果账款不符，则对发现的有待查明原因的现金短缺或溢余，先通过"待处理财产损溢"科目进行核算。按管理权限报经批准后，分别以下情况处理。

（1）如为现金短缺：属于应由责任人赔偿或保险公司赔偿的部分，计入其他应收款；属于无法查明原因的部分，计入管理费用。

（2）如为现金溢余：属于应支付给有关人员或单位的，计入其他应付款；属于无法查明原因的，计入营业外收入。

4. 备用金的会计核算

备用金是指企业预付给职工或内部有关单位用作差旅费、零星采购和日常零星开支事后需要报销的款项。为了防止浪费和挪用公款，企业必须建立备用金的预借、使用和报销制度，并严格加以执行。如果企业备用金业务很少，也可不设立"备用金"科目，通过"其他应收款——备用金"科目进行核算。

（1）备用金的形式。

按备用形式，备用金可分为定额备用金和非定额备用金两种。定额备用金是为了满足企业有关部门日常零星开支需要的备用金，一经核定不得随意增减。领用定额备用金的部门，应设置"备用金登记簿"，逐笔、序时登记备用金的提取和支出情况，并按时将款项支出的单据送交财会部门报销，财务部门补足定额。其特点是：一次领用、定期报销、简化核算、补足定额。

非定额备用金管理是指用款单位根据实际需要向财务部门借款，凭各种支付凭证向财务部门报销，如需再用，重新办理借款手续。这种方法适用于预借差旅费等备用金的管理。

（2）备用金的账务处理。

①单独设置"备用金"科目的企业，企业财务部门单独拨给企业内部各单位周转使用的备用金时编制如下会计分录。

借：备用金

　　贷：库存现金或银行存款

②各单位自备用金中支付零星支出，应根据有关的支出凭证，定期编制备用金报销清单，财务部门根据内部各单位提供的备用金报销清单编制如下会计分录。

借：管理费用等

　　贷：其他应收款——备用金或银行存款

除了增加或减少拨入的备用金外，使用或报销备用金时不再通过"备用金"科目核算。

4.2　银行存款

银行存款是指企业存入银行或其他金融机构的各种款项。企业应当根据业务需要，按照规定在其所在地银行开设账户，运用所开设的账户，进行存款、取款以及各种收支转账业务的结算。银行存款的收付应严格执行银行结算制度的规定。

4.2.1　银行存款概述

为了总括反映银行存款的收支和结存情况，企业应设置"银行存款"总账科目。该科目属于资产类科目，借方登记银行存款的增加数，贷方登记银行存款的减少数，借方余额表示企业银行存款的结余数额。有外币业务的企业，应在"银行存款"科目下分别设置人民币和各种外币的明细科目，进行明细核算。

企业应当设置银行存款总账和银行存款日记账，分别进行银行存款的总分类核算和明细分类核算。企业可按开户银行和其他金融机构、存款种类等设置"银行存款日记账"的明细账户，根据收付款凭证，按照业务的发生顺序逐笔登记。每日终了，应结出余额。

银行存款的收付由出纳人员办理，由专人保管空白支票和签发支票。银行存款总账由会计人员登记，银行存款日记账由出纳人员逐笔登记。"银行存款日记账"应定期与"银行对账单"进行核对，至少每月核对一次。企业银行存款账面余额与银行对账单余额之间如有差额，应编制"银行存款余额调节表"，如没有记账错误，调节后的双方余额应相等。

4.2.2　存款与取款

企业与银行之间经常发生现金的存入、提取和办理转账结算等收支业务。为了反映和监督银行存款的收付动态，企业应进行银行存款收付的会计核算。

企业在不同的结算方式下，根据有关的原始凭证编制银行存款的收付款凭证，记入企业的"银行存款"科目。企业将款项存入银行或其他金融机构时，借记"银行存款"科目，贷记"库存现金"或有关科目；提取或支付在银行或其他金融机构中的存款时，借记"库存现金"或有关科目，贷记"银行存款"科目。

4.2.3　未达账项

为了保证银行存款的安全和核算的正确，企业应按期对账。银行存款的对账包括三个方面：一是银行存款日记账与银行存款收付款凭证相互核对，做到账证相符；二是银行存款日记账与银行存款总账相互核对，做到账账相符；三是在账账相符的基础上，银行存款日记账与银行对账单相互核对，做到账单相符。

一般来说，即使截止日期一致，银行存款日记账余额与银行对账单余额也有可能是不相等的。造成这种不相等的原因除了记账错误之外，还有未达账项的影响。所谓未达账项，是指银行与企业之间，由于凭证传递上的时间差，一方已登记入账，而另一方尚未入账的款项。

银行存款的未达账项具体有以下四种情况：

（1）银行已入账但企业未入账的收入；

（2）银行已入账但企业未入账的支出；

（3）企业已入账但银行未入账的收入；

（4）企业已入账但银行未入账的支出。

对于未达账项，应编制"银行存款余额调节表"进行调节。调节后，若无记账差错，双方的银行存款余额应该相等；调节后，如果双方余额不相等，说明记账有差错，需进一步查对，并更正错误记录。调节公式如下。

$$银行存款日记账余额 + 银行已收企业未收款项 - 银行已付企业未付款项$$
$$= 银行对账单余额 + 企业已收银行未收款项 - 企业已付银行未付款项$$

调节后的银行存款余额，反映了企业可以动用的银行存款实有数额。需要注意的是，"银行存款余额调节表"是用来核对企业和银行的记账有无错误的，不能作为记账的依据。对于未达账项，无须进行账面调整，待结算凭证收到后再进行账务处理。

"银行存款余额调节表"的举例如表4-1所示。

表4-1 银行存款余额调节表举例

银行存款余额调节表

户名：××（北京）电子商务有限公司

账号：601522538

开户行：中国民生银行股份有限公司北京万寿路支行			2014年11月
项 目（摘要）	金额（元）	项 目（摘要）	金额（元）
企业银行存款日记账余额：	536 283.33	银行对账单余额：	579 063.33
加：银行已收、企业未收款	0.00	加：企业已收、银行未收款	0.00
减：银行已付、企业未付款	0.00	减：企业已付、银行未付款	21 390.00
		购买办公家具	16 390.00
		物流车辆加油卡	5 000.00
调节后的存款余额：	536 283.33	调节后的存款余额：	536 283.33
复核：	制表人：王×	制表时间：	2014年12月3日

4.3　其他货币资金

其他货币资金是指企业除库存现金和银行存款以外的各种货币资金，主要包括银行汇票存款、银行本票存款、信用卡存款、信用证保证金存款、存出投资款、外埠存款等。

4.3.1　科目与账户的设置

企业通过设立"其他货币资金"科目对企业的银行汇票存款、银行本票存款、信用卡存款、信用证保证金存款、存出投资款、外埠存款等其他货币资金进行核算。该科目下可设"银行汇票""银行本票""信用卡""信用证保证金""存出投资款""外埠存款"等明细科目进行明细核算。企业增加其他货币资金，借记"其他货币资金"科目，贷记"银行存款"科目；减少其他货币资金，借记有关科目，贷记"其他货币资金"科目。该科目期末借方余额，反映企业持有的其他货币资金金额。

4.3.2　其他货币资金的会计核算

1. 银行汇票存款

银行汇票是指由出票银行签发的，由其在见票时按照实际结算金额无条件支付给收款人或者持票人的票据。银行汇票的出票银行为银行汇票的付款人。单位和个人各种款项的结算，均可使用银行汇票。银行汇票可以用于转账，填明"现金"字样的银行汇票也可以用于支取现金。

企业在填送"银行汇票申请书"并将款项交存银行，取得银行汇票后，根据银行签章退回的申请书存根联编制付款凭证，借记"其他货币资金——银行汇票"科目，贷记"银行存款"科目；企业在使用银行汇票后，根据发票账单等有关凭证编制转账凭证，借记"材料采购"或"原材料""库存商品""应交税费——应交增值税（进项税额）"等科目，贷记"其他货币资金——银行汇票"科目；如有多余款或因汇票超过付款期限等而退回款项的，企业应根据银行转来的银行汇票第四联（多余款收账通知），借记"银行存款"科目，贷记"其他货币资金——银行汇票"科目。

2. 银行本票存款

银行本票是指银行签发的，承诺自己在见票时无条件支付确定的金额给收款人或持票人的票据。单位和个人在同一票据交换区域需要支付的各种款项，均可使用银行本票。银行本票可以用于转账，注明"现金"字样的银行本票可以用于支取现金。

企业在向银行提交"银行本票申请书"并将款项交给银行，取得银行签发的银行本票后，应根据银行签章退回的"银行本票申请书"存根联编制付款凭证，借记"其他货币资金——银行本票"科目，贷记"银行存款"科目；企业在使用银行本票后，应根据发票账单等有关单据编制转账凭证，借记"材料采购"或"原材料""库存商品""应交税费——应交增值税（进项税额）"等科目，贷记"其他货币资金——银行本票"科目。若本票因超过付款期等要求退款，则企业应填写一式两联的进账单，连同本票一并送交银行，根据银行盖章退回的进账单第一联编制收款凭证，借记"银行存款"科目，贷记"其他货币资金——银行本票"科目。

3. 信用卡存款

信用卡存款是指企业为取得信用卡而存入银行信用卡专户的款项。信用卡是银行卡的一种，按使用对象分为单位卡和个人卡，按信用等级分为金卡和普通卡，按是否向发卡银行交存备用金分为贷记卡和准贷记卡。

企业应按规定填制申请表，连同支票和有关资料一并送交发卡银行，根据银行盖章退回的进账单第一联，借记"其他货币资金——信用卡"科目，贷记"银行存款"科目；企业用信用卡购物或支付有关费用，借记有关科目，贷记"其他货币资金——信用卡"科目；在使用过程中，企业需要向其账户续存资金的，借记"其他货币资金——信用卡"科目，贷记"银行存款"科目。

4. 信用证保证金存款

信用证保证金存款是指采用信用证结算方式的企业为开具信用证而存入银行信用证保证金专户的款项。企业向银行申请开立信用证，应按规定向银行提交开证申请书、信用证申请人承诺书和购销合同。

企业向银行缴纳保证金，根据银行退回的进账单第一联编制付款凭证，借记"其他货币资金——信用证保证金"科目，贷记"银行存款"科目；根据开证行交来的"信用证通知书"及有关单据标明的金额，借记"材料采购"或"原材料""库存商品""应交税费——应交增值税（进项税额）"等科目，贷记"其他货币资金——信用证保证金"科目；企业未用完的信用证保证金余额转回开户银行时，根据收款通知编制收款凭证，借记"银行存款"科目，贷记"其他货币资金——信用证保证金"科目。

5. 存出投资款

存出投资款是指企业已存入证券公司但尚未进行投资的资金。企业向证券公司划出资金时，应按实际划出的金额，借记"其他货币资金——存出投资款"科目，贷记"银行存款"科目；购买股票、债券等时，借记"交易性金融资产"等科目，贷记"其他货币资金——存出投资款"科目。

6. 外埠存款

外埠存款是指企业为了到外地进行临时或零星采购，而汇往采购地银行开立采购专户的款项。该账户的存款不计利息、只付不收、付完清户，除了采购人员可从中提取少量现金外，其他业务采用转账结算方式。

企业将款项委托当地银行汇往采购地开立专户时，根据汇出款项凭证编制付款凭证，借记"其他货币资金——外埠存款"科目，贷记"银行存款"科目；企业收到采购人员交来的供货单位发货票、账单等报销凭证时，据以编制转账凭证，借记"材料采购"或"原材料""库存商品""应交税费——应交增值税（进项税额）"等科目，贷记"其他货币资金——外埠存款"科目；用外埠存款采购结束将多余资金转回时，根据银行的收账通知编制收款凭证，借记"银行存款"科目，贷记"其他货币资金——外埠存款"科目。

第 5 章
会计核算——应收款项与预付款项

本章导读

应收款项与预付款项是指企业在日常生产经营过程中由于销售商品、提供劳务等发生的各项债权。应收款项包括应收票据、应收账款和其他应收款等；预付款项则是指企业按照合同规定预付给对方的款项，如预付账款等。

应收款项若无法按时收回，就会产生坏账。本章将介绍在正常情况下发生与收回应收款项及预付款项的会计核算，以及发生坏账时的处理方法。

本章将解答以下问题。

（1）什么是应收票据？应收票据包括哪些种类？

（2）收到应收票据怎样进行账务处理？

（3）应收票据贴现与转让时怎样进行账务处理？

（4）应收票据到期怎样进行账务处理？

（5）产生应收账款时怎样进行账务处理？

（6）如何提供坏账准备？怎样对坏账准备进行账务处理？

5.1　应收票据

5.1.1　什么是应收票据？

应收票据是指企业因销售商品、提供劳务等而收到的一种书面凭证，在我国主要指商业汇票。商业汇票是出票人签发的，委托付款人在见票时或者在指定日期，无条件支付确定的金额给收款人或者持票人的票据。

在商业汇票关系中，包括三个基本当事人：出票人、付款人和收款人。出票人是签发商业汇票、委托付款人进行付款的人；付款人则是商业汇票上载明的、受托承担付款义务的人，付款人进行承兑后，则成为承兑人；收款人是汇票上载明的、有权持有汇票并接受付款的人，而从收款人处依法受让汇票并取得付款的人，则为持票人。通常情况下，汇票上所载收款人也就是第一持票人。

商业汇票按承兑人的不同，分为商业承兑汇票和银行承兑汇票。前者指由收款人签发，经付款人承兑，或由付款人签发并承兑的票据；后者指由收款人或承兑申请人签发，并由承兑申请人向开户银行申请，经银行审查同意承兑的票据。

5.1.2　应收票据的会计核算

为了反映和监督应收票据取得、票款收回等经济业务，企业应当设置"应收票据"科目。该科目的借方登记取得的应收票据的面值，贷方登记到期收回的票款或到期前向银行贴现的应收票据的票面余额，期末余额在借方，反映企业持有的商业汇票的票面金额。

1. 取得应收票据的会计核算

应收票据取得原因不同，其会计处理也有所区别。企业因销售商品、提供劳务等而收到、开出、承兑的商业汇票，按商业汇票的票面金额，借记"应收票据"科目，按确认的营业收入，贷记"主营业务收入"等科目。涉及增值税销项税额的，还应进行相应的处理。

2. 转让应收票据的会计核算

在会计实务中，企业可以将自己持有的商业汇票背书转让。背书是指在票据背面或者粘单上记载有关事项并签章的票据行为。背书转让票据，背书人应当承担票据责任。企业将持有的商业汇票背书转让以取得所需物资时，按应计入取得物资成本的金额，借记"材料采购"或"原材料""库存商品"等科目；按增值税专用发票上注明的可抵扣的增值税，借记"应交税费——应交增值税（进项税额）"科目；按商业汇票的票面金额，贷记"应收票据"科目；如借方和贷方有差额，借记或贷记"银行存款"等科目。

3. 应收票据贴现的会计核算

票据贴现是指企业以未到期票据向银行融通资金，银行按票据的应收金额扣除一定期间的利息后的余额付给企业的融资行为。在我国，商业汇票的持票人向银行办理贴现必须具备下列条件：应是在银行开立存款账户的企业法人以及其他组织；与出票人或者直接前手之间具有真实的商品交易关系；提供与其前手之间的增值税发票和商品发运单据复印件。

（1）应收票据贴现额的计算。

$$贴现息 = 票据到期值 \times 贴现利率 \times 贴现期$$

$$贴现额 = 票据到期值 - 贴现息$$

以上公式中，贴现利率由银行统一制定；贴现期按银行规定计算，通常是指从贴现日至票据到期日前1日的时期。

票据有带息与不带息之分，到期值的计算及账务处理也有所不同。不带息票据到期值即票据面值，而带息票据到期值等于票据面值与票据到期利息之和，其中票据到期利息应按下列公式计算。

$$票据到期利息 = 应收票据面值 \times 票面利率 \times 时间$$

在以上公式中，票面利率有年、月、日利率之分。如需将年利率换算成月利率或日利率，每月统一按30天计算，全年按360天计算。三者之间的关系如下。

$$月利率 = 年利率 \div 12$$

$$日利率 = 月利率 \div 30 = 年利率 \div 360$$

时间是指从票据生效之日起到票据到期之日止的时间间隔。时间通常有以下方法：第一种以月表示，即按月计息。计算时一律以次月对日（如从3月15日至4月15日）为一个月；月末签发的票据，不论月份大小，以到期月的月末为到期日（如1月31日签发票据，期限为一个月的票据于2月28日或29日到期，期限为两个月的票据于3月31日到期）。计算利息的利率要换算成月利率。

（2）应收票据贴现的账务处理。

企业持未到期的商业汇票向银行贴现，应按实际收到的金额（即减去贴现息后的净额），借记"银行存款"等科目；按贴现息部分，借记"财务费用"等科目；按商业汇票的票面金额，贷记"应收票据"科目或"短期借款"科目。

4. 收回到期应收票据的会计核算

商业汇票到期之后，应及时要求对方付款。收到对方付款时，应按实际收到的金额，借记"银行存款"科目；按商业汇票的票面金额，贷记"应收票据"科目。

5.2　应收账款

5.2.1　什么是应收账款

应收账款是指企业因销售商品、提供劳务等经营活动，应向购货单位或接受劳务单位收取的款项，主要包括企业因销售商品或提供劳务等而应向有关债务人收取的价款及代购货单位垫付的包装费、运杂费等。依据应收账款的概念，应收账款具有以下特征：

（1）应收账款是企业因销售商品、提供劳务等经营活动所形成的债权；

（2）应收账款是具有流动资产性质的债权；

（3）应收账款是企业应收客户的款项，包括代垫的运杂费，但不包括企业付出的各类存出保证金，如投标保证金和租入包装物保证金等。

5.2.2　折扣类型

应收账款通常应按实际发生额计价入账，计价时还需要考虑商业折扣和现金折扣等因素。

1. 商业折扣

商业折扣是指企业根据市场供需情况，或针对不同的顾客，在商品标价上给予的扣除，是为鼓励客户购买本企业的商品而给予客户的价格优惠。

商业折扣是企业常用的促销手段。商业折扣一般在交易发生时即已确定，它仅仅是确定实际销售价格的一种手段，不需要在买卖双方中任何一方的账上反映，所以，商业折扣对应收账款的入账价值没有影响。因此，在存在商业折扣的情况下，企业的应收账款入账金额应按扣除商业折扣以后的实际售价确认。

2. 现金折扣

现金折扣是指债权人为鼓励债务人在规定的期限内付款，而向债务人提供的债务扣除。现金折扣通常发生在以赊销方式销售商品及提供劳务的交易中。企业为了鼓励债务人提前偿付货款，通常与债务人达成协议，债务人在不同期限内付款可享受不同比例的折扣。现金折扣一般用符号"折扣/付款期限"表示。例如，买方在 10 天内付款可按售价给予 2% 的折扣，用符号"2/10"表示；在 20 天内付款按售价给予 1% 的折扣，用符号"1/20"表示；在 30 天内付款，则不给折扣，用符号"$n/30$"表示。

在存在现金折扣的情况下，实际发生的现金折扣，作为一种理财费用，计入当期的损益。

5.2.3　做好应收账款管理

为了反映应收账款的增减变动及其结存情况，企业应设置"应收账款"科目。不单独设置"预收账款"科目的企业，预收的账款也在"应收账款"科目核算。"应收账款"科目的借方登记应收账款的增加，贷方登记应收账款的收回及确认的坏账损失。需要特别说明的是，企业代购货单位垫付的包装费、运杂费也应计入应收账款，通过"应收账款"科目核算。

"应收账款"科目的期末余额一般在借方，反映企业尚未收回的应收账款金额；如果期末余额在贷方，则反映企业预收的账款金额。

在与应收款项相关的会计核算中，计提坏账准备、进行债务重组也是非常常见的经济业务，这些业务的会计核算将在以后的章节进行详细的讲解。

5.3 预付账款

预付账款是指企业按照合同规定预付的款项。企业应当设置"预付账款"科目，核算预付账款的增减变动及其结存情况。预付款项情况不多的企业，可以不设置"预付账款"科目，而直接通过"应付账款"科目核算。"预付账款"科目期末借方余额，反映企业预付的款项金额；期末如为贷方余额，反映企业尚未补付的款项金额。

企业根据购货合同的规定向供应单位预付款项时，借记"预付账款"科目，贷记"银行存款"科目。企业收到所购物资时，按应计入购入物资成本的金额，借记"材料采购"或"原材料""库存商品""应交税费——应交增值税（进项税额）"等科目，贷记"预付账款"科目；当预付货款小于采购货物所需支付的款项时，应将不足部分补付，借记"预付账款"科目，贷记"银行存款"科目；当预付货款大于采购货物所需支付的款项时，对收回的多余款项应借记"银行存款"科目，贷记"预付账款"科目。

5.4 其他应收款

5.4.1 其他应收款概述

其他应收款是指企业除应收票据、应收账款、预付账款等以外的其他各种应收及暂付款项。其主要内容包括：

（1）应收的各种赔款、罚款；

（2）应收出租包装物的租金；

（3）应向职工收取的各种垫付款项；

（4）备用金（向企业各职能科室、车间等拨出的备用金）；

（5）存出的保证金，如租入包装物支付的押金；

（6）预付账款转入；

（7）其他各种应收、暂付款项。

5.4.2 其他应收款的相关处理

为了反映其他应收款的增减变动及其结存情况，企业应当设置"其他应收款"科目。"其他应收款"科目应按不同的债务人设置明细科目。企业应定期或者至少每年年度终了，对其他应收款进行检查，预计其可能发生的坏账损失，并计提坏账准备。"其他应收款"科目的借方登记其他应收款的增加，贷方登记其他应收款的收回，期末余额一般在借方，反映企业尚未收回的其他应收款项金额。

企业发生其他各种应收款项时，应按应收金额借记"其他应收款"科目，贷记有关科目；收回各种款项时，借记有关科目，贷记"其他应收款"科目。企业拨出用于投资、购买物资的各种款项，不得通过"其他应收款"科目核算。

5.4.3　有人要出差，来借差旅费

1. 备用金的概念

在其他应收款的会计核算中，备用金的会计核算比较常见。很多企业为了使频繁的日常小额零星支出摆脱常规的逐级审批及逐项签发支票的复杂手续，建立了定额备用金制度。

2. 备用金的管理

备用金的管理内容如下：

（1）会计部门核定金额，规定使用范围；

（2）设立专人经管定额备用金；

（3）支付零用现金时，必须由指定的负责人签字同意；

（4）经管人员必须妥善保管有关收据、发票及各种报销凭证，并设置备用金登记簿；

（5）按规定凭有关凭证向财务部门报销，补足定额。

3. 备用金的账务处理

（1）发放备用金时。

借：其他应收款——×××

　　贷：库存现金（银行存款）

（2）定期报销时。

借：管理费用

　　贷：库存现金（银行存款）

（3）年末备用金尚未用完。

借：库存现金（银行存款）

　　贷：其他应收款——×××

（4）年末备用金已经用完，尚有费用没报销时。

借：管理费用

　　贷：库存现金——银行存款

　　　　其他应收款——×××

5.5　坏账准备

企业应当在资产负债表日对应收款项的账面价值进行检查，有客观证据表明某应收款项发生减值的，应当将该应收款项的账面价值减计至预计未来现金流量现值，减计的金额确认减值损失，计提坏账准备。

5.5.1　确认应收款项减值

企业确认应收款项减值时，应遵循财务会计报告的目标和会计核算的基本原则，具体分析各种应收款项的特性、金额的大小、信用期限、债务人的信誉和当时的经营情况等因素。一般来讲，企业的应收款项符合下列条件之一的，应确认为应收款项减值：

（1）债务人死亡，以其遗产清偿后仍然无法收回；

（2）债务人破产，以其破产财产清偿后仍然无法收回；

（3）债务人较长时期内未履行其偿债义务，并有足够的证据表明无法收回或收回的可能性极小。

企业应当定期或者至少于每年年度终了，分析各项应收款项的可收回性，预计可能产生的应收款项减值损失。对没有把握能够收回的应收款项，计提坏账准备。

企业坏账准备的计提范围包括应收账款、其他应收款等，企业的预付账款如有确凿证据表明其不符合预付账款性质，或者因供货单位破产、撤销等已无望再收到所购货物的，应当将原计入预付账款的金额转入其他应收款，并按规定计提坏账准备。企业持有的未到期应收票据，如有确凿证据证明不能够收回或收回的可能性不大时，应按其账面余额转入应收账款，并计提相应的坏账准备。

应当指出，对已确认为坏账的应收账款，并不意味着企业放弃了追索权，一旦重新收回，应及时入账。

在确定坏账准备的计提比例时，企业应根据以往的经验、债务单位的实际财务状况和现金流量等相关信息予以合理估计。除有确凿证据表明该项应收款项不能够收回或收回的可能性不大外（如债务单位已撤销、破产、资不抵债、现金流量严重不足、发生严重的自然灾害等导致停产而在短时间内无法偿付债务等，以及3年以上的应收款项），下列各种情况不能全额提取坏账准备：

（1）当年发生的应收款项；

（2）计划对应收款项进行重组；

（3）与关联方发生的应收款项；

（4）其他已逾期，但无确凿证据表明不能收回的应收款项。

5.5.2　估计坏账损失

企业进行坏账核算时，首先应按期估计坏账损失。估计坏账损失的方法有应收款项余额百分比法、账龄分析法和销货百分比法等。

1. 应收款项余额百分比法

应收款项余额百分比法，是根据会计期末应收款项的余额和估计的坏账率估计坏账损失、计提坏账准备的方法。按此方法计算的金额为下年度应保留的坏账准备金额，因此，实际提取的坏账准备金额并不一定等于计算出的金额。提取坏账准备时需考虑提取前该账户的余额，但"坏账准备"科目年末余额一定在贷方，反映应保留的坏账准备金额。

（1）如为借方余额，则表示原先提取的坏账准备没能足额冲销已发生的坏账，需在提取时补提，实际提取数等于应提取数加上借方余额。

（2）如为贷方余额，则需区分两种情况：

①原贷方余额大于应提数，表示原坏账准备过多，应冲销多余数；

②原贷方余额小于应提数，则应补提不足部分。

2. 账龄分析法

账龄分析法，是根据应收款项账龄的长短来估计坏账的方法。账龄指的是欠款的时间。采用这种方法，企业利用"账龄分析表"所提供的信息，确定坏账准备金额。这种方法下，企业应按各类账龄分别估计应收账款可能成为坏账的部分。

3. 销货百分比法

销货百分比法，是以赊销金额的一定百分比估计坏账的方法。企业可以根据过去的经验和有关资料，估计坏账损失与赊销金额之间的比率，也可用其他更合理的方法进行估计。

5.5.3　坏账准备的会计核算

企业应当设置"坏账准备"科目，核算应收款项的坏账准备计提、转销等情况。坏账准备可按以下公式计算。

当期应计提的坏账准备＝当期按应收款项计算应计提的坏账准备金额＋（或－）"坏账准备"

科目借方余额（或贷方余额）

企业在计提坏账准备时，按应减计的金额，借记"信用减值损失——计提的坏账准备"科目，贷记"坏账准备"科目。冲减多计提的坏账准备时，借记"坏账准备"科目，贷记"信用减值损失——计提的坏账准备"科目。

第6章
会计核算——存货

本章导读

企业因为生产或者销售的需要，经常需要储备一定数量的某种资产，如生产需要的原材料、包装物，或者准备对外销售的产成品等。这些原材料、包装物、产成品等统称为存货。存货是企业中种类多、流转十分复杂的一类资产。

本章将解答以下问题。

（1）什么是存货？存货包括哪些类别？

（2）如何对存货进行计价？存货计价方法包括哪些？

（3）取得原材料时如何进行会计核算？

（4）原材料发出时如何进行会计核算？

（5）在计划成本法下，如何对与原材料相关的业务进行会计核算？

（6）在发生与包装物、低值易耗品相关的业务时，企业如何进行会计核算？

（7）存货的盘存方法包括哪些？

（8）在发生与存货盘盈、盘亏相关的业务时，企业如何进行会计核算？

（9）存货期末如何计价？

6.1 存货

6.1.1 什么是存货

根据《企业会计准则第 1 号——存货》，存货是指企业在日常活动中持有以备出售的产成品或商品、处在生产过程中的在产品、在生产过程或提供劳务过程中耗用的材料和物料等。

同其他的资产相比较，存货具有以下特点：

（1）存货是有形资产；

（2）存货具有较强的流动性；

（3）存货具有实效性和发生潜在损失的可能性；

（4）存货的实物流动与价值流动存在着不一致性。

6.1.2 存货的确认

按照《企业会计准则第 1 号——存货》第四条的规定，存货同时满足下列条件的，才能予以确认：

（1）与该存货有关的经济利益很可能流入企业；

（2）该存货的成本能够可靠地计量。

在会计实务中，应以企业对存货是否具有法定所有权为依据确认存货。凡在盘存日，法定所有权属于企业的所有物品，不论其存放地点，都应视为存货。

按经济用途的不同，可将存货分为以下几个类别：①原材料；②在产品；③半成品；④产成品；⑤商品；⑥包装物；⑦委托代销商品；⑧低值易耗品。

6.1.3 存货的计价

存货属于资产的一个类别，用于核算存货的科目主要包括"库存商品""原材料"等，一般借记表示存货的增加，贷记表示存货的减少。在存货的会计核算中，主要需要解决以下的关键问题：

（1）取得存货时，如何确定存货的价值；

（2）发出存货时，如何确定存货的成本；

（3）会计期末时，如何对存货的成本进行调整。

存货的计价方法，主要可以分为计划成本法和实际成本法。计划成本法是指存货的收入、发出和结余均按预先制定的计划成本计价，同时另设成本差异科目，对计划成本和实际成本的差额进行登记、分摊，并按期结转，期末将发出和库存存货的成本调整为与实际成本一致的一种计价方法。

实际成本法是指存货的收入、发出和结余均按其实际成本确定的计价方法。实际成本法一般适用于规模较小、存货品种简单、采购业务不多的企业。

常见的存货计价方法有先进先出法、月末一次加权平均法、移动加权平均法、个别计价法等。

6.2 存货的计价方法

处于不同环节的存货具有不同的计价方法，具体包括：取得存货时的初始计量、发出存货成本的确定、存货的期末计量。在学习存货的计价方法时，一定要清楚地区分存货所处的环节以及存货的取得方式。

6.2.1 取得存货时的初始计量

存货应当按照成本进行初始计量。存货成本包括采购成本、加工成本和其他成本。

1. 存货的采购成本

存货的采购成本，包括购买价款、相关税费、运输费、装卸费、保险费以及其他可归属于存货采购成本的费用。

其中，存货的购买价款是指企业购入的材料或商品的发票账单上列明的价款，但不包括按规定可以抵扣的增值税。

存货的相关税费是指企业购买存货发生的进口关税、消费税、资源税和不能抵扣的增值税进项税额以及相应的教育费附加等应计入存货采购成本的税费。

其他可归属于存货采购成本的费用是指采购成本中除上述各项以外的可归属于存货采购成本的费用，如在存货采购过程中发生的仓储费、包装费、运输途中的合理损耗、入库前的挑选整理费用等。

商品流通企业在采购商品过程中发生的运输费、装卸费、保险费以及其他可归属于存货采购成本的费用等进货费用，应当计入存货采购成本，也可以先进行归集，期末根据所购商品的存销情况进行分摊。

2. 存货的加工成本

存货的加工成本是指在存货的加工过程中发生的追加费用，包括直接人工以及按照一定方法分配的制造费用。

直接人工是指企业在生产产品和提供劳务的过程中发生的直接从事产品生产和劳务提供人员的职工薪酬。

制造费用是指企业为生产产品和提供劳务而发生的各项间接费用。

3. 存货的其他成本

存货的其他成本是指除采购成本、加工成本以外的，使存货达到目前场所和状态所发生的其他支出。

存货的来源不同，其成本的构成内容也不同。原材料、商品、低值易耗品等通过购买而取得的存货的成本由采购成本构成，产成品、在产品、半成品等自制或需委托外单位加工完成的存货的成本由采购成本、加工成本以及使存货达到目前场所和状态所发生的其他支出构成。实务中，存货的成本具体按以下原则确定。

（1）购入的存货，其成本包括：买价、运杂费（包括运输费、装卸费、保险费、包装费、仓储费等）、运输途中的合理损耗、入库前的挑选整理费用（包括挑选整理中发生的工资、费用支出和挑选整理过程中所发生的数量损耗，并扣除回收的下脚料价值），以及按规定应计入成本的税费和其他费用。

（2）自制的存货，包括自制原材料、自制包装物、自制低值易耗品、自制半成品及库存商品等，其成本包括直接材料、直接人工和制造费用等各项实际支出。

（3）委托外单位加工完成的存货，包括加工后的原材料、包装物、低值易耗品、半成品、产成品等，其成本包括实际耗用的原材料或者半成品、加工费、装卸费、保险费、委托加工的往返运输费等费用，以及按规定应计入成本的税费。

但是，下列费用不应计入存货成本，而应在其发生时计入当期损益。

（1）非正常消耗的直接材料、直接人工和制造费用，应在发生时计入当期损益，不应计入存货成本。如由于自然灾害而发生的直接材料、直接人工和制造费用，因这些费用的发生无助于使存货达到目前场所和状态，所以不应计入存货成本，而应确认为当期损益。

（2）仓储费用，指企业在存货采购入库后发生的储存费用，应在发生时计入当期损益。但是，在生产过程中为使存货达到下一个生产阶段所必需的仓储费用应计入存货成本。例如，某种酒类产品生产企业为使生产的酒达到符合相关规定的产品质量标准，而必须发生的仓储费用，应计入酒的成本，而不应计入当期损益。

（3）不能归属于使存货达到目前场所和状态的其他支出，应在发生时计入当期损益，不得计入存货成本。

6.2.2　发出存货成本的确定

由于企业各种存货是分批分次生产或者外购所形成的，所以即使是同一种存货，因其购入或生产的时间、条件不同，单位成本往往不同。发出存货时，如何确定每一笔存货的成本，就是财务部门需要解决的一个问题。

如果发出存货时能够正确区分其入库时的成本，那么以入库成本作为出库成本。这种方法称为个别计价法。但大多数存货发出时无法确认其入库的具体批次和相应的成本，因此，企业必须为发出的存货选择一定的计价方法。以下是确认发出存货成本的 4 种方法。

1. 个别计价法

个别计价法，亦称个别认定法、具体辨认法、分批实际法，采用这一方法时，假设存货具体项目的实物流转与成本流转相一致，按照各种存货逐一辨认各批发出存货和期末存货所属的购进批别或生产批别，分别按其购入或生产时所确定的单位成本计算各批发出存货和期末存货的成本。

个别计价法能够更准确地计算成本，但在存货收发频繁的情况下，个别计价法就会加大工作量。因此，这种方法适用于一般不能替代使用的存货、为特定项目专门购入或制造的存货（如珠宝、名画等贵重物品）以及提供的劳务。

2. 先进先出法

先进先出法，是指以先购入的存货应先发出（销售或耗用）这样一种存货实物流动假设为前提，对发出存货进行计价的一种方法。采用这种方法，先购入的存货成本在后购入的存货成本之前转出，据此确定发出存货和期末存货的成本。具体方法是：收入存货时，逐笔登记收入存货的数量、单价和金额；发出存货时，按照先进先出的原则逐笔登记存货的发出成本和结存金额。

3. 月末一次加权平均法

月末一次加权平均法，是指在进货时按存货的实际成本进行分类核算，在发出存货时只记录发货数量，月末时以本月所有进货和本月月初存货的加权平均成本乘以发货数量作为存货的发出成本的方法。具体公式如下。

加权平均单位成本＝（月初结存金额＋本月各批进货的实际金额）÷（月初结存数量＋本月各批收货数量）

本月发出存货的成本＝本月发出存货的数量 × 加权平均单位成本

月末存货的成本＝月末库存存货的数量 × 加权平均单位成本

4. 移动加权平均法

移动加权平均法，是指在每次收货以后，立即根据库存存货数量和总成本，计算出新的加权平均单位成本，发货时都以最近一次进货时计算的加权平均单位成本为依据计算发出存货的成本的方法。具体公式如下。

移动加权平均单位成本＝（本次进货前库存存货的实际成本＋本次进货的实际成本）÷（本次进货前库存存货的实际数量＋本次进货的实际数量）

发出存货的成本＝本次发出存货的数量 × 移动加权平均单位成本

本次发货后库存存货的成本＝期末库存存货的数量 × 移动加权平均单位成本

6.2.3 存货的期末计量

存货的入库价值以购入或制造时的历史成本为基础，随着存货的市场价值的变化，原来的价值已不能正确反映存货的真实价值。因此，企业在会计期末应采用成本与可变现净值孰低法确定期末库存存货的价值。

1. 成本与可变现净值孰低法的概念

成本是指存货购入或生产时的历史成本。可变现净值是指企业在正常生产经营过程中，以存货估计售价减去估计完工成本以及销售所必需的估计费用后的价值。

成本与可变现净值孰低法，是指对期末存货按照成本与可变现净值两者之中较低者计价的方法：当成本低于可变现净值时，存货按成本计价；当可变现净值低于成本时，存货按可变现净值计价。在资产负债表中，"存货"项目按照减去存货跌价准备后的净额反映，这是谨慎性原则在与存货有关的会计处理上的具体运用，是对历史成本原则的修正。

2. 应该计提存货跌价准备的情况

当存在下列情况之一时，应计提存货跌价准备：①市价持续下跌，并且在可预见的未来无回升的希望；②企业使用该项原材料生产的产品的成本大于产品的销售价格；③企业因产品更新换代，原有库存原材料已不适应新产品的需要，而该原材料的市场价格又低于其账面成本；④企业所提供的商品或劳务过时或消费者偏好改变而使市场的需求发生变化，导致市场价格逐渐下跌；⑤其他足以证明存货实质上已经发生减值的情形。

6.2.4 存货的其他计价方法

1. 计划成本法

在计划成本法下，存货的收入、发出和结余均按预先制定的计划成本计价，同时另设成本差异科目（"材料成本差异"科目或"产品成本差异"科目，下同）；在增加存货时记录实际成本与计划成本的差额，在发出存货时不记录成本差异科目，而只是在期末时将成本差异科目的余额在本期实际发出存货和本期期末库存存货之间进行分摊，进而将存货成本调整为实际成本。成本差异的分摊结转数额，可以按本月成本差异率计算，也可以按上月成本差异率计算，计算方法一经确定，不得随意变动。

以材料为例，计算公式如下。

本月材料成本差异率 =（月初结存材料成本差异 + 本月收入材料成本差异）÷（月初结存材料计划成本 + 本月收入材料计划成本）×100%

本月发出材料应负担的材料成本差异额 = 本月发出材料的计划成本 × 本月材料成本差异率

2. 毛利率法

毛利率法是指在增加存货时按照存货的实际成本记录，在发出存货时按照上一会计期间的毛利率计算发出存货的实际成本的方法。本方法常见于商品流通企业。计算公式如下。

销售净额 = 商品销售收入 - 销售退回与折让

销售毛利 = 销售净额 × 毛利率

销售（发出存货）成本 = 销售净额 - 销售毛利 = 销售净额 ×（1 - 毛利率）

期末存货成本 = 期初存货成本 + 本期购货成本 - 本期销售成本

3. 零售价法

零售价法是指用成本占零售价的百分比计算期末存货成本的一种方法。该方法主要适用于商业零售企业。相关计算步骤和计算公式如下。

（1）期初存货和本期购货同时按成本和零售价记录，以便计算所有存货（也就是可供销售的存货）的成本总额和售价总额。

（2）本期销货只按售价记录，从本期可供销售的存货售价总额中减去本期已经销售的存货的售价总额，计算出期末存货的售价总额。

（3）计算存货成本占零售价的百分比，即成本率，公式为：

成本率＝（期初存货成本＋本期购货成本）÷（期初存货售价＋本期购货售价）×100％

（4）计算期末存货成本，公式为：

期末存货成本＝期末存货售价总额 × 成本率

（5）计算本期销售成本，公式为：

本期销售成本＝期初存货成本＋本期购货成本－期末存货成本

6.3　原材料的核算

6.3.1　实际成本法下原材料的核算

在实际成本法下，取得原材料通过"原材料"和"在途物资"科目核算。

企业外购材料时，由于结算方式和采购地点的不同，材料入库和货款的支付在时间上不一定完全同步，相应地，相关账务处理也有所不同，具体如下。

（1）对于发票账单与材料同时到达的采购业务，企业在支付货款或开出、承兑商业汇票，材料验收入库后，应根据发票账单等结算凭证确定的材料成本，借记"原材料"科目；根据取得的增值税专用发票上注明的（不计入材料采购成本的）税额，借记"应交税费——应交增值税（进项税额）"科目（一般纳税人，下同）；按照实际支付的款项或应付票据面值，贷记"银行存款"或"应付票据"等科目。

（2）对于已经付款或已开出、承兑商业汇票，但材料尚未到达或尚未验收入库的采购业务，应根据发票账单等结算凭证，借记"在途物资""应交税费——应交增值税（进项税额）"科目，贷记"银行存款"或"应付票据"等科目；待材料到达、验收入库后，再根据收料单，借记"原材料"科目，贷记"在途物资"科目。

（3）对于材料已到达并已验收入库，但发票账单等结算凭证未到，货款尚未支付的采购业务，应于月末，按材料的暂估价值，借记"原材料"科目，贷记"应付账款——暂估应付账款"科目；在下月初用红字做同样的记账凭证予以冲回，以便在下月付款或开出、承兑商业汇票后，按正常程序，借记"原材料""应交税费——应交增值税（进项税额）"科目，贷记"银行存款"或"应付票据"等科目。

（4）采用预付货款的方式采购材料，应在预付材料价款时，按照实际预付的金额，借记"预付账款"科目，贷记"银行存款"科目；在已经预付货款的材料验收入库时，根据发票账单等所列的价款、税额等，借记"原材料""应交税费——应交增值税（进项税额）"科目，贷记"预付账款"科目；在预付款项不足而补付货款时，按补付的金额，借记"预付账款"科目，贷记"银行存款"科目；在退回多付的款项时，借记"银行存款"科目，贷记"预付账款"科目。

6.3.2　原材料的日常核算

1. 领用原材料的核算

企业生产经营领用原材料，按实际成本，借记"生产成本""制造费用""销售费用""管理费用"等科目，贷记"原材料"科目；企业发出委托外单位加工的原材料，借记"委托加工物资"科目，贷记"原材料"科目。

基建工程、福利等部门领用原材料，按实际成本加上不予抵扣的增值税等，借记"在建工程""应付职工薪酬"等科目；按实际成本，贷记"原材料"科目；按不予抵扣的增值税，贷记"应交税费——应交增值税（进项税额转出）"科目。

2. 出售原材料的核算

对于出售的原材料，企业应当按已收或应收的价款，借记"银行存款"或"应收账款"等科目；按实现的营业收入，贷记"其他业务收入"等科目；按应交的增值税，贷记"应交税费——应交增值税（销项税额）"科目。月度终了，按出售原材料的实际成本，借记"其他业务成本"科目，贷记"原材料"科目。

6.3.3　计划成本法下原材料的核算

计划成本法一般适用于存货品种繁多、收发频繁的企业。如果企业的自制半成品、产成品品种繁多，或者在管理上需要分别核算其计划成本和成本差异的，也可采用计划成本法核算。

采用计划成本法的前提是制定每一品种存货的计划成本，存货计划成本的组成内容应与其实际成本的构成一致，包括买价、运杂费和有关的税金等。存货的计划成本一般由企业采购部门会同财务等有关部门共同制定，制定的计划成本应尽可能接近实际。采用计划成本法进行日常核算的企业，其基本的会计核算程序如下。

（1）制定各种存货的计划成本目录，规定存货的分类，以及各种存货的名称、规格、编号、计量单位和计划单位成本。

（2）平时收到存货时，应按计划单位成本计算出收入存货的计划成本，并填入收料单内，并按实际成本与计划成本的差额，记入"材料成本差异"科目。

（3）平时领用、发出存货，都按计划成本计算，月份终了再将本月发出存货应负担的成本差异进行分摊，随同本月发出存货的计划成本记入有关账户，将发出存货的计划成本调整为实际成本。发出存货应负担的成本差异，必须按月分摊，不得在季末或年末一次性分摊。

6.4　包装物和低值易耗品的核算

6.4.1　包装物的核算

企业包装物应按包装物的不同用途分别进行处理。

1. 领用包装物

企业生产部门领用的用于包装产品的包装物，构成了产品的组成部分，因此，应将包装物的成本计入产品生产成本。生产领用包装物时，借记"生产成本"等科目，贷记"包装物"科目。

2. 出售包装物

随同商品出售但不单独计价的包装物，应于发出包装物时，按包装物实际成本，借记"销售费用"科目，贷记"包装物"科目。

随同商品出售单独计价的包装物，在随同商品出售时要单独确认其销售收入，相应地也应单独反映其销售成本。因此，应于商品出售时，按照销售处理，借记"其他业务成本"科目，贷记"包装物"科目。

3. 出租、出借包装物

企业多余或闲置未用的包装物可以出租、出借给外单位使用。出租、出借包装物，按出租、出借包装物的实际成本，借记"其他业务成本"（出租包装物）或"销售费用"（出借包装物）科目，贷记"包装物"科目。收到出租包装物的租金时，借记"库存现金""银行存款"等科目，贷记"其他业务收入"等科目。

在收到出租、出借包装物的押金时，借记"库存现金""银行存款"等科目，贷记"其他应付款"科目；退回押金时做相反的会计分录。对于逾期未收回的包装物，按没收的押金，借记"其他应付款"科目；按应交的增值税，贷记"应交税费——应交增值税（销项税额）"科目；按其差额，贷记"其他业务收入"科目。没收的押金收入应交的消费税等税费，计入其他业务成本，借记"其他业务成本"科目，贷记"应交税费——应交消费税"等科目。

出租、出借的包装物因不能使用而报废时，按其残料价值，借记"原材料"等科目，贷记"其他业务成本"（出租包装物）或"销售费用"（出借包装物）等科目。

6.4.2　低值易耗品的核算

1. 低值易耗品的摊销方法

常用的低值易耗品的摊销方法有以下三种。

（1）一次摊销法。这种方法是指在领用低值易耗品时，将其成本一次全部摊入成本或费用的方法。它适用于一次领用数量不多、价值较低或易损坏的低值易耗品。这种方法比较简单，但在该方法下，费用负担不够均衡，且会出现账外财产。

（2）分次摊销法。这种方法是指从领用低值易耗品起，根据低值易耗品的成本和预计使用期限，将其成本分次计入成本或费用的方法。它适用于价值较高、一次领用数量较多或使用期限较长的低值易耗品。这种方法有利于合理分摊成本或费用，但核算工作量较大。

（3）五五摊销法。五五摊销法是指在领用低值易耗品时，摊销其成本的50%，在报废时摊销另外的50%的方法。它适用于各期领用与报废数额比较均衡的低值易耗品。

2. 低值易耗品的会计核算

一次摊销法下，在领用低值易耗品时将其全部价值转入有关的成本费用，借记有关科目，贷记"低值易耗品"科目。报废时，将报废低值易耗品的残料价值作为当月低值易耗品摊销额的减少，冲减有关成本费用，借记"原材料"等科目，贷记"制造费用""管理费用"等科目。

分次摊销法下，在领用低值易耗品时，借记"待摊费用"等科目，贷记"低值易耗品"科目；在分次摊入有关成本费用时，借记"制造费用""管理费用"等科目，贷记"待摊费用"等科目。

如果低值易耗品已经发生毁损、遗失等，不能再继续使用的，应将其账面价值全部转入当期成本、费用。

6.5 存货盘点的会计处理

6.5.1 存货的盘存

常用的存货盘存方法主要有实地盘存制和永续盘存制两种。

1. 实地盘存制

实地盘存制也称定期盘存制，指会计期末通过对全部存货进行实地盘点，以确定期末存货的结存数量，然后分别乘以各项存货的盘存单价，计算出期末存货的总金额，并倒轧本期已耗用或已销售存货的成本的方法。采用这种方法，平时对有关存货科目只记借方，不记贷方，每一期末，通过实地盘点确定存货数量，据以计算期末存货成本，然后计算出当期的耗用或销货成本，并记入有关存货科目的贷方。这一方法若用于工业企业，则称为"以存计耗"或"盘存计耗"；若用于商品流通企业，则称为"以存计销"或"盘存计销"。

"以存计耗"和"以存计销"以下列基本等式为依据。

$$期初存货 + 本期购货 = 本期耗用或销货 + 期末存货$$

若存货以历史成本计价，则上述公式可以改写为以下公式。

$$本期耗用或销货成本 = 期初存货成本 + 本期购货成本 - 期末存货成本$$

期初存货成本和本期购货成本这两项数字都不难从账上取得，待实地盘存确定期末存货成本后，本期耗用或销货成本即可用上述公式进行计算。

2. 永续盘存制

永续盘存制也称账面盘存制，是对存货项目设置经常性的库存记录，即分品名、规格设置存货明细账，逐笔或逐日地登记收入、发出的存货，并随时记列结存数的方法。这一方法下，会计账簿资料可以完整地反映存货的收入、发出和结存情况。采用永续盘存制，并不排除对存货的实物盘点。为了核对存货账面记录，企业应加强对存货的管理，每年至少应对存货进行一次全面盘点，具体盘点次数视企业内部控制要求而定。

6.5.2 存货盘盈、盘亏和毁损的会计核算

企业在进行存货的日常收发及保管的过程中，可能存在存货的实际结存数量与账面结存数量不符的情形，有时会存在存货毁损的情形。为了确保账实相符，企业应定期或不定期地进行存货盘点。发生存货盘盈（实际结存数量大于账面结存数量）、盘亏（实际结存数量小于账面结存数量）及毁损（非常性事项造成的存货损失）时，应及时查明原因，并进行账务处理，以保证账实一致。

1. 存货盘盈的会计核算

企业发生存货盘盈时，应按规定的程序报经有关部门批准后才能做出处理。在批准处理以前，一般先根据盘盈的存货，按同类或类似存货的市场价格调整存货账面记录，以使账实一致，即借记"原材料""库存商品"等科目，贷记"待处理财产损溢——待处理流动资产损溢"科目。

盘盈的存货查明原因后，应按不同的原因及处理决定分别入账，借记"待处理财产损溢——待处理流动资产损溢"科目，贷记有关科目。其中，对于无法确定具体原因的盘盈存货，一般应冲减企业的管理费用，借记"待处理财产损溢——待处理流动资产损溢"科目，贷记"管理费用"科目。

2. 存货盘亏和毁损的会计核算

发生存货盘亏和毁损，在批准处理以前，应先通过"待处理财产损溢——待处理流动资产损溢"科目进行核算。发现盘亏和毁损时，一般按盘亏和毁损存货的实际成本（大多按盘亏、毁损的数量和该存货的期初结存单价计算确定）冲减存货的账面记录，借记"待处理财产损溢——待处理流动资产损溢"科目，贷记有关的存货科目。

查明盘亏和毁损的原因后，应按不同的原因及处理决定分别入账，借记有关科目，贷记"待处理财产损溢——待处理流动资产损溢"科目。其中，属于定额内的合理盘亏的，应作为管理费用列支；属于一般经营性损失的，扣除残料价值以及可以收回的保险赔偿和过失人赔偿后的净损失，经批准也可以作为管理费用列支；属于自然灾害损失，管理不善造成货物被盗、发生霉烂变质等损失以及其他非正常损失的，应将扣除可以收回的保险赔偿及残料价值后的净损失，作为企业的营业外支出进行处理。

6.6　跌价准备的处理

企业应当设置"存货跌价准备"科目，核算存货跌价准备，贷方登记计提的存货跌价准备金额，借方登记实际发生的存货跌价损失和冲减的存货跌价准备，期末余额一般在贷方，反映企业已计提但尚未转销的存货跌价准备。

当存货成本高于其可变现净值时，企业应当按照存货可变现净值低于成本的差额，借记"资产减值损失——计提的存货跌价准备"科目，贷记"存货跌价准备"科目。

在转回已计提的存货跌价准备金额时，按恢复增加的金额，借记"存货跌价准备"科目，贷记"资产减值损失——计提的存货跌价准备"科目。

企业在结转存货销售成本时，已计提存货跌价准备的，借记"存货跌价准备"科目，贷记"主营业务成本""其他业务成本"等科目。

第 7 章
会计核算——固定资产

本章导读

固定资产是企业赖以生存的物质基础，是产生经济效益的源泉。固定资产在企业全部资产中占有较大比重，固定资产的会计核算方法直接影响到企业的资产计价和效益。因此，熟练掌握固定资产的会计核算至关重要。

本章将解答以下问题。

（1）什么是固定资产？如何对固定资产进行分类？

（2）取得固定资产时，如何进行账务处理？

（3）什么是固定资产的折旧？

（4）固定资产折旧方法有哪些？

（5）如何对固定资产的后续支出进行账务处理？

（6）固定资产处置如何进行账务处理？

7.1 不可小觑的固定资产

7.1.1 什么样的资产才是固定资产

固定资产是指同时具有以下特征的有形资产：①为生产商品、提供劳务、出租或经营管理而持有；②使用寿命超过一个会计年度。

企业的固定资产应具备以下两个特征。

（1）企业持有固定资产，是为了满足生产商品、提供劳务、出租或经营管理的需要，而不是为了对外出售。这一特征是固定资产区别于商品等流动资产的重要标志。

（2）企业使用固定资产的期限较长，使用寿命一般超过一个会计年度。这一特征表明企业固定资产的收益期超过一年，能在一年以上的时间里为企业创造经济利益。

7.1.2 固定资产的确认

固定资产在同时满足以下两个条件时，才能予以确认：

（1）与该固定资产有关的经济利益很可能流入企业；

（2）该固定资产的成本能够可靠地计量。

在实务中，对固定资产进行确认时，还需要注意以下两个问题。

（1）固定资产的各组成部分具有不同使用寿命或者以不同方式为企业提供经济利益，适用不同折旧率或折旧方法的，应当分别将各组成部分确认为单项固定资产。

（2）与固定资产有关的后续支出，满足固定资产确认条件的，应当计入固定资产成本；不满足固定资产确认条件的，应当在发生时计入当期损益。

7.1.3 固定资产的分类

企业的固定资产种类繁多、规格不一，为加强管理，便于组织会计核算，有必要对其进行科学、合理的分类。根据不同的管理需要和核算要求以及不同的分类标准，可以对固定资产进行不同的分类，主要有以下两种分类方法。

1. 按经济用途分类

固定资产按经济用途分类，可分为生产经营用固定资产和非生产经营用固定资产。生产经营用固定资产，是指直接服务于企业生产、经营过程的各种固定资产，如生产经营用的房屋、建筑物、机器、设备、器具、工具等；非生产经营用固定资产，是指不直接服务于企业生产、经营过程的各种固定资产，如职工宿舍等使用的房屋、设备和其他固定资产等。

固定资产按经济用途分类，可以归类反映和监督企业生产经营用固定资产和非生产经营用固定资产之间，以及生产经营用各类固定资产之间的组成和变化情况，借以考核和分析企业固定资产的利用情况，促使企业合理地配备固定资产，充分发挥其效用。

2. 综合分类

固定资产按经济用途和使用情况等综合分类，可分为以下七大类：

（1）生产经营用固定资产；

（2）非生产经营用固定资产；

（3）租出固定资产（指在经营租赁方式下出租给外单位使用的固定资产）；

（4）不需要用固定资产；

（5）未使用固定资产；

（6）土地（指过去已经估价单独入账的土地。因征地而支付的补偿费，应计入与土地有关的房屋、建筑物的价值内，不单独作为土地价值入账。企业取得的土地使用权，应作为无形资产管理，不作为固定资产管理）；

（7）融资租入固定资产（指企业以融资租赁方式租入的固定资产，在租赁期内，应视同自有固定资产进行管理）。

由于企业的经营性质不同，经营规模各异，对固定资产的分类不可能完全一致。但在实际工作中，企业大多采用综合分类的方法编制固定资产目录，进而进行固定资产核算。

7.2 取得固定资产的方式

固定资产是企业进行生产经营活动所必需的资产。企业取得固定资产的方式主要包括以下几种：

（1）购入固定资产；

（2）自行建造固定资产；

（3）接受捐赠取得固定资产；

（4）投资者投入固定资产；

（5）债务重组取得固定资产；

（6）非货币性资产交换换入固定资产。

不同方式下取得的固定资产在会计核算上具有不同的特点，但总的原则是固定资产应按取得时的成本入账。固定资产取得时的成本包括买价、进口关税、运输和保险费等相关费用，以及为使固定资产达到预定可使用状态所必要的支出。

7.2.1 购入固定资产的处理

企业购入的固定资产，有些不需要安装即可投入使用，有些则需要安装后才能使用；购入的固定资产可能采用现购结算方式，也可能采用赊购结算方式。

1. 购入不需要安装的固定资产

企业购置的不需要经过建造过程即可使用的固定资产，按实际支付的买价、包装费、运输费、安装成本、有关税金等，作为入账价值。

2. 购入需要安装的固定资产

企业购入需要安装的固定资产，在安装过程中发生的实际安装费，应计入固定资产原值。固定资产安装工程可以采用自营安装方式，也可以采用出包安装方式。采用自营安装方式的，安装费包括安装工程耗用的材料、人工以及其他支出；采用出包安装方式的，安装费为向承包单位支付的安装价款。不论采用何种安装方式，固定资产的全部安装工程成本（包括固定资产买价以及包装运杂费和安装费）均应通过"在建工程"科目进行核算。

企业在购入需要安装的固定资产时，应根据实际支付的买价、包装运杂费和安装费，借记"在建工程"科目，贷记"银行存款"等科目；在安装工程完工后，根据其全部安装工程成本，借记"固定资产"科目，贷记"在建工程"科目。

7.2.2 自行建造固定资产的处理

按建造实施方式的不同，可将自行建造固定资产分为自营工程和出包工程两种。

1. 自营工程

企业自营工程主要通过"工程物资"和"在建工程"科目进行核算。

（1）购入工程物资的会计核算。

企业购入为工程准备的物资，应按实际成本（包括实际支付的买价、增值税、运输费、保险费等相关费用），借记"工程物资——专用材料或专用设备"科目，贷记"银行存款""应付账款"等科目。

企业为购置大型设备而预付款时，应借记"工程物资——预付大型设备款"科目，贷记"银行存款"科目；在收到设备并补付设备价款时，按设备的实际成本借记"工程物资——专用设备"科目，按预付价款贷记"工程物资——预付大型设备款"科目，按补付的价款贷记"银行存款"科目。

（2）领用工程物资的会计核算。

对企业自营的基建工程，在领用工程用材料物资时，按实际成本借记"在建工程——××建筑（或安装等）工程"科目，贷记"工程物资"科目；在领用本企业原材料时，应按原材料的实际成本，借记"在建工程——××建筑（或安装等）工程"科目，贷记有关科目。在为建造基建工程而领用本企业的商品或产品时，按商品或产品的实际成本（或进价）或计划成本（或售价），借记"在建工程——××建筑（或安装等）工程"科目，贷记有关科目；对为建造基建工程而需支付的职工工资，应借记"在建工程——××建筑（或安装等）工程"科目，贷记"应付职工薪酬"科目；企业的辅助生产部门为工程提供的水、电、设备安装、修理、运输等劳务，应按月根据实际成本，借记"在建工程——××建筑（或安装等）工程"科目，贷记"生产成本——辅助生产成本"等科目。

（3）基建工程相关费用的会计核算。

为建造基建工程而发生的工程管理费、征地费、可行性研究费、临时设施费、公证费、监理费等，应借记"在建工程——其他支出"科目，贷记"银行存款"等科目。

（4）毁损与报废的会计核算。

自然灾害等原因造成单项工程或单位工程报废或毁损，在建工程成本减去残料价值和过失人或保险公司等赔款后的净损失，报经批准后计入继续施工的工程成本，借记"在建工程——其他支出"科目，贷记"在建工程——××建筑（或安装等）工程"科目；如为非正常原因造成的报废或毁损，或在建工程项目全部报废或毁损，应将其净损失直接计入当期营业外支出。

工程物资在建设期间发生的盘亏、报废及毁损，其处置损失，报经批准后，借记"在建工程"科目，贷记"工程物资"科目；盘盈的工程物资或处置收益，做相反的会计分录。基建工程完工后，对领出的剩余材料应当办理退库手续，借记"工程物资"科目，贷记"在建工程"科目。

自营工程完工交付使用时，企业应计算各项交付使用固定资产的成本，编制交付使用固定资产明细表，并借记"固定资产"科目，贷记"在建工程"科目。

2. 出包工程

（1）预付工程款项的会计核算。

企业发包的基建工程，应于按合同规定向承包企业预付工程款、备料款时，按实际支付的价款，借记"在建工程——××建筑（或安装等）工程"科目，贷记"银行存款"科目。

以拨付给承包企业的材料抵作预付备料款的，应按工程物资的实际成本，借记"在建工程——××建筑（或安装等）工程"科目，贷记"工程物资"科目。

（2）交付需安装的设备的会计核算。

将需要安装的设备交付承包企业安装时，应按设备的成本，借记"在建工程——在安装设备"科目，贷记"工程物资"科目；与承包企业办理工程价款结算，补付工程款时，借记"在建工程——××建筑（或安装等）工程"科目，贷记"银行存款""应付账款"等科目。

（3）工程完工交付使用的会计核算。

发包的基建工程完工交付使用时，企业应当计算各项交付使用固定资产的成本，编制交付使用固定资产明细表，并借记"固定资产"科目，贷记"在建工程"科目。

所建造的固定资产已达到预定可使用状态，但尚未办理竣工决算的，应当自达到预定可使用状态之日起，根据工程预算、造价或者工程实际成本等，按估计的价值转入固定资产，并按规定计提固定资产折旧，待办理了竣工决算手续后再做调整。

7.2.3　接受捐赠取得固定资产的处理

接受捐赠的固定资产，应按以下规定确定其入账价值。

（1）捐赠方提供了有关凭据的，按凭据上标明的金额加上应支付的相关税费，作为入账价值。

（2）捐赠方没有提供有关凭据的，按如下顺序确定其入账价值。

①同类或类似固定资产存在活跃市场的，按依同类或类似固定资产的市场价格估计的金额，加上应支付的相关税费，作为入账价值。

②同类或类似固定资产不存在活跃市场的，按该接受捐赠的固定资产的预计未来现金流量现值，作为入账价值。

（3）如受赠的系旧的固定资产，按照依上述方法确认的价值，减去按该项固定资产的新旧程度估计的价值损耗后的余额，作为入账价值。

企业接受固定资产捐赠时，应根据确定的价值，借记"固定资产"科目；根据未来应交的所得税，贷记"递延所得税负债"科目；根据确定的价值扣除未来应交所得税的差额，贷记"资本公积——接受非现金资产准备"科目。

7.2.4　投资者投入固定资产的处理

按照《企业会计准则第4号——固定资产》的规定，投资者投入固定资产的成本，应当按照投资合同或协议约定的价值确定，但合同或协议约定价值不公允的除外。

企业接受固定资产投资时，应按双方协商确认的价值计价，借记"固定资产"科目，贷记"实收资本"科目。如果固定资产的价值大于投资方在企业注册资本中占有的份额，其差额应贷记"资本公积"科目。

7.2.5　债务重组取得固定资产的处理

企业通过债务重组方式取得的固定资产，按应收债权的账面价值加上应支付的相关税费作为入账价值；涉及补价的，按以下规定确定受让的固定资产的入账价值。

（1）收到补价的，按应收债权的账面价值减去补价，加上应支付的相关税费，作为入账价值。

（2）支付补价的，按应收债权的账面价值加上支付的补价和应支付的相关税费，作为入账价值。

企业通过债务重组方式取得的固定资产，应按重组债权的账面价值计价，借记"固定资产"等科目，贷记"应收账款"等科目。

7.2.6　非货币性资产交换换入固定资产的处理

企业通过非货币性资产交换换入的固定资产，应按下列情况分别进行处理。

1. 未发生补价

在未发生补价的情况下，换入的固定资产应以换出资产的账面价值加上应支付的相关税费计价，借记"固定资产"等科目，贷记相关科目。

2. 发生补价

在支付补价的情况下，换入的固定资产应以换出资产的公允价值加上应支付的相关税费和支付的补价计价，借记"固定资产"等科目，贷记"银行存款"账面价值科目和有关科目。

在收取补价的情况下，换入的固定资产应以换出资产加上应支付的相关税费和确认的损益，减去收取的补价计价，借记"固定资产"和"银行存款"等科目，贷记"营业外收入"科目（确认的损失应借记"营业外支出"科目）和其他有关科目。

7.3　固定资产折旧

7.3.1　了解固定资产折旧

1. 固定资产折旧的概念

企业应当在固定资产的使用寿命内，按照确定的方法对应计折旧额进行系统分摊，根据固定资产的性质和使用情况，合理确定固定资产的使用寿命和预计净残值。固定资产的使用寿命、预计净残值一经确定，不得随意变更，但是，符合《企业会计准则第 4 号——固定资产》第十九条规定的除外。

2. 影响固定资产折旧的因素

影响固定资产折旧的因素主要有以下几个方面。

（1）固定资产原价，是指固定资产的成本。

（2）预计净残值，是指假定固定资产预计使用寿命已满并处于使用寿命终了时的预期状态，企业目前从该项资产处置中获得的扣除预计处置费用后的金额。

（3）固定资产减值准备，是指固定资产已计提的固定资产减值准备的累计金额。

（4）固定资产的使用寿命，是指企业使用固定资产的预计期间，或者该固定资产所能生产产品或提供劳务的数量。企业确定固定资产使用寿命时，应当考虑下列因素：

①预计的生产能力或实物产量；

②预计的有形损耗，如在使用过程中设备发生磨损、房屋建筑物受到自然侵蚀等；

③预计的无形损耗，如新技术的出现而使现有的资产技术水平相对较低、市场需求变化使产品过时等；

④法律或者类似规定对资产使用的限制。

总之，企业应当根据固定资产的性质和使用情况，合理确定固定资产的预计净残值和使用寿命。

3. 固定资产的折旧范围

除以下情况外，企业应当对所有固定资产计提折旧：

（1）已提足折旧仍继续使用的固定资产；

（2）单独计价入账的土地。

在确定计提折旧的范围时，还应注意以下几点。

（1）固定资产应当按月计提折旧：当月增加的固定资产，当月不计提折旧，从下月起计提折旧；当月减少的固定资产，当月仍计提折旧，从下月起不计提折旧。

（2）固定资产提足折旧后，不论能否继续使用，均不再计提折旧；提前报废的固定资产，也不再补提折旧。所谓提足折旧，是指已经提足该项固定资产的应计折旧额。

（3）已达到预定可使用状态但尚未办理竣工决算的固定资产，应当按照估计价值确定其成本，并计提折旧；待办理竣工决算后，再按实际成本调整原来的暂估价值，但不需要调整原已计提的折旧额。

企业至少应当于每年年度终了，对固定资产的使用寿命、预计净残值和折旧方法进行复核。使用寿命预计数与原先估计数有差异的，应当调整固定资产使用寿命。预计净残值预计数与原先估计数有差异的，应当调整预计净残值。与固定资产有关的经济利益预期实现方式有重大改变的，应当改变固定资产折旧方法。固定资产使用寿命、预计净残值和折旧方法的改变应当作为会计估计变更。

【小贴士】

一件好的衣服，对于男士来说是"固定资产"，但对于女士来说就是"低值易耗品"，一旦撞衫，就要计提资产减值准备。

7.3.2　固定资产的折旧方法

固定资产的折旧方法有年限平均法、工作量法、双倍余额递减法、年数总和法等。折旧方法一经确定，不得随意变动。如需变更，应当在财务报表附注中予以说明。

1. 年限平均法

年限平均法是指将固定资产的可折旧价值平均分摊于其可折旧年限内的一种方法。这种方法适用于在各个会计期间使用程度比较均衡的固定资产。相关计算公式为：

$$年折旧额 = （固定资产原值 - 预计净残值）÷ 预计使用年限$$
$$月折旧额 = 年折旧额 ÷ 12$$

例如，A公司一台生产用设备原值为29 000元，预计清理费为1 200元，预计残值为2 900元，使用年限为4年。那么用年限平均法怎么计算折旧额呢？具体如下。

$$年折旧额 =[29 000 - （2 900 - 1 200）]÷ 4=6 825（元）$$
$$月折旧额 =6 825÷12=568.75（元）$$

那么计算出的折旧额又该怎么记账呢？折旧额是在"累计折旧"科目中核算的，而累计折旧是作为固定资产的减项的。也就是说，用固定资产的原值，减去累计折旧，便是固定资产还未提折旧的金额（也就是固定资产净值）。每期提折旧时，记入"累计折旧"科目的贷方。

像上面的例子，因为是生产用设备，提的折旧应记入"制造费用"科目，所以每期的分录如下。

借：制造费用　　　　　　　　　　　　　　　　　　　　　　568.75

　　贷：累计折旧　　　　　　　　　　　　　　　　　　　　　　568.75

2. 工作量法

工作量法又称作业量法，是根据固定资产在使用期间完成的总的工作量平均计算折旧的一种方法。工作量法和年限平均法都是平均计算折旧的方法，都属于直线法。相关计算公式为：

$$单位工作量折旧额 = （固定资产原值－预计净残值）÷ 预计总工作量 = 固定资产原值 ×（1－预计净残值率）÷ 预计总工作量$$
$$月折旧额 = 单位工作量折旧额 × 当月实际完成工作量$$

在会计实务中，工作量法广泛应用于以下三种情况：①按照工作小时计算折旧；②按行驶里程计算折旧；③按台班计算折旧。

3. 双倍余额递减法

双倍余额递减法是加速折旧的一种方法，是按直线法折旧率的两倍，乘以固定资产在每个会计期间的期初账面净值计算折旧的方法，在计算折旧率时通常不考虑固定资产净残值。相关计算公式为：

$$年折旧率（双倍直线法折旧率）=（2÷预计使用年限）×100\%$$
$$年折旧额 = 期初固定资产账面净值 × 年折旧率$$

由于采用双倍余额递减法在确定折旧率时不考虑固定资产净残值因素，因此，在采用这种方法时，应注意以下两点。

（1）由于每年的折旧额是递减的，所以可能出现某年按双倍余额递减法所提的折旧额小于按直线法计提的折旧额的情况。当这一情况在某一折旧年度出现时，应在该年度换为按直线法计提折旧。

（2）各年计提折旧后，固定资产账面净值不能小于预计净残值。避免这一现象的方法是：在可能出现此现象的那一年转换为直线法，即将当年年初的固定资产账面净值减去预计净残值，其差额在剩余的使用年限中平均摊销。但在实际工作中，企业一般采用简化的办法，在固定资产预计使用年限到期前两年转换成直线法。

4. 年数总和法

年数总和法是以固定资产的原值减去预计净残值后的净额为基数，以一个逐年递减的分数为折旧率，计算各年固定资产折旧额的一种折旧方法。

年数总和法的各年折旧率，是以固定资产尚可使用年限作为分子，以固定资产使用年限的逐年数字之和作为分母，假定固定资产使用年限为 n 年，分母即 $1+2+3+\cdots+n$，即 $n（n+1）÷2$。计算公式为：

$$年折旧率 = 尚可使用年限 ÷ 预计使用年限的逐年数字总和×100\%$$
$$年折旧额 =（固定资产原值 - 预计净残值）× 年折旧率$$
$$月折旧额 =（固定资产原值 - 预计净残值）× 月折旧率$$

7.4 固定资产后续支出的处理

固定资产的后续支出，是指固定资产投入使用以后发生的修理和改扩建等支出。在投入使用固定资产之后，为保证资产的正常运行，必须进行日常的维护修理，隔一段时间还要进行大规模的修理或者改造。由于这些支出都是在固定资产入账后发生的，因此统称为固定资产的修理支出与改扩建支出。

7.4.1 处理固定资产后续支出的原则

在现行会计实务中，企业会判断固定资产的后续支出是应当资本化，还是应当费用化。对于固定资产发生的下列各项后续支出，一般按照以下原则进行处理。

（1）固定资产修理费用。企业对固定资产进行定期检查发生的大修理费：有确凿证据表明符合固定资产确认条件的部分，可以计入固定资产成本；不符合固定资产确认条件的部分，应当费用化，计入当期损益。固定资产在定期大修理期间，照提折旧。

（2）固定资产改良支出，应当计入固定资产账面价值，增加后的固定资产价值不应超过该固定资产的可收回金额，超出部分应计入当期损益。

（3）固定资产修理和固定资产改良在实务中往往交织在一起，难以明确区分是固定资产修理还是固定资产改良。此时，企业应按上述会计处理原则进行判断，将发生的后续支出，分别计入固定资产价值或当期损益。

（4）固定资产的装修费用，符合上述原则可予以资本化的，应当在"固定资产"科目下单设"固定资产装修"明细科目核算，并在两次装修期间与固定资产尚可使用年限两者中较短的期间内，采用合理的方法单独计提折旧。如果在下次装修时，与该项固定资产相关的"固定资产装修"明细科目仍有余额，应将该余额一次全部计入当期营业外支出。

（5）以经营租赁方式租入的固定资产发生的改良支出，应单设"经营租入固定资产改良"科目核算，并在剩余租赁期与租赁资产尚可使用年限两者中较短的期间内，采用合理的方法单独计提折旧。

7.4.2　固定资产修理支出的处理

1. 固定资产修理支出的概念

为维护固定资产的现有工作状态或用于固定资产性能恢复的支出，为修理支出。固定资产修理的主要目的是恢复其使用价值。

2. 固定资产修理的特点

日常修理的特点是：修理范围小，支出少，修理次数多，间隔时间短。但需要指出的是，日常修理的间隔时间短，不一定意味着其受益期短。这是因为日常修理的范围小，这次修理这一部分，下次修理另一部分，每次修理的零部件不一定是同一零部件，对于某一零部件来说，修理后的受益期可能较长。

大修理的特点是：修理范围大，支出多，修理次数少，间隔时间长。但是也需要指出，大修理的支出多，是指某项固定资产的大修理支出相对每次日常修理支出而言较多，其支出数额在企业全部成本费用中的比重则不一定较大。

3. 固定资产修理的会计核算方法

固定资产的日常修理和大修理虽然各有特点，但其界限的划分比较困难。此外，固定资产修理间隔时间长短与受益期限的关系不明确，支出数额多少又是相对而言的，因此，在实际工作中，日常修理和大修理往往一并核算，且根据不同情况采用不同的会计核算方法。固定资产修理的会计核算方法一般有直接摊销法、分期摊销法、短期预提法等。

（1）直接摊销法。

直接摊销法是指将实际发生的修理成本支出，直接计入产品成本或当期费用。这种方法适用于修理支出数额较小或数额虽大但各月支出较均衡的企业。

采用直接摊销法，应将实际发生的修理支出，按用途进行分配，按发生的修理费用，借记"制造费用""管理费用""销售费用""其他业务成本"等科目；按支付的增值税进项税额，借记"应交税费——应交增值税（进项税额）"科目；按发生的全部价款，贷记"银行存款"等科目。

（2）分期摊销法。

分期摊销法是指对某月数额较大或很大的修理支出，在本月和以后各月分期摊销的方法。这种方法适用于各月修理支出基本均衡但某项数额较大或很大的修理支出的企业，其他修理支出仍采用直接摊销法。在这种情况下，如果全部修理支出均采用直接摊销法，将会使该月成本费用剧增，使各月修理成本的负担不够均衡。

采用分期摊销法，应确定个别数额较大或很大的修理支出的摊销期限。一般来说，数额较大的修理支出，可以在 1 年以内分期摊销，借记"待摊费用""应交税费——应交增值税（进项税额）"科目，贷记"银行存款"等科目；数额很大的修理支出，应在 1 年以上的期间内分期摊销，借记"长期待摊费用""应交税费——应交增值税（进项税额）"科目，贷记"银行存款"等科目。分期摊销修理支出时，应按用途进行分配，借记"制造费用""管理费用""销售费用""其他业务成本"等科目，贷记"待摊费用"或"长期待摊费用"科目。

（3）短期预提法。

短期预提法是指在一个会计年度内分月预提修理支出的方法。这种方法适用于修理支出。

7.4.3 固定资产改扩建支出的处理

1. 固定资产改扩建支出的概念

《企业会计准则》规定，在固定资产投入使用后，为扩大固定资产规模或提高固定资产使用性能而发生的支出，符合下列条件之一者确认为改扩建支出：

（1）使固定资产的预计使用年限延长；

（2）使固定资产的生产能力增加；

（3）使产品质量提高；

（4）使企业的生产成本降低。

对于固定资产改扩建的计量问题，《企业会计准则》规定：固定资产改扩建支出减去改扩建过程中发生的变价收入，其差额计入固定资产原值。由于改扩建后的固定资产原值已发生变动，所以应对其预计使用年限及折旧率进行调整。

2. 固定资产改扩建的特点

固定资产改扩建是指对原有固定资产进行改良和扩充。固定资产改良（即改建）是指为了提高固定资产的质量而采取的措施，如以自动装置代替非自动装置等。固定资产扩充（即扩建）是指为了提高固定资产的生产能力而采取的措施，如为房屋增加楼层等。由于固定资产改扩建后，固定资产生产的产品的质量有所提高，或生产的产品数量有所增加，其原值也会有所增加。在改扩建后，固定资产会因延长使用年限而提升生产能力；有些固定资产则仅仅会提高产品质量或提升生产能力而不延长使用年限。

3. 固定资产改扩建的会计核算

改扩建期间，由于固定资产停止使用，工期又比较长，因此企业应在改扩建之前将相应固定资产的原值及累计折旧注销，将其净值转作在建工程，借记"在建工程""累计折旧"科目，贷记"固定资产"科目。固定资产改扩建工程的会计核算与在建工程支出的会计核算方法相同，应通过"在建工程"科目核算。

固定资产改扩建过程中拆除的原有部件，其残值计价回收时，应冲减改扩建工程支出，借记"原材料"等科目，贷记"在建工程"科目。

固定资产改扩建工程完工后，应将改扩建工程的全部成本转为改扩建后的固定资产原值，借记"固定资产"科目，贷记"在建工程"科目。

固定资产改扩建后，应对改扩建后各期的固定资产折旧额进行调整。

7.5 固定资产处置

7.5.1 固定资产处置的确定及计量

资产可能用坏、过时，或因为某些其他原因而对企业不再有用。通常企业用出售或交换的方式来处置固定资产。如果资产不能够被出售或交换，那么资产就直接报废。无论采用哪种处置方法，企业都应将折旧提至处置日，以确保资产最后的账面价值准确。

处置已提足折旧的固定资产时，应贷记"固定资产"科目，借记相关的累计折旧科目。假定一台价值为 6 000 元的机器设备最后一年的折旧费用刚刚提完，估计净残值为 0，则该机器的累计折旧额为 6 000 元。如果该资产不能被出售或交换，则其处置的分录如下。

借：累计折旧　　　　　　　　　　　　　　　　　　　　　　　　　6 000
　　贷：固定资产——机器设备　　　　　　　　　　　　　　　　　　6 000

如果固定资产在提足折旧之前报废，企业要记录其账面价值的损失。假定某商场的货架价值 3 900 元，在提足折旧之前就报废，其累计折旧为 2 900 元，账面价值为 1 000 元。处置这些商场货架的分录如下。

借：累计折旧　　　　　　　　　　　　　　　　　　　　　　　　　2 900
　　营业外支出——处置商场货架损失　　　　　　　　　　　　　　1 000
　　贷：固定资产——商场货架　　　　　　　　　　　　　　　　　　3 900

以上例子涉及以下两个问题。

1. 固定资产处置的确定

固定资产退出现有工作状态而进入处置的原因是多方面的，大致可以分为主动退出与被动退出两类。

主动退出是企业为了满足某种需要而把固定资产主动转让出去，一般包括对外投资、对外捐赠和交换其他资产等。

被动退出就是通常意义上的清理，它又可分为以下 3 种情况：

（1）由于技术过时等原因，固定资产不再适用而被变卖；

（2）因火灾、自然灾害、法庭判决等原因，固定资产必须退出现有的工作状态；

（3）固定资产预计的使用年限到期，折旧也已计提完毕，不能再为企业提供经济利益，而退出现有的工作状态。

2. 固定资产处置的计量

固定资产处置的计量，涉及固定资产的价值及有关损益的确定问题。处置固定资产时，应及时地转销其账面价值。对于固定资产处置损益，应区别不同的情况进行以下处理。

（1）变卖。变卖固定资产的账面净值及所发生的相关支出与其残值收入的差额计入当期损益。

（2）报废。报废固定资产的账面净值及所发生的相关支出与其残值收入的差额计入当期损益。

（3）向其他单位投资转出的固定资产，按合同、协议约定或评估确认的价值作为长期投资入账；合同、协议约定或评估确认的价值与固定资产账面净值的差额计入递延投资损益。

（4）对外捐赠转出的固定资产，其账面净值应计入当期损益。

（5）因交换而转出的固定资产，交换双方议定的公允价值与账面净值的差额计入当期损益。

（6）非正常清理。火灾、自然灾害、法庭判决等原因使固定资产进入非正常清理时，所取得的保险及其他赔款收入与固定资产账面净值的差额计入当期损益。

7.5.2　出售固定资产的处理

当卖出一项固定资产时，在卖价与净值之间有时会发生差额，也就是说，有可能卖价高于或低于未提折旧的部分。如果卖价低于净值，应作为损失，计入营业外支出；如果卖价高于净值，应作为收益，计入营业外收入。

7.5.3　报废固定资产的处理

固定资产由于有形损耗、无形损耗以及自然灾害等原因，无法继续使用，就应该报废。处置需报废的固定资产，会发生一些清理费用，还可能有一些卖废品的收入，即净残值。如果一项固定资产的使用年限及净残值估计得准确，则在报废时，这项固定资产的原值扣除累计折旧后刚好等于实际净残值。但在实际中，固定资产原值扣除累计折旧后的金额与预计净残值有偏差，这个差额就是固定资产在报废时的损失或收益。

处置固定资产要通过"固定资产清理"科目核算，将固定资产的账面价值转入"固定资产清理"科目的借方，将发生的清理费用记入"固定资产清理"科目的借方，取得的净残值收入记入"固定资产清理"科目的贷方。如果"固定资产清理"科目为借方余额，表明处置损失；为贷方余额，表明处置收益。

固定资产若由于非正常原因报废所产生的损失记入"营业外支出——非常损失"科目。

企业应在期末（年末）时，对固定资产进行检查，如果市价持续下跌，或技术陈旧、损坏、长期闲置等原因导致其可收回金额低于账面价值，则应当按可收回金额低于账面价值的差额计提固定资产减值准备。固定资产应按单项资产计提减值准备。当存在下列固定资产时，应当按照固定资产的账面价值计提固定资产减值准备：

（1）长期闲置不用，在可预见的未来不会再使用且已无转让价值的固定资产；

（2）由于技术进步等原因，已不可使用的固定资产；

（3）虽然尚可使用，但使用后产生大量不合格品的固定资产；

（4）已遭毁损，以至于不再具有使用价值和转让价值的固定资产。

已全额计提减值准备的固定资产不再计提折旧。

7.5.4 盘点固定资产的处理

为了保证固定资产核算的真实性，企业应对固定资产进行盘点清查。一般来说，每年至少应在编制会计决算报告之前对固定资产进行一次全面清查，平时可以根据需要进行局部清查。对在清查过程中发现的盘盈、盘亏的固定资产，应及时查明原因，并编制"固定资产盘盈、盘亏报告表"，以作为调整固定资产账簿的依据。

企业盘盈、盘亏的固定资产，在审批之前，应调整固定资产的账面价值，作为企业的待处理财产损溢，并在报经有关部门审批之后，作为营业外收支处理。为此，固定资产盘盈、盘亏应通过"待处理财产损溢"科目的二级科目"待处理固定资产损溢"进行核算。期末，对于尚未审批的盘盈、盘亏的固定资产，应进行处理。如果审批数与处理数不一致，则应再进行调整。

1. 固定资产盘盈

在清查固定资产过程中发现的盘盈固定资产，经查明确属企业所有的，应确定固定资产重置价值，并为其重新建立固定资产卡片。

企业盘盈的固定资产，在批准处理之前，应根据重置价值，借记"固定资产"科目，贷记"待处理财产损溢"科目；待有关部门审批之后，应借记"待处理财产损溢"科目，贷记"营业外收入"科目。

2. 固定资产盘亏

在清查固定资产过程中发现的盘亏固定资产，应根据其账面价值借记"待处理财产损溢"科目，根据已提折旧借记"累计折旧"科目，根据原值贷记"固定资产"科目；待有关部门审批之后，应借记"营业外支出"科目，贷记"待处理财产损溢"科目。

7.5.5 固定资产减值的处理

固定资产在资产负债表日存在可能发生减值的迹象时，其可收回金额低于账面价值的，企业应当将该固定资产的账面价值减计至可收回金额，减计的金额确认为减值损失，计入当期损益。企业计提固定资产减值准备，借记"资产减值损失——计提的固定资产减值准备"科目，贷记"固定资产减值准备"科目。固定资产减值损失一经确认，在以后会计期间不得转回。

7.5.6 持有待售的固定资产的处理

同时满足下列条件的非流动资产应当划分为持有待售的固定资产：

（1）企业已经就处置该非流动资产做出决议；

（2）企业已经与受让方签订了不可撤销的转让协议；

（3）该项转让将在一年内完成。

持有待售的非流动资产包括单项资产和处置组，处置组是指作为整体出售或者以其他方式一同处置的一组资产。

对于持有待售的固定资产，企业应当调整该项固定资产的预计净残值，使该项固定资产的预计净残值能够反映其公允价值减去处置费用后的净额，但不得超过符合持有待售条件时该项固定资产的原账面价值，原账面价值高于预计净残值的差额，应作为资产减值损失计入当期损益。

　　某项资产或处置组被划归为持有待售的固定资产，但后来不再满足持有待售的固定资产的确认条件的，企业应当停止将其划归为持有待售的固定资产，并按照下列两项金额中的较低者计量：

　　（1）该资产或处置组被划归为持有待售的固定资产之前的账面价值，按照其假定在没有被划归为持有待售的固定资产的情况下原应确认的折旧、摊销或减值进行调整后的金额；

　　（2）决定不再出售之日的可收回金额。

第8章
会计核算——金融资产

本章导读

随着我国金融市场的日益发展，越来越多的企业进行金融投资，由此产生的投资收益和亏损也越来越显著地影响着企业的利润。按照《企业会计准则第 22 号——金融工具确认和计量》的要求，金融资产应在初始确认时分为四大类：①以公允价值计量且其变动计入当期损益的金融资产，这类金融资产还可进一步分为交易性金融资产和指定为以公允价值计量且其变动计入当期损益的金融资产；②持有至到期投资；③贷款和应收款项；④可供出售金融资产。金融资产属于企业资产的重要组成部分，主要包括：银行存款、库存现金、应收账款、应收票据、债权投资、股权投资和衍生金融工具形成的资产等。

本章将解答以下问题。

（1）什么是以公允价值计量且其变动计入当期损益的金融资产，如何进行会计核算？

（2）什么是可供出售金融资产，如何进行会计核算？

（3）什么是持有至到期投资，如何进行会计核算？

（4）什么是长期股权投资，如何进行会计核算？

8.1 金融资产

8.1.1 金融资产的两种类型

以公允价值计量且其变动计入当期损益的金融资产，可以进一步划分为交易性金融资产和指定为以公允价值计量且其变动计入当期损益的金融资产。某项金融资产划分为以公允价值计量且其变动计入当期损益的金融资产后，不能再重分类为其他类别的金融资产；其他类别的金融资产也不能再重分类为以公允价值计量且其变动计入当期损益的金融资产。

1. 交易性金融资产

金融资产满足下列条件之一的，应当划分为交易性金融资产：

（1）以近期内出售或回购，作为取得该金融资产的目的；

（2）属于进行集中管理的可辨认金融工具组合的一部分，且有客观证据表明企业近期采用短期获利的方式对该组合进行管理；

（3）属于衍生金融工具。

2. 指定为以公允价值计量且其变动计入当期损益的金融资产

指定为以公允价值计量且其变动计入当期损益的金融资产，通常是指该金融资产不满足确认为交易性金融资产条件时，企业仍可在符合某些特定条件的情况下将其按公允价值计量，并将其公允价值变动计入当期损益的金融资产。通常只有符合下列条件之一的金融资产，才可以划分为指定为以公允价值计量且其变动计入当期损益的金融资产：

（1）该指定可以消除或明显减少因该金融资产的计量基础不同所导致的相关利得或损失在确认或计量方面的不一致的情况；

（2）企业风险管理或投资策略的正式书面文件已载明，该金融资产组合或该金融资产和金融负债组合，以公允价值为基础进行管理、评价并向关键管理人员报告。

8.1.2　企业为了近期出售而持有的金融资产的处理

以公允价值计量且其变动计入当期损益的金融资产初始确认时，应按公允价值计量，相关交易费用应当直接计入当期损益。交易费用包括支付给咨询公司、代理机构、券商等的手续费及其他必要支出，不包括其他与交易不直接相关的费用，如债券溢价、折价，融资费用及内部管理成本等。企业为发行金融工具所发生的差旅费等，不属于此处所讲的交易费用。

在资产负债表日，企业应将以公允价值计量且其变动计入当期损益的金融资产的公允价值变动计入当期损益。在处置时，企业应将该金融资产的公允价值与初始入账金额之间的差额确认为投资收益，同时调整公允价值变动损益。

8.2　其他债权投资

原来新修订的《企业会计准则第 22 号——金融工具确认和计量》于 2018 年 1 月 1 日生效。

新准则可供出售金融资产现在叫什么？本节对此做了相关介绍。其他债权投资"科目替代原准则的"可供出售金融资产"科目中的债权投资部分。

其他债权投资"科目在财务报表中分三种情况列示。

1．"其他债权投资"反映资产负债表日企业分类为以公允价值计量且其变动计入其他综合收益的长期债权投资的期末账面价值。

2．"一年内到期的非流动资产"：自资产负债表日起一年内到期的长期债权投资的期末账面价值。

3．"其他流动资产"：企业购入的以公允价值计量且其变动计入其他综合收益的一年内到期的债权投资的期末账面价值。"其他权益投资工具"科目替代原准则的"可供出售金融资产"科目中的股票投资部分。只有"其他权益工具投资"的报表项目列示和会计科目名称是保持一致的。

8.2.1　会计科目的变化

在修订的新准则中，"其他债权投资"科目替代原准则的"可供出售金融资产"科目中的债权投资部分。

在修订的新准则中，"其他权益投资工具"科目替代原准则的"可供出售金融资产"科目中的股票投资部分。

8.2.2　财务报表项目的变化

（一）债权投资

"债权投资"科目在财务报表中分三种情况列示。

1．"债券投资"：根据"债权投资"科目的相关明细科目期末余额，减去"债权投资减值准备"科目中相关减值准备的期末余额后的金额分析填列。

2．"一年内到期的非流动资产"：自资产负债表日起一年内到期的长期债权投资的期末账面价值。

3．"其他流动资产"：企业购入的以摊余成本计量的一年内到期的债权投资的期末账面价值。

（二）其他债权投资

"其他债权投资"科目在财务报表中分三种情况列示。

1．"其他债权投资"：反映资产负债表日企业分类为以公允价值计量且其变动计入其他综合收益的长期债权投资的期末账面价值。

2．"一年内到期的非流动资产"：自资产负债表日起一年内到期的长期债权投资的期末账面价值。

3．"其他流动资产"：企业购入的以公允价值计量且其变动计入其他综合收益的一年内到期的债权投资的期末账面价值。

（三）其他权益工具投资

只有"其他权益工具投资"的报表项目列示和会计科目名称是保持一致的。

8.3 投资方略，借水行舟

8.3.1 满足三个条件即为持有至到期投资

持有至到期投资，是指到期日固定、回收金额固定或可确定，且企业有明确意图和能力持有至到期的非衍生金融资产。企业不能将下列非衍生金融资产划分为持有至到期投资：（1）初始确认时即被指定为以公允价值计量且其变动计入当期损益的非衍生金融资产；（2）初始确认时被指定为可供出售的非衍生金融资产；（3）符合贷款和应收款项定义的非衍生金融资产。如果企业管理层决定将某项金融资产持有至到期，则在该金融资产未到期前，不能随意地改变其"最初意图"。

1. 到期日固定、回收金额固定或可确定

到期日固定、回收金额固定或可确定，是指相关合同明确了投资者在确定的期间内获得或应收取现金流量（如投资利息和本金等）的金额和时间。由于要求到期日固定，权益工具投资不能划分为持有至到期投资。如果符合其他条件，不能由于某债务工具投资是浮动利率投资而不将其划分为持有至到期投资。

2. 有明确意图持有至到期

有明确意图持有至到期，是指投资者在取得投资时的意图就是明确的，除非遇到一些企业所不能控制、预期不会重复发生且难以合理预计的独立事件，否则将持有至到期。存在下列情况之一的，表明企业没有明确意图将金融资产投资持有至到期。

（1）持有该金融资产的期限不确定。

（2）发生市场利率变化、流动性需要变化、替代投资机会及其投资收益率变化、融资来源和条件变化、外汇风险变化等情况时，将出售该金融资产。但是，无法控制、预期不会重复发生且难以合理预计的独立事项引起的金融资产出售除外。

（3）该金融资产的发行方可以按照明显低于其摊余成本的金额清偿。

（4）其他表明企业没有明确意图将该金融资产持有至到期的情况。

据此，对于发行方可以赎回的债务工具，如发行方行使赎回权，投资者仍可收回其几乎所有的初始净投资（含支付的溢价和交易费用），那么投资者可以将此类投资划分为持有至到期投资。但是，对于投资者有权要求发行方赎回的债务工具投资，投资者不能将其划分为持有至到期投资。

3. 有能力持有至到期

有能力持有至到期，是指企业有足够的财力资源，并不受外部因素影响将投资持有至到期。

存在下列情况之一的，表明企业没有能力将具有固定期限的金融资产投资持有至到期：

（1）没有可利用的财务资源持续地为该金融资产投资提供资金支持，以使该金融资产投资持有至到期；

（2）受法律、行政法规的限制，使企业难以将该金融资产投资持有至到期；

（3）其他表明企业没有能力将具有固定期限的金融资产投资持有至到期的情况。

企业应当于每个资产负债表日对持有至到期投资的意图和能力进行评价，对发生变化的持有至到期投资，应当将其重分类为可供出售金融资产进行处理。

4. 到期前处置或重分类对所持有剩余非衍生金融资产的影响

企业将持有至到期投资在到期前处置或重分类，通常表明其违背了将投资持有到期的最初意图。如果处置或重分类为其他类金融资产的金额相对于该类投资（即企业全部持有至到期投资）在出售或重分类前的总额较大，则企业在处置或重分类后应立即将其剩余的持有至到期投资（即全部持有至到期投资扣除已处置或重分类的部分）重分类为可供出售金融资产。

需要说明的是，遇到以下情况时可以例外。

（1）出售日或重分类日距离该项投资到期日或赎回日较近（如到期前三个月内），且市场利率变化对该项投资的公允价值没有显著影响。

（2）根据合同约定的偿付方式，企业已收回几乎所有初始本金。

（3）出售或重分类是由于企业无法控制、预期不会重复发生且难以合理预计的独立事件所引起的。此种情况主要包括：

①因被投资单位信用严重恶化，将持有至到期投资予以出售；

②因相关税收法规取消了持有至到期投资的利息税前可抵扣政策，或显著减少了税前可抵扣金额，将持有至到期投资予以出售；

③因发生重大企业合并或重大处置，为保持现行利率风险头寸或维持现行信用风险政策，将持有至到期投资予以出售；

④因法律、行政法规对允许投资的范围或特定投资品种的投资限额做出重大调整，将持有至到期投资予以出售；

⑤因监管部门要求大幅度提高资产流动性，或大幅度提高持有至到期、投资在计算资本充

足率时的风险权重，将持有至到期投资予以出售。

8.3.2 如何处理到期投资

持有至到期投资的会计处理，着重于该金融资产的持有者打算"持有至到期"，未到期前通常不会出售或重分类。因此，持有至到期投资的会计处理主要应解决该金融资产实际利率的计算、摊余成本的确定、持有期间的收益确认及将其处置时损益的处理。相关的账务处理如下：

（1）企业取得的持有至到期投资，应按该投资的面值，借记"持有至到期投资——成本"科目；按支付的价款中包含的已到付息期但尚未领取的利息，借记"应收利息"科目；按实际支付的金额，贷记"银行存款"等科目；按其差额，借记或贷记"持有至到期投资——利息调整"科目。

（2）资产负债表日，持有至到期投资为分期付息、一次还本债券投资的，应按票面利率计算确定的应收未收利息，借记"应收利息"科目；按持有至到期投资摊余成本和实际利率计算确定的利息收入，贷记"投资收益"科目；按其差额，借记或贷记"持有至到期投资——利息调整"科目。持有至到期投资为一次还本付息债券投资的，应于资产负债表日按票面利率计算确定的应收未收利息，借记"持有至到期投资——应计利息"科目；按持有至到期投资摊余成本和实际利率计算确定的利息收入，贷记"投资收益"科目；按其差额，借记或贷记"持有至到期投资——利息调整"科目。

（3）将持有至到期投资重分类为可供出售金融资产的，应在重分类日按其公允价值，借记"可供出售金融资产"科目；按其账面余额，贷记"持有至到期投资——成本、利息调整、应计利息"科目；按其差额，贷记或借记"其他综合收益"科目。已计提减值准备的，还应同时结转减值准备。

（4）出售持有至到期投资，应按实际收到的金额，借记"银行存款"等科目；按其账面余额，贷记"持有至到期投资——成本、利息调整、应计利息"科目；按其差额，贷记或借记"投资收益"科目。已计提减值准备的，还应同时结转减值准备。

8.4 长期股权投资

长期股权投资通常为企业长期持有，不准备随时出售的投资。投资企业作为被投资单位的股东，对所持有的长期股权投资按所持股份比例享有权益并承担责任。长期股权投资的取得方式主要有：在证券市场上以货币资金购买其他单位的股票，以成为被投资单位的股东；以资产（包括货币资金、无形资产和其他实物资产）投资于其他单位，从而成为被投资单位的股东。

8.4.1 长期股权投资的初始计量

长期股权投资取得时的初始投资成本，是指取得长期股权投资时支付的全部价款，或放弃非现金资产的账面价值，以及支付的税金、手续费等相关费用（如有补价的，还应加或减补价，并加上或减去确认的收益或损失）。长期股权投资的初始投资成本不包括为取得长期股权投资所发生的评估、审计、咨询等费用，也不包括实际支付的价款中包含的已宣告但尚未领取的现金股利。

长期股权投资在取得时应当按照初始投资成本入账。初始投资成本按以下方法确定。

（1）以现金购入的长期股权投资，按实际支付的全部价款（包括支付的税金、手续费等相关费用）作为初始投资成本；实际支付的价款中包含已宣告但尚未领取的现金股利，按实际支付的价款减去已宣告但尚未领取的现金股利后的差额，作为初始投资成本。

（2）企业接受的债务人以非现金资产抵偿债务方式取得的长期股权投资，按应收债权的账面价值加上应支付的相关税费，作为初始投资成本。涉及补价的，按以下规定确定受让的长期股权投资的初始投资成本：

①收到补价的，按应收债权的账面价值减去补价，加上应支付的相关税费，作为初始投资成本；

②支付补价的，按应收债权的账面价值加上支付的补价和应支付的相关税费，作为初始投资成本。

（3）以非货币性资产交换方式换入的长期股权投资，按换出资产的账面价值加上应支付的相关税费，作为初始投资成本。涉及补价的，按以下规定确定换入长期股权投资的初始投资成本：

①收到补价的，按换出资产的账面价值加上应确认的收益和应支付的相关税费减去补价后的余额，作为初始投资成本；

②支付补价的，按换出资产的账面价值加上应支付的相关税费和补价，作为初始投资成本。

（4）通过行政划拨方式取得的长期股权投资，按划出单位的账面价值，作为初始投资成本。

8.4.2　长期股权投资的后续计量

1. 长期股权投资的成本法

（1）长期股权投资的成本计算法适用范围

投资企业能够对被投资单位实施控制的长期股权投资：控制是指有权决定一个企业的财务和经营政策，并能据以从该企业的经营活动中获取利益。控股合并的控制形成母子公司。投资企业能够对被投资单位实施控制的，被投资单位为其子公司，投资企业应当将子公司纳入合并财务报表的合并范围。投资企业对子公司的长期股权投资，应当采用成本法核算，但在编制合并财务报表时应按照权益法进行调整。

投资企业对被投资单位不具有控制、共同控制或重大影响，并且在活跃市场中没有报价、公允价值不能可靠计量的长期股权投资：共同控制，是指按照合同约定对某项经济活动所共有的控制，仅在与该项经济活动相关的重要财务和经营决策需要分享控制权的投资方一致同意时存在。投资企业与其他方对被投资单位实施共同控制的，被投资单位为其合营企业。重大影响，是指对一个企业的财务和经营政策有参与决策的权力，但并不能够控制或者与其他方一起共同控制这些政策的制定。投资企业能够对被投资单位施加重大影响的，被投资单位为其联营企业。在确定能否对被投资单位实施控制、共同控制、或施加重大影响时，应当考虑投资企业和其他方持有的被投资单位当期可转换公司债券、当期可执行认股权证等潜在表决权因素。

（2）企业合并形成的长期股权投资成本计算

企业合并形成的长期股权投资，应区分企业合并的类型，分别同一控制下控股合并与非同一控制下控股合并确定其初始投资成本。

①同一控制下企业合并形成的长期股权投资

合并方以支付现金、转让非现金资产或承担债务方式作为合并对价的，应当在合并日按照取得被合并方所有者权益账面价值的份额作为长期股权投资的初始投资成本。长期股权投资的初始投资成本与支付的现金、转让的非现金资产及所承担债务账面价值之间的差额，应当调整资本公积（资本溢价或股本溢价）；资本公积（资本溢价或股本溢价）的余额不足冲减的，调整留存收益。合并方以发行权益性证券作为合并对价的，应按发行股份的面值总额作为股本，长期股权投资的初始投资成本与所发行股份面值总额之间的差额，应当调整资本公积（资本溢价或股本溢价）；资本公积（资本溢价或股本溢价）不足冲减的，调整留存收益。

②非同一控制下企业合并形成的长期股权投资

非同一控制下的控股合并中，购买方应当按照确定的企业合并成本作为长期股权投资的初始投资成本。企业合并成本包括购买方付出的资产、发生或承担的负债、发行的权益性证券的公允价值以及为进行企业合并发生的各项直接相关费用之和。

（3）企业如何做好长期股权投资

税收筹划方面为保障企业长期股权投资稳定性，企业需要对投资期间做好税收筹划，长期股权投资的收益由如下几个部分构成：股权持有利息、股权红利和投资转让收益。根据税法对股权交易的有关规定，企业股权转让应按照股权收益差额缴纳企业所得税，企业需要合理避税，应当采用分割法，即先分红后转让，使企业获得更多收益。

股权处置方面企业投资完成后，对那些不符合企业长期发展规划、经济指标达不到预期和收益增长不明显的股权投资，要及时进行处置。股权处置属于"三重一大"决策事项的必须报董事会决议通过，属于国有资产的还需要上报国有资产监管部门审批后方能实施。长期股权投资处置前必须委托资产评估机构进行资产评估，处置方式要采用公平公开的竞价方式，评估和处置过程中严禁内部勾结损害股东和企业利益。

减值分析方面企业应该定期或不定期的对长期股权投资减值情况进行分析，长期股权投资如果存在减值迹象的，应当按照相关准则的规定计提减值准备，其中对子公司、联营企业及合营企业的投资，应当按照《企业会计准则第8号——资产减值》的规定确定其应予计提的减值准备；企业持有的对被投资单位不具有共同控制或重大影响、在活跃市场中没有报价、公允价值不能可靠计量的长期股权投资，应当按照《企业会计准则第22号——金融工具确认和计量》的规定确定其应予计提的减值准备，并及时进行账务处理，以确保真实反映长期股权投资的情况。

2. 长期股权投资的权益法

（1）长期股权投资的权益法适用范围

权投资以初始投资成本计量后，投资持有期间根据投资企业享有被投资企业权益份额变动情况调整投资账面价值的方法即为权益法。按照有关规定，发生长期股权投资时，若投资企业对被投资企业有共同控制或重大影响，可以采用权益法，即对合营或联营企业投资。

（2）长期股权投资的权益法的核算方法和优点

①核算方法。长期股权投资的初始投资成本小于被投资单位可辨认净资产公允价值份额的差额应当计入当期损益，借记"长期股权投资"，贷记"营业外收入"。同时调整长期股权投资的成本。反之则不调整初始投资成本。

②优点。采用权益法的长期股权投资符合权责发生制的理论要求，是可行和有意义的。它不考虑股利是否收到，而是根据被投资其实是否有损益发生来确定投资企业的权益。权益法对投资企业和被投资企业经济实质关系的强调也减少了利用分配调整利润的行为。

（3）长期股权投资的权益法存在的问题

分析权益法的核算方法会发现，权益法在初始计量时会出现以下问题：a. 若上市公司以市价评估净资产公允价值，享受的差额不应被重复确认为商誉或不符合条件的资产价值，而应作为营业外支出。b. 如果对被投资方资产逐项评估确认公允价值，差额不一定是转让收益，也可能时负商誉或未入账的负债。在后续计量过程中也可能会出现投资企业确认的投资收益与现金流入不符或其他所有者权益变动的问题。

3. 成本法与权益法的比较

（1）成本法与权益法的联系

①股票股利处理方法相同。被投资企业分配股票股利后，投资企业无论采用成本法还是权益法都不做账务处理，只是在除权日注明股数变化。②资产减值计提方式相同。如果长期股权投资发生减值现象，在核算确定账面价值后要按规定计提减值准备。对子公司、合营公司以及被投资单位无控制及重大影响、公允价值无法可靠计量的投资都要按相应的会计准则规定确定可回收资金，计提减值准备。无论采用哪种方法，减值准备确定后都不能再转回。③两者之间可以转化。投资企业拥有被投资企业的股权比例决定了使用成本法还是收益法进行核算，在日常生产经营活动中，当持股比例发生变化时，长期股权投资的核算方法也可能发生转换。

（2）成本法与权益法的区别

①定义和核算范围不通由前文分析可知，成本法以取得股权时的成本计价，权益法以初始投资成本计量，将被投资企业与投资企业的经济活动视为一体，二者的定义有着根本区别，在进行核算时的适用范围也显著不同。②初始投资确定不同在运用成本法时，长期股权投资采用支付现金时以实际支付金额作为初始成本，所发生的直接费用、税金也计入投资成本。运用权益法时，若出生成本大于应享有的可辨认净资产公允价值，差额部分是长期股权投资的成本。反之则差额部分被看做当期收益，并对长期股权投资成本做出调整。

8.4.3　长期股权投资成本法与权益法的相互转换

1. 权益法向成本法转变

如果在经营过程中，被投资单位增发股份时投资单位没有追加购买，或者投资单位转让投资，就会导致其在被投资单位权益资本中所占的比例降低，如果这一比例低于 20%，它对被投资企业就不具有重大影响。或者因为其他一些原因使二者之间不再具有控制、共同控制和重大影响，权益法不再适用，应该转化为成本法。以投资的账面价值作为投资成本，已计入账面价值的利润和现金股利作为投资成本收回。

2. 成本法向权益法转变

如果投资企业追加投资，其在被投资企业权益资本中所占的比例会不断提高，当这一比例太高到20%以上后，对被投资企业的影响力也会增大，此事成本法就无法反应被投资单位经营业绩对投资单位的影响，应该转为权益法。此时初始投资成本为追溯调整后长期股权投资账面价值与追加投资成本之和。

总之，企业在进行长期股权投资时要根据实际情况合理选择核算方式，以达到最佳效应，并根据经营状况的改变及时对核算方式作出调整。

8.4.4 长期股权投资的处置

按照成本法核算的、在活跃市场中没有报价、公允价值不能可靠计量的长期股权投资的减值，应当按照"金融资产"的有关规定处理；其他长期股权投资的减值，应当按照有关规定处理。同时，上述有关长期股权投资的减值准备在提取以后，均不允许转回。

在处置长期股权投资时，其账面价值与实际取得价款的差额，应当计入当期损益（投资收益）。对采用权益法核算的长期股权投资，因被投资单位发生的除净损益以外的所有者权益的其他变动而计入所有者权益的，在处置该项投资时，企业应当将原计入所有者权益的部分按相应比例转入当期损益（投资收益）。

股权转让日应以被转让股权的所有权上的风险和报酬实质上已转移给购买方，且相关经济利益很可能流入企业为标志。在会计实务中，只有当保护相关各方权益的所有条件均能满足时，才能确认股权转让收益。这些条件包括：出售协议已获股东大会（或股东会）批准通过；与购买方已办理必要的财产交接手续；已取得购买价款的大部分（一般应超过50%）；企业已不能再从所持有的股权中获得利益和承担风险等。例如，有关股权转让需要经过国家有关部门批准，则股权转让收益只有在满足上述条件且取得国家有关部门的批准文件时才能确认。

在部分处置某项长期股权投资时，应按该项投资的总平均成本确定其处置部分的成本，并按相应比例结转已计提的减值准备和资本公积。处置长期股权投资时，应按实际收到的金额，借记"银行存款"等科目；按其账面余额，贷记"长期股权投资"科目；按尚未领取的现金股利或利润，贷记"应收股利"科目；按其差额，贷记或借记"投资收益"科目。已计提减值准备的，还应同时结转减值准备。

在采用权益法核算长期股权投资的处置时，除上述规定外，还应结转原计入资本公积的相关金额，借记或贷记"资本公积——其他资本公积"科目，贷记或借记"投资收益"科目。

第 9 章
会计核算——无形资产和其他资产

本章导读

有人说过，可口可乐最宝贵的资产不是厂房设备，而是其秘不外宣的可口可乐配方及商标所有权。可见，看不见的无形资产也可能价值较大。在知识经济时代，重视无形资产是现代企业的特征。

本章将解答以下问题。

（1）什么是无形资产，其包括哪些种类？

（2）如何确定无形资产的取得成本？

（3）如何对无形资产进行摊销？

（4）无形资产减值应怎样进行会计核算？

（5）长期待摊费用应怎样进行会计核算？

9.1　无形资产概述

9.1.1　无形资产的特征

无形资产是指企业拥有或者控制的、没有实物形态的、可辨识的非货币性长期资产。无形资产具有三个主要特征，如图 9-1 所示。

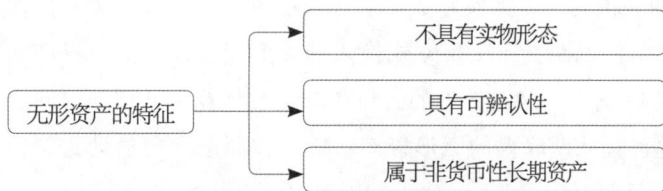

图 9-1　无形资产的特征

9.1.2　无形资产确认条件

一般情况下，同时满足以下条件的资产，就可以作为企业的无形资产进行会计核算：

（1）与该无形资产相关的经济利益很可能流入企业；

（2）该无形资产的成本能够可靠地计量。

9.1.3　哪些资产属于无形资产

在企业的日常经营活动中，常见的无形资产主要包括专利权、商标权、土地使用权、非专利技术、著作权、特许权等。无形资产的种类如图 9-2 所示。

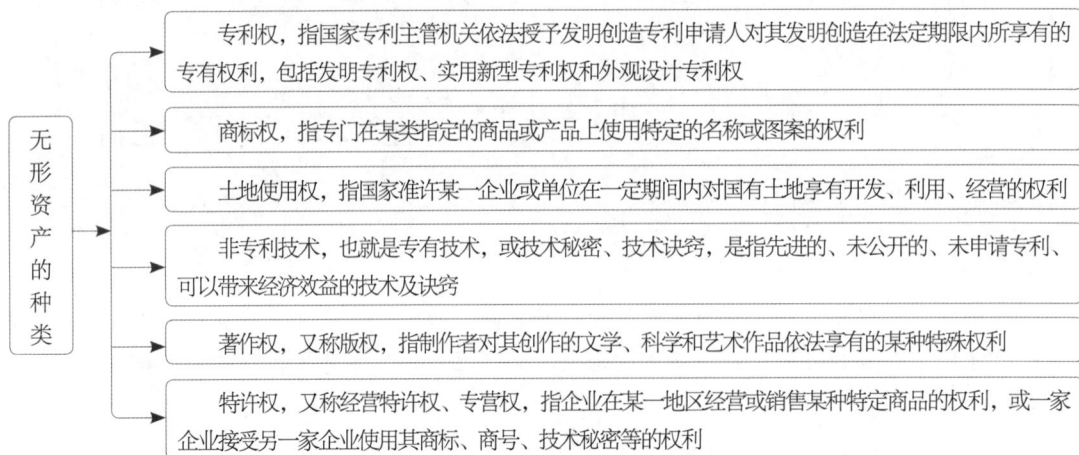

图 9-2　无形资产的种类

9.2　无形资产的处理

9.2.1　无形资产的取得

企业的无形资产应按取得时的实际成本计量。无形资产取得时的实际成本应按以下方法确定。

（1）购入的无形资产，按实际支付的价款作为实际成本。

（2）投资者投入的无形资产，按投资各方确认的价值作为实际成本。但是，首次发行股票接受投资者投入的无形资产，应按该无形资产在投资方的账面价值作为实际成本。

（3）企业接受的债务人以非现金资产抵偿债务方式取得的无形资产，按应收债权的账面价值加上应支付的相关税费，作为实际成本。涉及补价的，应按有关具体规定处理补价问题。

（4）企业通过非货币性资产交换方式换入的无形资产，按换出资产的账面价值加上应支付的相关税费作为实际成本。涉及补价的，应按有关具体规定处理补价问题。

（5）企业通过政府补助取得的无形资产，应当按照公允价值计量，公允价值不能可靠取得的，按照名义金额计量。

9.2.2　研究与开发支出的处理

企业研究与开发活动发生的费用，除了要按照无形资产确认和初始计量的一般要求确认外，还需要满足其他特定的条件，才能够确定为一项无形资产。企业内部研究开发项目的支出，应当区分为研究阶段的支出和开发阶段的支出，并分别按《企业会计准则第6号——无形资产》的有关规定处理，即研究阶段的支出费用化，开发阶段的支出满足特定条件的可以资本化。在实务工作中，具体划分研究阶段与开发阶段，以及是否符合资本化的条件，应当根据企业的实际情况以及相关信息予以判断。

9.2.3　无形资产的摊销

1. 摊销期限

确定无形资产在使用过程中的累计摊销额的前提是估计无形资产的使用寿命，使用寿命有限的无形资产才需要在估计使用寿命内采用系统合理的方法进行摊销；使用寿命不确定的无形资产则不需要摊销，但企业至少应于每年年度终了进行减值测试。

企业应当于取得无形资产时分析判断其使用寿命。无形资产的使用寿命如为有限的，应当估计该使用寿命的年限或者构成使用寿命的产量等类似计量单位数量；无法预见无形资产为企业带来未来经济利益期限的，该无形资产应当视为使用寿命不确定的无形资产。

无形资产应当自企业取得当月起，在预计使用年限内分期平均摊销，并计入损益。如预计使用年限超过了相关合同规定的受益年限或法律规定的有效年限，该无形资产的摊销年限按如下原则确定：

（1）合同规定了受益年限但法律没有规定有效年限的，按不超过合同规定的受益年限摊销；

（2）合同没有规定受益年限而法律规定了有效年限的，按不超过法律规定的有效年限摊销；

（3）合同规定了受益年限，法律也规定了有效年限的，摊销年限不应超过受益年限和有效年限两者之中的较短者。

如果合同没有规定受益年限，法律也没有规定有效年限的，摊销年限不应超过 10 年。

无形资产的摊销期自其可供使用时起至终止确认时止，即：当月增加的无形资产，当月开始摊销；当月减少的无形资产，当月不再摊销。

2. 摊销方法

在无形资产的使用寿命内系统地分摊其应摊销金额，存在多种方法，包括直线法、产量法等。企业选择的无形资产摊销方法，应当能够反映与该项无形资产有关的经济利益的预期实现方式，并一致地运用于不同会计期间。无法可靠确定无形资产预期实现方式的，应当采用直线法进行摊销。除一些特殊情况外，无形资产的净残值一般为零。

由于企业的无形资产应当在规定的期限内平均摊销，所以无形资产的摊销方法一般采用平均法。相关计算公式如下。

$$无形资产年摊销额 = 无形资产的原值 \div 无形资产的有效使用年限$$
$$无形资产月摊销额 = 无形资产年摊销额 \div 12$$

9.2.4　无形资产的减值准备

企业应当定期或至少每年年度终了，对各项资产进行全面检查。如果有证据表明无形资产的使用寿命及摊销方法不同于以前的估计的，对于使用寿命有限的无形资产，应改变其摊销年限及摊销方法，并按照会计估计变更进行处理。所以，企业要根据谨慎性原则，合理地预计各项无形资产可能发生的损失，对可能发生的损失计提资产减值准备。

无形资产减值准备的确定主要考虑以下情形。

（1）企业的无形资产应当按照账面价值与可收回金额孰低计量，可收回金额低于账面价值的，应当计提无形资产减值准备。

（2）当存在下列一项或若干项情形时，应当将无形资产的账面价值全部转入当期损益：某项无形资产已被其他新技术所代替，并且该项无形资产已无使用价值和转让价值；某项无形资产已超过法律保护期限，并且已不能为企业带来经济利益；其他足以证明某项无形资产已经丧失了使用价值和转让价值的情形。

（3）当存在下列一项或若干项情形时，应当计提无形资产减值准备：某项无形资产已被其他新技术所代替，使其为企业创造经济利益的能力受到重大不利影响；某项无形资产的市价在当期大幅下跌，在剩余摊销年限内预期不会恢复；某项无形资产已超过法律保护期限，但仍然具有部分使用价值；其他足以证明某项无形资产实质上已经发生了减值的情形。

正确计量无形资产价值将给企业带来以下好处。

（1）资产公允。无形资产的价值并不会一成不变，技术的进步和人为因素的影响，会造成无形资产价值变化。企业通过无形资产摊销和确认无形资产减值准备，使财务报表中的"无形资产"项目更公允、更可靠。

（2）利润真实。与实物资产不同的是，无形资产的价值更多地体现在未来超额收益的流入上。倘若无形资产真的减值了，及时反映其对利润总额的影响，才能保证对外财务报表的真实性。

9.2.5 无形资产的披露

企业应当按照无形资产的类别在附注中披露与无形资产有关的下列信息：

（1）无形资产的期初和期末账面余额、累计摊销额及累计减值损失金额；

（2）使用寿命有限的无形资产，其使用寿命的估计情况；使用寿命不确定的无形资产，使用寿命不确定的判断依据；

（3）无形资产摊销方法；

（4）作为抵押的无形资产账面价值、当期摊销额等情况。

【小贴士】会计专业的女生的征婚启事

你的家底应以"固定资产"为主，你的学识与人品足以评估为"无形资产"，银行存款在六位数，你的经济来源用"预收账款"结算，你懂得理财，会巧妙搭配短期投资与长期投资。一旦结合，你会考虑我的"溢价"，"资产重组后共同控股"。你继续做"董事长"，我届就"财务总监"，但我会加强"内控"，你就甭想着设"小金库"了。

9.3 其他资产项目——长期待摊费用

其他资产是指除流动资产、长期股权投资、固定资产和无形资产以外的各项资产，主要包括长期待摊费用等。

长期待摊费用是指企业已经支出但摊销期限在 1 年以上（不含 1 年）的各项费用，包括固定资产大修理支出、租入固定资产的改良支出等。

长期待摊费用是企业已经花了钱但不能算到当期费用里的那一部分支出。这些支出要在以后若干年里摊销。

不能低估固定资产大修理支出等对企业利润的影响。如果企业的固定资产大修理安排不当，则固定资产大修理支出没有进行必要的分摊，不仅会影响企业的生产和经营成果，而且会影响上市公司的股票价值。

在一般情况下，固定资产大修理支出采用待摊方式的，应当将发生的大修理支出在下一次大修理前平均摊销；租入固定资产改良支出应当在租赁期限与预计可使用年限两者孰短的期限内平均摊销；其他长期待摊费用应当在受益期内平均摊销。

另外，企业筹建期间发生的费用，即开办费用，也应先在长期待摊费用中归集，待企业开始生产经营时一次性计入开始生产经营当期的损益。如果长期待摊费用不能使以后会计期间受益，应当将尚未摊销的项目的摊余价值全部计入当期损益。

总之，企业的长期待摊费用是一种费用性质的资产，由于金额较大，对其处理应当格外慎重。企业的管理人员应当根据企业预期的利润目标，在制度允许的前提下，结合企业的生产实际，有计划地安排长期待摊费用的发生和摊销。

第 10 章
会计核算——流动负债

本章导读

在现代的商业社会中，几乎不存在"无债一身轻"的企业，学会"用别人的钱做自己的事"是企业家的重要任务。合理的负债，有助于加速企业的发展，而过度的负债，将成为企业沉重的包袱。

负债按流动性分类，可分为流动负债和非流动负债。流动负债是指将在 1 年或长于 1 年的一个营业周期内偿付的债务，包括短期借款、应付票据、应付账款、预收账款、应付职工薪酬、应交税费、其他应付款等。

本章将解答以下问题。

（1）什么是负债，包括哪些种类？

（2）什么是短期借款，如何对其进行会计核算？

（3）什么是应付票据，如何对其进行会计核算？

（4）什么是应付账款，如何对其进行会计核算？

（5）什么是应付职工薪酬，如何对其进行会计核算？

（6）什么是应交税费，如何对其进行会计核算？

10.1 负债

10.1.1 负债的概念及特征

负债，是指由企业过去的交易或者事项形成的、预期会导致经济利益流出企业的现时义务。根据负债的定义，负债具有以下几个方面的特征：

（1）负债是企业承担的现时义务；

（2）负债的清偿预期会导致经济利益流出企业；

（3）负债是由企业过去的交易或者事项形成的。

10.1.2 确认负债的条件

将一项现时义务确认为负债，首先应当符合负债的定义。除此之外，还需要同时满足以下两个条件：

（1）与该义务有关的经济利益很可能流出企业；

（2）未来流出的经济利益的金额能够可靠地计量。

10.1.3 负债的分类

负债按偿还期的长短，可以分为流动负债和非流动负债。

1. 流动负债

流动负债是指预计在一个正常营业周期中清偿的，或者主要为交易目的而持有的，或者自资产负债表日起 1 年内（含 1 年）到期应予以清偿的，或者企业无权自主地将清偿时间推迟至资产负债表日后 1 年以上的负债。流动负债主要包括短期借款、应付票据、应付账款、预收账款、应付职工薪酬、应交税费、应付利息、应付股利、其他应付款等。

2. 非流动负债

非流动负债是指流动负债以外的负债，主要包括长期借款、应付债券等。

将企业负债分为流动负债和非流动负债，有利于相关人员了解流动资产和流动负债的比例，从而了解企业短期偿债能力。

10.2　短期借款

短期借款是指企业为满足生产经营的需要，向银行或其他金融机构借入的、偿还期在 1 年以内的各种借款。

"短期借款"科目总括地反映企业短期借款的借入、归还和结余情况。该科目应按债权人和借款种类进行明细核算。

10.2.1　借入短期借款

企业借入短期借款时，应借记"银行存款"等科目，贷记"短期借款"科目。

10.2.2　确认短期借款利息

企业发生的短期借款利息应当直接计入当期财务费用，借记"财务费用"科目，贷记"应付利息""银行存款"等科目。

（1）若利息数额不大，可于支付月份计入财务费用，即借记"财务费用"科目，贷记"银行存款"科目。

（2）若利息数额较大，则应采用按月预提的办法，即各月末应借记"财务费用"科目，贷记"应付利息"科目；实际支付利息时，再借记"应付利息"科目，贷记"银行存款"科目。

10.2.3　归还短期借款

归还短期借款时，借记"短期借款"科目，贷记"银行存款"科目。

10.3　应付票据

10.3.1　认识应付票据

应付票据是指企业根据合同进行延期付款交易而采用商业汇票结算时，所签发、承兑的商业汇票。"应付票据"科目总括地反映和监督企业应付票据的发生、偿付等情况。该科目的贷方登记已承兑的商业汇票的面额，借方登记已到期付款的商业汇票的面额、转作应付账款或作为借款处理的商业汇票的面额。

10.3.2　应付票据的会计核算

和应付票据相关的业务主要包括企业开出票据、票据到期支付现金，以及票据到期后，无资金可支付三种情况。相应的账务处理如下。

（1）企业开出、承兑商业汇票或以承兑汇票抵付货款时，借记"原材料""应付账款""应交税费"等科目，贷记"应付票据"科目；如为银行承兑汇票，还应在支付银行承兑手续费时，借记"财务费用"科目，贷记"银行存款"科目。

（2）汇票到期付款时，借记"应付票据"科目，贷记"银行存款"科目；如为带息票据，则应借记"应付票据""财务费用"等科目，贷记"银行存款"科目。

（3）票据到期，无力偿付时：若为商业承兑汇票，则将应付票据转为应付账款，借记"应付票据"科目，贷记"应付账款"科目；若为银行承兑汇票，则银行先代为付款，企业将不足部分转为短期借款，借记"应付票据"科目，贷记"银行存款""短期借款"科目。

10.4　应付账款

10.4.1　认识应付账款

应付账款是指企业在经营过程中因购买商品、材料、物资或接受劳务而发生的待清偿的债务。

"应付账款"科目是用来总括反映企业应付账款的发生、偿还和结欠情况的科目。该科目的贷方登记发生的应付账款，借方登记偿还的应付账款、以商业汇票抵付的应付账款以及冲销无法支付的应付账款，贷方余额表示尚未偿还的应付账款。

在"应付账款"科目下，一般应设置按照债权单位进行明细核算的二级科目。

10.4.2　应付账款的会计核算

企业购入材料、物资等已验收入库，但货款尚未支付时，应根据有关结算凭证，借记"原材料"和"应交税费"科目，贷记"应付账款"科目。对于材料等已验收入库、结算凭证未到、货款尚未支付的业务，因结算凭证一般在短时间内即可到达，为了简化核算，可以暂不进行账务处理，待收到结算凭证后，再按正常手续进行账务处理。但是，每月月末，对那些结算凭证尚未到达的入库材料，则应按材料的暂估价格（合同价格或计划单位成本）计价入库，借记"原材料"等科目，贷记"应付账款"科目。在下月月初时应用红字冲回上笔分录，以便下月结算凭证到达时，按正常程序进行核算。

企业接受供应单位提供劳务而发生的应付未付款项，应根据供应单位的发票账单，借记有关的成本费用科目和"应交税费"科目，贷记"应付账款"科目。

企业偿付应付账款时，应借记"应付账款"科目，贷记"银行存款"等科目；企业开出、承兑商业汇票抵付应付账款时，应借记"应付账款"科目，贷记"应付票据"科目。

预付账款业务不多、不单独设置"预付账款"科目的企业，可以通过"应付账款"科目核算预付账款业务。在这种情况下，期末应根据"应付账款"科目所属各明细科目的余额的方向来分析判断其是预付账款还是应付账款：如为借方余额，则为预付账款；如为贷方余额，则为应付账款。

10.5　应付职工薪酬

10.5.1　认识职工薪酬

职工薪酬是指企业为获得职工提供的服务而给予各种形式的报酬以及其他相关支出。换言之，职工薪酬就是企业在职工在职期间和离职后提供的全部货币性薪酬和非货币性福利，包括提供给职工本人的薪酬，以及提供给职工配偶、子女或其他被赡养人的福利等。

根据《企业会计准则第 9 号——职工薪酬》（2014 年修订版）的规定，职工薪酬包括以下内容：

（1）职工工资、奖金、津贴和补贴；

（2）职工福利费；

（3）医疗保险费、养老保险费、失业保险费、工伤保险费和生育保险费等社会保险费；

（4）住房公积金；

（5）工会经费和职工教育经费；

（6）非货币性福利；

（7）因解除与职工的劳动关系给予的补偿，即辞退福利；

（8）其他与获得职工提供的服务相关的支出。

10.5.2　应付职工薪酬的会计核算

企业应当通过"应付职工薪酬"科目，核算应付职工薪酬的提取、结算、使用等情况。该科目贷方登记已分配记入有关成本费用项目的职工薪酬的数额，借方登记实际发放职工薪酬的数额。该科目的期末贷方余额反映的是企业应付未付的职工薪酬。"应付职工薪酬"科目应当按照"工资""职工福利""社会保险费""住房公积金""工会经费""职工教育经费""非货币性福利"等应付职工薪酬项目设置明细科目，进行明细核算。

1. 计算职工薪酬

进行应付职工薪酬的会计核算，首先要计算职工薪酬。计算职工薪酬时，应根据考勤记录、工时记录、产量记录、工资标准、工资等级、计件工资单价，以及其他有关资料，计算应付给每一职工的工资数。在此基础上，再根据有关代扣项凭证计算实际应发放给每一职工的金额。一般情况下，企业应按照部门分别编制"工资结算表"。企业可根据实际需要设计该表的格式与内容。"工资结算表"的一般格式如表 10-1 所示。

表 10-1　工资结算表

所属部门：第一基本生产车间　　　　　　　　20×× 年 ×× 月

序号	姓名	基本工资	浮动工资	津贴	应付工资	代扣款项	实发金额
合计							

为了总括反映整个企业对职工工资的结算情况，便于进行总分类核算，会计部门应根据按车间、部门编制的"工资结算表"，汇总编制"工资结算汇总表"。企业可根据实际需要设计该表的格式与内容。"工资结算汇总表"的常见格式如表10-2所示。

表10-2 工资结算汇总表

20××年××月　　　　　　　　　　　　　　　　　　　　　　　单位：元

车间、部门名称	计时工资	计件工资	应扣工资	综合奖金	应付工资	扣除款项	实发金额
第一基本生产车间							
其中：生产工人							
管理人员							
第二基本生产车间							
其中：生产工人							
管理人员							
管理部门							
销售部门							
基建部门							
医务室、托儿所							
长期病假人员							
合计							

2. 分配职工薪酬

（1）货币性职工薪酬。

企业应当在职工为其提供服务的会计期间，根据职工提供服务的受益对象，将应确认的职工薪酬（此处仅指货币性薪酬）计入相关资产成本或当期损益，同时确认应付职工薪酬。具体针对以下情况分别进行处理。

①生产部门的职工薪酬，借记"生产成本""制造费用""劳务成本"等科目，贷记"应付职工薪酬"科目。

②管理部门的职工薪酬，借记"管理费用"科目，贷记"应付职工薪酬"科目。

③销售人员的薪酬，借记"销售费用"科目，贷记"应付职工薪酬"科目。

④应由在建工程、研发支出负担的职工薪酬，借记"在建工程""研发支出"科目，贷记"应付职工薪酬"科目。

⑤外商投资企业按规定从净利润中提取的职工奖励及福利基金，借记"利润分配——提取的职工奖励及福利基金"科目，贷记"应付职工薪酬"科目。

企业在计量应付职工薪酬时，应当注意国家是否对相关项目有相关的计提标准，如果有，则应区别处理。一般而言，企业应向社会保险经办机构（或企业年金基金账户管理人）缴纳的医疗保险费、养老保险费、失业保险费、工伤保险费、生育保险费等社会保险费，应向住房公积金管理中心缴存的住房公积金，以及应向工会部门缴纳的工会经费等，国家（或企业年金计划）统一规定了计提基础和计提比例，应当按照规定的标准计提。对职工福利费等职工薪酬，国家（或企业年金计划）没有明确规定计提基础和计提比例，企业应当根据历史经验数据和实际情况，合理预计当期应付职工薪酬。当期实际发生金额大于预计金额的，应当补提应付职工薪酬；当期实际发生金额小于预计金额的，应当冲回多提的应付职工薪酬。

月份终了，应按照工资的用途，进行工资费用的分配。工资费用的分配，先由各车间根据工资结算凭证等编制"工资费用分配表"，财务部门根据各车间的"工资费用分配表"及其他部门发生的工资数，编制"工资费用分配汇总表"，据以进行总分配核算。"工资费用分配汇总表"的格式如表 10-3 所示。

表 10-3　工资费用分配汇总表

20××年××月

单位：元

项目	第一基本生产车间	第二基本生产车间	管理部门	销售部门	基建部门	医务室、托儿所	合计
应借科目							
生产成本							
制造费用							
管理费用							
销售费用							
在建工程							
合计							

（2）非货币性职工薪酬。

企业以其自产产品作为非货币性福利发放给职工的，应当根据受益对象，按照该产品的公允价值，计入相关资产成本或当期损益，同时确认应付职工薪酬，借记"管理费用""生产成本""制造费用"等科目，贷记"应付职工薪酬——非货币性福利"科目。

企业将拥有的房屋等资产无偿提供给职工使用的，应当根据受益对象，将该房屋每期应计提的折旧计入相关资产成本或当期损益，同时确认应付职工薪酬，借记"管理费用""生产成本""制造费用"等科目，贷记"应付职工薪酬——非货币性福利"科目，同时借记"应付职工薪酬——非货币性福利"科目，贷记"累计折旧"科目。

企业租赁住房等资产供职工无偿使用的，应当根据受益对象，将每期应付的租金计入相关资产成本或当期损益，并确认应付职工薪酬，借记"管理费用""生产成本""制造费用"等科目，贷记"应付职工薪酬——非货币性福利"科目。难以认定受益对象的非货币性福利，直接计入当期损益和应付职工薪酬。

3. 发放职工薪酬

（1）支付职工工资、奖金、津贴和补贴。企业按照有关规定向职工支付工资、奖金、津贴、补贴等，借记"应付职工薪酬——工资"科目，贷记"银行存款""库存现金"等科目；企业从应付职工薪酬中扣还的各种款项（如代垫的家属药费、个人所得税等），借记"应付职工薪酬"科目，贷记"银行存款""库存现金""其他应收款""应交税费——应交个人所得税"等科目。

在实务中，企业一般在每月发放工资前，根据"工资结算汇总表"中的"实发金额"栏的合计数向开户银行提取现金，借记"库存现金"科目，贷记"银行存款"科目；然后再向职工发放。

（2）支付职工福利费。企业向职工食堂、职工医院、生活困难职工等支付职工福利费时，借记"应付职工薪酬——职工福利"科目，贷记"银行存款""库存现金"等科目。

（3）支付工会经费、职工教育经费和缴纳社会保险费、住房公积金。企业支付工会经费和职工教育经费用于工会运营和职工培训，或按照国家有关规定缴纳社会保险费或住房公积金时，借记"应付职工薪酬——工会经费（或职工教育经费、社会保险费、住房公积金）"科目，贷记"银行存款""库存现金"等科目。

（4）发放非货币性福利。企业以自产产品作为职工薪酬发放给职工时，应确认主营业务收入，借记"应付职工薪酬——非货币性福利"科目，贷记"主营业务收入"科目，同时结转相关成本，涉及增值税销项税额的，还应进行相应的处理。

企业支付租赁住房等资产供职工无偿使用所发生的租金，借记"应付职工薪酬——非货币性福利"科目，贷记"银行存款"等科目。

4. 辞退福利（解除劳动关系补偿）的确认和计量

（1）辞退福利的内容。

辞退福利包括两方面的内容：一是在职工劳动合同到期前，不论职工本人是否愿意，企业决定解除与职工的劳动关系而给予的补偿；二是在职工劳动合同到期前，企业为鼓励职工自愿接受裁减而给予的补偿，职工有权利选择继续在职或接受补偿离职。辞退福利还包括当企业控制权发生变动时对辞退的管理层人员进行的补偿。

（2）辞退福利的确认。

企业在职工劳动合同到期之前解除与职工的劳动关系，或者为鼓励职工自愿接受裁减而提出给予补偿的建议，同时满足下列条件的，应当确认因解除与职工的劳动关系给予补偿而产生的预计负债，同时计入当期管理费用。

①企业已经制定正式的解除劳动关系计划或提出自愿裁减建议，并即将实施。该计划或建议应当包括拟解除劳动关系或裁减的职工所在部门、职位及数量，根据有关规定按工作类别或职位确定的解除劳动关系或裁减补偿金额，拟解除劳动关系或裁减的时间。

②企业不能单方面撤回解除劳动关系计划或裁减建议。如果企业能够单方面撤回解除劳动关系计划或裁减建议，则表明未来经济利益流出可能性不确定，因而不符合负债确认条件。

（3）辞退福利的计量。

企业应当根据《企业会计准则第9号——职工薪酬》和《企业会计准则第13号——或有事项》的规定，严格按照辞退计划条款的规定，合理预计并确认辞退福利产生的负债。辞退福利的计量因职工在辞退计划中有无选择权而有所不同。

①对于职工没有选择权的辞退计划，应当根据计划条款规定拟解除劳动关系的职工数量、每一职位的辞退补偿等计提应付职工薪酬（预计负债）。

②对于自愿接受裁减建议，因接受裁减的职工数量不确定，企业应当参照或有事项的规

定，预计将会接受裁减建议的职工数量，根据预计的职工数量和每一职位的辞退补偿等计提应付职工薪酬（预计负债）。

③实质性辞退工作在 1 年内实施完毕，但补偿款项超过 1 年支付的辞退计划，企业应当选择恰当的折现率，以折现后的金额计量应计入当期管理费用的辞退福利金额。该项金额与实际应支付的辞退福利之间的差额，作为未确认融资费用，在以后各期实际支付辞退福利款项时，计入财务费用。

10.6 应交税费

企业应交税费的种类较多，这里介绍应交增值税、应交消费税、应交城市维护建设税，以及应交教育费附加的会计核算。

10.6.1 应交增值税

增值税是对在我国境内销售货物或者提供加工、修理、修配劳务，以及进口货物的单位和个人，就其取得的货物或应税劳务销售额，以及进口货物金额计算税款，并实行税款抵扣制的一种流转税。

在我国，增值税的纳税义务人分为一般纳税人和小规模纳税人两种，其在应纳增值税的计算方法和会计核算上有所不同。下面以一般纳税人为主，简单介绍应纳增值税的计算和应交增值税的会计核算。

1. 应纳增值税的计算

从应纳增值税的一般计算原理来说，企业销售货物或者提供应税劳务，应纳增值税为当期销项税额抵扣当期进项税额后的余额，相关计算公式为：

$$应纳增值税 = 当期销项税额 - 当期进项税额$$

当期销项税额小于当期进项税额，不足抵扣时，不足部分可以结转至下期继续进行抵扣。

增值税进项税额是指一般纳税人购进货物或接受应税劳务支付价款中所含的增值税。企业支付的增值税进项税额能否在销项税额中抵扣，应视具体情况而定。下列项目的进项税额不得从销项税额中抵扣。

（1）用于非增值税应税项目、免征增值税项目、集体福利或者个人消费的购进货物或者应税劳务。

（2）非正常损失的购进货物及相关的应税劳务。

（3）非正常损失的在产品、产成品所耗用的购进货物或者应税劳务。

（4）国务院财政、税务主管部门规定的纳税人自用消费品。

（5）上述第（1）项至第（4）项规定的货物的运输费用和销售免税货物的运输费用。

增值税销项税额是指一般纳税人销售货物或提供应税劳务收取价款中所含的增值税，其计算公式为：

$$销项税额 = 销售额 \times 增值税税率$$

计算增值税销项税额所依据的销售额是指企业销售货物或提供应税劳务向购买方收取的除销项税额、代扣代缴的消费税以及除代垫运杂费以外的全部价款和价外费用。价外费用主要包括手续费、包装费、违约金（延期付款利息）以及运杂费等。

企业如果采用不含税定价的方法，销项税额可以直接根据不含税的销售额计算；如果采用销售额和销项税额合并定价的方法，应按下列公式将含税销售额还原为不含税销售额，并按不含税销售额计算销项税额。

$$不含税销售额 = 含税销售额 \div（1 + 增值税税率）$$

按照《中华人民共和国增值税暂行条例实施细则》的规定，对于企业将自产、委托加工的货物用于非应税项目，将自产、委托加工的货物用于投资、提供给其他单位或个体经营者，将自产、委托加工或购买的货物分配给股东或投资者，将自产或委托加工的货物用于集体福利或个人消费，将自产、委托加工或购买的货物无偿赠送他人的，应视同销售行为，需要计算缴纳增值税。在计算增值税时，销售额应按下列顺序确定：

（1）按当月同类货物的平均销售价格确定；

（2）按最近时期同类货物的平均销售价格确定；

（3）按组成计税价格确定，其计算公式为：

$$组成计税价格 = 成本 \times（1 + 成本利润率）$$

属于应征消费税的货物，其组成计税价格应加计消费税。

2. 应交增值税的会计核算

企业应在"应交税费"科目下设置"应交增值税"和"未交增值税"两个明细科目。

在"应交增值税"科目下设置"进项税额""已交税金""转出未交增值税""销项税额""进项税额转出""转出多交增值税"等栏目。

通过"应交增值税"明细科目各栏目的记录可计算出以下数据。

公式（1）　　　　　　　抵减后的进项税额 = 进项税额 - 进项税额转出

公式（2）　　　　　本期应交增值税 = 本期销项税额 - 抵减后的进项税额

公式（3）　　　　　　本期未交增值税 = 本期应交增值税 - 已交税金

上述公式（2）中，如果本期销项税额小于抵减后的进项税额，其差额为尚未抵扣的进项税额，保留在"应交增值税"明细科目内，可以在以后期间继续抵扣。

上述公式（3）中，如果本期应交增值税大于已交税金，则差额为本期未交增值税，应将其通过"应交增值税"明细科目下的"转出未交增值税"专栏转入"未交增值税"明细科目的贷方。如果本期应交增值税小于已交税金，则差额为本期多交增值税，应将其通过"应交增值税"明细科目下的"转出多交增值税"专栏转入"未交增值税"明细科目的借方。

"未交增值税"明细科目的借方登记转入的当期多交的增值税以及上缴的上期应交未交的增值税，贷方登记转入的当期应交未交的增值税。该明细科目若为借方余额表示累计多交的增值税，若为贷方余额表示累计未交的增值税。

需要注意的是：若为当月缴纳以前月份未缴纳的增值税，记入"应交税费——未交增值税"科目借方；若为当月缴纳的当月增值税，记入"应交税费——应交增值税（已交税金）"科目的借方。

3. 小规模纳税人应交增值税的会计核算

小规模纳税人销售货物或者提供应税劳务，实行简易办法计算增值税，按照销售额和规定的征收率计算应纳税额，不得抵扣进项税额。小规模纳税人应纳增值税的计算公式为：

$$应纳增值税 = 销售额 \times 征收率$$

注意，该销售额为不含税销售额。

小规模纳税人购入货物及接受应税劳务支付的增值税，应直接计入有关货物及劳务成本。也就是说，小规模纳税人购入货物或接受应税劳务时向供应方（或应税劳务的提供方）支付的增值税，不能像一般纳税人那样做抵扣销项税额处理，而应当将其与价款、运杂费等一并计入有关货物、劳务的成本。

小规模纳税人销售货物或提供应税劳务，应按实现的销售收入和按规定收取的增值税，借记"应收账款""应收票据""银行存款"等科目；按规定收取的增值税，贷记"应交税费——应交增值税"科目；按实现的销售收入，贷记"主营业务收入""其他业务收入"等科目。

小规模纳税人在上缴增值税时，应借记"应交税费——应交增值税"科目，贷记"银行存款"科目。

10.6.2 应交消费税

消费税是对特定的消费品，如烟，酒，高档化妆品，贵重首饰及珠宝玉石，鞭炮、焰火，成品油，摩托车，小汽车，高尔夫球及球具，高档手表，游艇，木制一次性筷子，实木地板，电池，涂料等所征收的一种流转税。在我国境内生产、委托加工和进口应税消费品的单位和个人，为消费税的纳税义务人。

消费税实行从价定率、从量定额，或者两者相结合的办法计算应纳税额。消费税应纳税额的计算公式如下。

$$实行从价定率办法计算的应纳税额 = 销售额 \times 税率$$
$$实行从量定额办法计算的应纳税额 = 销售数量 \times 单位税额$$
$$实行复合办法计算的应纳税额 = 销售数量 \times 单位税额 + 销售额 \times 税率$$

以上公式中的销售额是指纳税人销售应税消费品向购买方收取的全部价款和价外费用，但不包括应向购货方收取的增值税税款。

为了反映和监督消费税的缴纳情况，企业应在"应交税费"科目下设置"应交消费税"明细科目。该科目的贷方登记应缴纳的消费税，借方登记实际缴纳的消费税，期末贷方余额表示尚未缴纳的消费税。

10.6.3 应交城市维护建设税

城市维护建设税是一种附加税。按现行税法的规定，城市维护建设税以应缴纳的增值税、消费税为计税依据，按一定的比例计算缴纳。城市维护建设税的应纳税额的计算公式为：

$$应纳税额 = 计税依据 \times 适用税率$$

企业计算出应纳城市维护建设税时，应借记"税金及附加"等科目，贷记"应交税费——应交城市维护建设税"科目；在实际缴纳城市维护建设税时，应借记"应交税费——应交城市维护建设税"科目，贷记"银行存款"科目。

10.6.4 应交教育费附加

教育费附加是一种附加费。应交教育费附加的计算口径与应交城市维护建设税的计算口径相同，也通过"应交税费"科目核算。

企业在计算出应交教育费附加时，借记"税金及附加"等科目，贷记"应交税费——应交教育费附加"科目；在实际缴纳教育费附加时，借记"应交税费——应交教育费附加"科目，贷记"银行存款"科目。

第 11 章
会计核算——非流动负债

本章导读

非流动负债是指流动负债以外的负债，主要包括长期借款、应付债券等。非流动负债可以帮助企业获得发展所必需的长期资金，对企业的发展具有重要的意义。对非流动负债的正确核算与有效管理，是财务工作的重要任务之一。

本章将解答以下问题。

（1）如何对长期借款进行会计核算？

（2）如何对应付债券进行会计核算？

11.1　长期借款

11.1.1　认识长期借款

长期借款是指企业向银行或其他金融机构借入的期限在 1 年以上（不含 1 年）的各种借款，一般用于固定资产的购建、改扩建工程、大修理工程、对外投资以及保持长期经营能力等方面。它是企业非流动负债的重要组成部分，必须加强管理与核算。

由于长期借款的使用关系到企业的生产经营规模和效益，企业除了要遵守有关的贷款规定、编制借款计划并提供不同形式的担保外，还应监督借款的使用、按期支付长期借款的利息以及按规定的期限归还借款本金等。

11.1.2　长期借款的会计核算

为了总括地反映和监督长期借款的借入、应计利息以及本息的归还情况，企业应设置"长期借款"科目。该科目的贷方登记借款本金和利息的增加数，借方登记借款本金和利息的减少数，贷方余额表示尚未归还的长期借款的本金和利息。该科目应按借款单位设置明细科目，并按借款种类进行明细核算。

1. 取得长期借款时的会计核算

企业借入长期借款，应按实际收到的金额，借记"银行存款"科目，贷记"长期借款——本金"科目；如存在差额，还应借记"长期借款——利息调整"科目。

2. 借款费用的会计核算

借款费用是指企业因借款而发生的利息、折价或溢价的摊销和辅助费用，以及因外币借款而发生的汇兑差额。在我国，对借款费用处理的原则是，允许借款费用在符合条件的情况下，计入资产的成本（也称为借款费用的资本化），其他情况下的借款费用则作为当期费用计入当期损益（也称为借款费用的费用化）。

（1）借款费用会计核算的原则如下。

①属于筹建期间的，计入长期待摊费用，借记"长期待摊费用"科目，贷记"长期借款"科目。

②属于生产经营期间的，计入财务费用，借记"财务费用"科目，贷记"长期借款"科目。

③属于与固定资产购建有关的专门借款的借款费用，在固定资产达到预定可使用状态前按规定应予以资本化，借记"在建工程"科目，贷记"长期借款"科目。

④固定资产达到预定可使用状态后所发生的借款费用以及按规定不能予以资本化的借款费用，借记"财务费用"科目，贷记"长期借款"科目。

（2）借款费用开始资本化的时点的确定。

因专门借款而发生的借款费用在以下三个条件同时具备时，应当开始资本化，计入所购建固定资产的成本。

①资产支出已经发生。这里，资产支出只包括为购建固定资产而以支付现金、转移非现金资产或者承担带息债务形式发生的支出。

②借款费用已经发生。这是指已经发生了因购建固定资产而专门借入款项的利息、折价或溢价的摊销、辅助费用或汇兑差额。

③为使资产达到预定可使用状态所必要的购建活动已经开始。

注意，因安排专门借款而发生的一次性支出的辅助费用，一般不考虑开始资本化的三个条件，而应当在发生时予以资本化，如发行债券的手续费、初始借款手续费应当在实际发生时予以资本化。

（3）借款费用资本化金额的确定．

①利息资本化金额的确定。

在应予资本化的每一会计期间，按如下公式计算利息的资本化金额。

　　　每一会计期间利息的资本化金额＝至当期末购建固定资产累计支出加权平均数 × 资本化率

上式中：

　　累计支出加权平均数＝∑［每笔资产支出金额 × 每笔资产支出实际占用的天数（月数）／会计期间涵盖的天数（月数）］

如果为购建固定资产只借入一笔专门借款，资本化率为该项借款的利率；如果为购建固定资产借入一笔以上的专门借款，资本化率为这些借款的加权平均利率，计算公式如下。

$$加权平均利率 = \frac{专门借款当期实际发生的利息之和}{专门借款本金加权平均数}$$

其中：

$$专门借款本金加权平均数 = \sum 每笔专门借款本金 \times \frac{每笔专门借款的实际占用天数（月数）}{会计期间涵盖的天数（月数）}$$

②借款折价和溢价的摊销。

当专门借款存在折价或溢价时，还应当将每期应摊销的折价或溢价金额作为利息的调整额，对资本化率做相应调整。折溢价的摊销，可以采用实际利率法，也可以采用直线法。加权平均利率的计算公式如下。

加权平均利率 = 专门借款当期实际发生的利息之和 + （或 −）折价（或溢价）摊销额专门借款本金加权平均数 ×100%

特别强调：在确定借款费用资本化金额时，与专门借款有关的利息收入不得冲减所购建的固定资产成本，所发生的利息收入直接计入当期财务费用。

③辅助费用资本化金额的确定。

每期辅助费用的资本化金额就是每期辅助费用的实际发生额，不与发生在所购置的固定资产上的支出相挂钩。

④外币专门借款汇兑差额资本化金额的确定。

汇兑差额的资本化金额为当期外币专门借款本金及利息所发生的汇兑差额，不与发生在所购建的固定资产上的支出相挂钩。

（4）借款费用资本化的暂停。

如果固定资产的购建活动发生非正常中断，并且中断时间连续超过 3 个月，应当暂停借款费用的资本化，将其确认为当期费用，直至资产的购建活动重新开始。

（5）借款费用资本化的停止。

当所购建的固定资产达到预定可使用状态时，应当停止其借款费用的资本化；以后发生的借款费用应当于发生当期确认为费用。

3. 归还长期借款的会计核算

企业归还长期借款的本金时，应按归还的金额，借记"长期借款——本金"科目，贷记"银行存款"科目；按归还的利息，借记"应付利息"科目，贷记"银行存款"科目。

11.2 债券

11.2.1 债券的会计核算

1. 应付债券核算应设置的科目

企业发行的期限超过 1 年的债券，构成了企业的长期负债。为了总括地反映和监督企业为筹集长期资金而实际发行的债券及应付的利息，应设置"应付债券"科目。该科目的贷方登记应付债券的本息，借方登记归还的债券本息，贷方余额表示尚未归还的债券本息。

按照债券发行价格（也就是销售价格）与债券面额的高低，债券的发行有平价发行、溢价发行和折价发行三种情况。

出现债券的发行价格和票面金额不一样的情况，主要是因为债券的票面利率与债券发行时的市场利率不一致，或者说债券的票面利率与投资者期望得到的投资收益率不一致。债券的票面利率，也叫名义利率，是指债券上载明的、用以计算应付债券购买人利息的利率；市场利率，也叫实际利率，是指债券发行时，金融市场上那些风险和期限与该债券类似的借贷资本的通行利率。当票面利率等于市场利率时，债券按其面值发行，即平价发行；当票面利率大于市场利率时，债券以高于其面值的价格发行，即溢价发行，发行价格超出债券面值的部分，称为债券溢价，这一部分差价，相当于给予债券发行人多支付利息的补偿；当票面利率小于市场利率时，债券以低于其面值的价格发行，即折价发行，发行价格低于债券面值的部分，称为债券折价，这一部分差价，相当于给予债券投资人少支付利息的补偿。

为了全面核算企业应付债券的面值、溢价、折价和应计利息，应在"应付债券"总账科目下，设置"债券面值""债券溢价""债券折价""应计利息"四个明细科目。"应付债券——债券面值"科目的贷方登记已发行债券的面值；借方登记归还债券的面值，贷方余额表示尚未归还债券的面值。"应付债券——债券溢价"科目的贷方登记已发行债券的溢价金额，借方登记逐期摊销的溢价金额，贷方余额表示尚未摊销的溢价金额。"应付债券——债券折价"科目的借方登记已发行债券的折价金额，贷方登记逐期摊销的折价金额，借方余额表示尚未摊销的折价金额。"应付债券——应计利息"科目的贷方登记各期应计的债券利息，借方登记实际支付的债券利息，贷方余额表示尚未支付的债券利息。

应付债券所发生的借款费用（如利息、折价或溢价的摊销和辅助费用）的处理原则，比照长期借款的借款费用的处理办法。

为了反映和监督各种债券的详细情况，企业应按照债券的种类进行明细核算。

2. 发行债券时的会计核算

企业在发行债券时，如果发行费用大于发行期间冻结资金所产生的利息收入，按发行费用减去发行期间冻结资金所产生的利息收入后的差额，根据发行债券所筹集资金的用途，分别计入财务费用或相关资产成本；如果发行费用小于发行期间冻结资金所产生的利息收入，发行期间冻结资金所产生的利息收入减去发行费用后的差额，视同发行债券的溢价收入，在债券存续期间于计提利息时摊销，分别计入财务费用或相关资产成本。

（1）平价发行债券的账务处理。

企业平价发行债券时，应按照实际收到的款项（这时实际收到的款项与已发行债券的面值总额相等），借记"银行存款"科目，贷记"应付债券——债券面值"科目。

支付债券代理发行手续费及印刷费时，借记"在建工程""财务费用"等科目，贷记"银行存款"科目。

（2）溢价发行债券的账务处理。

企业溢价发行债券时，应按实际收到的款项，借记"银行存款"科目；按已发行债券的面值总额，贷记"应付债券——债券面值"科目；按实际收到的款项与已发行债券的面值总额的差额，贷记"应付债券——债券溢价"科目。

（3）折价发行债券的账务处理。

企业折价发行债券时，应按实际收到的款项，借记"银行存款"科目；按实际收到的款项与已发行债券的面值总额的差额，借记"应付债券——债券折价"科目；按已发行债券的面值总额，贷记"应付债券——债券面值"科目。

3. 应计利息和债券溢价、折价摊销的会计核算

企业应按期计提债券的利息费用。在计提利息费用时，须考虑债券的溢价或折价。

具体来说，对债券溢价，应通过分期摊销方式，陆续冲减各期的利息费用；对债券折价，也应通过分期摊销方式，陆续增加各期的利息费用。

企业债券溢价和折价的摊销，可以采用直线法，也可以采用实际利率法。这里只介绍直线法下企业债券溢价和折价摊销的处理方法。直线法是将债券溢价或折价平均分摊于各期的一种摊销方法。

（1）平价发行的债券计提利息的账务处理。

平价发行的债券不存在溢价和折价问题，计提利息的账务处理较为简单。计提利息时，按应计利息的数额，借记"在建工程""财务费用"科目，贷记"应付债券——应计利息"科目。

（2）债券溢价的摊销和应计利息的账务处理。

溢价发行的债券在计提利息时，应按应摊销的溢价金额，借记"应付债券——债券溢价"科目；按应计利息与溢价摊销额的差额，借记"在建工程""财务费用"科目；按应计利息，贷记"应付债券——应计利息"科目。

（3）债券折价的摊销和应计利息的账务处理。

折价发行的债券在计提利息时，应按应摊销的折价金额与应计利息之和，借记"在建工程""财务费用"科目；按应摊销的折价金额，贷记"应付债券——债券折价"科目；按应计利息，贷记"应付债券——应计利息"科目。

4. 债券到期支付本息的会计核算

债券到期而支付本息时，应按支付的本金，借记"应付债券——债券面值"科目；按支付的利息，借记"应付债券——应计利息"科目；按支付的本金和利息之和，贷记"银行存款"科目。

11.2.2　怎样核算可转换公司债券

在我国，发行可转换公司债券采取记名式无纸化发行方式，债券最短期限为 3 年，最长期限为 5 年。企业发行的可转换公司债券在"应付债券"科目下设置"可转换公司债券"明细科目核算。

企业发行的可转换公司债券，应当在初始确认时将其包含的负债成分和权益成分进行分拆，将负债成分确认为应付债券，将权益成分确认为资本公积。在进行分拆时，应当先对负债成分的未来现金流量进行折现以确定负债成分的初始确认金额，再按发行价格总额扣除负债成分初始确认金额后的金额确定权益成分的初始确认金额。发行可转换公司债券产生的交易费用，应当在负债成分和权益成分之间按照各自的相对公允价值进行分摊。企业应按实际收到的款项，借记"银行存款"等科目；按可转换公司债券包含的负债成分面值，贷记"应付债券——可转换公司债券（面值）"科目；按权益成分的公允价值，贷记"资本公积——其他资本公积"科目；按借贷双方之间的差额，借记或贷记"应付债券——可转换公司债券（利息调整）"科目。

可转换公司债券持有人行使转换权利，将其持有的债券转换为股票，按可转换公司债券的余额，借记"应付债券——可转换公司债券（面值、利息调整）"科目；按其权益成分的金额，借记"资本公积——其他资本公积"科目；按依股票面值和转换的股数计算的股票面值总额，贷记"股本"科目；按借贷方差额，贷记"资本公积——股本溢价"科目。用现金支付不可转换股票的部分，还应贷记"库存现金""银行存款"等科目。

第 12 章
会计核算——所有者权益

本章导读

资金的来源不外乎两种：一种是债权人提供（即为负债），另一种是所有者提供（即为所有者权益）。

本章将解答以下问题。

（1）所有者权益具体指什么？它和负债有什么区别？

（2）所有者权益包括哪些内容？

（3）什么是实收资本，如何对其进行会计核算？

（4）什么是资本公积，如何对其进行会计核算？

（5）什么是其他综合收益，如何对其进行会计核算？

12.1 所有者权益

12.1.1 认识所有者权益

所有者权益是指企业所有者对企业净资产的要求权。所有者权益在数量上等于企业全部资产减去全部负债后的余额。所有者权益按其构成，分为实收资本（股本）、其他权益工具、资本公积、其他综合收益、专项储备和留存收益（包括盈余公积和未分配利润）等。

12.1.2 所有者权益与负债

所有者权益和负债同属权益，都是对企业资产的要求权。企业的资产总额等于负债总额加上所有者权益总额。所有者权益和负债之间存在着明显的区别，这些区别概括为以下四方面。

（1）从本质上讲，所有者权益是所有者对企业剩余资产的要求权，是一种"剩余权益"，即它是对企业资产中满足债权人的要求权之后的剩余部分的要求权；负债则是企业对债权人应负担的义务。企业所有者对企业资产的要求权，在顺序上置于债权人的要求权之后。

（2）企业应向有关债权人支付的到期利息是按一定的利率计算、预先可以确定的固定金额；企业向所有者分配多少利润，则是根据企业的盈利情况、经营状况和企业的政策而定的，一般是不固定的。

（3）权利上的区别。作为企业负债对象的债权人与企业只有债权债务关系，无权参与企业的经营管理，也不参与企业的利润分配；作为所有者权益对象的投资人则有法定参与管理企业或委托他人管理企业的权利，同时也有参与企业利润分配的权利。

（4）每项负债必须在其发生时按规定的方法单独计价，即负债有明确的计价方法；所有者权益除了在投资人投入资本时即可核算外，在企业存续期间的任一时点，是按照一定的方法计量资产和负债以后形成的结果。

12.2　实收资本

12.2.1　实收资本的会计核算

　　股份有限公司应通过"股本"科目核算实收资本，除股份有限公司以外，其他各类企业应通过"实收资本"科目核算实收资本。企业[①]收到所有者投入企业的资本后，应根据有关原始凭证（如投资清单、银行通知单等），按照不同的出资方式分别进行会计核算。

　　企业接受投资者投入的资本，应借记"银行存款""其他应收款""固定资产""无形资产""长期股权投资"等科目；按投资者在注册资本或股本中所占的份额，贷记"实收资本"（或"股本"）科目；按借贷方差额，贷记"资本公积——资本溢价"（或"股本溢价"）科目。

1. 接受现金资产投资

　　（1）股份有限公司接受现金资产投资。

　　股份有限公司既可以按面值发行股票，也可以溢价发行股票（我国目前不允许折价发行股票）。股份有限公司在核定的股本总额及核定的股份总额的范围内发行股票时，应按实际收到的现金资产，借记"银行存款"科目；按其所发行股票的面额，贷记"股本"科目；按照实际收到的现金资产与股票面额之间的差额，贷记"资本公积——股本溢价"科目。

　　（2）股份有限公司以外的企业接受现金资产投资。

　　股份有限公司以外的企业在接受现金资产投资时，在账务处理上，与股份有限公司是一致的，只是所使用的科目名称有所区别：股份有限公司用"股本"科目，而股份有限公司以外的企业使用"实收资本"科目。

2. 接受非现金资产投资

　　《中华人民共和国公司法》（以下简称《公司法》）规定，股东可以用货币出资，也可以用实物、知识产权、土地使用权等可以用货币估价并可以依法转让的非货币财产作价出资，但是，法律、行政法规规定不得作为出资的财产除外。对作为出资的非货币财产应当评估作价，核实财产，不得高估或者低估作价。法律、行政法规对评估作价有规定的，从其规定。不论以何种方式出资，投资者如在投资过程中违反投资合约，不按规定如期缴足出资额，企业可以依法追究投资者的违约责任。

　　企业在接受非现金资产投资时，应按投资合同或协议约定价值确定非现金资产价值（投资合同或协议约定价值不公允的除外）和投资者在注册资本中应享有的份额。

　　（1）接受实物投资。

　　企业在接受股东或国家的原材料、固定资产等实物投资时，应对这些实物的价值进行评估，按投资各方确认的价值作为入账价值。

　　企业收到投入的实物资产时，在办理实物转移手续后，如属固定资产，应按投资各方确认的资产价值，借记"固定资产"账户按其在注册资本中所占的份额贷记"实收资本"账户，按其差额贷记"资本公积"账户如属原材料、库存商品等实物资产，应按投资各方确认的资产价值，借记"原材料""库存商品"等账户，按增值税专用发票上注明的增值税额，借记"应交

[①]　无特殊说明均包含股份有限公司。

税费——应交增值税"进项税额"账户，按其在注册资本中所占的份额，贷记"实收资本"账户，按其差额贷记"资本公积"账户。

（2）接受无形资产投资。

对于投资人投入的各种无形资产，如专利权、商标权、著作权、土地使用权、非专利技术、商誉等，在一般情况下，企业应以投资各方确认的价值作为入账价值。

企业在收到投资人投入的无形资产时，应按确认的价值，借记"无形资产"科目，贷记"实收资本"资本公积科目。

12.2.2 实收资本的变化

一般情况下，企业的实收资本应相对固定不变，但在某些特定情况下，实收资本也可能发生增减变化。根据《中华人民共和国企业法人登记管理条例施行细则》的规定，除国家另有规定外，企业的注册资金应当与实有资本相一致，当实收资本比原注册资金增加或减少的幅度超过20%时，应持资金信用证明或者验资证明，向原登记主管机关申请变更登记。若企业擅自改变注册资本或抽逃资金，则工商行政管理部门将对其进行处罚。

1. 实收资本的增加

一般企业增加资本主要有三个途径：接受投资者追加投资、资本公积转增资本和盈余公积转增资本。

2. 实收资本的减少

企业减少实收资本应按法定程序报经批准，股份有限公司采用收购本公司股票的方式减资的，按依股票面值和注销股数计算的股票面值总额冲减股本，按所注销的库存股的账面余额与所冲减股本的差额冲减股本溢价，股本溢价不足冲减的，再依次冲减盈余公积、未分配利润。如果购回股票支付的价款低于面值总额，则所注销的库存股的账面余额与所冲减股本的差额作为股本溢价处理。

12.3 资本公积

资本公积是企业收到投资者的超出其在企业注册资本（或股本）中所占份额的投资，以及直接计入所有者权益的利得和损失等。资本公积包括资本溢价（或股本溢价）和直接计入所有者权益的利得和损失等。

资本溢价（或股本溢价），是企业收到投资者的超出其在企业注册资本（或股本）中所占份额的投资。形成资本溢价（或股本溢价）的原因有溢价发行股票、投资者超额缴入资本等。

直接计入所有者权益的利得和损失是指不应计入当期损益、会导致所有者权益发生增减变动的、与所有者投入资本或者向所有者分配利润无关的利得或者损失。

12.3.1 资本溢价和股本溢价的核算

1. 资本溢价

除股份有限公司外的其他类型的企业，在企业创立时，投资者认缴的出资额与注册资本一致，一般不会产生资本溢价。但在企业重组或有新的投资者加入时，常常会形成资本溢价。因为在企业进行正常生产经营后，其资本利润率通常要高于企业初创阶段的资本利润率，另外，企业有内部积累，新投资者在加入企业后，对这些积累也要分享，所以新加入的投资者往往要付出大于原投资者的出资额，才能取得与原投资者相同的出资比例，投资者多交的部分就形成了资本溢价。

2. 股本溢价

股份有限公司是以发行股票的方式筹集股本的，股票可按面值发行，也可溢价发行，我国目前不准折价发行。与其他类型的企业不同，股份有限公司在成立时可能会溢价发行股票，因而在成立之初，就可能会产生股本溢价。股本溢价的数额等于股份有限公司发行股票时实际收到的款额超过股票面值总额的部分。

在按面值发行股票的情况下，股份有限公司发行股票取得的收入，应全部作为股本处理；在溢价发行股票的情况下，股份有限公司发行股票取得的收入，等于股票面值的部分作为股本处理，超出股票面值的溢价收入应作为股本溢价处理。

与发行股票相关的手续费、佣金等交易费用：如果是溢价发行股票，则应从溢价中抵扣，冲减资本公积（股本溢价）；按面值发行股票或溢价金额不足以抵扣的，应将不足抵扣的部分冲减盈余公积和未分配利润。

12.3.2　其他资本公积的核算

其他资本公积是指除资本溢价（或股本溢价）项目以外的资本公积，其中主要是直接计入所有者权益的利得和损失。

1. 以权益结算的股份支付

对于换取职工或其他方提供服务的股份支付，应按照确定的金额，记入"管理费用"等科目，同时增加资本公积（其他资本公积）；在行权日，应按依实际行权的权益工具数量计算确定的金额借记"资本公积——其他资本公积"科目，按计入实收资本或股本的金额贷记"实收资本"或"股本"科目，并将借贷方差额记入"资本公积——资本溢价"或"资本公积——股本溢价"科目。

2. 采用权益法核算的长期股权投资

长期股权投资采用权益法核算的，被投资单位除净损益、其他综合收益和利润分配以外的所有者权益的其他变动，投资企业按持股比例计算应享有的份额，应当增加或减少长期股权投资的账面价值，同时增加或减少资本公积（其他资本公积）。当处置采用权益法核算的长期股权投资时，应当将原计入资本公积（其他资本公积）的相关金额转入投资收益。

12.3.3　资本公积转增资本

按照《公司法》的规定，资本公积转为资本时，所留存的资本公积不得少于转增前公司注册资本的 25%。经股东大会或类似机构决议，用资本公积转增资本时，应冲减资本公积，同时按照转增前的实收资本（或股本）的结构或比例，将转增的金额记入"实收资本"（或"股本"）科目下各所有者的明细分类科目。

12.4 其他综合收益

其他综合收益，是指企业根据会计准则规定未在当期损益中确认的各项利得和损失，包括在以后会计期间不能重分类进损益的其他综合收益和在以后会计期间满足规定条件时将重分类进损益的其他综合收益两类。

以后会计期间不能重分类进损益的其他综合收益，主要包括重新计量设定受益计划净负债或净资产导致的变动，以及按照权益法核算因被投资单位重新计量设定受益计划净负债或净资产变动导致的权益变动，投资企业按持股比例计算确认的该部分其他综合收益。

在以后会计期间满足规定条件时将重分类进损益的其他综合收益主要包括以下几类。

（1）可供出售金融资产公允价值的变动。

可供出售金融资产公允价值变动形成的利得，除减值损失和外币货币性金融资产形成的汇兑差额外，借记"可供出售金融资产——公允价值变动"科目，贷记"其他综合收益"科目。公允价值变动形成的损失，做相反的会计分录。

（2）金融资产的重分类。

将可供出售金融资产重分类为采用成本或摊余成本计量的金融资产，重分类日，该金融资产的公允价值或账面价值作为成本或摊余成本，该金融资产没有固定到期日的，与该金融资产相关、原直接计入所有者权益的利得或损失，应当仍然计入"其他综合收益"科目，并在该金融资产被处置时转出，计入当期损益。

将持有至到期投资重分类为可供出售金融资产，并以公允价值进行后续计量的，重分类日，该投资的账面价值与其公允价值之间的差额计入"其他综合收益"科目，并在该可供出售金融资产发生减值或终止确认时转出，计入当期损益。

（3）采用权益法核算的长期股权投资。

采用权益法核算的长期股权投资，按照被投资单位实现其他综合收益以及持股比例计算应享有或分担的金额，调整长期股权投资的账面价值，同时增加或减少其他综合收益，其账务处理为：借记（或贷记）"长期股权投资——其他综合收益"科目，贷记（或借记）"其他综合收益"科目，待该项长期股权投资处置时，将原计入其他综合收益的金额转入当期损益。

（4）存货或自用房地产转换为投资性房地产。

企业在将作为存货的房地产转换为采用公允价值模式计量的投资性房地产时，应当按该项房地产在转换日的公允价值，借记"投资性房地产——成本"科目；原已计提跌价准备的，借记"存货跌价准备"科目；按其账面余额，贷记"开发产品"等科目。同时，转换日的公允价值小于账面价值的，按其差额，借记"公允价值变动损益"科目；转换日的公允价值大于账面价值的，按其差额，贷记"其他综合收益"科目。

（5）外币财务报表折算差额。

按照外币折算的要求，企业在处置境外经营的当期，将已列入合并财务报表所有者权益的外币报表折算差额中与该境外经营相关的部分，自其他综合收益转入处置当期损益。如果是部分处置境外经营，应当按处置的比例计算处置部分的外币报表折算差额，转入处置当期损益。

第13章
会计核算——收入、费用、利润和所得税

本章导读

企业的经营目标是获得利润。高的利润额及良好的发展趋势，是企业生存与发展的关键。企业运转的过程也就是通过付出成本费用，从而获得收入，使所收大于所支的过程。

本章将解答以下问题。

（1）如何确认营业收入？

（2）如何对营业收入进行会计核算？

（3）成本、费用是什么？它们有什么区别？

（4）如何对产品的成本进行会计核算？

（5）如何对费用进行会计核算？

（6）什么是利润？利润由哪些部分构成？

（7）什么是政府补助？获得政府补助时，企业应当怎样进行会计核算？

（8）如何对利润进行会计核算？

（9）如何对企业所得税进行会计核算？

13.1　收入概述

13.1.1　认识收入

收入是指企业在日常活动中形成的、会导致所有者权益增加的、与所有者投入资本无关的经济利益的总流入。收入具有以下特点：

（1）收入是企业在日常活动中形成的经济利益的总流入；

（2）收入会导致企业所有者权益增加；

（3）收入与所有者投入资本无关。

13.1.2　收入的种类

1. 按企业从事日常活动的性质进行分类

在该种分类方法下，收入可分为销售商品收入、提供劳务收入和让渡资产使用权收入。

（1）销售商品收入。

销售商品收入是指企业通过销售商品实现的收入。这里的商品包括企业为销售而生产的产品和为转售而购进的商品。企业销售的其他存货如原材料、包装物等也视同商品。

（2）提供劳务收入。

提供劳务收入是指企业通过提供劳务实现的收入。例如，企业通过提供旅游、运输、咨询、代理、培训、产品安装等劳务所实现的收入。

（3）让渡资产使用权收入。

让渡资产使用权收入是指企业通过让渡资产使用权实现的收入。让渡资产使用权收入主要是指金融企业对外贷款形成的利息收入，以及企业转让无形资产（如商标权、专利权、特许权、著作权）等资产的使用权形成的使用费收入。

2. 按企业经营业务的主次进行分类

在该种分类方法下，收入可分为主营业务收入和其他业务收入。

（1）主营业务收入。

主营业务收入是指企业为完成其经营目标所从事的经常性活动实现的收入。主营业务收入一般占企业总收入的比重较大，对企业的经济效益产生较大影响。

企业实现的主营业务收入通过"主营业务收入"科目核算，并通过"主营业务成本"科目核算为取得主营业务收入发生的相关成本。

（2）其他业务收入。

其他业务收入是指企业为完成其经营目标所从事的与经常性活动相关的活动实现的收入。其他业务收入属于企业在日常活动中的次要交易实现的收入，一般占企业总收入的比重较小。

企业实现的原材料销售收入、包装物租金收入、固定资产租金收入、无形资产使用费收入等，通过"其他业务收入"科目核算；企业进行权益性投资或债权性投资取得的现金股利收入和利息收入，通过"投资收益"科目核算。通过"其他业务收入"科目核算的其他业务收入，需通过"其他业务成本"科目核算为取得其他业务收入发生的相关成本。

13.1.3 收入的确认条件

收入确认是满足以下条件的，才能予以确认：企业已将商品所有权上的主要风险和报酬全部转移给购买方；企业既没有保留通常与所有权相联系的继续管理权，也没有对已售出商品实施控制；收入的金额能够可靠地计量；相关的经济利益很可能流入企业；相关已发生或将发生成本能够可靠的计量。

收入是指企业在日常活动中形成的、会导致所有者权益增加的、与所有者投入资本无关的经济利益的总流入。应具备以下特点：收入是企业在日常活动中形成的经济利益的总流入；收入会导致企业所有者权益的增加；收入与所有者投入资本无关。

1. 收入的定义

收入指企业在日常活动中形成且导致所有者权益增加和非所有者投入资本的经济利益的总流入，具体包括销售商品收入、劳务收入、利息收入、租金收入、让渡资产使用权收入、股利收入等，但不包括为第三方或客户代收的款项。

收入主要包括两种，一种是按照企业从事日常活动的性质，可分为销售商品收入、提供劳务收入、过渡资产使用权收入与建造合同收入等；还有一种是按照企业从事日常活动在企业中的重要性，划分为主营业务收入和其他业务收入。

2. 收入的确认条件新准则

（1）总原则：收入应当在企业履行了合同中的履约义务，即客户取得相关商品或服务控制权时确认。（2）企业与客户之间的合同同时满足下列条件时，企业应当在客户取得相关商品或服务控制权时确认收入：合同各方已批准该合同并承诺将履行各自义务；该合同明确了合同各方与所转让商品或提供服务相关的权利和义务；该合同有明确的与所转让商品或提供服务相关的支付条款；该合同具有商业实质，即履行该合同将改变企业未来现金流量的风险、时间分布或金额；企业因向客户转让商品或提供服务而有权取得的对价很可能收回。

3. 收入确认的原则

收入确认是一个业务合同成立后，能否确认收入以及在什么时点或期间确认的逻辑判断问题，而收入计量则是在各个时点或期间确定多少收入的技术方法问题。企业应当在履行了合同中的履约义务，即在客户取得相关商品控制权时确认收入。

取得商品控制权包括三个要素：（1）能力（现时权利）。即客户拥有现时权利，能够主导该商品的使用并从中获得几乎全部经济利益。（2）主导该商品的使用。即客户在其活动中有权使用该商品，或能够允许或阻止其他方使用该商品。（3）能够获得几乎全部的经济利益。

本节所称的客户是指与企业订立合同以向该企业购买其日常活动产出的商品或服务并支付对价的一方。本节的收入不涉及企业对外出租资产收取的租金，进行债权投资收取的利息，进行股权投资取得的现金股利以及保费收入等。

4. 不符合收入确认条件的商品处理

如果企业售出商品不符合销售商品收入确认的 5 个条件中的任何一条，均不应确认收入。企业应增设"发出商品"等科目，核算已经发出但尚未确认销售收入的商品成本。

发出商品不满足收入确认条件时：

借：发出商品

　　贷：库存商品

如果已开发票（如果未开发票，就无需编制下面这个分录）

借：应收账款

　　贷：应交税费——应交增值税（销项税额）

"发出商品"科目的期末余额应并入资产负债表"存货"项目反映。

待发出商品满足收入确认条件时：

借：应收账款

　　贷：主营业务收入

借：主营业务成本

　　贷：发出商品

13.2　收入的会计核算

收入按企业经营业务的主次分为主营业务收入和其他业务收入两类。对于不同的行业，其收入的内容并不相同。下面主要以工商企业为例说明有关收入的会计核算。

13.2.1　科目设置

为了总括地反映主营业务收入的实现情况，企业应设置"主营业务收入"科目。该科目核算企业销售商品、提供劳务及让渡资产使用权等发生的收入。企业发生的销货退回、销售折让都从已入账的销售收入中扣除。

该科目的贷方登记销售商品、提供劳务及让渡资产使用权等取得的收入，借方登记发生的销货退回、销售折让，贷方余额为营业净收入，期末应将本科目的余额转入"本年利润"科目，结转后本科目应无余额。该科目应按主营业务的种类设置明细科目。

根据收入与费用相配比的原则，企业在确定一定时期主营业务收入的同时，必须确定为取得收入而发生的必要的耗费和支出。为了准确地核算这些耗费与支出，企业应设置"主营业务成本""销售费用""税金及附加"等科目。

（1）"主营业务成本"科目，用来核算企业销售商品、提供劳务或让渡资产使用权等的成本。该科目的借方登记销售各种商品、提供各种劳务等的实际成本，贷方登记销售退回商品成本。期末将该科目余额转入"本年利润"科目，结转后该科目应无余额。该科目应按主营业务的种类设置明细科目。

（2）"税金及附加"科目，主要核算企业日常活动应负担的税金及附加，包括消费税、城市维护建设税、资源税和教育费附加等。该科目借方登记按照规定计算出的企业应负担的税金及附加。期末将该科目余额转入"本年利润"科目，结转后一般无余额。

（3）"销售费用"科目，核算企业为销售商品而发生的费用。

13.2.2　一般销售业务的会计核算

1. 实现主营业务收入的会计核算

企业销售商品、提供劳务符合收入确认原则的，应在确认收入时，借记"银行存款""应收账款""应收票据"等科目，贷记"主营业务收入""应交税费——应交增值税（销项税额）"等科目。

2. 结转主营业务成本的会计核算

企业销售商品、提供劳务，通常在月份终了，汇总结转已销商品、已提供的各种劳务的实际成本。按结转的实际成本，借记"主营业务成本"科目，贷记"库存商品"等科目。

3. 税金及附加的会计核算

企业销售商品、提供劳务，应以主营业务收入为基础计算销售商品、提供劳务应交的消费税、资源税、城市维护建设税和教育费附加，借记"税金及附加"科目，贷记"应交税费（按各税金分列明细科目）"等科目。

13.2.3　分期收款销售业务的会计核算

当商品发出时，企业应按商品的实际成本，借记"发出商品"科目，贷记"库存商品"科目。采用计划成本（或售价）核算的企业，还应当分摊成本差异或进销差价。企业应在合同约定收款日期确认收入，借记"银行存款""应收账款""应收票据"等科目，贷记"主营业务收入""应交税费——应交增值税（销项税额）"科目；在每期销售收入实现时，应按每期已收或应收的货款金额和商品全部销售成本与全部销售收入的比率，计算出本期应结转的销售成本，借记"主营业务成本"科目，贷记"发出商品"科目。

13.2.4　委托代销商品业务的会计核算

企业委托其他单位代销商品在发出代销商品时不确认收入的实现，应按发出商品的实际成本，借记"委托代销商品"科目，贷记"库存商品"等科目。收到代销单位的代销清单时确认收入，借记"应收账款"等科目，贷记"主营业务收入""应交税费——应交增值税（销项税额）"科目；同时按代销商品的实际成本，借记"主营业务成本"科目，贷记"委托代销商品"科目。如果代销采取由委托方支付手续费的方式，则委托方还应在收到代销清单时，根据应付的手续费，借记"销售费用"科目，贷记"应收账款"科目。

13.2.5　受托代销商品业务的会计核算

企业收到受托代销商品时，按接收价，借记"受托代销商品"科目，贷记"受托代销商品款"科目。

对采取收取手续费方式代销的商品，在售出受托代销的商品后，企业应按其售价和应收的增值税，借记"银行存款""应收账款"等科目；按增值税销项税额，贷记"应交税费——应交增值税（销项税额）"科目；按应付委托单位的款项，贷记"应付账款——××委托代销单位"科目；按收到的增值税专用发票上注明的增值税，借记"应交税费——应交增值税（进项税额）"科目，贷记"应付账款——××委托代销单位"科目；同时，按接收价，借记"受托代销商品款"科目，贷记"受托代销商品"科目。企业计算代销手续费等收入，借记"应付账款——××委托代销单位"科目，贷记"主营业务收入""其他业务收入"科目；按支付给委托单位的代销款项，借记"应付账款——××委托代销单位"科目，贷记"银行存款"科目。

对不采取收取手续费方式代销的商品，在售出受托代销商品后，企业应按售价和应收的增值税，借记"银行存款""应收账款"等科目；按实现的营业收入，贷记"主营业务收入""其他业务收入"科目；按增值税销项税额，贷记"应交税费——应交增值税（销项税额）"科目。结转营业成本时，采用进价核算的，按接收价，借记"主营业务成本""其他业务成本"科目，贷记"受托代销商品"科目；同时，按接收价，借记"受托代销商品款"科目；按收到的增值税专用发票上注明的增值税，借记"应交税费——应交增值税（进项税额）"科目；按应付委托单位的款项，贷记"应付账款——××委托代销单位"科目；按支付给委托单位的代销款项，借记"应付账款——××委托代销单位"科目，贷记"银行存款"科目。

13.2.6　销货退回的会计核算

在发生销货退回后，企业应按照有关的原始凭证，办理产品入库手续。凡是本月发生已确认收入的销货退回，无论是属于本年度还是以前年度销售的产品，均应冲减本月的销售收入，借记"主营业务收入"科目，贷记"银行存款""应收账款""应付账款"科目，并用红字贷记"应交税费——应交增值税（销项税额）"科目。如已经结转销售成本，则应同时冲减同一月份的主营业务成本，借记"库存商品"科目，贷记"主营业务成本"科目。未确认收入的发出商品的退回按记入"发出商品"科目的金额，借记"库存商品"等科目，贷记"发出商品"科目。资产负债表日及之前售出的商品在资产负债表日至财务会计报告批准报出日发生退回的，应当作为资产负债表日后事项的调整事项处理。

企业发生的销售折扣应在实际发生时计入财务费用，发生的销售折让应在发生时冲减当期销售收入。

13.2.7　其他业务收支的会计核算

企业应按规定设置"其他业务收入"和"其他业务成本"科目对其他业务活动的收支进行核算。

1.　其他业务收入的会计核算

"其他业务收入"科目用于核算企业除主营业务以外的其他经济业务（如材料销售、代购代销、固定资产出租、包装物出租等）所取得的收入。

对其他业务收入，企业应按实际金额借记"库存现金""银行存款""应收账款""应收票据"等科目，贷记"其他业务收入"科目和"应交税费"科目，并应在月末将"其他业务收入"科目的余额转入"本年利润"科目。"其他业务收入"科目在期末一般应无余额。该科目应按其他业务的种类设置明细科目。

2.　其他业务成本的会计核算

"其他业务成本"科目用于核算企业除产品销售以外的其他销售或其他业务所发生的支出，包括销售成本、提供劳务而发生的相关成本、费用及缴纳的税金等。

对其他业务成本，企业应借记"其他业务成本"科目，贷记"原材料""包装物及低值易耗品""累计折旧""应付职工薪酬""应交税费""银行存款"等有关科目。期末，企业应将"其他业务成本"科目余额转入"本年利润"科目。结转后，"其他业务成本"科目应无余额。该科目应按其他业务的种类设置明细科目。

13.3　产品成本的会计核算

产品成本的会计核算是会计学的一个重要分支——成本会计所研究的主要内容，其研究的目的就是解决如何精确地计算出某一种产品的单位成本的问题。

产品单位成本的计算，主要是通过对资源耗费的归集和分配来实现的。对于可以直接归属于某一种产品的耗费，如生产轮胎的橡胶的资源耗费，可直接归集到该产品的生产成本；对于整个生产部门支出的费用，如生产车间厂房折旧、车间管理人员的工资等，先以制造费用的名目进行归集，然后在会计期末在本期生产的各种产品之间进行分配；对于企业为组织和管理生产经营活动而发生的各类费用，如管理费用、财务费用、销售费用等，由于这类费用和产品生产的关联度不高，因此一般只在相关的科目进行归集，不进行分配。

产品成本的会计核算属于会计实务中的难点，本书只针对小型工业企业的特点，简要地讲述产品成本核算的一般程序。

13.3.1　产品成本包括的项目

成本是指企业为生产产品、提供劳务而发生的各项耗费，如材料耗费、工资支出、折旧费用等。费用是指企业为销售商品、提供劳务等日常活动所发生的经济利益的流出。成本和费用最大的区别就在于：成本可以比较精确地分配给每一件产品，费用很难精确地分配给每一件产品。

产品成本按其经济用途可分为直接材料、直接人工、其他直接支出和制造费用。

（1）直接材料，是指用来构成产品主要部分的材料的成本，包括企业生产经营过程中实际消耗的原材料、辅助材料、备品配件、外购半成品、燃料、动力、包装物以及其他直接材料。

（2）直接人工，是指在生产过程中对材料进行直接加工使其变成产成品所用人工的工资。直接人工包括企业直接从事产品生产人员的工资、奖金、津贴和补贴。

（3）其他直接支出，是指直接从事产品生产人员的职工福利费等支出。

（4）制造费用，是指在生产过程中发生的不能归入直接材料、直接人工、其他直接支出的各种费用。制造费用包括企业各个生产单位（分厂、车间）为组织和管理生产所发生的生产单位管理人员工资、职工福利费，以及生产单位的房屋建筑物和机器设备等的折旧费、修理费、运输费、保险费、季节性修理期间的停工损失与其他间接生产费用。

13.3.2　产品成本核算的科目设置及一般程序

1. 产品成本核算的科目设置

（1）"生产成本"科目。

"生产成本"科目用于核算企业进行工业性生产，包括生产各种产品（如产成品、自制半成品等）、自制材料、自制工具、自制设备以及提供劳务等所发生的各项生产费用。

该科目借方登记企业生产过程中发生的各项生产费用，即直接材料、直接人工和制造费用；贷方登记生产完成并已验收入库的产成品、自制半成品、自制材料、自制工具、自制设备以及提供劳务的实际成本，月末借方余额为尚未加工完成的各项在产品的成本。

"生产成本"科目下一般应设"基本生产成本"和"辅助生产成本"两个二级科目。

企业发生的各项生产费用，要按成本计算对象和成本项目分别归集。属于直接材料、直接人工等的直接费用，应借记"生产成本——基本生产成本"科目，贷记"原材料""应付职工薪酬"等科目；属于辅助生产车间为生产产品提供的动力等直接费用，应在"生产成本——辅助生产成本"科目核算后，再转入"生产成本——基本生产成本"科目。其他间接费用先在"制造费用"科目汇集，月份终了，再按一定的分配标准，分配记入有关产品"生产成本"科目的借方。企业如在"生产成本"科目下增设外部加工费、专用工具、燃料及动力等成本项目，其费用可直接记入"生产成本"科目下相应成本项目的借方，不需通过"制造费用"科目归集结转。

企业已经生产完成并已验收入库的产成品及入库的自制半成品，应于月终按实际成本自"生产成本——基本生产成本"科目的贷方转入"库存商品"等科目的借方。

企业应根据生产的特点，选择适合本企业的成本计算对象、成本项目及成本计算方法。规模较大的企业，可在"生产成本"科目下分设"基本生产成本""辅助生产成本"两个明细科目进行核算。

"生产成本"科目应以产品品种（或产品批别、生产步骤）为成本计算对象，开设生产成本明细账或成本计算单，分别归集费用、计算成本。

（2）"制造费用"科目。

"制造费用"科目用于核算企业为生产产品和提供劳务而发生的各项间接费用，包括工资和福利费、折旧费、修理费、办公费、水电费、机物料消耗、劳动保护费、季节性修理期间的停工损失等。本科目借方登记各车间、部门发生的制造费用，贷方登记月末分配转入"生产成本——基本生产成本或辅助生产成本"科目借方的制造费用。除季节性生产企业外，本科目月末一般应无余额。"制造费用"科目应按不同的车间、部门设置明细账，账内按制造费用的项目（工资及福利费、折旧费、办公费等）进行反映。

2. 产品成本核算的一般程序

工业企业生产费用的支出过程，就是产品生产成本形成的过程。产品成本核算的过程，就是将各种生产要素的耗费按其经济用途进行归集和分配，最后按成本项目反映完工产品和月末在产品的成本，计算出本月生产的各种产品的单位成本的过程。因此，工业企业产品成本核算的一般程序如下。

（1）审核各项要素费用，即审核费用是否应该开支、开支的费用是否应计入生产成本。

（2）按照权责发生制的要求，将应由本月负担的费用计入生产成本和经营管理费用。

（3）将计入本月的生产成本在各种产品之间进行分配，并按成本项目反映在各产品成本计算单中。

（4）对于既有完工产品又有在产品的企业，将月初在产品的生产费用与本月生产费用之和，在本月完工产品和月末在产品之间进行分配，然后分别计算出完工产品和在产品的成本。

13.3.3 产品成本的归集和分配

在核算企业的产品成本时，首先需要确定成本计算对象，然后按每一成本计算对象，分别设置成本计算单，归集和分配各成本计算对象所应承担的生产费用，最终计算出各成本计算对象的完工产品成本和月末在产品成本。

1. 要素费用的归集和分配

企业发生材料、燃动力、工资等各项要素费用，对于直接用于产品生产、专门设有成本项目的费用，应直接记入"基本生产成本"的某种产品明细账的有关成本项目；如果是几种产品的间接计入费用，则应采用适当的分配方法，分配记入各种产品明细账的有关项目。分配间接计入费用的计算公式可概括为：

$$费用分配率 = 待分配费用总额 ÷ 分配标准之和$$

$$某种产品应负担的费用 = 该产品的分配标准 × 费用分配率$$

2. 辅助生产费用的归集和分配

辅助生产费用的归集是通过辅助生产总账及明细账完成的。当辅助生产发生各项费用时，记入"辅助生产成本"总账及所属明细账；在期末，加总合计数，并按所提供的劳务供应量进行分配。辅助生产费用分配方法很多，通常采用直接分配法、交互分配法、计划成本分配法等。

（1）直接分配法。

直接分配法的特点是不考虑各辅助生产车间之间相互提供劳务或产品的情况，而是将各种辅助生产费用直接分配给辅助生产车间以外的各受益单位。此方法简单，但计算结果不够准确。

（2）交互分配法。

交互分配法的特点是辅助生产费用通过两次分配完成：首先将辅助生产明细账上的合计数根据各辅助生产车间相互提供的劳务数量计算分配率，在辅助生产车间之间进行交互分配；然后将各辅助生产车间交互分配后的实际费用（即交互分配前的费用加上交互分配转入的费用，减去交互分配转出的费用），再按提供的劳务量在辅助生产车间以外的各受益单位之间进行分配。这种分配方法的优点是提高了计算结果的正确性，但同时加大了分配的工作量。

（3）计划成本分配法。

计划成本分配法的特点是辅助生产车间为各受益单位提供的劳务，都按劳务的计划单位成本进行分配，辅助生产车间实际发生的费用（包括辅助生产车间内部交互分配转入的费用）与按计划单位成本分配转出的费用之间的差额采用简化计算方法全部计入管理费用。这种方法便于考核和分析各受益单位的成本，有利于分清各单位的经济责任，但采用这种方法的计算结果不够准确，适用于对辅助生产劳务计划单位成本核算比较准确的企业。

3. 制造费用的归集和分配

制造费用的归集和分配，应通过"制造费用"科目进行。该科目应按不同的生产车间设置明细账，明细账内按照费用项目设置专栏，分别反映各车间的制造费用发生情况。制造费用发生时，先通过"制造费用"科目的借方汇总，月末按一定方法从贷方分配转入有关成本计算对象。

制造费用分配方法很多，通常采用生产工人工时比例法、生产工人工资比例法、机器工时比例法等。相关计算公式如下。

$$制造费用分配率 = 制造费用分配额 \div 各产品分配标准之和$$

$$某种产品应分配的制造费用 = 该种产品分配标准 \times 制造费用分配率$$

4. 完工产品与在产品成本的计算

月末，如果既有完工产品又有在产品，产品成本明细账中归集的生产费用还应在完工产品与月末在产品之间进行分配，以计算出完工产品成本与月末在产品成本。本月生产费用、本月完工产品成本和月初在产品成本、月末在产品成本四者之间的关系如下：

$$月初在产品成本 + 本月生产费用 = 本月完工产品成本 + 月末在产品成本$$

对完工产品与在产品之间的费用分配，企业应根据在产品数量的多少、在产品数量变化的大小、各项费用比重的大小、定额管理基础的好坏采用不同的方法。

（1）不计算在产品成本法。

这种方法的特点是：虽然月末有在产品，但不计算在产品的成本，即当月发生的生产费用全部由完工产品负担。这种方法适用于各月末在产品数量很少的企业。

（2）在产品按年初固定成本计算法。

这种方法的特点是：各月末在产品的成本固定不变，即当月发生的生产费用就是该种产品的完工成本。年末，应根据实际盘点的在产品数量具体计算在产品成本，并将其作为下一年度各月固定在产品成本。这种方法适用于各月末在产品数量较少或者在产品数量虽大，但各月之间变化不大的企业。

（3）在产品按所耗原材料费用计算法。

这种方法的特点是：月末在产品只计算其所耗用的原材料费用，不计算工资及福利费等加工费用，即产品的加工费用全部由完工产品负担。这种方法适用于各月在产品的数量较大，各月在产品的数量变化也较大，同时原材料费用在成本中所占比重较大的企业。

（4）约当产量法。

这种方法的特点是：先将月末在产品数量按其完工程度折算为相当于完工产品的产量，即约当产量，然后按照完工产品产量与月末在产品约当产量的比例分配计算完工产品的成本和在产品的成本。相关计算公式如下。

$$在产品约当产量 = 在产品数量 \times 完工程度$$
$$某项费用分配率 = 该项费用总额 \div （完工产品产量 + 在产品约当产量）$$
$$完工产品某项费用 = 完工产品产量 \times 某项费用分配率$$
$$在产品某项费用 = 某项费用总额 - 完工产品某项费用$$

这种方法适用于月末在产品数量较大，各月末在产品数量变化也较大，产品成本中原材料费用和加工费用的比重相差不多的企业。

（5）在产品按完工产品计算法。

这种方法的特点是：将在产品视同完工产品进行生产费用分配，即按完工产品产量及在产品产量分配生产费用。这种方法仅适用于月末在产品已接近完工或者已经完工，只是尚未包装或者尚未验收入库的情况。

（6）在产品按定额成本计价法。

这种方法的特点是：月末在产品成本按定额成本计算，然后用该种产品的全部生产费用减去按定额成本计算的月末在产品成本后的余额，作为完工产品的成本。这种方法适用于定额管理基础较好，各项消耗定额比较准确、稳定，而且各月末在产品数量变化不大的企业。

（7）定额比例法。

采用这种分配方法的产品，其生产费用按照完工产品与月末在产品定额消耗量或定额费用的比例进行分配。其中：原材料费用按原材料的定额消耗量或定额费用比例分配；工资及福利费等加工费用，可以按该定额费用的比例分配，也可按定额工时比例分配。这种方法适用于定额管理基础较好，各项消耗定额或费用定额比较准确、稳定，但各月末在产品数量变化较大的企业。

13.3.4 产品成本计算的三大方法

生产特点和成本管理要求决定了三种不同的成本计算对象，即产品品种、产品生产批别和产品的生产步骤。以上述三种成本计算对象为基础，产生了三种主要的成本计算方法，具体如下。

1. 品种法

品种法是以产品品种为成本计算对象计算产品成本的一种方法。这种方法，既不要求按产品批别计算成本，也不要求按生产步骤计算成本。它适用于大量大批的单步骤生产，如发电、采掘等生产，或者在管理上不要求分步计算产品成本的大量大批多步骤生产。

品种法下计算产品成本的一般程序如下。

（1）按产品品种设置明细账，按成本项目设置专栏。

（2）根据各种费用分配表，将各项费用分别按产品品种记入各有关成本项目。

（3）计算各种产品的总成本和单位成本。月末，将各种产品成本明细账按成本项目归集的各种成本费用分别加总，扣除在产品成本后，就是各种产品的总成本，分别除以各自的产量，即为各种产品的单位成本。

2. 分批法

分批法是按产品批别或订单计算产品成本的一种方法。由于每批或单件产品的品种、数量以及计划开工、完工时间一般都是按客户的订单确定的，所以分批法又称订单法。它适用于单件小批单步骤生产和在管理上不要求分步计算成本的多步骤生产，如精密仪器和船舶制造、服装加工等生产。

分批法下计算产品成本的一般程序如下。

（1）按产品批别或订单设置成本明细账，按成本项目分设专栏。

（2）根据各种费用分配表，将各项费用分别按产品批别或订单产品成本明细账记入各有关成本项目。

（3）根据产品批别或订单，将记入已完工的该批或该订单产品成本明细账中的各项费用，按成本项目加以汇总，计算该批或该订单产品总成本，以总成本除以产量计算出产品的单位成本。

（4）如同批或同订单产品中有跨月陆续完工并已销售或提货，需要按计划成本结转已完工产品的成本者，可先按完工数量和计划单位成本计算结转产成品科目，在该批产品全部完工后，按实际发生的各项生产费用加以汇总计算出该批或该订单产品的实际总成本，再将实际总成本扣除已按计划成本结转的差额结转产成品科目，将原按计划成本结转数自动调整为实际成本。

3. 分步法

分步法是按产品的生产步骤计算产品成本的一种方法。它适用于大量大批多步骤生产，而且在管理上要求分步计算产品成本的工业企业，如纺织、冶金、造纸及机械制造等生产企业。

分步法按其是否计算半成品成本又可分为逐步结转分步法和平行结转分步法。

（1）逐步结转分步法。

逐步结转分步法是按产品加工步骤的先后顺序，逐步计算并结转各步骤半成品成本，直至最后计算出产品成本的一种方法。它适用于各步骤半成品有独立的经济意义，在管理上要求核算半成品成本的企业。

如将各步骤半成品视作产成品，就可以发现，逐步结转分步法实际上是品种法的连续应用，因此，其计算产品成本的程序与品种法计算产品成本的程序基本相同。

（2）平行结转分步法。

平行结转分步法是指不计算各步骤的半成品成本，而只计算本步骤发生的费用和应由产成品负担的份额，将各步骤成本计算单中产成品应负担的份额平行汇总来计算产品成本的一种方法。

平行结转分步法计算产品成本的一般程序如下。

①按照品种法的程序，根据各种费用分配表和记账凭证登记各步骤半成品的成本明细账。

②将各步骤半成品成本明细账所归集的生产费用，在本步骤完工半成品与在产品之间采用适当方法进行分配，计算出完工半成品的总成本和单位成本。

③将最终产品耗用本步骤半成品的数量乘以单位成本求得本步骤应转入最终产品的份额，并平行结转入最终产品成本明细账。

④将各步骤平行结转入最终产品成本明细账的份额加以汇总，以求得最终产品的总成本和单位成本。

企业应当根据本企业的生产经营特点和管理要求，确定适合本企业的成本计算对象、成本项目和成本计算方法。成本计算对象、成本项目以及成本计算方法一经确定，不得随意变更；如需变更，应当根据管理权限，经股东大会或董事会，或经理（厂长）会议或类似机构批准，并在财务报表附注中予以说明。

13.4 期间费用的会计核算

13.4.1 管理费用

管理费用是指企业为组织和管理生产经营活动而发生的各种费用，包括企业在筹建期间发生的开办费、行政管理部门在企业的经营管理中发生的或者应由企业统一负担的公司经费（包括行政管理部门职工薪酬、物料消耗、低值易耗品摊销、办公费和差旅费等）、工会经费、董事会费（包括董事会成员津贴、会议费和差旅费等）、聘请中介机构费、咨询费（含顾问费）、诉讼费、业务招待费、技术转让费、研究费用、排污费以及企业生产车间（部门）和行政管理部门发生的固定资产修理费等。

企业应通过"管理费用"科目核算管理费用的发生和结转情况。该科目借方登记企业发生的各项管理费用，贷方登记期末转入"本年利润"科目的管理费用，结转后该科目应无余额。该科目应按管理费用的费用项目进行明细核算。

13.4.2 销售费用

销售费用是指企业在销售商品和材料、提供劳务的过程中发生的各项费用，包括企业在销售商品的过程中发生的包装费、保险费、展览费和广告费、商品维修费、预计产品质量保证损失、运输费、装卸费等费用，以及企业发生的为销售本企业商品而专设的销售机构的职工薪酬、业务费、折旧费、固定资产修理费等费用。

企业应通过"销售费用"科目核算销售费用的发生和结转情况。该科目借方登记企业所发生的各项销售费用，贷方登记期末结转入"本年利润"科目的销售费用，结转后该科目应无余额。该科目应按销售费用的费用项目进行明细核算。

13.4.3 财务费用

财务费用是指企业为筹集生产经营所需资金等而发生的筹资费用，包括利息支出（减利息收入）、汇兑损益以及相关的手续费等。

企业应通过"财务费用"科目核算财务费用的发生和结转情况。该科目借方登记企业发生的各项财务费用，贷方登记需在期末结转入"本年利润"科目的财务费用，结转后该科目应无余额。该科目应按财务费用的费用项目进行明细核算。

13.5　利润的会计核算

利润是指企业在一定会计期间的经营成果，包括收入减去费用后的净额、直接计入当期利润的利得和损失等。

直接计入当期利润的利得和损失，是指应当计入当期损益、会导致所有者权益发生增减变动的、与所有者投入资本或者向所有者分配利润无关的利得和损失。

13.5.1　利润的形成

1. 营业利润

营业利润＝营业收入－营业成本－税金及附加－销售费用－管理费用－财务费用－资产减值损失－信用减值损失＋公允价值变动收益（－公允价值变动损失）＋投资收益（－投资损失）＋资产处置收益（－资产处置损失）＋其他收益

其中，营业收入是指企业经营业务所确认的收入总额，包括主营业务收入和其他业务收入。

营业成本是指企业经营业务所发生的实际成本总额，包括主营业务成本和其他业务成本。

资产减值损失是指企业计提各项资产减值准备所形成的损失。

公允价值变动收益（或损失）是指企业的交易性金融资产等因公允价值变动而形成的应计入当期损益的利得（或损失）。

投资收益（或损失）是指企业以各种方式对外投资所取得的收益（或发生的损失）。

2. 利润总额

利润总额＝营业利润＋营业外收入－营业外支出

其中，营业外收入是指企业发生的与其日常活动无直接关系的各项利得，营业外支出是指企业发生的与其日常活动无直接关系的各项损失。

3. 净利润

净利润＝利润总额－所得税费用

其中，所得税费用是指企业确认的应从当期利润总额中扣除的所得税。

13.5.2　营业外收支

1. 营业外收入

（1）营业外收入的内容

营业外收入是指企业发生的与其日常活动无直接关系的各项利得。营业外收入并不是企业经营资金耗费所产生的，不需要企业付出代价，实际上是经济利益的净流入，不可能也不需要与有关的费用进行配比。

营业外收入主要包括非流动资产处置利得、盘盈利得、罚没利得、捐赠利得、确实无法支付而按规定程序经批准后转作营业外收入的应付款项等。 其中：非流动资产处置利得包括固定资产处置利得和无形资产出售利得。固定资产处置利得，指企业出售固定资产所取得价款或报废固定资产的材料价值和变价收入等，扣除处置固定资产的账面价值、清理费用、处置相关税费后的净收益；无形资产出售利得，指企业出售无形资产所取得的价款，扣除无形资产的账面价值、出售相关税费后的净收益。 盘盈利得，主要指对于现金等清查盘点中盘盈的现金等，报经批准后计入营业外收入的金额。 罚没利得，指企业取得的各项罚款，在弥补由于对违反合同或协议而造成的经济损失后的罚款净收益。 捐赠利得，指企业接受捐赠产生的利得。

（2）营业外收入的账务处理。

企业应通过"营业外收入"科目核算营业外收入的取得及结转情况。该科目贷方登记企业确认的各项营业外收入，借方登记应在期末结转入"本年利润"科目的营业外收入，结转后该科目应无余额。该科目应按照营业外收入的项目进行明细核算。

企业在确认营业外收入时，借记"固定资产清理""银行存款""库存现金""应付账款"等科目，贷记"营业外收入"科目；期末，应将"营业外收入"科目余额转入"本年利润"科目的贷方，借记"营业外收入"科目。

2. 营业外支出

（1）营业外支出的内容。

营业外支出是指企业发生的与其日常活动无直接关系的各项损失，主要包括非流动资产交换损失、盘亏损失、罚款支出、公益性捐赠支出、非常损失等。

其中，非流动资产处置损失包括固定资产处置损失和无形资产出售损失。

盘亏损失，主要指对固定资产清查盘点中盘亏的固定资产，在查明原因处理时按确定的损失计入营业外支出的金额。

罚款支出，指企业由于违反税收法规、经济合同等而支付的各种罚款和滞纳金。

公益性捐赠支出，指企业对外进行公益性捐赠产生的支出。

非常损失，指企业因客观因素（如自然灾害等）造成的损失，在扣除保险公司赔偿后应计入营业外支出的净损失。

（2）营业外支出的账务处理。

企业应通过"营业外支出"科目核算营业外支出的发生及结转情况。该科目借方登记企业发生的各项营业外支出，贷方登记应在期末结转入"本年利润"科目的营业外支出。结转后该科目应无余额。该科目应按照营业外支出的项目进行明细核算。

企业在发生营业外支出时，借记"营业外支出"科目，贷记"固定资产清理""待处理财产损溢""库存现金""银行存款"等科目；期末，应将"营业外支出"科目余额转入"本年利润"科目的借方，贷记"营业外支出"科目。

13.5.3 政府补助

1. 政府补助的概念和特征

政府补助是指企业从政府无偿取得货币性资产或非货币性资产，但不包括政府作为企业所有者投入的资本。其中，政府包括各级人民政府以及政府组成部门（如财政、卫生部门）、政府直属机构（如税务、环保部门）等。联合国、世界银行等国际类似组织，也视同政府。

政府补助具有以下特征：

（1）政府补助是无偿的；

（2）政府补助通常附有条件，主要包括政策条件和使用条件；

（3）政府补助不包括政府的资本性投入。

2. 政府补助的主要形式

政府补助通常为货币性资产形式，常见的是通过银行转账，但也存在无偿划拨非货币性资产的情况，随着市场经济的逐步完善，这种情况已经趋于消失。

（1）财政拨款。

财政拨款是政府为了支持企业而无偿拨付的款项。

（2）财政贴息。

财政贴息是指政府为支持特定领域或区域发展，根据国家宏观经济形势和政策目标，对承贷企业的银行贷款利息给予的补贴。财政贴息的补贴对象通常是符合申报条件的某类项目，例如农业产业化项目、中小企业技术创新项目等。

（3）税收返还。

税收返还是政府向企业返还的税款，属于以税收优惠形式给予的一种政府补助。税收返还主要包括先征后返的所得税和先征后退、即征即退的流转税，其中，流转税包括增值税、消费税等。

3. 政府补助的会计核算

（1）与资产相关的政府补助。

与资产相关的政府补助，是指企业取得的、用于购建或以其他方式形成长期资产的政府补助。企业收到或应收的与资产相关的政府补助，借记"银行存款""其他应收款"等科目，贷记"递延收益"科目；企业应在相关资产使用寿命内分配递延收益，借记"递延收益"科目，贷记"营业外收入""管理费用"等科目。

（2）与收益相关的政府补助。

与收益相关的政府补助，是指除与资产相关的政府补助之外的政府补助。与收益相关的政府补助，用于补偿企业以后期间相关费用或损失的，按收到或应收的金额，借记"银行存款""其他应收款"等科目，贷记"递延收益"科目。在发生相关费用或损失的未来期间，按应补偿的金额，借记"递延收益"科目，贷记"营业外收入"科目。用于补偿企业已发生的相关费用或损失的，按收到或应收的金额，借记"银行存款""其他应收款"等科目，贷记"营业外收入"科目。

13.5.4 本年利润

为了进行本年利润的会计核算，企业应设置"本年利润"科目，核算企业本年度实现的利润（或亏损）。在年度终了时，企业应将各收益类科目的余额转入本科目贷方，将各成本、费用类科目的余额转入本科目借方。结转以后，"本年利润"科目余额如在借方，则表示企业发生的亏损总额；余额如在贷方，则反映企业本年度累计实现的利润总额。

13.6 所得税

13.6.1 时间性差异、暂时性差异和永久性差异

确定并计量税前会计利润与应纳税所得额之间的差异，是所得税会计核算的基本内容。

（1）时间性差异。

时间性差异是指应税收益和会计收益的差额，在一个期间内形成，可在随后的一个或几个期间内转回。时间性差异的成因是会计准则或会计制度与税法在收入与费用确认和计量的时间上存在差异。

（2）暂时性差异。

从资产和负债看，暂时性差异是一项资产或一项负债的计税基础和其在资产负债表中的账面价值之间的差额，其随着时间的推移将会消除。该项差异在以后年度资产收回或负债清偿时，会产生应税利润或可抵扣金额。

暂时性差异分为应纳税暂时性差异和可抵扣暂时性差异。

应纳税暂时性差异，指将导致使用或处置资产、偿付负债的未来期间内增加应纳税所得额，由此产生递延所得税负债的差异。可抵扣暂时性差异，指将导致使用或处置资产、偿付负债的未来期间内减少应纳税所得额，由此产生递延所得税资产的差异。

时间性差异一定是暂时性差异，但暂时性差异并不都是时间性差异。

（3）永久性差异。

永久性差异是指某一期间发生，以后各期不能转回或消除的差异，即该项差异不影响其他会计期间。永久性差异的成因是会计准则或会计制度与税法在收入与费用确认和计量的口径上存在差异。

13.6.2 所得税的会计核算

（1）企业应在损益类科目中设置"所得税费用"科目，核算企业按规定确定的企业所得税。该科目的借方反映企业计入本期损益的企业所得税；贷方反映本期转入"本年利润"科目的企业所得税。期末结转本年利润后，本科目应无余额。

（2）企业应在负债类科目中设置"应交税费——应交所得税"科目，用于核算企业按税法规定而计算出的应缴纳的企业所得税。该科目的贷方反映实际应纳企业所得税，借方反映实际已纳企业所得税，贷方余额反映欠缴企业所得税。

（3）企业应在资产类科目中设置"递延所得税资产"科目，核算企业由于可抵扣暂时性差异确认的递延所得税资产，以及按能够结转后期的尚可抵扣的亏损和税款抵减的未来应税利润确认的递延所得税资产。该科目的借方反映确认的各类递延所得税资产；贷方反映当企业确认递延所得税资产的可抵扣暂时性差异情况发生回转时，转回的所得税影响额，以及税率变动或开征新税调整的递延所得税资产；余额反映尚未转回的递延所得税资产。

（4）企业应在负债类科目中设置"递延所得税负债"科目，核算企业由于应纳税暂时性差异确认的递延所得税负债。该科目的贷方反映确认的各类递延所得税负债；借方反映当企业确认递延所得税负债的应纳税暂时性差异情况发生回转时，转回的所得税影响额，以及税率变

动或开征新税调整的递延所得税负债；余额反映尚未转回的递延所得税负债。

（5）企业应设置"递延税款备查登记簿"，详细记录发生的时间性差异的原因、金额、预计转销期限、已转销数额等。

（6）企业应在损益类科目中增设"营业外支出——递延所得税资产减值"科目。企业应在每一个资产负债表日，对递延所得税资产的账面价值进行复核，如果企业未来期间不可能获得足够的应税利润可供抵扣，应当减计递延所得税资产的账面价值，借记"营业外支出——递延所得税资产减值"科目，贷记"递延所得税资产"科目。

13.7 利润分配和盈余公积

13.7.1 利润分配

利润分配是指企业根据国家有关规定和企业章程、投资者协议等，对企业当年可供分配的利润所进行的分配。

可供分配的利润＝当年实现的净利润＋年初未分配利润（或－年初未弥补亏损）＋其他转入利润

利润分配的顺序依次是：①提取法定盈余公积；②提取任意盈余公积；③向投资者分配利润。

未分配利润是经过弥补亏损、提取法定盈余公积、提取任意盈余公积和向投资者分配利润等之后剩余的利润，它是企业留待以后年度进行分配的历年结存的利润。相对于所有者权益的其他部分来说，企业对未分配利润的使用有较大的自主权。

企业应通过"利润分配"科目核算企业利润的分配（或亏损的弥补）和历年分配（或弥补）后的未分配利润（或未弥补亏损）。该科目应设置"提取法定盈余公积""提取任意盈余公积""应付现金股利或利润""盈余公积补亏""未分配利润"等明细科目进行明细核算。企业未分配利润通过"利润分配——未分配利润"明细科目进行核算。在年度终了时，企业应将全年实现的净利润或发生的净亏损，自"本年利润"科目转入"利润分配——未分配利润"科目，并将"利润分配"科目所属其他明细科目的余额，转入"未分配利润"明细科目。结转后，"利润分配——未分配利润"科目如为贷方余额，表示累积未分配的利润数额；如为借方余额，则表示累积未弥补的亏损数额。

13.7.2 盈余公积

盈余公积是指企业按规定从净利润中提取的企业积累资金。公司制企业的盈余公积包括法定盈余公积和任意盈余公积。

按照《公司法》的有关规定，公司制企业应当按照净利润（减去用于弥补以前年度亏损的金额）的 10% 提取法定盈余公积。非公司制企业法定盈余公积的提取比例可超过净利润的10%。法定盈余公积累计额已达注册资本的 50% 以上时可以不再提取。值得注意的是，在计算提取法定盈余公积的基数时，不应包括企业年初未分配利润。

企业提取的盈余公积经批准可用于弥补亏损、转增资本、发放现金股利或利润等。

第 14 章
财务会计报告

本章导读

如果想要了解一个历史人物，直接的方法便是读他的传记；如果想要了解一个企业，直接的方法便是阅读其财务报表。

本章将解答以下问题。

（1）什么是财务报表？

（2）财务报表具有什么作用？

（3）财务报表可分为哪些类别？

（4）什么是资产负债表？

（5）资产负债表能反映哪些信息？

（6）如何编制资产负债表？

（7）什么是利润表？

（8）利润表能反映哪些信息？

（9）如何编制利润表？

（10）什么是现金流量表？

（11）现金流量表能反映哪些信息？

（12）如何编制现金流量表？

（13）什么是所有者权益变动表？

（14）所有者权益变动表能反映哪些信息？

（15）如何编制所有者权益变动表？

14.1　读懂财务会计报告

14.1.1　什么是财务会计报告

财务会计报告，是指企业对外提供的反映企业某一特定日期的财务状况和某一会计期间的经营成果、现金流量等会计信息的文件，又称财务报告，简称"财报"。财务报告包括财务报表（又称会计报表）和其他应当在财务会计报告中披露的相关信息和资料。财务报表是财务会计报告的主体。

财务报表用于反映企业的财务状况、经营成果和现金流量。财务报表至少应当包括下列组成部分：①资产负债表；②利润表；③现金流量表；④所有者权益（或股东权益，下同）变动表；⑤附注。

14.1.2　财务报表：经营活动的窗口

财务报表可以反映各企业的财务状况和经营状况，为管理者等实施经营管理和进行相关决策提供丰富的会计信息。

具体来说，财务报表的主要作用如图 14-1 所示。

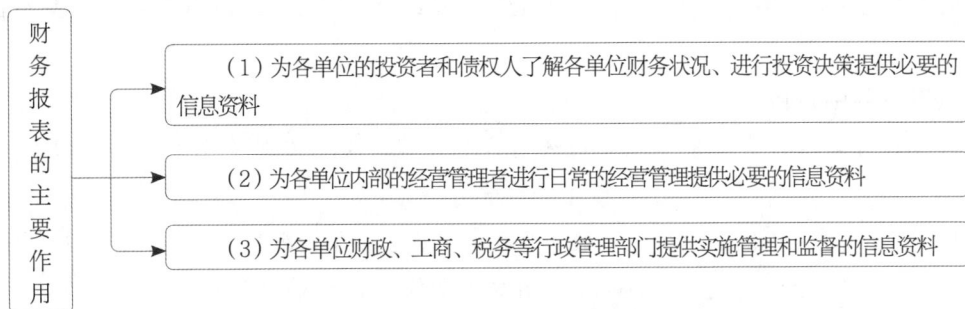

财务报表的主要作用
- （1）为各单位的投资者和债权人了解各单位财务状况、进行投资决策提供必要的信息资料
- （2）为各单位内部的经营管理者进行日常的经营管理提供必要的信息资料
- （3）为各单位财政、工商、税务等行政管理部门提供实施管理和监督的信息资料

图 14-1　财务报表的主要作用

14.1.3　财务报表的分类标准

财务报表有多种不同的分类方法，具体如图 14-2 所示。

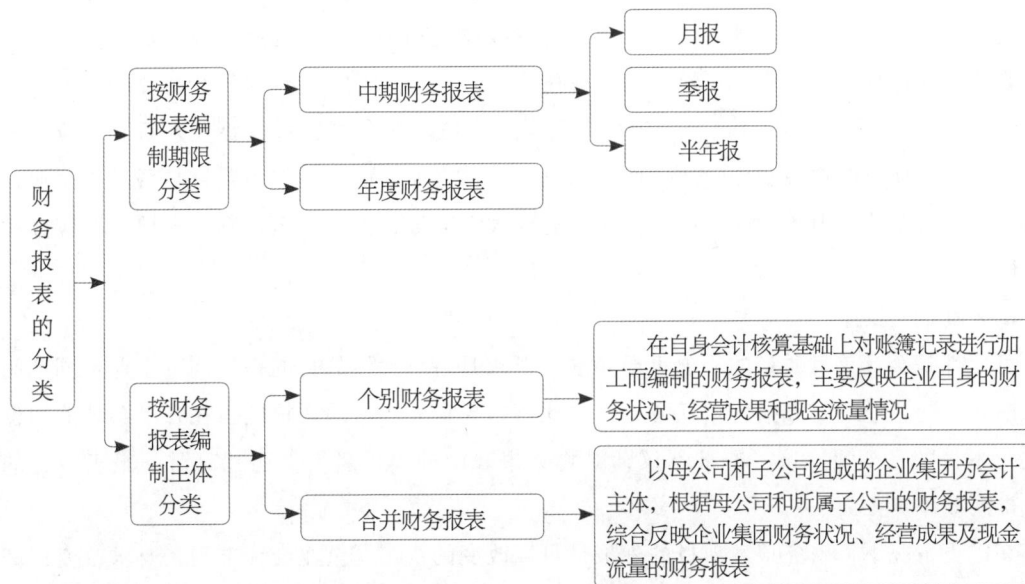

财务报表的分类
- 按财务报表编制期限分类
  - 中期财务报表
    - 月报
    - 季报
    - 半年报
  - 年度财务报表
- 按财务报表编制主体分类
  - 个别财务报表：在自身会计核算基础上对账簿记录进行加工而编制的财务报表，主要反映企业自身的财务状况、经营成果和现金流量情况
  - 合并财务报表：以母公司和子公司组成的企业集团为会计主体，根据母公司和所属子公司的财务报表，综合反映企业集团财务状况、经营成果及现金流量的财务报表

图 14-2　财务报表的分类

14.1.4　财务报表相关内容

1. 编制依据

企业应当根据实际发生的交易和事项，按照《企业会计准则》的规定进行确认和计量，并在此基础上编制财务报表。企业应当在附注中对这一情况做出声明，只有遵循了《企业会计准则》的所有规定，财务报表才应当被称为"遵循了《企业会计准则》"。

2. 列报基础

在编制财务报表的过程中，应当对企业持续经营的能力进行评价，需要考虑的因素包括市场经营风险，企业目前或长期的盈利能力、偿债能力、财务弹性，以及企业管理层改变经营政策的意向等。

非持续经营是企业在极端情况下呈现的一种状态。企业存在以下情况之一的，通常表明企业处于非持续经营状态：①企业已在当期进行清算或停止营业；②企业已经正式决定在下一个会计期间进行清算或停止营业；③企业已确定在当期或下一个会计期间没有其他可供选择的经营方案而将被迫进行清算或停止营业。企业处于非持续经营状态时，应当采用其他基础编制财务报表。

3. 重要性和项目列报

对各项目在财务报表中是单独列报还是合并列报，应当依据重要性原则来判断，具体如下。

（1）性质或功能不同的项目，一般应当在财务报表中单独列报。例如，存货和固定资产在性质上和功能上都有本质差别，必须分别在资产负债表上单独列报。

（2）性质或功能类似的项目，一般可以合并列报，但是具有重要性的项目应该单独列报。例如，原材料、在产品等的性质类似，均通过生产过程形成企业的产成品，因此可以合并列报，合并之后的类别统称为"存货"。

（3）项目单独列报的原则不仅适用于报表，还适用于附注。某些项目的重要性程度不足以在资产负债表、利润表、现金流量表或所有者权益变动表中单独列报，但是对附注而言却具有重要性，在这种情况下应当在附注中单独披露。

（4）重要性是判断项目是否单独列报的重要标准。企业在进行重要性判断时，应当根据所处环境，从项目的性质和金额两方面予以判断：一方面，应当考虑该项目是否属于企业日常活动、是否对企业的财务状况和经营成果具有较大影响等；另一方面，判断该项目对应金额的重要性。

4. 列报的一致性

可比性是会计信息质量的一项重要要求，要求具备可比性的目的是使同一企业不同期间和同一期间不同企业的财务报表相互可比。为此，财务报表项目的列报应当在各个会计期间保持一致，不得随意变更。这一要求不仅针对财务报表中的项目名称，还针对财务报表项目的分类、排列顺序等方面。

在以下情况下，财务报表项目的列报是可以改变的：①《企业会计准则》要求改变；②企业经营业务的性质发生重大变化后，变更财务报表项目的列报能够提供更可靠、更准确的会计信息。

5. 项目金额间的相互抵销

财务报表项目应当以总额列报，资产和负债、收入和费用不能相互抵销，但《企业会计准则》另有规定的除外。例如，企业欠客户的应付账款不得与本企业的应收账款相抵销，如果相互抵销就掩盖了交易的实质。

下列两种情况不属于抵销，项目金额可以以净额列示。

（1）资产项目按扣除减值准备后的净额列示，不属于抵销。对资产计提减值准备，表明资产的价值确实发生减损，只有按扣除减值准备后的净额列示才能反映资产当时的真实价值。

（2）非日常活动（非日常活动的发生具有偶然性，且并非企业主要的业务）产生的损益以收入扣减费用后的净额列示，更有利于报表使用者理解，也不属于抵销。

6. 比较信息的列报

企业在列报某期财务报表时，至少应当提供所有列报项目上一个可比会计期间的比较数据，以及与理解该期财务报表相关的说明，目的是向报表使用者提供对比数据，提高信息的可比性，以反映企业财务状况、经营成果和现金流量的发展趋势，提高报表使用者的判断与决策能力。

7. 表首的列报要求

财务报表一般分为表首、表体两部分。其中，在表首部分，企业应当概括地说明下列基本信息：①编报企业的名称，如企业名称在编报当期发生了变更，还应明确标明；②对资产负债表而言，须披露资产负债表日，而对利润表、现金流量表、所有者权益变动表而言，须披露财务报表涵盖的会计期间；③货币名称和单位，按照《企业会计准则》的规定，企业应当以人民币作为记账本位币，并标明金额单位，如人民币元、人民币万元等；④财务报表是合并财务报表的，应当予以标明。

8. 报告期间

企业应当编制年度财务报表。根据《会计法》的规定，会计年度自公历 1 月 1 日起至 12 月 31 日止。实际中，在编制年度财务报表时，可能存在年度财务报表涵盖的期间短于 1 年的情况，如果企业在年度中间（如 3 月 1 日）设立，企业应当披露年度财务报表的实际涵盖期间及短于 1 年的原因，并说明由此引起的财务报表项目及相关数据不具可比性这一事实。

14.2 资产负债表

14.2.1 资产负债表的概念

资产负债表能从整体上反映一个企业的实力及其财务状况。财务报表使用者通过阅读和分析资产负债表，可以获得以下的财务信息：

（1）资产负债表可以提供某一日期的资产总额，表明企业拥有或控制的经济资源及其分布情况；

（2）资产负债表可以反映某一日期的负债总额及其结构，表明企业未来需要用多少资产清偿债务；

（3）资产负债表可以反映某一日期的所有者权益的情况，表明所有者权益的构成情况；

（4）资产负债表可以提供进行财务分析的基本资料，如通过资产负债表可以计算流动比率、速动比率等。

14.2.2 资产负债表的平衡式及内容

资产负债表主要反映资产、负债和所有者权益三方面的内容，并满足"资产＝负债＋所有者权益"平衡式。

（1）企业应当按照流动资产和非流动资产两大类别在资产负债表中列示资产，并分别在流动资产和非流动资产类别下进一步按各项目性质分项列示。

流动资产是指预计在一个正常营业周期中变现、出售或耗用，或者主要为交易目的而持有的，或者预计在自资产负债表日起1年内（含1年）变现的资产，或者自资产负债表日起1年内交换其他资产或清偿负债的能力不受限制的现金或现金等价物。资产负债表中列示的流动资产项目通常包括：货币资金、交易性金融资产、应收票据、应收账款、预付款项、其他应收款、存货和一年内到期的非流动资产等。

非流动资产是指流动资产以外的资产。资产负债表中列示的非流动资产项目通常包括：长期股权投资、固定资产、在建工程、无形资产、开发支出、长期待摊费用以及其他非流动资产等。

（2）负债应当按照流动负债和非流动负债在资产负债表中进行列示，分别在流动负债和非流动负债类别下进一步按各项目性质分项列示。

流动负债是指预计在一个正常营业周期中清偿，或者主要为交易目的而持有的，或者自资产负债表日起1年内（含1年）到期应予以清偿，或者企业无权自主地将清偿义务推迟至资产负债表日后1年以上的负债。资产负债表中列示的流动负债项目通常包括：短期借款、应付票据、应付账款、预收款项、应付职工薪酬、应交税费、其他应付款、一年内到期的非流动负债等。

非流动负债是指流动负债以外的负债。非流动负债项目通常包括：长期借款、应付债券、预计负债、其他非流动负债等。

（3）所有者权益一般按照实收资本（或股本）、资本公积、盈余公积和未分配利润等分项列示。

14.2.3 资产负债表的结构

我国企业的资产负债表采用账户式结构。账户式资产负债表分左、右两方，左方为资产项目，按资产的流动性大小排列，流动性大的资产如"货币资金""交易性金融资产"等排在前面，流动性小的资产如"长期股权投资""固定资产"等排在后面；右方为负债及所有者权益项目，一般按清偿的先后顺序排列："短期借款""应付票据""应付账款"等需要在1年以内或者长于1年的一个正常营业周期内偿还的流动负债排在前面；"长期借款"等在1年以上才需偿还的非流动负债排在中间；在企业清算之前不需要偿还的所有者权益项目排在后面。

账户式资产负债表中的资产各项目的金额合计等于负债和所有者权益各项目的金额合计。账户式资产负债表可以反映资产、负债、所有者权益之间的内在关系，即"资产 = 负债 + 所有者权益"。在我国，一般企业的资产负债表的格式如表14-1所示。

表 14-1 资产负债表

会企01表

编制单位：　　　年　月　日

单位：元

资产	期末余额	上年年末余额	负债和所有者权益（或股东权益）	期末余额	上年年末余额
流动资产：			流动负债：		
货币资金			短期借款		

资产	期末余额	上年年末余额	负债和所有者权益（或股东权益）	期末余额	上年年末余额
交易性金融资产			交易性金融负债		
衍生金融资产			衍生金融负债		
应收票据			应付票据		
应收账款			应付账款		
应收款项融资			预收款项		
预付款项			合同负债		
其他应收款			应付职工薪酬		
存货			应交税费		
合同资产			其他应付款		
持有待售资产			持有待售负债		
一年内到期的非流动资产			一年内到期的非流动负债		
其他流动资产			其他流动负债		
流动资产合计			流动负债合计		
非流动资产：			非流动负债：		
债权投资			长期借款		
其他债权投资			应付债券		
长期应收款			其中：优先股		
长期股权投资			永续债		
其他权益工具投资			租赁负债		
其他非流动金融资产			长期应付款		
投资性房地产			预计负债		
固定资产			递延收益		
在建工程			递延所得税负债		
生产性生物资产			其他非流动负债		
油气资产			非流动负债合计		
使用权资产			负债合计		
无形资产			所有者权益（或股东权益）：		
开发支出			实收资本（或股本）		
商誉			其他权益工具		
长期待摊费用			其中：优先股		
递延所得税资产			永续债		

资产	期末余额	上年年末余额	负债和所有者权益（或股东权益）	期末余额	上年年末余额
其他非流动资产			资本公积		
非流动资产合计			减：库存股		
			其他综合收益		
			专项储备		
			盈余公积		
			未分配利润		
			所有者权益（或股东权益）合计		
资产总计			负债和所有者权益（或股东权益）总计		

14.2.4 资产负债表的编制

1. "上年年末余额"的填列方法

"上年年末余额"栏内各项目数字，应根据上年末资产负债表"期末余额"栏内所列数字填列。如果本年度资产负债表规定的各个项目的名称和内容与上年度不相一致，应按本年度的规定对上年年末资产负债表各项目的名称和数字按本年度的规定进行调整，并将调整后的数字填入本表"上年年末余额"栏内。

2. "期末余额"的填列方法

（1）直接根据总账科目的余额填列。

例如，交易性金融资产、长期待摊费用、递延所得税资产、短期借款、交易性金融负债、应付票据、其他应付款、递延所得税负债、实收资本、资本公积、库存股、盈余公积等，应当根据相关总账科目的余额直接填列。

（2）根据几个总账科目的余额计算填列。

例如，"货币资金"项目，应当根据"库存现金""银行存款""其他货币资金"等总账科目的期末余额的合计数填列。

（3）根据有关明细科目的余额计算填列。

例如，"应付账款"项目，应当根据"应付账款""预收账款"等科目所属明细科目的期末贷方余额计算填列。

（4）根据总账科目和明细科目的余额分析计算填列。

例如，"长期应收款"项目，应当根据"长期应收款"总账科目余额减去"未实现融资收益"总账科目余额，再减去所属相关明细科目中将于一年内到期的金额填列；"长期借款"项目，应当根据"长期借款"总账科目余额扣除"长期借款"科目所属明细科目中将于一年内到期的金额填列；"应付债券"项目，应当根据"应付债券"总账科目余额扣除"应付债券"科目所属明细科目中将于一年内到期的金额填列；"长期应付款"项目，应当根据"长期应付款"总账科目余额减去"未确认融资费用"总账科目余额,再减去所属相关明细科目中将于一年内到期的金额填列。

（5）根据总账科目与其备抵科目抵销后的净额填列。

例如,"存货"项目,应当根据"原材料""库存商品""发出商品""周转材料"等科目期末余额,减去"存货跌价准备"科目期末余额后的金额填列;"持有至到期投资"项目,应当根据"持有至到期投资"科目期末余额,减去"持有至到期投资减值准备"科目期末余额后的金额填列;"固定资产"项目,应当根据"固定资产"科目期末余额,减去"累计折旧""固定资产减值准备"等科目期末余额后的金额填列。

14.2.5　资产负债表的填列说明

资产负债表中的资产、负债和所有者权益主要项目的填列说明如下。

1. 资产项目的填列说明

（1）"货币资金"项目,反映企业库存现金、银行结算户存款、外埠存款、银行汇票存款、银行本票存款、信用卡存款、信用证保证金存款等的合计数。该项目应根据"库存现金""银行存款""其他货币资金"科目期末余额的合计数填列。

（2）"交易性金融资产"项目,应根据有关总账科目的余额填列。

（3）"预付款项"项目,反映企业按照购货合同规定预付给供应单位的款项等。该项目应根据"预付账款"和"应付账款"科目所属各明细科目的期末借方余额合计数,减去"坏账准备"科目中有关预付款项计提的坏账准备期末余额后的金额填列。如"预付账款"科目所属各明细科目期末有贷方余额,应在资产负债表"应付账款"项目内填列。

（4）"其他应收款"项目,反映企业除应收票据、应收账款、预付账款等经营活动外其他各种应收、暂付款项。本项目应根据"应收股利""应收利息""其他应收款"科目的期末余额,减去"坏账准备"科目中有关其他应收款计提的坏账准备期末余额后的金额填列。

（5）"存货"项目,反映企业期末在库、在途和在加工中的各种存货的可变现净值。本项目应根据"材料采购""原材料""低值易耗品""库存商品""周转材料""委托加工物资""委托代销商品""生产成本"等科目的期末余额合计数,减去"受托代销商品款""存货跌价准备"科目期末余额后的金额填列。材料采用计划成本核算,以及库存商品采用计划成本核算或售价核算的企业,还应按加或减材料成本差异、商品进销差价后的金额填列。

（6）"持有待售资产"项目,应根据相关科目的期末余额分析填列。

（7）"一年内到期的非流动资产"项目,反映企业将于一年内到期的非流动资产项目金额。本项目应根据有关科目的期末余额填列。

（8）"长期股权投资"项目,反映企业持有的对子公司、联营企业和合营企业的长期股权投资。本项目应根据"长期股权投资"科目的期末余额,减去"长期股权投资减值准备"科目的期末余额后的金额填列。

（9）"固定资产"项目,反映企业各种固定资产原价减去累计折旧和累计减值准备后的净额。本项目应根据"固定资产"科目的期末余额,减去"累计折旧"和"固定资产减值准备"科目期末余额后的金额,以及"固定资产清理"科目的期末余额填列。

（10）"在建工程"项目，反映企业期末各项未完工程的实际支出，包括交付安装的设备价值、未完建筑安装工程已经耗用的材料、工资和费用支出、预付出包工程的价款等的可收回金额。本项目应根据"在建工程"科目的期末余额，减去"在建工程减值准备"科目的期末余额后的金额，以及"工程物资"科目的期末余额，减去"工程物资减值准备"科目的期末余额后的金额填列。

（11）"无形资产"项目，反映企业持有的无形资产，包括专利权、非专利技术、商标权、著作权、土地使用权等。本项目应根据"无形资产"科目的期末余额，减去"累计摊销"和"无形资产减值准备"科目的期末余额后的金额填列。

（12）"开发支出"项目，反映企业开发无形资产过程中能够资本化形成无形资产成本的支出部分。本项目应当根据"研发支出"科目中所属的"资本化支出"明细科目的期末余额填列。

（13）"长期待摊费用"项目，反映企业已经发生但应由本期和以后各期负担的分摊期限在1年以上的各项费用。长期待摊费用中在1年内（含1年）摊销的部分，在资产负债表"一年内到期的非流动资产"项目填列。本项目应根据"长期待摊费用"科目的期末余额减去将于1年内（含1年）摊销的数额后的金额填列。

（14）"其他非流动资产"项目，反映企业除长期股权投资、固定资产、在建工程、无形资产等以外的其他非流动资产。本项目应根据有关科目的期末余额填列。

2. 负债项目的填列说明

（1）"短期借款"项目，反映企业向银行或其他金融机构等借入的期限在1年以下（含1年）的各种借款。本项目应根据"短期借款"科目的期末余额填列。

（2）"预收款项"项目，反映企业按照购货合同规定预付给供货单位的款项。本项目应根据"预收账款"和"应收账款"科目所属各明细科目的期末贷方余额合计数填列。如"预收账款"科目所属各明细科目期末有借方余额，应在资产负债表"应收账款"项目内填列。

（3）"应付职工薪酬"项目，反映企业根据有关规定应付给职工的工资、福利、社会保险费、住房公积金、工会经费、职工教育经费、非货币性福利、辞退福利等各种薪酬。外商投资企业按规定从净利润中提取的职工奖励及福利基金，也在本项目列示。

（4）"应交税费"项目，反映企业按照税法规定计算的应缴纳的各种税费，包括增值税、消费税、所得税、资源税、土地增值税、城市维护建设税、房产税、城镇土地使用税、车船税、教育费附加、矿产资源补偿费等。企业代扣代缴的个人所得税，也通过本项目列示。企业所缴纳的税金，如印花税、耕地占用税等不需要预计应交数的，不在本项目列示。本项目应根据"应交税费"科目的期末贷方余额填列；如"应交税费"科目期末为借方余额，应以"－"号填列。

（5）"其他应付款"项目，反映企业除应付票据、应付账款、预收款项、应付职工薪酬、应交税费等经营活动以外的其他各项应付、暂收的款项，以及应付股利和应付利息。本项目应根据"其他应付款""应付利息""应付股利"科目的期末余额填列。

（6）"持有待售负债"项目，应根据相关科目的期末余额分析填列。

（7）"一年内到期的非流动负债"项目，反映非流动负债中将于资产负债表日后1年内到期部分的金额，如将于 1 年内偿还长期借款等。本项目应根据有关科目的期末余额填列。

（8）"长期借款"项目，反映企业向银行或其他金融机构借入的期限在 1 年以上（不含 1 年）的各项借款。本项目应根据"长期借款"科目的期末余额填列。

（9）"应付债券"项目，反映企业为筹集长期资金而发行的债券本金和利息。本项目应根据"应付债券"科目的期末余额填列。

（10）"其他非流动负债"项目，反映企业除长期借款、应付债券等项目以外的其他非流动负债。本项目应根据有关科目的期末余额填列。其他非流动负债项目应根据有关科目期末余额减去将于 1 年内（含 1 年）到期偿还数后的余额填列。非流动负债各项目中将于 1 年内（含 1 年）到期的非流动负债，应在"一年内到期的非流动负债"项目内单独反映。

【小贴士】什么是资产与负债

资产与负债是会计的基础。资产是指你拥有的所有东西，如房子、车、工厂、生产设备等。负债是指你欠的所有东西，如贷款等。

3. 所有者权益项目的填列说明

（1）"实收资本（或股本）"项目，反映企业各投资者实际投入的资本（或股本）总额。本项目应根据"实收资本"（或"股本"）科目的期末余额填列。

（2）"资本公积"项目，反映企业资本公积的期末余额。本项目应根据"资本公积"科目的期末余额填列。

（3）"盈余公积"项目，反映企业盈余公积的期末余额。本项目应根据"盈余公积"科目的期末余额填列。

（4）"未分配利润"项目，反映企业尚未分配的利润。本项目应根据"本年利润"科目和"利润分配"科目的余额计算填列。未弥补的亏损在本项目内以"-"号填列。

【小贴士】认识所有者权益

资产与负债之间的差额就是所有者权益。例如，你拥有一辆价值 10 000 元的车，你的汽车贷款是 3 000 元，则所有者权益就是 7 000（10 000 - 3 000）元。如果你的资产净值为负数，那说明你破产了。

14.2.6 如何通过资产负债表看企业的竞争力

【例 14-1】H 股份有限公司 2×17 年 12 月 31 日的资产负债表（年初余额略）及 2×18 年 12 月 31 日的科目余额表分别见表 14-2 和表 14-3。假设 H 股份有限公司 2×17 年度除计提固定资产减值准备导致固定资产账面价值与其计税基础存在可抵扣暂时性差异外，其他资产和负债项目的账面价值均等于其计税基础。假定 H 股份有限公司未来很可能获得足够的应纳税所得额用来抵扣可抵扣暂时性差异，适用的所得税税率为 25%。

表 14-2　资产负债表

会企 01 表

编制单位：H 股份有限公司　　　　　　2×17 年 12 月 31 日　　　　　　单位：元

资产	期末余额	年初余额	负债和所有者权益（或股东权益）	期末余额	年初余额
流动资产：			流动负债：		
货币资金	1 405 300		短期借款	290 000	
交易性金融资产	15 000		交易性金融负债	0	
衍生金融资产	0		衍生金融负债	0	
应收票据			应付票据		
应收账款	535 100		应付账款	1 153 800	
预付款项	100 000		预收款项	0	
其他应收款	5 000		合同负债	0	
存货	2 580 000		应付职工薪酬	110 000	
合同资产	0		应交税费	35 600	
持有待售资产	0		其他应付款	51 000	
一年内到期的非流动资产	0		持有待售负债	0	
其他流动资产	100 000		一年内到期的非流动负债	1 000 000	
流动资产合计	4 740 400		其他流动负债	0	
非流动资产：			流动负债合计	2 640 400	
债权投资	0		非流动负债：		
其他债权投资	0		长期借款	600 000	
长期应收款	0		应付债券	0	
长期股权投资	250 000		其中：优先股	0	
其他权益工具投资	0		永续债	0	
其他非流动金融资产	0		长期应付款	0	
投资性房地产	0		预计负债	0	
固定资产	1 100 000		递延收益	0	
在建工程	1 500 000		递延所得税负债	0	
生产性生物资产	0		其他非流动负债	0	
油气资产	0		非流动负债合计	600 000	
无形资产	600 000		负债合计	3 240 400	
开发支出	0		所有者权益（或股东权益）：		

续表

资产	期末余额	年初余额	负债和所有者权益（或股东权益）	期末余额	年初余额
商誉	0		实收资本（或股本）	5 000 000	
长期待摊费用	0		其他权益工具	0	
递延所得税资产	0		其中：优先股	0	
其他非流动资产	200 000		永续债	0	
非流动资产合计	3 650 000		资本公积	0	
			减：库存股	0	
			其他综合收益	0	
			盈余公积	100 000	
			未分配利润	50 000	
			所有者权益（或股东权益）合计	5 150 000	
资产总计	8 390 400		负债和所有者权益（或股东权益）总计	8 390 400	

表 14-3　科目余额表

单位：元

科目名称	借方余额	科目名称	贷方余额
库存现金	2 000	短期借款	50 000
银行存款	846 850	应付票据	100 000
其他货币资金	7 290	应付账款	953 800
交易性金融资产	0	其他应付款	50 000
应收票据	66 000	应付职工薪酬	180 000
应收账款	600 000	应交税费	226 730
坏账准备	−1 800	应付利息	0
预付账款	100 000	应付股利	31 215.85
其他应收款	5 000	递延所得税负债	0
材料采购	265 000	递延收益	0
原材料	44 000	长期借款	1 148 000
周转材料	37 050	股本	5 000 000
库存商品	2 122 390	资本公积	0
材料成本差异	4 250	其他综合收益	12 000
其他流动资产	100 000	盈余公积	124 770.4

科目名称	借方余额	科目名称	贷方余额
		利润分配（未分配利润）	218 013.75
长期股权投资	262 000		
固定资产	2 391 000		
累计折旧	-170 000		
固定资产减值准备	-29 000		
工程物资	290 000		
在建工程	417 000		
无形资产	600 000		
累计摊销	-60 000		
递延所得税资产	7 500		
其他长期资产	188 000		
合计	8 094 530	合计	8 094 530

根据上述资料，编制 H 股份有限公司 2×18 年 12 月 31 日的资产负债表，如表 14-4 所示。

表 14-4　资产负债表

编制单位：H 股份有限公司　　　　　　　2×18 年 12 月 31 日　　　　　　　会企 01 表
单位：元

资产	期末余额	年初余额	负债和所有者权益（或股东权益）	期末余额	年初余额
流动资产：			流动负债：		
货币资金	856 140	1 405 300	短期借款	50 000	290 000
交易性金融资产	0	15 000	交易性金融负债	0	0
衍生金融资产	0	0	衍生金融负债	0	0
应收票据			应付票据		
应收账款	664 200	535 100	应付账款	1 053 800	1 153 800
预付款项	100 000	100 000	预收款项	0	0
其他应收款	5 000	5 000	合同负债	0	0
存货	2 472 690	2 580 000	应付职工薪酬	180 000	110 000
合同资产	0	0	应交税费	226 730	35 600
持有待售资产	0	0	其他应付款	81 215.85	51 000
一年内到期的非流动资产	0	0	持有待售负债	0	0
其他流动资产	100 000	100 000	一年内到期的非流动负债	0	1 000 000

资产	期末余额	年初余额	负债和所有者权益（或股东权益）	期末余额	年初余额
流动资产合计	4 198 030	4 740 400	其他流动负债	0	0
非流动资产：			流动负债合计	1 591 745.85	2 640 400
债权投资	0	0	非流动负债：		
其他债权投资	0	0	长期借款	1 148 000	600 000
长期应收款	0	0	应付债券	0	0
长期股权投资	262 000	250 000	其中：优先股	0	0
其他权益工具投资	0	0	永续债	0	0
其他非流动金融资产	0	0	长期应付款	0	0
投资性房地产	0	0	预计负债	0	0
固定资产	2 192 000	1 100 000	递延收益	0	0
在建工程	707 000	1 500 000	递延所得税负债	0	0
生产性生物资产	0	0	其他非流动负债	0	0
油气资产	0	0	非流动负债合计	1 148 000	600 000
无形资产	540 000	600 000	负债合计	2 739 745.85	3 240 400
开发支出	0	0	所有者权益（或股东权益）：		
商誉	0	0	实收资本（或股本）	5 000 000	5 000 000
长期待摊费用	0	0	其他权益工具	0	0
递延所得税资产	7 500	0	其中：优先股	0	0
其他非流动资产	188 000	200 000	永续债	0	0
非流动资产合计	3 896 500	3 650 000	资本公积	0	0
			减：库存股	0	0
			其他综合收益	12 000	0
			盈余公积	124 770.4	100 000
			未分配利润	218 013.75	50 000
			所有者权益（或股东权益）合计	5 354 784.15	5 150 000
资产总计	8 094 530	8 390 400	负债和所有者权益（或股东权益）总计	8 094 530	8 390 400

14.3 利润表

14.3.1 利润表的概念及作用

利润表是指反映企业在一定会计期间的经营成果的报表。利润表可以反映企业在一定会计期间的收入、费用、利润（或亏损）的数额、构成情况，帮助财务报表使用者全面了解企业的经营成果，分析企业的盈利能力及盈利增长趋势，从而为其做出经济决策提供依据。

14.3.2 利润表的构成

我国利润表采用多步式格式，一般企业的利润表的格式如表 14-5 所示。

表 14-5 利润表

会企 02 表

编制单位：　　　　　　　　　　　年　月　　　　　　　　　　　单位：元

项目	本期金额	上期金额
一、营业收入		
减：营业成本		
税金及附加		
销售费用		
管理费用		
研发费用		
财务费用		
其中：利息费用		
利息收入		
加：其他收益		
投资收益（损失以"-"号填列）		
其中：对联营企业和合营企业的投资收益		
以摊余成本计量的金融资产终止确认收益（损失以"-"号填列）		
净敞口套期收益（损失以"-"号填列）		
公允价值变动收益（损失以"-"号填列）		
信用减值损失（损失以"-"号填列）		
资产减值损失（损失以"-"号填列）		
资产处置收益（损失以"-"号填列）		
二、营业利润（亏损以"-"号填列）		
加：营业外收入		
减：营业外支出		
三、利润总额（亏损总额以"-"号填列）		

项目	本期金额	上期金额
减：所得税费用		
四、净利润（净亏损以"-"号填列）		
（一）持续经营净利润（净亏损以"-"号填列）		
（二）终止经营净利润（净亏损以"-"号填列）		
五、其他综合收益的税后净额		
（一）不能重分类进损益的其他综合收益		
1. 重新计量设定受益计划变动额		
2. 权益法下不能转损益的其他综合收益		
3. 其他权益工具投资公允价值变动		
4. 企业自身信用风险公允价值变动		
……		
（二）将重分类进损益的其他综合收益		
1. 权益法下可转损益的其他综合收益		
2. 其他债权投资公允价值变动		
3. 金融资产重分类计入其他综合收益的金额		
4. 其他债权投资信用减值准备		
5. 现金流量套期储备		
6. 外币财务报表折算差额		
……		
六、综合收益总额		
七、每股收益：		
（一）基本每股收益		
（二）稀释每股收益		

14.3.3　利润表的编制及填列说明

1. 利润表的编制步骤

企业的利润表分以下三个步骤编制。

（1）以营业收入为基础，减去营业成本、税金及附加、销售费用、管理费用、财务费用、资产减值损失等，加上公允价值变动收益（减去公允价值变动损失）和投资收益（减去投资损失），计算出营业利润。

（2）以营业利润为基础，加上营业外收入，减去营业外支出，计算出利润总额。

（3）以利润总额为基础，减去所得税费用，计算出净利润（或净亏损）。

2. 利润表的填列方法

利润表各项目均需填列"本期金额"和"上期金额"两栏。

利润表"本期金额""上期金额"栏内各项数字，除"每股收益"项目外，应当按照相关科目发生额分析填列。

3. 利润表的填列说明

（1）"营业收入"项目，反映企业经营主要业务和其他业务所确认的收入总额。本项目应根据"主营业务收入"和"其他业务收入"科目的发生额分析填列。

（2）"营业成本"项目，反映企业经营主要业务和其他业务所发生的成本总额。本项目应根据"主营业务成本"和"其他业务成本"科目的发生额分析填列。

（3）"税金及附加"项目，反映企业经营业务应负担的消费税、城市维护建设税、资源税、土地增值税和教育费附加等。本项目应根据"税金及附加"科目的发生额分析填列。

（4）"销售费用"项目，反映企业在销售商品过程中发生的包装费、广告费等费用和为销售本企业商品而专设的销售机构的职工薪酬、业务费等销售费用。本项目应根据"销售费用"科目的发生额分析填列。

（5）"管理费用"项目，反映企业为组织和管理生产经营发生的管理费用。本项目应根据"管理费用"的发生额分析填列。

（6）"研发费用"项目，反映企业进行研究与开发过程中发生的费用化支出。该项目应根据"管理费用"科目下的"研究费用"明细科目的发生额分析填列。

（7）"财务费用"项目，反映企业为筹集生产经营所需资金等而发生的筹资费用。本项目应根据"财务费用"科目的发生额分析填列。其中："利息费用"项目，反映企业为筹集生产经营所需资金等而发生的财务费用化的利息支出，该项目应根据"财务费用"科目的相关明细科目的发生额分析填列；"利息收入"项目，反映企业确认的利息收入，该项目应根据"财务费用"科目的相关明细科目的发生额分析填列。

（8）"公允价值变动收益"项目，反映企业应当计入当期损益的资产或负债公允价值变动收益。本项目应根据"公允价值变动损益"科目的发生额分析填列，如为净损失，则本项目以"-"号填列。

（9）"投资收益"项目，反映企业以各种方式对外投资所取得的收益。本项目应根据"投资收益"科目的发生额分析填列。如为投资损失，则本项目以"-"号填列。

（10）"营业利润"项目，反映企业实现的营业利润。如为亏损，则本项目以"-"号填列。

（11）"营业外收入"项目，反映企业发生的与经营业务无直接关系的各项收入。本项目应根据"营业外收入"科目的发生额分析填列。

（12）"营业外支出"项目，反映企业发生的与经营业务无直接关系的各项支出。本项目应根据"营业外支出"科目的发生额分析填列。

（13）"利润总额"项目，反映企业实现的利润。如为亏损，则本项目以"-"号填列。

（14）"所得税费用"项目，反映企业应从当期利润总额中扣除的所得税费用。本项目应根据"所得税费用"科目的发生额分析填列。

（15）"净利润"项目，反映企业实现的净利润。如为亏损，则本项目以"-"号填列。

（16）"其他综合收益的税后净额"项目及其各组成部分，应根据"其他综合收益"科目及其所属明细科目的本期发生额分析填列。

14.3.4　利润表编制示例

【例 14-2】H 股份有限公司（以下简称"H 公司"）2×18 年度的相关损益类科目和"其他综合收益"科目的明细科目的本年累计发生净额分别如表 14-6 和表 14-7 所示。

表 14-6　2×18 年度 H 公司的损益类科目的累计发生净额

单位：元

科目名称	借方发生额	贷方发生额
主营业务收入		1 299 909
主营业务成本	750 000	
税金及附加	2 000	
销售费用	20 000	
管理费用	157 100	
财务费用	40 500	
资产减值损失	29 900	
投资收益		30 500
营业外收入		50 000
营业外支出	19 700	
所得税费用	85 290	

表 14-7　H 公司"其他综合收益"科目的明细科目

2×18 年度累计发生净额

单位：元

明细科目名称	借方发生额	贷方发生额
权益法下在被投资单位以后将重分类进损益的其他综合收益中享有的份额		12 000
合　计	0	12 000

根据上述资料，编制 H 公司 2×18 年度利润表，如表 14-8 所示。

表 14-8　利润表

会企 02 表

编制单位：H 股份有限公司　　　　　2×18 年度　　　　　单位：元

项　目	本期金额	上期金额（略）
一、营业收入	1 299 909	
减：营业成本	750 000	
税金及附加	2 000	
销售费用	20 000	

续表

项目	本期金额	上期金额（略）
管理费用	157 100	
研发费用	0	
财务费用	40 500	
其中：利息费用		
利息收入		
资产减值损失	29 900	
信用减值损失	0	
加：其他收益	0	
投资收益（损失以"–"号填列）	30 500	
其中：对联营企业和合营企业的投资收益	0	
净敞口套期收益（损失以"–"号填列）	0	
公允价值变动收益（损失以"–"号填列）	0	
资产处置收益（损失以"–"号填列）	0	
二、营业利润（亏损以"–"号填列）	330 909	
加：营业外收入	50 000	
减：营业外支出	19 700	
三、利润总额（亏损总额以"–"号填列）	361 209	
减：所得税费用	85 290	
四、净利润（净亏损以"–"号填列）	275 919	
（一）持续经营净利润（净亏损以"–"号填列）		
（二）终止经营净利润（净亏损以"–"号填列）		
五、其他综合收益的税后净额	12 000	
（一）不能重分类进损益的其他综合收益	0	
1.重新计量设定受益计划变动额		
2.权益法下不能转损益的其他综合收益		
3.其他权益工具投资公允价值变动		
4.企业自身信用风险公允价值变动		
……		
（二）将重分类进损益的其他综合收益	12 000	
1.权益法下可转损益的其他综合收益		
2.其他债权投资公允价值变动		
3.金融资产重分类计入其他综合收益的金额		

项　目	本期金额	上期金额（略）
4.其他债权投资信用减值准备		
5.现金流量套期储备		
6.外币财务报表折算差额		
……		
六、综合收益总额	287 919	
七、每股收益：		
（一）基本每股收益	（略）	
（二）稀释每股收益	（略）	

14.4　现金流量表

14.4.1　现金流量表的概念及作用

现金流量表是反映企业在一定会计期间的现金和现金等价物的流入和流出情况的报表。

现金流量表可以为报表使用者提供企业一定会计期间内现金和现金等价物流入和流出的信息，便于使用者了解和评价企业获取现金和现金等价物的能力，据以预测企业未来现金流量。

现金流量是指在一定会计期间内现金和现金等价物的流入和流出量。

企业从银行提取现金、用现金购买短期到期的国库券等现金和现金等价物之间的转换不属于现金流量。

现金是指库存现金以及可以随时用于支付的存款，包括库存现金、银行存款和其他货币资金（如外埠存款、银行汇票存款、银行本票存款）等。不能随时用于支付的存款不属于现金。

现金等价物，是指企业持有的期限短、流动性强、易于转换为已知金额现金、价值变动风险很小的投资。期限短，一般是指从购买日起三个月内到期。

现金等价物通常包括三个月内到期的债券投资等。权益性投资变现的金额通常不确定，因而不属于现金等价物。企业应当根据具体情况，确定现金等价物的范围，一经确定不得随意变更。

企业产生的现金流量分为三类，即经营活动产生的现金流量、投资活动产生的现金流量和筹资活动产生的现金流量。

1. 经营活动产生的现金流量

经营活动，是指投资活动和筹资活动以外的所有交易和事项。

经营活动产生的现金流量包括销售商品、提供劳务，购买商品、接受劳务、支付工资、缴纳税款等流入和流出的现金和现金等价物。

2. 投资活动产生的现金流量

投资活动，是指对长期资产的购建和不包括在现金等价物范围内的投资及其处置活动。

投资活动产生的现金流量主要包括购建固定资产、处置子公司及其他营业单位等流入和流出的现金和现金等价物。

3. 筹资活动产生的现金流量

筹资活动，是指导致企业的资本及债务的规模和构成发生变化的活动。

筹资活动产生的现金流量主要包括吸收投资、取得借款，分配利润、偿还债务等流入和流出的现金和现金等价物。偿付应付账款、应付票据等商业应付款等属于经营活动，不属于筹资活动。

14.4.2 现金流量表的结构

我国企业的现金流量表采用报告式结构，分类反映经营活动产生的现金流量、投资活动产生的现金流量和筹资活动产生的现金流量，最后汇总反映企业在某一期间内的现金及现金等价物的净增加额。在我国，一般企业的现金流量表的格式如表14-9所示。

表14-9 现金流量表

会企03表

编制单位：　　　　　　　　　　年　月　　　　　　　　　　单位：元

项目	本期金额	上期金额
一、经营活动产生的现金流量：		
销售商品、提供劳务收到的现金		
收到的税费返还		
收到其他与经营活动有关的现金		
经营活动现金流入小计		
购买商品、接受劳务支付的现金		
支付给职工以及为职工支付的现金		
支付的各项税费		
支付其他与经营活动有关的现金		
经营活动现金流出小计		
经营活动产生的现金流量净额		
二、投资活动产生的现金流量：		
收回投资收到的现金		
取得投资收益收到的现金		
处置固定资产、无形资产和其他长期资产收回的现金净额		
处置子公司及其他营业单位收到的现金净额		
收到其他与投资活动有关的现金		
投资活动现金流入小计		
购建固定资产、无形资产和其他长期资产支付的现金		
投资支付的现金		

项目	本期金额	上期金额
取得子公司及其他营业单位支付的现金净额		
支付其他与投资活动有关的现金		
投资活动现金流出小计		
投资活动产生的现金流量净额		
三、筹资活动产生的现金流量：		
吸收投资收到的现金		
取得借款收到的现金		
收到其他与筹资活动有关的现金		
筹资活动现金流入小计		
偿还债务支付的现金		
分配股利、利润或偿付利息支付的现金		
支付其他与筹资活动有关的现金		
筹资活动现金流出小计		
筹资活动产生的现金流量净额		
四、汇率变动对现金及现金等价物的影响		
五、现金及现金等价物净增加额		
加：期初现金及现金等价物余额		
六、期末现金及现金等价物余额		

14.4.3　现金流量表的填列说明

企业应当采用直接法列示经营活动产生的现金流量。直接法，是指通过现金收入和现金支出的主要类别列示经营活动的现金流量。采用直接法编制现金流量表时，可以采用工作底稿法或 T 型账户法，也可以根据有关科目记录分析填列。

1. 经营活动产生的现金流量

（1）"销售商品、提供劳务收到的现金"项目，反映企业本年销售商品、提供劳务收到的现金，以及以前年度销售商品、提供劳务本年收到的现金（包括应向购买者收取的增值税销项税额）和本年预收的款项，减去本年销售本年退回商品和以前年度销售本年退回商品支付的现金。

（2）"收到的税费返还"项目，反映企业收到的返还的所得税、增值税、消费税、关税和教育费附加等各种税费返还款。

（3）"收到其他与经营活动有关的现金"项目，反映企业经营租赁收到的租金等其他与经营活动有关的现金流入，金额较大的应当单独列示。

（4）"购买商品、接受劳务支付的现金"项目，反映企业本年购买商品、接受劳务实际支付的现金（包括增值税进项税额），以及本年支付以前年度购买商品、接受劳务的未付款项和本年预付款项，减去本年发生的购货退回收到的现金。

（5）"支付给职工以及为职工支付的现金"项目，反映企业本年实际支付给职工的工资、资金、各种津贴和补贴等职工薪酬（包括代扣代缴的个人所得税）。

（6）"支付的各项税费"项目，反映企业本年发生并支付、以前各年发生本年支付以及预交的各项税费，包括所得税、增值税、消费税、印花税、房产税、土地增值税、车船税、教育费附加等。

（7）"支付其他与经营活动有关的现金"项目，反映企业经营租赁支付的租金以及支付的差旅费、业务招待费、保险费、罚款支出等其他与经营活动有关的现金流出，金额较大的应当单独列示。

2. 投资活动产生的现金流量

（1）"收回投资收到的现金"项目，反映企业出售、转让或到期收回除现金等价物以外的因对其他企业进行长期股权投资而收到的现金，但处置子公司及其他营业单位收到的现金净额除外。

（2）"取得投资收益收到的现金"项目，反映企业收到的除现金等价物以外的对其他企业进行的长期股权投资等的现金股利和利息等。

（3）"处置固定资产、无形资产和其他长期资产收回的现金净额"项目，反映企业出售、报废固定资产、无形资产和其他长期资产所取得的现金（包括因资产毁损而收到的保险赔偿收入），减去为处置这些资产而支付的有关费用后的净额。

（4）"处置子公司及其他营业单位收到的现金净额"项目，反映企业处置子公司及其他营业单位所取得的现金，减去相关处置费用以及子公司及其他营业单位持有的现金和现金等价物后的净额。

（5）"购建固定资产、无形资产和其他长期资产支付的现金"项目，反映企业购买、建造固定资产、取得无形资产和其他长期资产所支付的现金（含增值税等），以及用现金支付的应由在建工程和无形资产负担的职工薪酬。

（6）"投资支付的现金"项目，反映企业取得的除现金等价物以外的对其他企业进行的长期股权投资所支付的现金以及支付的佣金、手续费等附加费用，但取得子公司及其他营业单位支付的现金净额除外。

（7）"取得子公司及其他营业单位支付的现金净额"项目，反映企业购买子公司及其他营业单位购买出价中以现金支付的部分，减去子公司及其他营业单位持有的现金和现金等价物后的净额。

（8）"收到其他与投资活动有关的现金""支付其他与投资活动有关的现金"项目，反映除上述（1）至（7）项目外的企业收到或支付的其他与投资活动有关的现金，金额较大的应当单独列示。

3. 筹资活动产生的现金流量

（1）"吸收投资收到的现金"项目，反映企业以发行股票、债券等方式筹集资金实际收到的款项，减去直接支付的佣金、手续费、宣传费、咨询费、印刷费等发行费用后的净额。

（2）"取得借款收到的现金"项目，反映企业举借各种短期、长期借款而收到的现金。

（3）"偿还债务支付的现金"项目，反映企业为偿还债务本金而支付的现金。

（4）"分配股利、利润或偿付利息支付的现金"项目，反映企业实际支付的现金股利、支付给其他投资单位的利润或用现金支付的借款利息、债券利息。

（5）"收到其他与筹资活动有关的现金""支付其他与筹资活动有关的现金"项目，反映除上述（1）至（4）项目外的企业收到或支付的其他与筹资活动有关的现金，金额较大的应当单独列示。

4．"汇率变动对现金及现金等价物的影响"项目

"汇率变动对现金及现金等价物的影响"项目，反映下列项目之间的差额：

（1）企业外币现金流量折算为记账本位币时，采用现金流量发生日的即期汇率近似的汇率折算的金额（在编制合并现金流量表时，对需折算的境外子公司的现金流量，应当比照处理）；

（2）企业外币现金及现金等价物净增加额按年末汇率折算的金额填列。

14.4.4　现金流量表编制示例

【例 14-3】沿用【例 14-1】和【例 14-2】的资料，H 公司的其他相关资料如下。

1．2×18 年度利润表有关项目的明细资料

（1）管理费用的组成：职工薪酬 17 100 元，无形资产摊销 60 000 元，折旧费 20 000 元，支付其他费用 60 000 元。

（2）财务费用的组成：计提借款利息 11 500 元，支付应收票据（银行承兑汇票）贴现利息 29 000 元。

（3）资产减值损失的组成：计提坏账准备 900 元，计提固定资产减值准备 29 000 元。上年年末坏账准备余额为 900 元。

（4）投资收益的组成：收到股息收入 29 000 元，与本金一起收回的交易性股票投资收益 500 元，自公允价值变动损益结转投资收益 1 000 元。

（5）营业外收入的组成：处置固定资产净收益 50 000 元（其所处置固定资产原价为 390 000 元，累计折旧为 150 000 元，收到处置收入 290 000 元）。假定不考虑与固定资产处置有关的税费。

（6）营业外支出的组成：报废固定资产净损失 19 700 元（其所报废固定资产原价为 200 000 元，累计折旧为 180 000 元，支付清理费用 500 元，收到残值收入 800 元）。

（7）所得税费用的组成：当期所得税费用 85 290 元，递延所得税收益 7 500 元。

除上述项目外，利润表中的销售费用 20 000 元至期末已经支付。

2．2×18 年度资产负债表有关项目的明细资料

（1）本期收回交易性股票投资本金 15 000 元、公允价值变动 1 000 元，同时实现投资收益 500 元。

（2）存货中生产成本、制造费用的组成：职工薪酬 314 900 元，折旧费 80 000 元。

（3）应交税费的组成：本期增值税进项税额 41 466 元，增值税销项税额 212 500 元，已交增值税 88 081 元；应交所得税的期末余额为 20 097 元，应交所得税的期初余额为 0；应交税费的期末数中应由在建工程负担的部分为 100 000 元。

（4）应付职工薪酬的期初数无应付在建工程人员的部分，本期支付在建工程人员职工薪酬 222 919 元。应付职工薪酬的期末数中应付在建工程人员的部分为 27 000 元。

（5）应付利息均为短期借款利息，其中，本期计提利息 11 500 元，支付利息 11 500 元。

（6）本期用现金购买固定资产 101 000 元，购买工程物资 290 000 元。

（7）本期用现金偿还短期借款 240 000 元，偿还一年内到期的长期借款 1 000 000 元；借入长期借款 560 000 元。

根据以上资料，采用分析填列的方法，编制 H 公司 2×18 年度的现金流量表。

1. H 公司 2×18 年度现金流量表的各项目金额

（1）销售商品、提供劳务收到的现金

= 主营业务收入 + 应交税费（应交增值税——销项税额）+（应收账款年初余额 – 应收账款期末余额）+（应收票据年初余额 – 应收票据期末余额）– 当期计提的坏账准备 – 票据贴现的利息 = 1 299 909+212 500+（289 100–598 200）+（246 000–66 000）–900–29 000=1 353 409（元）

（2）购买商品、接受劳务支付的现金

= 主营业务成本 + 应交税费（应交增值税——进项税额）–（存货年初余额 – 存货期末余额）+（应付账款年初余额 – 应付账款期末余额）+（应付票据年初余额 – 应付票据期末余额）+（预付账款期末余额 – 预付账款年初余额）– 当期列入生产成本、制造费用的职工薪酬 – 当期列入生产成本、制造费用的折旧费和固定资产修理费 = 750 000+41 466–（2 580 000–2 472 690）+（953 700–953 700）+（200 000–100 000）+（100 000–100 000）–314 900–80 000=401 266（元）

（3）支付给职工以及为职工支付的现金

= 生产成本、制造费用、管理费用中的职工薪酬 +（应付职工薪酬年初余额 – 应付职工薪酬期末余额）–[应付职工薪酬（在建工程）年初余额 – 应付职工薪酬（在建工程）期末余额]

=314 900+17 100+（110 000–180 000）–（0–27 000）=289 000（元）

（4）支付的各项税费

= 当期所得税费用 + 税金及附加 + 应交税费（应交增值税——已交税金）–（应交所得税期末余额 – 应交所得税期初余额）=92 700+2 000+88 081–（20 097–0）=162 684（元）

（5）支付其他与经营活动有关的现金

= 其他管理费用 + 销售费用 =60 000+20 000=80 000（元）

（6）收回投资收到的现金

= 交易性金融资产贷方发生额 + 与交易性金融资产一起收回的投资收益

=16 000+500=16 500（元）

（7）取得投资收益收到的现金

= 收到的股息收入 =29 000（元）

（8）处置固定资产、无形资产和其他长期资产收回的现金净额

=290 000+（800-500）=290 300（元）

（9）购建固定资产、无形资产和其他长期资产支付的现金

= 用现金购买的固定资产、工程物资 + 支付给在建工程人员的薪酬

=101 000+290 000+222 919=613 919（元）

（10）取得借款收到的现金 =560 000（元）

（11）偿还债务支付的现金

=240 000+1 000 000=1 240 000（元）

（12）分配股利、利润或偿付利息支付的现金 =11 500（元）

2. 将净利润调节为经营活动现金流量的各项目金额

（1）资产减值准备 =900+29 000=29 900（元）

（2）固定资产折旧 =20 000+80 000=100 000（元）

（3）无形资产摊销 =60 000（元）

（4）处置固定资产、无形资产和其他长期资产的损失（减：收益）=-50 000（元）

（5）固定资产报废损失 =19 700（元）

（6）财务费用 =11 500（元）

（7）投资损失（减：收益）=-30 500（元）

（8）递延所得税资产减少 =0-7 500=-7 500（元）

（9）存货的减少 =2 580 000-2 472 690=107 310（元）

（10）经营性应收项目的减少

=（246 000-66 000）+（289 100+900-598 200-1 800）=-130 000（元）

（11）经营性应付项目的增加

=（100 000-200 000）+（953 800-953 800）+[（180 000-27 000）-110 000]+[（226 730-
100 000）-35 600]=34 130（元）

3. 编制现金流量表

根据上述数据，编制现金流量表（见表 14-10）及其补充资料（见表 14-11）。

表 14-10　现金流量表

会企 03 表

编制单位：H 股份有限公司　　　　　　2×18 年度　　　　　　单位：元

项目	本期金额	上期金额（略）
一、经营活动产生的现金流量：		
销售商品、提供劳务收到的现金	1 353 409	
收到的税费返还	0	
收到其他与经营活动有关的现金	0	
经营活动现金流入小计	1 353 409	
购买商品、接受劳务支付的现金	401 266	
支付给职工以及为职工支付的现金	289 000	
支付的各项税费	162 684	

项目	本期金额	上期金额（略）
支付其他与经营活动有关的现金	80 000	
经营活动现金流出小计	932 950	
经营活动产生的现金流量净额	420 459	
二、投资活动产生的现金流量：		
收回投资收到的现金	16 500	
取得投资收益收到的现金	29 000	
处置固定资产、无形资产和其他长期资产收回的现金净额	290 300	
处置子公司及其他营业单位收到的现金净额	0	
收到其他与投资活动有关的现金	0	
投资活动现金流入小计	335 800	
购建固定资产、无形资产和其他长期资产支付的现金	613 919	
投资支付的现金	0	
取得子公司及其他营业单位支付的现金净额	0	
支付其他与投资活动有关的现金	0	
投资活动现金流出小计	613 919	
投资活动产生的现金流量净额	−278 119	
三、筹资活动产生的现金流量：		
吸收投资收到的现金	0	
取得借款收到的现金	560 000	
收到其他与筹资活动有关的现金	0	
筹资活动现金流入小计	560 000	
偿还债务支付的现金	1 240 000	
分配股利、利润或偿付利息支付的现金	11 500	
支付其他与筹资活动有关的现金	0	
筹资活动现金流出小计	1 251 500	
筹资活动产生的现金流量净额	−691 500	
四、汇率变动对现金及现金等价物的影响	0	
五、现金及现金等价物净增加额	−549 160	
加：期初现金及现金等价物余额	1 405 300	
六、期末现金及现金等价物余额	856 140	

表 14-11 现金流量表补充资料

单位：元

补充资料	本期金额	上期金额（略）
1.将净利润调节为经营活动现金流量：		

补充资料	本期金额	上期金额（略）
净利润	275 919	
加：资产减值准备	29 900	
固定资产折旧、油气资产折耗、生产性生物资产折旧	100 000	
无形资产摊销	60 000	
长期待摊费用摊销	0	
处置固定资产、无形资产和其他长期资产的损失（收益以"–"号填列）	–50 000	
固定资产报废损失（收益以"–"号填列）	19 700	
公允价值变动损失（收益以"–"号填列）	0	
财务费用（收益以"–"号填列）	11 500	
投资损失（收益以"–"号填列）	–30 500	
递延所得税资产减少（增加以"–"号填列）	–7 500	
递延所得税负债增加（减少以"–"号填列）	0	
存货的减少（增加以"–"号填列）	107 310	
经营性应收项目的减少（增加以"–"号填列）	–130 000	
经营性应付项目的增加（减少以"–"号填列）	34 130	
其他	0	
经营活动产生的现金流量净额	420 459	
2. 不涉及现金收支的重大投资和筹资活动：		
债务转为资本	0	
一年内到期的可转换公司债券	0	
融资租入固定资产	0	
3. 现金及现金等价物净变动情况：		
现金的期末余额	856 140	
减：现金的期初余额	1 405 300	
加：现金等价物的期末余额	0	
减：现金等价物的期初余额	0	
现金及现金等价物净增加额	–549 160	

14.5　所有者权益变动表

14.5.1　所有者权益变动表概述

　　所有者权益变动表，是指反映所有者权益各组成部分当期增减变动情况的报表。当期损益、直接所有者权益的利得和损失，以及与所有者的资本交易导致的所有者权益的变动，应当分别列示。

在所有者权益变动表中，企业至少应当单独列示反映下列信息的项目：①净利润；②直接所有者权益的利得和损失项目及其总额；③会计政策变更和差错更正的累积影响金额；④所有者投入资本和向所有者分配利润等；⑤提取的盈余公积；⑥实收资本或股本、资本公积、盈余公积、未分配利润的期初和期末余额及其调节情况。一般企业的所有者权益变动表的格式见表14-12。

表14-12 所有者权益变动表

会企04表

编制单位： 年度 单位：元

项目	本年金额									上年金额								
	实收资本（或股本）	其他权益工具			资本公积	减:库存股	其他综合收益	盈余公积	未分配利润	所有者权益合计	实收资本（或股本）	其他权益工具			资本公积	减:库存股	其他综合收益	盈余公积	未分配利润	所有者权益合计
		优先股	永续债	其他								优先股	永续债	其他						
一、上年年末余额																				
加：会计政策变更																				
前期差错更正																				
其他																				
二、本年年初余额																				
三、本年增减变动金额（减少以"-"号填列）																				
（一）综合收益总额																				
（二）所有者投入和减少资本																				
1.所有者投入的普通股																				
2.其他权益工具持有者投入资本																				
3.股份支付计入所有者权益的金额																				
4.其他																				
（三）利润分配																				

项目	本年金额									上年金额								
	实收资本（或股本）	其他权益工具			资本公积	减:库存股	其他综合收益	盈余公积	未分配利润	所有者权益合计	实收资本（或股本）	其他权益工具			资本公积	减:库存股	其他综合收益	盈余公积	未分配利润	所有者权益合计
		优先股	永续债	其他								优先股	永续债	其他						
1. 提取盈余公积																				
2. 对所有者（或股东）的分配																				
3. 其他																				
（四）所有者权益内部结转																				
1. 资本公积转增资本（或股本）																				
2. 盈余公积转增资本（或股本）																				
3. 盈余公积弥补亏损																				
4. 设定受益计划变动额结转留存收益																				
5. 其他																				
四、本年年末余额																				

14.5.2 所有者权益变动表填列说明

1. 上年数据项目

（1）"上年余额"项目，反映企业上年资产负债表中实收资本（或股本）、资本公积、库存股、盈余公积、未分配利润等的年末余额。

（2）"会计政策变更""前期差错更正"项目，分别反映企业采用追溯调整法处理的会计政策变更的累积影响金额和采用追溯重述法处理的会计差错更正的累积影响金额。

2. "本年增减变动金额"项目

（1）"净利润"项目，反映企业当年实现的净利润（或净亏损）金额。

（2）"所有者投入和减少资本"项目，反映企业当年所有者投入的资本和减少的资本。

①"所有者投入资本"项目，反映企业因接受投资者投入而形成的实收资本（或股本）和资本溢价或股本溢价。

②"股份支付所有者权益的金额"项目，反映企业处于等待期中的权益结算的股份支付当

年资本公积的金额。

（3）"利润分配"项目，反映企业当年的利润分配金额。

①"提取盈余公积"项目，反映企业按照规定提取的盈余公积。

②"对所有者（或股东）的分配"项目，反映对所有者（或股东）分配的利润（或股利）金额。

（4）"所有者权益内部结转"项目，反映企业所有者权益的各组成部分之间的增减变动情况。

①"资本公积转增资本（或股本）"项目，反映企业以资本公积转增资本或股本的金额。

②"盈余公积转增资本（或股本）"项目，反映企业以盈余公积转增资本或股本的金额。

③"盈余公积弥补亏损"项目，反映企业以盈余公积弥补亏损的金额。

14.5.3　所有者权益变动表编制示例

【例14-4】沿用【例14-1】、【例14-2】和【例14-3】的资料，H公司的其他相关资料为：提取盈余公积24 770.4元，向投资者分配现金股利31 215.85元。

根据上述资料，编制H公司2×18年度的所有者权益变动表，如表14-13所示。

表14-13　所有者权益变动表

编制单位：H股份有限公司　　　　　　2×18年度　　　　　　会企04表　单位：元

项目	本年金额										上年金额（略）									
	实收资本（或股本）	其他权益工具			资本公积	减：库存股	其他综合收益	盈余公积	未分配利润	所有者权益合计	实收资本（或股本）	其他权益工具			资本公积	减：库存股	其他综合收益	盈余公积	未分配利润	所有者权益合计
		优先股	永续债	其他								优先股	永续债	其他						
一、上年年末余额	5 000 000							100 000	50 000	5 150 000										
加：会计政策变更																				
前期差错更正																				
其他																				
二、本年年初余额	5 000 000							100 000	50 000	5 150 000										

项目	本年金额										上年金额（略）									
	实收资本（或股本）	其他权益工具			资本公积	减:库存股	其他综合收益	盈余公积	未分配利润	所有者权益合计	实收资本（或股本）	其他权益工具			资本公积	减:库存股	其他综合收益	盈余公积	未分配利润	所有者权益合计
		优先股	永续债	其他								优先股	永续债	其他						
三、本年增减变动金额（减少以"-"号填列）																				
（一）综合收益总额							12 000	24 770.4	168 013.75		225 000	236 000								
（二）所有者投入和减少资本																				
1.所有者投入的普通股																				
2.其他权益工具持有者投入资本																				
3.股份支付计入所有者权益的金额																				
4.其他																				
（三）利润分配																				
1.提取盈余公积								24 770.39	-24 770.39		0									

157

项目	本年金额										上年金额（略）									
	实收资本（或股本）	其他权益工具			资本公积	减:库存股	其他综合收益	盈余公积	未分配利润	所有者权益合计	实收资本（或股本）	其他权益工具			资本公积	减:库存股	其他综合收益	盈余公积	未分配利润	所有者权益合计
		优先股	永续债	其他								优先股	永续债	其他						
2.对所有者（或股东）的分配									−31 215.85											
3.其他																				
（四）所有者权益内部结转																				
1.资本公积转增资本（或股本）																				
2.盈余公积转增资本（或股本）																				
3.盈余公积弥补亏损																				
4.设定受益计划变动额结转留存收益																				
四、本年年末余额	5 000 000						12 000	124 770.39	218 013.75	8 094 530										

第二篇　出纳

第15章
出纳的基本功——了解出纳工作

本章导读

出纳工作是会计循环中的起始环节，是连接国家与企业、企业与企业以及企业内部各部门的环节。出纳人员负责的主要工作有：物资的采购、工资的发放、零星费用的开支、银行提现、税金的解缴等。

出纳人员首先应对出纳岗位的工作内容和任务有一定了解，理解出纳的含义、特点，出纳工作的职能和岗位设置。了解了这些知识才能掌握出纳工作的重点，在具体实践中得心应手。

本章系统介绍了出纳的含义、出纳工作的特点和内容、出纳人员的职责和权限等。

15.1　出纳概述

15.1.1　出纳的含义

在"出纳"一词中，"出"即支出的意思，"纳"则是"收入"的意思，这两个字准确地表明了出纳业务的核心要义，也就是货币资金的收入与支出。一般而言，出纳一词有三层含义，一是出纳业务，二是出纳工作，三是出纳人员，如图 15-1 所示。

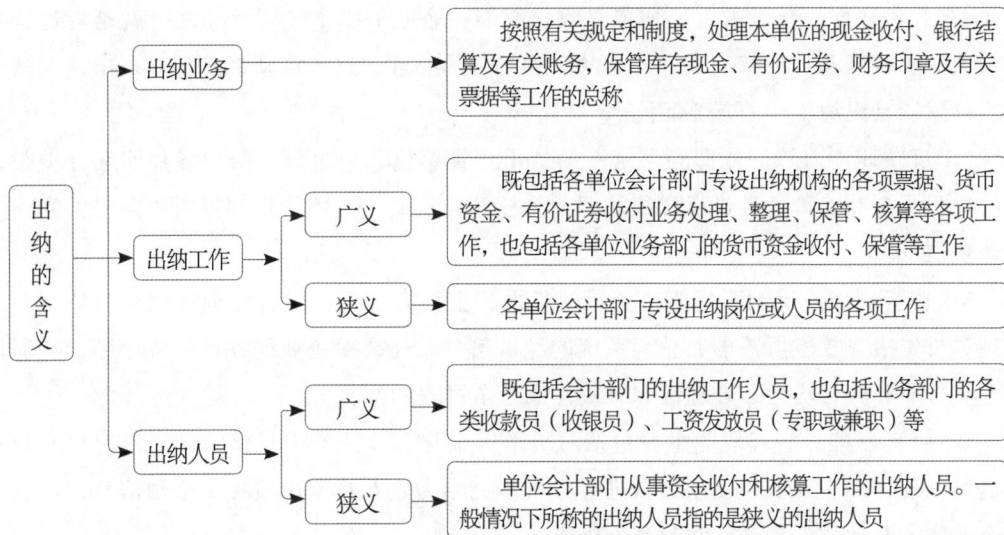

图 15-1　出纳的含义

出纳的含义

出纳业务 → 按照有关规定和制度，处理本单位的现金收付、银行结算及有关账务，保管库存现金、有价证券、财务印章及有关票据等工作的总称

出纳工作 → 广义 → 既包括各单位会计部门专设出纳机构的各项票据、货币资金、有价证券收付业务处理、整理、保管、核算等各项工作，也包括各单位业务部门的货币资金收付、保管等工作

出纳工作 → 狭义 → 各单位会计部门专设出纳岗位或人员的各项工作

出纳人员 → 广义 → 既包括会计部门的出纳工作人员，也包括业务部门的各类收款员（收银员）、工资发放员（专职或兼职）等

出纳人员 → 狭义 → 单位会计部门从事资金收付和核算工作的出纳人员。一般情况下所称的出纳人员指的是狭义的出纳人员

15.1.2　出纳工作的特点

任何工作都有自身的特点和工作规律，出纳是会计工作的组成部分，具有一般会计工作的本质属性，但它又是一个专门的岗位，因此，出纳具有独特的特点，具体如下。

（1）出纳工作纷繁复杂。出纳工作主要核算管理企业、事业单位流动资产中的货币性资产，具体包括现金、银行存款、有价证券等。而现金、银行存款业务在企业经营活动中经常发生，因此，出纳人员运用收付款凭证和现金日记账与银行存款日记账如实记录、核算：通过现金日记账，每天结出余额，并与库存现金进行核对；对银行存款日记账，要每天或定期结出余额，并与银行对账单核对；月末，必须按照规定进行结账。此外，出纳人员还要经常往返于企业与银行之间，提款、存取票据和单据，以满足企业经营活动的需要。

（2）做好出纳工作需要认真细致。由于出纳工作是会计的基础工作，是会计工作的基本环节，要使会计工作正常、有序就要求出纳人员具有较强的责任心，工作要认真细致，避免因工作的疏漏而影响企业资金周转、使用。

（3）出纳工作位轻权重，出纳人员必须具有良好的职业道德。就现状来看，各企业的出纳岗位对企业的发展具有举足轻重的作用。货币资金、有价证券等资产是很多企业的核心资产，如果发生损失，很可能会直接影响到企业的生存。

【小贴士】出纳的具体工作

（1）上班时首先检查现金、票据等贵重物品是否完好。

（2）向主管请示资金管理计划。

（3）根据主管的要求制定当日的工作计划。

（4）在工作的过程中，协助主管处理突发的情况。

（5）下班前完成凭证的填制，并结出日记账的余额，整理单位的资金运作信息。

（6）核对银行票据、有价证券等，保证账实相符。

15.1.3　出纳工作的职能

出纳工作的职能可概括为收付、反映、监督和管理四个方面。

（1）收付职能。出纳的首要职能是收付职能。企业的基本经营活动之一就是货物价款、往来款项的收付以及各种有价证券、金融业务往来的办理，这些活动都必须经过出纳人员，因此，收付职能是出纳工作的首要职能。

（2）反映职能。该职能即利用统一的货币计量单位，通过日记账、各种明细分类账，对企业的货币资金和有价证券进行详细的记录与核算，从而为经济管理和投资决策提供完整、系统的经济信息。

（3）监督职能。出纳不仅要对企业的货币资金和有价证券进行详细的记录与核算，为经济管理和投资决策提供所需的完整、系统的经济信息，还要对企业的各种经济业务，特别是货币资金收付业务的合法性、合理性和有效性进行全过程的监督。

（4）管理职能。管理职能主要包括对货币资金与有价证券进行保管，对银行存款和各种票据进行管理，对企业资金使用效益进行分析研究，为企业投资决策提供金融信息，甚至直接参与企业的方案评估、投资效益预测分析等。

15.1.4 出纳工作的内容

出纳工作的内容主要包括货币资金的收支与记录、往来结算、工资核算、货币资金收支的监督等，如图 15-2 所示。

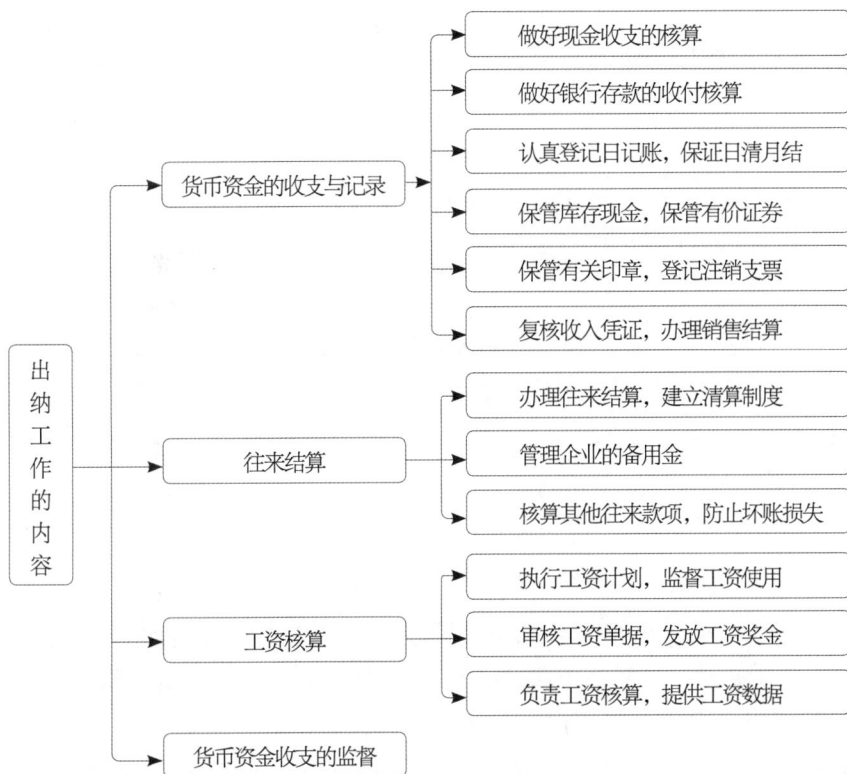

```
                                    ┌──→ 做好现金收支的核算
                                    │
                                    ├──→ 做好银行存款的收付核算
                                    │
                  货币资金的收支与记录 ──┼──→ 认真登记日记账，保证日清月结
                                    │
                                    ├──→ 保管库存现金，保管有价证券
                                    │
                                    ├──→ 保管有关印章，登记注销支票
                                    │
                                    └──→ 复核收入凭证，办理销售结算
   出
   纳                               ┌──→ 办理往来结算，建立清算制度
   工                               │
   作        往来结算 ──────────────┼──→ 管理企业的备用金
   的                               │
   内                               └──→ 核算其他往来款项，防止坏账损失
   容
                                    ┌──→ 执行工资计划，监督工资使用
                                    │
             工资核算 ──────────────┼──→ 审核工资单据，发放工资奖金
                                    │
                                    └──→ 负责工资核算，提供工资数据

             货币资金收支的监督
```

图 15-2 出纳工作的内容

1. 货币资金的收支与记录

出纳的货币资金管理工作主要包括两个方面：一是日常货币资金收支业务的办理，二是上述收支业务的会计核算。

日常货币资金收支业务包括：现金的收支；银行存款结算业务的办理；保管库存现金、各种有价证券、支票、结算凭证、空白收据和有关印章；发票的开具；其他与货币资金有关的行政事项。

收支业务的会计核算包括与现金及银行存款有关的记账凭证的编制；现金日记账、银行存款日记账、发票领用登记簿及其他与货币资金相关的备查簿的登记；出纳日报表、银行存款余额调节表的编制等。

具体而言，本项工作内容主要包括以下六个方面。

（1）做好现金收支的核算。严格按照国家有关现金管理制度的规定，根据稽核人员审核签章的收付款凭证进行复核，办理款项收付。

（2）做好银行存款的收付核算。严格按照《支付结算办法》的各项规定，按照审核无误的收入与支出凭证，进行复核，办理银行存款的收付，与银行对账单进行核对，并编制银行存款余额调节表。

（3）认真登记日记账，保证日清月结。根据已经办理完毕的收付款凭证，逐笔顺序登记现金日记账和银行存款日记账，并结出余额。要及时将银行存款日记账与银行对账单核对，保证账实相符。月末要编制银行存款余额调节表，使账面余额与对账单上的余额调节相符。对于未达账款，要及时查询。随时掌握银行存款余额，不准签发空头支票。

（4）保管库存现金和有价证券。对现金和各种有价证券，要确保其安全和完整无缺。库存现金不得超过银行核定的限额，超过部分要及时存入银行。不得以"白条"抵充现金，更不得任意挪用现金。如果发现库存现金有短缺或盈余，应查明原因，根据情况分别处理，不得违规处理。如有短缺，要负赔偿责任。对单位库存现金保险柜密码、开户账号及取款密码等，不得泄露。

（5）保管有关印章，登记注销支票。出纳人员对所管的印章必须妥善保管，严格按照规定用途使用。对空白收据和空白支票必须严格管理，专设登记簿登记，认真办理领用注销手续。

（6）复核收入凭证，办理销售结算。认真审查销售业务的有关凭证，严格按照销售合同和银行结算制度，及时办理销售款项的结算，催收销售货款。发生销售纠纷，贷款被拒付时，要通知有关部门及时处理。

2. 往来结算

（1）办理往来结算，建立清算制度。主要包括：企业与内部核算单位和职工之间的款项结算；企业与外部单位不能办理转账手续和个人之间的款项结算；低于结算起点的小额款项结算；根据规定可以用于其他方面的结算。对购销业务以外的各种应收、暂付款项，要及时催收结算；对应付、暂收款项，要抓紧清偿。对确实无法收回的应收账款和无法支付的应付账款，应查明原因，按照规定报经批准后处理。

（2）管理企业的备用金。对实行备用金制度的企业，要核定备用金定额，及时办理领用和报销手续，加强管理。对预借的差旅费，要督促及时办理报销手续，收回余额，不得拖欠，不准挪用。建立其他往来款项清算手续制度。

（3）核算其他往来款项，防止坏账损失。对购销业务以外的各项往来款项，要按照单位和个人分别设置明细账，根据审核无误的记账凭证逐笔登记，并经常核对余额。年终要抄列清单，并向领导或有关部门报告。

3. 工资核算

（1）执行工资计划。根据批准的工资计划，会同人事部门，严格按照规定掌握工资和奖金的支付，分析工资计划的执行情况。对于违反工资计划，滥发津贴、奖金的，要予以制止或向领导和有关部门报告。

（2）审核工资单据，发放工资奖金。根据实有职工人数、工资等级和工资标准，审核工资奖金计算表，办理代扣款项（包括计算个人所得税、住房公积金等），计算实发工资。

（3）负责工资核算，提供工资数据。按照工资总额的组成和支付工资的来源进行明细核算。根据管理部门的要求，编制有关工资总额报表。

4. 货币资金收支的监督

为了保证货币资金收支的安全，必须对其实施有效的监督。出纳监督指依据国家有关的法律法规和企业的规章制度，在维护财经纪律、执行会计制度的工作权限内，坚决抵制不合法的收支和弄虚作假的行为。

　　出纳人员在办理现金和银行存款各项业务时，要严格按照财经法规进行，对违反规定的业务一律拒绝办理。企业应随时检查和监督财经纪律的执行情况，以保证出纳工作的合法性、合规性和合理性，保护企业自身的经济利益不受侵害。

15.2　出纳人员的职责、权利以及出纳与会计的联系与区别

15.2.1　出纳人员的职责

　　出纳是会计工作的重要环节，涉及的是现金收付、银行结算等活动，而这些又直接关系到职工个人、单位乃至国家的经济利益，一旦出了差错，就容易造成不可挽回的损失。因此，明确出纳人员的职责，是做好出纳工作的基础。根据《会计法》《会计基础工作规范》等法规的规定，出纳人员的职责如图 15-3 所示。

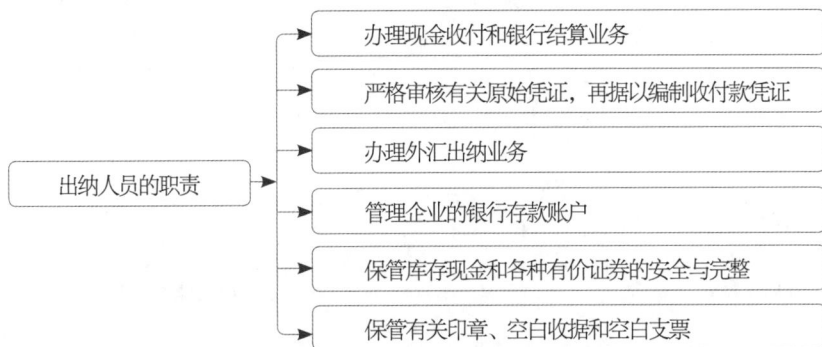

```
                        ┌─────────────────────────────────────────┐
                        │ 办理现金收付和银行结算业务                │
                        ├─────────────────────────────────────────┤
                        │ 严格审核有关原始凭证，再据以编制收付款凭证 │
                        ├─────────────────────────────────────────┤
                        │ 办理外汇出纳业务                          │
  出纳人员的职责  ─────► ├─────────────────────────────────────────┤
                        │ 管理企业的银行存款账户                    │
                        ├─────────────────────────────────────────┤
                        │ 保管库存现金和各种有价证券的安全与完整     │
                        ├─────────────────────────────────────────┤
                        │ 保管有关印章、空白收据和空白支票          │
                        └─────────────────────────────────────────┘
```

图 15-3　出纳人员的职责

　　（1）按照国家有关现金管理和银行结算制度的规定，办理现金收付和银行结算业务。出纳人员不应超出范围开支现金，非现金结算范围的业务不得用现金收付；遵守库存现金限额，超限额的现金按规定及时送存银行；对现金管理做到日清月结，在每日下班前核对账面余额与库存现金，发现问题，及时找出原因；及时核对银行存款日记账与银行对账单，如有不符，应立即查明原因。

　　（2）在办理现金和银行存款收付业务时，要严格审核有关原始凭证，再据以编制收付款凭证，然后根据编制的收付款凭证逐笔顺序登记现金日记账和银行存款日记账，并结出余额。

　　（3）按照国家外汇管理和结汇、购汇制度的规定及有关批件，办理外汇出纳业务。出纳人员应熟悉国家外汇管理制度，及时办理结汇、购汇、付汇；避免国家外汇损失。

　　（4）掌握银行存款余额，不准签发空头支票，不准出租、出借银行账户为其他单位办理结算。这是出纳人员必须遵守的纪律，也是防止经济犯罪、维护经济秩序的重要规定。

　　（5）保管库存现金和各种有价证券（如国库券、债券、股票等）的安全与完整。要建立适合本单位情况的现金和有价证券保管责任制，如发生短缺，属于出纳人员责任的要进行赔偿。

　　（6）保管有关印章、空白收据和空白支票。单位必须建立严格的管理办法，落实对有关印章、空白收据和空白支票的管理。通常，单位财务公章和出纳人员名章要实行分管，出纳人员要严格按规定用途使用印章，使用各种票据时要办理领用和注销手续。

15.2.2 出纳人员的权利

根据《会计法》《会计基础工作规范》等法规，出纳人员的权利如图 15-4 所示。

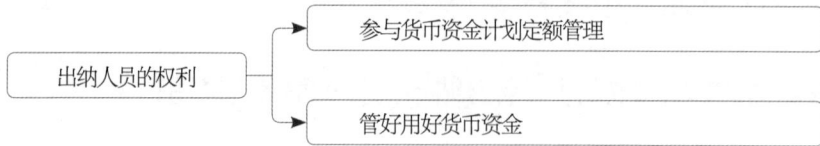

图 15-4 出纳人员的权利

15.2.3 出纳和会计的联系与区别

在财务工作中，出纳与会计之间既有紧密的联系，又有明显的区别。两者的联系与区别如图 15-5 所示。

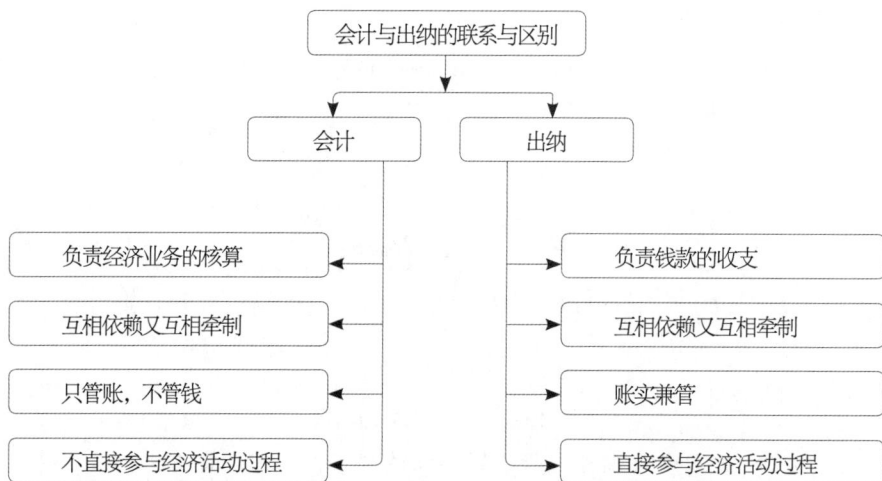

图 15-5 会计与出纳的联系与区别

（1）各有各的分工。出纳负责企业票据、货币资金，以及有价证券等的收付、保管、核算工作，为企业经济管理和经营决策提供各种金融信息；会计主要负责企业经济业务的会计核算，通过对企业经济活动的记录，为企业的经济管理和经营决策提供所需要的会计核算资料。

总体上讲，企业必须实行钱账分管，出纳人员不得兼管稽核和会计档案保管，不得负责收入、费用、债权债务等账目的登记工作。

（2）既互相依赖又互相牵制。出纳和会计有着很强的依赖性。它们开展业务的依据是相同的，都是原始凭证和记账凭证。出纳和会计相互利用对方的会计核算资料，共同完成会计任务，二者缺一不可。

（3）出纳工作是一种账实兼管的工作，而会计主要工作是管账。出纳工作，主要是现金、银行存款和各种有价证券的收支与结存核算，以及现金、有价证券的保管，银行存款账户的管理工作。

上述所称的账实兼管，并不违背"钱账分管"的原则，这是由于此处的"账"主要指出纳账，其是一种特殊的明细账，总账会计还要设置"现金""银行存款"等总账对出纳保管和核算的现金、银行存款、有价证券等进行总控制。其中，有价证券还应有出纳核算以外的其他形式的明细分类核算。

（4）出纳直接参与经济活动过程。货物的购销，必须经过两个过程，即货物移交和货款的结算。其中货款结算必须通过出纳来完成；往来款项的收付、各种有价证券的经营以及其他金融业务的办理，更是离不开出纳。这也是出纳工作的一个显著特点。会计不直接参与经济活动过程，而只对其进行反映和监督。

15.3　出纳工作的相关规定

15.3.1　出纳机构应如何设置

各个企业的实际情况不同，出纳工作的组织内容也不尽相同，但无论哪一种形式，一般都要设置合理的出纳机构，配备必要的出纳人员，并建立工作职责与制度等。

出纳机构一般设置在会计机构内部，如企业财会科、财务处内部设置专门处理出纳业务的出纳组、出纳室。《会计法》规定，各单位根据会计业务的需要，设置会计机构，或者在有关机构中设置会计人员并指定会计主管人员；不具备设置条件的，应当委托经批准设立从事会计代理记帐业务的中介机构代理记账。由此可见，《会计法》对各单位会计、出纳机构与人员的设置并没有硬性规定，而是让企业根据自身情况和实际需要来设定。

15.3.2　出纳人员的配备

实行独立核算的企业，在银行开户的行政、事业单位，有经常性现金收入和支出业务的企业、行政事业单位都应配备专职或兼职出纳人员，担任本单位的出纳工作。出纳人员配备的多少，主要取决于本单位出纳业务量的大小和出纳工作的繁简程度，要以业务需要为原则，既要满足出纳工作量的需要，又要避免人浮于事的现象。一般可采用"一人一岗""一人多岗""一岗多人"等几种形式。

（1）"一人一岗"：规模不大的单位，出纳工作量不大，可设专职出纳员一名。

（2）"一人多岗"：规模较小的单位，出纳工作量较小，可设兼职出纳员一名。如无条件单独设置出纳机构的单位，至少要在有关机构中（如单位的办公室、后勤部门等）配备兼职出纳员一名。但兼职出纳员不得兼管收入、费用、债权、债务账目的登记工作及稽核工作和会计档案保管工作。

（3）"一岗多人"：规模较大的单位，出纳工作量较大，可设多名出纳员，如分设管理收付业务的出纳员和管账的出纳员，或分设现金出纳员和银行结算出纳员等。

15.3.3　出纳工作分工

规模较大、业务复杂、出纳人员有两名以上的单位，要实行出纳岗位责任制，从管理的要求和工作便利等方面综合考虑，对出纳工作进行明确的分工。通常可按现金与银行存款、银行存款的不同户头、票据与有价证券的办理等工作性质上的差异进行分工，也可以按工作阶段和步骤将整个出纳工作划分为不同的阶段和步骤进行分工。对于企业内部"结算中心"式的出纳机构中的人员分工，还可以按不同分公司定岗定人。

15.3.4　出纳工作的回避制度

由于出纳工作的特殊性，特定人员需要回避。《会计基础工作规范》规定：会计机构负责人、会计主管人员的直系亲属不得在本单位会计机构中担任出纳工作。

需要回避的直系亲属为：夫妻、直系血亲、三代以内旁系血亲以及近姻亲关系。

15.3.5 出纳工作流程

出纳人员每天要处理大量的经济业务，协调各方面的经济利益关系，如何才能提高工作效率，保证工作质量呢？出纳人员在办理业务时应做到有章可循，并按照规定的程序进行业务处理，这样才能保证出纳工作的质量。出纳工作的一般流程如下。

1. 对资金收入的处理

（1）清楚收入的金额和来源。

①确定收款金额。如为现金收入，则应考虑现金限额的要求。

②明确付款人。出纳人员应当明确付款人的全称和有关情况，对收到的背书支票或其他代为付款的情况，应由经办人加以注明。

③收到销售或劳务性质的收入。出纳人员应当根据有关销售（或劳务）合同确定收款额是否按协议执行，并对预收账款、当期实现的收入和收回的以前欠款分别进行处理，保证账实一致。

④收回代付、代垫及其他应付款。出纳人员应当根据账务记录确定其收款额是否相符，具体包括单位为职工代付的水电费、房租、保险金、个人所得税，职工的个人借款和差旅费借款，单位缴纳的押金等。

（2）清点收入。

①现金清点。对现金收入，出纳人员应与经办人当面点清。在清点过程中，出纳人员发现的短缺、假钞等特殊问题，应由经办人负责。

②银行核实。对银行结算收入，出纳人员应与银行核对，如为电话询问或电话查询，则询问或查询结果只能作为参考，在取得银行有关收款凭证后，方可正式确认收入，进行有关处理。

③清点核对无误后，按规定开具发票或内部使用的收据，如收入金额较大，则应及时上报有关领导，便于资金的安排调度。手续办理完毕后，在有关收款凭证上加盖"收讫"章。如在清点核对并开出单据后才发现现金短缺或假钞，则应由出纳人员负责。

（3）收入退回。

如因特殊原因导致收入退回，如支票印鉴不清、收款单位账号错误等，应由出纳人员及时联系有关经办人或对方单位，重新办理收款。

2. 对资金支出的处理

（1）明确支出的金额和用途。

出纳人员在支付每一笔资金的时候，一定要知道准确的付款金额，合理安排资金。

①明确收款人。出纳人员必须严格按合同、发票或有关依据记载的收款人进行付款，对代收款的，应当在代收人出具原收款人证明材料并与原收款人核实后，方可办理付款手续。

②明确付款用途。对不合法、不合理的付款应当坚决予以抵制，并向有关领导予以汇报。用途不明的，出纳人员可以拒付。

（2）付款审批。

由经办人填制付款单证，注明付款金额和用途，并对付款事项的真实性和准确性负责。

①有关证明人的签章。经办人的付款用途涉及实物的，应当有仓库保管员或实物负责人的签收证明；涉及差旅费等的，应当有证明人或知情人加以证明。

②有关领导的签字。收款人持证明手续完备的付款单据，报有关领导审阅并签字。

③到财务部门办理付款。收款人持内容完备的付款单证，在报经会计审核后，由出纳办理付款。

（3）办理付款。

办理付款是资金支出中十分关键的一环，出纳人员应当特别谨慎，要认真对待，因为错付的款项是很难追回的。出纳人员付款时要严格核实付款金额、用途及有关审批手续。

对现金付款，双方应当面点清。在清点过程中发现短缺、假钞等情况，由出纳人员负责。

对银行付款，在开具支票时，出纳人员应认真填写各项内容，保证要素完整、印鉴清晰、书写正确，如为现金支票，应附领票人的姓名、身份证号码及单位证明。办理转账或汇款时，出纳人员要将相关数据书写准确、清晰、完整，保证收款人能按时收到款项。

双方确认付款金额后，由收款人签字并加盖"付讫"章。如为转账或汇款，出纳人员可将有关银行单据直接作为已付款证明。

若在确认签字后，再发现现金短缺或其他情况，应由收款经办人负责。

（4）付款退回。

如因特殊原因造成支票或汇款退回，则出纳人员应当立即查明原因：如是因我方责任引起的，则应换开支票或重新汇款，不得借故拖延；如是因对方责任引起的，则应在对方重新补办手续后办理付款。

第16章
出纳的基本功——掌握必备的业务技能

本章导读

出纳人员每天都要与企业资金打交道，所以在经营过程中，出纳人员具备较高的道德素质对企业资金安全十分重要。拥有高道德素质并不是对出纳人员的唯一要求，出纳人员还应了解工作权限、掌握并遵守财经纪律和财会制度、具备扎实的业务技能。

那么，要想成为一名合格的出纳人员应该具备哪些具体的素质呢？又需要掌握哪些基本的业务技能呢？

本章首先列出了出纳人员的基本素质要求，然后针对出纳人员应掌握的基本业务技能进行了详尽的介绍，包括点钞、识别假币、残币处理、规范书写和保管重要物品等。

16.1 出纳人员应具备的基本素质

做好出纳工作并不是一件容易的事，它要求出纳人员精通相关政策，具有熟练高超的业务技能、严谨细致的工作作风。出纳人员的基本素质要求如图16-1所示。

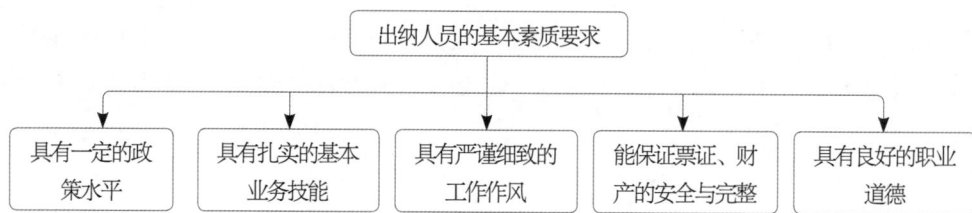

图16-1 出纳人员的基本素质要求

（1）具有一定的政策水平。

出纳工作涉及很多政策，如《会计法》及各种会计制度、现金管理制度及银行结算制度、《会计基础工作规范》、成本管理条例及费用报销制度、税收管理制度及发票管理办法，还有单位内部制定的财务管理规定等。出纳人员应对相关制度了如指掌。

（2）具备扎实的基本业务技能。

"熟能生巧"这个成语对出纳工作来说也是适用的，出纳工作需要出纳人员具有很强的操作技巧。作为出纳人员，不但要具备处理一般会计事务的财会专业基本知识，还要具备较高的处理出纳事务的出纳专业知识水平和较强的数字运算能力。

（3）具有严谨细致的工作作风。

由于出纳人员每天都会与钱、票据打交道，稍有不慎就会出现差错。因此，出纳人员应具有严谨细致的工作作风和职业习惯。出纳人员的工作作风可以概括为：精力集中、有条不紊、严谨细致、沉着冷静。精力集中就是工作时全身心地投入，不为外界所干扰。

（4）能保证票据、财产的安全与完整。

出纳人员保管着企业的现金、有价证券、票据和印鉴，因此，企业要采取一定的安保措施，如建造专门的办公用房，安装防盗门、柜、锁等。出纳机构内部也要建立相应的管理办法，如分工管理，各负其责，相互牵制，避免隐患产生。

（5）具备良好的职业道德。

出纳人员必须具备良好的职业道德修养，要热爱本职工作，敬业、精业；要科学理财，充分发挥资金的使用效益；要依法办事，遵纪守法，严格监督，并且以身作则；要洁身自好，不贪、不占企业便宜；要实事求是，客观公正，真实地反映经济活动的本来面目，不能徇私枉法；要注意保守机密，不得私自向外界或相关人员泄露企业的相关信息；要竭力为本企业的中心工作、总体利益、全体员工服务，牢固树立为人民服务的思想；要坚持原则，维护法律、法规。

16.2　出纳人员的基本业务技能

16.2.1　点钞

掌握正确的点钞技巧是出纳人员必备的业务技能之一，出纳人员要通过刻苦锻炼，掌握一种或几种手工点钞方法，做到点钞快、准。

1. 点钞的基本程序

出纳人员在点钞时，一般应按下列程序进行。

（1）依据现金收付款凭证的金额，先点整数（即大数），再点零数（即小数），即先点大额票面金额，再点小额票面金额；先点成捆的（暂不拆捆）、成把的（暂不拆把），再点零数。在点数过程中，一般应边点数，边在算盘或计算器上加计金额，点数完毕后，算盘或计算器计算的结果，应和现金收付款凭证上的金额相同。

（2）从整数至零数，逐捆、逐把、逐卷地拆捆、把、卷点数，在拆捆、拆把、拆卷时应暂时保存原有的封签、封条和封纸，点数无误后才可扔掉。

（3）点数无误后，即可办理具体的现金收付业务。

2. 点钞的常用方法

（1）点纸质钞票的方法。

点钞可分为手工点钞和机具点钞，机具点钞易学易懂，在此不讲述。目前，虽然许多单位配备了点钞机，但由于种种原因，机器点完后，出纳人员往往还要再进行手工点验。这就要求出纳人员必须熟练掌握一种或几种手工点钞的方法，刻苦训练，以达到能够既快又准地点验钞票的目的。手工点钞的方法很多，但常用的主要有如下几种。

①手持式点钞法。它又分为单指单张点钞法、单指多张点钞法、四指拨动点钞法等几种。其中常用的是单指单张点钞法，其操作要领为：左手中指和无名指夹住钞票的一端，食指伸直从背面托住钞票，拇指轻按在钞票正面，将钞票打开呈半扇面形，拇指指尖压在钞票侧面某一适当位置。右手拇指放在钞票上（相对于面部位置而言），食指、中指放在钞票下，用右手拇指指尖向下捻动钞票，每捻出一张，就用右手无名指将其弹拨下来，持续这一动作，并同时采用自然记数法记数。使用此种点钞法，可看到钞票的大部分内容，易于识别假币和挑出残票。单指单张点钞法的缺点是一次记一个数，比较费力。

②扇面式点钞法。把多张钞票捻成扇面形状进行清点的方法就叫扇面式点钞法，其操作要领为：左手持钞票，把钞票打成一个扇面，每张钞票间隔要均匀，右手中指、无名指从钞票背面托住钞票，用右手拇指一次按下某一固定张数作为一组，然后用右手食指压住钞票，随后拇指继续向前按第二次，如此反复，直至完成点数，同时应采用分组记数法。这种点钞法速度快，是手工点钞中效率最高的方法之一。但它只能确认张数，不能看清票面，而且也不利于清点新、旧、破、混合钞票。

（2）整点硬币的方法。

在实际工作中，整点硬币一般有两种方法：手工整点硬币和工具整点硬币。在这里主要讲手工整点硬币的方法。

手工整点硬币一般常用在收款、收点硬币尾零款中，以一百枚为一卷，一次可清点5枚、12枚、14枚、16枚或18枚，主要依个人熟练程度而定，其操作方法如下。

①拆卷。右手持硬币卷的1/3部位，放在待清点完包装纸的中间，左手撕开硬币包装纸的一头，然后右手拇指向下从左到右开包装纸，把纸从卷上面压开后，左手食指平压硬币，右手抽出已压开的包装纸，这样即可准备清点。

②点数。按币值由大到小的顺序进行清点，左手持币，右手拇指、食指分组清点。为保证准确，用右手中指从一组中间分开查看，如1次点18枚为一组，即从中间分开，一边9枚；如1次点10枚为一组，一边为5枚。采用分组计数，一组为1次，如点10枚即记10次（如点18枚则记5次加10枚，其他以此类推）为一卷叠放在包装纸上。

③包装。硬币清点完毕后，用双手的无名指分别顶住硬币的两头，用拇指、食指、中指捏住硬币的两端，将硬币取出放入已准备好的包装纸1/2处，再用双手拇指把里半部的包装纸向外掀起掖在硬币底部，右手掌心用力向外推卷，然后用双手的中指、食指、拇指分别将两头包装纸压下均贴至硬币，包装完毕。

16.2.2 识别假币

要鉴别假币首先应了解目前使用的人民币的特点。自1948年12月1日发行第一套人民币至今先后发行了五套人民币，目前正在使用的是第五套人民币。

第五套人民币于1999年开始流通，在基本图案不变的情况下，2005年又开始发行2005年版的第五套人民币，所以当前流通的第五套人民币有1999年版和2005年版两种版别。2005年8月30日起发行的2005年版第五套人民币包括100元、50元、20元、10元、5元纸币和1角硬币，与1999年版第五套人民币同时流通。

1. 1999年版第五套人民币的防伪特征

采用印钞专用纸张、水印、凹印、安全线、对印、多色接线、磁性油墨、荧光油墨等多种防伪措施，不同时期发行的人民币的防伪特征也有所不同。从面额上讲，100元面额的纸币的防伪措施最为完备。

目前流通的1999年版第五套人民币的面值为100元的纸币的防伪特征如下。

（1）固定人像水印：位于正面左侧空白处，迎光透视，可见与主景人像相同、立体感很强的头像水印。

（2）红、蓝彩色纤维：在票面的空白处，可看到钞票纸中有红色和蓝色纤维。

（3）磁性微文字安全线：迎光观察钞票纸中的安全线，可见"RMB100"微小文字，仪器检测有磁性。

（4）手工雕刻头像：正面主景为毛泽东头像，采用手工雕刻凹版印刷工艺，形象逼真、传神，易于识别。

（5）隐形面额数字：正面右上方有一椭圆形图案，将钞票置于与眼睛接近平行的位置，面对光源将钞票旋转 45 度或 90 度，即可看到面额"100"字样。

（6）胶印缩微文字：正面上方椭圆形图案中，多处印有胶印缩微文字，在放大镜下可看到"RMB"和"RMB100"字样。

（7）光变油墨面额数字：正面左下方"100"字样，从垂直角度观察颜色为绿色，将钞票倾斜一定角度，颜色则变为蓝色。

（8）互补对印图案：票面正面左下方和背面右下方均有圆形局部图案，迎光观察，正面与背面图案组成一个完整的外圆内方的古钱币图案。

（9）雕刻凹版印刷：正面主景毛泽东头像、中国人民银行行名、盲文及背面主景人民大会堂等均采用雕刻凹版印刷，触摸可感到明显凹凸感。

（10）横竖双号码：正面采用横竖双号码印刷（均为两位冠字、八位号码）。横号码为黑色，竖号码为蓝色。

2. 2005 年版第五套人民币的防伪特征

（1）调整了防伪特征布局。

相比于 1999 年版第五套人民币，2005 年版第五套人民币的面值为 100 元、50 元的纸币正面左下角胶印对印图案调整到主景图案左侧中间处，光变油墨面额数字左移至原胶印对印图案处，背面右下角胶印对印图案调整到主景图案右侧中间处。

（2）调整防伪特征。

①隐形面额数字：调整 2005 年版第五套人民币各券别纸币的隐形面额数字观察角度。2005 年版第五套人民币各券别纸币正面右上方有一装饰性图案，将票面置于与眼睛接近平行的位置，面对光源让纸币上下倾斜晃动，可以看到面额数字字样。

②全息磁性开窗安全线：2005 年版第五套人民币的面额为 100 元、50 元、20 纸币将原磁性缩微文字安全线改为全息磁性开窗安全线。在 2005 年版第五套人民币的面额为 100 元、50 元纸币的背面中间偏右位置上，有一条开窗安全线，开窗部分分别可以看到由缩微字符"¥100""¥50"组成的全息图案。在 2005 年版第五套人民币的 20 元面值纸币的正面中间偏左位置，有一条开窗安全线，开窗部分可以看到由缩微字符"¥20"组成的全息图案。

③双色异形横号码：2005 年版第五套人民币的面值为 100 元、50 元纸币将原横竖双号码改为双色异形横号码。正面左下角印有双色异形横号码，左侧部分为暗红色，右侧部分为黑色。字符由中间向左右两边逐渐变小。

④雕刻凹版印刷：2005 年版第五套人民币的面值为 20 元纸币的背面主景图案中的桂林山水、面额数字、汉语拼音中国人民银行行名、民族文字、年号、行长章等均采用雕刻凹版印刷，用手触摸，有明显凹凸感。

（3）增加防伪特征。

①白水印：在 2005 年版第五套人民币的面值为 100 元、50 元纸币上位于正面双色异形横号码下方，在 2005 年版第五套人民币的面值为 20 元纸币上位于正面双色横号码下方，迎光观察，分别可以看到透光性很强的水印面额数字字样。

②凹印手感线：2005 年版第五套人民币各券别纸币正面主景图案右侧，有一组自上而下排列的线纹，其采用雕刻凹版印刷工艺印制，用手指触摸，有极强的凹凸感。

③胶印对印图案：2005 年版第五套人民币的面值为 20 元纸币正面左下角和背面右下角均有一圆形局部图案，迎光观察，可以看到正背面的局部图案合并为一个完整的外圆内方的古钱币图案。

（4）2005 年版第五套人民币的各券别纸币的背面主景图案下方的面额数字后面，增加了人民币单位的汉语拼音"YUAN"，年号改为"2005 年"。

（5）2005 年版第五套人民币取消各券别纸币纸张中的红蓝彩色纤维。

（6）2005 年版第五套人民币 1 角硬币的材质由铝合金改为不锈钢。

3. 假币种类

单位出纳人员必须具备鉴别人民币真伪的知识。按照法律规定，人民币中元币以上为主币，角币、分币为辅币。假人民币包括伪造币和变造币。

（1）伪造币，是模仿真币非法制作、印刷的票币，欺骗性强，人们稍不注意，就会上当受骗。一旦伪造币进入流通市场，其带来的恶劣影响显而易见，它不仅会扰乱金融市场的秩序，而且会损害企事业单位和个人的利益，危害极大。

（2）变造币，是利用将真币变形、涂改面额等手段制作的货币。其主要类型有三种。第一种，涂改变造币，即使用消字、消色等方法，将小面额票币的金额消去，涂改成大面额的票币。这种变造币，钞票金额部位有涂改或用刀刮过的痕迹，花纹、图案、颜色、尺寸都与真币不符。第二种，拼凑变造币，即使用剪贴的方法，将多张钞票进行剪拼，从而使多拼出的钞票的总金额大于原张数钞票的总金额。这种变造币，纸幅比真币短，花纹不衔接，有纸条或叠压粘贴痕迹。第三种，揭张变造币，是将真币正、背两面揭开，再分别贴上其他纸张制成的变造币。这种变造币与真币相比，纸较薄、挺度差，易辨别。

假币种类包括机制、拓印、复印、照相、描绘、石、木版以及蜡版、油印假币等，其中，电子扫描分色制版印刷的机制假币数量最多，伪造水平最高，危害性最大。

4. 鉴别假币的常用技巧

（1）纸张识别。人民币采用专用钞纸印制，该钞纸的主要成分为棉短绒和高质量木浆，具有耐磨、有韧度、挺括、不易折断，抖动真钞时声音脆响等特点。通常，假币纸张绵软、韧性差、易断裂，抖动假币时声音发闷。

（2）水印识别。人民币水印是在造纸时采用特殊工艺使纸纤维堆积而形成的暗记，分满版和固定水印两种：如现行人民币 1 元、5 元券为满水印暗记；10 元、50 元、100 元券为固定人头像水印暗记。真钞水印的特点是层次分明、且立体感强、透光观察清晰。假币的水印模糊、无立体感、有变形，且无须迎光透视就能看到。

（3）凹印技术识别。采用凹印技术制作的真钞的特点是图像层次清晰，色泽鲜艳、浓郁、立体感强，触摸时有凹凸感，如人民币 1 元、5 元、10 元券在人物、字体、国徽、盲文点处都采用了这一技术。假币的图案平淡、手感光滑、花纹较模糊，花纹由网点组成。

（4）荧光识别。人民币 50 元、100 元券分别在正面主景两侧印有在紫外光下显示纸币对应面额的阿拉伯数字 "50" 或 "100" 和汉语拼音 "WUSHI" 或 "YIBAI" 的金黄色荧光暗记。假币一般没有荧光暗记，个别的虽有荧光暗记，但与真币比较，颜色有较大差异，并且在紫外光下，纸张会有较明亮的蓝白荧光反应。

（5）安全线识别。真币的安全线是将立体实物与钞纸融为一体的，触摸时有突起的手感。假币一般是印制或画的，如加入立体实物，会出现其与票面分离的现象。

除上述手段外，还可借助仪器进行检测，可用紫外光、放大镜、磁性等简便仪器对可疑票券进行多种检测。

5. 假币的处理

出纳人员在收付现金时如发现假币，应立即送交附近银行，由银行开具没收凭证，予以没收处理，如有追查线索的应及时报告就近公安部门，协助侦破；出纳人员如发现可疑币不能断定真假时，不得随意加盖假币戳记和没收，应向持币人说明情况，开具临时收据，连同可疑币及时报送当地中国人民银行鉴定。经中国人民银行鉴定，确属假币时，出纳人员应按发现假币后的办法处理；如确定不是假币时，出纳人员应及时将钞票退还持币人。

假币没收权属于银行、公安和司法部门。其他单位或个人如发现假币应按上述办法处理或按当地反假币法规所规定的办法办理。

16.2.3　残币处理

1. 人民币的保护

人民币是中华人民共和国的法定货币，每个公民都有爱护人民币的义务。在使用人民币的过程中应注意以下几点：收付现钞不要乱揉乱折，整点存放时要平铺整齐；不要在人民币上记数、写串、乱涂、乱画；在出售或购买水产、肉类、蔬菜等容易弄湿、弄脏人民币的地方，应注意卫生，采用必要的防护措施，避免弄脏玷污人民币；防止化学药物对人民币的侵蚀，在生活中不要将肥皂、洗涤剂与人民币放在一起；不要在硬币上凿字、打眼等，以免使硬币变形或受损；收藏的人民币要放在干燥、安全的地方；暂时不用的人民币，应妥善保管，避免不必要的霉烂、鼠咬等意外损失。对破坏人民币的行为要批评教育，对故意对人民币进行大量破坏者，要追究其法律责任。

2. 残缺人民币的挑选标准

残缺人民币是指由于某种原因明显缺少了一部分的票币。对于以下几种人民币损伤情况，应及时挑出整理，作为残缺人民币处理：

（1）票面缺少部分损及行名、花边、字头、号码、国徽之一的或缺角的；

（2）票面有孔洞且直径大于 10 毫米的；

（3）裂口长度超过票面长度（或宽度）五分之一或损及花边、图案的，因票面断裂而粘补的；

（4）纸质软、较旧的；

（5）油浸、墨渍等造成脏污面积较大（大于 1 平方厘米）或涂写字迹过多，妨碍票面整洁的；

（6）票面变色严重影响图案清晰的；

（7）硬币残缺、有孔、变形、磨损、氧化损坏花纹的。

3. 残缺人民币的兑换

及时回收市场流通中的残缺人民币，保持人民币的整洁，维护国家货币的信誉，需要企事业单位、广大群众、银行等各方面的配合，不论是单位还是个人，如果有不宜流通的残缺人民币，不要再次使用，应挑拣、粘补整理好，将其送存银行或办理兑换。对此，中国人民银行有如下规定。

（1）凡残缺人民币属下列情况之一者，持币人应向银行全额兑换：

①票面残缺不超过五分之一，其余部分的图案、文字能照原样连接者；

②票面污损、熏焦、水湿、油浸、变色，但能辨别真假，票面完整或残缺不超过五分之一，票面其余部分的图案、文字能照原样连接者。

（2）票面残缺五分之一以上，二分之一以下，其余部分的图案、文字能照原样连接者，持币人应向银行照原面额半数兑换，但不得流通使用。

（3）凡残缺人民币属于下列情况之一者，不予兑换：

①票面残缺二分之一以上者；

②票面污损、熏焦、水湿、油浸、变色，不能辨别真假者；

③故意挖补、涂改、剪贴拼凑、揭去一面者。

兑换残缺人民币时，应由持票人填写统一格式的"残缺票币兑换单"，银行经办人员依照标准，在对残缺人民币真伪、券别和张数等进行仔细辨别后，与持票人共同确定可兑换的金额，在征得持票人同意后，当着持票人的面在残缺人民币上加盖"全额"或"半额"戳记以及两名经办人员名章后，给予兑换。不予兑换的残缺人民币由中国人民银行收回销毁，不得流通使用。

16.2.4 规范书写

出纳人员经常要书写大量的财务数字，进行规范的财务书写是出纳人员必须掌握的。如果财务书写不正确、不清晰、不符合规范，就会带来很大的麻烦。因此，客观上要求出纳人员掌握一定的财务书写技能，使书写的数字清晰、整洁、正确并符合规范化的要求。

1. 小写金额的书写

小写金额是用阿拉伯数字来书写的。具体书写要求如下。

（1）阿拉伯数字应当从左到右一个一个地写，不得连笔。

在书写阿拉伯数字时，每一个阿拉伯数字都要占一个位置，这个位置称为数位。数位自小到大，是从右向左排列的，但在书写阿拉伯数字时却是自大到小、从左到右进行的。书写阿拉伯数字时要保证字迹工整，排列整齐有序且有一定的倾斜度（数字与底线应成60度），并以阿拉伯数字向左下方倾斜为好；同时，书写时每个阿拉伯数字要紧靠底线但不要顶满格（行），一般每格（行）上方预留1/3或1/2空格位置，用于以后修订错误记录。

（2）阿拉伯数字前面应当书写货币币种符号或者货币名称简写。

货币币种符号与阿拉伯数字之间不得留有空白。凡阿拉伯数字前写有货币币种符号的，数字后面不再写货币单位。人民币符号为"￥"。

（3）角和分的书写情况。

所有以元为单位（其他货币种类为货币基本单位）的阿拉伯数字，除表示单价等情况外，一律填写到角分位：无角分的，角位和分位可写"00"，或者符号"–"；有角无分的，分位处应当写"0"，不得用符号"–"代替。

（4）各个数字的书写基本要求。

① "1"字不能写得比其他数字短，以免篡改。

② "2"字不能写成"Z"，以免改作 3。

③ "3"字的起笔处至转弯处的距离应稍长，不应太短，同时转弯处要光滑，避免被误认为 5。

④ "4"字的"∠"要写成死折，使其不易被改作 6。

⑤ "5"字的短横与称钩必须明显，以防与 8 混淆。

⑥ "6"字的起笔要伸至上半格四分之一处，下圈要写明显，使其不易被改作 4 或 8。

⑦ "7"字上端一横要既明显又平直，折划不得圆滑，使其易与 1 和 9 相区别。

⑧书写"8"字时要注意上下两圈儿应明显可见。

⑨ "9"字的小圈儿要闭合，并且一竖要稍长，略出行，使其不易与 4 混淆。

⑩ "0"字不要写小，并要闭合，以免被改作 9，连写几个"0"时，不要写连线。

2. 大写金额的书写

大写金额是用汉字大写数字零、壹、贰、叁、肆、伍、陆、柒、捌、玖、拾、佰、仟、万、亿等来书写的。具体书写要求如下。

（1）汉字大写数字一律用正楷或者行书体书写，不得用零、一、二、三、四、五、六、七、八、九、十、百、千等简化字代替，不得任意自造简化字。

（2）大写金额到元或者角为止的，在"元"或"角"字之后应当写"整"字或"正"字；大写金额有分位的，"分"字后面不再写"整"或"正"字。

（3）大写金额前未印有货币名称的，应当加填货币名称，货币名称与大写金额之间不得留有空白，规范书写如"人民币伍佰元正"等。

（4）小写金额中间有"0"时，汉字大写数字要写"零"字：小写金额中间连续有几个"0"时，汉字大写数字中可以只写一个"零"字；小写金额元位是"0"，或金额中间连续有几个"0"，元位也是"0"，但角位不是"0"时，汉字大写数字可以只写一个"零"字，也可不写"零"字。

（5）汉字大写金额中"壹拾几""壹佰（仟、万）几"的"壹"字，一定不能省略，必须书写。因为，"拾""佰""仟""万""亿"等字仅代表数位，并不是数字。

大写金额的规范书写如表 16-1 所示。

表 16-1　大写金额的规范书写

正楷	壹贰叁肆伍陆柒捌玖拾佰仟万亿零整圆角分
行书	壹贰叁肆伍陆柒捌玖拾佰仟万亿零整圆角分

16.2.5 保管重要物品

出纳人员具有保管企业的现金、各种票据、印鉴的职责。其中，票据和印鉴在出纳工作中具有重要的地位，对它们的妥善保管是出纳人员必须要做的一项工作。票据和印鉴的保管主要包括对空白收据、印章、印鉴、空白支票和有价证券的保管。

1. 空白收据的保管

空白收据即未填制的收据。空白收据一经填制，并加盖印鉴后，就可成为办理转账结算和现金支付的书面证明，直接关系到企业资金的准确、安全和完整。空白收据一般应由主管会计人员保管。企业应设置"空白收据登记簿"，相关人员应认真填写空白收据的领用日期、领用单位，并由领用人签字。用完后要及时办理归还和注销手续。空白收据不得带出企业使用，不得转借、赠送或买卖；作废的收据应加盖"作废"印鉴，并连同存根一起保管，不得撕毁、丢失。

2. 印章和印鉴的保管

出纳人员必须妥善保管印章，严格按照规定的用途使用，不得将印章随意存放或带出工作单位。用于签发支票的各种预留银行印鉴应由主管会计人员或其他指定人员保管，不能由出纳人员一人保管。

企业如果发生印鉴遗失或需要更换预留银行印鉴，应向开户银行提出申请，填写"印鉴变更申请书"，将其与证明情况的公函一并交银行审核，经银行同意后，在银行发给的新印鉴卡的背面加盖原预留银行印鉴，在正面加盖新更换的印鉴，与银行约定新印鉴的启用日期。

3. 空白支票的保管

各企业为了结算方便，一般都从银行领购并保留一定数量的空白支票以备使用。支票是一种支付凭证，一旦填写了有关内容，并加盖了预留在银行的印鉴后，支票持有人即可直接从银行提取现金，或与其他单位进行结算。因此，存有空白支票的企业，必须严格管理空白支票。对空白支票的保管主要应当注意以下几个方面。

（1）贯彻票、印分管原则，即空白支票和印章应分别指定专人负责保管，不得由同一人负责保管。

（2）单位撤销、合并、结清账户时，应将剩余的空白支票，填列一式两联清单，全部交回银行注销。清单一联由银行盖章后退交收款人，一联作为清户传票附件。

（3）事先不能确定采购物资的单价、金额的，经企业领导批准，可将填明收款人名称和签发日期的支票交采购人员，明确用途和款项限额，使用支票人员回企业后必须及时向财务部门结算。

（4）设置"空白支票签发登记簿"，经企业领导批准，出纳人员签发空白支票后，应在"空白支票签发登记簿"加以登记。

4. 有价证券的保管

有价证券是指具有一定票面价格，能够给它的持有人带来收入的所有权或债权凭证。企业持有的有价证券是企业资产的组成部分，具有与现金相同的性质和价值。企业拥有的有价证券通常包括国库券、特种国债、国家重点建设债券、地方债券、金融债券、企业债券和股票等。从广义上来说，有价证券还包括汇票、支票、提货单等。

由于有价证券能够变现，具有与现金相同的性质和价值，所以企业持有的有价证券必须由出纳人员按照与货币资金相同的要求进行管理，具体规定如下。

（1）有价证券必须由出纳人员放入保险箱保管，而不能由经办人自行保管。

（2）出纳人员对自己负责保管的各种有价证券，要专设登记簿进行详细的登记。登记簿应该按有价证券的种类分别开设账页，详细登记有价证券的名称、面额、批次、张数、开始保管日期、原定还本日期、兑现取款日期、转出或移交日期、备注等。不要将登记簿和有价证券一起放入保险柜，而应该分开存放，实行"账、证分管"。登记簿登记的账面金额应该与总账会计的相关账户余额相等。

（3）业务人员外出办理相关事项需要提取有价证券的，应该办理类似现金借据的票据并交给出纳人员，作为支取有价证券的凭证；交回有价证券时，再由出纳人员在借据上加盖注销章后退还给出具人。

（4）出纳人员对自己保管的各种有价证券的面额和号码应该保密。办理有价证券的出纳人员不得由非专业人员充任，出纳人员不得兼任其他机构有关财务会计职务，不得对外做财务方面的保证。

第 17 章
出纳工作的内容——现金管理

本章导读

现金又称库存现金，是指存放在企业并由出纳人员保管的现钞，包括库存的人民币和各种外币。现金是企业中流动性最强的资产，可以随时用于购买所需的各种物资、支付有关费用、偿还债券，也可以随时存入银行。企业为保证生产经营活动的正常进行，必须拥有一定数额的现金，用以购买零星材料、支付手续费或进行对外投资活动等。

"现金为王"一直以来是企业资金管理的中心理念。持有一定数量的现金是企业开展正常生产活动的基础，是保证企业避免支付危机的必要条件；但是，现金又是盈利能力最弱的一项资产，过多地持有现金会降低资产的盈利能力。所以现金管理的目标是在满足需要的基础上尽量减少现金的持有量，提高盈利能力。

现金管理是出纳人员的主要职责之一。

本章重点介绍现金的定义、提取现金、支付现金、送存现金、备用金的管理、现金出纳凭证；现金管理过程中的原则、内容、内部控制、管理制度；等等。

17.1 出纳涉及的现金事项

17.1.1 现金的定义

按照国际惯例，现金是指可随时作为流通与支付手段的票证。会计范畴的现金又称库存现金，是指存放在企业并由出纳人员保管的现钞，包括库存的人民币和各种外币。它可以随时用来购买所需物资、支付日常零星开支、偿还债务等，是流动性最强的一种货币性资产。从理论上讲，现金的概念有广义和狭义之分。

广义的现金包括库存现金和视同现金的各种银行存款、流通证券等；狭义的现金仅指企业的库存现金，即会计范畴的现金，是指企业所拥有的硬币、纸币，即由企业出纳人员保管作为零星业务开支之用的库存现金，包括人民币现金和外币现金。我们通常所说的现金是指狭义的现金。

加强现金管理对保护企业资产安全和完整、维护社会经济秩序具有十分重要的意义。因此，我国对现金的使用管理有着较为严格的规定，政策依据为国务院颁发的《现金管理暂行条例》。

17.1.2 提取现金

当各单位需要用现金支付款项而库存现金小于库存现金限额而需要补足现金时，除了按规定可以用非业务性现金收入补充以及国家规定可以坐支的以外，均应按规定从银行提取现金。现金提取过程可分为以下三个步骤。

1. 签发现金支票

现金支票是专门用于支取现金的一种支票，由存款人签发，委托开户银行向收款人支付一定数额的现金。开户单位应按现金的开支范围签发现金支票，现金支票的金额起点为 100 元，其付款方式是见票即付。

签发现金支票应认真填写支票的有关内容，如款项用途、取款金额、签发单位账号、收款人名称（开户单位签发现金支票支取现金，是以自己为收款人的）、加盖财务章和名章等。现金支票的具体填写要求是：必须使用钢笔、碳素墨水或蓝黑色墨水按支票排定的号码顺序填写，书写要认真，不能潦草，也不能用蓝色墨水填写，更不能用红色墨水填写；签发日期应填写实际出票日期，不得补填或预填日期；收款人名称应与预留印鉴名称保持一致；大小写金额必须按规定书写，如有错误，不得更改，需作废重填；用途栏应填清真实用途；签章不能缺漏，必须与银行预留印鉴相符。

2. 取款并清点

取款人持出纳人员签发的现金支票到银行取款时，一般要遵从以下几个步骤。

（1）将现金支票交银行有关人员审核。

（2）审核无误后将支票交给经办单位结算业务的银行经办人员，等待取款。

（3）银行经办人员对支票进行审核，核对密码及预留印鉴后，按规定办理付款手续。

（4）取款人应根据银行经办人员的要求回答应提取的数额，回答无误后银行经办人员即按照支票付款。

（5）取款人收到银行经办人员付给的现金时，应当面清点现金数量，清点无误后才能离开柜台。一般来说，取款人在清点现金时，要注意以下几点。

①清点现金时最好由两人以上同时进行。

②清点现金应逐捆、逐把、逐张进行。清点时不能随意混淆或丢弃每把的腰纸，只有把全捆所有把数清点无误后，才可以将每把的腰纸连同每捆封签一起扔掉。

③在清点时发现有残缺的票币以及假币，应向银行要求调换。

④在清点过程中，特别是回单位清点过程中，如果发现确有差错，应将所取款项保持原状，通知银行经办人员，妥善进行处理。

3. 记账

各单位用现金支票提取现金的，应根据支票存根编制银行存款付款凭证，其贷方科目为"银行存款"，其借方科目为"库存现金"，相应的会计分录为：

借：库存现金 　　　　　　　　　　　　　　　　　　　　　　×××

　　贷：银行存款 　　　　　　　　　　　　　　　　　　　　　×××

17.1.3 支付现金

1. 现金支付的范围

按照《现金管理暂行条例》的规定，企业可以在下列范围内支付现金。

（1）职工工资、各种工资性津贴。

（2）支付给个人的各种奖金。

（3）各种劳保、福利费用以及国家规定的对个人的其他现金支出。

（4）个人劳务报酬。

（5）单位出差人员必须随身携带的差旅费。

（6）收购单位向个人收购农副产品和其他物资的价款。

（7）结算起点①以下的零星支出。

（8）中国人民银行确定需要现金支付的其他支出，如因采购地点不确定、交通不便、抢险救灾以及其他特殊情况，办理转账结算不够方便，必须使用现金的支出。

（9）除上述第（5）、第（6）两项之外，各单位支付给个人的款项中每人每次不得超过本单位的限额，超过限额部分，可根据提款人的要求在指定的银行转为个人储蓄存款或以支票、银行本票支付。确需全额支付现金的，应经开户银行审查批准后予以支付。

（10）在银行开户的个体工商户、农村承包经营户异地采购的货款应通过银行以转账方式进行结算。如遇前述第（8）项特殊情况需使用现金应由开户人向开户银行提出申请，开户行根据需要支付现金。

机关、团体、部队、全民所有制和集体所有制企业事业单位购置国家规定的专项控制商品，必须采取转账结算方式，不得使用现金结算。

2. 现金支付的原则

出纳人员必须以谨慎严肃的态度处理现金支付业务，因为一旦发生失误，将会造成不可追补的经济损失。现金支付主要有以下几个原则。

（1）必须以真实、合法、准确的付款凭证为依据。

（2）必须以谨慎严肃的态度来处理支付业务，不能疏忽大意。

（3）必须以手续完备、审核无误的付款凭证为最终付款依据。

（4）支付现金时，应当面点清，保证双方确认无误。

（5）不得套取现金用于支付。套取现金是指逃避现金审查，采用不正当手段支取现金的违法行为，主要有以下几种表现：

①编造合理用途或以支取差旅费、备用金的名义支取现金；

②利用私人或其他单位的账户支取现金；

③用公款转存个人储蓄账户支取现金；

④用转账方式通过银行、邮局汇兑，异地支取现金；

⑤用转账凭证换取现金；

⑥虚报冒领工资、奖金和津贴补助。

3. 现金支付的程序

支付现金有主动支付和被动支付两种情形。主动支付是指出纳部门主动将现金付给收款单位或个人，如发放工资、奖金、薪金、津贴以及福利等现金支出的过程，其程序如下：

（1）根据有关资料编制付款单，并计算出付款金额；

（2）根据付款金额清点现金（不足应从银行提取），按单位或个人分别装袋；

（3）发放现金时，如果是直接发给收款人，要当面清点并由收款人签收（签字或盖章），如果是由他人代为收款，由代收人签收；

---

① 结算起点为1 000元。

（4）根据付款单等资料编制记账凭证；

（5）根据记账凭证登记现金日记账。

被动支付是指收款单位或个人持有关凭据到出纳部门领报现金的过程，其程序如下：

（1）受理原始凭证，如报销单据、借据、其他单位和个人的收款收据等；

（2）审核原始凭证；

（3）在审核无误的原始凭证上加盖"现金付讫"印章；

（4）支付现金并进行复点，并要求收款人当面点清；

（5）根据原始凭证编制记账凭证；

（6）根据记账凭证登记现金日记账。

4. 现金支付的方式

在出纳工作中，现金支付有直接支付现金和支付现金支票两种基本方式。

（1）直接支付现金方式，是指出纳人员根据有关支出凭证直接支付现金，这一方式会造成库存现金数量减少。使用这种方式支付现金，出纳部门或人员要事先做好现金储备，在不超过库存现金限额的情况下，保障现金的支付。

（2）支付现金支票方式，是指出纳人员根据审核无误的有关凭证，将填好的现金支票交给收款人，由收款人直接到开户银行提取现金的支付方式，主要适用于大宗的现金付款业务。

5. 记账

支付现金后，应根据实际支付的金额编制现金付款凭证，其贷方科目为"库存现金"，其借方科目则为相应的费用类科目或其他科目，相应的会计分录为：

借：管理费用（费用类科目或其他科目）　　　　　　　　　　　　　　×××

　　贷：库存现金　　　　　　　　　　　　　　　　　　　　　　　　　　×××

17.1.4　送存现金

根据规定，各单位必须按开户银行核定的库存现金限额保管、使用现金，在日常现金收支业务中，除了根据规定可以坐支的现金和非业务性零星收入收取的现金，可以用于补足库存现金限额外，其他业务活动取得的现金及超过库存现金限额的现金，都必须及时送存银行。送存现金的基本程序如下。

1. 整点票币

送存前应将送存款清点整理，按币别、币种分开整理。纸币要平铺整齐，将同面额的纸币摆放在一起，按每一百张为一把整理好，用纸条在纸币中间捆扎好，不够整把的，从大额到小额顺放；将同额硬币放在一起，壹元、伍角、壹角硬币，按每五十枚用纸卷成一卷，分币按一百枚用纸卷成一卷，十卷为一捆。不足一卷的一般不送存银行，留作找零用。合计出需要存款的金额。

残缺的纸币和已经穿孔、裂口、破缺、压薄、变形以及正面的国徽、背面的数字模糊不清的硬币，应挑出，另行包装，整理方法相同。

2. 填写现金解款单

在款项清点完毕并核对无误后，由出纳人员根据整点好的存款金额填写现金解款单。现金解款单一式三联或一式两联［这里以中国工商银行上海市（分行）现金解款单（三联单）为例］：第一联为回单，此联由银行盖章后退回存款单位；第二联为收入凭证，此联由收款人开户银行留作凭证；第三联为附联，作为附件，是银行出纳留底联。

出纳人员在填写现金解款单时，必须注意以下几点：

（1）要用双面复写纸复写；

（2）交款日期必须填写交款的当日；

（3）收款人名称应填写全称；

（4）款项来源要如实填写；

（5）大小写金额的书写要标准；

（6）券别明细账的张数和金额必须与各券别的实际数和金额一致，且应分别填写纸币、硬币合计的数量和金额。

3. 送存交款

以上两个步骤完成后，出纳人员应将现金连同现金解款单一并送交银行柜台收款员。票币要一次性交清，当面清点，如有差异，应当面复核。银行核对后在现金解款单上加盖"现金收讫"和银行印鉴后将第一联，即回单联退回交款人，表示款项已收妥。交款人在拿到回单联后应及时检查，确认为本单位交款回单，在银行有关手续办妥后即可离开柜台。

出纳人员在送存现金时应注意以下事项。

（1）交款人最好是现金整理人，这样可以明确责任。

（2）凡经整理好、准备送存银行的现金，在填好现金解款单后，一般不宜再调换票面，如确需调换的，应重新清点，同时重新填写现金解款单。

（3）送存途中必须注意安全，当送存金额较大时，最好用专车，并派人护送。

（4）临柜交款时，交款人必须与银行柜台收款员当面交接清点，做到一次交清，不得边清点边交款。

（5）交款人交款时，如遇到柜台较为拥挤，应按次序等候。在等候过程中，应做到钞票不离手，不能置于柜台之上，以防发生意外。

4. 记账

送存现金的主体不同，记账方法不同。

（1）出纳人员送存现金取回现金解款单后的记账。

交款人将现金送存银行并取回现金解款单（回单联）后，财务部门应根据回单联填制现金付款凭证，其贷方科目为"库存现金"，其借方科目则为"银行存款"，其会计分录为：

借：银行存款　　　　　　　　　　　　　　　　　×××

　　贷：库存现金　　　　　　　　　　　　　　　　　×××

（2）由企业柜台直接送存银行的记账。

如果现金不是由出纳人员汇总后送存银行的，而是由企业柜台直接送存银行的，则财务部门应根据现金解款单（回单联）直接编制银行存款收款凭证，其借方科目为"银行存款"，贷方科目则依具体情况而定，会计分录为：

借：银行存款　　　　　　　　　　　　　　　　　×××

　　贷：主营业务收入（或相关科目）　　　　　　　　　×××

17.1.5　备用金的管理

备用金是指企业财务部门事先预付给各部门的，各部门备用的一笔款项，一般用作零星开支、零星采购、售货找零或差旅费等。规范备用金制度有利于单位内部各部门或工作人员积极灵活地开展业务，提高工作效率。当从银行取得备用金后，应加强对备用金的管理。备用金管理包括借支管理和保管。

1. 借支管理

（1）企业各部门填制"备用金借款单"，一方面财务部门核定其零星开支便于管理，另一方面凭此单据支付现金。

（2）各部门零星备用金，一般不得超过规定数额，若遇特殊情况，则需要由企业部门经理核准。

（3）各部门零星备用金借支应将取得的正式发票定期送到财务部门备用金管理人员（出纳人员）手中，出纳人员冲转借支款或补充备用金。

2. 保管

（1）对备用金收支，出纳人员应设置"备用金"账户，并编制"收支日报表"送经理。

（2）出纳人员应定期根据取得的发票编制备用金支出一览表，及时反映备用金支出情况。

（3）备用金应做到逐月结清。

（4）出纳人员应妥善保管各种与备用金相关的票据。

17.2　现金出纳凭证

17.2.1　现金出纳凭证含义及分类

现金出纳凭证是记录现金收付业务活动，明确现金出纳工作中经济责任的书面证明，是登记现金账簿的重要依据。现金出纳凭证可分为原始凭证和记账凭证两种：原始凭证主要是出纳收入现金和支出现金的会计凭证；记账凭证主要是根据现金收付业务的原始凭证编制的现金收款记账凭证和现金付款记账凭证。

现金出纳的原始凭证主要包括以下内容。

1. 发票

发票，是指企事业单位在购销商品、提供和接受劳务以及在从事其他经营活动时开具的票据。它是进行会计核算的原始凭证，也是税务机关进行税务稽查的重要依据。

（1）增值税普通发票。

增值税普通发票的基本内容包括：发票的名称、联次及用途、客户名称、商品名称、计量单位、数量、单价、大小写金额、开票人、开票日期、开票单位名称以及代扣、代收、委托代征税款的税率和代扣、代收、委托代征税款等。

（2）增值税专用发票。

它是按照税法规定应当缴纳增值税的单位和个人在销售货物或者提供应税劳务时，提供货物或劳务方向接受货物或劳务方开具的发票，是计算和缴纳增值税的基础和前提。

2. 收据

（1）非经营性收据。

非经营性收据指国家机关、事业单位等按规定收取相关费用和咨询服务费所开具的收据。非经营性收据由国家财政部门统一印制或加盖监制章，国家机关、事业单位在收取各种费用时必须开具非经营性收据。

（2）内部收据。

内部收据一般用于单位内部职能部门与职工之间的现金往来及与外部单位和个人之间的非经营性资金往来。企业支付款项收到内部收据时，不可以进行账务处理，必须依据正式发票才能进行账务处理。

17.2.2　怎么填制现金出纳凭证

填制现金出纳凭证要求做到内容齐全、书写清晰、数据规范、会计科目准确、编号合理、签章手续完备等。

（1）现金出纳凭证的内容必须齐全。凭证上的各项内容必须逐项填写齐全，不得遗漏和省略，以便完整地反映经济活动全貌。这是填制现金出纳凭证的基本要求。

（2）填写现金出纳凭证时文字、数字必须清晰、工整、规范。

（3）填写记账凭证时所运用的会计科目必须适当。应按照原始凭证所反映的现金出纳业务的性质，根据相关规定，确定会计科目，需要登记明细账的还应列明明细科目。

（4）现金出纳凭证要求连续编号以便备查。记账凭证一般按月顺序编号，即将每月第一天第一笔现金收付事项作为记账凭证的第一号，顺序编至月末，不允许漏号、重号、错号。

（5）现金出纳凭证的签章必须完备。从外单位或个人处取得的原始凭证，必须盖有填制单位的公章或财务专用章；出纳人员办理收付款项以后，应在收付款的原始凭证上加盖"收讫""付讫"戳记；记账凭证中要有凭证填制人员、稽核人员、记账人员、会计主管人员的签名或盖章。另外，凡是经过审查和处理的凭证，必须加盖规定的公章并有有关人员的签章；传票附件要加盖"作附件"戳记；对外的重要单证如存单、存折、收据等应加盖业务公章。

现金出纳账簿，主要指现金日记账，是出纳用以记录和反映现金增减变动和结存情况的账簿。关于现金日记账的内容以及登记要求，已经在第5章中进行了详细的讲述，此处不赘述。

17.2.3　现金出纳凭证编制示例

我们通过一个案例讲述现金出纳业务中，会计凭证的编制和现金日记账的登记。

某公司在2018年1月15日发生了如下现金收支业务：

（1）报销职工李某的医药费316元；

（2）购入589元的打印机硒鼓1个，作为办公用品；

（3）收到子公司新兴公司支付的2017年度的股利分红16 000元。

编制以上业务的记账凭证（分别见表17-1、表17-2和表17-3），并登记现金日记账（见表17-4）。

表 17-1　记账凭证 1

付　款　凭　证

贷方科目：库存现金　　　　　2018 年 01 月 15 日　　　　　　第 8 号　　　附件 3 张

摘要	会计科目		借方金额										账页或 √
	总账	明细	千	百	十	万	千	百	十	元	角	分	
报销李某医药费	应付职工薪酬	福利支出						3	1	6	0	0	
合计								3	1	6	0	0	

会计主管：李华　　记账：张华　　出纳：赵武　　审核：刘青　　制单：陈峰

表 17-2　记账凭证 2

付　款　凭　证

贷方科目：库存现金　　　　　2018 年 01 月 15 日　　　　　　第 9 号　　　附件 3 张

摘要	会计科目		借方金额										账页或 √
	总账	明细	千	百	十	万	千	百	十	元	角	分	
购入打印机硒鼓 1 个	管理费用	办公耗材						5	8	9	0	0	
合计								5	8	9	0	0	

会计主管：李华　　记账：张华　　出纳：赵武　　审核：刘青　　制单：陈峰

表 17-3　记账凭证 3

记　账　凭　证

2018 年 01 月 15 日										编号		2015-1-010				
摘要	一级科目	明细科目	借方金额							贷方金额						
			万	千	百	十	元	角	分	万	千	百	十	元	角	分
收到新兴公司 2017 年待分配股利	库存现金		1	6	0	0	0	0	0							
	应收股利	新兴公司								1	6	0	0	0	0	0
			1	6	0	0	0	0	0	1	6	0	0	0	0	0

会计主管：李华　　记账：张华　　出纳：赵武　　审核：刘青　　制单：陈峰

表 17-4 现金日记账

现 金 日 记 账

2018 年		凭证号码		对方科目	摘要	收入	付出	结余
月	日	字	号					
					承前页			1 346
1	15	总字	008	应付职工薪酬	报销医药费		316	
1	15	总字	009	管理费用	购入办公用品		589	
1	15	总字	010	应收股利	取得现金股利	16 000		
1	15				本日合计	16 000	905	16 441

17.3 现金收支的核算

17.3.1 现金核算的内容

现金核算，又叫序时核算，是通过现金日记账进行的。现金核算是指相关人员按照经过审核的现金收款凭证和付款凭证的先后顺序逐日逐笔全部登记入账，并逐日结出余额与库存现金核对相符，以便对现金收付业务展开日常的财务监督和事后的分析检查，并防止差错和挪用公款、贪污现象的发生。

17.3.2 现金收入业务

现金收入业务，是各单位在其生产经营和非生产经营活动中取得现金的业务，包括销售商品、提供劳务而取得现金的业务，提供非经营性服务而取得收入的业务等。不同的单位在收到现金时，所采用的借方科目为"库存现金"，而贷方科目则应根据现金收入业务的性质及会计制度的规定来确定。各单位的现金收入按其性质可分为：经营业务收入、非经营业务收入、预收现金和其他现金收款。

1. 经营业务收入

经营业务收入如工业企业的产品销售收入等。发生该收入应做的会计分录为：

借：库存现金   ×××

    贷：主营业务收入（或其他业务收入）   ×××

        应交税费——应交增值税（销项税额）   ×××

2. 非经营业务收入

非经营业务收入如企业的营业外收入等。发生该收入应做的会计分录为：

借：库存现金   ×××

    贷：营业外收入   ×××

3. 预收现金

预收现金如企事业单位按照合同规定预收的定金等。预收现金可以通过"预收账款"科目核算，不设该科目的单位可以记入"应收账款"科目。收到预收现金时的会计分录为：

借：库存现金 ×××

    贷：预收账款（或应收账款） ×××

4. 其他现金收款

其他现金收款主要指企事业单位向有关单位收取的罚款、赔款、押金等。发生该业务应做的会计分录为：

（1）收取个人的罚款、赔款时。

借：库存现金 ×××

    贷：其他应收款 ×××

（2）向其他单位或个人收取押金时。

借：库存现金 ×××

    贷：其他应付款 ×××

17.3.3 现金支付业务

现金支付业务，是指单位在其生产经营过程和非生产性经营过程中向外支付现金的业务。它包括单位向外购买货物、接受劳务而支付现金的业务，发放工资业务，费用报销业务，以及向有关部门支付备用金的业务等。

任何单位只有具有一定的库存现金才能开展支付业务。具体的现金支付业务主要如下。

1. 发放工资业务

计算好工资后，出纳人员就需从银行提取现金，按每个员工的工资数进行发放，并在相关凭证上附以"工资发放清单"。发放工资应做如下会计分录：

借：应付职工薪酬 ×××

    贷：库存现金 ×××

2. 费用报销业务

企事业单位在经营活动中将发生各种各样的费用，可持原始凭证到出纳处报销，出纳人员应认真审核这些开支是否符合规定、是否经有关人员批准。单位人员因公出差，可预支一些差旅费，其程序为出差人员先到财务部门领取并填写借款单，然后送所在部门领导和有关人员审查签字，出纳人员凭借款单支付现金。支付现金时，应做如下会计分录：

借：其他应收款 ×××

    贷：库存现金 ×××

出差人员持各种原始凭证，如车票、住宿发票到出纳处报销。若事前预借差旅费的，出纳人员应根据预借金额多退少补；未预借的，出纳人员则根据批准报销金额支付现金。

报销时，实际花费超过预支额的，应做如下会计分录：

借：管理费用 ×××

    贷：其他应收款 ×××

        库存现金 ×××

报销时，实际花费少于预支额的，多余部分应退回，这时应做如下会计分录：

借：管理费用 ×××

    库存现金 ×××

借：其他应收款 × × ×

17.3.4 清查现金

1. 查明原因前的账务处理

对每日终了因结算现金收支、财产清查等而发现的有待查明原因的现金短缺或溢余，都必须进行账务处理。

（1）属于现金短缺。

借：待处理财产损溢——待处理流动资产损溢 × × ×

　　贷：库存现金 × × ×

（2）属于现金溢余。

借：库存现金 × × ×

　　贷：待处理财产损溢——待处理流动资产损溢 × × ×

2. 查明原因后的账务处理

（1）现金短缺。

①属于应由责任人赔偿的部分。

借：其他应收款——应收现金短款（× × 个人） × × ×

　　贷：待处理财产损溢——待处理流动资产损溢 × × ×

②属于应由责任人赔偿的部分。

借：其他应收款——责任人赔款 × × ×

　　贷：待处理财产损溢——待处理流动资产损溢 × × ×

③属于无法查明的其他原因。

借：管理费用——现金短缺 × × ×

　　贷：待处理财产损溢——待处理流动资产损溢 × × ×

（2）现金溢余。

①属于应支付给有关人员或单位的。

借：待处理财产损溢——待处理流动资产损溢 × × ×

　　贷：其他应付款——应付现金溢余 × × ×

②属于无法查明原因的。

借：待处理财产损溢——待处理流动资产损溢 × × ×

　　贷：营业外收入——现金溢余 × × ×

17.4 现金的管理

17.4.1 现金管理的原则

现金管理应贯彻以下四大原则。

1. 收付合法原则

收付合法原则，是指各单位在收付现金时必须符合国家的有关方针、政策和规章制度的规定。具体来讲，要做到：

（1）现金的来源和使用必须合法；

（2）现金收付必须在合法的范围内进行。

2. 钱账分管原则

钱账分管原则，即管钱的不管账，管账的不管钱。为保护现金的安全，财务部门内部应建立相互制约和监督的机制。企业应配备专职的出纳人员负责办理现金收付业务和现金保管业务，任何非出纳人员均不得经管现金。这样便于相互牵制，防止贪污盗窃和产生错账。

（1）经管现金的出纳人员不得兼管收入、支出、债权债务账簿的登记工作、稽核工作和会计档案的保管工作。

（2）经营收入、支出、债权债务登记工作的会计人员，不得兼管出纳账登记工作、现金的收付工作和现金的保管工作。

3. 收付两清原则

为了避免在现金收付过程中发生差错，防止发生现金长、短款，现金收付时要做到复核，出纳人员对收付的现金都要进行复核或由会计人员复核，切实做到现金收付不出差错；要做到收付款当面点清，对来财务部门取交现金的人员，要督促他们当面点清，如有差错应当面解决，以保证收付两清。

4. 日清月结原则

所谓日清月结，就是出纳人员办理现金出纳业务，必须做到按日清理，按月结账。这里所说的按日清理，就是指出纳人员对当日的经济业务进行清理，全部登记现金日记账，结出库存现金账面余额，并与库存现金实有数额核对相符。现金日记账每月至少结一次，业务多的可每十天或半月定期结一次，并与其他有关账面核对，看账账是否相符。

日清月结原则主要包括以下内容。

（1）检查凭证。

首先应检查各种现金收款凭证，将其与所附原始凭证相核对，看是否与附件的金额、张数一致，以达到单证相符。同时，也应检查每种单证是否已加盖"收讫""付讫"戳记。

（2）登记日记账。

将当日所发生的现金收付业务根据收付款凭证过入日记账，并检查日记账的登记内容、金额与收付凭证的内容、金额是否一致，并结出现金日记账当日余额。

（3）盘点库存现金。

出纳人员应按人民币的面额分别清点现金数量，加总后得出当日现金的实存数额。将实存数额与现金账面余额核对，看两者是否相符，有无长短款。若有，则应在查明原因后及时纠正。若是由收付款过程中的失误造成的，应由责任人负责赔偿；难以查明原因的，可报单位批准作为收益或损失处理。

（4）比较库存现金与库存现金限额。

检查实际库存现金是否超过库存现金限额。如超过限额，出纳人员应将超过部分及时送存银行；如低于限额，则应补足现金。

17.4.2 现金管理的内容

现金管理主要是指单位对现金支出、收入、库存及核算的管理。

1. 现金支出管理

对现金支出的管理，主要是对现金使用范围及现金支出的程序和凭证的合法性的管理。

（1）现金支出的内容。

①工资。

②差旅费。单位工作人员因公出差需借支差旅费，应先到财务部门领取并填写借款单，按照借款单所列内容填写完整，然后送交所在部门领导审查签字。出纳人员在职权范围内对借款单审核无误后予以现金支付。出差人员在回来后，应持各种原始凭证至出纳人员处报销。出纳人员要熟知差旅费的开支范围、标准和方法。

③差旅费以外的其他费用。各单位内部有关人员进行零星物品采购或单位职工支付医药费等费用，可持原始凭证到出纳处报销。出纳人员应认真审核这些开支是否符合规定，是否得到相关人员或部门批准。出纳人员依据批准报销的金额支付现金，在原始凭证上加盖"现金付讫"印章，并依此原始凭证编制记账凭证，登记日记账。

④备用金的预借。单位内部人员需领用备用金时，一般由经办人填写借款单据。借款单据可采用一式三联式凭证：第一联为付款凭证，由财务部门作为记账依据；第二联为结算凭证，借款期间由出纳人员留存，报销时作为核对依据，报销后随同报销单据作为记账凭证的附件；第三联交借款人员保存，报销时由出纳人员签字后作为及时交回借款的收据。

⑤备用金的报销。备用金可以分为定额备用金和非定额备用金两种。

（2）现金支出的基本程序。

①填制原始凭证。出纳人员应认真填制现金支出原始凭证，经有关人员签字盖章，对原始凭证进行认真审核，确认原始凭证真实、合法、准确。

②编制记账凭证。出纳人员根据审核无误的原始凭证编制记账凭证。

③根据审核无误的收付款记账凭证登记现金日记账。

（3）现金支付业务的原始凭证。

现金支付业务的原始凭证可分为外来原始凭证和自制原始凭证。

外来原始凭证是由于向外购货或接受劳务、服务，而由供货方或提供劳务、服务方填写的原始凭证；自制原始凭证，是在发生付款业务时由本单位统一制作或外购并填开的原始凭证。常见的现金支付业务的原始凭证有以下几种。

①工资表。工资表是各单位按月向职工支付工资的原始凭证。出纳人员按每个员工的工资数计算工资总额，通过银行办理，并附以"工资发放清单"。

②报销单。报销单是各单位内部有关人员为单位购买零星物品，接受外单位或个人劳务或服务而办理报销业务，以及单位职工报销医药费、托补费等使用的单据。

③借款收据。借款收据一般指单位内部所属机构为购买零星办公用品，或职工因公出差等原因向出纳人员借款时使用的凭证。

④领款收据。领款收据是本单位职工向单位领取各种非工资性奖金、津贴、补贴、劳务费和其他各种现金款项及其他单位或个人向本单位领取劳务费、服务费时填制的，作为付款凭证

的凭证。

⑤差旅费借款结算单。出差人员预先借差旅费可以使用差旅费借款结算单作为原始凭证。

（4）现金付款凭证的复核。

出纳人员在复核现金付款凭证时应注意以下几点。

①对涉及现金和银行存款的收付业务，只填制付款凭证，不填制收款凭证。如将当日营业收入送存银行，制单人员根据现金解款单（回单）编制现金付款凭证，借方科目为"银行存款"，贷方科目为"库存现金"，不再编制银行存款收款凭证。

②发生销货退回时，如数量较少，且退款金额在转账起点以下，需用现金支付退款时，必须取得对方的收款收据，不得以退货发货票代替收款收据编制付款凭证。

③从外单位取得的原始凭证如遗失，应取得原签发单位盖有有关印章的证明，并注明原始凭证的名称、金额、经济内容等，经单位负责人批准，方可代替原始凭证。

2. 现金收入管理

单位现金收入主要包括零售产品销售收入、各种业务收入以及其他零星收入。现金收入的管理就是要求各单位现金收入要合法，而且超出限额的现金收入都应送存银行，不得任意"坐支"。

（1）现金收入的范围。

日常业务的现金收入范围包括：

①出售给国有单位、集体单位或私营单位的产品、材料及其他物资或提供劳务、业务咨询、信息等，不能通过转账办理结算手续的收入；

②出售给个人的商品的现金收入；

③职工借用的备用金报销后退回的余款；

④其他应收取的利用现金结算的款项。

（2）现金收入管理的基本规定。

①现金收入必须合法合理。在日常业务中收入现金时，必须符合国家制定的现金收入范围，不得在出售商品和金额超过结算起点时，拒收银行结算凭证而收取现金，不得按一定比例搭配收取现金等。

②现金收入手续必须严格。收入现金时必须坚持先收款，当面清点现金无误后，再开给交款人收款收据，不能先开收据后收款。收入现金时，签发收据和经手收款也应当分开办理，以防作弊。

③现金收入要坚持一笔一清。收取现金时要清点完一笔后，再清点另一笔，几笔收款不能一起办理，以免互相混淆或调换；一笔收款未办理妥当，出纳人员不得离开座位；收款过程应在同一时间内完成；对已完成收款的，应在收款收据上加盖"现金收讫"字样。

④超库存限额的现金收入要及时送存银行。根据《现金管理暂行条例》的规定："开户单位现金收入应当于当日送存开户银行，当日送存确有困难的，由开户银行确定送存时间。"

（3）现金收入的来源。

①从银行提取现金。

②出纳人员向外单位或顾客直接收款。

③收款员、营业员在收款后将款项交给出纳人员。

（4）现金收入的审核。

为确保收款凭证的合法、真实和准确，出纳人员在办理每笔现金收入前，都必须复核现金收款凭证，具体应认真复核以下内容。

①现金收款凭证的填写日期是否正确：现金收款凭证的填写日期应为编制收款凭证的当天，不得提前或推后。

②现金收款凭证的编号是否正确：有无重号、漏号或不按日期顺序编号等问题。

③现金收款凭证记录的内容是否真实、合法、准确，其摘要栏的内容与原始凭证反映的经济业务是否相符。

④使用的会计科目是否正确。

⑤复核收款凭证的金额与原始凭证的金额是否一致、原始凭证大小写金额是否相同、有无签章。

⑥复核收款凭证附单据栏的张数与所附原始凭证张数是否相符。

⑦收款凭证的出纳、制单、复核、财务主管栏是否有签名或盖章。

3. 现金库存管理

现金库存管理，主要是对库存现金及其限额的管理。它包括库存现金安全性的保证、现金实有数不得超过库存现金限额等内容。

（1）使用正确的储蓄存款方式。

单位收入的现金不准以个人储蓄存款方式存储。

（2）不能以"白条"抵库。

所谓"白条"，是指没有审批手续的凭据。因此，"白条"不能作为记账的依据。

（3）不准设"账外账"和"小金库"。

"账外账"，是指有的单位未将全部收入纳入财务统一管理，而是在单位核算账簿之外另设一套账来记录财务统管之外的收入。"小金库"又称"小钱柜"，是单位库存之外保存的现金和银行存款，其在一般情况下与单位设置的"账外账"相联系。设置"账外账"和"小金库"是侵占、截留、隐瞒收入的一种违法行为，为各种违法违纪行为提供了条件，危害性极大，必须坚决抵制。

（4）库存现金的清查。

库存现金的清查包括出纳人员每日的清点核对和清查小组定期或不定期的清查。清查现金的基本方法是实地盘点库存现金的实存数，再与现金日记账的余额进行核对，看是否相符。清查现金时，应注意以下几个方面。

①以个人或单位名义借款或取款而没有按手续编制凭证的字条（即"白条"），不得充抵现金。

②代私人存放的现金等，如事先未做声明又无充分证明，应暂时封存。

③如发现私设的"小金库"，应视作溢余，另行登记，等候处理。

④清查小组一般都突击盘点，不预先通知出纳人员；盘点时间最好在一天业务开始之前或一天业务结束后，由出纳人员将截至清查时现金收付款项全部登记入账，并结出账面余额。这

样可以避免干扰正常的业务。

⑤在清查时，出纳人员应在场提供情况，积极配合；在清查后，清查人员应填制"现金盘点报告表"，列明现金账存、实存和差异的金额及原因，并及时上报有关负责人。

⑥在现金清查中，如果发现账实不符，应立即查找原因，及时更正，不得以今日长款弥补他日短款。

4. 现金核算管理

现金核算管理，主要是指在现金的收、付、存业务活动中，要严格进行相关核算，以全面、系统、连续地计量、记录、反映现金的收、付、存业务活动的过程。

17.4.3　现金管理的内部控制

一套完善的现金管理内部控制制度，应当包括授权审批制度、职务分离制度、文件记录制度、内部稽核制度等内容，以保证企业现金的安全完整，防止不法分子贪污、挪用、偷盗现金。

1. 授权审批制度

企业必须依照国家的有关方针、政策和规章制度，加强对现金授权审批的管理。一般包括以下内容。

（1）明确现金开支界限。

企业明确现金开支界限有以下两个方面内容：

①应当在规定的范围内支付现金，办理现金结算；

②应当保证现金支出的安全性，比如，职工个人借款的金额不得超过其应得工资的金额，个人医药费的报销不得超过规定的标准，个人差旅期间的出差补助不得超过规定的标准等。

（2）明确现金报销手续。

企业应当按相关经济业务的内容和管理要求设计各种报销凭证，如工资表、差旅费报销单、购料凭证、借款单等，并应告知有关人员相应的填制方法，避免出现误填误报现象。同时，企业还应规定各种报销的程序，确定各种现金支出业务的报销要求，超出现金开支界限或未按规定填制单据的各种支出不予报销。

（3）现金支出的审批权限。

企业应根据其经营规模和内部职责分工情况，确定不同额度的现金支出和不同的现金支出审批权限。对没有经过审批或超越规定审批权限的现金支出，出纳人员不予受理。

2. 职务分离制度

企业应对现金内部控制系统中不相容的职务实行分工管理，主要是建立钱账分管制度，具体包括以下内容：

（1）企业应配备专职或兼职的出纳人员办理现金收付和保管工作，非出纳人员不得经管；

（2）现金收支的授权审批和执行现金收支的职务应当分离；

（3）执行现金收支业务和记录现金收支业务的职务要分离；

（4）现金保管与稽核职务要分离；

（5）登记现金日记账和登记现金总账的职务要分离；

（6）出纳人员不得兼管收入、费用、债权、债务等账目的登记工作；

（7）出纳人员不得兼管会计档案的保管工作。

3. 文件记录制度

财务文件是记录经济业务内容、明确有关人员责任的书面证明。为了保证文件记录的完整和真实性，加强对现金管理的监督，企业必须加强文件记录控制，具体包括以下内容：

（1）出纳人员办理现金收付的原始单据必须真实、完整、合法；

（2）出纳人员登记日记账的记账凭证必须审核无误；

（3）文件应当有专人负责保管；

（4）任何人不得擅自更改、涂抹、销毁有效的文件记录。

4. 内部稽核制度

企业开展内部稽核的主要目的是确保业务记录真实、准确，加强对岗位责任的监督管理，防范内部不利因素的影响。内部稽核制度具体包括以下内容：

（1）出纳人员在办理现金出纳业务时，必须做到按日清理、按月结账，保证账实相符；

（2）会计人员应当定期进行账证、账账核对，保证现金总账余额与现金日记账余额一致；

（3）稽核人员应当定期或不定期地进行现金清查，及时发现可能发生的现金差错或丢失情况，防止贪污、盗窃、挪用等不法行为的发生，确保企业资金安全完整。

17.4.4 建立完备的现金管理制度

建立完备的现金管理制度，是保证现金安全性的制度要求。现金管理制度主要包括以下内容。

1. 现金的使用范围

关于现金的使用范围，我们在前文已经进行了详细的论述，这里不赘述。

2. 企事业单位的库存现金限额

（1）库存现金限额。

为了加强对现金的管理，既保证各单位现金的安全，又促使货币回笼，及时支付，国家规定由开户银行给各单位核定可以留存的现金的最高额度，即库存现金限额。核定单位库存现金限额的原则是：既要保证单位日常零星现金支付的合理需要，又要尽量减少现金的使用。

（2）库存现金限额的核定管理。

为了严格现金管理，保证各单位及时支付日常零星开支，《现金管理暂行条例》及其实施细则规定，库存现金限额由开户银行和开户单位根据具体情况商定，凡在银行开户的单位，银行根据实际需要核定3~5天的日常零星开支数额以作为该单位的库存现金限额。边远地区和交通不便地区的开户单位，其库存现金限额可适当放宽至5天以上，但不得超过15天的日常零星开支的需要量。

库存现金限额每年核定一次，经核定的库存现金限额，开户单位必须严格遵守。具体核定程序如下。

①开户单位与开户银行协商确定库存现金限额。公式为：

$$库存现金限额 = 每日零星支出额 \times 核定天数$$

$$每日零星支出额 = 月（季）平均现金支出总额 \div 月（季）平均天数$$

②由开户单位填写"库存现金限额申请批准书"。开户单位将申请批准书报送单位主管部门，经主管部门签署意见，再报开户银行审查批准，开户单位以开户银行批准的限额数作为库存现金限额。

③各单位实行"收支两条线"，在一般情况下，不准"坐支"现金。"坐支"现金是指企事业单位和机关、团体、部队将本单位的现金收入直接用于现金支出的情况。

④各单位的外地采购业务，如因采购地点不固定、交通不便、生产或市场急需、抢险救灾以及其他特殊原因必须使用现金的，应由本单位财务部门负责人签字盖章，向开户银行申请审批，开户银行审查同意并开具有关证明后单位相关人员便可携带现金到外地采购。

⑤单位送存现金和提取现金，必须注明送存现金的来源和提取的用途。

（3）现金库存限额核定表。

企事业单位的"现金库存限额核定表"的格式如表 17-5 所示。

表 17-5　现金库存限额核定表

单位名称：　　　　员工人数：

开户行：　　　　　　　　账号：　　　　　　　　　　　　单位：元

	库存限额		找零备用金额		简要说明
	申请数	核定数	申请数	核定数	
财务部门					财务出纳部门每天平均零星开支现金 ____ 元
各附属部门					
核准单位盖章	开户行意见		申请单位盖章		
	年　月　日		年　月　日		年　月　日

第 18 章
出纳工作的内容——银行存款管理

本章导读

　　按照国家现金管理和结算制度的规定，每个企业都要在银行开立账户，用来办理存款、取款和转账结算。除按规定可使用现金直接支付的款项外，其他都必须通过银行账户进行转账结算。

　　出纳人员在进行日常现金管理，确保企业资金正常运转的同时，也应对银行存款进行管理。为此，出纳人员有必要掌握银行存款管理方面的知识。

　　本章重点介绍了银行存款的含义、银行存款内部控制制度、银行存款余额调节表的编制；银行账户的概念和管理原则、银行账户的使用、分类、变更；银行贷款的申办和贷款证制度；银行存款的会计核算；等等。

18.1 银行存款

18.1.1 银行存款的含义

　　银行存款，是指企事业单位存放在银行或其他金融机构中的货币资金。根据国家有关规定，凡是独立核算的企业，都必须在当地银行开设账户。企业在银行开设账户后，除按银行规定的企业库存现金限额保留一定的库存现金外，超过限额的现金都必须存入银行。

18.1.2 银行存款管理

　　银行存款管理，是指国家、银行、企业、事业单位、机关团体等有关各方对银行存款及相关内容进行的监督和管理。根据管理对象不同，银行存款管理可分为银行存款账户的管理、银行存款结算的管理和银行存款核算的管理。

　　1. 银行存款账户的管理

　　银行存款账户的管理，主要是指对银行存款账户的开立、变更、合并、迁移、撤销和使用等内容的管理。

　　2. 银行存款结算的管理

　　银行存款结算的管理，是银行存款管理的核心内容，主要是对经济活动引起的银行存款收付业务的管理。

　　3. 银行存款核算的管理

　　银行存款核算的管理，是指根据《会计法》及会计准则的规定，对银行存款业务进行确认、计量、核算和报告的管理。

18.1.3 银行存款日记账

　　银行存款日记账是专门用来记录银行存款收支业务的一种特种日记账，是逐日、逐项记录一个单位银行存款收付及结存情况的账簿。银行存款日记账必须采用订本式账簿。银行存款日记账的设置与现金日记账的设置基本相同，不同之处是银行存款日记账在摘要栏后增设"结算凭证"和"对方科目"两栏，以便与银行对账单核对，其账页格式一般采用"收入"（借方）、"支出"（贷方）和"结余"三栏式。银行存款收入数额应根据有关的现金付款凭证登记。每日业务终了时，应计算、登记当日的银行存款收入合计数、银行存款支出合计数，登记账面结余额，以便检查各项收入和支出款项。

银行存款日记账由出纳人员根据银行存款收款凭证、银行存款付款凭证逐日、逐笔顺序登记，登记银行存款日记账的要求基本与登记现金日记账的要求相同。应当注意的是，银行存款日记账的余额应与银行存款总账的余额核对相符。为了避免银行存款日记账账目发生差错，企业应至少每月与银行对一次账，将银行存款日记账与银行对账单进行逐笔核对。银行存款日记账的格式如表 18-1 所示。

表 18-1　银行存款日记账

单位：元

年		凭证号码		对方科目	摘要	收入	付出	结余
月	日	字	号					

18.1.4　银行存款内部控制制度

银行存款内部控制制度，是指企事业单位为维护银行存款的完整性，确保银行存款会计记录正确、可靠而对银行存款进行的审批、结算、稽核调整的自我调节和监督制度。

1. 建立银行存款内部控制制度的原则

建立银行存款内部控制制度应遵守的基本原则是指企业建立和设计内部控制制度时所必须遵循的客观规律和基本法则。它主要包括以下四个基本原则。

（1）内部牵制原则。

这是指分离不相容职务，在各部门、各岗位之间建立起一种相互监督或共同监督的关系，授权、主办、核对、执行和记录等工作不能同时交由一个人办理：分离经济业务的执行和审查，分离经济业务的记录和执行，分离财产的保管和记录，分离财产的保管和核对，分离总账和明细账登记。遵从这一原则有利于防止舞弊现象出现。

（2）管辖范围原则。

这是指根据各部门、各岗位的职能和性质，划分其工作范围，赋予其相应的权利和责任，规定相应的操作程序和处理办法，确定检查标准和纪律规范，以保证事事有人管，人人有专责，从而达到切实实施各项内部控制措施的目的。

（3）系统网络原则。

这是指将各部门和各岗位形成互相依存、互相制约的统一体，促进各岗位、部门的协调，发挥内部控制制度的总体功能，实现内部控制制度的总体目标。

（4）成本效益原则。

这是指合理确定成本与效益的比例关系，既保证银行存款的安全完整，同时也达到对其进行控制管理的目的。

2. 银行存款内部控制的内容

完善的银行存款内部控制制度，应当包括以下8个控制点，并围绕它们展开行之有效的银行存款内部控制。

（1）审批。

单位主管或银行存款业务发生部门的主管人员，对将要发生的银行存款收付业务进行审查批准。审批一般以签字盖章方式表示。

（2）结算。

出纳人员在复核银行存款收付业务的原始凭证后，应及时填制或取得结算凭证，办理银行存款的结算业务，并对结算凭证或原始凭证加盖"收讫"或"付讫"戳记，表示该凭证所记录的款项已实际收入或付出，避免重复登记。

（3）分管。

分离不相容的职务。比如，支票保管职务与印章保管职务相分离、银行存款总账登记与明细账登记相分离，借以保障银行存款的安全。

（4）审核。

在编制银行存款收款凭证和付款凭证前，银行存款业务主管会计应审核银行存款收付原始凭证基本内容的完整性、处理手续的完备性以及经济业务内容的合规、合法性；同时，还要对结算凭证的相关内容进行审核，并把它与原始凭证相核对，审核其一致性，然后签字盖章。

（5）稽核。

在记账前，稽核人员、审核人员审核银行存款收付原始凭证和收付款记账凭证内容的完整性，以及手续的完备性和其所反映经济内容的合法性、合规性；同时对这些凭证的一致性进行审核，并签字盖章以示稽核。

（6）记账。

出纳人员根据审核、稽核无误的银行存款收付款凭证登记银行存款日记账，并在登记完毕后，核对相关发生额与收款凭证、付款凭证的合计金额，然后签字盖章表示已经登记。

（7）对账。

在稽核人员的监督下，出纳人员与银行存款总账会计对银行存款日记账和银行存款总账的发生额和余额进行核对，并互相取得对方签章以示对账。

（8）调账。

银行存款主管会计定期根据银行对账单与银行存款日记账进行核对，编制"银行存款余额调节表"，并在规定的天数内对未达账项进行检查。

3. 实施银行存款内部控制

在实施银行存款内部控制时，各单位应根据自身特点，设定合理的控制点，制定符合自身情况的、健全的银行存款内部控制制度。可从以下方面入手。

（1）授权与批准。

建立银行存款的内部控制制度，首先就要确立授权与批准的制度，即银行存款收付业务的发生，需要经单位主管人员或财务主管人员审批，并授权具体的人员经办。审批一般以签字盖章方式表示。

（2）职责区分，内部牵制。

不相容职务由不同的人承担，体现钱账分管、内部牵制等原则，其具体内容包括：

①银行存款收付业务的授权、经办、审查、记账要相分离；

②银行存款票据保管与银行存款记账职务要相分离；

③银行存款收付凭证填制与银行存款日记账的登记职务相分离；

④银行存款日记账和总账的登记职务相分离；

⑤银行存款各种票据的保管与签发职务相分离，其中包括银行单据保管与印章保管职务相分离；

⑥银行存款的登账和审核职务相分离。

（3）记录与审核。

各单位在对其银行存款收付业务通过编制记账凭证、登记账簿进行记录和反映之前，都必须对凭证单据进行审核，只有审核无误的凭证单据才可作为会计记账的依据。具体程序如下。

①出纳人员要根据审核无误的银行存款收付原始凭证办理结算。办理银行结算后的原始凭证和结算凭证，要加盖"收讫"或"付讫"戳记。

②会计人员要根据经财务主管审核无误的原始凭证或原始凭证汇总表填制记账凭证。

③原始凭证、收付款凭证需经过财务部门主管或其授权人审签、稽核人稽核签字盖章后才能据以登账。

（4）文件管理。

为了保证已发生经济业务的安全、完整，对收付款凭证可以采取混合连续编号，也可以采取分类连续编号；应由专人负责保管票据；在票据和结算业务发生时，需经财务部门主管人员或企业主管人员及经办人签字。

（5）核对。

出纳人员定期编制"银行存款余额调节表"，交由会计主管人员检查，同时定期进行账账核对，以保证银行存款的安全。

18.1.5　未达账项

1. 未达账项的内容

在多数情况下，企业银行存款日记账与银行对账单余额存在误差是因为存在未达账项。未达账项包括以下几种情况。

（1）企业已经入账，银行尚未入账的款项。

企业存入银行的款项，企业已记银行存款增加，而银行尚未办理入账手续。

企业开出转账支票或其他付款凭证，企业已记银行存款减少，而银行尚未支付的款项。

（2）银行已经入账，企业尚未入账的款项。

银行代企业划收的款项已经收妥入账，银行已记企业银行存款增加，而企业尚未接到收款通知，尚未记账的款项。

银行代企业划付的款项已经划出并记账，银行已记企业银行存款减少，而企业尚未接到付款通知，尚未记账的款项。

2. 编制银行存款余额调节表

银行存款余额调节表，是企业为了调整未达账项而编制的一种表。具体编制方法是：在银行存款余额与开户单位账面余额的基础上，加上各自的未收款，减去各自的未付款，然后再计算出双方余额。调节相符后的余额才是企业银行存款实存数。

3. 编制银行存款余额调节表需注意的地方

编制银行存款余额调节表应注意以下几点。

（1）调整的未达账项并不入账。

编制银行存款余额调节表只是为了核对账目，检查账簿记录是否正确，所以调整的未达账项并不入账。

（2）银行存款余额调节表中的双方余额一定要相等。

如果调节后的双方余额相等，一般可以认为双方记账没有差错；如果调节后的双方余额仍不相等，原因有两个，要么是未全部查出未达账项，要么是一方或双方账簿记录还有差错。无论何种原因，都要查清楚，并加以更正，一定要使双方余额相等。

（3）调节相符后的余额是企业银行存款的真实数字，也是企业可以动用的银行存款的最大值。

（4）一个银行账户需要编制一份银行存款余额调节表，要防止串户。

银行存款余额调节表的编制举例如表 18-2 所示。

表 18-2 银行存款余额调节表

银行存款余额调节表

户名：某某（北京）电子商务有限公司

账号：601×××38

开户行：中国民生银行股份有限公司××××支行			2022 年 11 月
项 目（摘要）	金额（元）	项 目（摘要）	金额（元）
企业银行存款日记账余额：	557 663.33	银行对账单余额：	600 443.33
加：银行已收、企业未收款	26 385	加：企业已收、银行未收款	3 717
减：银行已付、企业未付款	1 278	减：企业已付、银行未付款	21 390.00
		购买办公家具	16 390.00
		物流车辆加油卡	5 000.00
调节后的存款余额：	582 770.33	调节后的存款余额：	582 770.33

复核：   制表人：   制表时间：2022 年 12 月 3 日

18.2　银行账户及印章

18.2.1　银行账户概述

银行账户，又称银行存款账户，或称存款账户，是指存款人在中国境内银行开立的人民币存款、支取、转账结算和贷款户头的总称。其中，存款人主要包括机关、团体、部队、企事业单位、个体经营者；银行包括银行和其他金融机构。按照存入资金的性质、用途和管理要求，银行账户可分为基本存款账户、一般存款账户、临时存款账户和专用存款账户四种。上述各类账户均有不同的设置和开户条件。

18.2.2　银行账户管理

按照《银行账户管理办法》的规定，银行账户的管理包括以下两个方面。

1. 中国人民银行对银行账户的管理

中国人民银行对银行账户的管理包括以下几个方面。

（1）负责协调、仲裁银行账户开立和使用方面的争议，监督、稽核开户银行的账户设置和开立，纠正和处罚违反《银行账户管理办法》的行为。

（2）核发开立基本存款账户的开户许可证。中国人民银行对存款人开立基本存款账户的，负责核发开户许可证，如果存款人需要变更基本存款账户，亦必须经中国人民银行审批同意。

（3）受理开户银行对存款人开立和撤销账户的申报。对存款人开立、撤销账户，各银行必须及时向中国人民银行报告。根据规定，开户银行对基本存款账户的撤销，对一般存款账户、临时存款账户、专用存款账户的开立或撤销，应于开立或撤销之日起 7 日内向中国人民银行当地分支机构申报。中国人民银行应运用计算机建立账户管理数据库，加强账户管理。

2. 开户银行对银行账户的管理

开户银行对银行账户的管理包括：

（1）依照规定对开立、撤销账户进行严格审查，对不符合开户条件的，坚决不予开户；

（2）正确办理开户和销户，建立、健全开销户登记制度；

（3）建立账户管理档案；

（4）定期与存款人对账；

（5）及时向中国人民银行申报存款人开立和撤销账户的情况。

根据《银行账户管理办法》的规定，银行账户管理应遵守以下基本原则。

（1）一个基本账户原则，即存款人只能在银行开立一个基本存款账户，不能多头开立基本存款账户。存款人在银行开立基本存款账户，实行由中国人民银行当地分支机构核发开户许可证制度。

（2）自愿选择原则，即存款人可以自主选择银行开立账户，银行也可以自愿选择存款人开立账户。任何单位和个人不得强制干预存款人和银行开立或使用账户。

（3）存款保密原则，即银行必须依法为存款人的相关信息保密，维护存款人对资金的自主支配权。除国家法律规定和国务院授权中国人民银行总行的监督项目外，银行不代任何单位和个人查询、冻结、扣划存款人账户内的存款。

（4）银行不垫款原则。银行在办理结算时，只负责办理结算双方单位的资金转移，不为任何单位垫付资金。

18.2.3 使用银行账户应注意的内容

根据《银行账户管理办法》和《违反银行结算制度处罚规定》等的规定，使用银行账户时要注意以下内容。

（1）存款人可以自主选择银行，银行也可以自愿选择存款人开立账户，任何单位和个人不得干预存款人在银行开立或使用账户。

（2）存款人在其账户内应有足够资金保证支付。

（3）银行应依法为存款人保密，维护存款人资金自主支配权，不代任何单位和个人查询、冻结、扣划存款人账户内存款。国家法律规定和国务院授权中国人民银行总行的监督项目除外。

（4）存款人不准签发中期或远期支票，不允许套取银行信用。

（5）存款人申请改变账户名称的，应撤销原账户，按规定开立新账户。

（6）存款人撤销账户，必须与开户银行核对账户余额，经开户银行审查同意后，办理销户手续。存款人在销户时，应交回各种重要空白凭证和开户许可证；否则，所造成的后果应由存款人承担责任。

（7）银行在办理结算过程中，必须严格执行银行结算办法的规定，及时办理结算凭证。不准延误、积压结算凭证，不准挪用、截留客户和他行的结算资金；不准拒绝受理客户和他行的正常业务。

（8）下列存款人已在银行开立一个基本存款账户的，可以根据其资金性质和管理需要另开立一个基本存款账户：

①管理财政预算资金和预算外资金的财政部门；

②实行财政预算管理的行政机关、事业单位；

③县级（含）以上军队、武警单位；

④存款人在撤销基本存款账户后，可以在另一家银行开立新账户。

（9）存款人不得在多家银行机构开立基本存款账户。存款人不得在同一家银行的几个分支机构开立一般存款账户。

（10）存款人应认真贯彻执行国家的政策法令，遵守银行信贷结算和现金管理的相关规定。银行检查时，存款人应提供账户使用情况的有关资料。

（11）存款人不得因开户银行严格执行制度、执行纪律，转移基本存款账户。如果存款人因此转移基本存款账户，中国人民银行不得对其核发开户许可证。

（12）存款人的账户只能用于办理存款人本身的业务活动，不得出租和转让账户。

（13）正确、及时记载和银行的往来账务，并定期核对。发现不符，应及时与银行联系，查对清楚。

18.2.4　各类银行账户

1. 基本存款账户

基本存款账户，是指存款人用于办理日常转账结算和现金收付的账户。它是独立核算单位在银行开立的主要账户。存款人的工资、奖金等支出，只能通过基本存款账户办理。按照规定，每个存款人只能在银行开立一个基本存款账户。

（1）可以开设基本存款账户的存款人。

根据《银行账户管理办法》的规定，下列存款人可以申请开立基本存款账户：①企业法人；②企业法人内部单独核算的单位；③管理财政预算资金和预算外资金的财政部门；④实行财政管理的行政机关、事业单位；⑤县级（含）以上军队、武警单位；⑥外国驻华机构；⑦社会团体；⑧单位附设的食堂、招待所、幼儿园；⑨外地常设机构；⑩私营企业、个体经济户、承包户和个人。

（2）申请开立基本存款账户需提供的文件。

存款人申请开立基本存款账户，应向开户银行出具下列证明文件之一：①当地市场监督管理机关核发的企业法人营业执照或营业执照；②中央或地方编制委员会、人事、民政等部门的批文；③军队军以上、武警总队财务部门的开户证明；④单位对附设机构同意开户的证明；⑤驻地有权部门对外地常设机构的批文；⑥承包双方签订的承包协议；⑦个人居民身份证和户口簿。

（3）开设基本存款账户的程序。

开设基本存款账户的程序一般是：

①填制开户申请表；

②提供开户证明，并送交盖有存款人印章的印鉴卡片；

③开户银行审核；

④开户银行同意后，将申请材料送交中国人民银行当地分支机构审核；

⑤中国人民银行审核无误后，填制开户许可证；

⑥退回开户证明。

开户申请表一式三联，第一联由中国人民银行当地分支机构留存，第二联由开户银行留存，第三联由存款人保管，待销户时做重新开户的证明。印鉴卡片一式两张，一张留存开户银行，另一张留存开户单位。开户许可证一式两本（正、副本），正本由开户单位留存，副本由开户银行存查。

2. 一般存款账户

一般存款账户，是指存款人在基本存款账户以外的银行借款、转存，与基本存款账户的存款人不在同一地点的附属非独立核算单位开立的账户。存款人可以通过一般存款账户转账、结算和存入现金，但不能支取现金。

（1）可以开设一般存款账户的存款人。

根据《银行账户管理办法》的规定，下列情况的存款人可以申请开立一般存款账户，并需提供相应的证明文件：

①在基本存款账户以外的银行取得借款的单位和个人可以申请开立该账户，并需向开户银

行出具借款合同或借款借据；

②与基本存款账户的存款人不在同一地点的附属非独立核算单位可以申请开立该账户，并需向开户银行出具基本存款账户的存款人同意其附属的非独立核算单位开户的证明。

（2）开设一般存款账户的程序。

存款人在申请开立一般存款账户时，应该按照以下程序进行：

①填制开户申请书；

②提供一般存款账户开户许可证，并送交盖有存款人印章的印鉴卡片；

③经开户银行审核同意后开立账户。

3. 临时存款账户

临时存款账户，是存款人因临时经营活动需要开立的账户，存款人可以通过临时存款账户办理转账结算和根据国家现金管理的规定办理现金收付。

（1）可以开设临时存款账户的存款人。

根据《银行账户管理办法》的规定，下列存款人可以申请开立临时存款账户，并需提供相应的证明文件：

①外地临时机构可以申请开立该账户，并需出具当地工商行政管理机关核发的临时执照；

②有临时经营活动需要的单位或个人可以申请开立该账户，并需出具当地有权部门同意设立外来临时机构的批件。

（2）开立临时存款账户的程序。

存款人申请开立临时存款账户，应填制开户申请书，提供相应的证明文件，送交盖有存款人印章的印鉴卡片，经银行审核同意后，即可开设此账户。

4. 专用存款账户

专用存款账户，是指存款人按照法律、行政法规和规章，对其特定用途资金进行专项管理和使用而开立的银行结算账户。

（1）专用存款账户设置的条件。

根据《银行账户管理办法》的规定，存款人对特定用途的资金，由存款人向开户银行出具相应证明即可开立该账户。特定用途的资金包括：基本建设的资金；更新改造的资金；其他特定用途，需要专户管理的资金。

（2）开设专用存款账户需要提供的文件。

根据《银行账户管理办法》的规定，存款人申请开立专用存款账户时，应向开户银行出具下列证明文件之一：

①经有权部门批准立项的文件；

②国家有关文件的规定。

（3）专用存款账户开立的程序。

存款人申请开立专用存款账户，应填制开户申请书，提供相应的证明文件，送交盖有存款人印章的印鉴卡片，经银行审核同意后开立账户。

18.2.5　银行账户变更

1. 变更账户名称

事业单位因某些原因需要变更账户名称时，应向银行交验上级主管部门批准的正式函件；企业和个体工商户需变更账户名称时需交验工商行政管理部门登记注册的新营业执照，经银行审查核实后，变更账户名称，或者撤销原账户，重立新账户。

2. 变更预留印鉴

开户单位由于人事变动或其他原因需要变更预留的单位财务专用章、财务主管印鉴或出纳人员印鉴的，应填写"更换印鉴申请书"，并出具有关证明，经银行审查同意后，重新填写印鉴卡片，并注销原预留的印鉴卡片。

3. 迁移账户

单位办公或经营地点发生变更时，相关人员应到银行办理迁移账户手续。如果迁入、迁出在同一城市，则可以凭迁出行出具的凭证到迁入行开立新户。如果迁入异地，则应按规定向迁入银行重新办理开户手续。在搬迁过程中，如有需要可要求原开户银行暂时保留原账户，但在搬迁结束已在迁入地恢复经营活动时，则应在 1 个月内到原开户银行结清原账户。

另外，按照规定，连续 1 年以上没有发生收付活动的账户，开户银行经过调查认为该账户无须继续保留即可通知开户单位来银行办理销户手续。开户单位接通知后 1 个月内必须办理，逾期不办理可视为自动销户，账户余额将作为银行收益。

4. 撤销、合并账户

各单位因机构调整、合并、撤销、停业等原因，需要撤销、合并账户的，应向银行提出申请，经银行同意后，首先要同开户银行核对存贷款户的余额并结算全部利息，全部核对无误后开出支取凭证结清余额，同时将未用完的各种重要空白凭证交给银行注销，然后才可办理撤销、合并手续。销户单位因未交回空白凭证而产生的一切问题应由销户单位自己承担责任。

18.2.6　印章丢失了怎么办

各单位在预留银行印鉴的印章遗失时，应当出具公函，填写"更换印鉴申请书"，由开户银行办理更换印鉴手续。遗失个人名章的由开户单位备函证明，遗失单位公章的由上级主管单位备函证明。经银行同意后按规定更换印鉴，并在新印鉴卡上注明情况。

18.2.7　如何更换预留印鉴

单位因印章发生磨损，或者改变单位名称、人员调动等原因而需要更换预留印鉴时，应填写"更换印鉴申请书"，然后由开户银行发放新印鉴卡。单位应将原印鉴盖在新印鉴卡的反面，将新印鉴盖在新印鉴卡的正面，并注明新印鉴启用日期，之后交开户银行。在更换印鉴前签发的支票仍然有效。

18.3　认识银行贷款

银行贷款，就是企业根据其生产经营业务的需要，为弥补自有资金的不足，而向银行借入的款项，是企业生产经营活动资金的重要来源。

18.3.1 申请贷款

1. 申请贷款应具备的条件

根据有关规定，向银行申请办理贷款的企业必须具备下列条件。

（1）借款企业必须是经主管部门或县以上工商行政管理机关批准设立、注册登记的，并持有相关营业执照的企业。

（2）企业必须在银行开立账户，有经济收入和还款能力。

（3）借款企业的项目建议书、可行性研究报告和初步设计已获批准，并已列入国家固定资产投资计划。

（4）借款企业必须是实行独立的经济核算、单独计算盈亏、单独编制财务报表、有对外签订交易合同的权力的企业。

（5）借款企业必须有正常生产经营所需的一定数量的自有资金，并保证完整无缺。

（6）必须提供银行认可的借款担保人或抵押品做担保，并按时向银行报送有关财务、统计报表，接受银行的贷款监督和检查。

2. 银行贷款的方法

银行贷款一般有以下四种方法：

（1）逐笔申请，逐笔核贷，逐笔核定期限，到期收回，周转使用；

（2）逐笔申请，逐笔核贷，逐笔核定期限，到期收回；

（3）一次申请，集中审核，定期调整；

（4）每年或每季一次申请贷款，由银行集中审核。

18.3.2 申办银行贷款的程序

企业向银行贷款时应遵循以下程序。

1. 贷款申请

在实际工作中，贷款人提出贷款申请。贷款人一般采用填写"贷款申请书"的方式提出贷款申请，并提供以下有关资料：

（1）贷款人上一年度经市场监督管理局办理年检手续证明的文件复印件；

（2）贷款人上一年度和最近一期的财务会计报告及生产经营、物资材料供应、产品销售和出口创汇计划及有关统计资料；

（3）贷款人的贷款证，贷款人在银行开立的基本存款账户及其他账户的情况，以及原有借款的还本付息情况；

（4）贷款人财务负责人的资格证书和聘用书复印件；

（5）购销合同复印件或反映企业资金需求的有关凭证、资料、项目建设书或项目可行性研究报告和国家有关部门的批准文件原件；

（6）非负债的自筹资金落实情况的证明文件；

（7）贷款行需要的其他资料。

2. 贷款行审查

银行必须对贷款人的申请进行审查，以确定是否予以贷款。审查内容包括以下两个方面。

（1）形式审查，即检查"贷款申请书"等有关内容的填写是否符合要求，有关的批准文件、计划是否具备等。

（2）实体审查，即检查"贷款申请书"有关内容是否真实、正确、合法。对符合贷款条件的项目，可在"贷款申请书"的审查意见栏内注明"同意贷款"字样。

3．签订贷款合同

贷款人的贷款申请，经贷款行审查同意后，贷款双方即可签订贷款合同。在贷款合同中，应明确规定贷款的种类、金额、用途、期限、利率、还款方式、结算办法和违约责任等条款，以及当事人双方商定的其他事项。

18.3.3 认识贷款证

贷款证，是指企业向国内商业银行申请贷款的凭证。该凭证由当地中国人民银行统一印制、颁发给注册地法人企业，是商业银行审查贷款的重要依据之一。

1．贷款证的内容

（1）发证记录和年审记录。此部分由发证机关填写，"发证记录"一栏用来填写贷款证启用时间和有效期限；"年审记录"一栏用来填写年审结论。

（2）企业概况。此部分由企业在申领贷款证时填写，内容主要包括企业名称、法定代表人、注册资本、经济类型、行业类别等。

（3）银行存款开户记录。此部分由企业填写，内容包括开户银行名称和账号，不得漏填；企业在银行开立新的结算户后，要及时填写开户记录；填写时要注明基本结算户和主要贷款金融机构。

（4）贷款金额情况统计表。此部分由企业在申领贷款和年审时，填写其在各金融机构的贷款金额。

（5）贷款发生情况登记表。该表分人民币贷款和外币贷款两类，反映企业借款和还款情况。此部分由金融机构信贷部门填写。

（6）异地贷款情况登记表。该表反映企业在注册地之外的城市办理借款业务的情况。此部分由提供贷款的金融机构信贷部门填写。

（7）企业提供经济保证情况登记表。该表反映企业提供经济保证的情况。此部分由提供贷款的金融机构信贷部门填写。

（8）企业资信等级记录。在实行贷款证管理制度的城市，经发证机关认可的资信评估机构对企业评定的资信等级，可在此部分登记。

（9）备注。发证机关和金融机构信贷部门在此部分记录有关事宜。

2．贷款证的发放对象

在实行贷款证管理制度的城市内，企业拟申请借款或已与金融机构有借款还款关系者，必须申领贷款证。企业只能向注册地发证机关申领贷款证。一家企业只能申领一本贷款证。贷款证可在实行贷款证管理制度的城市内通用。

3．申请贷款证时需提供的资料

企业在申请贷款证时，需向发证机关提交下列文件：

（1）营业执照正本复印件，并出示副本原件；

（2）企业注册资本的验资报告复印件，或有关注册资本来源的证明材料；

（3）企业法定代表人身份证复印件及履历证明材料；

（4）企业启用或刻印行政公章的证明文件；

（5）发证机关要求的其他材料。

在以上文件齐备并经审验无误后，发证机关应在1个月内为企业颁发贷款证。贷款证经发证机关加盖公章后开始生效。

4. 办理贷款证的程序

（1）领证。申办人持本人身份证、营业执照正本，到中国人民银行所在地区分行领取空白贷款证及贷款证申请表等四份表格。

（2）填写申领表格。企业要真实、完整地填写申领表格。

（3）认真填写贷款证中的相关内容。在申领贷款证时，企业自行填写的内容主要有：贷款企业概括、人民币存款户开户记录、外币存款户开户记录、贷款余额情况统计表。由企业报送金融机构信贷部门填写的内容包括：人民币贷款发生情况登记表、外币贷款发生情况登记表、异地贷款发生情况登记表、企业经济保证情况登记表。

（4）办证送审资料及证明文件。贷款企业将填妥的表格和贷款证送交中国人民银行所在地分行，并提交证明文件、企业上年度财务决算报表，以及申领贷款证前1个月的财务报表。如是非法人企业还需提交主管企业法人授权委托人的复印件；与金融机构新建立信贷关系的企业或贷款总额在500万元以上的企业需出示资信等级证明；需要与金融机构新建立信贷关系的企业在申办贷款证时，还需提供所在开户金融机构同意建立信贷关系的证明。

中国人民银行所在地分行收到企业申办贷款证的上述资料和文件，经审验齐备无误的，应在1个月内，将加盖公章的贷款证发给申办企业。

5. 贷款证的使用

企业在使用贷款证时应遵守并注意以下规定。

（1）企业在领取贷款证后，方有资格办理借款还款手续。

（2）企业在归还贷款时，应持金融机构会计部门填制的贷款偿付凭证和贷款证，到金融机构信贷部门及时做还款记录。信贷人员需在贷款证上逐笔登记，并签字盖章。

（3）在企业申请借款时，金融机构信贷部门必须查验借款企业的贷款证；决定向其贷款后，信贷人员需在贷款证上逐笔登记，并签字盖章。

（4）在企业申请贷款经信贷部门批准后，信贷人员需在贷款证上逐笔记录，并签字盖章。

（5）资信评估机构对企业评级，在企业资信等级记录栏中记录后应加盖公章。

（6）企业不得出借、出租、转让、涂改和伪造贷款证。

（7）金融机构信贷部门查验企业贷款证的时间不得超过15天。

（8）信贷部门办理保证贷款时，必须同时查验保证企业的贷款证。决定办理保证贷款后，信贷人员需同时在被保证企业和保证企业贷款证上逐笔登记，并签字盖章。

（9）借款企业归还保证贷款时，应及时通知保证企业持贷款证到信贷部门做核销登记，由信贷人员签字盖章。

（10）企业在注册地以外的城市的金融机构办理借款还款手续，要持其所在城市发证机关颁发的贷款证按上述相同程序在异地贷款栏中登记。

在使用贷款证过程中，若企业违反了贷款证使用的有关规定，发证机关应视情节轻重给予批评教育、暂停办理贷款证、通知各金融机构暂停贷款直至吊销贷款证等处罚。

6. 变更贷款证的原因

持证企业向发证机关申请办理贷款证变更的原因大致有以下几种：

（1）企业名称变更；

（2）企业法定代表人更换；

（3）企业注册资本变更；

（4）企业法定住址迁移；

（5）贷款证登录满页或严重破损。

7. 贷款证年审手续

贷款证实行集中年审，年审内容主要包括企业生产经营概况、财务状况和银行开户情况等。在年审期间，贷款证仍然有效。年审手续一般如下：

（1）发证机关每年 3—6 月对贷款证进行年审；

（2）企业凭营业执照正本原件及贷款证领取空白年审报告；

（3）企业把填好的年审报告交回发证机关审核，并提交营业执照正本复印件、贷款证，以及企业上一年度的资产负债表、利润表和年审时企业最新的月度财务报表。

18.4　银行存款的会计核算

银行存款的会计核算主要包括序时核算和总分类核算两个部分。在实际操作中，出纳人员主要从事序时核算。

1. 序时核算

银行存款的序时核算，就是利用银行存款日记账，按照经济业务发生的时间先后顺序，将银行存款的收、支、结余情况逐日、逐笔地反映出来。

银行存款日记账是逐日、逐项记录一个单位银行存款收、支及结存情况的账簿。银行存款日记账由出纳人员根据银行存款收付款凭证和原始凭证进行登记，并在每日终了时结算出银行存款收支发生额和结存额。出纳人员月末还要计算出本月收入付出的合计数和月末结余数，并与银行存款总分类账进行核对。银行存款日记账的建立和使用，为企业随时掌握银行存款收、支动态和结余情况，合理调度资金，组织收支平衡提供了信息资料。

只要有结算业务的单位，不管规模大小，都要设置银行存款日记账。有外币存款的企业，应分别按人民币和各种外币设置银行存款日记账进行明细核算。企业发生外币业务时，应将有关外币金额折合为人民币记账。除另有规定外，所有与外币业务有关的账户，应采用业务发生时的汇率进行折合，也可以采用业务发生当期期初的汇率折合。

期末，各种外币账户的期末余额，应按期末汇率折合为人民币。将按期末汇率折合的人民币金额与原账面人民币金额之间的差额，作为汇兑损益。汇兑损益一般应该计入当期财务费用，但下面两种情况除外：

（1）筹建期间发生的汇兑损益，计入长期待摊费用；

（2）与购建固定资产有关的外币专门借款产生的汇兑损益，按借款费用的处理原则处理。

2. 总分类核算

（1）设置会计科目。

这里的会计科目是指"银行存款"科目。它属于资产类会计科目，用以核算企事业单位存入银行的各种存款的增减变动和结存情况。该科目借方反映企事业单位银行存款的增加数，贷方反映其减少数；余额一般在借方，表示企事业单位银行存款的实际结存数。

（2）会计核算。

企事业单位存入款项时，应填写"送款单"，将现金或结算款项存入银行。企事业单位应将银行收款后退回的"送款单"作为存款凭证，并按存入的金额记入"银行存款"科目的借方；或由单位委托银行按照结算办法及有关规定，将单位收入的款项主动存入银行，单位应将银行收款退回通知单作为存款凭证。企事业单位从银行提取现金时，应将银行开具的现金支票作为银行存款支出凭证，按提取金额记入"银行存款"科目的贷方。

第 19 章
出纳工作的内容——外汇管理

本章导读

在经济全球化趋势中，我国企业涉外经济业务不断增多。这对出纳人员提出了更高的要求。依国家规定，我国企业应按照国家外汇管理和结汇、购汇制度的规定以及相关文件办理外汇出纳业务。外汇出纳业务是一项政策性很强的工作，出纳人员应熟悉国家外汇管理制度，掌握涉及外汇业务的处理方法，及时办理结汇、购汇、付汇，以避免国家外汇损失。

本章重点介绍了外汇的定义、汇率的相关规定、外汇账户的开设、外汇核算账户设置、外汇借款业务的会计核算、期末外汇账户余额的调整、接受外汇资本投资的会计核算。

19.1　认识外汇

19.1.1　外汇的含义

外汇不等于人们常说的外币，它是国际结算业务中的一个重要概念。出纳人员在办理涉外收支结算业务时，只有掌握了外汇的基本常识，才能顺利地完成各项外汇工作任务。

外汇（Foreign Exchange）是国际汇兑的简称，指外国货币或以外国货币表示的能用于国际结算的支付手段和资产，主要包括信用票据、支付凭证、有价证券及外汇现钞等。

根据我国于 1996 年颁布的《中华人民共和国外汇管理条例》，外汇是指下列以外币表示的可以用作国际清偿的支付手段和资产。

①外币现钞，包括纸币、铸币。

②外币支付凭证或者支付工具，包括票据、银行付款凭证、银行卡等。

③外币有价证券，包括债券、股票等。

④特别提款权。

⑤其他外汇资产。

19.1.2　汇率

汇率，又称汇价，指一种货币以另一种货币表示的价格，或者说是两国货币间的比价，通常用两种货币之间的兑换比例来表示。例如，USD/JPY=120.47，表示 1 美元等于 120.47 日元，在这里美元称为单位货币，日元称为计价货币。

在外汇市场上，汇率是以五位数字来显示的，如：

欧元 / 美元 EUR/USD=1.067 7

美元 / 日元 USD/JPY=120.47

英镑 / 美元 GBP/USD=1.472 3

美元 / 瑞郎 USD/CHF=0.976 2

1. 汇率的标价方法

在进行外汇折算时，根据选择计价货币的标准，汇率的标价方法可以分为两种，即直接标价法和间接标价法。

（1）直接标价法。

直接标价法，又叫应付标价法，是以一定单位（1、100、1 000、10 000）的外币为标准来计算应付出多少单位本币的方法。就相当于计算购买一定单位外币应付多少本币，所以又叫应付标价法。

在直接标价法下，若一定单位的外币折合的本币数额多于前期的数额，则说明外币币值上升或本币币值下跌，叫作外汇汇率上升；反之，如果用比原来少的本币即能兑换到同一数额的外币，则说明外币币值下跌或本币币值上升，叫作外汇汇率下跌。外币的价值与汇率的涨跌成正向变动。

（2）间接标价法。

间接标价法又称应收标价法。它是以一定单位（如1个单位）的本国货币为标准，来计算应收若干单位的外国货币的方法。在国际外汇市场上，欧元、英镑等均采用间接标价法。如欧元/1美元 =1.067 7，即1欧元可兑1.067 7美元。

2. 汇率的种类

汇率有以下几种分类。

（1）买入汇率和卖出汇率。

在我国，外汇收支一般集中在商业银行和政策性单位。它们在收支外汇的过程中实行外汇买卖，以赚取买卖差价，其外汇标价方法可以分为买入汇率、卖出汇率和中间汇率。

买入汇率又称买入价，是指银行向持汇人（包括企业）买入外汇时所标明的汇率。

卖出汇率又称卖出价，是指银行向购汇人（包括企业）卖出外汇时所标明的汇率。

中间汇率是指买入价和卖出价的平均价，等于买价加卖价之和除以2。

（2）即期汇率和远期汇率。

汇率时效性相当强，例如，4月5日汇率为1美元 =6.132 8元人民币，但4月6日汇率可能是1美元 =6.195 1元人民币，4月7日则可能是1美元 =6.236 3元人民币等。在这种情况下，可按外汇买卖交割时间的长短来划分汇率，可分为即期汇率和远期汇率。

即期汇率是指双方在买卖成交后，在当天或两天内付款，实行交割的汇率。

远期汇率又称为期汇汇率，是指外汇买卖在未来某一约定时期交割的汇率，常在外汇交易套期保值业务和外汇约定套期保值业务中为避免外汇汇率变动风险或进行投机性交易时采用。

（3）国际汇兑方式下的汇率。

电子国际汇兑结算业务中，按信用工具和外汇收付时间的不同，汇率可分为电汇汇率、信汇汇率和票汇汇率。

电汇汇率是以电报、海底电缆或电传传达付款时所使用的汇率，由于其不受利息因素的干扰，也无外汇风险，因此一般被视为汇率基准。

信汇汇率是以信函传达付款通知时使用的汇率。

票汇汇率是指银行买卖外汇资产、支票或其他票据时所使用的汇率。根据付款时间的不同，票汇汇率可分为即期票汇汇率和远期票汇汇率。

19.2　外汇业务会计核算原则及外汇账户

19.2.1　外汇业务的会计核算原则

外汇业务属于特殊类型的经济业务，其会计核算原则如下。

（1）外币账户采用双币记账。

在反映外币业务时，在将外币折算为记账本位币的同时，还要在账簿上用业务发生时的成交货币（原币）入账，以真实全面地反映一笔外汇业务的实际情况。

（2）外币应折算为记账本位币入账。

企业在发生外币业务时，应当将有关外币金额折合为记账本位币金额记账。

（3）汇兑损益的账务处理。

企业在向外汇指定银行结售或购入外汇时，将银行买入价、卖出价进行交易与市场的汇价产生的汇率差额，作为外币兑换损益计入汇兑损益。

（4）外币账户期末余额的账务处理。

企业各外币账户的期末余额为以期末市场汇率折合为记账本位币的金额，以如实反映该外币按期末市场汇率折算为记账本位币后的实际余额，并将折算后的期末余额与原记账本位币余额的差额按规定记入该账户和汇兑损益账户。

（5）外币分账制的账务处理。

对于经营多种货币信贷或融资租赁业务的企业，也可以根据业务的需要，采用分账制。

19.2.2　开设外汇账户

按照中国人民银行 1997 年 10 月 7 日发布的《境内外汇账户管理规定》的相关内容，不同的外汇，办理开户的手续各不相同，具体如下。

（1）下列经常项目外汇，可以开立外汇账户保留外汇。

①经营境外承包工程、向境外提供劳务、技术合作的境内机构，在其业务项目进行过程中发生的业务往来外汇。

②从事代理对外或者境外业务的境内机构代收代付的外汇。

③境内机构暂收待付或者暂收待结项下的外汇，包括境外汇入的投标保证金、履约保证金、先收后支的转口贸易收汇、邮电部门办理国际汇兑业务的外汇汇兑款、铁路部门办理境外保价运输业务收取的外汇、海关收取的外汇保证金、抵押金等。

④经交通部批准从事国际海洋运输业务的远洋运输公司，经外经贸部批准从事国际货运的外运公司和租船公司的业务往来外汇。

⑤保险机构受理外汇保险、需向境外分保以及尚未结算的保费。

⑥根据协议规定需用于境外支付的境外捐赠、资助或者援助的外汇。

⑦免税品公司经营免税品业务收入的外汇。

⑧有进出口经营权的企业从事大型机电产品出口项目，其项目总金额和执行期达到规定标准的，或者国际招标项目过程中收到的预付款及进度款。

⑨国际旅行社收取的、国外旅游机构预付的、在外汇局核定保留比例内的外汇。

⑩外商投资企业在外汇局核定的最高金额以内的经常项目项下外汇。

⑪境内机构用于偿付境内外外汇债务利息及费用的外汇。

⑫驻华机构由境外汇入的外汇经费。

⑬个人及来华人员经常项目项下收入的外汇。

⑭境内机构经外汇局批准允许保留的经常项目项下的其他外汇。

（2）境内机构（外商投资企业除外）应当持下列材料向外汇局申请开户，并填写国家外汇管理局开立外汇账户批准书，经批准后在中资开户金融机构开立外汇账户，开户后5日内凭开户回执向外汇局领取外汇账户使用证：

①申请开立外汇账户的报告；

②根据开户单位性质分别提供市场监督管理部门颁发的营业执照或者民政部门颁发的社团登记证或者国家授权机关批准成立的有效批件；

③国务院授权机关批准经营业务的批件；

④外汇局要求提供的相应合同、协议或者其他有关材料。

中资开户金融机构为境内机构开立外汇账户后，应当在开户回执上注明账号、币种和开户日期，并加盖该金融机构戳记。

（3）外商投资企业开立经常项目下外汇账户应当持申请开立外汇账户的报告、外商投资企业外汇登记证向外汇局申请，持外汇局核发的开户通知书和外商投资企业外汇登记证到开户金融机构办理开户手续。开户金融机构为外商投资企业开立外汇账户后，应当在外商投资企业外汇登记证相应栏目中注明账号、币种和开户日期，并加盖该金融机构戳记。

19.2.3　外汇账户的销户

按照规定，在外汇账户使用期满或者由于其他原因需要撤销外汇账户时，外汇管理局按照规定对开户银行和开户单位下达撤销外汇账户通知书，并对该账户余额做出明确处理，限期办理撤户手续。境内企事业单位、机关和社会团体按照规定关闭账户时，其外汇余额全部结汇；其中属于外商投资企业外方投资者的部分，允许其转移或汇出。在外汇账户关闭后，开户单位应当将外汇账户使用证、外债登记证和外汇（转）贷款登记证退回外汇管理局。

按照规定，境内机构经批准在境外开立的外汇账户，自使用到期之日起30日内，开户单位需向外汇管理局提出已注销境外账户说明，将余额调回境内，并提交销户清账单；需要延期使用境外账户的，需在到期前30天向外汇管理局提出申请。

19.3　认识外汇业务

19.3.1　外汇业务的基本要点

外汇业务是指企业以记账本位币以外的货币进行账款收付、往来结算等的经济业务，主要包括企业购买以外汇计价并结算的劳务或商品、企业借入或借出外汇债务、企业清偿或承担以外汇计价的债务等。

外汇业务的会计处理方法有外汇统账制和外汇分账制两种。外汇统账制是指企业在发生外汇业务时，将外币折算为记账本位币进行入账的方法；外汇分账制则是指企业在日常核算时按照原币记账，分币种核算损益和编制财务报表，在资产负债表日将外汇财务报表换算为以记账本位币表示的财务报表，并与以记账本位币表示的报表进行合并，编制企业整体业务的财务报表。

从我国当前的会计实践来看，绝大多数企业均选用简便易行的外汇统账制，只有一些外汇业务多、金额大的企业，如商业银行才采用外汇分账制。本书中只介绍外汇统账制这一会计处理方法。

19.3.2　外汇业务的会计核算基本程序

企业发生外汇业务时的会计核算基本程序如下。

（1）根据一定的折算汇率，将外汇金额折算为记账本位币金额，按照折算后的记账本位币金额登记有关账户；在登记有关记账本位币账户的同时，按照外汇金额登记相应的外汇账户。

（2）期末（指月末、季末、年末），对各种外汇账户（包括外汇现金、外汇银行存款、以外汇结算的债权债务）的期末余额，按照期末市场汇率折合为记账本位币金额，并将外汇账户期末余额折合为记账本位币金额与相对应的记账本位币账户的期末余额之间的差额，确认为财务费用中的汇兑损益；如果属于在企业筹建期发生的金额，则计入长期待摊费用；如果属于与购建固定资产相关的专门的外币借款产生的汇兑损益，则需要计入所购建的固定资产的成本之中。

19.3.3　外汇核算账户设置

涉外企业在核算外币业务时，应当根据实际情况设置相应的外币账户，包括外币现金、外币银行存款、以外币结算的债权（如应收票据、应收账款、预付账款等）账户和债务（如短期借款、应付票据、应付账款、预收账款、应付职工薪酬、长期借款等）账户。外币账户应当与非外币的各个相同的账户分别设置，并分别核算。

1.　"库存现金——××外币"账户的设置

有外币现金的企业，出纳人员应当分别对人民币和各种外币设置现金日记账并进行明细核算，按外币业务核算的原则进行会计处理，保证信息的真实性和及时性。

2.　"银行存款——××外币"账户的设置

有外币存款的企业，应分人民币和各种外币设置银行存款日记账并进行明细核算，将按期末汇率折合的人民币金额与原账面人民币金额之间的差额作为汇兑损益，并分以下情况进行处理：

（1）筹建开办期间发生的汇兑损益，计入长期待摊费用；

（2）与购建固定资产有关的外币专门借款产生的汇兑损益，按借款费用的处理原则处理；

（3）除上述情况外，汇兑损益均计入当期财务费用。

3. "财务费用——汇兑损益"账户的设置

为了准确地核算企业的汇兑损益，应设置"汇兑损益"明细账户。该账户贷方登记本期发生的汇兑收益数额，借方登记发生的汇兑损失数额；若余额在借方则表示汇兑损失的净额，若余额在贷方则表示汇兑收益的净额。期末应将"汇兑损益"明细的账户的余额结转至"本年利润"账户，结转后的"账务费用——汇兑损益"账户应无余额。

19.3.4　外币兑换的核算

1. 企业将外币卖给银行的核算

企业将其所持有的外币卖给银行，银行按当日买入价折算成人民币付给企业。由于"银行存款——人民币户"科目是按实得人民币记账的，而"银行存款——外币户"等科目是按当日市场汇价或当期期初市场汇价记账的，因此就产生了买入价与市场汇价的差额，应将该差额记入"财务费用——汇兑损益"科目，即借记"银行存款——人民币户"科目和"财务费用——汇兑损益"科目，贷记"银行存款——外币户"科目。有些不允许开立现汇账户的企业，应将取得的外币收入及时地结售给银行。

2. 企业从银行买入外币的核算

在企业买入外币时，银行按卖出价计算并收取人民币。由于"银行存款——人民币户"科目是按实付人民币记账的，而"银行存款——外币户"等科目是按当日市场汇价或当期期初市场汇价记账的，因此就产生了银行卖出价与市场汇价的差额，应将该差额记入"财务费用——汇兑损益"科目。即借记"银行存款——外币户"科目，贷记"财务费用——汇兑损益"科目和"银行存款——人民币户"科目。

19.3.5　外币借款业务

（1）允许开立外汇现汇账户的企业在发生外币借款业务时的账务处理。

允许开立外汇现汇账户的企业，对外币借款业务的账务处理比较简单，只需把所借外币按当日或当期期初的市场汇价折算成记账本位币入账。由此造成的"短期借款"科目借贷两方的人民币差额，在期末调整时一并处理。

（2）不允许开立外汇现汇账户的企业在发生外币借款业务时的账务处理。

不允许开立外汇现汇账户的企业，不能设置"银行存款——外币户"科目，应将在归还借款时产生的汇兑损益及短期借款的利息支出均记入"财务费用"科目。

19.3.6　会计期末外汇账户余额的调整

企业发生的外币交易业务，包括进口、出口，以及其他以外币结算的收入和支出业务，所产生的外币金额均按当日或当期期初的市场汇率折合为记账本位币。由于借贷双方使用相同的汇率进行折算，故平时不会产生汇兑损益。在月份（或季度、年度）终了，要对所有外币账户余额，按期末市场汇率进行调整。调整程序如下。

（1）根据外币账户期末的原币余额按期末市场汇率计算出折合的人民币余额。

（2）将折合的人民币余额与调整前的原账面人民币余额相比较，计算应调整的人民币余额的差额。

（3）根据应调整的人民币差额，确定发生的汇兑损益。

（4）编制会计分录，调整各外币科目的账面余额，并将由此产生的差额记入"财务费用"等科目。

19.3.7　投入外币资本业务

投入外币资本业务，主要是指投入资本的折合，即当投入资本与原注册资本或记账本位币不一致时，需要按一定汇率将投入资本折合为注册资本或记账本位币。在折合时，对有关资产账户，按收到出资额当日的市场汇率折合。对"实收资本"科目余额，合同有约定汇率的，按合同约定汇率折合，并将按合同约定汇率与按市场汇率折合的差额作为资本公积处理；合同没有约定汇率的，应分别针对不同情况进行处理。

（1）在登记注册的货币与记账本位币一致时，按收到出资时的市场汇率折合，借记"银行存款——外币户"科目，贷记"实收资本"科目。

（2）在登记注册的货币与记账本位币不一致时，按企业第一次收到出资时的市场汇率折合；如果投资人分期出资的，则各期出资均应按第一次收到出资时的市场汇率折合。由于有关资产账户与"实收资本"账户所采用的折合汇率不同而产生的记账本位币差额，作为资本公积处理。

第 20 章
出纳工作的保障——出纳查错与纠错

本章导读

出纳工作要求做到准确无误。所以在日常工作中，出纳人员的工作态度和工作细致程度对工作成果十分重要。但是，出纳工作本身非常烦琐，出纳人员在工作中也难免会出现一些错误和纰漏。

认真细致的态度和有意识地防范是确保出纳工作准确无误的基础；同时定期审查账务，及时发现并纠正差错也是确保出纳工作质量的重要环节。

本章重点介绍了错款和失款的定义、发生差错的原因、常见的会计错弊；会计舞弊的定义及识别方法；错误的防范措施及差错的查找方法；等等。

20.1 出纳工作中的常见错误

20.1.1 错款与失款

1. 错款

错款，是指当日终了或经过一段时间，库存现金的实存数和账存数的差额。如果现金实存数多于账上的结存数，就叫"长款"；反之，则称"短款"。长、短款大多是工作疏忽造成的差错，因此应及时查清原因，正确处理。

2. 失款

失款，是指办完收付款后，发现现金实存数少于现金账存数的差额。失款一般属于人为损失或自然损失的款项。

3. 错款和失款的处理

在实际工作中，一旦发生现金差错，出纳人员要采取措施，仔细查找原因，以更正错误，挽回损失。对确实无法挽回的损失，要在弄清情况的基础上，正确处理，具体的处理要求和方法如下。

（1）属于技术性的错误和一般责任事故造成的错款与失款，在经过及时查找、确实无法找回时，按主要部门规定的审批手续处理。

（2）属于对工作不负责任，玩忽职守，有章不循，违反劳动纪律而造成的错款、失款，应追究失职人员的经济责任，视情节和损失程度，由失职人员赔偿全部或部分损失，有的还要给予行政处分。

（3）属于有关人员监守自盗款项，侵吞、挪用公款的，应按贪污案件处理。

（4）如属于火灾、水灾等自然灾害造成的，应及时报请领导查看现场，将灾害发生的时间、地点，以及造成的损失等书面上报。

（5）不明原因造成的，一时难以处理的，应由责任人填具"出纳错款失款审批报告表"，经会计主管人员签署意见，经单位领导批准后，列入有关账户做挂账处理，但仍需继续清查，不能草率了事。

（6）在发生长、短款时，应在出纳账上进行记录。原因未明的，先记入"其他应付款——现金长款"或"其他应收款——现金短款"科目，已查明原因并经审批后，属本单位负责的，再计入财产溢余或损失。

总而言之，错、失款的处理基本原则是：长款不得溢库，短款不得空库，不得以长补短，也不能不做登记。

20.1.2　收款、付款中出现差错的常见原因

1. 收款中出现差错的原因

（1）一笔款未收完，又接着收第二笔款，搞混缴款者交付的款项。

（2）收款清点完毕，对券别加总数时不认真复核，以致发生加错金额、看错券别、看错大数、点错尾数等错误。

（3）桌子上的现金还没有收拾完又收第二笔款，或把自己的款与他人的款混淆在一起，误作长款退给了他人。

（4）初点有误，复点无误，不再进行第三次核实，将实际有误的款项作为无误的款项而收下。

（5）缴款者交来的现金零乱，出纳人员仅进行一次清查。

（6）忘记将应退还的现金还给缴款者。

（7）清点过程不仔细。

2. 付款中出现差错的原因

（1）备用金的放置位置不确定，配款时取错券别，既不细看，又不复核，随手交付，或者将凭证连同款项一起交给了收款人。

（2）给收款人交付款项时不复点。

（3）未仔细复核凭证上所列的付款金额。

（4）付款时仅借助心算，且不仔细复核。

20.1.3　记账凭证的常见错误及舞弊形式

1. 记账凭证的错误

（1）基本要素不全或填写不完整。

主要是不写或写错日期、摘要过于简单或用语不准确。

（2）科目运用错误。

科目运用错误指没有正确运用有关会计科目而产生的科目运用错误、内容错误和对应关系错误等。

（3）记账凭证无编号。

无编号是指对多份记账凭证没有按序编号，难以辨别各份凭证的情况。

（4）记账凭证编号错误。

编号错误是指记账凭证虽然存在编号但编号混乱，难以反映业务发生的真实顺序。

（5）附件数量和金额错误。

记账凭证所附原始凭证的张数和内容与记账凭证所记录的不符，或者各张原始凭证所记金额的合计数与记账凭证记录金额不符。

（6）印鉴错误。

对已入账记账凭证未加盖有关印章，或者加盖印章不全，使已入账的凭证与未入账的凭证难以区分、有效的凭证与出错作废的凭证难以区分；记账凭证中没有记账、审核等人员的签章。

2. 常见的有关记账凭证的舞弊形式

（1）假账真做。

假账真做是指无原始凭证而以行为人的意志捏造记账凭证，或在填制记账凭证时，让其金额与原始凭证不符，并将与原始凭证不符的记账凭证混杂于众多真实、准确的凭证之中的做法。

（2）真账假做。

舞弊者故意错用会计科目或忽略某些业务涉及的科目，来混淆记账凭证对应关系，以扰乱查阅人的视线。

（3）障眼法。

这是对记账凭证的摘要进行略写或错写，使人看不清经济业务的本来面目的做法。

20.1.4 账簿中的常见错误及舞弊形式

1. 账簿中的常见错误

在会计账簿中，错误主要存在于启用、设置、登记等环节。

（1）会计账簿启用环节的错误。

出现在会计账簿启用环节中的错误主要如下。

①在账簿封面上未写明单位名称和账簿名称。

②在账簿扉页上未附"启用表"，或虽附有"启用表"，但所列内容不齐全、不完整。

③会计人员在发生工作调动时，未按规定在账簿中注明交接人员、监交人员的姓名或未加签章，无法明确有关责任。

④启用订本式和活页式账簿时，未按规定对其编写页数等。

（2）会计账簿设置环节的错误。

会计账簿设置环节的错误主要表现在以下方面。

①账簿形式设计不合理，包括装订形式、账页的尺寸、账页划线、印刷颜色及账页用纸等不合理。

②账簿设计不齐全。任何单位必须设置数量能满足需要的总账，对现金和银行存款必须设置日记账，对需要提供详细经济活动情况的总账，还必须在其下设置能够满足需要的明细账。另外，根据工作需要，还应设置若干备查簿，以反映一些特殊的经济事项。实际工作中存在的账簿设置不齐全的问题主要有：未设置应有的总账；未设置应有的明细账，或明细账的分类不合理；未设置必需的备查簿或设置项目不全；所设置的账簿未能很好地形成一个账簿体系。

（3）会计账簿登记环节的错误。

会计账簿登记环节的错误主要包括以下几个方面的内容。

①登记的方式不合理。明细账一般是根据记账凭证和原始凭证登记的，而登记总账的依据要根据所采用的会计核算形式确定。在实际中存在登记总账的依据不合理，不能满足生产经营管理需要的问题。

②账簿摘要不合理。一种是摘要过于简略或表达不清，使人不能明白反映的到底是什么业务；另一种是摘要虽然写得很清楚，但其所反映的经济业务不合理、不合法。

③登记不及时。

④账簿中书写的文字和数字所留空距不合理。

⑤登记账簿所用笔墨不合要求。

⑥登记中发生跳行、隔页的情况。

⑦未按规定结出账面余额。

2. 常见的有关账簿的舞弊形式

（1）无据记账，凭空记账。

账簿中所列的业务不是根据真实记账凭证逐笔登记的，而是凭空捏造的、不合法的。

（2）涂改、销毁、遗失、损坏账簿。

如用涂改、销毁等方法来篡改有关账簿，或故意制造事故，造成账簿"不慎"被毁，从而将不法行为掩盖于一般的过失当中，使查账人员的线索中断。

（3）设置"账外账"。

一个企业建立两套账，一套用于内部管理（对外不公开），另一套用于应付外部审计。

（4）登账、挂账、改账、结账作假。

①登账作假，就是不按照记账凭证的内容和要求记账，而是随意改动业务内容，或故意使用错误账户，混淆业务应有的对应关系，以掩饰其违法乱纪的意图。

②挂账作假，就是利用往来科目和结算科目不结清经济业务而是挂在账上，或将有关资金款项挂在往来账上，等待时机再结转，以达到隐藏事实真相之目的。

③改账作假，就是对错误账簿记录不按照规定的改错方法，而是用非规范的改错方法进行改错，以达到违法乱纪之目的。

④结账作假，就是在结账及编制报表的过程中，通过提前或推迟结账、结总增列或结总减列、结账空转等手法故意增加或减少数据，虚列账面金额；或者为了把账做平，而故意调节账面数据，以达到掩饰或舞弊的目的。

（5）利用计算机舞弊。

20.1.5　关于应收账款的常见问题

关于应收账款的错弊主要表现在以下几个方面。

1. 应收账款的回收期过长

应收账款从形成到收回有一个时间间隔，这个时间间隔就是应收账款的回收期。该回收期的长短应是合理而正常的。在实际中存在着应收账款的回收期过长的问题。

2. 应收账款平均余额过大

应收账款平均余额越大，越不利于加快资金的周转，也就越不利于企业搞好经营管理，提高经济效益。在实际中存在着应收账款平均余额过大的问题，以致影响企业正常的生产和经营活动。

3. 应收账款周转率不理想

应收账款周转率，是一定时期内的商品或产品赊销净额与应收账款平均余额的比率。它可以用应收账款周转次数表示，也可以用应收账款周转天数来表示。在一定时期内，应收账款周转次数越多或周转一次需要的天数越少，应收账款的周转速度就越快，应收账款的周转率也就越理想。

4. 列作应收账款的经济业务不合理、不真实、不合法等

列作应收账款的经济业务，必须是真实正确的销售商品或产品、材料等或提供劳务后应收而尚未收取货款或劳务费的业务。

5. 对坏账损失的账务处理方法不合理

对坏账损失的账务处理方式主要有备抵法和直接转销法两种。

（1）备抵法。

在该方法下，企业按期预估可能产生的坏账损失，形成坏账准备，当实际发生坏账损失时再冲销计提的坏账准备和应收账款。

（2）直接转销法。

在该方法下，企业平时不预估坏账准备，而是当实际发生坏账损失时直接从应收账款中转销列作费用。

按照现行财务制度规定，企业既可以采用备抵法，也可以采用直接转销法，但所采用的方法必须符合本企业的实际情况。

20.1.6 出纳工作易出错的时间

1. 刚上班时

在刚上班时，由于精力尚未完全集中，或者准备工作尚未完全做好就开始投入工作，可能导致错款。

2. 快下班时

在快下班时，部分出纳人员因急于离岗，未将现金按规定整理、核对和打捆，而随便放入保险箱。

3. 业务较多时

在收付业务较多时，部分出纳人员因急于完成工作或精神过于紧张，会很容易出现差错。

4. 工作清闲时

在工作清闲时，部分出纳人员有时与别人聊天或干其他与工作无关的事情等，此时如发生收付款业务，其往往会因思想不集中、注意力分散而出现差错。

5. 节假日前后

节假日前后部分出纳人员思想涣散，在工作中十分懈怠，此时非常容易出现差错。

20.1.7　会计舞弊

会计舞弊，是指会计人员或有关当事人为窃取资财而用非法手段进行财务处理的不法行为。

1. 会计舞弊的种类

会计舞弊的种类有下列几种：

（1）某个会计人员或几个会计人员合谋，为达不良目的而进行非法的财务处理；

（2）部门负责人指使会计主管人员为个人或部门私利而进行非法的财务处理；

（3）单位职工或其他有关人员利用会计内部控制制度不健全而进行非法的财务处理。

2. 识破会计舞弊的方法

（1）明确产生假账的环节（纵向思路）。

下面是对假账产生环节的简要介绍。

①填制原始凭证环节。原始凭证是会计信息的最初来源，当企业发生一项业务时，会计人员或相关记录人员应该把这项经济业务涉及的数量、单价、金额等内容逐一反映清楚。

②交接凭证环节。在企业发生经济业务后，业务人员会与会计人员交接凭证，这同样是一个容易舞弊的环节。

③填写记账凭证环节。在依据原始凭证填写记账凭证时，舞弊人员会故意修改摘要、变换科目等，从而进行舞弊。

④登账环节。登账是根据记账凭证登记账簿，在此环节舞弊人员会对真实账项进行篡改、销毁与藏匿。

⑤编制报表环节。编制报表是加工产生会计信息的最后一个环节，财务报表复杂的结构、繁多的数据为舞弊人员提供了可乘之机。

（2）关注异常情况（横向思路）。

明确产生假账的环节，是从纵向思路查找舞弊的方法，管理者还可从横向思路入手分析会计舞弊问题，也就是关注异常情况，包括关注以下内容：异常数据、异常内容和异常科目。

①异常数据。一般来说，企业任意一项业务支出都有一个大致范围，如企业每月办公费用为 2 900~5 000 元、销售费用为 8 000~10 000 元，各项业务支出一般在对应的范围内波动。如果发现某一支出本期突然增加，就应高度重视。

②异常内容。企业在开展业务时，在被许可的经营范围内会有比较稳定的往来客户，如企业原材料、商品的供应商以及企业产品的购买商等。因为企业同稳定客户之间有良好的业务关系，与其发生的经济业务通常较固定，所以异常项目常常是查找舞弊的着手点。

③异常科目。企业记账时要遵循科目对应的原则，如"库存商品"科目对应"生产成本"科目和"主营业务成本"科目等。如果发现了不对应的会计科目，就应查出这种错误产生的原因，分析是失误还是舞弊。

20.2 如何纠错

20.2.1 错误的防范措施

1. 严格执行钱账分管制度

出纳人员不登记会计分录，非现金出纳人员一律不得经手现金。建立健全现金收支和票证管理制度，现金收取使用统一规定的收款凭证，并及时全额入账，严禁收入不上账或截留收入，严禁私设"小金库"，库存现金不得超过规定限额；现金开支要由分管财务的领导审批，严禁坐支、挪用、公款私存；加强票证管理，严禁出租和出借账户、出借支票和擅自签发空白支票。

2. 认真填写支票

出纳人员要认真填写支票，做到字迹清晰，书写规范，大写金额前不留空，小写金额前注明"￥"；编制记账凭证，要按原始凭证的自然张数填写附件张数，并用胶水将原始凭证粘牢，以防脱落和避免原始凭证被别有用心的人抽掉销毁；领款、借款要严格履行手续，领款必须由领款人签字盖章，借款必须由借款人立据、签字盖章并经分管财务领导审批。

3. 做到"三勤""三心"

出纳工作是一项繁忙而又细致的工作，出纳人员要真正做好这一工作，必须做到"三勤""三心"。

（1）"三勤"。

"三勤"主要包括以下三个方面的内容。

①业务生疏要勤问。重要业务工作要勤向领导汇报。

②经办业务要手勤。做到填单认真、点钞准确、记账及时、手续清楚。对每一笔收付业务，要按照时间先后顺序逐笔记好现金日记账和银行存款日记账，并及时盘点现金，做到日清月结，账款相符。

③联系银行要腿勤。每天超过规定限额的结存现金要及时送存银行，经常与银行核对存款账目，一旦发现错账，应及时弄清情况，迅速更正。

（2）"三心"。

"三心"主要包括以下三个方面的内容。

①学习业务要虚心。不懂的问题要虚心请教，不要不懂装懂。

②办理业务要细心。每一笔收付业务都要过手、过目，辨别真伪，严格把关，避免粗心大意造成差错。

③日常工作要有责任心。任何时候都要保持高度警惕，谨慎从事，尤其是对现金、凭证、支票、存折、印鉴等要妥善保管，防止遗失、被盗、被骗。

4. 加强监督

出纳人员要主动接受会计人员的监督，主动为现金盘存提供条件，对账时主动向会计人员报出现金库存数，只有这样，才有利于检查出账实是否相符以及避免不必要的失误。另外，各单位要加强审计监督，平时对财务收支要进行定期或不定期的检查、审计，年终对财务收支要进行全面清理、审计，对检查、审计中发现的问题，要区别情况，及时处理。

20.2.2　查找错误的方法

查找错误的方法有很多，现将常用的几种方法介绍如下。

1. 顺查法

顺查法，又称正查法，是按照账务处理的顺序，即按照从获取原始凭证到编制记账凭证、账簿、财务报表这一过程进行查找的一种方法。采用顺查法，首先检查记账凭证是否正确，然后将记账凭证、原始凭证同有关账簿记录一笔一笔地进行核对，最后检查有关账户的发生额和余额。

采用这种检查方法，可以发现重记、漏记、错记科目及错记金额等错误。这种方法的优点是审查范围大，不易遗漏错误；缺点是工作量大，需要的时间比较长。

2. 逆查法

逆查法，又称反查法，它与顺查法审查的方向相反，是按照账务处理的顺序，即财务报表、账簿、记账凭证、原始凭证的顺序进行查找的一种方法，即先检查各有关账户的余额、发生额是否正确，然后将有关账簿按照记录的顺序由后向前同有关记账凭证或原始凭证进行逐笔核对，最后检查有关记账凭证的填制是否正确。

3. 抽查法

抽查法，是从整个账簿记录中抽取其中某部分进行局部检查的一种方法。在这一方法下，当出现差错时，可根据具体情况分段、重点查找，将某一部分账簿记录同有关的记账凭证或原始凭证进行核对；还可以根据差错发生的位数有针对性地查找。如果差错发生在角、分位，只要查找元位以下尾数即可；如果差错发生在千位、万位，只需查找千位、万位数即可，其他的位数就不用逐项或逐笔地查找。

4. 偶合法

偶合法，就是根据账簿记录差错中经常遇见的规律，推测与差错有关的记录而进行查找的一种方法。这种方法主要适用于对漏记、对重记、记反账、错记的查找。

（1）对漏记的查找。

①总账一方漏记。在试算平衡时，借贷双方发生额不平衡，出现差额，在核对总账与明细账时，会发现某一总账所属明细账的借（或贷）方发生额合计数大于总账的借（或贷）方发生额，也出现一个差额，这两个差额正好相等。

②明细账一方漏记。在核对总账与明细账时发现总账已经试算平衡，但在进行总账与明细账核对时，发现某一总账借（或贷）方发生额大于其所属各明细账借（或贷）发生额之和，说明明细账一方可能漏记，可对该明细账的有关凭证进行查对。

③如果整张记账凭证漏记，则没有明显的错误特征，只有通过顺查法或逆查法逐笔查找。

（2）对重记的查找。

①总账一方重记。在试算平衡时，借贷双方发生额不平衡，出现差额，在核对总账与明细账时，会发现某一总账所属明细账的借（或贷）方发生额合计数小于该总账的借（或贷）方发生额，也出现一个差额，这两个差额正好相等，而且在总账与明细账中有与这个差额相等的发生额记录，说明总账借（或贷）方重记，借（或贷）方哪一方的数额大，重记就在哪一方。

②如果明细账一方重记，在核对总账与明细账时可以发现。总账已经试算平衡，与明细账

核对时，某一总账借（或贷）方发生额小于其所属明细账借（或贷）方发生额之和，则可能是明细账一方重记，可对与该明细账有关的记账凭证进行查对。

③如果整张记账凭证重记，则没有明显的错误特征，只能用顺查法或逆查法逐笔查找。

（3）记反账的查找。

记反账，是指在记账时把发生额的方向弄错，将借方发生额记入贷方，或者将贷方发生额记入借方。总账一方记反账，则在试算平衡时发现借贷双方不平衡，出现差额。这个差额是偶数，能被2整除，所得的商数在账簿上有记录，如果借方大于贷方，则说明将贷方错记为借方，如果贷方大于借方，则说明将借方错记为贷方。如果明细账记反了，而总账记录正确，则总账发生额试算是正确的，可用总账与明细账核对的方法查找。

（4）错记的查找。

在实际工作中，错记是指把数字写错，常见的有以下两种情况。

①数字错位。数字错位即应记的位数不是前移就是后移，即小记大或大记小。如果是大记小，在试算平衡或者总账与明细账核对时，正确数字与错误数字的差额是一个正数，将这个差额除以9后所得的商与账上错误的数额正好相等。如果是小记大，在试算平衡或者总账与明细账核对时，正确数与错误数的差额是一个负数，将这个差额除以9后所得的再乘以10，得到的绝对数与账上错误的数额恰好相等。

②数字误写错。数字误写错是在登记账簿过程中误把数字写错。对这一错误的查找，可根据由于错记而形成的差数，分别确定查找方法，查找时不仅要查找发生额，同时也要查找余额。

20.2.3　更正错误的方法

如果发现账簿记录有错误，应按规定的方法进行更正，不得涂改、挖补或用化学试剂消除字迹。更正错误的方法有三种，即划线更正法、补充登记法和红字更正法。

1. 划线更正法

划线更正法，又称红线更正法。如果发现账簿记录有错误，而其所依据的记账凭证没有错误，即纯属记账时文字或数字的笔误，应采用划线更正法进行更正。

更正的方法是：将错误的文字或数字画一条红色横线注销，但必须使原有字迹仍可辨认，以备查考；然后，在划线文字或数字的上方用蓝字或黑字填写正确的文字或数字，并由更正人员在更正处盖章，以明确责任。

2. 补充登记法

补充登记法，又称蓝字补记法。在根据记账凭证所记录的内容记账以后，若发现记账凭证中应借应贷的会计科目和记账方向都没有错误，记账凭证和账簿记录的金额相吻合，只是所记金额小于应记的正确金额，则应采用补充登记法进行更正。

更正的方法是：根据少记的金额用蓝字填制一张与原错误记账凭证所记载的借贷方向、应借应贷会计科目相同的记账凭证，并据以登记入账，以补记少记金额，求得正确金额。

3. 红字更正法

红字更正法，又称红字冲销法。在会计上，以红字记录表明对原记录的冲减。红字更正法适用于以下两种情况。

第一种情况：在根据记账凭证所记录的内容记账以后，若发现记账凭证中的应借、应贷会计科目或记账方向有错误，且记账凭证同账簿记录的金额相吻合，则应采用红字更正法。更正的方法是：先用红字填制一张与原错误记账凭证内容完全相同的记账凭证，并据以用红字登记入账，冲销原有错误的账簿记录；然后用蓝字填制一张正确的记账凭证，据以用蓝字登记入账。

第二种情况：在根据记账凭证所记录的内容记账以后，若发现记账凭证中应借应贷的会计科目、记账方向都没有错误，记账凭证和账簿记录的金额相吻合，只是所记金额大于应记的正确金额，应采用红字更正法。更正的方法是：按多记的金额用红字填制一张与原错误记账凭证所记载的借贷方向、应借应贷会计科目相同的记账凭证，并据以登记入账，以冲销多记金额，求得正确金额。

20.2.4　查证会计舞弊的措施及计算机舞弊的防范

1. 查证会计舞弊的措施

（1）查证会计凭证舞弊。

对此项错弊的查证思路和方法是：审阅或重点抽查一部分会计凭证，看其在数字书写上是否符合规定，如有不符合规范之处，应对其进一步查证。若是一般性会计错误，通过调查询问有关当事人（如制单人员）便可查证；若是会计舞弊，还应通过账证、证证、账实等方面的核对，对有关问题进行鉴定、分析来查证。如存在在数字前后添加数字进行贪污等问题，就需要对所发现的添加数字的痕迹进行技术鉴定，从而查证问题。

（2）查证会计账簿舞弊。

对于账簿启用问题，只需审阅被检查单位每个账簿中扉页记录内容和账簿中所有账页编写情况，便可查证或发现问题。

对于会计账簿登记中的错弊，可按照下列方法查证：

①查阅会计账簿的登记内容，检查其有无按规定登记，比如，在登记账簿时使用的笔墨正确与否，登记账簿有无跳行、隔页的情况；

②检查制账人在账簿上留下的记账标志和相关签章，明确会计责任，查找是否存在遗留问题；

③核对账证记录，检查账簿是否根据审核无误的会计凭证登记，有无账证不符问题。

（3）查证财务报表舞弊。

对于财务报表舞弊，可按以下几种方法进行查证：

①核对财务报表与会计账簿中的对应数字，检查数据真实性；

②对财务报表中的各个数据进行复核性计算，以评价其准确性；

③审阅财务报表附注，分析财务报表内容是否完整。

2. 计算机舞弊的防范

（1）完善计算机安全与犯罪的法制建设。

①建立保护计算机系统安全的法律，使计算机安全措施法律化、制度化、规范化。

②建立针对计算机犯罪活动的法律，惩治违法者，保护受害者。

（2）建立健全有效的内部控制系统。

使用计算机进行数据处理的单位，都应建立和健全电子数据处理内部控制系统。完善的内部控制系统应具有有效的一般控制和应用控制措施。一般控制的重点是对系统的接触控制和程序控制，应用控制的重点是输入控制。

（3）发挥审计的作用。

查错防弊是审计的目的之一。审计人员通过开展计算机系统的事前审计，对内部控制系统的完善性、可审性及合法性做出评价，以保证系统运行后数据处理的真实、准确，防止和减少舞弊行为的发生；通过定期地对计算机内部控制系统进行审查与评价，促进企业加强和完善内部控制；通过对计算机系统进行事后审计，对系统的处理实施有效的监督。

（4）加强技术性防范。

技术性自我防范是发现和预防计算机舞弊的有效措施。可通过设置专门的安全控制程序加强自我保护，如对账目或重要文件采用读写保护或编码时间锁定、对被保护数据资源的存取操作进行详细记录和跟踪检测。

（5）提高人员素质。

加强职业道德教育，严明职责，提高使用计算机系统人员的素质，对预防计算机舞弊事件的发生有积极的作用。

会计电算化的广泛应用，给企业的财务管理带来了很大的变化，同时也给企业财务人员提出了一个新的要求，即财务人员不仅应当具备丰富的财务知识，还应当具备一定的计算机知识。

20.2.5 分析检查账簿的方法

分析检查账簿的具体方法大致有以下几种。

1. 复核法

在该方法下，相关人员对会计账簿的记录进行重复验算，以证实会计记录中计算的准确性。

2. 审阅法

该方法以国家的方针、政策、法令、制度、规定作为依据，通过审查，检查分析有关账簿资料的真实性、合法性和合规性，视其有无差错、疑点和弊端。审阅法的适用范围较广，在查账工作中经常运用。该方法运用的成功与否在较大程度上取决于查账人员自身的观察能力、分析能力、判断能力及其经验水平。

3. 核对法

它是指对账簿记录（包括相关资料）两处或两处以上的同一数值或有关数据进行互相对照，旨在查明账账、账证、账实、账表是否相符，以证实账簿记录是否正确，有无错账、漏账、重账，揭露营私舞弊、违法乱纪行为。

4. 核实法

它是核对法的特例，指将账簿资料与实际情况进行对照，用以验证账实之间是否相符，并取得书面证据的一种方法。核实法主要用以核对账户记录，并结合盘点法所获取的实物证据，进行账簿记录与现实物资之间的对照。核实的重点是盘存类账户，如现金、存货等，此外，还需核实盘存类账户中银行存款、其他货币资金及其结算类账户中的应收、应付、暂收、暂付款项等。

5. 调节法

它是指为了检查账簿中某些业务，而事先对其中的某些因素进行增减调节，以使其可比的一种查账方法。被查单位各类账簿记录着各种经济业务，由于记录经济业务的角度和方式不同，账簿与账簿之间、业务与业务之间可能存在着差异，不具有可比性，而且由于查账人员检查账簿的时点与被查单位做账的时点不同，两者面对的资料也可能存在差异，也导致不具有可比性，这些都影响着账项的比较查对。所以，需要采用调节法对各账簿进行处理，以使其对口且具有可比性。

6. 各种查账分析方法

它包括账户分析法、比较分析法、比率分析法、相关分析法、平衡分析法、分组分析法、因素分析法、推理分析法、图表分析法、差额分析法、量本利分析法、价值分析法、预测分析法等。

20.2.6　查证应收账款舞弊的入手点

1. 查证企业在销售环节中的内部控制

（1）企业在销售商品或提供劳务后，将债权转入应收账款的批准程序。

（2）为购货方代垫费用的批准程序。

（3）与购货方对账的制度及对账单签发手续等。

2. 查证有关销货发票

了解有无销售折扣与折让情况，看其与"应收账款""主营业务收入"等账户记录是否一致，以弄清是否存在以净价法入账而导致应收账款入账金额不实等问题。

3. 查证应收账款平均余额

分析应收账款账龄，计算应收账款周转率，并同所处行业应收账款平均周转率比较，看是否存在周转率太低、回收期过长的问题，并进一步调查是否因款项收回后长期挂账或私分导致应收账款舞弊。

4. 查阅明细账及凭证

看是否存在列作应收账款的经济事项不真实、不合理、不合法的情况。若有这些情况发生，则会出现以下线索或疑点。

（1）反映在"其他业务收入"和"应收账款"账户中的虚假金额，与正常的经济业务金额比较可能表现为异常，如金额过大、精确度过低等。

（2）可能只有记账凭证，没有原始凭证；或虽有原始凭证，但其内容不全、不真实等，表现为账证不符。

（3）所虚设的应收账款，可能只记入了"应收账款"总账，未虚设虚记明细账或未在其他明细账中虚记，表现为应收账款总账与所属明细账不相符。

（4）所虚设的应收账款，可能既记入了总账，也记入了虚设的或其他明细账中。这样尽管总账与明细账是相符的，但该企业所记录的这些内容与客户"应付账款"账上的对应内容不相符，表现为两个单位间的账账不符。

5. 查证企业备抵法运用是否正确

应运用审阅法、复核法检查被查企业坏账准备计提是否正确、合规，有无多提、少提或人为地调节利润的问题。

审阅"坏账准备"账户借方记录，以查证有无发生坏账损失后多冲或少冲坏账准备，以此调节"应收账款"账户内的内容，从而达到利用"应收账款"账户舞弊的目的的问题。根据发票、收据情况和调查询问所掌握的情况，审阅"坏账准备"账户的贷方记录内容，以查证是否存在收回已经核销的坏账未入账而将其私分或存入"小金库"的问题。

第 21 章
出纳工作的延续——出纳工作交接

本章导读

出纳人员因故不能在原出纳岗位工作时，必须按有关规定和要求办理好工作的交接手续。开展交接工作，可以使出纳工作衔接，明确工作责任，便于接办的出纳人员熟悉工作，也有利于发现和处理出纳工作和资金管理工作中存在的问题，预防经济责任事故与经济犯罪的发生。为此，出纳人员应了解出纳交接工作前的相关准备、交接内容和流程等，确保企业出纳岗位工作的持续进行。

21.1 认识出纳工作交接

21.1.1 出纳工作交接的定义及要求

出纳工作交接是指出纳人员因调动工作或者离职等原因，由离任出纳人员将有关工作和资料移交给继任出纳人员的过程。出纳人员因工作调动或者离职等原因，必须将本人所经管的出纳工作全部移交给接管人员。没有办清交接手续的，不得调动或者离职。开展工作交接可以明确移交人员与接管人员的责任，便于继任出纳人员熟悉工作，做到出纳工作的前后衔接。

出纳工作交接要做到以下两点：一是移交人员与接管人员要办清手续；二是交接过程中要有专人负责监交。在交接时，要求进行财产清理，应进行账账核对、账款核对；在交接清理后，移交人员要填写移交表，根据所有移交的票、款、物编制详细的移交清册，逐册点清；然后由出交方、接交方、监督方三方签字盖章，同时将移交表存入会计档案。

21.1.2 办理出纳工作交接的原因

出纳人员办理交接手续主要有以下几个方面的原因：

（1）出纳人员辞职或离开原企业；

（2）因企业内部工作变动不再担任出纳职务；

（3）轮岗调换到其他岗位；

（4）出纳部门内部增加工作人员进行重新分工；

（5）因病假、事假或临时调用，不能继续从事出纳工作；

（6）因特殊情况，如停职审查等按规定不宜继续从事出纳工作；

（7）企业因其他情况按规定应办理出纳交接工作的，如在企业解散、破产、兼并、合并、分立等情况发生时，出纳人员应向接收单位或清算组移交工作。

21.1.3 出纳工作交接的具体内容

出纳交接的具体内容根据各单位的具体情况而定，情况不一样，移交的内容也不一样。但总体来看，出纳的交接工作，主要包括以下基本内容。

1. 财产与物资

（1）会计凭证（原始凭证、记账凭证）。

（2）会计账簿（现金日记账、银行存款日记账等）。

（3）相关报表（出纳报告等）。

（4）现金、银行存款、金银珠宝、有价证券和其他一切公有物品。

（5）用于银行结算的各种票据、票证、支票簿等。

（6）各种发票、收款收据，包括空白发票、空白收据、已用或作废的发票或收据的存根联等。

（7）印章，包括财务专用章、银行预留印鉴以及"现金收讫""现金付讫""银行收讫""银行付讫"等业务专用章。

（8）各种文件资料和其他业务资料，如银行对账单及应由出纳人员保管的合同、协议等。

（9）办公室、办公桌与保险工具的钥匙，各种密码。

（10）本部门保管的各种档案资料和公用会计工具、器具等。

（11）经办未了的事项。

2. 会计电算化的相关资料

实行会计电算化的单位，出纳交接还应包括以下内容：

（1）会计软件；

（2）密码、磁盘、磁带等有关电算化的资料、实物。

3. 业务介绍

（1）工作职责和工作范围的介绍。

（2）每期固定办理的业务介绍，如每期缴纳电费、水费、电话费的时间等。

（3）复杂业务的具体说明，如缴纳电话费的号码、台数等，银行账户的开户地址、联系人等。

（4）历史遗留问题的说明。

（5）其他需要说明的业务事项。

21.1.4 出纳工作交接的意义

《会计法》第四十一条规定："会计人员调动工作或者离职，必须与接管人员办理交接手续。一般会计人员办理交接手续，由会计机构负责人（会计主管人员）监交。"出纳交接要按照会计人员交接的要求进行。出纳人员调动工作或者离职时，与接管人员办清交接手续，是出纳人员应尽的职责，也是分清移交人员与接管人员责任的重大措施。办好交接工作，可以使出纳工作前后衔接，防止账目不清、财务混乱。

出纳人员必须按有关规定和要求办好工作的交接手续，搞好工作的移交。出纳工作交接的作用主要有：

（1）可以明确工作责任；

（2）便于继任出纳人员熟悉工作；

（3）有利于发现和处理在出纳工作和资金管理工作中存在的问题；

（4）预防经济责任事故与经济犯罪的发生。

21.2　一般交接程序

21.2.1　交接前的准备

为了使出纳工作移交清楚，防止遗漏，保证出纳交接工作顺利进行，出纳人员在办理交接手续前，必须做好以下准备工作。

（1）将出纳账登记完毕，并在最后一笔余额后加盖名章。

（2）在出纳账启用表上填写移交日期，并加盖名章。

（3）整理应该移交的各项资料，对未了事项书面说明。

（4）出纳日记账与现金、银行存款总账核对相符，现金账面余额与实际库存现金核对一致，银行存款账面余额与银行对账单核对无误。如有不符，要找出原因，弄清问题所在，并加以解决，务求在移交前做到相符。

（5）编制移交清册。列明应当移交的会计凭证、账簿、报表、印章、现金、有价证券、支票簿、发票、文件、其他会计资料和物品等内容。

实行会计电算化的单位，移交人员还应当在移交清册中列明会计软件及密码、会计软件数据磁盘（磁带等）及有关资料、实物等内容。

21.2.2　交接时的操作

出纳工作交接一般在单位会计机构负责人、会计主管人员的监督下进行。出纳人员的离职交接，必须在规定的期限内，向接管人员移交清楚。移交人员在办理交接时应根据移交清册内容逐项移交，在移交时必须做到交好工作、交好思想、交好作风、交好经验；接管人员应认真按移交清册当面点收，在接交时要做到认真仔细、积极听取移交人员的建议、虚心学习移交人员好的思想、作风和经验。具体操作如下。

（1）库存现金、有价证券、贵重物品要根据会计账簿有关记录由移交人员向接管人员逐一点交，库存现金、有价证券、贵重物品实有数必须与会计账簿记录保持一致，如有不符，移交人员必须在限期内查清。

（2）银行存款账户余额要与银行对账单核对，在核对时如发现疑问，移交人员和接管人员应一起到开户银行当场复核，并编制银行存款余额调节表。

（3）在银行存款账户余额与银行对账单余额核对相符的前提下，移交有关票据、票证及印章，同时由接管人员更换预留银行印鉴。

（4）在移交账簿时，接管人员应核对账账、账实是否相符，即现金日记账、银行存款日记账、有价证券明细账与现金、银行存款和有价证券总账是否账账相符；实行会计电算化的单位，应先将账页打印出来并装订成册，然后再进行交接。

（5）出纳凭证、出纳账簿和其他会计核算资料必须完整无缺，如有短缺，必须查清原因，并在移交清册中注明，由移交人员负责。

（6）移交工作计划时，为了方便接管人员开展工作，移交人员应向接管人员介绍工作计划执行情况以及今后在执行过程中应注意的问题。

（7）移交人员应将保险柜密码、钥匙、办公桌和办公室钥匙一一移交给接管人员，接管人员在接交完毕后，应立即更换保险柜密码及有关锁具。

（8）接管人员办理接收后，应在出纳账簿启用表上填写接收时间，并签名盖章。

21.2.3　移交清册

交接完毕后，交接双方和监交人，要在移交清册上签名或盖章。移交清册必须具备如下内容：

（1）单位名称；

（2）交接日期；

（3）交接双方和监交人的职务及姓名；

（4）移交清册页数、份数和其他需要说明的问题和意见。

移交清册一般一式三份，交接双方各执一份，存档一份。

21.2.4　出纳交接的有关事宜

（1）在出纳人员进行交接时，一般应由会计主管人员监交，必要时，还可请上级领导监交。

（2）在监交过程中，如果移交人员交代不清，或者接管人员故意为难，监交人应及时处理裁决；移交人员不做交代，或者交代不清的，不得离职。若违反上述规定，监交人和单位领导人均应负连带责任。

（3）在移交时，交接双方一定要当面看清、点数、核对，不得由别人代替。

（4）在交接后，继任出纳人员应及时向开立账户的银行办理更换出纳人员印鉴的手续，检查保险柜的使用是否正常、妥善，保管现金、有价证券、贵重物品、公章等的条件和周围环境是否齐全和安全。如不够妥善、安全，则要立即采取改善措施。

（5）继任出纳人员应继续使用移交的账簿，不得自行另立新账，以保持会计记录的连续性。对于移交的银行存折和未用的支票，应继续使用，不要搁置、浪费，以免单位遭到损失。

（6）在交接后，移交人员应对自己经办的已经移交的资料的合法性、真实性承担法律责任，不能因为资料已经移交而推脱责任。

总而言之，出纳交接要做到以下两点。

（1）移交人员与接管人员要办清手续。

（2）在交接过程中，要有专人负责监交；交接要求进行财产清理，做到账账核对相符、账款核对相符、账实核对相符；在交接清楚后，填妥移交清册，由交、接、监三方签字盖章。

21.2.5　移交表

移交表主要包括库存现金移交表，银行存款移交表，有价证券、贵重物品移交表，核算资料移交表，物品移交表，以及出纳人员工作交接书等。

1. 库存现金移交表

根据现金库存实有数，按币种（分人民币和各种外币）、币别分别填入库存现金移交表内。库存现金移交表的格式如表 21-1 所示。

表 21-1 库存现金移交表

币种： 移交日期： 年 月 日 单位：元 第 页

	数量（张）	金额	接收金额	备注
100 元				
50 元				
20 元				
10 元				
5 元				
2 元				
1 元				
5 角				
2 角				
1 角				
5 分				
2 分				
1 分				
合计				

单位负责人： 移交人： 监交人： 接管人：

2. 银行存款移交表

银行存款，又分为活期存款和定期存款，有的单位还可能在不同的银行开户。因此，填表时应根据账面数、实有数、币种、开户银行等分别填写。银行存款移交表的格式如表 21-2 所示。

表 21-2 银行存款移交表

移交日期： 年 月 日 单位：元 第 页

开户银行	账号	币种	账面数	实有数	备注
合计					

附件及说明：
（1）账面数为银行存款日记账金额，实有数为银行对账单金额；
（2）银行存款余额调节表一份；
（3）银行印鉴预留卡片议长

单位负责人： 移交人： 监交人： 接管人：

3. 有价证券、贵重物品移交表

有价证券、贵重物品是出纳经管的单位财产。在移交时，移交人员应根据清理核对后的有价证券和贵重物品按品种、价值等分别登记。

对贵重物品较多的单位，可分别编制有价证券移交表与贵重物品移交表。

4. 核算资料移交表

核算资料主要包括出纳账簿，收据、借据、银行结算凭证，票据领用、使用登记簿，以及其他文件资料等。核算资料移交表的格式如表21-3所示。

表21-3 核算资料移交表

移交日期：　年　月　日

名称	年度	数量	起止号码	备注
现金日记账				
银行存款日记账				
收据领用登记簿				
支票领用登记簿				
收据				
现金支票				
转账支票				

单位负责人：　　　移交人：　　　监交人：　　　接管人：

5. 物品移交表

物品主要包括会计用品、公用会计工具等。

6. 出纳人员工作交接书

出纳人员工作交接书是对移交表中无法列入或尚未列入的内容进行具体说明的文件。出纳人员工作交接书包括交接日期、交接双方及监交人员的职务和姓名、移交清册页数、需要说明的问题和意见。出纳人员工作交接书的格式如表21-4所示。

表21-4 出纳人员工作交接书

原出纳人员×××，因工作调动，财务处已决定将出纳工作移交给×××接管。现办理如下交接。
一、交接日期。
××××年××月××日
二、具体业务的移交。
1.库存现金：××月××日账面余额××元，实存相符，月记账余额与总账相符。
2.库存国库券：×××万元，经核对无误。
3.银行存款余额×××万元，经编制银行存款余额调节表核对相符。
三、移交的会计凭证、账簿、文件。
1.本年度现金日记账一本。
2.本年度银行存款日记账两本。
3.空白现金支票××张（××号至××号）。
4.空白转账支票××张（××号至××号）。
5.托收承付登记簿一本。

　　6. 付款委托书一本。

　　7. 信汇登记簿一本。

　　8. 金库暂存物品明细表一份，与实物核对相符。

　　9. 银行对账单 1—10 月，共 10 本；10 月未达账项说明一份。

　　10.……

　　四、印鉴。

　　1.××公司财务处转讫印章一枚。

　　2.××公司财务处现金收讫印章一枚。

　　3.××公司财务处现金付讫印章一枚。

　　五、交接前后工作责任的划分。

　　××××年××月××日前的出纳责任事项由×××负责；××××年××月××日起的出纳工作由×××负责。以上移交事项均经交接双方认定无误。

　　六、本交接书一式三份，双方各执一分，存档一份。

移交人：×××（签名盖章）

接管人：×××（签名盖章）

监交人：×××（签名盖章）

××公司财务处（公章）

××××年××月××日

第三篇 纳税

第 22 章
税法的基础知识

本章导读

纳税是企业对国家的一项基本义务，依法纳税是企业合法经营的基本要求。

本章将解答以下问题。

（1）什么是税收？什么是税法？两者有什么样的关系？

（2）税法要素有哪些？

（3）我国现行有哪些税种？

（4）纳税人应在什么时间纳税？

22.1 从纳税说起

22.1.1 认识税收

税收指政府依照法律规定，对个人或组织无偿征收实物或货币的总称。税制即税收制度，由纳税义务人、征税对象、税目、税率、纳税环节、纳税期限、计税依据、减免税和违章处理等要素构成。

税收具有强制性、无偿性和固定性。

税收的强制性具体表现在税收是以国家法律的形式规定的。税收法律作为国家法律的组成部分，对不同的所有者都是普遍适用的，任何单位和个人都必须遵守，不依法纳税者要受到法律的制裁。

税收的无偿性是就具体的征税过程来说的，表现为国家征税后税款即为国家所有，并不存在对纳税人的偿还问题。

税收的固定性是指征税对象及每一单位征税对象的征收比例或征收数额是相对固定的，而且是以法律形式事先规定的，只能按预定标准征收，而不能无限度地征收。

税收具有的三个特征是互相联系、缺一不可的，同时具备这三个特征的才叫税收。

22.1.2 认识税法

税法是国家制定的用以调整国家与纳税义务人之间在征纳税方面的权利及义务关系的法律规范的总称。税法可以有广义和狭义之分。从广义上讲，税法是各种税收法律规范的总和，即由税收实体法、税收程序法、税收争讼法等构成的法律体系。从狭义上讲，税法指的是经过国家最高权力机关正式立法的税收法律，如我国的个人所得税法、税收征收管理法等。

税法有多种不同的分类方法，按照税法内容的不同，可以将税法分为税收实体法、税收程序法、税收处罚法和税务行政法。

税收实体法是规定税收法律关系主体的权利、义务的法律规范的总称，其主要内容包括纳税主体、征税客体、计税依据、税目、税率、减税免税等，是国家向纳税义务人行使征税权和纳税义务人负担纳税义务的要件，只有具备这些要件，纳税义务人才负有纳税义务，国家才能向纳税义务人征税。税收实体法直接影响到国家与纳税义务人之间权利义务的分配，是税法的核心部分，没有税收实体法，税法体系就不能成立。

税收程序法是指以国家税收活动中所发生的程序关系为调整对象的税法，是规定国家征税权行使程序和纳税义务人纳税义务履行程序的法律规范的总称，其内容主要包括税收确定程序、税收征收程序、税收检查程序和税务争议的解决程序。

税收处罚法是对税收活动中违法犯罪行为进行处罚的法律规范的总称。

税务行政法是规定国家税务行政组织的规范性法律文件的总称，其内容一般包括不同税务机关的职责范围、人员编制、经费来源，各级各类税务机关设立、变更和撤销的程序，以及各级各类税务机关之间的相互关系、与其他国家机关的关系等。

22.1.3 税收与税法的关系

税收与税法密不可分，有税必有法，无法不成税。税收与税法的关系，可以形象地比喻为交通运输和交通规则的关系。有了税收行为之后，就需要制定税法来规范税收行为；有了税法之后，一切税收行为都应该依据税法来进行，从而保证税收的规范发展。

22.2 解读税法要素

22.2.1 什么是税法要素

所谓税法要素，就是各种单行税法具有的共同的基本要素的总称。税法要素一般包括总则、纳税义务人、征税对象、税目、税率、纳税环节、纳税期限、纳税地点、减税免税、罚则、附则等项目。

（1）总则主要包括立法依据、立法目的、适用原则等。

（2）纳税义务人即纳税主体，主要是指一切履行纳税义务的法人、自然人及其他组织。

（3）征税对象即纳税客体，主要是指税收法律关系中征纳双方权利义务所指向的物或行为，它是区分不同税种的主要标志。

（4）税目即各个税种所规定的具体征税项目。它是征税对象的具体化。例如，消费税具体规定了烟、酒等 15 个税目。

（5）税率即对征税对象的征收比例或征收额度。税率是计算税额的尺度，也是衡量税负轻重的重要标志。我国现行使用的税率主要有比例税率、定额税率、超额累进税率、超率累进税率。

（6）纳税环节主要指税法规定的征税对象在从生产到消费的流转过程中应当缴纳税款的

环节。比如，流转税在生产和流通环节纳税，所得税在分配环节纳税等。

（7）纳税期限即纳税义务人按照税法规定缴纳税款的期限。

（8）纳税地点主要是指根据各个税种纳税对象的纳税环节和有利于对税款的源泉控制而规定的纳税义务人（包括代征、代扣、代缴义务人）的具体纳税地点。

（9）减税免税主要是对某些纳税义务人和征税对象采取减少征税或者免予征税的特殊规定。

（10）罚则主要是指对纳税义务人违反税法的行为采取的处罚措施。

（11）附则一般都规定与该法紧密相关的内容，例如该法的解释权、生效时间等。

22.2.2 纳税义务人

纳税义务人简称纳税人，也称纳税主体，是税法中规定的直接负有纳税义务的单位和个人。每一种税都有关于纳税人的规定，通过规定纳税人落实税收任务和法律责任。纳税人可以是个人，也可以是单位。

负税人是指实际负担税款的单位和个人。纳税人是直接向税务机关缴纳税款的单位和个人，但并不一定就是负税人。纳税人如果能够通过一定途径把税款转嫁或转移出去，纳税人就不再是负税人；否则，纳税人同时也是负税人。

代扣代缴义务人指有义务从持有的纳税人收入中扣除其应纳税款并代为缴纳的单位或个人。如《中华人民共和国个人所得税法》规定：个人所得税以所得人为纳税人，以支付所得的单位或个人为扣缴义务人。

22.2.3 征税对象

征税对象又称课税对象，是税法中规定的征税的目的物。规定课税对象，解决了对什么进行征税这一问题。

每一种税都有自己的征税对象，否则，这一税种就成了"无源之水"。凡是列为征税对象的，就属于该税种的征收范围；凡是未列为征税对象的，就不属于该税种的征收范围。征税对象是一种税区别于另一种税的重要标志，它体现着各种税的征税范围。其他税法要素的内容一般都是以征税对象为基础确定的。

与征税对象相关的还有计税依据，又称税基，是指税法中规定的据以计算各种应征税款的依据或标准，计税依据可以是金额，也可以是物理数量，如重量、体积等。正确掌握计税依据，是正确计算应纳税额的基础。

不同税种的计税依据是不同的。目前我国的主要税种中增值税的计税依据是货物和应税劳务的增值额，企业所得税的计税依据是企业的利润等。

征税对象与计税依据的关系是：征税对象是指征税的目的物，计税依据则是在目的物已经确定的前提下，对目的物据以计算税款的依据或标准；征税对象是从质的方面对征税所做的规定，而计税依据则是从量的方面对征税所做的规定，是征税对象量的表现。

22.2.4 税目

税目是征税对象的具体化，反映具体的征税范围，代表征税的广度。不是所有的税种都规定税目，有些税种的征税对象，如房产税等，简单、明确，没有另行规定税目的必要。

税目一般可分为列举税目和概括税目，列举税目就是将每一种商品或经营项目采用一一列举的方法设计税目，概括税目就是按照商品大类或行业采用概括方法设计税目。制定概括税目的优点是税目较少，查找方便；缺点是税目过粗，不便于贯彻合理负担政策。

22.2.5　税率

税率是对征税对象的征收比例或征收额度。税率是计算税额的尺度，也是衡量税负的重要标志。它解决了征多少税的问题。我国现行的税率制度如下。

（1）比例税率。在这种税率制度下，对同一征税对象，不分数额大小，规定相同的征收比例。我国的增值税、城市维护建设税、企业所得税等采用的是比例税率。

（2）定额税率。在这种税率制度下，按征税对象确定计算单位，直接规定一个固定的税额。目前采用定额税率的有资源税、城镇土地使用税、车船税等。

（3）超额累进税率。在这种税率制度下，把征税对象按数额的大小分成若干等级，每一等级规定一个税率，税率依次提高，每一纳税人的征税对象则依所属等级同时适用几个税率分别计算，计算结果相加后得出应纳税款。目前采用这种税率的是个人所得税。

（4）超率累进税率。在这种税率制度下，以征税对象数额的相对率划分若干级距，分别规定相应的差别税率，相对率每超过一个级距的，对超过的部分就按高一级的税率计算征税。目前，采用这种税率的是土地增值税。

22.2.6　纳税环节

一件商品，一般都要经历生产、批发、零售等几个环节才能最终到达消费者的手中。纳税环节是指税法上规定的征税对象从生产到消费的流转过程中应当缴纳税款的环节。

按照纳税环节的多少，可将税收课征制度划分为一次课征制和多次课征制。一次课征制是指同一税种在商品流转的全过程中只选择某一环节课征的制度。多次课征制是指同一税种在商品流转的全过程中选择两个或两个以上环节课征的制度。

22.2.7　纳税期限

要正确理解纳税期限，必须先理解三个相关的概念：纳税义务发生时间、纳税计算期、税款缴库期。纳税义务发生时间是指纳税人发生应税行为应当承担纳税义务的起始时间；纳税计算期是指法律、行政法规规定的或者税务机关依照法律、行政法规的规定确定的纳税人据以计算应纳税额的期限；税款缴库期是指纳税人、扣缴义务人在一个税款计算期结束后，到其开户行或其他金融机构或向税务机关缴纳税款的期限。

我国现行税制的纳税期限有以下三种形式。

（1）按期纳税，根据纳税义务发生时间，通过确定纳税间隔期，实行按日纳税。按期纳税的纳税间隔期分为 1 天、3 天、5 天、10 天、15 天和 1 个月，共六种期限。

（2）按次纳税，根据纳税行为的发生次数确定纳税期限。如耕地占用税等，均采取按次纳税的办法。

（3）按年计征，分期预缴，即按规定的期限预缴税款，年度结束后汇算清缴，多退少补。例如，企业所得税、房产税、城镇土地使用税等。

与纳税期限相对应，纳税人、扣缴义务人的申报纳税期限分别是：以1个月为一期纳税的，自期满之日起10天内申报纳税；以其他间隔期为纳税期限的，自期满之日起5天内预缴税款，于次月1日起10天内申报纳税并结清上月税款。

22.2.8　纳税地点

纳税地点主要是指根据各个税种纳税对象的纳税环节和有利于对税款进行源泉控制而规定的纳税人（包括代征、代扣、代缴义务人）的具体纳税地点。

不同的税种，不同的经济业务，其纳税地点的规定是不同的，国家税收法规都有具体的规定。

22.2.9　减税免税

减税免税是对某些纳税人或征税对象的鼓励或照顾措施。减税是从应征税款中减征部分税款，免税是免征全部税款。

减税免税可以分为以下三种基本形式。

（1）税基式减免。这是通过直接缩小计税依据的方式实现的减税免税，具体包括起征点、免征额、项目扣除以及跨期结转等。起征点是指在计税依据没有达到某一个标准（起征点）时，不征税；超过这个标准时，按照计税依据全额征税。免征额是指在计税依据没有达到某一个标准（免征额）时，不征税；超过这个标准时，按照计税依据减去规定的标准（免征额）后的余额进行征税。

（2）税率式减免。这是通过直接降低税率的方式实行的减税免税，具体包括重新确定税率、选用其他税率、零税率等形式。

（3）税额式减免。这是通过直接减少应纳税额的方式实行的减税免税，具体包括全部免征、减半征收、核定减免率以及另定减征税额等。

22.3　我国税种概述

22.3.1　税种

目前，我国征收的税种有18个，按照这些税种的性质和作用大致可以分为以下6类。

（1）流转税类，包括增值税、消费税。这类税主要在生产、流通环节或者服务业中发挥调节作用。

（2）资源税类，包括资源税、城镇土地使用税。这类税主要对因开发和利用自然资源差异而形成的级差收入发挥调节作用。

（3）所得税类，包括企业所得税、个人所得税。这类税主要在国民收入形成后，对生产经营者的利润和个人的纯收入发挥调节作用。

（4）特定目的税类，包括城市维护建设税、土地增值税、车辆购置税、耕地占用税。这类税主要是为了达到特定目的，对特定对象和特定行为发挥调节作用。

（5）财产和行为税类，包括房产税、车船税、印花税、契税。这类税主要是对某些财产和行为发挥调节作用。

（6）关税。这类税主要对进出我国关境的货物、物品征收。

上述税种中的关税，以及在进口环节的增值税、消费税，由海关部门负责征收管理；耕地占用税和契税，1996 年以前一直由财政机关负责征收管理，1996 年以后改由税务机关征收管理（但有部分省市仍由财政机关负责征收）；其他税种由税务机关负责征收管理。

22.3.2　什么叫流转税

流转税是指在商品流转或劳务提供的过程中，以商品的流转金额或者提供的劳务金额作为征税依据的税种。在我国，流转税主要包括增值税、消费税等税种。

增值税是对从事货物销售或者提供加工、修理修配劳务以及从事进口货物的单位和个人取得的增值额为征税对象征收的一种税。

消费税是对我国境内从事生产、委托加工和进口应税消费品的单位和个人，就其销售额或销售数量，在特定环节征收的一种税。简单地说，消费税是对特定的消费品和消费行为征收的一种税。

关税是指海关以进出境的货物或物品为征税对象征税的税种，可以按照货物或商品的流转方向，简单划分为进口关税和出口关税。

22.3.3　谁需要缴纳所得税

所得税是指以企业获得的利润或者个人获得的工资、薪金、劳务收入等个人收入为征收依据的税种。在我国，所得税主要包括企业所得税和个人所得税。

企业所得税是对从事生产经营，取得生产经营所得和其他所得的企业、单位课征的一种税。

个人所得税是以个人（自然人）取得的各项应税所得为征税对象所征收的一种税。

第 23 章
增值税

本章导读

增值税是我国的第一大税种，从事货物销售、加工、修理修配和进口货物的企业几乎天天要和它打交道。增值税以货物销售或者提供劳务以及销售无形资产、不动产过程中的增值额为计税依据，计算方法特殊，日常核算复杂，征收管理严格，是税法学习中的重中之重。

本章将解答以下问题。

（1）一般纳税人和小规模纳税人的区别是什么？

（2）增值税的征税范围有哪些？

（3）增值税税率和征收率有哪些？

（4）增值税的优惠政策有哪些？

（5）如何计算应纳增值税？

23.1 认识增值税

23.1.1 什么情况要交增值税

增值税是以商品（含应税劳务）在流转过程中产生的增值额作为计税依据的一种流转税。在我国境内，凡具有以下行为的单位和个人，均需要缴纳增值税：

（1）销售货物；

（2）提供加工和修理修配劳务；

（3）销售服务，指提供交通运输服务、邮政服务、电信服务、建筑服务、金融服务、现代服务、生活服务；

（4）销售无形资产，指有偿转让无形资产，是转让无形资产所有权或者使用权的业务活动；

（5）销售不动产，指有偿转让不动产，是转让不动产所有权的业务活动；

（6）进口货物，指申报进入我国关境内的货物。

23.1.2 增值税的计税原理

增值税的计税原理是通过增值税的计税方法体现出来的。增值税的计税方法是：以每一生产经营环节上发生的货物或劳务的销售额为计税依据，然后按规定税率计算出货物或劳务的整体税负，同时通过税款抵扣方式将外购项目在以前环节已纳的税款予以扣除。该原理具体体现在以下几个方面：

（1）按全部销售额计算税款，但只对货物或劳务价值中新增价值部分征税；

（2）实行税款抵扣制度，对以前环节已纳税款予以扣除；

（3）税款随着货物的销售逐环节转移，最终消费者是全部税款的承担者，但政府并不直接向消费者征税，而是在生产经营的各个环节进行分段征收，各环节的纳税人并不承担增值税税款。

23.2　增值税的纳税人

23.2.1　纳税人和扣缴义务人

1. 纳税人

根据《中华人民共和国增值税暂行条例》（以下简称《增值税暂行条例》）及《营业税改征增值税试点实施办法》（财税〔2016〕36号）的规定，凡在中华人民共和国境内销售货物或者提供加工、修理修配劳务，销售服务、无形资产或者不动产，以及进口货物的单位和个人，为增值税的纳税人。

单位是指一切从事销售或进口货物，提供应税劳务，销售应税服务、无形资产或不动产的单位，包括企业、行政单位、事业单位、军事单位、社会团体及其他单位。

个人是指从事销售或进口货物，提供应税劳务，销售应税服务、无形资产或不动产的个人，包括个体工商户和其他个人。

单位租赁或承包给其他单位或者个人经营的，以承租人或承包人为纳税人。

对报关进口的货物，以进口货物的收货人或办理报关手续的单位和个人为进口货物的纳税人。

2. 扣缴义务人

中华人民共和国境外单位或个人在境内发生应税行为，在境内未设有经营机构的，以购买方为增值税扣缴义务人。

23.2.2　增值税纳税人的分类

1. 增值税纳税人分类的依据

根据《增值税暂行条例》及其实施细则的规定，划分一般纳税人和小规模纳税人的基本依据是纳税人的会计核算是否健全以及企业规模的大小。

2. 划分一般纳税人与小规模纳税人的目的

对增值税纳税人进行分类，主要是为了适应纳税人经营管理规模差异大、财务核算水平不一的实际情况。分类管理有利于税务机关加强重点税源管理，简化小型企业增值税的计算缴纳程序，也有利于对增值税专用发票正确使用与安全管理要求的落实。

3. 小规模纳税人

小规模纳税人是指年销售额在规定标准以下，并且会计核算不健全，不能按规定报送有关税务资料的增值税纳税人。

年应税销售额不超过小规模纳税人标准的其他个人按小规模纳税人纳税；年应税销售额超过规定标准但不经常发生应税行为的单位和个体工商户，以及非企业性单位、不经常发生应税行为的企业，可选择按照小规模纳税人纳税。

小规模纳税人的标准由国务院财政、税务主管部门规定。

4. 一般纳税人

年应税销售额超过财政部、国家税务总局规定的小规模纳税人标准（以下简称"规定标准"）的，除按规定选择按照小规模纳税人纳税的以外，应当向主管税务机关办理一般纳税人的登记条件。

年应税销售额是指纳税人在连续不超过12个月或4个季度的经营期内累计增值税应税销售收入。应税销售额，包括纳税申报销售额、稽查查补销售额、纳税评估调整销售额。

销售服务、无形资产或者不动产（以下简称"应税行为"）有扣除项目的纳税人，其年应税销售额按扣除之前的销售额计算。纳税人偶然发生的销售无形资产、转让不动产的销售额，不计入年应税销售额。

年应税销售额未超过规定标准的纳税人，会计核算健全，能够提供准确税务资料的，可以向主管税务机关申请办理一般纳税人登记。

会计核算健全是指能够按照国家统一的会计制度规定设置账簿，根据合法、有效凭证进行核算。

纳税人应当向其机构所在地主管税务机关办理一般纳税人登记手续。

纳税人登记为一般纳税人后，不得转为小规模纳税人，国家税务总局另有规定的除外。

（1）不得办理一般纳税人登记的情况。

①根据政策规定，选择按照小规模纳税人纳税的（应当向主管税务机关提交书面说明）。

②年应税销售额超过规定标准的其他个人。

（2）办理一般纳税人登记的程序。

①纳税人向主管税务机关填报"增值税一般纳税人登记表"，如实填写固定生产经营场所等信息，并提供税务登记证件。

②纳税人填报内容与税务登记信息一致的，主管税务机关当场登记。

③纳税人填报内容与税务登记信息不一致，或者不符合填列要求的，税务机关应当场告知纳税人需要补正的内容。

（3）登记的时限。

纳税人应在年应税销售额超过规定标准的月份（或季度）的所属申报期结束后15日内按照规定办理相关手续；未按规定时限办理的，主管税务机关应当在规定时限结束后5日内制作《税务事项通知书》，告知纳税人应当在5日内向主管税务机关申请办理相关手续；逾期仍不办理的，次月起按销售额依照增值税税率计算应纳税额，不得抵扣进项税额直至纳税人办理相关手续为止。

纳税义务自一般纳税人生效之日起，按照增值税一般计税方法计算应纳税额，并可以按照规定领用增值税专用发票，财政部、国家税务总局另有规定的除外。

生效之日是指纳税人办理登记的当月1日或者次月1日，由纳税人在办理登记手续时自行选择。

（4）综合保税区增值税一般纳税人资格管理。

综合保税区增值税一般纳税人资格试点（以下简称"一般纳税人资格试点"）实行备案管

理。符合下列条件的综合保税区，由所在地省级税务、财政部门和直属海关将一般纳税人资格试点实施方案（包括综合保税区名称、企业申请需求、政策实施准备条件等情况）向国家税务总局、财政部和海关总署备案后，可以开展一般纳税人资格试点。

①综合保税区内企业确有开展一般纳税人资格试点的需求。

②所在地市（地）级人民政府牵头建立了综合保税区行政管理机构、税务、海关等部门协同推进试点的工作机制。

③综合保税区主管税务机关和海关建立了与一般纳税人资格试点工作相关的联合监管和信息共享机制。

④综合保税区主管税务机关具备在综合保税区开展工作的条件，明确专门机构或人员负责纳税服务、税收征管等相关工作。

试点企业自增值税一般纳税人资格生效之日起，适用下列税收政策。

①试点企业进口自用设备（包括机器设备、基建物资和办公用品）时，暂免征收进口关税和进口环节增值税（以下简称"进口税收"）。上述暂免进口税收按照该进口自用设备海关监管年限平均分摊到各个年度，每年年终对本年暂免的进口税收按照当年内外销比例进行划分，对外销比例部分执行试点企业所在海关特殊监管区域的税收政策，对内销比例部分比照执行海关特殊监管区域外（以下简称"区外"）税收政策补征税款。

②除进口自用设备外，购买的下列货物适用保税政策：a.从境外购买并进入试点区域的货物；b.从海关特殊监管区域（试点区域除外）或海关保税监管场所购买并进入试点区域的保税货物；c.从试点区域内非试点企业购买的保税货物；d.从试点区域内其他试点企业购买的未经加工的保税货物。

③销售的下列货物，向主管税务机关申报缴纳增值税：a.向境内区外售的货物；b.向保税区、不具备退税功能的保税监管场所销售的货物（未经加工的保税货物除外）；c.向试点区域内其他试点企业销售的货物（未经加工的保税货物除外）。

试点企业销售上述货物中含有保税货物的，按照保税货物进入海关特殊监管区域的状态向海关申报缴纳进口税收，并按照规定补缴缓税利息。

④向海关特殊监管区域或者海关保税监管场所销售的未经加工的保税货物，继续适用保税政策。

⑤销售的下列货物（未经加工的保税货物除外），适用出口退（免）税政策，主管税务机关凭海关提供的与之对应的出口货物报关单电子数据审核办理试点企业申报的出口退（免）税：a.离境出口的货物；b.向海关特殊监管区域（试点区域、保税区除外）或海关保税监管场所（不具备退税功能的保税监管场所除外）销售的货物；c.向试点区域内非试点企业销售的货物。

⑥未经加工的保税货物离境出口实行增值税免税政策。

⑦除财政部、海关总署、国家税务总局另有规定外，试点企业适用区外增值税的法律、法规等现行规定。

区外销售给试点企业的加工贸易货物，继续按现行税收政策执行；销售给试点企业的其他货物（包括水、蒸汽、电力、燃气）不再适用出口退税政策，按照规定缴纳增值税。

23.3 增值税的征税范围

23.3.1 一般征税范围

1. 销售货物

货物是指有形动产，包括电力、热力和气体在内。销售货物是指有偿转让货物的所有权。有偿不仅指从购买方取得货币，还包括取得货物或其他经济利益。

2. 销售劳务

劳务是指纳税人提供的加工、修理修配劳务。加工是指受托加工货物，即委托方提供原料及主要材料，受托方按照委托方的要求制造货物并收取加工费的业务；修理修配是指受托对损伤和丧失功能的货物进行修复，使其恢复原状和功能的业务。提供应税劳务，是指有偿提供劳务。单位或者个体工商户聘用的员工为本单位或者雇主提供劳务，不包括在内。

3. 销售服务

销售服务，是指提供交通运输服务、邮政服务、电信服务、建筑服务、金融服务、现代服务和生活服务。

4. 销售无形资产

销售无形资产，是指有偿转让无形资产，是转让无形资产所有权或者使用权的业务活动。

无形资产，是指不具实物形态，但能带来经济利益的资产，包括技术、商标、著作权、商誉、自然资源使用权和其他权益性无形资产。

5. 销售不动产

销售不动产，是指有偿转让不动产，是转让不动产所有权的业务活动。

不动产，是指不能移动或者移动后会引起性质、形状改变的财产，包括建筑物、构筑物等。转让建筑物有限产权或者永久使用权的，转让在建的建筑物或者构筑物所有权的，以及在转让建筑物或者构筑物时一并转让其所占土地的使用权的，按照销售不动产缴纳增值税。

6. 进口货物

进口货物是指申报进入我国关境内的货物。通常，境外产品要输入境内，必须向我国海关申报进口，并办理有关报关手续。只要是报关进口的应税货物，均属于增值税征税范围，在进口环节缴纳增值税（享受免税政策的货物除外）。

23.3.2 视同销售货物

单位或个体工商户的下列行为，视同销售货物，征收增值税：

（1）将货物交付其他单位或者个人代销；

（2）销售代销货物；

（3）设有两个以上机构并实行统一核算的纳税人，将货物从一个机构移送其他机构用于销售，但相关机构设在同一县（市）的除外；

（4）将自产、委托加工的货物用于非增值税应税项目；

（5）将自产、委托加工的货物用于集体福利或个人消费；

（6）将自产、委托加工或购进的货物作为投资，提供给其他单位或个体工商户；

（7）将自产、委托加工或购进的货物分配给股东或投资者；

（8）将自产、委托加工或购进的货物无偿赠送给其他单位或者个人；

（9）单位和个体工商户向其他单位或个人无偿销售应税服务、无偿转让无形资产或者不动产，但用于公益事业或者以社会公众为服务对象的除外；

（10）财政部和国家税务总局规定的其他情形。

23.3.3　混合销售

一项销售行为如果既涉及货物又涉及劳务，即为混合销售。从事货物的生产、批发或者零售的单位和个体工商户的混合销售行为，按照销售货物缴纳增值税；其他单位和个体工商户的混合销售行为，按照销售服务缴纳增值税。

23.3.4　兼营

1. 兼营的含义

兼营是指纳税人的经营范围既包括销售货物和加工修理修配劳务，又包括销售服务、无形资产或者不动产。但是，销售货物和加工修理修配劳务，以及销售服务、无形资产或者不动产不同时发生在同一项销售行为中。

2. 兼营业务的税率选择

纳税人发生应税销售行为适用不同税率或者征收率的，应当分别核算适用不同税率或者征收率的销售额，未分别核算销售额的，按照以下方法适用税率或者征收率：

（1）兼有不同税率的应税销售行为，从高适用税率；

（2）兼有不同征收率的应税销售行为，从高适用征收率；

（3）兼有不同税率和征收率的应税销售行为，从高适用税率；

纳税人销售活动板房、机器设备、钢结构件等自产货物的同时提供建筑、安装服务，不属于混合销售，应分别核算货物和建筑服务的销售额，分别适用不同的税率或者征收率，即按照兼营的政策计税；一般纳税人销售自产或外购的机器设备的同时提供安装服务，应分别核算机器设备和安装服务的销售额，安装服务可以按照甲供工程选择适用简易计税方法计税。

23.3.5　无须缴纳增值税的事项

（1）基本建设单位和从事建筑安装业务的企业附设工厂、车间在建筑现场制造的预制构件，凡直接用于本单位或本企业建筑工程的，不征收增值税。

（2）供应或开采未经加工的天然水（如水库供应农业灌溉用水，工厂自采地下水用于生产等），不征收增值税。

（3）对国家管理部门行使其管理职能，发放的执照、牌照和有关证书等取得的工本费收入，不征收增值税。

（4）对体育彩票的发行收入，不征收增值税。

（5）对增值税纳税人收取的会员费收入，不征收增值税。

（6）代购货物行为，凡同时具备以下条件的，不征收增值税：

①受托方不垫付资金；

②销货方将发票开具给委托方，并由受托方将该项发票转交给委托方；

③受托方按销货方实际收取的销售额和销项税额（如系代理进口货物，则为海关代征的增值税）与委托方结算货款，并另外收取手续费。

（7）纳税人取得中央财政补贴时的增值税问题。自2013年2月1日起，纳税人取得的中央财政补贴，不属于增值税应税收入，不征收增值税。燃油电厂从政府财政专户取得的发电补贴不属于增值税规定的价外费用，不计入应税销售额，不征收增值税。

（8）试点纳税人根据国家指令无偿提供的铁路运输服务、航空运输服务，属于《营业税改征增值税试点实施办法》第十四条规定的以公益活动为目的的服务，不征收增值税。

（9）存款利息，不征收增值税。

（10）被保险人获得的保险赔付，不征收增值税。

（11）房地产主管部门或者其指定机构、公积金管理中心、开发企业以及物业管理单位代收的住宅专项维修资金，不征收增值税。

23.4 增值税税率和征收率

23.4.1 增值税税率

根据确定增值税税率的基本原则，我国增值税设置了一档基本税率和一档低税率，此外还有对出口货物实施的零税率。营业税改征增值税试点实施后，又增加了10%和6%两档税率。自2019年4月1日起，增值税一般纳税人发生增值税应税销售行为或者进口货物，原适用16%税率的，税率调整为13%；原适用10%税率的，税率调整为9%。

（1）纳税人销售货物、劳务、有形动产租赁服务或者进口货物，除按规定适用9%税率的货物外，税率为13%。

（2）纳税人销售交通运输、邮政、基础电信、建筑、不动产租赁服务，销售不动产，转让土地使用权，销售或者进口下列货物，税率为9%：

①粮食等农产品、食用植物油、食用盐；

②自来水、暖气、冷气、热水、煤气、石油液化气、天然气、二甲醚、沼气、居民用煤炭制品；

③图书、报纸、杂志、音像制品、电子出版物；

④饲料、化肥、农药、农机、农膜；

⑤国务院规定的其他货物。

（3）纳税人销售增值电信服务、金融服务、现代服务、生活服务、无形资产，除另有规定外，税率为6%。

（4）纳税人出口货物，税率为零，但是国务院另有规定的除外。

（5）境内单位和个人跨境销售国务院规定范围内的服务、无形资产，税率为零。

（6）销售货物、劳务，提供的跨境应税行为，符合免税条件的免税。

23.4.2 增值税征收率

增值税征收率是指对特定的货物或特定的纳税人发生应税销售行为在某一生产流通环节应纳税额与销售额的比率。增值税征收率适用于两种情况:一是小规模纳税人,二是一般纳税人发生应税销售行为按规定可以选择简易计税方法计税的。

1. 征收率的一般规定

(1)下列情况适用 3% 征收率。

①小规模纳税人销售货物或加工修理修配劳务。

②销售应税服务、无形资产。

③一般纳税人发生按规定适用或可以选择适用简易计税方法计税的特定应税行为,但适用 5% 征收率的除外。

(2)下列情况适用 5% 征收率。

①销售不动产。

②经营租赁不动产(土地使用权)。

③转让"营改增"前取得的土地使用权。

④房地产开发企业销售、出租自行开发的房地产老项目。

⑤一级、二级公路、桥、闸(老项目)通行费。

⑥特定的不动产融资租赁。

⑦选择差额纳税的劳动派遣服务、安全保护服务。

⑧一般纳税人提供人力资源外包服务。

⑨中外合作油气田开采的原油、天然气。

⑩个人出租住房,应按照 5% 的征收率减按 1.5% 计算应纳税额。

⑪纳税人销售旧货、小规模纳税人以及符合规定情形的一般纳税人销售自己使用过的固定资产,可依据 3% 征收率减按 2% 征收增值税。

2. 征收率的特殊规定

(1)适用 3% 征收率的某些一般纳税人和小规模纳税人可以减按 2% 计征增值税。

①一般纳税人销售自己使用过的属于《增值税暂行条例》第十条不得抵扣且未抵扣进项税额的固定资产,按照简易计税方法依 3% 的征收率减按 2% 征收增值税。

②小规模纳税人销售自己使用过的固定资产,减按 2% 征收率征收增值税。

③纳税人销售旧货,按照简易计税方法依 3% 的征收率减按 2% 征收增值税。

(2)提供物业管理服务的纳税人,向服务接受方收取的自来水水费,以扣除对外支付的自来水水费后的余额为销售额,按照简易计税方法依 3% 的征收率计算缴纳增值税。

(3)小规模纳税人提供劳务派遣服务,以取得的全部价款和价外费用为销售额,按照简易计税方法依 3% 的征收率计算缴纳增值税。

(4)非企业性单位中的一般纳税人提供的研发和信息技术服务、鉴证咨询服务,以及销售技术、著作权等无形资产,可以选择简易计税方法依 3% 的征收率计算缴纳增值税。

(5)一般纳税人提供教育辅导服务,可以选择简易计税方法依 3% 的征收率计算缴纳增值税。

23.5 增值税的税收优惠

23.5.1 免税项目

免税项目如下。

（1）农业生产者销售的自产农产品。农业，是指种植业、养殖业、林业、牧业、水产业。农业生产者，包括从事农业生产的单位和个人。农产品，是指初级农产品，具体范围由财政部、国家税务总局确定。

（2）避孕药品和用具。

（3）古旧图书。古旧图书是指向社会收购的古书和旧书。

（4）直接用于科学研究、科学试验和教学的进口仪器、设备。

（5）外国政府、国际组织无偿援助的进口物资和设备。

（6）由残疾人的组织直接进口供残疾人专用的物品。

（7）销售的自己使用过的物品。

23.5.2 "营改增"相关税收优惠

1. 免征增值税的项目

（1）托儿所、幼儿园提供的保育和教育服务。

（2）养老机构提供的养老服务。

（3）残疾人福利机构提供的育养服务。

（4）婚姻介绍服务。

（5）殡葬服务。

（6）残疾人员本人为社会提供的服务。

（7）医疗机构提供的医疗服务。

（8）从事学历教育的学校提供的教育服务。

（9）学生勤工俭学提供的服务。

（10）农业机耕、排灌、病虫害防治、植物保护、农牧保险以及技术培训业务，家禽、牲畜、水生动物的配种和疾病防治。

（11）纪念馆、博物馆、文化馆、文物保护单位管理机构、美术馆、展览馆、书画院、图书馆在自己的场所提供文化体育服务取得的第一道门票收入。

（12）寺院、宫观、清真寺和教堂举办文化、宗教活动的门票收入。

（13）行政单位之外的其他单位收取的符合《营业税改征增值税试点实施办法》第十条规定条件的政府性基金和行政事业基金。

（14）个人转让著作权。

（15）个人销售自建自用住房。

（16）中国台湾地区的航运公司、航空公司从事海峡两岸海上直航、空中直航业务在大陆取得的运输收入。

（17）纳税人提供的直接或间接国际货运代理服务。

（18）以下的利息收入：

①国家助学贷款；

②国债、地方政府债；

③人民银行对金融机构的贷款；

④住房公积金管理中心用住房公积金在指定的委托银行发放的个人住房贷款；

⑤外汇管理部门在从事国家外汇储备经营过程中，委托金融机构发放的外汇贷款；

⑥统借统还业务中，企业集团或企业集团中核心企业以及集团所属财务公司按照不高于支付给金融机构的借款利率水平或者支付的债券票面利率水平，向企业集团或者下属单位收取的利息。

（19）被撤销的金融机构以货物、不动产、无形资产、有价证券、票据等财产清偿债务。

（20）保险公司开办的一年期及以上人身保险产品收取的保费收入。

（21）再保险服务，境内保险公司向境外保险公司提供的完全在境外消费的再保险服务。

（22）金融商品转让收入。

（23）金融同业往来利息收入。

（24）符合条件的担保机构从事中小企业信用担保或者再担保业务取得的收入，3 年内免征增值税。

（25）国家商品储备管理单位以及直属企业承担商品储备任务，从中央或者地方财政收取的利息补贴收入和价差补贴收入。

（26）纳税人提供的技术转让、技术开发和与之相关的技术咨询、技术服务。

（27）符合条件的合同能源管理服务。

（28）政府举办的从事学历教育的高等、中等和初等学校（不含下属单位），举办进修班、培训班取得的全部归该学校所有的收入。

（29）政府举办的职业学校设立的主要为在校学生提供的实习场所，并由学校出资自办、经营收入归学校所有的企业，从事现代服务业务取得的收入。

（30）家政服务企业由员工制家政服务员提供家政服务取得的收入。

（31）福利彩票、体育彩票的发行收入。

（32）军队空余房产租赁收入。

（33）为了配合国家住房制度改革，企业、行政事业单位按房改成本价、标准价出售住房取得的收入。

（34）将土地使用权转让给农业生产者用于农业生产。

（35）涉及家庭财产分割的个人无偿转让不动产、土地使用权。

（36）土地所有者出让土地使用权和土地使用者将土地使用权归还土地所有者。

（37）县级以上地方人民政府或自然资源行政主管部门出让、转让或收回自然资源使用权（不含土地使用权）。

（38）随军家属就业。

（39）军队转业干部就业。

（40）各党派、共青团、工会、妇联、中科协、青联、台联、侨联收取的党费、团费、会费，以及政府间国际组织收取的会费。

（41）青藏铁路公司提供的铁路运输服务。

（42）中国邮政集团公司以及所属邮政企业提供的邮政普通服务和邮政特殊服务。

（43）自2018年11月30日至2023年11月29日，对经国务院批准对外开放的货物期货品种保税交割业务，暂免征收增值税。

（44）海南离岛免税店销售离岛免税商品免征增值税和消费税的处理。

①离岛免税店销售离岛免税商品，按规定免征增值税和消费税。

②离岛免税店应按月进行增值税、消费税纳税申报。

③离岛免税店销售非离岛免税商品，按现行规定向主管税务机关申报缴纳增值税和消费税。

④离岛免税店兼营应征增值税、消费税项目的，应分别核算离岛免税商品和应税项目的销售额；未分别核算的，不得免税。

⑤离岛免税店销售离岛免税商品应开具增值税普通发票，不得开具增值税专用发票。

2. 增值税即征即退

（1）一般纳税人销售其自行开发生产的软件产品，按增值税基本税率征收增值税后，对其增值税实际税负超过3%的部分实行即征即退政策。增值税实际税负是指纳税人当期提供应税服务实际缴纳的增值税占纳税人当期提供应税服务取得的全部价款和价外费用的比例。

增值税一般纳税人将进口软件产品进行本地化改造后对外销售，其销售的软件产品可享受上述规定的增值税即征即退政策。

（2）一般纳税人提供管道运输服务，对其增值税实际税负超过3%的部分实行增值税即征即退政策。

（3）经中国人民银行、中国银行保险监督管理委员会或者商务部批准从事融资租赁业务的试点纳税人中的一般纳税人，提供有形动产融资租赁服务和有形动产融资性售后回租服务，对其增值税实际税负超过3%的部分实行增值税即征即退政策。

（4）纳税人安置残疾人享受增值税即征即退政策。

（5）增值税的退还。纳税人本期已交增值税小于本期应退税额不足退还的，可在本年度内以前纳税期已交增值税扣除已退增值税的余额中退还，仍不足退还的可结转本年度内以后纳税期退还。

3. 扣减增值税规定

（1）退役士兵创业就业。

（2）重点群体创业就业。

4. 与增值税有关的其他优惠政策

（1）金融企业发放贷款后，自结息日起90天内发生的应收未收利息按现行规定缴纳增值税，自结息日起90天后发生的应收未收利息暂不缴纳增值税，待实际收到利息时按规定缴纳增值税。

（2）个人将购买不足2年的住房对外销售的，按照5%的征收率全额缴纳增值税；个人将购买2年以上（含2年）的住房对外销售的，免征增值税。上述政策适用于北京、上海、广州、深圳之外的地区。

（3）中华人民共和国财政部、国家税务总局规定的其他免税项目。

23.6　增值税的计税方法

增值税的计税方法，包括一般计税方法、简易计税方法和扣缴计税方法。

23.6.1　一般计税方法

一般纳税人销售货物，提供加工修理修配劳务，销售服务、无形资产或者不动产适用一般计税方法计税。当期应纳增值税的计算公式如下：

$$当期应纳增值税 = 当期销项税额 - 当期进项税额$$

一般纳税人提供财政部和国家税务总局规定的特定应税行为，可以选择适用简易计税方法计税，但一经选择，36 个月内不得变更。

23.6.2　简易计税方法

小规模纳税人提供应税服务适用简易计税方法计税，计算公式如下：

$$当期应纳增值税 = 当期销售额 \times 征收率$$

23.6.3　扣缴计税方法

中国境外单位或者个人在中国境内提供应税行为，在境内未设有经营机构的，扣缴义务人按照下列公式计算应扣缴税额：

$$应扣缴税额 = 接受方支付的价款 \div （1 + 税率） \times 税率$$

23.7　一般计税方法下应纳增值税的确定

增值税一般纳税人销售货物，提供劳务，销售应税服务、无形资产或者不动产，采用一般计税方法计税缴纳增值税，即采用国际上通行的购进扣税法，当期应纳增值税的大小取决于当期销项税额和当期进项税额。

一般计税方法下的应纳税额，是指当期销项税额抵扣当期进项税额后的余额。

当期销项税额小于当期进项税额不足抵扣时，其不足部分可以结转下期继续抵扣。

23.7.1　销项税额的确定

销项税额是销售货物或提供应税劳务的销售额与税率的乘积，计算公式如下：

$$销项税额 = 销售额 \times 税率$$

1. 销售额的一般规定

《增值税暂行条例》第六条规定：销售额为纳税人销售货物或提供应税劳务向购买方收取的全部价款和价外费用。价外费用包括以下内容：

（1）受托加工应征消费税的消费品所代收代缴的消费税；

（2）符合条件代为收取的政府性基金或行政事业性收费；

（3）以委托方名义开具发票代委托方收取的款项；

（4）销售货物的同时因代办保险等而向购买方收取的保险费，以及向购买方收取的代购买方缴纳的车辆购置税、车辆牌照费。

2. 特殊销售方式及特殊业务的销售额

在市场竞争过程中，纳税人会采取某些特殊、灵活的销售方式销售货物、服务、无形资产或者不动产，以求扩大销售、占领市场。特殊销售方式及特殊业务销售额的确定方法如下。

（1）折扣方式销售货物。

①销售折扣有别于现金折扣，现金折扣通常是为了鼓励购货方及时偿还货款而给予的折扣优待，现金折扣发生在销货之后，不得从销售额中扣除；而销售折扣则是与实现销售同时发生的可从销售额中减除。

②销售折扣与销售折让是不同的。销售折让通常是指货物的品种或质量等原因引起销售额的减少，即销货方给予购货方未予退货状况下的价格折让。销售折让可以通过开具红字增值税专用发票从销售额中减除；未按规定开具红字增值税专用发票的，不得扣减销项税额或销售额。

需要着重说明的是：纳税人发生应税销售行为，如将价款和折扣额在同一张发票上的"金额"栏分别注明的，可按折扣后的销售额征收增值税；未在同一张发票"金额"栏注明折扣额，而仅在发票的"备注"栏注明折扣额的，折扣额不得从销售额中减除；未在同一张发票上分别注明销售额和折扣额的，以价款为销售额，不得扣减折扣额。

（2）以旧换新方式销售货物。

以旧换新销售，按照新货同期销售价确定销售额，不得减扣旧货物的收购价。但是金银首饰以旧换新业务，可以按照销售方实际收到的不含增值税的全部价款征收增值税。

（3）还本销售方式销售货物。

还本销售是指销货方在将货物出售之后，按约定的时间，一次或分次将购货款部分或全部退还给购货方，退还的货款即为还本支出。纳税人采取还本销售方式销售货物的，不得从销售额中减除还本支出。

（4）以物易物方式销售货物。

以物易物双方都应做购销处理，以各自发出的货物核算销售额并计算销项税额，以各自收到的货物核算购货额及进项税额。在以物易物活动中，双方应各自开具合法的票据，必须计算销项税额，如果收到货物不能取得相应的增值税专用发票或者其他增值税扣税凭证，不得抵扣进项税额。

（5）直销企业增值税销售额的确定。

直销企业的销售额是其向直销员收取的全部价款和价外费用，按现行规定缴纳增值税。

（6）包装物押金计税问题。

包装物是指纳税人包装本单位货物的各种物品。为了促使购货方尽早退回包装物以便周转使用，在一般情况下，销货方会向购货方收取包装物押金，购货方在规定的期间内返回包装物，销货方再将收取的包装物押金返还。纳税人为销售货物而出租出借包装物收取的押金，单独记账的、时间在1年内、又未过期的，不并入销售额计算缴纳增值税；但对逾期未收回不再退还的包装物押金，应按所包装货物的适用税率计算缴纳增值税。

这里需要注意两个问题：一是"逾期"的界定，"逾期"是以 1 年（12 个月）为期限；二是押金属于含税收入，应先将其换算为不含税销售额再并入销售额征税。另外，包装物押金与包装物租金不能混淆，包装物租金属于价外费用，在收取时便并入销售额计算缴纳增值税。

对销售除啤酒、黄酒以外的其他酒类产品收取的包装物押金，无论是否返还以及会计上如何核算，均应并入当期销售额计算缴纳增值税。

（7）贷款服务销售额的确定。

贷款服务，以提供贷款服务取得的全部利息以及利息性质的收入为销售额。银行提供贷款服务按期计收利息的，结息日所属期的销售额，按照现行规定计算缴纳增值税。

自 2018 年 1 月 1 日起，资管产品管理人运营资管产品提供的贷款服务以 2018 年 1 月 1 日起产生的利息以及利息性质的收入为销售额。

（8）直接收费金融服务销售额的确定。

直接收费金融服务，以提供直接收费金融服务收取的手续费、佣金、酬金、管理费、服务费、经手费、开户费、过户费、结算费、转托管费等各类费用为销售额。

另外，发卡机构、清算机构和收单机构提供银行卡跨机构资金清算服务，按照有关规定执行。

3. 按差额确定销售额

（1）转让金融商品时的销售额。

转让金融商品，按照卖出价扣除买入价后的余额确认销售额。转让金融商品出现的正负差，按盈亏相抵后的余额为销售额。若相抵后出现负差，可结转下一个纳税期与下期转让金融商品销售额相抵，但年末仍出现负差的，不得转入下一个会计年度。

（2）经纪代理服务的销售额。

经纪代理服务，以取得的全部价款和价外费用，扣除向委托方收取并代为支付的政府性基金或行政事业性收费后的余额为销售额。向委托方收取的政府性基金或者行政事业性收费，不得开具增值税专用发票。

（3）融资租赁和融资性售后回租业务的销售额。

经中国人民银行、国家金融监督管理总局或者商务部批准从事融资租赁业务的试点纳税人，提供融资租赁服务，以取得的全部价款和价外费用，扣除支付的借款利息、发行债券利息和车辆购置税后的余额为销售额。

（4）航空运输企业的销售额，不包括代收的机场建设费和代售其他航空运输企业客票而代收转付的价款。

（5）纳税人中的一般纳税人若提供客运场站服务，则以其取得的全部价款和价外费用，扣除支付给承运方运费后的余额为销售额。

（6）纳税人若提供旅游服务，可以选择以取得的全部价款和价外费用，扣除向旅游服务购买方收取并支付给其他单位或个人的住宿费、餐饮费、交通费、签证费、门票费和支付其他接团旅游企业的旅游费用后的余额为销售额。

（7）纳税人提供建筑服务适用简易计税方法的，以取得的全部价款和价外费用扣除支付的分包款后的余额为销售额。

（8）房地产开发企业中的一般纳税人销售其开发的房地产项目（选择简易计税方法的除外），以取得的全部价款和价外费用，扣除受让土地时向政府部门支付的土地价格后的余额为销售额。

（9）纳税人转让不动产缴纳增值税差额扣除的有关规定。

4. 销售额的核定

纳税人发生应税销售行为，价格明显偏低并无正当理由的，或者发生应税销售行为但无销售额的，主管税务机关有权按照下列顺序核定其计税销售额：

（1）按纳税人最近时期同类货物的平均销售价格确定；

（2）按其他纳税人最近时期同类货物的平均销售价格确定；

（3）按组成计税价格确定销售额。公式为：

$$组成计税价格 = 成本 \times （1 + 成本利润率）$$

5. 含税销售额的换算

现行增值税实行价外税，即纳税人向购买方销售货物或应税劳务所收取的价款中不应包含增值税税款，价款和税款在增值税专用发票上分别注明。对于一般纳税人发生的应税销售行为，采用销售额和销项税额合并定价方法的，按照如下公式换算：

$$不含税销售额 = 含税销售额 \div （1 + 税率）$$

23.7.2 进项税额的确定

进项税额，是指纳税人购进货物、加工修理修配劳务、服务、无形资产或者不动产，支付或者负担的增值税。

1. 准予从销项税额中抵扣的进项税额

（1）从销售方或提供方取得的增值税专用发票上注明的增值税（含税控机动车销售统一发票，下同）。

（2）从海关取得的海关进口增值税专用缴款书上注明的增值税。

（3）自境外单位或者个人购进劳务、服务、无形资产或者境内的不动产，从税务机关或者扣缴义务人取得的代扣代缴税款的完税凭证上注明的增值税。

（4）购进农产品，按照《农产品增值税进项税额核定扣除试点实施办法》抵扣进项税额。

（5）增值税一般纳税人在资产重组过程中，将资产、负债和劳动力一并转让给其他增值税一般纳税人，并按照程序注销税务登记的，其在办理注销登记前尚未抵扣的进项税额可结转至纳税人处继续抵扣。

（6）原增值税一般纳税人自用的应征消费税的摩托车、汽车、游艇，其进项税额准予从销项税额中抵扣。

（7）原增值税一般纳税人从境外单位或者个人购进服务、无形资产或者不动产，按规定应当扣缴增值税的，准予从销项税额中抵扣的进项税额为自税务机关或者扣缴义务人取得的解缴税款的完税凭证上注明的增值税。

（8）自 2018 年 1 月 1 日起，纳税人租入固定资产、不动产，既用于一般计税方法计税项目，又用于简易计税方法计税项目、免征增值税项目、集体福利或者个人消费的，其进项税准予从销项税中全额抵扣。

（9）纳税人购进国内旅客运输服务，其进项税额允许从销项税额中抵扣。若未取得增值税专用发票，暂按以下规定确定进项税额：

①取得增值税电子普通发票的，为发票上注明的金额；

②取得注明旅客身份信息的航空运输电子发票，进项税额 =（票价 + 燃油附加费）÷（1+9%）× 9%；

③取得注明旅客身份信息的铁路车票的，进项税额 = 票面金额 ÷（1+9%）× 9%；

④取得注明旅客身份信息的公路、水路等其他客票的，进项税额 = 票面金额 ÷（1+3%）× 3%。

2. 不得从销项税额中抵扣的进项税额

下列项目的进项税额不得从销项税额中抵扣。

（1）用于简易计税方法计税项目、免征增值税项目、集体福利或者个人消费的购进货物、加工修理修配劳务、服务、无形资产和不动产。

（2）非正常损失的购进货物，以及相关的加工修理修配劳务和交通运输服务。

（3）非正常损失的在产品、产成品所耗用的购进货物（不包括固定资产）、加工修理修配劳务和交通运输服务。

（4）非正常损失的不动产，以及该不动产所耗用的购进货物、设计服务和建筑服务。

（5）非正常损失的不动产在建工程所耗用的购进货物、设计服务和建筑服务。

（6）购进的贷款服务、餐饮服务、居民日常服务和娱乐服务。

（7）纳税人接受贷款服务向贷款方支付的与该笔贷款直接相关的投融资顾问费、手续费、咨询费等。

（8）财政部和国家税务总局规定的其他情形。

（9）适用一般计税方法的纳税人，兼营简易计税方法计税项目、免征增值税项目而无法划分不得抵扣的进项税额，按照下列公式计算不得抵扣的进项税额：

不得抵扣的进项税额 = 当期无法划分的全部进项税额 ×（当期简易计税方法计税项目销售额 + 免征增值税项目销售额）÷ 当期全部销售额

（10）一般纳税人已抵扣进项税额的固定资产、无形资产或者不动产，发生《增值税暂行条例》和《营业税改征增值税试点实施办法》规定不得从销项税额中抵扣进项税额情形的，按照下列公式计算不得抵扣的进项税额：

不得抵扣的进项税额 = 固定资产、无形资产或者不动产净值 × 适用税率

（11）有下列情形之一者，应按销售额依照增值税税率计算应纳税额，不得抵扣进项税额，也不得使用增值税专用发票：

①一般纳税人会计核算不健全，或者不能够提供准确税务资料的；

②应当办理一般纳税人资格登记却未办理的。

23.7.3 应纳税额的确定

在确定了销项税额和进项税额后，就可以得出实际应纳税额，基本计算公式为：

$$应纳税额 = 当期销项税额 - 当期进项税额$$

1. 时间界定

（1）销项税额的时间界定。

增值税纳税人在销售货物或提供了应税劳务后，什么时间计算销项税额，关系到当期销项税额的大小。关于销项税额的确定时间，总的原则是：销项税额的确定不得滞后。

（2）进项税额抵扣时限的界定。

一般纳税人取得的增值税专用发票和机动车销售统一发票，应在开具之日起180日内到税务机关办理认证。认证通过后，非纳税辅导期管理的一般纳税人，应在认证通过的次月申报期内，向主管税务机关申报抵扣进项税额；纳税辅导期管理的一般纳税人，应当在交叉稽核比对无误后，方可抵扣进项税额。

（3）海关完税凭证进项税额的抵扣时限。

自2013年7月1日起，增值税一般纳税人进口货物取得的属于增值税扣税范围的海关进口增值税专用缴款书，需经税务机关稽核比对相符后，其增值税方能作为进项税额在销项税额中抵扣。增值税一般纳税人取得的2017年7月1日及以后开具的海关进口增值税专用缴款书应自开具之日起360日内向主管税务机关报送《海关完税凭证抵扣清单》，申请稽核比对。

（4）未按期申报抵扣增值税进项税额。

增值税一般纳税人取得的增值税专用发票以及海关进口增值税专用缴款书，未在规定期限内到税务机关办理认证（按规定不用认证的纳税人除外）或者申报抵扣的，不得抵扣进项税额。

增值税一般纳税人除客观原因以外的其他原因造成增值税扣税凭证未按期申报抵扣的，仍按照现行增值税扣税凭证申报抵扣的有关规定执行。

客观原因包括如下情况：

①自然灾害、社会突发事件等不可抗力造成增值税扣税凭证未按期申报抵扣；

②有关司法、行政机关在办理业务或者检查中，扣押、封存纳税人账簿资料，导致纳税人未能按期办理申报手续；

③税务机关信息系统、网络故障，导致纳税人未能及时取得认证结果通知书或稽核结果通知书，未能及时办理申报抵扣；

④企业办税人员伤亡、突发危重疾病或者擅自离职，未能办理交接手续，导致未能按期申报抵扣；

⑤国家税务总局规定的其他情形。

2. 进项税额不足抵扣的处理

纳税人在计算应纳税额时，当期销项税额小于当期进项税额不足抵扣的部分，可以结转下期继续抵扣。

3. 扣减当期进项税额的规定

由于增值税采用购进扣税法，所以当期购进的货物或应税劳务如果未确定用于非经营性项目，其进项税额会在当期销项税额中予以抵扣。但已经抵扣进项税额的购进货物或应税劳务如果事后改变用途，如用于职工福利或个人消费，购进货物发生非正常损失，在产品或产成品发生非正常损失，则根据税法的规定，应将购进货物或应税劳务的进项税额从当期的进项税额中扣减。无法准确确定该项进项税额的，按当期实际成本计算应扣减的进项税额。

4. 销售折让、中止或者退回涉及销项税额和进项税额的处理

纳税人适用一般计税方法计税的，因销售折让、中止或者退回而退还给购买方的增值税，应当从当期的销项税额中扣减；因销售折让、中止或者退回而收回的增值税应当从当期的进项税额中扣减一般纳税人发生应税销售行为，开具增值税专用发票后，应税销售行为发生退回或者折让、开票有误等情形，应按国家税务总局的规定开具红字增值税专用发票。未按规定开具红字增值税专用发票的，不得扣减销项税额或者销售额。

5. 向供货方取得返还收入的税务处理

自 2004 年 7 月 1 日起，对商业企业向供货方收取的与商品销售量、销售额挂钩（如以一定比例、金额、数量计算）的各种返还收入，均应按照平销返利行为的有关规定冲减当期增值税进项税额。应冲减进项税额的计算公式调整为：

$$当期应冲减进项税额 = 当期取得的返还资金 \div （1 + 所购货物适用增值税税率） \times 所购货物适用增值税税率$$

商业企业向供货方收取的各种返还收入，一律不得开具增值税专用发票。

6. 一般纳税人注销时进项税额的处理

一般纳税人在注销或被取消辅导期一般纳税人资格，转为小规模纳税人时，其存货不做进项税额转出处理，其留抵税额也不予以退税。

7. 金融机构开展个人实物黄金交易业务增值税的处理

各支行、分理处、储蓄所应依法向机构所在地主管税务机关申请办理税务登记。各支行应按月汇总所属分理处、储蓄所上报的实物黄金销售额和本支行的实物黄金销售额，按照规定的预征率计算增值税预征税额，向主管税务机关申报缴纳增值税。预征税额的计算公式如下：

$$预征税额 = 销售额 \times 预征率$$

各省级分行和直属一级分行应向机构所在地主管税务机关申请办理税务登记，申请认定增值税一般纳税人资格；按月汇总所属地市分行或支行上报的实物黄金销售额和进项税额，按照一般纳税人方法计算增值税应纳税额，根据已预征税额计算应补税额，向主管税务机关申报缴纳。相关计算如下：

$$应纳税额 = 销项税额 - 进项税额$$
$$应补税额 = 应纳税额 - 预征税额$$

当期进项税额大于销项税额的，其留抵税额结转下期抵扣，预征税额大于应纳税额的，在下期增值税应纳税额中抵减。

8. 纳税人转让不动产增值税征收管理暂行办法

一般纳税人转让其 2016 年 4 月 30 日前取得（不含自建）的不动产，可以选择适用简易计税方法计税，以取得的全部价款和价外费用扣除不动产购置原价或者取得不动产时的作价后的余额为销售额，按照 5% 的征收率计算应纳税额。

小规模纳税人转让其取得（不含自建）的不动产，以取得的全部价款和价外费用扣除不动产购置原价或者取得不动产时的作价后的余额为销售额，按照5%的征收率计算应纳税额。小规模纳税人转让其自建的不动产，以取得的全部价款和价外费用为销售额，按照5%的征收率计算应纳税额。

9. 纳税人跨县（市、区）提供建筑服务增值税征收管理暂行办法

纳税人跨县（市、区）提供建筑服务，按照以下公式计算应预缴税款。

（1）适用一般计税方法计税的。

$$应预缴税款 = （全部价款和价外费用 - 支付的分包款）÷（1+10\%）×2\%$$

（2）适用简易计税方法计税的。

$$应预缴税款 = （全部价款和价外费用 - 支付的分包款）÷（1+3\%）×3\%$$

纳税人取得的全部价款和价外费用扣除支付的分包款后的余额为负数的，可在结转下次预缴税款时继续扣除。纳税人应按照工程项目分别计算应预缴税款，分别预缴。

纳税人按照上述规定从取得的全部价款和价外费用中扣除支付的分包款，应当取得符合法律、行政法规和国家税务总局规定的有效凭证，否则不得扣除。

10. 纳税人提供不动产经营租赁服务增值税征收管理暂行办法

一般纳税人出租其2016年4月30日前取得的不动产，可以选择适用简易计税方法，按照5%的征收率计算应纳税额。不动产所在地与机构所在地不在同一县（市、区）的，纳税人应按照上述计税方法向不动产所在地主管税务机关预缴税款，向机构所在地主管税务机关申报纳税。

一般纳税人出租其2016年5月1日后取得的不动产，适用一般计税方法计税。不动产所在地与机构所在地不在同一县（市、区）的，纳税人应按照3%的预征率向不动产所在地主管税务机关预缴税款，向机构所在地主管税务机关申报纳税。

小规模纳税人出租不动产，按照以下规定缴纳增值税：单位和个体工商户出租不动产（不含个体工商户出租住房），按照5%的征收率计算应纳税额。个体工商户出租住房，按照5%的征收率减按1.5%计算应纳税额。其他个人出租不动产（不含住房），按照5%的征收率计算应纳税额，向不动产所在地主管税务机关申报纳税。其他个人出租住房，按照5%的征收率减按1.5%计算应纳税额，向不动产所在地主管税务机关申报纳税。

11. 房地产开发企业不动产经营租赁服务的增值税处理

（1）房地产开发企业中的一般纳税人，出租自行开发的房地产老项目，可以选择适用简易计税方法，按照5%的征收率计算应纳税额。纳税人出租自行开发的房地产老项目与其机构所在地不在同一县（市）的，应按照上述计税方法在不动产所在地预缴税款后，向机构所在地主管税务机关进行纳税申报。房地产开发企业中的一般纳税人，出租其2016年5月1日后自行开发的与机构所在地不在同一县（市）的房地产项目，应按照3%的预征率在不动产所在地预缴税款后，向机构所在地主管税务机关进行纳税申报。

（2）房地产开发企业中的小规模纳税人，出租自行开发的房地产项目，按照5%的征收率计算应纳税额。纳税人出租自行开发的房地产项目与其机构所在地不在同一县（市）的，应按照上述计税方法在不动产所在地预缴税款后，向机构所在地主管税务机关进行纳税申报。

12. 房地产开发企业（一般纳税人）销售自行开发的房地产项目增值税征收管理暂行办法

房地产开发企业中的一般纳税人销售自行开发的房地产项目，适用一般计税方法计税，按照取得的全部价款和价外费用，扣除当期销售房地产项目对应的土地价款后的余额计算销售额。销售额的计算公式如下：

$$销售额 = （全部价款和价外费用 - 当期允许扣除的土地价款）÷（1+10\%）$$

$$当期允许扣除的土地价款 = （当期销售房地产项目建筑面积 ÷ 房地产项目可供销售建筑面积）×$$
$$支付的土地价款$$

当期销售房地产项目建筑面积，是指当期进行纳税申报的增值税销售额对应的建筑面积。

房地产项目可供销售建筑面积，是指房地产项目可以出售的总建筑面积，不包括销售房地产项目时未单独作价结算的配套公共设施的建筑面积。

支付的土地价款，是指向政府、土地管理部门或受政府委托收取土地价款的单位直接支付的土地价款。

房地产开发企业中的一般纳税人销售自行开发的房地产老项目，可以选择适用简易计税方法按照 5% 的征收率计税。一经选择简易计税方法计税的，36 个月内不得变更为一般计税方法计税。

房地产开发企业中的一般纳税人采取预收款方式销售自行开发的房地产项目，应在收到预收款时按照 3% 的预征率预缴增值税。应预缴税款按照以下公式计算：

$$应预缴税款 = 预收款 ÷（1+ 适用税率或征收率）×3\%$$

适用一般计税方法计税的，按照 10% 的适用税率计算；适用简易计税方法计税的，按照 5% 的征收率计算。

$$不得抵扣的进项税额 = 当期无法划分的全部进项税额 ×（简易计税、免税房地产项目建设规模 ÷$$
$$房地产项目总建设规模）$$

23.8　资管产品的增值税处理

资管产品管理人（以下简称"管理人"）在运营资管产品的过程中发生的增值税应税行为（以下简称"资管产品运营业务"），暂适用简易计税方法，按照 3% 的征收率缴纳增值税。

管理人，包括银行、信托公司、公募基金管理公司及其子公司、证券公司及其子公司、期货公司及其子公司、私募基金管理人、保险资产管理公司、专业保险资产管理机构、养老保险公司。资管产品，包括银行理财产品、资金信托（包括集合资金信托、单一资金信托）、财产权信托、公开募集证券投资基金、特定客户资产管理计划、集合资产管理计划、定向资产管理计划、私募投资基金、债权投资计划、股权投资计划、股债结合型投资计划、资产支持计划、组合类保险资产管理产品、养老保障管理产品等。

管理人应分别核算资管产品运营业务和其他业务的销售额和增值税应纳税额，管理人可选择分别或汇总核算资管产品运营业务销售额和增值税应纳税额，管理人应按照规定的纳税期限，汇总申报缴纳资管产品运营业务和其他业务增值税。对资管产品在 2018 年 1 月 1 日前运营过程中发生的增值税应税行为，未缴纳增值税的，不再缴纳；已缴纳增值税的，已纳税额从管理人以后月份的增值税应纳税额中抵减。

23.9 进口货物的增值税

申报进入中华人民共和国海关境内的货物，均应该缴纳增值税。

根据《增值税暂行条例》的规定，进口货物增值税的纳税人为进口货物的收货人或办理报关手续的单位和个人，包括国内一切从事进口业务的企事业单位、机关团体和个人。

对于企业、单位和个人委托代理进口应征增值税的货物，鉴于代理进口货物的海关完税凭证有的开具给委托方，有的开具给受托方的特殊性，对代理进口货物以海关开具的完税凭证上的纳税人为增值税纳税人。

跨境电子商务零售进口商品按照货物征收关税和进口环节增值税、消费税，购买跨境电子商务零售进口商品的个人作为纳税人。电子商务企业、电子商务交易平台企业或物流企业可作为增值税代收代缴义务人。

23.9.1 进口货物增值税的计税依据和应纳税额的计算

1. 进口货物的计税依据

进口货物增值税计税依据为增值税组成计税价格。进口货物增值税组成计税价格中包括已纳关税税额，如果进口货物属于消费税应税消费品，其组成计税价格中还要包括进口环节已纳消费税税额。

按照《中华人民共和国海关法》和《中华人民共和国进出口关税条例》的规定，一般贸易项下进口货物以海关审定的成交价格为基础的到岸价格作为完税价格。成交价格是一般贸易项下进口货物的买方为购买该项货物向卖方实际支付或应当支付的价格，到岸价格是由货价、货物运抵我国关境内输入地点起卸前的包装费、运费、保险费和其他劳务费等费用构成的一种价格。

组成计税价格的计算公式如下：

$$组成计税价格 = 关税完税价格 + 关税 + 消费税$$

或：

$$组成计税价格 = （关税完税价格 + 关税） \div （1 - 消费税税率）$$

2. 进口货物应纳税额的计算

纳税人进口货物，按照组成计税价格和适用的税率计算应纳税额，不得抵扣任何税额，即在计算进口环节的应纳增值税税额时，不得抵扣发生在我国境外的各种税金。

$$应纳税额 = 组成计税价格 \times 税率$$

进口货物在海关缴纳的增值税，符合抵扣范围的，凭借海关进口增值税专用缴款书，可以从当期销项税额中抵扣。

23.9.2 进口货物增值税的纳税义务发生时间

进口货物的增值税由海关代征。个人携带或者邮寄进境自用物品的增值税，连同关税一并计征。进口货物增值税纳税义务发生时间为报关进口的当天，由进口人或其代理人向报关地海关申报纳税，并应当自海关填发海关进口增值税专用缴款书之日起 15 日内缴纳税款。

【例 23-1】某商贸公司（有进出口经营权）10 月进口货物一批。该批货物在国外的买价为 40 万元，该批货物运抵我国海关前发生的包装费、运输费、保险费等共计 20 万元。货物报关后，该公司按规定缴纳了进口环节的增值税并取得了海关开具的海关进口增值税专用缴款书。假定该批进口货物在国内全部销售，取得不含税销售额 80 万元。该批货物进口关税税率为 15%，增值税税率为 13%。

请按下列顺序回答问题：

（1）计算关税的组成计税价格；

（2）计算进口环节应纳关税；

（3）计算进口环节应纳增值税的组成计税价格；

（4）计算进口环节应纳增值税；

（5）计算国内销售环节的销项税额；

（6）计算国内销售环节应纳增值税。

【答案】

（1）关税的组成计税价格 =40+20=60（万元）

（2）应纳进口关税 =60×15% =9（万元）

（3）进口环节应纳增值税的组成计税价格 =60+9=69（万元）

（4）进口环节应纳增值税 =69×13%=8.97（万元）

（5）国内销售环节的销项税额 =80×13%=10.4（万元）

（6）国内销售环节应纳增值税 =10.4–8.97 =1.43（万元）

23.10 出口货物、劳务和跨境应税行为退（免）增值税的解读

出口货物、劳务和跨境应税行为退（免）增值税是指在国际贸易中，对报关出口的货物或者劳务和服务退还在国内各生产环节和流转环节按税法规定已缴纳的增值税，或免征应缴纳的增值税。这是在国际贸易中通常采用并为世界各国或地区普遍接受的，鼓励各国出口货物、劳务公平竞争的一种税收措施。

23.10.1 增值税退（免）税基本政策

1. 出口免税并退税

出口免税是指对货物、劳务和跨境应税行为在出口环节免征增值税；出口退税是指对货物、劳务和跨境应税行为在出口前实际负担的税款，按规定的退税率计算后予以退还。

2. 出口免税不退税

出口免税与上述第 1 项含义相同。出口不退税是指出口货物、劳务和跨境应税行为因在前一道生产、销售环节或进口环节是免税的，所以在出口时，该货物、劳务和跨境应税行为的价格中本身就不含税，也无须退税。

3. 出口不免税也不退税

出口不免税是指对国家限制或禁止出口的某些货物、劳务和跨境应税行为的出口环节视同内销环节，照常征税；出口不退税是指对这些货物、劳务和跨境应税行为出口不退还出口前其所负担的税款。

23.10.2　增值税退（免）税的范围及方法

1. 适用增值税退（免）税政策的范围

（1）出口企业和出口货物。

出口企业，包括作为增值税一般纳税人的生产企业、外贸企业；出口货物，分为自营出口货物和委托出口货物两类。

（2）出口企业视同自产出口货物。

①出口企业对外援助、对外承包、境外投资的出口货物。

②出口企业经海关报关进入国家批准的出口加工区、保税物流园区、保税港区、综合保税区、珠澳跨境工业区（珠海园区）、中哈霍尔果斯国际边境合作中心（中方配套区域）、保税物流中心（B 型）（以下统称"特殊区域"）并销售给特殊区域内单位或境外单位、个人的货物。

③免税品经营企业销售的货物（国家规定不允许经营和限制出口的货物、卷烟和超出免税品经营企业的企业法人营业执照中规定经营范围的货物除外）。

④出口企业或其他单位销售给用于国际金融组织或外国政府贷款国际招标建设项目的中标机电产品（以下称"中标机电产品"）。上述中标机电产品，包括外国企业中标再分包给出口企业或其他单位的机电产品。

⑤出口企业或其他单位销售给国际运输企业用于国际运输工具上的货物。上述规定暂仅适用于外轮供应公司、远洋运输供应公司销售给外轮、远洋国轮的货物，国内航空供应公司生产销售给国内和国外航空公司国际航班的航空食品。

（3）生产企业视同自产货物。

生产企业出口视同自产货物，免征增值税。视同自产货物应满足的条件如下。

持续经营以来从未发生骗取出口退税、虚开增值税专用发票或农产品收购发票、接受虚开增值税专用发票（善意取得虚开增值税专用发票除外）行为且同时符合下列条件的生产企业出口的外购货物，可视同自产货物适用增值税退（免）税政策：

①已取得增值税一般纳税人资格；

②已持续经营 2 年及 2 年以上；

③纳税信用等级达到 A 级；

④上一年度销售额 5 亿元以上；

⑤外购出口的货物与本企业自产货物同类型或具有相关性。

（4）出口企业对外提供加工修理修配劳务。

对外提供加工修理修配劳务，是指对进境复出口货物或从事国际运输的运输工具进行加工修理修配。

（5）融资租赁货物出口退税。

根据《财政部　海关总署　国家税务总局关于在全国开展融资租赁货物出口退税政策试点的通知》的规定，对融资租赁出口货物试行退税政策。对融资租赁企业、金融租赁公司及其设立的项目子公司（以下统称"融资租赁出租方"），以融资租赁方式租赁给境外承租人且租赁期限在 5 年（含）以上，并向海关报关后实际离境的货物，试行增值税、消费税出口退税政策。

2. 增值税退（免）税办法

适用增值税退（免）税政策的出口货物、劳务，按照下列规定实行增值税免、抵、退税或免、退税办法。

（1）增值税免、抵、退税办法。

免征增值税，相应的进项税额抵减应纳增值税，未抵减完的部分予以退还。该办法适用于：

①生产企业出口自产货物和视同自产货物，以及列名的生产企业出口非自产货物；

②对外提供加工修理修配劳务；

③零税率的跨境服务和无形资产。

（2）增值税免、退税办法。

不具有生产能力的出口企业或其他单位出口货物、劳务，免征增值税，相应的进项税额予以退还。该办法适用于：

①不具有生产能力的出口企业或其他单位出口货物、劳务——外贸企业出口货物、劳务；

②外贸企业外购的研发服务和设计服务出口。

境内的单位和个人提供的适用增值税零税率的应税服务或者无形资产，如果适用简易计税方法，则实行免征增值税办法；如果适用增值税一般计税方法，则生产企业实行免、抵、退税办法，外贸企业外购研发服务和设计服务出口实行免、退税办法，外贸企业自己开发的研发服务和设计服务出口，视同生产企业连同其出口货物统一实行免、抵、退税办法。

境内的单位和个人提供适用增值税零税率应税服务的，可以放弃适用增值税零税率，选择免税或按规定缴纳增值税。放弃适用增值税零税率后，36 个月内不得再申请适用增值税零税率。

23.10.3 增值税出口退税率的确定

1. 退税率的一般规定

除财政部和国家税务总局根据国务院的决定而明确的增值税出口退税率外，出口货物的增值税出口退税率为其适用税率。国家税务总局根据上述规定将增值税出口退税率通过出口退税率文库予以发布，供征纳税双方执行。增值税出口退税率有调整的，除另有规定外，其执行时间以货物（包括被加工修理修配的货物）出口货物报关单（增值税出口退税专用）上注明的出口日期为准。自 2019 年 4 月 1 日起，原适用 16% 税率且出口退税率为 16% 的出口货物劳务，出口退税率调整为 13%；原适用 10% 税率且出口退税率为 10% 的出口货物、跨境应税行为，出口退税率调整为 9%。

目前我国增值税出口退税率分为五档，即 13%、10%、9%、6% 和零税率。

2. 退税率的特殊规定

（1）外贸企业购进按简易计税方法征税的出口货物、从小规模纳税人购进的出口货物，其退税率分别为简易计税方法实际执行的征收率、小规模纳税人征收率。上述出口货物取得增值税专用发票的，退税率按照增值税专用发票上的税率和出口货物退税率孰低的原则确定。

（2）出口企业委托加工修理修配货物，其加工修理修配费用的退税率，为出口货物的退税率。

（3）中标机电产品、出口企业向海关报关进入特殊区域销售给特殊区域内生产企业生产耗用的列名原材料、输入特殊区域的水电气，其退税率为适用税率。如果国家调整列名原材料的退税率，列名原材料应当自调整之日起按调整后的退税率执行。

（4）海洋工程结构物退税率适用不同退税率的货物劳务，应分开报关、核算并申报退（免）税，未分开报关、核算或划分不清的，从低适用退税率。

23.10.4 增值税退（免）税的计税依据

出口货物、劳务的增值税退（免）税的计税依据，按出口货物、劳务的出口发票（外销发票）、其他普通发票或购进出口货物、劳务的增值税专用发票、海关进口增值税专用缴款书确定。

（1）生产企业出口货物、劳务（进料加工复出口货物除外）增值税退（免）税的计税依据，为出口货物、劳务的实际离岸价（Free On Board，FOB）。

（2）生产企业进料加工复出口货物增值税退（免）税的计税依据，按出口货物的离岸价（FOB）扣除出口货物所含的海关保税进口料件的金额后确定。

海关保税进口料件，是指海关以进料加工贸易方式监管的出口企业从境外和特殊区域等进口的料件。其包括出口企业从境外单位或个人购买并从海关保税仓库提取且办理海关进料加工手续的料件，以及保税区外的出口企业从保税区内的企业购进并办理海关进料加工手续的进口料件。

（3）生产企业国内购进无进项税额且不计提进项税额的免税原材料加工后出口的货物的计税依据，按出口货物的离岸价（FOB）扣除出口货物所含的国内购进免税原材料的金额后确定。

（4）外贸企业出口货物（委托加工修理修配货物除外）增值税退（免）税的计税依据，为购进出口货物的增值税专用发票注明的金额或海关进口增值税专用缴款书注明的完税价格。

（5）外贸企业出口委托加工修理修配货物增值税退（免）税的计税依据，为加工修理修配费用增值税专用发票注明的金额。外贸企业应将加工修理修配使用的原材料（进料加工海关保税进口料件除外）作价销售给受托加工修理修配的生产企业，受托加工修理修配的生产企业应将原材料成本并入加工修理修配费用开具发票。

（6）出口进项税额未计算抵扣的已使用过的设备增值税退（免）税的计税依据，按下列公式确定：

退（免）税计税依据 = 增值税专用发票上的金额或海关进口增值税专用缴款书注明的完税价格 ×
已使用过的设备固定资产净值 ÷ 已使用过的设备原值

已使用过的设备固定资产净值 = 已使用过的设备原值 − 已使用过的设备已提累计折旧

已使用过的设备，是指出口企业根据财务会计制度已经计提折旧的固定资产。

（7）免税品经营企业销售的货物增值税退（免）税的计税依据，为购进货物的增值税专用发票注明的金额或海关进口增值税专用缴款书注明的完税价格。

（8）中标机电产品增值税退（免）税的计税依据：生产企业为销售机电产品的普通发票注明的金额；外贸企业为购进货物的增值税专用发票注明的金额或海关进口增值税专用缴款书

注明的完税价格。

（9）生产企业向海上石油天然气开采企业销售的自产的海洋工程结构物增值税退（免）税的计税依据，为销售海洋工程结构物的普通发票注明的金额。

（10）输入特殊区域的水电气增值税退（免）税的计税依据，为作为购买方的特殊区域内生产企业购进水（包括蒸汽）、电力、燃气的增值税专用发票注明的金额。

（11）跨境应税行为的退（免）税计税依据按照下列规定执行。

①票据依据。

出口货物、劳务的增值税退（免）税的计税依据，按出口货物、劳务的出口发票（外销发票）、其他普通发票或购进出口货物、劳务的增值税专用发票、海关进口增值税专用缴款书确定。

跨境应税行为的计税依据按照《适用增值税零税率应税服务退（免）税管理办法》执行。

②金额依据。

对于生产企业而言，出口货物、劳务（进料加工复出口货物除外）的退（免）税计税依据为出口货物、劳务的实际离岸价（FOB）；进料加工复出口货物的退（免）税计税依据按出口离岸价（FOB）扣除出口货物所耗用的海关保税进口料件的金额后确定；国内购进无进项税额且不计提进项税额的免税原材料加工后出口的货物的退（免）税计税依据按出口货物的离岸价（FOB）扣除出口货物所含的国内购进免税原材料的金额后确定。

对于外贸企业而言，出口货物（委托加工、修理、修配货物除外）的退（免）税计税依据为购进出口货物的增值税专用发票注明的金额或海关进口增值税专用缴款书注明的完税价格；出口委托、加工修理修配货物的退（免）税计税依据为加工修理修配费用增值税专用发票注明的金额；中标机电产品的退（免）税计税依据为购进货物的增值税专用发票注明的金额或海关进口增值税专用缴款书注明的完税价格。

对于出口企业而言，出口进项税额未计算抵扣的已使用过的设备的退（免）税计税依据为增值税专用发票上的金额或海关进口增值税专用缴款书注明的完税价格 × 已使用过的设备固定资产净值 ÷ 已使用过的设备原值；输入特殊区域的水电气的退（免）税计税依据为作为购买方的特殊区域内生产企业购进水电气的增值税专用发票注明的金额。

对于免税品经营企业而言，销售的货物的退（免）税计税依据为购进货物的增值税专用发票注明的金额或海关进口增值税专用缴款书注明的完税价格。

23.10.5　增值税免抵退税额的计算

1. 生产企业出口货物劳务服务增值税免抵退税

（1）当期应纳税额的计算。

$$当期应纳税额 = 当期销项税额 -（当期进项税额 - 当期不得免征和抵扣税额）$$

$$当期不得免征和抵扣税额 = 当期出口货物离岸价 \times 外汇人民币折合率 \times（出口货物适用税率 - 出口货物退税率）- 当期不得免征和抵扣税额抵减额$$

$$当期不得免征和抵扣税额抵减额 = 当期免税购进原材料价格 \times（出口货物适用税率 - 出口货物退税率）$$

（2）当期免抵退税额的计算。

当期免抵退税额 = 当期出口货物离岸价 × 外汇人民币折合率 × 出口货物退税率 − 当期免抵退税额抵减额

当期免抵退税额抵减额 = 当期免税购进原材料价格 × 出口货物退税率

（3）当期应退税额和免抵税额的计算。

①当期期末留抵税额≤当期免抵退税额时。

当期应退税额 = 当期期末留抵税额

当期免抵税额 = 当期免抵退税额 − 当期应退税额

②当期期末留抵税额大于当期免抵退税额时。

当期应退税额 = 当期免抵退税额

当期免抵税额 =0

当期期末留抵税额为当期增值税纳税申报表中的"期末留抵税额"。

（4）当期免税购进原材料价格。

当期免税购进原材料价格包括当期国内购进的无进项税额且不计提进项税额的免税原材料的价格和当期进料加工保税进口料件的价格，其中当期进料加工保税进口料件的价格为组成计税价格。计算公式如下：

当期进料加工保税进口料件的组成计税价格 = 当期进口料件到岸价格 + 海关实征关税 + 海关实征消费税

①采用实耗法的，当期进料加工保税进口料件的组成计税价格为当期进料加工出口货物耗用的进口料件组成计税价格。计算公式为：

当期进料加工保税进口料件的组成计税价格 = 当期进料加工出口货物离岸价 × 外汇人民币折合率 × 计划分配率

计划分配率 = 计划进口总值 ÷ 计划出口总值 ×100%

实行纸质手册和电子化手册的生产企业，应根据海关签发的加工贸易手册或加工贸易电子化纸质单证所列的计划进出口总值计算计划分配率。

实行电子账册的生产企业，计划分配率按前一期已核销的实际分配率确定；新启用电子账册的，计划分配率按前一期已核销的纸质手册或电子化手册的实际分配率确定。

②采用购进法的，当期进料加工保税进口料件的组成计税价格为当期实际购进的进料加工进口料件的组成计税价格。

若当期实际不得免征和抵扣税额抵减额大于"当期出口货物离岸价 × 外汇人民币折合率 ×（出口货物适用税率 − 出口货物退税率）"的值时，则：

当期不得免征和抵扣税额抵减额 = 当期出口货物离岸价 × 外汇人民币折合率 ×（出口货物适用税率 − 出口货物退税率）

2. 外贸企业出口货物、劳务增值税免退税

（1）外贸企业出口委托加工修理修配货物以外的货物：

增值税应退税额 = 增值税退（免）税计税依据 × 出口货物退税率

（2）外贸企业出口委托加工修理修配货物：

出口委托加工修理修配货物的增值税应退税额＝委托加工修理修配的增值税退（免）税计税依据 ×
出口货物退税率

另外，退税率低于适用税率的，相应计算出的差额部分的税款计入出口货物、劳务成本。

值得注意的是，出口企业既有增值税免抵退项目，也有增值税即征即退、先征后退项目的，增值税即征即退和先征后退项目不参与出口项目免抵退税计算。出口企业应分别核算增值税免抵退项目和增值税即征即退、先征后退项目，并分别申请享受增值税即征即退、先征后退和免抵退税政策。

用于增值税即征即退或者先征后退项目的进项税额无法划分的，按照下列公式计算：

无法划分进项税额中用于增值税即征即退或者先征后退项目的部分＝当月无法划分的全部进项
税额 × 当月增值税即征即退或者先征后退项目销售额 ÷ 当月全部销售额、营业额合计

23.10.6　增值税免税政策

1．适用范围

对符合下列条件的出口货物、劳务，按以下规定实行免征增值税政策。

（1）适用增值税免税政策的出口货物劳务和应税行为。

①增值税小规模纳税人出口的货物。

②避孕药品和用具，古旧图书。

③软件产品。其具体范围是指海关税则号前四位为"9803"的货物。

④含黄金、铂金成分的货物，钻石及其饰品。

⑤国家计划内出口的卷烟。

⑥非出口企业委托出口的货物。

⑦非列名生产企业出口的非视同自产货物。

⑧农业生产者自产农产品 [农产品的具体范围按照《农业产品征税范围注释》（财税字〔1995〕52 号）的规定执行]。

⑨油画、花生果仁、黑大豆等财政部和国家税务总局规定的出口免税的货物。

⑩外贸企业取得普通发票、废旧物资收购凭证、农产品收购发票、政府非税收入票据的货物。

⑪来料加工复出口的货物。

⑫特殊区域内的企业出口的特殊区域内的货物。

⑬以人民币现金作为结算方式的边境地区出口企业从所在省（自治区）的边境口岸出口到接壤国家的一般贸易和边境小额贸易出口货物。

⑭以旅游购物贸易方式报关出口的货物。

（2）出口企业或其他单位视同出口的货物、劳务。

①自 2011 年 1 月 1 日起，国家批准设立的免税店销售的免税货物 [包括进口免税货物和已实现退（免）税的货物]。

②特殊区域内的企业为境外的单位或个人提供加工修理修配劳务。

③同一特殊区域、不同特殊区域内的企业之间销售特殊区域内的货物。

（3）出口企业或其他单位未按规定申报或未补齐增值税退（免）税凭证的出口货物、劳务。

①未在国家税务总局规定的期限内申报增值税退（免）税的出口货物、劳务。

②未在规定期限内申报开具《代理出口货物证明》的出口货物、劳务。

③已申报增值税退（免）税，却未在国家税务总局规定的期限内向税务机关补齐增值税退（免）税凭证的出口货物、劳务。

对于适用增值税免税政策的出口货物、劳务，出口企业或其他单位可以依照现行增值税有关规定放弃免税，并依照"适用增值税征税政策的出口货物、劳务"的规定缴纳增值税。

（4）"营改增"的免税规定。

境内的单位和个人销售的符合条件的服务和无形资产免征增值税，但财政部和国家税务总局规定适用增值税零税率的除外。

（5）市场经营户自营或委托市场采购贸易经营者以市场采购贸易方式出口的货物免征增值税。

"市场采购贸易方式出口货物"，是指经国家批准的专业市场集聚区内的市场经营户自营或委托从事市场采购贸易经营的单位，按照中华人民共和国海关总署（简称"海关总署"）规定的市场采购贸易监管办法办理通关手续，并纳入涵盖市场采购贸易各方经营主体和贸易全流程的市场采购贸易综合管理系统管理的货物（国家规定不适用市场采购贸易方式出口的商品除外）。

2. 进项税额的处理计算

（1）适用增值税免税政策的出口货物、劳务，其进项税额不得抵扣和退税，应当转入成本。

（2）出口卷烟不得抵扣的进项税额，依下列公式计算：

不得抵扣的进项税额 = 出口卷烟含消费税金额 ÷（出口卷烟含消费税金额 + 内销卷烟销售额）×

当期全部进项税额

①当生产企业销售的出口卷烟在国内有同类产品销售价格时：

出口卷烟含消费税金额 = 出口销售数量 × 销售价格

"销售价格"为同类产品生产企业国内实际调拨价格。如实际调拨价格低于税务机关公示的计税价格，"销售价格"为税务机关公示的计税价格；高于公示的计税价格的，销售价格为实际调拨价格。

②当生产企业销售的出口卷烟在国内没有同类产品销售价格时：

出口卷烟含税金额 =（出口销售额 + 出口销售数量 × 消费税定额税率）÷（1 - 消费税比例税率）

"出口销售额"以出口发票上的离岸价为准。若出口发票不能如实反映离岸价，生产企业应按实际离岸价计算，否则，税务机关有权按照有关规定予以核定调整。

（3）除出口卷烟外，适用增值税免税政策的其他出口货物、劳务的计算，按照增值税免税政策的统一规定执行。其中，如果涉及销售额，除来料加工复出口货物为其加工费收入外，其他均为出口离岸价或销售额。

23.10.7 增值税征税政策

出口货物、劳务若不适用增值税退（免）税和免税政策，则应按相应规定视同内销货物征收增值税。

1. 适用范围

适用增值税征税政策的出口货物、劳务具体如下。

（1）出口企业出口或视同出口财政部和国家税务总局根据国务院决定明确取消出口退（免）税的货物（不包括来料加工复出口货物、中标机电产品、列名原材料、输入特殊区域的水电气、海洋工程结构物）。

（2）出口企业或其他单位销售给特殊区域内的生活消费用品和交通运输工具。

（3）出口企业或其他单位因骗取出口退税被税务机关停止办理增值税退（免）税期间出口的货物。

（4）出口企业或其他单位提供虚假备案单证的货物。

（5）出口企业或其他单位增值税退（免）税凭证有伪造或内容不实的货物。

（6）出口企业或其他单位未在国家税务总局规定期限内申报免税核销以及经主管税务机关审核不予免税核销的出口卷烟。

（7）出口企业或其他单位具有以下情形之一的出口货物、劳务：

①将空白的出口货物报关单、出口收汇核销单等退（免）税凭证交由除签有委托合同的货代公司、报关行，或由境外进口方指定的货代公司（提供合同约定或者其他相关证明）以外的其他单位或个人使用的；

②以自营名义出口，其出口业务实质上是由本企业及其投资的企业以外的单位或个人借该出口企业名义操作完成的；

③以自营名义出口，其出口的同一批货物既签订购货合同，又签订代理出口合同（或协议）的；

④出口货物在海关验放后，自己或委托货代承运人对该笔货物的海运提单或其他运输单据等上的品名、规格等进行修改，造成出口货物报关单与海运提单或其他运输单据有关内容不符的；

⑤以自营名义出口，但不承担出口货物的质量、收款或退税风险之一的，即出口货物发生质量问题不承担购买方的索赔责任（合同中有约定质量责任承担者除外），不承担未按期收款导致不能核销的责任（合同中有约定收款责任承担者除外），不承担因申报出口退（免）税的资料、单证等出现问题造成不退税责任的；

⑥未实质参与出口经营活动、接受并从事由中间人介绍的其他出口业务，但仍以自营名义出口的。

2. 应纳增值税的计算

适用增值税征税政策的出口货物、劳务，其应纳增值税按下列办法计算。

（1）一般纳税人出口货物。

销项税额的相关计算公式如下：

$$销项税额 ＝（出口货物离岸价－出口货物耗用的进料加工保税进口料件金额）÷（1＋适用税率）×$$
$$适用税率$$

①出口货物若已按征退税率之差计算不得免征和抵扣税额并已经转入成本的，相应的税额应转回进项税额。

$$出口货物耗用的进料加工保税进口料件金额 ＝ 主营业务成本 ×（投入的保税进口料件金额 ÷$$
$$生产成本）$$

主营业务成本、生产成本均为不予退（免）税的进料加工出口货物的主营业务成本、生产成本。当耗用的保税进口料件金额大于不予退（免）税的进料加工出口货物金额时，耗用的保税进口料件金额为不予退（免）税的进料加工出口货物金额。

②出口企业应分别核算内销货物和增值税征税的出口货物的生产成本、主营业务成本。未分别核算的，其相应的生产成本、主营业务成本由主管税务机关核定。

在进料加工手册经过海关核销后，出口企业应对出口货物耗用的保税进口料件金额进行清算。清算公式为：

$$清算耗用的保税进口料件总额 ＝ 实际保税进口料件总额 － 退（免）税出口货物耗用的保税进口料$$
$$件总额 ＝ 进料加工副产品耗用的保税进口料件总额$$

当耗用的保税进口料件总额与各纳税期扣减的保税进口料件金额之和存在差额时，应在清算的当期相应调整销项税额。当耗用的保税进口料件总额大于出口货物离岸金额时，其差额部分不得扣减其他出口货物金额。

（2）小规模纳税人出口货物。

计算公式如下：

$$应纳税额 ＝ 出口货物离岸价 ÷（1＋征收率）× 征收率$$

23.10.8　境外旅客购物离境退税政策

1. 离境退税政策一般规定

离境退税政策，是指境外旅客在离境口岸离境时，对其在退税商店购买的退税物品退还增值税的政策。

境外旅客，是指在中华人民共和国境内连续居住不超过 183 天的外国人和港澳台同胞。

离境口岸，是指实施离境退税政策的地区正式对外开放并设有退税代理机构的口岸，包括航空口岸、水运口岸和陆地口岸。

退税物品，是指由境外旅客本人在退税商店购买且符合退税条件的个人物品，但不包括下列物品：

（1）《中华人民共和国禁止、限制进出境物品表》所列的禁止、限制出境物品；

（2）退税商店销售的适用增值税免税政策的物品；

（3）财政部、海关总署、国家税务总局规定的其他物品。

2. 境外旅客申请退税的条件

境外旅客申请退税，应当同时符合以下条件：

（1）同一境外旅客同一日在同一退税商店购买的退税物品金额达到 500 元人民币；

（2）退税物品尚未启用或消费；

（3）离境日距退税物品购买日不超过 90 天；

（4）所购退税物品由境外旅客本人随身携带或随行托运出境。

3. 退税率

2019 年 4 月 1 日后，境外旅客购物离境退税物品退税率的规定：发票注明税率为 9%的，适用退税率为 8%；发票注明税率为 13%的，适用退税率为 11%。

4. 离境退税的具体流程

（1）退税物品避税申请。

境外旅客在退税商店购买退税物品后，需要申请退税的，应当向退税商店索取境外旅客购物离境退税申请单和销售发票。

（2）海关验核确认。

境外旅客在离境口岸离境时，应当主动持退税物品、境外旅客购物离境退税申请单、退税物品销售发票向海关申报并接受海关监管。海关验核无误后，在境外旅客购物离境退税申请单上签章。

（3）代理机构退税。

无论是本地购物本地离境还是本地购物异地离境，离境退税均由设在办理境外旅客离境手续的离境口岸隔离区内的退税代理机构统一办理。境外旅客凭护照等本人有效身份证件、海关验核签章的境外旅客购物离境退税申请单、退税物品销售发票向退税代理机构申请办理增值税退税。

退税代理机构在对相关信息审核无误后，为境外旅客办理增值税退税，并先行垫付退税资金。退税代理机构可在增值税退税款中扣减必要的退税手续费。

（4）税务部门结算。

退税代理机构应定期向省级（即省、自治区、直辖市、计划单列市）税务部门申请办理增值税退税结算。省级税务部门对退税代理机构提交的材料审核无误后，按规定向退税代理机构退付其垫付的增值税退税款，并将退付情况通报省级财政部门。

（5）退税方式选择。

退税币种为人民币。退税方式包括现金退税和银行转账退税两种方式。退税额未超过 10 000 元的，可自行选择退税方式；退税额超过 10 000 元的，以银行转账方式退税。

（6）退税代理机构选择。

省级税务部门会同财政、海关等相关部门按照公平、公开、公正的原则选择退税代理机构，充分发挥市场作用，引入竞争机制，提高退税代理机构服务水平。退税代理机构的具体条件，由国家税务总局与财政部、海关总署制定。未选择退税代理机构的，由税务部门直接办理增值税退税。

符合条件的商店报经省级税务部门备案即可成为退税商店。成为退税商店的具体条件由国家税务总局商财政部制定。

23.10.9　出口退（免）税企业管理

出口企业管理类别分为一类、二类、三类、四类。

（1）生产企业同时符合下列条件，管理类别可评定为一类：

①企业的生产能力与上一年度申报出口退（免）税规模相匹配；

②近3年（含评定当年，下同）未发生过虚开增值税专用发票或者其他增值税扣税凭证、骗取出口退税行为；

③将一类生产企业评定标准中的"上一年度的年末净资产大于上一年度该企业已办理的出口退税额（不含免抵税额）"调整为"上一年度的年末净资产大于上一年度该企业已办理的出口退税额（不含免抵税额）的60%"；

④评定时纳税信用级别为A级或B级；

⑤企业内部建立了较为完善的出口退（免）税风险控制体系。

（2）外贸企业同时符合下列条件，管理类别可评定为一类：

①近3年未发生过虚开增值税专用发票或者其他增值税扣税凭证、骗取出口退税行为；

②上一年度的年末净资产大于上一年度该企业已办理出口退税额的60%；

③持续经营5年以上（因合并、分立、改制重组等原因新设立企业的情况除外）；

④评定时纳税信用级别为A级或B级；

⑤评定时海关企业信用管理类别为高级认证企业或一般认证企业；

⑥评定时外汇管理的分类管理等级为A级；

⑦企业内部建立了较为完善的出口退（免）税风险控制体系。

（3）外贸综合服务企业同时符合下列条件，管理类别可评定为一类：

①近3年未发生过虚开增值税专用发票或者其他增值税扣税凭证、骗取出口退税行为；

②上一年度的年末净资产大于上一年度该企业已办理出口退税额的30%；

③上一年度申报从事外贸综合服务业务的出口退税额，大于该企业全部出口退税额的80%；

④评定时纳税信用级别为A级或B级；

⑤评定时海关企业信用管理类别为高级认证企业或一般认证企业；

⑥评定时外汇管理的分类管理等级为A级；

⑦企业内部建立了较为完善的出口退（免）税风险控制体系。

（4）具有下列情形之一的出口企业，其出口企业管理类别应评定为三类：

①自首笔申报出口退（免）税之日起至评定时未满12个月；

②评定时纳税信用级别为C级，或尚未评定纳税信用级别；

③上一年度发生过违反出口退（免）税有关规定的情形，但尚未达到税务机关行政处罚标准或司法机关处理标准；

④存在省级国家税务机关规定的其他失信或风险情形。

（5）具有下列情形之一的出口企业，其出口企业管理类别应评定为四类：

①评定时纳税信用级别为D级；

②上一年度发生过拒绝向税务机关提供有关出口退（免）税账簿、原始凭证、申报资料、

备案单证等情形；

③上一年度因违反出口退（免）税有关规定，被税务机关行政处罚或被司法机关处理过；

④评定时企业因骗取出口退税被停止出口退税权，或者停止出口退税权届满后未满 2 年；

⑤四类出口企业的法定代表人新成立的出口企业；

⑥列入国家联合惩戒对象的失信企业；

⑦海关企业信用管理类别认定为失信企业；

⑧外汇管理的分类管理等级为 C 级；

⑨存在省级国家税务机关规定的其他严重失信或风险情形。

一类、三类、四类出口企业以外的出口企业，其出口企业管理类别应评定为二类。

23.11　增值税的征收管理

23.11.1　纳税义务发生时间

增值税纳税义务发生时间，是指增值税纳税人、扣缴义务人发生应税、扣缴税款行为应承担纳税义务、扣缴义务的时间。

1. 应税销售行为纳税义务发生时间的一般规定

（1）销售货物或者应税劳务，为收讫销售款项或者取得索取销售款项凭据的当天；先开具发票的，为开具发票的当天。

（2）进口货物，为报关进口的当天。

（3）增值税扣缴义务发生时间为纳税人增值税纳税义务发生的当天。

2. 应税销售行为纳税义务发生时间的具体规定

销售货物或者提供应税劳务的纳税义务发生时间，按销售结算方式的不同，具体如下。

（1）采取直接收款方式销售货物的，不论货物是否发出，均为收到销售款或取得索取销售款凭据的当天。纳税人在生产经营活动中采取直接收款方式销售货物，已将货物移送对方并暂估销售收入入账，但既未取得销售款或取得索取销售款凭据也未开具销售发票的，其增值税纳税义务发生时间为取得销售款或取得索取销售款凭据的当天；先开具发票的，为开具发票的当天。

（2）采取托收承付和委托银行收款方式销售货物的，为发出货物并办妥托收手续的当天。

（3）采取赊销和分期收款方式销售货物的，为书面合同约定收款日期的当天，无书面合同或者书面合同没有约定收款日期的，为货物发出的当天。

（4）采取预收货款方式销售货物的，为货物发出的当天。但销售生产工期超过 12 个月的大型机械设备、船舶、飞机等货物，为收到预收款或者书面合同约定的收款日期的当天。

（5）委托其他纳税人代销货物的，为收到代销单位的代销清单或者收到全部或者部分货款的当天；未收到代销清单及货款的，其纳税义务发生时间为发出代销货物满 180 日的当天。

（6）销售应税劳务的，为提供劳务同时收讫销售款或取得索取销售款的凭据的当天。

（7）纳税人发生视同销售货物行为的，为货物移送的当天。

（8）纳税人提供建筑服务、租赁服务采用预收款方式的，其纳税义务发生时间为收到预收款的当天。

（9）纳税人从事金融商品转让的，为金融商品所有权转移的当天。

（10）纳税人发生视同销售服务、无形资产或者不动产情形的，其纳税义务发生时间为服务、无形资产转让完成的当天或者不动产权属变更的当天。

23.11.2　纳税期限

1.　增值税纳税期限的规定

增值税的纳税期限规定为1日、3日、5日、10日、15日、1个月或者1个季度，以1个季度为纳税期限的规定适用于小规模纳税人以及财政部和国家税务总局规定的其他纳税人。纳税人的具体纳税期限，由主管税务机关根据纳税人应纳税额的大小分别核定；不能按照固定期限纳税的，可以按次纳税。

"营改增"行业以1个季度为纳税期限的规定适用于小规模纳税人、银行、财务公司、信托投资公司、信用社，以及财政部和国家税务总局规定的其他纳税人。不能按照固定期限纳税的，可以按次纳税。

2.　增值税报缴税款期限的规定

（1）纳税人以1个月或者1个季度为纳税期的，自期满之日起15日内申报纳税；以1日、3日、5日、10日或者15日为一期纳税的，自期满之日起5日内预缴税款，于次月1日起15日内申报纳税并结清上月应纳税款。扣缴义务人解缴税款的期限，按照上述规定执行。

（2）纳税人进口货物，应当自海关填发海关进口增值税专用缴款书之日起15日内缴纳税款。

23.11.3　纳税地点

（1）固定业户的纳税地点如下。

①固定业户应当向其机构所在地主管税务机关申报纳税。总机构和分支机构不在同一县（市）的，应当分别向各自所在地主管税务机关申报纳税；经国务院财政、税务主管部门或者其授权的财政、税务机关批准，可以由总机构汇总向总机构所在地主管税务机关申报纳税。

②固定业户到外县（市）销售货物或者提供应税劳务的，应当向其机构所在地主管税务机关申请开具外出经营活动税收管理证明，向其机构所在地主管税务机关申报纳税。未开具证明的，应当向销售地或者劳务发生地主管税务机关申报纳税；未向销售地或者劳务发生地主管税务机关申报纳税的，由其机构所在地主管税务机关补征税款。

③固定业户（指增值税一般纳税人）临时到外省、市销售货物的，必须向经营地税务机关出示外出经营活动税收管理证明回原地纳税，需要向购货方开具增值税专用发票的，也回原地补开。

（2）非固定业户增值税纳税地点。非固定业户销售货物或者提供应税劳务和应税行为，应当向销售地或者劳务和应税行为发生地主管税务机关申报纳税。未向销售地或者劳务和应税行为发生地主管税务机关申报纳税的，由其机构所在地或居住地主管税务机关补征税款。

（3）其他个人提供建筑服务、销售或者租赁不动产、转让自然资源使用权，应向建筑服务发生地、不动产所在地、自然资源所在地主管税务机关申报纳税。

（4）纳税人跨县（市）提供建筑服务，在建筑服务发生地预缴税款后，向机构所在地主管税务机关进行纳税申报。

（5）纳税人销售不动产，在不动产所在地预缴税款后，向机构所在地主管税务机关进行纳税申报。

（6）纳税人租赁不动产，在不动产所在地预缴税款后，向机构所在地主管税务机关进行纳税申报。

一般纳税人跨省（自治区、直辖市或者计划单列市）提供建筑服务或者销售、出租取得的与机构所在地不在同一省（自治区、直辖市或者计划单列市）的不动产，在机构所在地申报纳税时，计算的应纳税额小于已预缴税额，且差额较大的，由国家税务总局通知建筑服务发生地或者不动产所在地省级税务机关，在一定时期内暂停预缴增值税。

（7）进口货物增值税纳税地点。

进口货物，应当由进口人或其代理人向报关地海关申报纳税。

（8）扣缴义务人应当向其机构所在地或者居住地的主管税务机关申报缴纳其扣缴的税款。

23.11.4 纳税申报资料

纳税申报资料包括纳税申报表及其附列资料和纳税申报其他资料。

1. 纳税申报表及其附列资料

增值税一般纳税人纳税申报表及其附列资料包括：

①《增值税纳税申报表（一般纳税人适用）》；

②《增值税纳税申报表附列资料（一）》（本期销售情况明细）；

③《增值税纳税申报表附列资料（二）》（本期进项税额明细）；

④《增值税纳税申报表附列资料（三）》（服务、不动产和无形资产扣除项目明细）；

一般纳税人销售服务、不动产和无形资产，在确定服务、不动产和无形资产销售额时，按照有关规定可以从取得的全部价款和价外费用中扣除价款的，需填报《增值税纳税申报表附列资料（三）》，其他情况不填写该附列资料；

⑤《增值税纳税申报表附列资料（四）》（税额抵减情况表）；

⑥《增值税纳税申报表附列资料（五）》（不动产分期抵扣计算表）；

⑦《增值税减免税申报明细表》。

2. 纳税申报其他资料

纳税申报其他资料主要如下。

（1）已开具的税控机动车销售统一发票和普通发票的存根联。

（2）符合抵扣条件且在本期申报抵扣的增值税专用发票（含税控机动车销售统一发票）的抵扣联。

（3）符合抵扣条件且在本期申报抵扣的海关进口增值税专用缴款书、购进农产品取得的普通发票的复印件。

（4）符合抵扣条件且在本期申报抵扣的税收完税凭证及其清单，书面合同、付款证明和境外单位的对账单或者发票。

（5）已开具的农产品收购凭证的存根联或报查联。

（6）纳税人销售服务、不动产和无形资产，在确定服务、不动产和无形资产销售额时，按照有关规定从取得的全部价款和价外费用中扣除价款的合法凭证及其清单。

（7）纳税人跨县（市）提供建筑服务、房地产开发企业预售自行开发的房地产项目、纳税人出租与机构所在地不在同一县（市）的不动产，按规定需要在项目所在地或不动产所在地主管税务机关预缴税款的，需填写《增值税预缴税款表》。

（8）主管税务机关规定的其他资料。

3. 相关要求

纳税申报表及其附列资料为必报资料。纳税申报其他资料的报备要求由各省、自治区、直辖市和计划单列市税务机关确定。

23.11.5 "营改增"相关税务管理

1. 总分机构试点纳税人增值税计算缴纳暂行办法

（1）总机构应当汇总计算总机构以及其分支机构发生《应税服务范围注释》所列业务的应交增值税，抵减分支机构发生《应税服务范围注释》所列业务已缴纳的增值税和营业税税款后，在总机构所在地解缴入库。总机构销售货物、提供加工修理修配劳务，按照《增值税暂行条例》及相关规定申报缴纳增值税。

（2）总机构汇总的应征增值税销售额，为总机构及其分支机构发生应税销售行为所列业务的应征增值税销售额。

（3）总机构汇总的销项税额，按照《总分机构试点纳税人增值税计算缴纳暂行办法》第三条规定的应征增值税销售额和《营业税改征增值税试点实施办法》规定的增值税适用税率计算。

（4）总机构汇总的进项税额，是指总机构及其分支机构因发生《应税服务范围注释》所列业务而购进货物或者接受加工修理修配劳务和应税服务，支付或者负担的增值税税额。总机构及其分支机构用于发生《应税服务范围注释》所列业务之外的进项税额不得汇总。

（5）分支机构发生《应税服务范围注释》所列业务，按照应征增值税销售额和预征率计算缴纳增值税。计算公式如下：

$$应预缴的增值税 = 应征增值税销售额 \times 预征率$$

预征率由财政部和国家税务总局规定，并适时予以调整。分支机构和非试点地区分支机构销售货物、提供加工修理修配劳务，按照《增值税暂行条例》及相关规定就地申报缴纳增值税。

（6）分支机构发生《应税服务范围注释》所列业务当期已缴纳的增值税和营业税税款，允许在总机构当期增值税应纳税额中抵减，抵减不完的，可以结转下期继续抵减。

2. 航空运输企业汇总缴纳增值税的征收管理暂行办法

（1）航空运输企业的总机构（以下简称"总机构"），应当汇总计算总机构及其分支机构发生《应税服务范围注释》所列业务的应纳税额，抵减分支机构发生《应税服务范围注释》所列业务已缴纳（包括预缴和补缴，下同）的税额后，向主管税务机关申报纳税。总机构销售货物和提供加工修理修配劳务，按照《增值税暂行条例》及相关规定就地申报纳税。

（2）总机构汇总的销售额，为总机构及其分支机构发生《应税服务范围注释》所列业务的销售额。总机构应当按照增值税现行规定核算汇总的销售额。

（3）总机构汇总的销项税额，按照《营业税改征增值税试点实施办法》规定的销售额和增值税适用税率计算。

（4）总机构汇总的进项税额，是指总机构及其分支机构因发生《应税服务范围注释》所列业务而购进货物或者接受加工修理修配劳务和应税服务，支付或者负担的增值税税额。

（5）分支机构发生《应税服务范围注释》所列业务，按照销售额和预征率计算应预缴税额，按月向主管税务机关申报纳税，不得抵扣进项税额。计算公式为：

$$应预缴税额 = 销售额 \times 预征率$$

分支机构销售货物和提供加工修理修配劳务，按照《增值税暂行条例》及相关规定就地申报纳税。

（6）总机构应当依据《航空运输企业试点地区分支机构传递单》，汇总计算当期发生《应税服务范围注释》所列业务的应纳税额，抵减分支机构发生《应税服务范围注释》所列业务当期已缴纳的税额后，向主管税务机关申报纳税。抵减不完的，可以结转下期继续抵减。计算公式为：

$$总机构当期汇总应纳税额 = 当期汇总销项税额 - 当期汇总进项税额$$
$$总机构当期应补（退）税额 = 总机构当期汇总应纳税额 - 分支机构当期已缴纳税额$$

（7）分支机构年度清算的应纳税额小于分支机构已预缴税额，且差额较大的，由国家税务总局通知分支机构所在地的省税务机关，在一定时期内暂停分支机构预缴增值税。

分支机构年度清算的应纳税额大于分支机构已预缴税额，差额部分由国家税务总局通知分支机构所在地的省税务机关，在分支机构预缴增值税时一并补缴入库。

（8）总机构应当在开具增值税专用发票（含货物运输业增值税专用发票）的次月申报期结束前向主管税务机关报税。总机构及其分支机构取得的增值税扣税凭证，应当按照有关规定到主管税务机关办理认证或者申请稽核比对。总机构汇总的进项税额，应当在季度终了后的第一个申报期内申报抵扣。

3. 邮政企业汇总缴纳增值税的征收管理暂行办法

邮政企业，是指中国邮政集团公司所属提供邮政服务的企业。经省、自治区、直辖市或者计划单列市财政厅（局）和国家税务机关批准，可以汇总申报缴纳增值税的邮政企业。其主要内容如下：

（1）各省、自治区、直辖市和计划单列市邮政企业（以下简称"总机构"）应当汇总计算总机构及其所属邮政企业（以下简称"分支机构"）提供邮政服务的增值税应纳税额，抵减分支机构提供邮政服务已缴纳（包括预缴和查补，下同）的增值税后，向主管税务机关申报纳税。总机构发生除邮政服务以外的增值税应税行为，按照《增值税暂行条例》《营业税改征增值税试点实施办法》及相关规定就地申报纳税。

（2）总机构汇总的销售额，为总机构及其分支机构提供邮政服务的销售额。总机构汇总的销项税额，按照销售额和增值税适用税率计算。

（3）总机构汇总的进项税额，是指总机构及其分支机构提供邮政服务而购进货物、劳务、服务、无形资产、不动产，支付或者负担的增值税。总机构及其分支机构取得的与邮政服务相关的固定资产、专利技术、非专利技术、商誉、商标、著作权、有形动产租赁的进项税额，由总机构汇总缴纳增值税时抵扣。总机构及其分支机构用于邮政服务以外的进项税额不得汇总。总机构及其分支机构用于提供邮政服务的进项税额与不得汇总的进项税额无法准确划分的，按照兼营简易计税方法计税项目、免征增值税项目而无法划分不得抵扣的进项税额，按照计算不得抵扣进项税额的公式执行。

（4）分支机构提供邮政服务，按照销售额和预征率计算应预缴税额，按月向主管税务机关申报纳税，不得抵扣进项税额。计算公式为：

$$应预缴税额 =（销售额 + 预订款）× 预征率$$

4. 铁路运输企业汇总缴纳增值税的征收管理暂行办法

（1）中国国家铁路集团应当汇总计算本部及其所属运输企业提供铁路运输服务以及与铁路运输相关的物流辅助服务（以下称"铁路运输及辅助服务"）的增值税应纳税额，抵减所属运输企业提供上述应税服务已缴纳（包括预缴和查补，下同）的增值税后，向主管税务机关申报纳税。

（2）中国国家铁路集团汇总的销售额，为中国国家铁路集团及其所属运输企业提供铁路运输及辅助服务的销售额。

（3）中国国家铁路集团汇总的销项税额，按照《总分机构试点纳税人增值税计算缴纳暂行办法》（财税〔2013〕74号）第五条规定的销售额和增值税适用税率计算。

（4）中国国家铁路集团汇总的进项税额，是指中国国家铁路集团及其所属运输企业为提供铁路运输及辅助服务而购进货物、接受加工修理修配劳务和应税服务，支付或者负担的增值税。

中国国家铁路集团及其所属运输企业取得与铁路运输及辅助服务相关的固定资产、专利技术、非专利技术、商誉、商标、著作权、有形动产租赁的进项税额，由中国国家铁路集团汇总缴纳增值税时抵扣。

（5）中国国家铁路集团所属运输企业提供铁路运输及辅助服务，按照除铁路建设基金以外的销售额和预征率计算应预缴税额，按月向主管税务机关申报纳税，不得抵扣进项税额。计算公式为：

$$应预缴税额 =（销售额 - 铁路建设基金）× 预征率$$

销售额是指为旅客、托运人、收货人和其他铁路运输企业提供铁路运输及辅助服务取得的收入。

其他铁路运输企业，是指中国国家铁路集团及其所属运输企业以外的铁路运输企业。

中国国家铁路集团所属运输企业发生除铁路运输及辅助服务以外的增值税应税行为。按照《增值税暂行条例》《营业税改征增值税试点实施办法》及相关规定就地申报纳税。

（6）中国国家铁路集团应当根据《铁路运输企业分支机构增值税汇总纳税信息传递

单》，汇总计算当期提供铁路运输及辅助服务的增值税应纳税额，抵减其所属运输企业提供铁路运输及辅助服务当期已缴纳的增值税后，向主管税务机关申报纳税。抵减不完的，可以结转下期继续抵减。计算公式为：

$$当期汇总应纳税额 = 当期汇总销项税额 - 当期汇总进项税额$$

$$当期应补（退）税额 = 当期汇总应纳税额 - 当期已缴纳税额$$

（7）中国国家铁路集团及其所属运输企业所在地主管税务机关应定期或不定期对其纳税情况进行检查。

中国国家铁路集团所属铁路运输企业提供铁路运输及辅助服务申报不实的，由其主管税务机关按适用税率全额补征增值税。

23.12　增值税专用发票

23.12.1　增值税专用发票的使用

1. 增值税专用发票的概念与构成

增值税专用发票（以下简称"专用发票"）是增值税一般纳税人销售货物或者提供应税劳务开具的发票，是购买方支付增值税并可按照增值税有关规定据以抵扣增值税进项税额的凭证。一般纳税人应通过增值税防伪税控系统使用专用发票。

专用发票由基本联次或者基本联次附加其他联次构成，基本联次为三联：发票联、抵扣联和记账联。发票联，作为购买方核算采购成本和增值税进项税额的记账凭证；抵扣联，作为购买方报送主管税务机关认证和留存备查的凭证；记账联，作为销售方核算销售收入和增值税销项税额的记账凭证。其他联次用途，由纳税人自行确定。

2. 增值税专用发票的开具要求

（1）项目齐全，与实际交易相符。

（2）字迹清楚，不得压线、错格。

（3）发票联和抵扣联加盖发票专用章。

（4）按照增值税纳税义务发生时间开具。

（5）一般纳税人销售货物或者提供应税劳务可汇总开具专用发票。汇总开具专用发票的，同时使用防伪税控系统开具《销售货物或者提供应税劳务清单》，并加盖财务专用章或者发票专用章。

（6）保险机构作为车船税扣缴义务人，在代收车船税并开具专用发票时，应在专用发票备注栏中注明代收车船税税款信息。具体包括：保险单号、税款所属期、代收车船税金额、滞纳金金额、金额合计等。该专用发票可作为纳税人缴纳车船税及滞纳金的会计核算原始凭证。

3. 增值税专用发票的领购

一般纳税人凭发票领购簿、防伪税控 IC 卡和经办人身份证明（居民身份证、护照）领取专用发票。一般纳税人有以下情形之一的，不得领购开具专用发票。

（1）会计核算不健全。

（2）不能向税务机关准确提供增值税销项税额、进项税额、应纳税额数据及其他有关增值税税务资料者。

（3）有以下行为，税务机关责令限期改正而仍未改正者：

①私自印制专用发票；

②向个人或税务机关以外的单位买取专用发票；

③借用他人的专用发票；

④向他人提供专用发票；

⑤未按规定开具专用发票；

⑥未按规定保管专用发票；

⑦未按规定申请办理防伪税控系统变更发行；

⑧未按规定接受税务机关检查。

有以上情况的，如已领购专用发票，主管税务机关应暂扣其结存的专用发票和 IC 卡。

4. 增值税专用发票开具范围

（1）一般纳税人发生应税销售行为，应向购买方开具专用发票。

（2）商业企业一般纳税人零售的烟、酒、食品、服装、鞋帽（不包括劳保专用部分）、化妆品等消费品不得开具专用发票。

（3）增值税小规模纳税人需要开具专用发票的，可向主管税务机关申请代开。

（4）销售免税货物不得开具专用发票，法律、法规及国家税务总局另有规定的除外。

（5）纳税人发生应税销售行为，应当向索取专用发票的购买方开具专用发票，并在专用发票上分别注明销售额和销项税额。属于下列情形之一的，不得开具专用发票：

①应税销售行为的购买方为消费者个人的；

②发生应税销售行为适用免税规定的。

（6）自 2017 年 6 月 1 日起，将建筑业纳入增值税小规模纳税人自行开具专用发票试点范围。月销售额超过 3 万元（或季销售额超过 9 万元）的建筑业增值税小规模纳税人（以下称"自开发票试点纳税人"）提供建筑服务、销售货物或发生其他增值税应税行为，需要开具专用发票的，通过增值税发票管理新系统自行开具。

（7）自 2017 年 3 月 1 日起，全国范围内月销售额超过 3 万元（或季销售额超过 9 万元）的鉴证咨询业增值税小规模纳税人（以下简称"试点纳税人"）提供认证服务、鉴证服务、咨询服务、销售货物或发生其他增值税应税行为，需要开具专用发票的，可自行开具，主管税务机关不再为其代开。

5. 开具增值税专用发票后发生退货或开票有误的处理

（1）增值税一般纳税人开具专用发票后，发生销货退回、开票有误、应税服务中止等情形但不符合发票作废条件，或者因销货部分退回及发生销售折让，需要开具红字专用发票的，按以下方法处理。

①购买方取得专用发票已用于申报抵扣的，购买方可在增值税发票管理新系统（以下简称"新系统"）中填开并上传《开具红字增值税专用发票信息表》（以下简称《信息表》），在填开《信息表》时不填写相对应的蓝字专用发票信息，应暂依《信息表》所列增值税税额从当期进项税额中转出，待取得销售方开具的红字专用发票后，与《信息表》一并作为记账凭证。

购买方取得专用发票未用于申报抵扣，但发票联或抵扣联无法退回的，购买方填开《信息表》时应填写相应的蓝字专用发票信息。

销售方开具专用发票尚未交付购买方，以及购买方未用于申报抵扣并将发票联及抵扣联退回的，销售方可在新系统中填开并上传《信息表》。销售方填开《信息表》时应填写相对应的蓝字专用发票信息。

②主管税务机关通过网络接收纳税人上传的《信息表》，系统自动校验通过后，生成带有"红字发票信息表编号"的《信息表》，并将信息同步至纳税人系统中。

③销售方凭税务机关系统校验通过的《信息表》开具红字专用发票，在新系统中以销项负数开具。红字专用发票应与《信息表》一一对应。

④纳税人也可凭《信息表》电子信息或纸质资料到税务机关对《信息表》内容进行系统校验。

（2）税务机关为小规模纳税人代开专用发票，需要开具红字专用发票的，按照一般纳税人开具红字专用发票的方法处理。

（3）纳税人需要开具红字增值税普通发票的，可以在所对应的蓝字发票金额范围内开具多份红字发票。红字机动车销售统一发票需与原蓝字机动车销售统一发票一一对应。

（4）按照《国家税务总局关于纳税人认定或登记为一般纳税人前进项税额抵扣问题的公告》（国家税务总局公告 2015 年第 59 号）的规定，需要开具红字专用发票的，按照上述规定执行。

6. 增值税专用发票不得抵扣进项税额的规定

（1）有下列情形之一的，不得作为增值税进项税额的抵扣凭证，税务机关退还原件，购买方可要求销售方重新开具专用发票。

①无法认证。所谓无法认证，是指专用发票所列密文或者明文不能辨认，无法产生认证结果。

②纳税人识别号认证不符。所谓纳税人识别号认证不符，是指专用发票所列购买方纳税人识别号有误。

③专用发票代码、号码认证不符。

（2）有下列情形之一的，暂不得作为增值税进项税额的抵扣凭证，税务机关扣留原件，查明原因，分别以下情况进行处理。

①重复认证。所谓重复认证，是指已经认证相符的同一张专用发票再次认证。

②密文有误。所谓密文有误，是指专用发票所列密文无法解译。

③认证不符。所谓认证不符，是指纳税人识别号有误，或者专用发票所列密文解译后与明文不一致。

④列为失控专用发票。所谓列为失控专用发票，是指认证时的专用发票已被登记为失控专用发票。

（3）一般纳税人丢失已开具专用发票的发票联和抵扣联，如果丢失前已认证相符的，购买方凭销售方提供的相应专用发票记账联复印件及销售方所在地主管税务机关出具的《丢失增值税专用发票已报税证明单》，经购买方主管税务机关审核同意后，可作为增值税进项税额的抵扣凭证。

（4）专用发票抵扣联无法认证的，可使用专用发票发票联到主管税务机关认证。专用发票发票联复印件留存备查。

7. 增值税专用发票的管理

（1）关于被盗、丢失专用发票的处理。

纳税人同时丢失已开具专用发票或机动车销售统一发票的发票联和抵扣联，可凭加盖销售方发票专用章的相应发票记账联复印件，作为增值税进项税额的抵扣凭证、退税凭证或记账凭证。

纳税人丢失已开具专用发票或机动车销售统一发票的抵扣联，可凭相应发票的发票联复印件，作为增值税进项税额的抵扣凭证或退税凭证；纳税人丢失已开具专用发票或机动车销售统一发票的发票联，可凭相应发票的抵扣联复印件，作为记账凭证。

（2）关于对虚开专用发票的处理。

虚开发票指的是在没有任何购销事实的前提下，为他人、自己或让他人为自己或介绍他人开具发票的行为。

虚开发票是严重的违法行为。纳税人虚开专用发票，未就其虚开金额申报并缴纳增值税的，应按照其虚开金额补缴增值税；已就其虚开金额申报并缴纳增值税的，不再按照其虚开金额补缴增值税。税务机关对纳税人虚开专用发票的行为，应按《中华人民共和国税收征收管理法》（简称《税收征收管理法》）及《中华人民共和国发票管理办法》的有关规定给予处罚。纳税人取得的虚开的专用发票，不得作为增值税合法有效的扣税凭证抵扣其进项税额。

（3）纳税人善意取得虚开的专用发票的处理。

纳税人善意取得虚开的专用发票，指购货方与销售方存在真实交易，且购货方不知取得的专用发票是以非法手段取得的。

纳税人善意取得虚开的专用发票，如能重新取得合法、有效的专用发票，准许其扣除进项税额，如不能重新取得合法、有效的专用发票，不准其扣除进项税额或追缴其已扣除的进项税额。

（4）税控系统专用发票的管理。

①税务机关增值税专用发票管理部门在运用防伪税控发售系统进行发票入库管理和向纳税人发售专用发票时，要认真录入发票代码、号码，并与纸质专用发票进行仔细核对，确保发票代码、号码电子信息与纸质发票的代码、号码完全一致。

②纳税人在运用防伪税控系统开具专用发票时，应认真检查系统中的电子发票代码、号码与纸质发票是否一致。如发现税务机关错填电子发票代码、号码，应持纸质专用发票和税控IC卡到税务机关办理退回手续。

③对税务机关错误录入代码或号码后，又被纳税人开具的专用发票，按以下办法处理：纳税人当月发现上述问题的，应按照专用发票使用管理的有关规定，对纸质专用发票和防伪税控开票系统中专用发票电子信息同时作废，并及时报主管税务机关；纳税人在以后月份发现的，应按照有关规定开具负数专用发票。

主管税务机关按照有关规定追究相关人员的责任，同时将有关情况，如发生原因、主管税务机关名称及编号、纳税人名称、纳税人识别号、发票代码号码、发生时间、责任人和处理意见或请求等，逐级上报至国家税务总局。对涉及发票数量多、影响面较大的，国家税务总局将按规定程序对"全国作废发票数据库"进行修正。

④在未收回专用发票抵扣联及发票联，或虽已收回专用发票抵扣联及发票联但购货方已将专用发票抵扣联报送税务机关认证的情况下，销货方一律不得作废已开具的专用发票。

23.12.2 增值税专用发票的代开

1. 代开专用发票的范围

代开专用发票是指已办理税务登记的小规模纳税人（包括个体工商户）以及国家税务总局确定的其他可予代开专用发票的纳税人，在发生增值税应税行为，需要开具专用发票时，主管税务机关为其开具专用发票的行为。除了税务机关，其他单位和个人不得代开专用发票。

小规模纳税人销售自己使用过的固定资产，应开具普通发票，不得由税务机关代开专用发票。

纳税人销售旧货，应开具普通发票，不得自行开具或者由税务机关代开专用发票。

2. 代开专用发票的要求

（1）凡税务机关代开专用发票必须通过防伪税控系统开具，通过防伪税控报税子系统采集代开专用发票开具信息。

（2）纳税人申请代开专用发票时，应填写《代开增值税专用发票缴纳税款申报单》，连同税务登记证副本，到主管税务机关税款征收岗位按专用发票上注明的税额全额申报缴纳税款，同时缴纳专用发票工本费。

（3）实行定期定额征收方法的纳税人正常申报时，按以下方法进行清算：

①每月开票金额大于应征增值税税额的，以开票金额为依据征收税款，并作为下一年度核定定期定额的依据；

②每月开票金额小于应征增值税税额的，按应征增值税税额征收税款。

（4）税务机关代开专用发票时填写有误的，应及时在防伪税控代开票系统中作废，重新开具。代开专用发票后发生退票的，税务机关应按照增值税一般纳税人作废或开具负数专用发票的有关规定进行处理。对需要重新开票的，税务机关应同时进行新开票税额与原开票税额的清算，多退少补；对无须重新开票的，按有关规定退还增值税纳税人已交的税款或抵顶下期正常申报税款。

（5）税务机关为小规模纳税人代开专用发票需要开具红字专用发票的，比照一般纳税人开具红字专用发票的处理办法。

第 24 章
消费税

本章导读

消费税是常见的税种之一：买香烟、高档化妆品、白酒、啤酒等商品，付出的价格里就包含了消费税；买一辆价格不菲的汽车，会付出一笔不小的消费税。消费税是价内税，所缴纳的税款包含在商品的销售价格中。

本章将解答以下问题。

（1）什么是消费税？

（2）谁需要在哪些环节缴纳消费税？

（3）消费税税目有哪些？

（4）消费税的纳税环节有哪些？

（5）消费税的税率是怎样规定的？

（6）从价计税、从量计税、复合计税适用于哪些情况？

（7）进口货物缴纳消费税的关键是什么？

（8）怎样核算消费税出口退税款？

24.1 认识消费税

24.1.1 什么是消费税

消费税是对我国境内从事生产、委托加工和进口应税消费品的单位和个人，就其销售额或销售数量，在特定环节征收的一种税。简单地说，消费税是对特定的消费品和消费行为征收的一种税。

24.1.2 消费税的特点

消费税的征税对象主要是与居民消费相关的最终消费品和消费行为，与其他税种相比较，消费税具有如下几个特点。

（1）征税项目具有选择性。消费税的征税项目主要有特殊消费品、奢侈品、高能耗消费品、不可再生的资源消费品。

（2）征税环节具有单一性。消费税是在生产（进口）、流通或消费的某一环节一次征收的，而不是在消费品生产、流通或消费的每个环节多次征收的，即采用通常所说的一次课征制。

（3）消费税具有转嫁性。消费税无论采取价内税形式还是价外税形式，也无论在哪个环节征收，消费品中所含的消费税税款最终都要转嫁到消费者身上，由消费者负担，税负具有转嫁性。

（4）平均税率水平比较高且税负差异大。消费税的平均税率水平一般比较高，并且不同征税项目的税负差异较大，对需要限制或控制消费的消费品，通常税负较重。

24.2　消费税的纳税人

根据《中华人民共和国消费税暂行条例》的规定，消费税的纳税人为在中华人民共和国境内生产、委托加工和进口应税消费品的单位和个人。具体来说，消费税纳税人包括：

（1）生产应税消费品的单位和个人；

（2）进口应税消费品的单位和个人；

（3）委托加工应税消费品的单位和个人。

其中，委托加工的应税消费品由受托方于委托方提货时代收代缴（受托方为个体经营者除外）消费税，自产自用的应税消费品，由自产自用单位和个人在移送使用时缴纳消费税。

24.3　消费税税目

在种类繁多的消费品中，列入消费税征税范围的消费品并不多，大体上可归为以下五类：

（1）一些过度消费会对人身健康、社会秩序、生态环境等方面造成危害的特殊消费品，如烟、酒、鞭炮、焰火等；

（2）非生活必需品，如高档化妆品、贵重首饰、珠宝玉石等；

（3）高能耗及高档消费品，如摩托车、小汽车等；

（4）不可再生和替代的稀缺资源消费品，如汽油、柴油等；

（5）税基宽广、消费普遍、征税后不影响居民基本生活并具有一定财政意义的消费品，如电池、涂料、实木地板等。

按照《中华人民共和国消费税暂行条例》等的规定，列入消费税征税范围的税目共有 15 个，具体征税范围包括以下内容。

1. 烟

烟是指以烟叶为原料加工生产的特殊消费品，不论使用何种辅料，其均属于本税目的征收范围，包括卷烟（进口卷烟、白包卷烟、手工卷烟和未经国务院批准纳入计划的企业及个人生产的卷烟）、雪茄烟和烟丝。

2. 酒

酒是指酒精度在 1 度以上的各种酒类饮料。酒类包括粮食白酒、薯类白酒、黄酒、啤酒和其他酒。其他酒是指除粮食白酒、薯类白酒、黄酒、啤酒以外，酒精度在 1 度以上的各种酒，包括糠麸白酒、其他原料白酒、土甜酒、复制酒、果木酒、汽酒、药酒等。

3. 高档化妆品

本税目征收范围包括各类美容、修饰类化妆品、高档护肤类化妆品和成套化妆品。美容、修饰类化妆品是指香水、香水精、香粉、口红、指甲油、胭脂、眉笔、唇笔、蓝眼油、眼睫毛以及成套化妆品。舞台、戏剧、影视演员化妆用的上妆油、卸装油、油彩、不属于本税目的征收范围。高档护肤类化妆品的征税范围另行规定。

4. 贵重首饰及珠宝玉石

贵重首饰及珠宝玉石的征收范围包括：各种金银珠宝首饰和经采掘、打磨、加工的各种珠宝玉石。

5. 鞭炮、焰火

鞭炮又称爆竹，是用多层纸密裹火药，接以药引线制成的一种爆炸品。焰火一般系包扎品，内装药剂，点燃后烟火喷射，呈各种颜色，有的还变幻成各种景象。鞭炮、焰火的征收范围包括各种鞭炮、焰火，但体育上用的发令纸、鞭炮引线，不按本税目征收。

6. 成品油

成品油税目包括汽油、柴油、石脑油、溶剂油、航空煤油、润滑油、燃料油七个子目，具体如下。

（1）汽油。汽油是指由天然或人造原油经蒸馏所得的直馏汽油组分，二次加工汽油组分及其他高辛烷值组分按一定的比例调和而成。该税目征收范围包括：辛烷值不小于66的各种汽油，用其他原料、工艺生产的轻质油。以汽油、汽油组分调和生产的甲醇汽油、乙醇汽油也属于本税目征收范围。

取消车用含铅汽油消费税，汽油税目不再划分二级子目，统一按照无铅汽油税率征收消费税。

（2）柴油。柴油是轻质石油产品的一大类，本税目征收范围包括：倾点或凝点在 -50号至30号的各种柴油。以柴油组分为主、经调和精制可以用作柴油发动机的非标油品，也属于柴油的征收范围。

以柴油、柴油组分调和生产的生物柴油也属于本税目征收范围。

（3）石脑油。石脑油又叫轻汽油、化工轻油，是以原油加工生产的或二次加工汽油经加氢精制而得的用于化工原料的轻质油。石脑油的征收范围包括除汽油、柴油、航空煤油、溶剂油以外的各种轻质油。

（4）溶剂油。溶剂油是以原油加工生产的用于涂料和油漆生产、食用油加工、印刷油墨、皮革、农药、橡胶、化妆品生产的轻质油。橡胶填充油、溶剂油原料，属于溶剂油征收范围。

（5）航空煤油。航空煤油也叫喷气燃料，是以原油加工生产的用于喷气发动机和喷气推进系统中作为能源的石油燃料。航空煤油的消费税暂缓征收。

（6）润滑油。润滑油是用于内燃机、机械加工过程的润滑产品。润滑油分为矿物性润滑油、植物性润滑油、动物性润滑油和化工原料合成润滑油。

润滑油的征收范围包括以石油为原料加工的矿物性润滑油、矿物性润滑油基础油、植物性润滑油、动物性润滑油和化工原料合成润滑油。以植物性、动物性和矿物性基础油（或矿物性润滑油）混合掺配而成的"混合性"润滑油，不论矿物性基础油（或矿物性润滑油）所占比例的高低，均属润滑油的征收范围。

润滑脂是润滑产品，生产、加工润滑脂应当征收消费税。变压器油、导热类油等绝缘油类产品不属于润滑油，不征收消费税。

（7）燃料油。燃料油也称重油、渣油。燃料油征收范围包括用于电厂发电、船舶锅炉燃料、加热炉燃料、冶金和其他工业炉燃料的各类燃料油。

7. 摩托车

对最大设计车速不超过 50 千米 / 小时，发动机气缸总工作容量不超过 50 毫米的三轮摩托车不征收消费税。取消气缸容量 250 毫升（不含）以下的小排量摩托车消费税。本税目的征税范围包括轻便摩托车和摩托车。

8. 小汽车

小汽车是指由动力驱动，具有四个或四个以上车轮的非轨道承载的车辆。

本税目征收范围包括含驾驶员座位在内最多不超过 9 个座位（含）的，在设计和技术特性上用于载运乘客和货物的各类乘用车和含驾驶员座位在内的座位数在 10~23 座（含 23 座）的在设计和技术特性上用于载运乘客和货物的各类中轻型商用客车。

用排气量小于 1.5 升（含）的乘用车底盘（车架）改装、改制的车辆属于乘用车征收范围。用排气量大于 1.5 升的乘用车底盘（车架）或用中轻型商用客车底盘（车架）改装、改制的车辆属于中轻型商用客车征收范围。

含驾驶员人数（额定载客）为区间值（如 8~10 人或 17~26 人）的小汽车，按其区间值下限人数确定征收范围。

电动汽车不属于本税目征收范围。车身长度大于 7 米（含），并且座位在 10~23 座（含）以下的商用客车，不属于中轻型商用客车征税范围，不征收消费税。沙滩车、雪地车、卡丁车、高尔夫车不属于消费税征收范围，不征收消费税。

9. 高尔夫球及球具

高尔夫球及球具是指从事高尔夫球运动所需的各种专用装备，包括高尔夫球、高尔夫球杆及高尔夫球包（袋）等。

本税目征收范围包括高尔夫球、高尔夫球杆、高尔夫球包（袋）。高尔夫球杆的杆头、杆身和握把属于本税目的征收范围。

10. 高档手表

高档手表是指销售价格（不含增值税）每只在 10 000 元（含）以上的各类手表。

本税目征收范围包括符合以上标准的各类手表。

11. 游艇

游艇是指长度大于 8 米、小于 90 米，船体由玻璃钢、钢、铝合金、塑料等多种材料制作，可以在水上移动的水上浮载体。按照动力划分，游艇分为无动力艇、帆艇和机动艇。

本税目征收范围包括艇身长度大于 8 米（含）、小于 90 米（含），内置发动机，可以在水上移动，一般为私人或团体购置，主要用于水上运动和休闲娱乐等非营利活动的各类机动艇。

12. 木制一次性筷子

木制一次性筷子，又称卫生筷子，是指以木材为原料经过锯段、浸泡、旋切、刨切、烘干、筛选、打磨、倒角、包装等环节加工而成的各类一次性使用的筷子。

本税目征收范围包括各种规格的木制一次性筷子。未经打磨、倒角的木制一次性筷子属于本税目征收范围。

13. 实木地板

实木地板是指以木材为原料，经锯割、干燥、刨光、截断、开榫、涂漆等工序加工而成的块状或条状的地面装饰材料。实木地板按生产工艺不同，可分为独板（块）实木地板、实木指接地板、实木复合地板三类；按表面处理状态不同，可分为未涂饰地板（白坯板、素板）和漆饰地板两类。

本税目征收范围包括各类规格的实木地板、实木指接地板、实木复合地板及用于装饰墙壁、天棚的侧端面为榫、槽的实木装饰板。未经涂饰的素板也属于本税目征收范围。

14. 电池

电池，是一种将化学能、光能等直接转换为电能的装置，一般由电极、电解质、容器、极端，通常还有隔离层组成的基本功能单元，以及用一个或多个基本功能单元装配成的电池组。范围包括原电池、蓄电池、燃料电池、太阳能电池和其他电池。

自2015年2月1日起，对电池（铅蓄电池除外）征收消费税；对无汞原电池、金属氢化物镍蓄电池（又称"氢镍蓄电池"或"镍氢蓄电池"）、锂原电池、锂离子蓄电池、太阳能电池、燃料电池、全钒液流电池免征消费税。2015年12月31日前对铅蓄电池缓征消费税；自2016年1月1日起，对铅蓄电池按4%税率征收消费税。

15. 涂料

涂料是指涂于物体表面能形成具有保护、装饰或特殊性能的固态涂膜的一类液体或固体材料之总称。自2015年2月1日起，对在施工状态下挥发性有机物含量低于420克/升（含）的涂料免征消费税。

【小贴士】消费税税目简单记忆

消费税法体现的"富人"形象：脸上浓【妆】艳抹，手戴【高档手表】，脖子上挂着【贵重首饰及珠宝玉石】；吃则【木制一次性筷子】，抽着【烟】，喝着【酒和酒精】；住则【实木地板】，出则以车代步——小路【摩托车】，公路【小汽车】，水路机动【游艇】，只忧【汽油】不够；闲时玩玩【高尔夫球及球具】，乐时放放【鞭炮焰火】。

24.4 消费税的纳税环节

纳税环节是指税法上规定的征税对象从生产到消费的流转过程中应当缴纳税款的环节。同增值税不同的是，消费税一般（除委托加工、购入应纳消费税的消费品生产应税消费品）只需要在一个环节进行征收，而不是层层课征的。

在现行《中华人民共和国消费税暂行条例》中，大多数消费品的纳税环节确定在生产环节，主要有以下原因：一是可以大大减少纳税人数量、降低征管费用、加强源泉控制和减少税款流失的风险；二是可以保证税款及时上缴国库；三是把纳税环节提前并实行价内税形式，增加了税负的隐蔽性，这样可以在一定程度上避免不必要的社会震动。

按照消费品的不同种类和生产方式，消费税的纳税环节分为以下几种情况。

1. 生产环节

纳税人生产的应税消费品，由生产者于销售时纳税。其中，生产者自产自用的应税消费品，用于本企业连续生产应税消费品的，不纳税；用于其他方面的，于移送使用时纳税。

委托加工的应税消费品，由受托方在向委托方交货时代收代缴税款。委托加工的应税消费品直接出售的，不再征收消费税；委托加工应税消费品收回后用于连续生产应税消费品的，因最终生产的消费品需缴纳消费税，所以，对受托方代收代缴的消费税准予抵扣。

2. 进口环节

进口的应税消费品，由进口报关者于报关进口时纳税。

3. 零售环节

金银首饰消费税由生产销售环节征收改为零售环节征收。

24.5　消费税的税率

现行消费税税率包括三种形式，分别是比例税率、定额税率、定额与比例相结合的税率。值得注意的是，自 2009 年 5 月 1 日起，在卷烟批发环节加征一道从价税，在中华人民共和国境内从事卷烟批发业务的单位和个人，批发销售的所有牌号规格的卷烟，按其不含税销售额征收 5% 的消费税。

关于消费税税率的一般规定，如表 24-1 所示。

表 24-1　消费税税目税率表

税　　目	税　　率
一、烟	
1. 卷烟	
（1）甲类卷烟（生产或进口环节）	56% 加 0.003 元 / 支
（2）乙类卷烟（生产或进口环节）	36% 加 0.003 元 / 支
（3）批发环节	11% 加 0.005 元 / 支
2. 雪茄烟	36%
3. 烟丝	30%
4. 电子烟	
（1）生产（含代加工）、进口环节	36%
（2）批发环节	11%
二、酒	
1. 白酒	20% 加 0.5 元 /500 克（或者 500 毫升）
2. 黄酒	240 元 / 吨
3. 啤酒	
（1）甲类啤酒	250 元 / 吨
（2）乙类啤酒	220 元 / 吨
4. 其他酒	10%
三、高档化妆品	15%
四、贵重首饰及珠宝玉石	
1. 金银首饰、铂金首饰和钻石及钻石饰品	5%
2. 其他贵重首饰和珠宝玉石	10%
五、鞭炮、焰火	15%

税　目	税　率
六、成品油	
1. 汽油	1.52 元 / 升
2. 柴油	1.20 元 / 升
3. 航空煤油	1.20 元 / 升（暂缓征收）
4. 石脑油	1.52 元 / 升
5. 溶剂油	1.52 元 / 升
6. 润滑油	1.52 元 / 升
7. 燃料油	1.20 元 / 升
七、摩托车	
1. 气缸容量（排气量，下同）为 250 毫升的	3%
2. 气缸容量在 250 毫升以上的	10%
八、小汽车	
1. 乘用车	
（1）气缸容量（排气量，下同）在 1.0 升（含 1.0 升）以下的	1%
（2）气缸容量在 1.0 升以上至 1.5 升（含 1.5 升）的	3%
（3）气缸容量在 1.5 升以上至 2.0 升（含 2.0 升）的	5%
（4）气缸容量在 2.0 升以上至 2.5 升（含 2.5 升）的	9%
（5）气缸容量在 2.5 升以上至 3.0 升（含 3.0 升）的	12%
（6）气缸容量在 3.0 升以上至 4.0 升（含 4.0 升）的	25%
（7）气缸容量在 4.0 升以上的	40%
2. 中轻型商用客车	5%
3. 超豪华小汽车（零售环节）	10%
九、高尔夫球及球具	10%
十、高档手表	20%
十一、游艇	10%
十二、木制一次性筷子	5%
十三、实木地板	5%
十四、电池	4%
十五、涂料	4%

如果存在下列情况，应按适用税率中最高税率征税。

（1）纳税人兼营不同税率的应税消费品，即生产销售两种适用税率以上的应税消费品时，应当分别核算不同税率应税消费品的销售额或销售数量，未分别核算的，按最高税率征税。

（2）纳税人将应税消费品与非应税消费品以及适用税率不同的应税消费品组成成套消费品销售的，应根据组合产制品的销售金额按应税消费品中适用最高税率的消费品税率征税。

24.6　消费税的计税依据

24.6.1　消费税计税依据的一般规定

我国在确定消费税的计税依据时，主要从应税消费品的价格变化情况和便于征纳等角度出发，采用从量和从价等计税办法。

1.　实行从量定额计征办法的计税依据

从量定额通常以每单位应税消费品的重量、容积或数量为计税依据，并按每单位应税消费品规定固定税额，这种固定税额即为定额税率。

我国消费税对黄酒、啤酒、成品油等实行定额税率，采用从量定额的办法征税，其计税依据是纳税人销售应税消费品的数量，其计税公式为：

$$应纳税额 = 应税消费品的销售数量 \times 定额税率$$

2.　实行从价定率计征办法的计税依据

实行从价定率办法征税的应税消费品，其计税依据为应税消费品的销售额。实行从价定率征税的消费品，其消费税税基和增值税税基是一致的，即都是以含消费税而不含增值税的销售额作为计税基数。

实行从价定率征收办法的消费品，其应纳税额的计算公式为：

$$应纳税额 = 应税消费品的销售额 \times 比例税率$$

3.　卷烟、白酒实行从量定额和从价定率相结合的复合计税办法

应纳税额的计算公式为：

$$应纳税额 = 应税消费品的销售数量 \times 定额税率 + 应税消费品的销售额 \times 比例税率$$

24.6.2　视同销售行为中消费税的确定

要正确核定消费税的计税依据，应正确确定应税消费品的销售行为。根据《中华人民共和国消费税暂行条例》及实施细则的有关规定，下列情况均应视作销售或视同销售，确定销售额（也包括销售数量），并按规定缴纳消费税。具体包括：

（1）有偿转让应税消费品所有权的行为；

（2）纳税人自产自用的应税消费品用于其他方面的；

（3）委托加工的应税消费品。

销售数量是指应税消费品的数量，具体为：

（1）销售应税消费品的，为应税消费品的销售数量；

（2）自产自用应税消费品的，为应税消费品的移送使用数量；

（3）委托加工应税消费品的，为纳税人收回的应税消费品数量；

（4）进口的应税消费品，为海关核定的应税消费品进口征税数量。

应税消费品的销售额包括销售应税消费品从购买方收取的全部价款和价外费用。所谓价外费用，是指价外收取的基金、集资款、返还利润、补贴、违约金（延期付款利息）和手续费、包装费、储备费、优质费、运输装卸费、品牌使用费、代收款项、代垫款项以及其他各种性质的价外收费。但销售额不包括应向购买方收取的增值税税额。

由于某些应税消费品是用外购已缴纳消费税的应税消费品连续生产出来的，在对这些连续生产出来的应税消费品计算征税时，税法规定应按当期生产领用数量计算准予扣除外购的应税消费品已纳的消费税税款。扣除范围包括：

（1）外购已税烟丝生产的卷烟；

（2）外购已税高档化妆品生产的高档化妆品；

（3）外购已税珠宝玉石生产的贵重首饰及珠宝玉石；

（4）外购已税鞭炮、焰火生产的鞭炮、焰火；

（5）外购已税杆头、杆身和握把为原料生产的高尔夫球杆；

（6）外购已税木制一次性筷子为原料生产的木制一次性筷子；

（7）外购已税实木地板为原料生产的实木地板；

（8）对外购已税汽油、柴油、石脑油、燃料油、润滑油用于连续生产的应税成品油。

上述当期准予扣除外购应税消费品已纳消费税税款的计算公式为：

$$当期准予扣除的外购应税消费品已纳税款 = 当期准予扣除的外购应税消费品买价 × 外购应税消费品适用税率$$

$$当期准予扣除的外购应税消费品买价 = 期初库存的外购应税消费品的买价 + 当期购进的应税消费品的买价 - 期末库存的外购应税消费品的买价$$

24.7　委托加工应税消费品的处理

24.7.1　委托加工应税消费品的认定

委托加工的应税消费品，是指由委托方提供原料和主要材料，受托方只收取加工费和代垫部分辅助材料加工的应税消费品。对于由受托方提供原材料生产的应税消费品，或者受托方先将原材料卖给委托方，然后再接受加工的应税消费品，以及由受托方以委托方名义购进原材料生产的应税消费品，不论纳税人在财务上是否做销售处理，都不得作为委托加工应税消费品，而应当按照销售自制应税消费品缴纳消费税。

24.7.2　委托加工应税消费品代收代缴消费税的规定

《中华人民共和国消费税暂行条例》及实施细则规定：受托方是法定的代收代缴义务人，由受托方在向委托方交货时代收代缴消费税。但纳税人委托个体经营者加工应税消费品，一律于委托方收回后在委托方所在地缴纳消费税。

如果受托方没有按有关规定代收代缴消费税，或没有履行代收代缴义务，就要按照《税收征收管理法》的有关规定，承担相应的法律责任。

24.7.3　委托加工应税消费品消费税应纳税额的计算

根据《中华人民共和国消费税暂行条例》的规定，委托加工的应税消费品按照受托方的同类消费品的销售价格计算纳税；没有同类消费品销售价格的，按照组成计税价格计算纳税。

（1）有同类消费品销售价格的，消费税应纳税额的计算公式为：

$$应纳税额 = 同类消费品单价 × 委托加工数量 × 适用税率$$

（2）没有同类消费品销售价格的，按组成计税价格计税。计算公式为：

$$应纳税额 = 组成计税价格 \times 适用税率$$

$$组成计税价格 = \frac{材料成本 + 加工费}{1 - 消费税比例税率}$$

对于委托加工的应税消费品，受托方在交货时已代收代缴消费税，委托方收回后直接销售的，不再征收消费税。

24.7.4 委托加工收回的应税消费品已纳税款的计算

纳税人用委托加工收回的下列应税消费品连续生产应税消费品，在计征消费税时可以扣除委托加工收回应税消费品的已纳消费税税款：

（1）以委托加工收回的已税烟丝为原料生产的卷烟；

（2）以委托加工收回的已税高档化妆品为原料生产的高档化妆品；

（3）以委托加工收回的已税珠宝玉石为原料生产的贵重首饰及珠宝玉石；

（4）以委托加工收回的已税鞭炮、焰火为原料生产的鞭炮、焰火；

（5）以委托加工收回的已税杆头、杆身和握把为原料生产的高尔夫球杆；

（6）以委托加工收回的已税木制一次性筷子为原料生产的木制一次性筷子；

（7）以委托加工收回的已税实木地板为原料生产的实木地板；

（8）以委托加工收回的已税汽油、柴油、石脑油、燃料油、润滑油用于连续生产应税成品油；

（9）以委托加工收回的已税摩托车连续生产应税摩托车（如用外购两轮摩托车改装三轮摩托车）。

上述当期准予扣除委托加工收回的应税消费品已纳消费税税款的计算公式是：

当期准予扣除的委托加工应税消费品已纳税款 = 期初库存的委托加工应税消费品已纳税款 + 当期收回的委托加工应税消费品已纳税款 - 期末库存的委托加工应税消费品已纳税款

需要说明的是，纳税人用委托加工收回的已税珠宝玉石生产的改在零售环节征收消费税的金银首饰，在计税时一律不得扣除委托加工收回的珠宝玉石的已纳消费税税款。

24.8 进口消费税的计算

24.8.1 进口应税消费品的规定

根据《中华人民共和国消费税暂行条例》及实施细则等有关规定，进口应税消费品的有关规定如下。

1. 纳税义务人

进口或代理进口应税消费品的单位和个人，为进口应税消费品消费税的纳税义务人。

2. 征税对象

进口应税消费品以进口商品总值为征税对象。进口商品总值具体包括到岸价格、关税和消费税三部分内容。

3. 税率

进口应税消费品消费税的税目、税率（税额），依照《消费税税目税率表》执行。

4. 其他规定

（1）进口的应税消费品，于报关进口时缴纳消费税；

（2）进口的应税消费品的消费税由海关代征；

（3）进口的应税消费品，由进口人或者其代理人向报关地海关申报纳税；

（4）纳税人进口应税消费品，应当自海关填发税款缴纳书的次日起15日内缴纳税款。

24.8.2 进口消费税应纳税额的计算

（1）实行从价定率办法的应税消费品的应纳税额的计算公式为：

$$组成计税价格 = （关税完税价格 + 关税）÷ （1 - 消费税税率）$$

$$应纳税额 = 组成计税价格 × 消费税税率$$

（2）实行从量定额办法的应税消费品的应纳税额的计算公式为：

$$应纳税额 = 应税消费品数量 × 消费税单位税额$$

（3）实行从价定率和从量定额混合征收办法的应税消费品的应纳税额的计算公式为：

$$应纳税额 = 组成计税价格 × 消费税税率 + 应税消费品数量 × 消费税单位税额$$

进口环节消费税除国务院另有规定的外，一律不得予以减税、免税。

24.9 消费税的退（免）税

24.9.1 出口应税消费品的免税政策

《中华人民共和国消费税暂行条例》第十一条规定：对纳税人出口的应税消费品，免征消费税；国务院另有规定的除外。国务院另有规定，是指国家限制出口的应税消费品。

免征消费税的出口应税消费品应分别以下不同情况处理：

（1）生产企业直接出口应税消费品或委托外贸企业出口应税消费品，按规定直接予以免税的，可不计算应纳消费税；

（2）外贸企业出口应税消费品，如规定实行先征后退办法，可先按规定计算缴纳消费税。

24.9.2 消费税出口退税政策

1. 出口应税消费品退税的企业

出口应税消费品的退税，原则上应将所退税款全部退还给出口企业。出口应税消费品退税的企业范围主要包括：

（1）有出口经营权的外贸、工贸公司；

（2）特定出口退税企业，如对外承包工程公司、外轮供应公司等。

2. 出口应税消费品退税的范围

（1）具备出口条件，予以退税的消费品。这类消费品必须具备四个条件：属于消费税征税范围；取得《税收（出口产品专用）缴款书》、增值税专用发票（税款抵扣联）、出口货物报关单（出口退税联）、出口收汇单证；必须报关离境；在财务上做出口销售处理。

（2）不具备出口条件，也予以退税的消费品。如对外承包工程公司运出境外用于对外承包项目的消费品，外轮供应公司、远洋运输供应公司销售给外轮、远洋国轮而收取外汇的消费品等。

（3）有些消费品虽具备出口条件，但不给予退税待遇。如援外出口货物、禁止出口货物等。

（4）对于出口的来料加工产品、军品及军队系统企业出口的军需工厂生产或军需部门调拨的货物等，免征消费税，但不办理退税。

（5）除规定不退税的应税消费品以外，对有进出口经营权的生产企业委托外贸企业代理出口的消费税应税消费品，一律免征消费税；对其他生产企业委托出口的消费税应税消费品，实行"先征后退"的办法。

24.9.3　出口应税消费品退税税率的确定

计算出口应税消费品应退消费税的税率或单位税额，严格按照《中华人民共和国消费税暂行条例》所附《消费税税目税率表》执行。

当出口的货物是应税消费品时，其退还的消费税要按应税消费品所适用的消费税税率计算。

企业应将不同消费税税率的出口应税消费品分开核算和申报，凡划分不清适用税率的，一律从低适用税率计算应退消费税税额。

24.9.4　出口退税计算

1. 退税的计算依据

（1）对采用比例税率征税的消费品，其退税依据是从工厂购进货物时，计算征收消费税的价格。对含增值税的购进金额应换算成不含增值税的金额，作为计算退税的依据。计算公式为：

$$不含增值税的购进金额 = 含增值税的购进金额 ÷ （1 + 增值税税率或征收率）$$

（2）对采用固定税率征收消费税的消费品，其退税依据是出口报关的数量。

2. 应退税额的计算

外贸企业出口或代理出口货物的应退消费税税额，应分别按上述计税依据和《消费税税目税率表》规定的税率（单位税额）计算应退税额。计算公式为：

$$应退消费税 = 出口消费品的工厂销售额（出口数额） × 税率（单位税额）$$

3. 其他有关规定

出口的应税消费品办理退（免）税后，发生退关或者境外退货的，报关出口者必须及时向其所在地主管税务机关申报补缴已退的消费税税款。

24.10　消费税征收管理

24.10.1　消费税的纳税义务发生时间

消费税纳税义务发生时间分为以下几种情况。

（1）纳税人销售的应税消费品，其纳税义务发生时间如下。

①纳税人采取赊销和分期收款结算方式的，其纳税义务发生时间，为销售合同规定的收款日期的当天；书面合同没有约定收款日期或者无书面合同的，为发出应税消费品的当天。

②纳税人采取预收货款结算方式的，其纳税义务发生时间，为发出应税消费品的当天。

③纳税人采取托收承付结算方式销售的应税消费品，其纳税义务发生时间，为发出应税消费品并办妥托收手续的当天。

④纳税人采取其他结算方式的，其纳税义务发生时间，为收讫销售款或者取得索取销售款凭据的当天。

（2）纳税人自产自用的应税消费品，其纳税义务发生时间，为移送使用的当天。

（3）纳税人委托加工的应税消费品，其纳税义务发生时间，为纳税人提货的当天。

（4）纳税人进口的应税消费品，其纳税义务发生时间，为报关进口的当天。

24.10.2　消费税的纳税期限

消费税的纳税期限分别为1日、3日、5日、10日、15日、1个月或者1个季度。纳税人的具体纳税期限，由主管税务机关根据纳税人应纳税额的大小分别核定；不能按照固定期限纳税的，可以按次纳税。

纳税人以1个月或者1个季度为1个纳税期的，自期满之日起15日内申报纳税；以1日、3日、5日、10日或者15日为1个纳税期的，自期满之日起5日内预缴税款，于次月1日起15日内申报纳税并结清上月应纳税款。

纳税人进口应税消费品，应当自海关填发海关进口消费税专用缴款书之日起15日内缴纳税款。

24.10.3　消费税的纳税地点

与消费税的纳税地点相关的规定如下。

（1）纳税人销售的应税消费品及自产自用的应税消费品，除国家另有规定外，应当向纳税人机构所在地或者居住地主管税务机关申报纳税。纳税人总机构和分支机构不在同一县（市）的，应在生产应税消费品的分支机构所在地申报纳税。但经国家税务总局及所属分局批准，纳税人分支机构应纳消费税，也可由总机构汇总向总机构所在地主管税务机关申报纳税。

（2）纳税人到外县（市）销售或委托外县（市）代销自产应税消费品的，应事先向其所在地主管税务机关提出申请，并于应税消费品销售后，回纳税人机构所在地或者居住地缴纳税款。

（3）委托加工的应税消费品，由受托方向所在地主管税务机关报缴消费税税款。

（4）进口的应税消费品，由进口人或由其代理人向报关地海关申报纳税。此外，个人携带或者邮寄进境的应税消费品，消费税连同关税由海关一并计征，具体办法由国务院关税税则委员会会同有关部门制定。

24.10.4　消费税税款的报缴方法

纳税人报缴税款的方法，由所在地主管税务机关视不同情况，从下列方法中确定一种：

（1）纳税人按期向税务机关填报纳税申报表，并填开纳税缴款书，向其所在地代理金库的银行缴纳税款；

（2）纳税人按期向税务机关填报纳税申报表，由税务机关审核后填发缴款书，按期缴纳；

（3）对会计核算不健全的小型业户，税务机关可根据其产销情况，按季或按年核定其应纳税额，分月缴纳。

24.10.5　消费税纳税申报表的样式

自 2021 年 8 月 1 日起，消费税与城市维护建设税、教育费附加、地方教育附加申报表整合，启用《消费税及附加税费申报表》（见表 24-2）。

表 24-2　消费税及附加税费申报表

税款所属期：　　　年　月　日至　　　年　月　日

纳税人识别号（统一社会信用代码）：□□□□□□□□□□□□□□□□□□□□

纳税人名称：　　　　　　　　　　　　　　　　　　　金额单位：人民币元（列至角分）

应税消费品名称	适用税率		计量单位	本期销售数量	本期销售额	本期应纳税额
	定额税率	比例税率				
	1	2	3	4	5	6=1×4+2×5
合计	—	—	—	—	—	

	栏次	本期税费
本期减（免）税额	7	
期初留抵税额	8	
本期准予扣除税额	9	
本期应扣除税额	10=8+9	
本期实际扣除税额	11[10＜（6-7），则为 10，否则为 6-7]	
期末留抵税额	12=10-11	
本期预缴税额	13	
本期应补（退）税额	14=6-7-11-13	
城市维护建设税本期应补（退）税额	15	
教育费附加本期应补（退）费额	16	
地方教育附加本期应补（退）费额	17	

声明：此表是根据国家税收法律法规及相关规定填写的，本人（单位）对填报内容（及附带资料）的真实性、可靠性、完整性负责。

纳税人（签章）：　　年　月　日

经办人：	受理人：
经办人身份证号：	受理税务机关（章）：
代理机构签章：	受理日期：　年　月　日
代理机构统一社会信用代码：	

第 25 章
城市维护建设税、教育费附加

本章导读

从事工商经营，缴纳增值税、消费税的单位和个人还涉及缴纳城市维护建设税和教育费附加。

本章将解答以下问题。

（1）城市维护建设税是一种什么税？

（2）哪些人需要缴纳城市维护建设税和教育费附加？

（3）城市维护建设税和教育费附加的税率（征收率）是多少？

（4）如何计算城市维护建设税和教育费附加？

25.1 认识城市维护建设税

25.1.1 什么是城市维护建设税

根据 2021 年 9 月 1 日起实施的《中华人民共和国城市维护建设税法》可知，城市维护建设税是对缴纳增值税、消费税的单位与个人征收的一种税，以纳税人所在的地区不同，适用的税率有所差异：所处市区纳税人的税率为 7%，县城、镇的纳税人的税率为 5%，不在以上提及区域的纳税人的税率为 1%。

25.1.2 城市维护建设税的特点

城市维护建设税是一种具有受益性质的行为税，它与其他税种相比较，具有以下特点。

（1）税款专款专用。

城市维护建设税所征税款要求保证用于城市的公用事业和公共设施的建设和维护。

（2）属于附加税。

城市维护建设税与其他税种不同，它没有自己独立的征税对象或税基，而是以纳税人实际缴纳的增值税和消费税之和为计税依据，随增值税、消费税同时计征。

（3）根据城镇规模设计税率。

城镇规模大的，税率高一些；城镇规模小的，税率低一些。例如，纳税人所在地在城市市区的，税率为 7%；在县城、建制镇的税率为 5%；不在以上区域的税率为 1%。

25.2 城市维护建设税的征税范围和纳税人

25.2.1 城市维护建设税的征税范围

城市维护建设税的征税范围比较广，具体包括城市、县城、建制镇，以及税法规定征收增值税、消费税的其他地区。城市、县城、建制镇的范围，应根据行政区划作为划分标准，不能随意扩大或缩小行政区域的管辖范围。

25.2.2　城市维护建设税的纳税人

城市维护建设税是对从事工商经营，缴纳增值税、消费税的单位和个人征收的一种税。

（1）不论是国有企业、集体企业、私营企业、个体工商户，还是其他单位、个人，只要缴纳了增值税、消费税中的任何一种，都必须同时缴纳城市维护建设税。

（2）城市维护建设税的代扣代缴、代收代缴，一律比照增值税、消费税的有关规定办理。由受托方代收代缴的城市维护建设税，按受托方所在地适用税率执行；流动经营等无固定纳税地点，在经营地缴纳增值税、消费税的，城市维护建设税的缴纳按经营地适用税率执行。

25.3　城市维护建设税的税率

城市维护建设税实行地区差别比例税率，按照纳税人所在地的不同，税率分别规定为7%、5%、1% 三个档次。具体适用范围是：

（1）纳税人所在地在城市市区的，税率为 7%；

（2）纳税人所在地在县城、建制镇的，税率为 5%；

（3）纳税人所在地不在城市市区、县城、建制镇的，税率为 1%。开采海洋石油资源的中外合作油（气）田所在地在海上，其城市维护建设税适用 1% 的税率。

纳税单位或个人缴纳城市维护建设税的适用税率，一律按其纳税所在地的规定税率执行。

在选择城市维护建设税的税率时，应特别注意以下问题。

（1）县政府设在城市市区，其在市区办的企业，按市区的规定税率计算纳税。纳税人所在地为工矿区的，应根据行政区划分别按照 7%、5%、1% 的税率缴纳城市维护建设税。

（2）城市维护建设税的适用税率，一般规定按纳税人所在地的适用税率执行。但对下列两种情况，可按缴纳增值税、消费税所在地的规定税率就地缴纳城市维护建设税：

①由受托方代收、代扣增值税、消费税的单位和个人，其代收代缴、代扣代缴的城市维护建设税按受托方所在地适用税率执行；

②流动经营等无固定纳税地点的单位和个人，在经营地缴纳增值税、消费税的，其城市维护建设税的缴纳按经营地适用税率执行。

（3）对铁道部应缴纳的城市维护建设税的税率，鉴于其计税依据为铁道部门集中缴纳的营业税税额，难以适用地区差别税率，因此，财政部对此做了特案规定，税率统一规定为 5%。

25.4　城市维护建设税的计税依据和减免税规定

25.4.1　城市维护建设税的计税依据

城市维护建设税的计税依据是纳税人实际缴纳的增值税、消费税。

上述计税依据不包括加收的滞纳金和罚款。因为滞纳金和罚款是税务机关对纳税人采取的处罚。

25.4.2　城市维护建设税的减免税规定

城市维护建设税以增值税、消费税税额为计税依据，并与增值税、消费税同时征收。这样，税法规定对纳税人减免增值税、消费税的，相应也减免城市维护建设税。因此，城市维护建设税基本上没有单独规定减免税。但对一些特殊情况，财政部和国家税务总局做了减免税规定：

（1）海关对进口产品代征增值税、消费税的，不征收城市维护建设税；

（2）对增值税、消费税实行先征后返、先征后退、即征即退办法的，除另有规定外，对随着增值税、消费税附征的城市维护建设税，一律不退（返）还；

（3）对于因减免税而需要进行增值税、消费税退库的，城市维护建设税也可同时退库；

（4）对国家重大水利工程建设基金免征城市维护建设税。

25.4.3　城市维护建设税应纳税额的计算

城市维护建设税的应纳税额按以下公式计算：

$$应纳税额 =（实际缴纳的增值税 + 消费税）\times 适用税率$$

25.5　城市维护建设税的征收管理

城市维护建设税的征收管理比照增值税、消费税的有关规定执行。

25.5.1　城市维护建设税的纳税地点

（1）纳税人直接缴纳增值税、消费税的，在缴纳增值税、消费税地缴纳城市维护建设税。

（2）代征、代扣、代缴增值税、消费税的企业单位，同时也要代征、代扣、代缴城市维护建设税。如果没有代征、代扣、代缴城市维护建设税，应由纳税单位或个人回到其所在地申报纳税。

（3）银行的纳税地点。各银行缴纳的营业税，均由取得业务收入的核算单位在当地缴纳：县以上各级银行直接经营业务取得的收入，由各级银行分别在所在地纳税；县和设区的市，由县支行或区办事处在其所在地纳税，而不能分别按所属营业所的所在地计算纳税。

25.5.2　违章处理

由于城市维护建设税是与增值税、消费税同时征收的，所以在一般情况下，城市维护建设税不单独加收滞纳金或罚款。但是，如果纳税人在缴纳了增值税、消费税之后，不按照规定缴纳城市维护建设税，则相关部门可以对其单独加收滞纳金，也可以单独进行罚款。

（1）城市维护建设税的纳税义务发生时间与增值税、消费税的纳税义务发生时间一致，分别与增值税、消费税同时缴纳。

（2）城市维护建设税的扣缴义务人为负有增值税、消费税扣缴义务的单位和个人，在扣缴增值税、消费税的同时扣缴城市维护建设税。

（3）留抵退税额在城市维护建设税计税依据中扣除情况。

①纳税人自收到留抵退税额之日起，应当在以后纳税申报期从城市维护建设税计税依据中扣除。

②留抵退税额仅允许在按照增值税一般计税方法确定的城市维护建设税计税依据中扣除。当期未扣完的余额，在以后纳税申报期按规定继续扣除。

③对于增值税小规模纳税人更正、查补此前按照一般计税方法确定的城市维护建设税计税依据，允许扣除尚未扣除完的留抵退税额。

（4）对增值税免抵税额征收的城市维护建设税，纳税人应在税务机关核准免抵税额的下一个纳税申报期内向主管税务机关申报缴纳。

25.6　认识教育费附加

25.6.1　什么是教育费附加

教育费附加是对缴纳增值税、消费税的单位和个人，就其实际缴纳的增值税、消费税税额为计算依据征收的一种附加费。

教育费附加是为加快地方教育事业，扩大地方教育经费的资金而征收的一项专用基金。教育费附加是根据 1986 年国务院公布的《征收教育费附加的暂行规定》（以下简称《教育费附加暂行规定》）开征的，其目的是多渠道筹集教育资金，加快我国教育事业发展。2005 年，国务院公布了《国务院关于修改〈征收教育费附加的暂行规定〉的决定》，对《教育费附加暂行规定》进行了修订。

25.6.2　教育费附加的计征依据

教育费附加对缴纳增值税、消费税的单位和个人征收，以其实际缴纳的增值税、消费税为计征依据，与增值税、消费税同时缴纳。

自 2010 年 12 月 1 日起，我国对外商投资企业、外国企业和外籍个人（以下简称"外资企业"）征收教育费附加。对外资企业 2010 年 12 月 1 日后（含）发生增值税、消费税纳税义务的征收教育费附加；对外资企业 2010 年 12 月 1 日之前发生增值税、消费税纳税义务的，不征收教育费附加。

25.6.3　教育费附加的征收率

教育费附加的征收率几经变化，1986 年开征时，规定为 1%；1990 年 5 月《国务院关于修改〈征收教育费附加的暂行规定〉的决定》中规定为 2%；按照 1994 年 2 月 7 日《国务院关于教育费附加征收问题的紧急通知》的规定，教育费附加征收率为 3%，对生产卷烟和烟叶的单位减半征收教育费附加。自 2005 年 10 月 1 日起，新修订的《征收教育费附加的暂行规定》规定，教育费附加的征收率统一为 3%，对卷烟生产企业不再减半征收教育费附加。

25.6.4　教育费附加的减免优惠

教育费附加的减免规定具体如下。

（1）对海关进口的产品征收的增值税、消费税，不征收教育费附加。

（2）对由于减免增值税、消费税而发生退税的，可同时退还已征收的教育费附加；但对出口产品退还增值税、消费税的，不退还已征的教育费附加。

（3）对国家重大水利工程建设基金免征教育费附加。

25.6.5　教育费附加的计算

应纳教育费附加的计算公式如下：

$$应纳教育费附加 = 实纳增值税、消费税税额 × 征收率$$

第 26 章
企业所得税

本章导读

企业所得税是我国财政收入的重要来源之一，是一种广泛征收的税种。无论是生产经营所得还是其他所得，只要企业产生利润，就要缴纳企业所得税。

本章将解答以下问题。

（1）企业所得税的征税范围有哪些？

（2）企业所得税的纳税人有哪些？

（3）企业所得税税率是多少？

（4）企业所得税的计税依据是什么？

（5）各种资产在计算企业所得税时应如何处理？

（6）如何计算企业所得税的应纳税额？

（7）怎样申报和缴纳企业所得税？

26.1　认识企业所得税

26.1.1　什么是企业所得税

企业所得税是对我国境内的企业和其他取得收入的组织的生产经营所得和其他所得征收的一种税。在 2008 年 1 月 1 日以前，我国的企业所得税采用内外分开、分别管理的原则，即内资企业适用企业所得税，外资企业适用外商投资企业和外国企业所得税。这两种税构成了统一的企业所得税，两种所得税在计税原理上基本相同，但是税率、税收优惠等方面具有一定的差别。

26.1.2　企业所得税的特点

现行企业所得税具有以下特点。

（1）纳税人的构成更为复杂。《中华人民共和国企业所得税法》规定，企业所得税的纳税人既包括企业，又包括取得收入的其他经济组织；既包括内资企业，又包括外资企业。

（2）计税依据为应纳税所得额。企业所得税的计税依据，是纳税人的收入总额扣除各项成本、费用、税金、损失等支出后的净所得额，它既不等于企业实现的会计利润额，也不是企业的增值额，更非销售额或营业额。

（3）应纳税所得额的计算较为复杂。

（4）征税以量能负担为原则，即：所得多、负担能力强的，多纳税；所得少、负担能力弱的，少纳税；无所得、没有负担能力的，不纳税。

（5）实行按年计征、分期预缴的征收管理办法。

26.2 企业所得税的纳税人、征税范围和税率

26.2.1 企业所得税的纳税人

在中华人民共和国境内，企业和其他取得收入的组织（为了论述方便，以下统称为"企业"）为企业所得税的纳税人，需依照《中华人民共和国企业所得税法》的规定缴纳企业所得税。个人独资企业、合伙企业不适用该法。

1. 企业所得税纳税人的范围

对于企业所得税的纳税人范围，《中华人民共和国企业所得税法》采用了一般减去特殊的原则，除个人独资企业和合伙企业，其他凡取得收入的各类经济组织，包括依照中国法律、行政法规在中国境内成立的企业、事业单位、社会团体以及其他取得收入的组织。

2. 纳税人分为居民企业和非居民企业

由于企业所得税的纳税人既包括在我国境内设立机构的企业，也包括在我国境内不设立机构，但是从我国境内取得收入的企业。这就要求进行居民企业和非居民企业的划分。两种不同类型的纳税人，针对不同来源的收入，其所应该承担的纳税义务是不同的。

居民企业，是指依法在中国境内成立，或者依照外国（地区）法律成立但实际管理机构在中国境内的企业。从以上的规定我们可以看出，居民企业主要包括以下两类：

（1）依法在中国境内设立的企业；

（2）依照外国（地区）法律成立但实际管理机构在中国境内的企业。

非居民企业，是指依照外国（地区）法律成立且实际管理机构不在中国境内，但在中国境内设立机构、场所的，或者在中国境内未设立机构、场所，但有来源于中国境内所得的企业。从以上的规定我们可以看出，非居民企业主要包括以下两类：

（1）依照外国（地区）法律成立，而且实际管理机构不在中国境内，但在中国境内设立机构、场所的企业；

（2）在中国境内未设立机构、场所，但有来源于中国境内所得的企业。

实际管理机构，是指对企业的生产经营、人员、账务、财产等实施实质性全面管理和控制的机构。

3. 居民企业和非居民企业纳税义务的不同

居民企业应当就其来源于中国境内、境外的所得缴纳企业所得税。

非居民企业在中国境内设立机构、场所的，应当就其所设机构、场所取得的来源于中国境内的所得，以及发生在中国境外但与其所设机构、场所有实际联系的所得，缴纳企业所得税。

非居民企业在中国境内未设立机构、场所的，或者虽设立机构、场所但取得的所得与其所设机构、场所没有实际联系的，应当就其来源于中国境内的所得缴纳企业所得税。

这里的实际联系是指非居民企业在中国境内设立的机构、场所拥有据以取得所得的股权、债权，以及拥有、管理、控制据以取得所得的财产等。

4. 中国境内、境外的所得的划分依据

《中华人民共和国企业所得税法实施条例》第七条规定，来源于中国境内、境外的所得，按照以下原则确定：

（1）销售货物所得，按照交易活动发生地确定；

（2）提供劳务所得，按照劳务发生地确定；

（3）转让财产所得，不动产转让所得按照不动产所在地确定，动产转让所得按照转让动产的企业或者机构、场所所在地确定，权益性投资资产转让所得按照被投资企业所在地确定；

（4）股息、红利等权益性投资所得，按照分配所得的企业所在地确定；

（5）利息所得、租金所得、特许权使用费所得，按照负担、支付所得的企业或者机构、场所所在地确定，或者按照负担、支付所得的个人的住所地确定；

（6）其他所得，由国务院财政、税务主管部门确定。

26.2.2　企业所得税征税范围中的"收入"

《中华人民共和国企业所得税法》规定，企业以货币形式和非货币形式从各种来源取得的收入，为收入总额。包括：

（1）销售货物收入；

（2）提供劳务收入；

（3）转让财产收入；

（4）股息、红利等权益性投资收益；

（5）利息收入；

（6）租金收入；

（7）特许权使用费收入；

（8）接受捐赠收入；

（9）其他收入。

26.2.3　企业所得税的税率

1. 基本税率为 25%

基本税率适用于居民企业和在中国境内设有机构、场所且所得与机构、场所有关联的非居民企业。

2. 低税率为 20%

低税率适用于在中国境内未设立机构、场所的，或者虽设立机构、场所但取得的所得与其所设机构、场所没有实际联系的非居民企业。但实际征税时适用 10% 的税率。

26.3　应纳税所得额的确定

应纳税所得额是企业所得税的计税依据。按照《中华人民共和国企业所得税法》的规定，应纳税所得额为企业每一个纳税年度的收入总额，减除不征税收入、免税收入、各项扣除，以及允许弥补的以前年度亏损后的余额。

应纳税所得额的基本计算公式为：

应纳税所得额 = 收入总额 − 不征税收入 − 免税收入 − 各项扣除 − 允许弥补的以前年度亏损

企业应纳税所得额的计算以权责发生制为原则：属于当期的收入和费用，不论款项是否收付，均作为当期的收入和费用；不属于当期的收入和费用，即使款项已经在当期收付，均不作为当期的收入和费用。

26.3.1 应税收入

企业的收入总额包括以货币形式和非货币形式从各种来源取得的收入，具体有：销售货物收入，提供劳务收入，转让财产收入，股息、红利等权益性投资收益，以及利息收入、租金收入、特许权使用费收入、接受捐赠收入、其他收入。

1. 一般收入的确认

（1）销售货物收入，是指企业通过销售商品、产品、原材料、包装物、低值易耗品以及其他存货而取得的收入。

（2）提供劳务收入，是指企业通过从事建筑安装、修理修配、交通运输、仓储租赁、金融保险、邮电通信、咨询经纪、文化体育、科学研究、技术服务、教育培训、餐饮住宿、中介代理、卫生保健、社区服务、旅游、娱乐、加工以及其他劳务服务活动而取得的收入。

（3）转让财产收入，是指企业转让固定资产、生物资产、无形资产、股权、债权等财产取得的收入。

（4）股息、红利等权益性投资收益，是指企业因权益性投资从被投资方取得的收入。股息、红利等权益性投资收益，除国务院财政、税务主管部门另有规定外，按照被投资方做出利润分配决定的日期确认收入的实现。

（5）利息收入，是指企业将资金提供他人使用但不构成权益性投资，或者因他人占用企业资金取得的收入，包括存款利息、贷款利息、债券利息、欠款利息等收入。利息收入，按照合同约定的债务人应付利息的日期确认收入的实现。

（6）租金收入，是指企业提供固定资产、包装物及其他有形资产的使用权取得的收入。租金收入，按照合同约定的承租人应付租金的日期确认收入的实现。

（7）特许权使用费收入，是指企业提供专利权、非专利技术、商标权、著作权以及其他特许权的使用权而取得的收入。特许权使用费收入，按照合同约定的特许权使用人应付特许权使用费的日期确认收入的实现。

（8）接受捐赠收入，是指企业接受的来自其他企业、组织或者个人无偿给予的货币性资产、非货币性资产。接受捐赠收入，按照实际收到的捐赠资产的日期确认收入的实现。

（9）其他收入，是指企业取得的除以上收入外的其他收入，包括企业资产溢余收入、逾期未退包装物押金收入、确实无法偿付的应付款项、已做坏账损失处理后又收回的应收款项、债务重组收入、补贴收入、违约金收入、汇兑收益等。

2. 特殊收入的确认

（1）以分期收款方式销售货物的，按照合同约定的收款日期确认收入的实现。

（2）企业受托加工制造大型机械设备、船舶、飞机，以及从事建筑、安装、装配工程业务或者提供其他劳务等，持续时间超过12个月的，按照纳税年度内完工进度或者完成的工作量确认收入的实现。

（3）采取产品分成方式取得收入的，按照企业分得产品的日期确认收入的实现，其收入额按照产品的公允价值确定。

（4）企业发生非货币性资产交换，以及将货物、财产、劳务用于捐赠、偿债、赞助、集资、广告、样品、职工福利或者利润分配等用途的，应当视同销售货物、转让财产或者提供劳务，但国务院财政、税务主管部门另有规定的除外。

26.3.2　不征税收入与免税收入

国家为了扶持和鼓励某些特殊的纳税人和特定的项目，或者避免因征税影响企业的正常经营，对企业取得的某些收入予以不征税或免税的特殊政策，以减轻企业的负担，促进经济的协调发展。

1. 不征税收入

（1）财政拨款，是指各级人民政府对纳入预算管理的事业单位、社会团体等组织拨付的财政资金，但国务院和国务院财政、税务主管部门另有规定的除外。

（2）依法收取并纳入财政管理的行政事业性收费、政府性基金，是指依照法律法规等有关规定，按照国务院规定程序批准，在实施社会公共管理，以及在向公民、法人或者其他组织提供特定公共服务过程中，向特定对象收取并纳入财政管理的费用。政府性基金，是指企业依照法律、行政法规等有关规定，代政府收取的具有专项用途的财政资金。

（3）国务院规定的其他不征税收入，是指企业取得的，由国务院财政、税务主管部门规定专项用途并经国务院批准的财政性资金。

2. 免税收入

（1）国债利息收入。为鼓励企业积极购买国债，支援国家建设项目，税法规定，企业因购买国债所得的利息收入，免征企业所得税。

（2）符合条件的居民企业之间的股息、红利等权益性收益，是指导居民企业直接投资于其他居民企业取得的投资收益。

（3）在中国境内设立机构、场所的非居民企业从居民企业取得与该机构、场所有实际联系的股息、红利等权益性投资收益。该收益不包括连续持有居民企业公开发行并上市流通的股票不足 12 个月取得的投资收益。

（4）符合条件的非营利组织的收入。

符合条件的非营利组织应满足下列条件：

①依法履行非营利组织登记手续；

②从事公益性或者非营利性活动；

③取得的收入除用于与该组织有关的、合理的支出外，全部用于登记核定或者章程规定的公益性或者非营利性事业；

④财产及其孳生息不用于分配；

⑤按照登记核定或者章程规定，该组织注销后的剩余财产用于公益性或者非营利性目的，或者由登记管理机关转赠给与该组织性质、宗旨相同的组织，并向社会公告；

⑥投入人对投入该组织的财产不保留或者享有任何财产权利；

⑦工作人员工资福利开支控制在规定的比例内，不变相分配该组织的财产；

⑧国务院财政、税务主管部门规定的其他条件。

《中华人民共和国企业所得税法》第二十六条第四项所称符合条件的非营利组织的收入，不包括非营利组织从事营利性活动取得的收入，但国务院财政、税务主管部门另有规定的除外。

非营利组织的免税收入主要如下。

①接受其他单位或者个人捐赠的收入。

②除《中华人民共和国企业所得税法》第七条规定的财政拨款以外的其他政府补助收入，但不包括因政府购买服务取得的收入。

③按照省级以上民政、财政部门规定收取的会费。

④不征税收入和免税收入孳生的银行存款利息收入。

⑤财政部、国家税务总局规定的其他收入。

26.3.3 企业所得税税前扣除

1. 税前扣除原则

企业申报的扣除项目和金额要真实、合法。所谓真实，是指能提供证明有关支出确属已经实际发生；合法是指符合国家税法的规定，若其他法规规定与税收法规规定不一致，应以税收法规的规定为标准。除税收法规另有规定外，税前扣除一般应遵循以下原则：

（1）权责发生制原则；

（2）配比原则；

（3）相关性原则；

（4）确定性原则；

（5）合理性原则。

2. 扣除项目的范围

《中华人民共和国企业所得税法》规定，企业实际发生的与取得收入有关的、合理的支出，包括成本、费用、税金、损失和其他支出，准予在计算应纳税所得额时扣除。

（1）成本是指企业在生产经营活动中发生的销售成本、销货成本、业务支出，以及其他耗费，即企业销售商品（产品、材料、下脚料、废料、废旧物资等）、提供劳务、转让固定资产及无形资产（包括技术转让）的成本。

企业必须将经营活动中发生的成本合理划分为直接成本和间接成本。直接成本是指可直接计入有关成本计算对象或劳务的经营成本中的直接材料、直接人工等。间接成本是指多个部门为同一成本对象提供服务的共同成本，或者同一种投入可以制造、提供两种或两种以上的产品或劳务的联合成本。

直接成本可根据有关会计凭证、记录直接计入有关成本计算对象或劳务的经营成本中。间接成本必须根据与成本计算对象之间的因果关系、成本计算对象的产量等，以合理的方法分配计入有关成本计算对象中。

（2）费用是指企业每一个纳税年度为生产、经营商品和提供劳务等所发生的销售费用、管理费用和财务费用。已计入成本的有关费用除外。

销售费用是指应由企业负担的为销售商品而发生的费用，包括广告费、运输费、装卸费、包装费、展览费、保险费、销售佣金（能直接认定的进口佣金调整商品进价成本）、代销手续费、经营性租赁费及销售部门发生的差旅费、工资、福利费等费用。

管理费用是指企业的行政管理部门为管理组织经营活动提供各项支援性服务而发生的费用。

财务费用是指企业筹集经营性资金而发生的费用，包括利息净支出、汇兑净损失、金融机构手续费以及其他非资本化支出。

（3）税金是指企业发生的除企业所得税和允许抵扣的增值税以外的企业缴纳的各项税金及其附加，即企业按规定缴纳的消费税、城市维护建设税、关税、资源税、土地增值税、房产税、车船税、城镇土地使用税、印花税、教育费附加等产品销售税金及附加。这些已纳税金准予税前扣除。准许扣除的税金有两种方式：一是在发生当期扣除；二是在发生当期计入相关资产的成本，在以后各期分摊扣除。

（4）损失是指企业在生产经营活动中发生的固定资产和存货的盘亏、毁损、报废损失，转让财产损失，呆账损失，坏账损失，自然灾害等不可抗力造成的损失以及其他损失。

企业发生的损失减除责任人赔偿和保险赔款后的余额，依照国务院财政、税务主管部门的规定扣除。

企业已经作为损失处理的资产，在以后纳税年度又全部收回或者部分收回时，应当计入当期收入。

（5）其他支出是指除成本、费用、税金、损失外，企业在生产经营活动中发生的与生产经营活动有关的、合理的支出。

在实际中，计算应纳税所得额时还应注意以下三个方面的内容。

①企业发生的支出应当区分收益性支出和资本性支出。收益性支出在发生当期直接扣除；资本性支出应当分期扣除或者计入有关资产成本，不得在发生当期直接扣除。

②企业的不征税收入用于支出所形成的费用或者财产，不得扣除或者计算对应的折旧、摊销扣除。

③除《中华人民共和国企业所得税法》和《中华人民共和国企业所得税法实施条例》另有规定外，企业实际发生的成本、费用、税金、损失和其他支出，不得重复扣除。

3. 扣除项目的标准

在计算应纳税所得额时，下列项目可按照实际发生额或规定的标准扣除。

（1）工资、薪金支出。企业发生的合理的工资、薪金支出准予据实扣除。工资、薪金支出是企业每一纳税年度支付给在本企业任职或与其有雇佣关系的员工的所有现金或非现金形式的劳动报酬，包括基本工资、奖金、津贴、补贴、年终加薪、加班工资，以及与任职或者受雇有关的其他支出。

（2）职工福利费、工会经费、职工教育经费。企业发生的职工福利费、工会经费、职工教育经费按标准扣除，未超过标准的按实际数扣除，超过标准的只能按标准扣除。

①企业发生的职工福利费支出，不超过工资、薪金总额14%的部分准予扣除。

②企业拨缴的工会经费，不超过工资、薪金总额2%的部分准予扣除。

③除国务院财政、税务主管部门另有规定外，企业发生的职工教育经费支出，不超过工资、薪金总额8%的部分准予扣除，超过部分准予结转以后纳税年度扣除。

（3）社会保险费。具体规定如下。

①企业依照国务院有关主管部门或者省级人民政府规定的范围和标准为职工缴纳的"五险一金"，即基本养老保险费、基本医疗保险费、失业保险费、工伤保险费、生育保险费等基本社会保险费和住房公积金，准予扣除。

②企业为投资者或者职工支付的补充养老保险费、补充医疗保险费，在国务院财政、税务主管部门规定的范围和标准内，准予扣除。企业依照国家有关规定为特殊工种职工支付的人身安全保险费和符合国务院财政、税务主管部门规定可以扣除的商业保险费，准予扣除。

③企业参加财产保险，按照规定缴纳的保险费，准予扣除。企业为投资者或者职工支付的商业保险费，不得扣除。

（4）利息费用。企业在生产、经营活动中发生的利息费用，按下列规定扣除。

①非金融企业向金融机构借款的利息支出、金融企业的各项存款利息支出和同业拆借利息支出、企业经批准发行债券的利息支出可据实扣除。

②非金融企业向非金融机构借款的利息支出，不超过按照金融企业同期同类贷款利率计算的数额的部分可据实扣除，超过部分不许扣除。

（5）借款费用。具体规定如下。

①企业在生产经营活动中发生的合理的不需要资本化的借款费用，准予扣除。

②企业为购置、建造固定资产、无形资产和经过12个月以上的建造才能达到预定可销售状态的存货发生借款的，在有关资产购置、建造期间发生的合理的借款费用，应予以资本化，作为资本性支出计入有关资产的成本；有关资产交付使用后发生的借款利息，可在发生当期扣除。

（6）汇兑损失。

企业在货币交易中，以及纳税年度终了时将人民币以外的货币性资产、负债按照期末即期人民币汇率中间价折算为人民币时产生的汇兑损失，除已经计入有关资产成本以及与向所有者进行利润分配相关的部分外，准予扣除。

（7）业务招待费。

企业发生的与其生产、经营业务有关的业务招待费支出，按照发生额的60%扣除，但最高不得超过当年销售（营业）收入的5‰。

（8）广告费和业务宣传费。企业发生的符合条件的广告费和业务宣传费支出，除国务院财政、税务主管部门另有规定外，不超过当年销售（营业）收入15%的部分，准予扣除；超过部分，准予结转以后纳税年度扣除。

企业申报扣除的广告费支出应与赞助支出严格区分。企业申报扣除的广告费支出，必须符合下列条件：广告是通过工商部门批准的专门机构制作的；已实际支付费用，并已取得相应发票；通过一定的媒体传播。

（9）环境保护专项资金。企业依照法律、行政法规有关规定提取的用于环境保护、生态恢复等方面的专项资金，准予扣除。上述专项资金提取后改变用途的，不得扣除。

（10）保险费。企业参加财产保险，按照规定缴纳的保险费，准予扣除。

（11）租赁费。企业根据生产经营需要为租入固定资产而支付的租赁费，按照以下方法扣除。

①以经营租赁方式租入固定资产发生的租赁费支出，按照租赁期限均匀扣除。经营性租赁是指所有权不转移的租赁。

②以融资租赁方式租入固定资产发生的租赁费支出，按照规定构成融资租入固定资产价值的部分应当提取折旧费用，分期扣除。融资租赁是指在实质上转移与一项资产所有权有关的全部风险和报酬的一种租赁。

（12）劳动保护费。企业发生的合理的劳动保护支出，准予扣除。

（13）公益性捐赠支出。公益性捐赠，是指企业通过公益性社会团体或者县级（含）以上人民政府及其部门，用于《中华人民共和国公益事业捐赠法》规定的公益事业的捐赠。

企业发生的公益性捐赠支出，不超过年度利润总额12%的部分，准予扣除。年度利润总额，是指企业依照国家统一会计制度的规定计算的年度会计利润。

公益性社会团体，是指同时符合下列条件的基金会、慈善组织等社会团体：

①依法登记，具有法人资格；

②以发展公益事业为宗旨，且不以营利为目的；

③全部资产及其增值为该法人所有；

④收益和劳动结余主要用于符合该法人设立目的的事业；

⑤终止后的剩余财产不归属任何个人或者营利组织；

⑥不经营与其设立目的无关的业务；

⑦有健全的财务会计制度；

⑧捐赠者不以任何形式参与社会团体财产的分配；

⑨国务院财政、税务主管部门会同国务院民政部门等登记管理部门规定的其他条件。

（14）有关资产的费用。企业转让各类固定资产发生的费用，允许扣除。企业按规定计算的固定资产折旧费、无形资产和递延资产的摊销费，准予扣除。

（15）总机构分摊的费用。非居民企业在中国境内设立的机构、场所，就其中国境外总机构发生的与该机构、场所生产经营有关的费用，能够提供总机构出具的费用汇集范围、定额、分配依据和方法等证明文件，并合理分摊的，准予扣除。

（16）资产损失。

企业当期发生的固定资产和流动资产盘亏、毁损净损失，由其提供清查盘存资料经主管税务机关审核后，准予扣除；企业因存货盘亏、毁损、报废等不得从销项税额中抵扣的进项税额，应视同企业财产损失，准予与存货损失一起在所得税前按规定扣除。

（17）依照有关法律、行政法规和国家有关税法规定准予扣除的其他项目。如会员费、合理的会议费、差旅费、违约金、诉讼费等。

（18）手续费及佣金支出。

（19）保险公司缴纳的保险保障基金。

4. 不得税前扣除的项目

在计算应纳税所得额时，下列支出不得扣除。

（1）向投资者支付的股息、红利等权益性投资收益款项。

（2）企业所得税税款。

（3）税收滞纳金，是指纳税人违反税收法规，被税务机关处以的滞纳金。

（4）罚金、罚款和被没收财物的损失，是指纳税人违反国家有关法律、法规规定，被有关部门处以的罚款，以及被司法机关处以的罚金和被没收的财物。

（5）超过规定标准的捐赠支出。

（6）赞助支出，是指企业发生的与生产经营活动无关的各种非广告性质支出。

（7）未经核定的准备金支出，是指不符合国务院财政、税务主管部门规定的各项资产减值准备、风险准备等准备金支出。

（8）企业之间支付的管理费、企业内营业机构之间支付的租金和特许权使用费，以及非银行企业内营业机构之间支付的利息。

（9）与取得收入无关的其他支出。

26.3.4 亏损弥补

亏损是指企业依照《中华人民共和国企业所得税法》及其暂行条例的规定，将每一纳税年度的收入总额减除不征税收入、免税收入和各项扣除后小于零的数额。税法规定，企业某一纳税年度发生的亏损可以用下一年度的所得弥补，下一年度的所得不足以弥补的，可以逐年延续弥补，但最长不得超过5年。企业在汇总计算缴纳企业所得税时，其境外营业机构的亏损不得抵减境内营业机构的盈利。

26.4 资产的税务处理

资产是由于资本投资而形成的财产，对于资本性支出以及无形资产受让、开办、开发费用，不允许作为成本、费用从纳税人的收入总额中一次性扣除，只能采取分次计提折旧或分次摊销的方式予以扣除。纳税人在经营活动中使用的固定资产的折旧费用、无形资产和长期待摊费用的摊销费用可以扣除。税法规定，纳入税务处理范围的资产形式主要有固定资产、生物资产、无形资产、长期待摊费用、存货、投资资产等，均以历史成本为计税基础。历史成本是指企业取得该项资产时实际发生的支出。企业持有各项资产期间资产增值或者减值，除国务院财政、税务主管部门规定可以确认损益外，不得调整该资产的计税基础。

26.4.1 固定资产的税务处理

固定资产是指企业为生产产品、提供劳务、出租或者经营管理而持有的、使用期限超过12个月的非货币性资产，包括房屋、建筑物、机器、机械、运输工具，以及其他与生产经营活动有关的设备、器具、工具等。

1. 固定资产的计税基础

（1）外购的固定资产，以购买价款和支付的相关税费以及直接归属于使该资产达到预定用途发生的其他支出为计税基础。

（2）自行建造的固定资产，以竣工结算前发生的支出为计税基础。

（3）融资租入的固定资产，以租赁合同约定的付款总额和承租人在签订租赁合同过程中发生的相关费用为计税基础，租赁合同未约定付款总额的，以该资产的公允价值和承租人在签订租赁合同过程中发生的相关费用为计税基础。

（4）盘盈的固定资产，以同类固定资产的重置完全价值为计税基础。

（5）通过捐赠、投资、非货币性资产交换、债务重组等方式取得的固定资产，以该资产的公允价值和支付的相关税费为计税基础。

（6）改建的固定资产，除已足额提取折旧的固定资产和租入的固定资产以外的其他固定资产，以改建过程中发生的改建支出增加计税基础。

2. 固定资产折旧的范围

在计算应纳税所得额时，企业按照规定计算的固定资产折旧，准予扣除。下列固定资产不得计算折旧扣除：

（1）房屋、建筑物以外未投入使用的固定资产；

（2）以经营租赁方式租入的固定资产；

（3）以融资租赁方式租出的固定资产；

（4）已提足折旧继续使用的固定资产；

（5）与经营活动无关的固定资产；

（6）单独估价作为固定资产入账的土地；

（7）其他不得计提折旧扣除的固定资产。

3. 固定资产折旧的计提方法

（1）企业应当自固定资产投入使用月份的次月起计提折旧；停止使用的固定资产，应当从停止使用月份的次月起停止计提折旧。

（2）企业应当根据固定资产的性质和使用情况，合理确定固定资产的预计净残值。固定资产的预计净残值一经确定，不得变更。

（3）固定资产按照直线法计算的折旧，准予扣除。

4. 固定资产折旧的计提年限

除国务院财政、税务主管部门另有规定外，固定资产计算折旧的最低年限如下：

（1）房屋、建筑物，为 20 年；

（2）飞机、火车、轮船、机器、机械和其他生产设备，为 10 年；

（3）与生产经营活动有关的器具、工具、家具等，为 5 年；

（4）飞机、火车、轮船以外的运输工具，为 4 年；

（5）电子设备，为 3 年。

从事开采石油、天然气等矿产资源的企业，在开始商业性生产前发生的费用和有关固定资产的折耗、折旧方法，由国务院财政、税务主管部门另行规定。

26.4.2　生物资产的税务处理

生物资产是指有生命的动物和植物。生物资产分为消耗性生物资产、生产性生物资产和公益性生物资产。消耗性生物资产，是指为出售而持有的，或在将来收获为农产品的生物资产，包括生长中的农田作物、蔬菜、用材林以及存栏待售的牲畜等；生产性生物资产，是指为产出农产品、提供劳务或出租等目的而持有的生物资产，包括经济林、薪炭林、产畜和役畜等；公益性生物资产，是指以防护、环境保护为主要目的的生物资产，包括防风固沙林、水土保持林和水源涵养林等。

1. 生物资产的计税基础

生产性生物资产按照以下方法确定计税基础：

（1）外购的生产性生物资产，以购买价款和支付的相关税费为计税基础；

（2）通过捐赠、投资、非货币性资产交换、债务重组等方式取得的生产性生物资产，以该资产的公允价值和支付的相关税费为计税基础。

2. 生物资产的折旧方法和折旧年限

生产性生物资产按照直线法计算的折旧，准予扣除。企业应当自生产性生物资产投入使用月份的次月起计算折旧；停止使用的生产性生物资产应当自停止使用月份的次月起停止计算折旧。

企业应当根据生产性生物资产的性质和使用情况，合理确定生产性生物资产的预计净残值。生产性生物资产的预计净残值一经确定，不得变更。

生产性生物资产计算折旧的最低年限如下：

（1）林木类生产性生物资产，为10年；

（2）畜类生产性生物资产，为3年。

26.4.3　无形资产的税务处理

无形资产是指企业长期使用、没有实物形态的资产，包括专利权、商标权、著作权、土地使用权、非专利技术、商誉等。

1. 无形资产的计税基础

无形资产按照以下方法确定计税基础：

（1）外购的无形资产，以购买价款和支付的相关税费，以及直接归属于使该资产达到预定用途发生的其他支出为计税基础；

（2）自行开发的无形资产，以开发过程中该资产符合资本化条件后至达到预定用途前发生的支出为计税基础；

（3）通过捐赠、投资、非货币性资产交换、债务重组等方式取得的无形资产，以该资产的公允价值和支付的相关税费为计算基础。

2. 无形资产摊销的范围

在计算应纳税所得额时，企业按照规定计算的无形资产摊销费用，准予扣除。下列无形资产不得计算摊销费用扣除：

（1）自行开发的支出已在计算应纳税所得额时扣除的无形资产；

（2）自创商誉；

（3）与经营活动无关的无形资产；

（4）其他不得计算摊销费用扣除的无形资产。

3. 无形资产的摊销方法及年限

无形资产的摊销采取直线法计算。无形资产的摊销年限不得低于 10 年。作为投资或者受让的无形资产，有关法律规定或者合同约定了使用年限的，可以按照规定或者约定的使用年限分期摊销。外购商誉的支出，在企业整体转让或者清算时准予扣除。

26.4.4　长期待摊费用的税务处理

长期待摊费用，是指企业发生的应在一个年度以上或几个年度进行摊销的费用。在计算应纳税所得额时，企业发生的下列支出作为长期待摊费用，按照规定摊销的，准予扣除。

（1）已足额提取折旧的固定资产的改建支出。

（2）租入固定资产的改建支出。

（3）固定资产的大修理支出。

（4）其他应当作为长期待摊费用的支出。

企业的固定资产修理支出可在发生当期直接扣除。企业的固定资产改良支出，如果有关固定资产尚未提足折旧，可增加固定资产价值；如有关固定资产已提足折旧，可作为长期待摊费用，在规定的期间内平均摊销。

固定资产的改建支出，是指改变房屋或者建筑物结构、延长使用年限等发生的支出。已足额提取折旧的固定资产的改建支出，按照固定资产预计尚可使用年限分期摊销；租入固定资产的改建支出，按照合同约定的剩余租赁期限分期摊销；改建的固定资产延长使用年限的，除已足额提取折旧的固定资产、租入固定资产的改建支出外，其他的固定资产发生改建支出，应当适当延长折旧年限。

大修理支出，按照固定资产尚可使用年限分期摊销。

《中华人民共和国企业所得税法》所指固定资产的大修理支出，是指同时符合下列条件的支出：

（1）修理支出达到取得固定资产时的计税基础 50% 以上；

（2）修理后固定资产的使用年限延长 2 年以上。

其他应当作为长期待摊费用的支出，自支出发生月份的次月起，分期摊销，摊销年限不得低于 3 年。

26.4.5　存货的税务处理

存货，是指企业持有以备出售的产品或者商品、处在生产过程中的在产品、在生产或者提供劳务过程中耗用的材料和物料等。

1. 存货的计税基础

存货按照以下方法确定成本：

（1）通过支付现金方式取得的存货，以购买价款和支付的相关税费为成本；

（2）通过支付现金以外的方式取得的存货，以该存货的公允价值和支付的相关税费为成本；

（3）生产性生物资产收获的农产品，以产出或者采收过程中发生的材料费、人工费和分摊的间接费用等必要支出为成本。

2. 存货的成本计算方法

企业使用或者销售的存货的成本计算方法，可以在先进先出法、加权平均法、个别计价法中选用一种。计价方法一经选用，不得随意变更。

企业转让上述资产，在计算企业应纳税所得额时，资产的净值允许扣除。其中，资产的净值是指有关资产、财产的计税基础减除已经按照规定扣除的折旧、折耗、摊销、准备金等后的余额。

除国务院财政、税务主管部门另有规定外，企业在重组过程中，应当在交易发生时确认有关资产的转让所得或者损失，相关资产应当按照交易价格重新确定计税基础。

26.4.6 投资资产的税务处理

投资资产，是指企业对外进行权益性投资和债权性投资而形成的资产。

1. 投资资产的成本

投资资产按以下方法确定成本：

（1）通过支付现金方式取得的投资资产，以购买价款为成本；

（2）通过支付现金以外的方式取得的投资资产，以该资产的公允价值和支付的相关税费为成本。

2. 投资资产成本的扣除方法

企业对外投资期间，投资资产的成本在计算应纳税所得额时不得扣除，企业在转让或者处置投资资产时，投资资产的成本准予扣除。

26.4.7 税法规定与会计规定差异的处理

税法规定与会计规定差异的处理，是指企业在财务会计核算中与税法规定不一致的，应当依照税法规定予以调整。企业在平时进行会计核算时，可以按财务会计制度的有关规定进行账务处理，但在申报纳税时，对税法规定和财务会计制度规定有差异的，要按税法规定进行纳税调整。

（1）企业不能提供完整、准确的收入及成本、费用凭证，不能正确计算应纳税所得额的，由税务机关核定其应纳税所得额。

（2）企业依法清算时，以其清算终了后的清算所得为应纳税所得额，按规定缴纳企业所得税。所谓清算所得，是指企业清算时的全部资产或者财产扣除各项清算费用、损失、负债、以前年度留存的利润后，超过实缴资本的部分。

（3）企业应纳税所得额是根据税收法规计算出来的，它在数额上与依据财务会计制度计算的利润总额往往不一致。因此，税法规定：对企业按照有关财务会计制度计算的利润总额，要按照税法的规定进行必要调整后，才能作为应纳税所得额计算缴纳所得税。

（4）自2011年7月1日起，企业当年度实际发生的相关成本、费用，由于各种原因未能及时取得该成本、费用的有效凭证，企业在预缴季度所得税时，可暂按账面发生金额进行核算；但在汇算清缴时，应补充提供该成本、费用的有效凭证。

26.5　企业所得税应纳税额的计算

26.5.1　居民企业应纳税额的计算

居民企业应纳税额等于应纳税所得额乘以适用税率，基本计算公式为：

居民企业应纳税额 ＝ 应纳税所得额 × 适用税率 － 减免税额 － 抵免税额

根据计算公式可以看出，居民企业应纳税额的多少，主要取决于应纳税所得额和适用税率两个因素。在实际中，应纳税所得额的计算一般有直接计算法和间接计算法两种方法。

1. 直接计算法

在直接计算法下，居民企业每一纳税年度的收入总额减除不征税收入、免税收入、各项扣除以及允许弥补的以前年度亏损后的余额为应纳税所得额。计算公式为：

应纳税所得额 ＝ 收入总额 － 不征税收入 － 免税收入 － 各项扣除金额 － 弥补亏损

2. 间接计算法

在间接计算法下，在会计利润总额的基础上加或减税法规定调整的项目金额后，即为应纳税所得额。计算公式为：

应纳税所得额 ＝ 会计利润总额 ± 纳税调整项目金额

纳税调整项目金额包括两方面的内容：一是企业的财务会计规定范围和税法规定不一致的应予以调整的金额；二是税法规定扣除标准与财务会计规定不一致的应予以调整的金额。

26.5.2　境外所得抵扣税额的计算

企业取得的下列所得已在境外缴纳的所得税税额，可以从其当期应纳税额中抵免，抵免限额为该项所得依照《中华人民共和国企业所得税法》及其实施条例规定计算的应纳税额；超过抵免限额的部分，可以在以后 5 个年度内，用每年度抵免限额抵免当年应抵税额后的余额进行抵补：

（1）居民企业来源于中国境外的应税所得；

（2）非居民企业在中国境内设立机构、场所，取得发生在中国境外但与该机构、场所有实际联系的应税所得。

居民企业从其直接或者间接控制的外国企业分得的来源于中国境外的股息、红利等权益性投资收益，外国企业在境外实际缴纳的所得税税额中属于该项所得负担的部分，可以作为该居民企业的可抵免境外所得税税额，在规定的抵免限额内抵免。

上述所称直接控制，是指居民企业直接持有外国企业 20% 以上股份。

上述所称间接控制，是指居民企业以间接持股方式持有外国企业 20% 以上股份，具体认定办法由国务院财政、税务主管部门另行制定。

已在境外缴纳的所得税税额，是指企业来源于中国境外的所得依照中国境外税收法律以及相关规定应当缴纳并已经实际缴纳的企业所得税性质的税款。企业依照《中华人民共和国企业所得税法》及其实施条例的规定抵免企业所得税税额时，应当提供中国境外税务机关出具的税款所属年度的有关纳税凭证。

抵免限额，是指企业来源于中国境外的所得，依照《中华人民共和国企业所得税法》和

《中华人民共和国企业所得税法实施条例》的规定计算的应纳税额。除国务院财政、税务主管部门另有规定外，该抵免限额应当分国（地区）不分项计算，计算公式为：

抵免限额＝中国境内、境外所得依照《中华人民共和国企业所得税法》及其实施条例规定计算的应纳税总额 × 来源于某国（地区）的应纳税所得额 ÷ 中国境内、境外应纳税所得总额

前述 5 个年度，是指从企业取得的来源于中国境外的所得，已经在中国境外缴纳的企业所得税性质的税额超过抵免限额的当年的次年起连续 5 个纳税年度。

26.5.3 非居民企业应纳税额的计算

对于在中国境内未设立机构、场所的，或者虽设立机构、场所但取得的所得与其所设机构、场所没有实际联系的非居民企业的所得，按照下列方法计算应纳税所得额：

（1）股息、红利等权益性投资收益和利息、租金、特许权使用费所得，以收入全额为应纳税所得额；

（2）转让财产所得，以收入全额减除财产净值后的余额为应纳税所得额；

（3）其他所得，参照（1）、（2）规定的方法计算应纳税所得额。

财产净值是指财产的计税基础减除已经按照规定扣除的折旧、折耗、摊销、准备金等后的余额。

26.6 企业所得税的税收优惠

税收优惠，是指国家运用税收政策在税收法律、行政法规中规定对某一部分特定企业和征税对象给予减轻或免除税收负担的一种措施。税法规定的企业所得税的税收优惠方式包括免税、减税、加计扣除、加速折旧、减计收入、税额抵免等。

26.6.1 农、林、牧、渔业项目税收优惠

企业从事农、林、牧、渔业项目的所得，税收优惠包括免征和减征两部分。

（1）企业从事下列项目的所得，免征企业所得税：

①蔬菜、谷物、薯类、油料、豆类、棉花、麻类、糖料、水果、坚果的种植；

②农作物新品种的选育；

③中药材的种植；

④林木的培育和种植；

⑤牲畜、家禽的饲养；

⑥林产品的采集；

⑦灌溉、农产品初加工、兽医、农技推广、农机作业和维修等农、林、牧、渔服务业项目；

⑧远洋捕捞。

（2）企业从事下列项目的所得，减半征收企业所得税：

①花卉、茶以及其他饮料作物和香料作物的种植；

②海水养殖、内陆养殖。

26.6.2 公共基础设施项目税收优惠

《中华人民共和国企业所得税法》所称国家重点扶持的公共基础设施项目，是指《公共基础设施项目企业所得税优惠目录》规定的港口码头、机场、铁路、公路、电力、水利等项目。

（1）企业从事国家重点扶持的公共基础设施项目的投资经营的所得，自项目取得第一笔生产经营收入所属纳税年度起，第一年至第三年免征企业所得税，第四年至第六年减半征收企业所得税。

（2）企业承包经营、承包建设和内部自建自用上述规定的项目，不得享受（1）中规定的企业所得税优惠。

（3）企业投资经营符合《公共基础设施项目企业所得税优惠目录》规定条件和标准的公共基础设施项目，采用一次核准、分批次（如码头、泊位、航站楼、跑道、路段、发电机组等）建设的，凡同时符合以下条件的，可按每一批次为单位计算所得，并享受企业所得税"三免三减半"优惠：

①不同批次在空间上相互独立；

②每一批次自身具备取得收入的功能；

③以每一批次为单位进行会计核算，单独计算所得，并合理分摊期间费用。

26.6.3 节能环保项目税收优惠

环境保护、节能节水项目的所得，自项目取得第一笔生产经营收入所属纳税年度起，第一年至第三年免征企业所得税，第四年至第六年减半征收企业所得税。

符合条件的环境保护、节能节水项目，包括公共污水处理、公共垃圾处理、沼气综合开发利用、节能减排技术改造、海水淡化等。项目的具体条件和范围由国务院财政、税务主管部门同国务院有关部门制定，报国务院批准后公布施行。

但是以上规定享受减免税优惠的项目，在减免税期限内转让的，受让方自受让之日起，可以在剩余期限内享受规定的减免税优惠；减免税期限届满后转让的，受让方不得就该项目重复享受减免税优惠。

26.6.4 技术转入所得税收优惠

《中华人民共和国企业所得税法》所称符合条件的技术转让所得免征、减征企业所得税，是指一个纳税年度内，居民企业转让技术所得不超过 500 万元的部分，免征企业所得税；超过 500 万元的部分，减半征收企业所得税。

26.6.5 高新技术企业税收优惠

国家需要重点扶持的高新技术企业减按 15% 的所得税税率征收企业所得税。国家需要重点扶持的高新技术企业，是指拥有核心自主知识产权，并同时符合下列条件的企业：

（1）产品（服务）属于《国家重点支持的高新技术领域》规定的范围；

（2）企业近 3 个会计年度的研究开发费用占销售收入的比例不低于规定比例；

（3）近一年高新技术产品（服务）收入占企业同期总收入的比例不低于规定比例；

（4）科技人员占企业职工总数的比例不低于规定比例；

（5）高新技术企业认定管理办法规定的其他条件。

《国家重点支持的高新技术领域》和高新技术企业认定管理办法由国务院科技、财政、税务主管部门同国务院有关部门制定，报国务院批准后公布施行。

26.6.6　小型微利企业税收优惠

小型微利企业减按 20% 的所得税税率征收企业所得税。小型微利企业的条件如下：

（1）工业企业，年度应纳税所得额不超过 100 万元，从业人数不超过 100 人，资产总额不超过 3 000 万元；

（2）其他企业，年度应纳税所得额不超过 100 万元，从业人数不超过 80 人，资产总额不超过 1 000 万元。

26.6.7　加计扣除税收优惠

加计扣除税收优惠具体如下。

（1）研究开发费，是指企业为开发新产品、新工艺发生的研究开发费用，未形成无形资产计入当期损益的，在按照规定据实扣除的基础上，按照研究开发费用的 100% 加计扣除；形成无形资产的，按照无形资产成本的 200% 摊销。

（2）企业安置残疾人员所支付的工资，是指企业安置残疾人员的，在按照支付给残疾职工工资据实扣除的基础上，按照支付给残疾职工工资的 100% 加计扣除。残疾人员的范围适用《中华人民共和国残疾人保障法》的有关规定。企业安置国家鼓励安置的其他就业人员所支付的工资的加计扣除办法，由国务院另行规定。

26.6.8　创业投资企业税收优惠

创业投资企业从事国家需要重点扶持和鼓励的创业投资，可以按投资额的一定比例抵扣应纳税所得额。

创业投资企业税收优惠，是指创业投资企业采取股权投资方式投资于未上市的中小高新技术企业 2 年的，可以按照其投资额的 70% 在股权持有满 2 年的当年抵扣该创业投资企业的应纳税所得额；不足抵扣的，可以在以后纳税年度结转抵扣。

例如，甲企业 2013 年 1 月 1 日向乙企业（未上市的中小高新技术企业）投资 100 万元、股权持有到 2014 年 12 月 31 日。甲企业 2014 年度可抵扣的应纳税所得额为 70 万元。

26.6.9　加速折旧税收优惠

企业的固定资产由于技术进步等原因，确需加速折旧的，可以缩短折旧年限或者采取加速折旧的方法。可采用以上折旧方法的固定资产是指：

（1）由于技术进步，产品更新换代较快的固定资产；

（2）常年处于强震动、高腐蚀状态的固定资产。

采取缩短折旧年限方法的，最低折旧年限不得低于规定折旧年限的 60%；采取加速折旧方法的，可以采取双倍余额递减法或者年数总和法。

26.6.10　减计收入税收优惠

减计收入税收优惠，指企业综合利用资源，生产符合国家产业政策规定的产品所取得的收入，可以在计算应纳税所得额时减计收入，减按 90% 计入收入总额。

综合利用资源，是指企业以《资源综合利用企业所得税优惠目录》规定的资源作为主要原材料，生产国家非限制和禁止并符合国家和行业相关标准的产品。

上述所称原材料占生产产品材料的比例不得低于《资源综合利用企业所得税优惠目录》规定的标准。

26.6.11　税额抵免税收优惠

税额抵免税收优惠，是指企业购置并实际使用《环境保护专用设备企业所得税优惠目录》《节能节水专用设备企业所得税优惠目录》《安全生产专用设备企业所得税优惠目录》规定的环境保护、节能节水、安全生产等专用设备的，该专用设备的投资额的 10% 可以从企业当年的应纳税额中抵免；当年不足抵免的，可以在以后 5 个纳税年度结转抵免。

享受上述规定的企业所得税优惠的企业，应当实际购置并自身实际投入使用上述规定的专用设备；企业购置上述专用设备在 5 年内转让、出租的，应当停止享受企业所得税优惠，并补缴已经抵免的企业所得税税款。

企业所得税优惠目录，由国务院财政、税务主管部门商国务院有关部门制定，报国务院批准后公布施行。

企业同时从事适用不同企业所得税待遇的项目的，其优惠项目应当单独计算所得，并合理分摊企业的期间费用；没有单独计算的，不得享受企业所得税优惠。

26.6.12　民族自治地方税收优惠

民族自治地方的自治机关对本民族自治地方的企业应缴纳的企业所得税中属于地方分享的部分，可以决定减征或者免征。自治州、自治县决定减征或者免征的，须报省、自治区、直辖市人民政府批准。

《中华人民共和国企业所得税法》所称民族自治地方，是指依照《中华人民共和国民族区域自治法》的规定，实行民族区域自治的自治区、自治州、自治县。

对民族自治地方内国家限制和禁止行业的企业，不得减征或者免征企业所得税。

26.6.13　非居民企业税收优惠

非居民企业减按 10% 的所得税税率征收企业所得税。这里的非居民企业，是指在中国境内未设立机构、场所的，或者虽设立机构、场所但取得的所得与其所设机构、场所没有实际联系的企业。该类非居民企业取得下列所得免征企业所得税：

（1）外国政府向中国政府提供贷款取得的利息所得；

（2）国际金融组织向中国政府和居民企业提供优惠贷款取得的利息所得；

（3）经国务院批准的其他所得。

26.6.14　有关基础设施领域不动产投资信托基金的税收优惠

自 2021 年 1 月 1 日起，为支持基础设施领域不动产投资信托基金（以下称"基础设施 REITs"）试点，有关税收政策如下。

（1）设立基础设施 REITs 前，原始权益人向项目公司划转基础设施资产相应取得项目公司股权，适用特殊性税务处理，即项目公司取得基础设施资产的计税基础，以基础设施资产的原计税基础确定；原始权益人取得项目公司股权的计税基础，以基础设施资产的原计税基础确定。原始权益人和项目公司不确认所得，不征收企业所得税。

（2）基础设施 REITs 设立阶段。

①原始权益人向基础设施 REITs 转让项目公司股权实现的资产转让评估增值，当期可暂不缴纳企业所得税，允许递延至基础设施 REITs 完成募资并支付股权转让价款后缴纳。

②对原始权益人按照战略配售要求自持的基础设施 REITs 份额对应的资产转让评估增值，允许递延至实际转让时缴纳企业所得税。

③原始权益人既有通过战略配售得到的 REITs 份额，也有通过二级市场认购（增持）基础设施 REITs 份额，按照先进先出原则认定优先处置战略配售份额。即在其转让基金份额时，应按先进先出法，视为先出售"战略配售份额"后出售"非战略配售份额"。

（3）对基础设施 REITs 运营、分配等环节涉及的税收，按现行税收法律法规的规定执行。

（4）上述政策适用范围为证监会、发展改革委根据有关规定组织开展的基础设施 REITs 试点项目。

26.6.15　有关海南自由贸易港企业所得税优惠

中共中央、国务院印发《海南自由贸易港建设总体方案》，总体方案包括总体要求、制度设计、分步骤分阶段安排和组织实施四大部分。其中与税收相关的内容较多，涉及多个税种。《财政部　税务总局关于海南自由贸易港企业所得税优惠政策的通知》（财税〔2020〕31 号）集中体现了自 2020 年 1 月 1 日起执行至 2024 年 12 月 31 日止的与企业所得税相关的主要优惠政策。

（1）注册并运营在海南自由贸易港、机构在海南自由贸易港的企业，减按 15% 的税率缴纳企业所得税。

（2）境外直接投资免征企业所得税：对在海南自由贸易港设立的旅游业、现代服务业、高新技术产业企业新增境外直接投资取得的所得，免纳企业所得税。新增境外直接投资所得应当符合以下条件：①从境外新设分支机构取得的营业利润，或从持股比例超过 20%（含）的境外子公司分回的，与新增境外直接投资相对应的股息所得；②被投资国（地区）的企业所得税法定税率不低于 5%。上述所称旅游业、现代服务业、高新技术产业，按照海南自由贸易港鼓励类产业目录执行。

（3）对在海南自由贸易港设立的企业，新购置（含自建、自行开发）固定资产或无形资产，单位价值不超过 500 万元（含）的，允许一次性计入当期成本费用在计算应纳税所得额时扣除，不再分年度计算折旧和摊销；新购置（含自建、自行开发）固定资产或无形资产，单位价值超过 500 万元的，可以缩短折旧、摊销年限或采取加速折旧、摊销的方法。上述所称固定资产，是指除房屋、建筑物以外的固定资产。

26.7　企业所得税的征收管理

26.7.1　纳税地点

（1）除税收法律、行政法规另有规定外，居民企业以企业登记注册地为纳税地点；但登记注册地在境外的，以实际管理机构所在地为纳税地点。企业注册登记地，是指企业依照国家有关规定登记注册的住所地。

（2）居民企业在中国境内设立不具有法人资格的营业机构的，应当汇总计算并缴纳企业所得税。企业汇总计算并缴纳企业所得税时，应当统一核算应纳税所得额，具体办法由国务院财政、税务主管部门另行制定。

（3）非居民企业在中国境内设立机构、场所的，应当就其所设机构、场所取得的来源于中国境内的所得，以及发生在中国境外但与其所设机构、场所有实际联系的所得，以机构、场所所在地为纳税地点。非居民企业在中国境内设立两个或者两个以上机构、场所的，经税务机关审核批准，可以选择由其主要机构、场所汇总缴纳企业所得税。非居民企业经批准汇总缴纳企业所得税后，需要增设、合并、迁移、关闭机构、场所或者停止机构、场所业务的，应当事先由负责汇总申报缴纳企业所得税的主要机构、场所向其所在地税务机关报告；需要变更汇总缴纳企业所得税的主要机构、场所的，依照前款规定办理。

（4）非居民企业在中国境内未设立机构、场所的，或者虽设立机构、场所但取得的所得与其所设机构、场所没有实际联系的所得，以扣缴义务人所在地为纳税地点。

（5）除国务院另有规定外，企业之间不得合并缴纳企业所得税。

26.7.2　纳税年度

企业所得税按年计征，分月或者分季预缴，年终汇算清缴，多退少补。

企业所得税的纳税年度，自公历 1 月 1 日起至 12 月 31 日止。企业在一个纳税年度的中间开业，或者由于合并、关闭等终止经营活动，使该纳税年度的实际经营期不足 12 个月的，应当以其实际经营期为一个纳税年度。企业清算时，应当以清算期间作为一个纳税年度。

企业应自年度终了之日起 5 个月内，向税务机关报送年度企业所得税纳税申报表，并汇算清缴，结清应缴应退税款。

企业在年度中间终止经营活动的，应当自实际经营终止之日起 60 日内，向税务机关办理当期企业所得税汇算清缴。

26.7.3　纳税申报

按月或按季预缴的，应当自月份或者季度终了之日起 15 日内，向税务机关报送预缴企业所得税纳税申报表，预缴税款。

企业在报送企业所得税纳税申报表时，应当按照规定附送财务会计报告和其他有关资料。

企业应当在办理注销登记前，就其清算所得向税务机关申报并依法缴纳企业所得税。

依照《中华人民共和国企业所得税法》缴纳的企业所得税，以人民币计算。所得以人民币以外的货币计算的，应当折合成人民币计算并缴纳税款。

企业在纳税年度内无论盈亏，都应当依照《中华人民共和国企业所得税法》第五十四条规定的期限，向税务机关报送预缴企业所得税纳税申报表、年度企业所得税纳税申报表、财务会计报告和税务机关规定应当报送的其他有关资料。

26.7.4　企业所得税纳税申报表的样式

2017 年版企业所得税年度纳税申报表（A 类）的样式如表 26-1 所示。

表 26-1　企业所得税纳税申报表

中华人民共和国企业所得税年度纳税申报表（A 类）

税款所属期间：　　　年 月 日至 年 月 日

纳税人名称：

纳税人识别号：□□□□□□□□□□□□□□□　　　　　金额单位：元（列至角分）

行次	类别	项目	金额
1	利润总额计算	一、营业收入（填写 A101010\101020\103000）	
2		减：营业成本（填写 A102010\102020\103000）	
3		减：税金及附加	
4		减：销售费用（填写 A104000）	
5		减：管理费用（填写 A104000）	
6		减：财务费用（填写 A104000）	
7		减：资产减值损失	
8		加：公允价值变动收益	
9		加：投资收益	
10		二、营业利润（1-2-3-4-5-6-7+8+9）	
11		加：营业外收入（填写 A101010\101020\103000）	
12		减：营业外支出（填写 A102010\102020\103000）	
13		三、利润总额（10+11-12）	
14	应纳税所得额计算	减：境外所得（填写 A108010）	
15		加：纳税调整增加额（填写 A105000）	
16		减：纳税调整减少额（填写 A105000）	
17		减：免税、减计收入及加计扣除（填写 A107010）	
18		加：境外应税所得抵减境内亏损（填写 A108000）	
19		四、纳税调整后所得（13-14+15-16-17+18）	
20		减：所得减免（填写 A107020）	
21		减：弥补以前年度亏损（填写 A106000）	
22		减：抵扣应纳税所得额（填写 A107030）	
23		五、应纳税所得额（19-20-21-22）	

行次	类别	项目	金额
24	应纳税额计算	税率（25%）	
25		六、应纳所得税额（23×24）	
26		减：减免所得税额（填写 A107040）	
27		减：抵免所得税额（填写 A107050）	
28		七、应纳税额（25-26-27）	
29		加：境外所得应纳所得税额（填写 A108000）	
30		减：境外所得抵免所得税额（填写 A108000）	
31		八、实际应纳所得税额（28+29-30）	
32		减：本年累计实际已缴纳的所得税额	
33		九、本年应补（退）所得税额（31-32）	
34		其中：总机构分摊本年应补（退）所得税额（填写 A109000）	
35		财政集中分配本年应补（退）所得税额（填写 A109000）	
36		总机构主体生产经营部门分摊本年应补（退）所得税额（填写 A109000）	

第 27 章
个人所得税

本章导读

纳税是每个企业、每个公民应尽的责任，而个人所得税则是和居民个人息息相关的一个税种。取得工资需要缴纳个人所得税；提供劳务获得报酬，需要缴纳个人所得税；彩票中奖，需要缴纳个人所得税；出租房屋取得租金，需要缴纳个人所得税……

本章将解答以下问题。

（1）什么是个人所得税？

（2）个人所得税的纳税人有哪些？

（3）个人所得税的税目有哪些？

（4）个人所得税的税率是如何规定的？

（5）各种收入是否需要全额缴税？各项费用如何扣除？

（6）七级超额累进税率、五级超额累进税率、普通税率等的适用情况是什么？

（7）个人所得税税收优惠有哪些？

（8）怎么缴纳个人所得税？

27.1 认识个人所得税

27.1.1 什么是个人所得税

个人所得税是以个人（自然人）取得的各项应税所得为征税对象而征收的一种税。我国于 1980 年 9 月制定了《中华人民共和国个人所得税法》（以下简称《个人所得税法》），开始征收个人所得税，统一适用于中国公民和在我国取得收入的外籍人员。

2018 年 8 月，我国对《个人所得税法》进行了进一步的修订，新修订的《个人所得税法》于 2019 年 1 月 1 日正式实施。此次修订的主要内容是：将起征点调至每月 5 000 元；对工资、薪金所得，劳务报酬所得，稿酬所得和特许权使用费所得四项劳动型所得实行综合征税；增加子女教育支出、继续教育支出、大病医疗支出、住房贷款利息和住房租金等专项附加扣除项目；优化调整个人所得税税率结构，扩大较低档个人所得税税率级距。整体来看，2018 年的《个人所得税法》的修订涉及范围较广。

2020 年，我国顺利完成了个人所得税改革后首次综合所得年度汇算。

27.1.2 个人所得税的特点

个人所得税是世界各国普遍征收的一个税种，我国现行的个人所得税主要有以下五个特点。

（1）实行分类征收。

世界各国的个人所得税制大体分为三种类型：分类所得税制、综合所得税制和混合所得制。我国现行个人所得税采用的是分类所得税制，即将个人取得的各种所得划分为"类"，分别适用不同的费用减除规定、不同的税率和不同的计税方法。

（2）超额累进税率与比例税率并用。

分类所得税制一般采用比例税率，综合所得税制通常采用超额累进税率。

我国现行个人所得税根据各类个人所得的不同性质和特点，将这两种形式的税率运用于个人所得税制。对工资、薪金所得，个体工商户的生产、经营所得，对企事业单位的承包、承租经营所得，采用超额累进税率，实行量能负担。对劳务报酬、稿酬和资本利得性所得，采用比例税率，实行等比负担。

（3）费用扣除额较宽。

我国本着费用扣除从宽、从简的原则，采用费用定额扣除和定率扣除两种方法。2018 年修订后的《个人所得税法》，增加了子女教育支出、继续教育支出、大病医疗支出、住房贷款利息和住房租金等专项附加扣除项目。

（4）计算简便。

我国个人所得税采用应税所得减去允许扣除的费用之差，乘以规定的税率的方法计算。

（5）采取源泉扣缴和个人申报两种征纳方法。

源泉扣缴：有一些个人所得项目由支付单位代扣代缴个人所得税税款；自行申报：有一些个人所得项目采用自行申报纳税的方法。

27.2 个人所得税税目

个人所得税的征税对象是个人取得的应税所得。《个人所得税法》中的个人所得税税目共有如下 9 项：

（1）工资、薪金所得；

（2）劳务报酬所得；

（3）稿酬所得；

（4）特许权使用费所得；

（5）经营所得；

（6）利息、股息、红利所得；

（7）财产租赁所得；

（8）财产转让所得；

（9）偶然所得。

27.2.1 工资、薪金所得

1. 工资、薪金所得的概念

工资、薪金所得，是指个人因任职或者受雇而取得的工资、薪金、奖金、年终加薪、劳动分红、津贴、补贴以及与任职或者受雇有关系的其他所得。

一般来说，工资、薪金所得属于非独立个人劳动所得。所谓非独立个人劳动，是指个人所从事的是由他人指定、安排并接受管理的劳动、工作。服务于公司、行政事业单位的人员（私营企业主除外）均为非独立劳动者。他们从上述单位取得的劳动报酬，是以工资、薪金的形式体现的。

除工资、薪金以外，奖金、年终加薪、劳动分红、津贴、补贴也被确定为工资、薪金范畴。其中年终加薪、劳动分红不分种类和取得情况，一律按工资、薪金所得课税。

2. 不属于工资、薪金所得的情况

根据我国目前个人收入的构成情况，《个人所得税法》规定对一些不属于工资、薪金性质的补贴、津贴，或者不属于纳税人本人工资、薪金所得项目的收入，不予征税。这些项目包括：

（1）独生子女补贴；

（2）执行公务员工资制度未纳入基本工资总额的补贴、津贴差额和家属成员的副食品补贴；

（3）托儿补助费；

（4）差旅费津贴、误餐补助。

其中，误餐补助是指按照财政部规定，个人因公在城区、郊区工作，不能在工作单位或返回就餐的，根据实际误餐顿数，按规定的标准领取的误餐费。单位以误餐补助名义发给职工的补助、津贴不能包括在内。

（5）外国来华留学生，领取的生活津贴费、奖学金。

27.2.2 劳务报酬所得

劳务报酬所得，是指个人独立从事劳务取得的所得，包括从事设计、装潢、安装、制图、化验、测试、医疗、法律、会计、咨询、讲学、翻译、审稿、书画、雕刻、影视、录音、录像、演出、表演、广告、展览、技术服务、介绍服务、经纪服务、代办服务以及其他劳务取得的所得。区分劳务报酬所得，应注意辨析以下几点内容。

（1）劳务报酬与工资、薪金的差别。个人兼职取得的收入应按照"劳务报酬所得"项目缴纳个人所得税。从任职受雇单位取得的所得属于工资、薪金所得（独生子女补贴、托儿补助费等特殊补助除外）；个人独立从事非雇佣劳务活动取得的所得属于劳务报酬所得。

（2）在校学生因参与勤工俭学活动而取得属于《个人所得税法》规定的应税项目的所得，应按照"劳务报酬所得"项目缴纳个人所得税。

（3）注意非货币性营销业绩奖励的对象不同带来的征税项目差异。自2004年1月20日起，对商品营销活动中，企业和单位对营销业绩突出的非雇员以培训班、研讨会、工作考察等名义组织旅游活动，通过免收差旅费、旅游费对个人实行的营销业绩奖励（包括实物、有价证券等），应根据所发生费用的全额并入营销人员当期的劳务收入，按照"劳务报酬所得"项目征收个人所得税，由提供上述费用的企业和单位代扣代缴。而对于雇员取得上述待遇，则按照"工资、薪金所得"计税。

27.2.3 稿酬所得

稿酬所得，是指个人因其作品以图书、报刊形式出版、发表而取得的所得。这里所说的作品，包括文学作品、书画作品、摄影作品，以及其他作品。作者去世后，财产继承人取得的遗作稿酬，也应征收个人所得税。

根据《国家税务总局关于个人所得税若干业务问题的批复》（国税函〔2002〕146 号）规定，对报纸、杂志、出版等单位的职员在本单位的刊物上发表作品、出版图书取得所得税的问题说明如下。

（1）纳税人将包括中外文字（文学作品）、图片（书画作品、摄影作品）、乐谱，以及其他作品等以图书、报刊形式出版、发表取得的所得，按照稿酬所得征税；未出版发表而从外单位取得的报酬按照劳务报酬所得征税。

（2）任职、受雇于报纸、杂志等单位的记者、编辑等专业人员，因在本单位的报纸、杂志上发表作品而取得的所得，属于因任职、受雇而取得的所得，应与其当月工资收入合并，按"工资、薪金所得"项目征收个人所得税。

除上述专业人员以外，其他人员在本单位的报纸、杂志上发表作品取得的所得，应按"稿酬所得"项目征收个人所得税。

（3）出版社或报纸、杂志内部的专业审稿人员的审稿收入属于工资、薪金所得；外聘审稿人员的审稿报酬属于劳务报酬所得。

27.2.4 特许权使用费所得

特许权使用费所得，是指个人提供专利权、商标权、著作权、非专利技术以及其他特许权的使用权取得的所得。

（1）专利权是指由国家专利主管机关依法授予专利申请人在一定的时期内对某项发明创造享有的专有利用的权利，它是工业产权的一部分，具有专有性（独占性）、地域性、时间性。

（2）商标权是指商标注册人依法律规定而取得的对其注册商标在核定商品上使用的独占使用权。商标权也是一种工业产权，可以依法取得、转让、许可使用、继承、丧失、请求排除侵害。

（3）著作权，又称版权，是指作者对其创作的文学、科学和艺术作品依法享有的某些特殊权利。著作权是公民的一项民事权利，既具有民法中的人身权性质，也具有民法中的财产权性质。著作权主要包括发表权、署名权、修改权、保护权、使用权和获得报酬权。

（4）非专利技术即专利技术以外的专有技术。这类技术大多尚处于保密状态，仅为特定人知晓并占有。

上述四种权利及其他特许权由个人提供或转让给他人使用时，会取得相应的收入。这类收入不同于一般所得，所以单独列为一类征税项目。对特许权使用费所得的征税办法，各国不尽一致。如有的国家对转让专利权所得征收资本利得税，而我国是将提供和转让合在一起，一并列入个人所得税的征税范围。

税法规定，提供著作权的使用权取得的所得，不包括稿酬的所得；对于作者将自己的文字作品手稿原件或复印件公开拍卖（竞价）取得的所得，属于提供著作权的使用所得，故应按"特许权使用费所得"项目征收个人所得税。

个人取得特许权的经济赔偿收入，应按"特许权使用费所得"项目缴纳个人所得税，由支付赔款的单位或个人代扣代缴。

《国家税务总局关于剧本使用费征收个人所得税问题的通知》（国税发〔2002〕52号）规定，对于剧本作者从电影、电视剧的制作单位取得的剧本使用费，不再区分剧本的使用方是否为其任职单位，统一按照"特许权使用费所得"项目计算缴纳个人所得税。

【小贴士】稿酬所得与特许权使用费所得如何区分

1. 相同点

应纳税所得额：稿酬所得、特许权使用费所得，每次收入不超过4 000元的，减除费用800元，4 000元以上的，减除20%的费用，其余额为应纳税所得额。

适用税率：稿酬所得、特许权使用费所得适用比例税率，税率为20%。

2. 不同点

税收优惠：稿酬所得，适用比例税率，税率为20%，并按应纳税额减征30%；特许权使用费所得不享受该税收优惠。

3. 易混淆点

对于作者将自己的文字作品手稿原件或复印件公开拍卖（竞价）取得的所得，属于提供著作权的使用所得，应按"特许权使用费所得"项目征收个人所得税。

编剧从电视剧的制作单位取得的剧本使用费，不再区分剧本的使用方是否为其任职单位，统一按"特许权使用费所得"项目计征个人所得税。

个人取得的所得，难以界定应纳税所得项目的，由主管税务机关确定。

27.2.5 经营所得

经营所得，是指：

（1）个体工商户从事生产、经营活动取得的所得，个人独资企业投资人、合伙企业的个人合伙人来源于境内注册的个人独资企业、合伙企业生产、经营的所得；

（2）个人依法从事办学、医疗、咨询以及其他有偿服务活动取得的所得；

（3）个人对企业、事业单位承包经营、承租经营以及转包、转租取得的所得；

（4）个人从事其他生产、经营活动取得的所得。

从事个体出租车运营的出租车驾驶员取得的收入，按个体工商户的生产、经营所得项目缴纳个人所得税。

出租车属个人所有，但挂靠出租汽车经营单位或企事业单位，驾驶员向挂靠单位缴纳管理费的，或出租汽车经营单位将出租车所有权转移给驾驶员的，出租车驾驶员从事客货运营取得的收入，比照个体工商户的生产、经营所得项目征税。

个体工商户和从事生产、经营的个人，取得与生产、经营活动无关的其他各项应税所得，应分别按照其他应税项目的有关规定，计算征收个人所得税。如取得银行存款的利息所得、对外投资取得的股息所得，应按"利息、股息、红利所得"项目的规定单独计征个人所得税。

27.2.6 利息、股息、红利所得

利息、股息、红利所得，是指个人拥有债权、股权而取得的利息、股息、红利所得。其中，利息一般是指存款、贷款和债券的利息。股息、红利是指个人拥有股权取得的股息、红利。按照一定的比率派发的每股息金，称为股息；公司、企业应分配的超过股息部分的利润，

按股份分配的称为红利。

个人独资企业、合伙企业的个人投资者以企业资金为本人、家庭成员及其相关人员支付与企业生产、经营无关的消费性支出及购买住房、汽车等财产性支出，按照"经营所得"项目计算缴纳个人所得税；除个人独资企业、合伙企业以外的其他企业的个人投资者，以企业资金为本人、家庭成员及相关人员支付与企业生产经营无关的消费性支出，以及购买汽车、住房等财产性支出，按照"利息、股息、红利所得"项目计算缴纳个人所得税；企业为投资者以外的职工购房，按照"工资、薪金所得"项目计算缴纳个人所得税。

一名或多名个人投资者以股权收购方式取得被收购企业 100% 股权，企业被收购前，被收购企业原账面金额中的资本公积、盈余公积、未分配利润等盈余积累转增股本（注册资本、实收资本等），而在股权交易时将其一并计入股权转让价格并履行所得税纳税义务。股权收购后，企业将原账面金额中的盈余积累向个人投资者（新股东，下同）转增股本，有关个人所得税问题区分以下情形处理。

（1）新股东以不低于净资产价格收购股权的，企业原盈余积累已全部计入股权交易价格，新股东取得盈余积累转增股本的部分，不征收个人所得税。

（2）新股东以低于净资产价格收购股权的，企业原盈余积累中，对股权收购价格减去原股本的差额部分已经计入股权交易价格，新股东取得盈余积累转增股本的部分，不征收个人所得税；对股权收购价格低于原所有者权益的差额部分未计入股权交易价格，新股东取得盈余积累转增股本的部分，应按照"利息、股息、红利所得"项目征收个人所得税。

新股东以低于净资产价格收购企业股权后转增股本，应按照下列顺序进行，即先转增应税的盈余积累部分，然后再转增免税的盈余积累部分。

27.2.7 财产租赁所得

财产租赁所得，是指个人出租建筑物、土地使用权、机器设备、车船以及其他财产取得的所得。

个人取得的财产转租收入，属于"财产租赁所得"的征税范围。在确定纳税人时，应以产权凭证为依据：对无产权凭证的，由主管税务机关根据实际情况确定；产权所有人死亡，在未办理产权继承手续期间，该财产出租而有租金收入的，以领取租金的个人为纳税人。

27.2.8 财产转让所得

财产转让所得，是指个人转让有价证券、股权、建筑物、土地使用权、机器设备、车船以及其他财产取得的所得。

（1）转让境内上市公司股票取得的所得暂不征收个人所得税。

内地个人投资者通过沪港通投资中国香港联交所上市股票取得的转让差价所得，自 2019 年 12 月 5 日起至 2023 年 12 月 31 日止，暂免征收个人所得税。

（2）个人转让住房所得应纳税额。

个人转让住房所得属于财产转让所得，但个人转让自用达 5 年以上并且是家庭唯一的生活用房取得的所得免征个人所得税。

个人住房转让应以实际成交价格为转让收入。纳税人申报的住房成交价格明显低于市场价格且无正当理由的，征收机关依法有权根据有关信息核定其转让收入，但必须保证各税种计税价格一致。对转让住房收入计算个人所得税应纳税所得额时，纳税人可凭原购房合同、发票等有效凭证，经税务机关审核后，允许从其转让收入中减除房屋原值、转让住房过程中缴纳的税金及有关合理费用。

综上所述，对个人取得的各项财产转让所得，除股票转让所得外，都要征收个人所得税。

27.2.9　偶然所得

偶然所得，是指个人得奖、中奖、中彩以及其他偶然性质的所得。其中，得奖，是指参加各种有奖竞赛活动，取得名次获得的奖金；中奖、中彩，是指参加各种有奖活动，如有奖销售、有奖储蓄或购买彩票，经过规定程序，抽中、摇中号码而取得的奖金。

个人因参加企业的有奖销售活动而取得的赠品所得，应按"偶然所得"项目计征个人所得税。赠品所得为实物的，应以《中华人民共和国个人所得税法实施条例》（以下简称《个人所得税法实施条例》）第十条规定的方法确定应纳税所得额，税款由举办有奖销售活动的企业（单位）负责代扣代缴。

个人取得的企业向个人支付的不竞争款项，应按照偶然所得计算缴纳个人所得税。

27.3　个人所得税的纳税人与所得来源地的确定

27.3.1　个人所得税的纳税人

个人所得税的纳税人是指在中国境内有住所，或者虽无住所但在境内居住满1年，以及无住所又不居住或居住不满1年但有从中国境内取得所得的个人。

个人所得税的纳税人包括居民个人和非居民个人，两者具有不同的纳税义务。《个人所得税法》规定如下。

在中国境内有住所，或者无住所而一个纳税年度内在中国境内居住累计满183天的个人，为居民个人。居民个人从中国境内和境外取得的所得，依照本法规定缴纳个人所得税。

在中国境内无住所又不居住，或者无住所而一个纳税年度内在中国境内居住累计不满183天的个人，为非居民个人。非居民个人从中国境内取得的所得，依照本法规定缴纳个人所得税。

纳税年度，自公历1月1日起至12月31日止。

1. 居民个人的纳税义务范围

我国的居民个人是指在中国境内有住所，或者无住所，而一个纳税年度内在境内居住满183天的个人。居民个人应就其来源于中国境内和境外的所得，向我国政府履行全面纳税义务，依法缴纳个人所得税。

2. 非居民个人的纳税义务范围

在中国境内无住所又不居住，或者无住所而一个纳税年度内在境内居住不满183天的个人，属于我国税法中的非居民个人，只就其来源于中国境内的所得向我国政府履行有限纳税义务，依法缴纳个人所得税。

27.3.2 所得来源地的确定

《个人所得税法》及其实施条例规定，下列所得，不论支付地点是否在中国境内，均为来源于中国境内的所得：

（1）在中国境内任职、受雇而取得的工资、薪金所得；

（2）在中国境内从事生产、经营活动而取得的生产经营所得；

（3）因任职、受雇、履约等而在中国境内提供各种劳务取得的劳务报酬所得；

（4）将财产出租给承租人在中国境内使用而取得的所得；

（5）转让中国境内的建筑物、土地使用权等财产，以及在中国境内转让其他财产取得的所得；

（6）提供专利权、非专利技术、商标权、著作权，以及其他特许权在中国境内使用的所得；

（7）因持有中国的各种债券、股票、股权而从中国境内的公司、企业或者其他经济组织及个人取得的利息、股息、红利所得。

27.4 个人所得税的税率

《个人所得税法》针对不同的个人所得项目，规定了超额累进税率和比例税率两种形式。居民个人取得工资、薪金所得，劳务报酬所得，稿酬所得，特许权使用费所得（以下称"综合所得"），按纳税年度合并计算个人所得税；非居民个人取得工资、薪金所得，劳务报酬所得，稿酬所得，特许权使用费所得，按月或者按次分项计算个人所得税。纳税人取得经营所得，利息、股息、红利所得，财产租赁所得，财产转让所得，偶然所得，依照《个人所得税法》规定分别计算个人所得税。

（1）综合所得，适用 3% ～ 45% 的超额累进税率，如表 27-1 所示。

表 27-1　综合所得个人所得税税率表

级数	全年应纳税所得额	税率（%）	速算扣除数
1	不超过 36 000 元的部分	3	0
2	超过 36 000 元至 144 000 元的部分	10	2 520
3	超过 144 000 元至 300 000 元的部分	20	16 920
4	超过 300 000 元至 420 000 元的部分	25	31 920
5	超过 420 000 元至 660 000 元的部分	30	52 920
6	超过 660 000 元至 960 000 元的部分	35	85 920
7	超过 960 000 元的部分	45	181 920

（2）经营所得适用的超额累进税率，如表 27-2 所示。

表27-2　经营所得个人所得税税率表

级数	全年含税应纳税所得额	全年不含税应纳税所得额	税率（%）	速算扣除数
1	不超过15 000元的部分	不超过14 150元的部分	5	0
2	超过15 000元至29 000元的部分	超过14 150元至26 750元的部分	10	750
3	超过29 000元至60 000元的部分	超过26 750元至51 750元的部分	20	3 650
4	超过60 000元至100 000元的部分	超过51 750元至79 750元的部分	29	9 750
5	超过100 000元的部分	超过79 750元的部分	34	14 750

说明：本表所称的全年含税应纳税所得额和全年不含税应纳税所得额，对个体工商户的生产、经营所得来源，是指以每一纳税年度的收入总额，减除成本、费用、相关税费以及损失后的余额；对企事业单位的承包承租经营所得来源，是指以每一纳税年度的收入总额，减除必要费用的余额。

（3）劳务报酬所得，适用比例税率，税率为20%。对劳务报酬所得一次收入畸高的，可以实行加成征收，具体办法由国务院规定。

根据《个人所得税法实施条例》规定，劳务报酬所得一次收入畸高，是指一次取得劳务报酬，其应纳税所得额超过20 000元。对应纳税所得额超过20 000元至50 000元的部分，依照税法规定计算应纳税额后再按应纳税额加征五成；超过50 000元的部分，加征十成。因此，劳务报酬所得实际上适用20%、29%、39%的三级超额累进税率，如表27-3所示。

表27-3　居民个人劳务报酬所得表

级数	预扣预缴应纳税所得额	预扣率（%）	速算扣除数
1	不超过20 000元的部分	20	0
2	超过20 000元至50 000元的部分	30	2 000
3	超过50 000元的部分	40	7 000

注：本表所称"每次应纳税所得额"，是指每次收入额减除费用800元（每次收入额不超过4 000元时）或者减除20%的费用（每次收入额在4 000元以上时）后的余额。

（4）稿酬所得适用比例税率，税率为20%，并按照应纳税额减征30%，故其实际税率为14%。

（5）特许权使用费所得，财产租赁所得，财产转让所得，利息、股息、红利所得，偶然所得和其他所得，适用20%的比例税率。

自2001年1月1日起，对个人出租房屋取得的所得减按10%的税率征收个人所得税。

（6）从2008年10月9日开始，暂免征收储蓄存款的个人所得税。

（7）非居民个人工资、薪金所得，劳务报酬所得，稿酬所得，特许权使用费所得适用七级超额累进税率，如表27-4所示。

表 27-4　非居民个人所得适用税率表

级数	应纳税所得额	税率（％）	速算扣除数
1	不超过 3 000 元的部分	3	0
2	超过 3 000 元至 12 000 元的部分	10	210
3	超过 12 000 元至 25 000 元的部分	20	1 410
4	超过 25 000 元至 35 000 元的部分	25	2 660
5	超过 35 000 元至 55 000 元的部分	30	4 410
6	超过 55 000 元至 80 000 元的部分	35	7 160
7	超过 80 000 元的部分	45	15 160

27.5　个人所得税应纳税额的计算

27.5.1　个人所得税的计税依据

1. 确定计税依据的基本方法

我国现行的个人所得税采取分项确定、分类扣除，根据所得的不同情况分别实行定额、定率和会计核算三种扣除办法。

（1）对工资、薪金所得涉及的个人基本生活费用，采取定额扣除的办法。

（2）个体工商户的生产、经营所得和对企事业单位的承包经营、承租经营所得及财产转让所得，涉及生产、经营及有关成本或费用的支出，采取会计核算办法扣除有关成本、费用或规定的必要费用。

（3）对劳务报酬所得、稿酬所得、特许权使用费所得、财产租赁所得，因涉及既要按一定比例合理扣除费用，又要避免扩大征税范围等两个需同时兼顾的因素，故采取定额和定率两种扣除办法。

（4）利息、股息、红利所得和偶然所得，因不涉及必要费用的支付，所以规定不得扣除任何费用。

2. 计税依据的特殊规定

（1）个人将其所得通过中国境内的社会团体、国家机关向教育和其他社会公益事业以及遭受严重自然灾害地区、贫困地区的捐赠，捐赠额未超过纳税人申报的应纳税所得额 30％ 的部分，可以从应纳税所得额中扣除，超过部分不得扣除。

（2）个人通过非营利性的社会团体和国家机关向红十字事业的捐赠，在计算缴纳个人所得税时，准予在税前的所得额中全额扣除。

（3）自 2001 年 7 月 1 日起，个人通过非营利的社会团体和国家机关向农村义务教育的捐赠，在计算缴纳个人所得税时，准予在税前的所得额中全额扣除。

（4）个人通过非营利性社会团体和国家机关对公益性青少年活动场所（其中包括新建）的捐赠，在计算缴纳个人所得税时，准予在税前的所得额中全额扣除。

（5）个人的所得（不含偶然所得，经国务院财政部门确定征税的其他所得）用于对非关联的科研机构和高等学校研究开发新产品、新技术、新工艺所发生的研究开发经费的资助，可以全额在下月（工资、薪金所得）或下次（按次计征的所得）或当年按年计征的所得计征个人所得税时，从应纳税所得额中扣除，不足抵扣的，不得结转抵扣。

27.5.2　工资、薪金所得个人所得税的计算

居民个人的综合所得，以每一纳税年度的收入额减除费用六万元以及专项扣除、专项附加扣除和依法确定的其他扣除后的余额，为应纳税所得额。非居民个人的工资、薪金所得，以每月收入额减除费用五千元后的余额为应纳税所得额；劳务报酬所得、稿酬所得、特许权使用费所得，以每次收入额为应纳税所得额。

1. 居民个人的预扣预缴方法

为尽可能使居民个人日常被扣缴义务人预扣预缴的税款与其年度应纳税款接近，同时便于扣缴义务人和纳税人顺利适应税制转换，居民个人的工资、薪金所得个人所得税，日常采取累计预扣法进行预扣预缴；非居民个人则依照税法规定计算并扣缴个人所得税。同时，因综合所得预扣预缴个人所得税额与居民个人年度综合所得应纳税额的计算方法存在一定差异，居民个人预缴税额与年度应纳税额之间的差额，年度终了后可通过综合所得汇算清缴申报，税款多退少补。

累计预扣法主要是通过各月累计收入减去对应扣除，对照综合所得税率表计算累计应交税额，再减去已交税额，确定本期应交税额的一种方法。这种方法：一方面，对大部分只有一处工资、薪金所得的纳税人，纳税年度终了时预扣预缴的税款基本上等于年度应纳税款，因此无须再自行办理纳税申报、汇算清缴；另一方面，对需要补退税的纳税人，预扣预缴的税款与年度应纳税款差额相对较小，不会占用纳税人过多资金。预扣预缴税款方法具体如下。

扣缴义务人向居民个人支付工资、薪金时，应当按照累计预扣法计算预扣税款，并按月办理全员全额扣缴申报。具体计算公式如下：

本期应预扣预缴税额＝（累计预扣预缴应纳税所得额×预扣率－速算扣除数）－累计减免税额
－累计已预扣预缴税额

累计预扣预缴应纳税所得额＝累计收入－累计免税收入－累计减除费用－累计专项扣除－累计
专项附加扣除－累计依法确定的其他扣除

其中：累计减除费用，按照 5 000 元 / 月乘以纳税人当年截至本月在本单位的任职受雇月份数计算。计算居民个人工资、薪金所得预扣预缴税额的预扣率、速算扣除数，按个人所得税预扣率表（居民个人工资、薪金所得预扣预缴适用）执行。

2. 非居民个人的扣缴方法

非居民个人的工资、薪金所得，以每月收入额减除费用 5 000 元后的余额为应纳税所得额。劳务报酬所得、稿酬所得、特许权使用费所得，以每次收入额为应纳税所得额，非居民个人取得工资、薪金所得，劳务报酬所得，稿酬所得和特许权使用费所得，有扣缴义务人的，由扣缴义务人按月或者按次代扣代缴税款，不办理汇算清缴。扣缴义务人向非居民个人支付工资、薪金所得，劳务报酬所得，稿酬所得和特许权使用费所得时，按以下方法按月或者按次代扣代缴个人所得税。

非居民个人的工资、薪金所得，以每月收入额减除费用 5 000 元后的余额为应纳税所得额；劳务报酬所得、稿酬所得、特许权使用费所得，以每次收入额为应纳税所得额。

其中，劳务报酬所得、稿酬所得、特许权使用费所得以收入减除 20% 的费用后的余额为收入额。稿酬所得的收入额减按 70% 计算。

$$上述四项所得的应纳税额 = 应纳税所得额 × 税率 - 速算扣除数$$

3. 减除费用的具体规定

（1）标准减除费用。

个人所得税法对工资、薪金所得规定的普遍适用的减除费用标准，为每月 5 000 元。其应纳税所得额的计算公式为：

$$应纳税所得额 = 月工资、薪金收入 - 5 000$$

（2）专项扣除和专项附加扣除费用。

专项扣除，包括居民个人按照国家规定的范围和标准缴纳的基本养老保险、基本医疗保险、失业保险等社会保险费和住房公积金等；专项附加扣除，包括子女教育、继续教育、大病医疗、住房贷款利息、住房租金、赡养老人等支出，具体范围、标准和实施步骤由国务院确定，并报全国人民代表大会常务委员会备案。

除大病医疗以外，子女教育、赡养老人、住房贷款利息、住房租金、继续教育，纳税人可以选择在单位发放工资、薪金时，按月享受专项附加扣除政策。

①依据《个人所得税法》有关规定，国务院决定，设立 3 岁以下婴幼儿照护个人所得税专项附加扣除，该政策自 2022 年 1 月 1 日起实施。纳税人照护 3 岁以下婴幼儿子女的相关支出，按照每个婴幼儿每月 1 000 元的标准定额扣除。父母可以选择由其中一方按扣除标准的 100% 扣除，也可以选择由双方分别按扣除标准的 50% 扣除，具体扣除方式在一个纳税年度内不能变更。

②子女教育专项附加的扣除政策。

扣除条件：子女年满 3 周岁至小学前，不论是否在幼儿园学习；子女正在接受小学、初中、高中阶段教育（普通高中、中等职业教育、技工教育）；子女正在接受高等教育（大学专科、大学本科、硕士研究生、博士研究生教育）。每个子女，每月扣除 1 000 元。多个符合扣除条件的子女，每个子女均可享受扣除。扣除人由父母双方选择确定。既可以由父母一方全额扣除，也可以父母分别扣除 50%。扣除方式确定后，一个纳税年度内不能变更。

③赡养老人专项附加的扣除政策。

被赡养人年满 60 周岁（含）。被赡养人包括父母（生父母、继父母、养父母），以及子女均已去世的祖父母、外祖父母。

纳税人为独生子女的，按每月 2 000 元的标准扣除；纳税人为非独生子女，可以兄弟姐妹分摊每月 2 000 元的扣除额度，但每人分摊的额度不能超过每月 1 000 元。具体分摊的方式有均摊、约定、指定分摊，约定或指定分摊的，需签订书面分摊协议，具体分摊方式和额度确定后，一个纳税年度内不能变更。

④住房贷款利息专项附加的扣除政策。

本人或者配偶，单独或者共同使用商业银行或住房公积金个人住房贷款，为本人或其配偶购买中国境内住房，而发生的首套住房贷款利息支出，按每月1 000元的标准扣除，扣除期限最长不超过240个月，扣除人由夫妻双方约定，可以选择由其中一方扣除。确定后，一个纳税年度内不能变更。

⑤住房租金专项附加的扣除政策。

在主要工作城市租房，且同时符合以下条件：

a.本人及配偶在主要工作的城市没有自有住房；

b.已经实际发生了住房租金支出；

c.本人及配偶在同一纳税年度内，没有享受住房贷款利息专项附加扣除政策。也就是说，住房贷款利息专项附加扣除与住房租金专项附加扣除，纳税人只能享受其中一项，不能同时享受。

扣除标准如下。

a.直辖市、省会（首府）城市、计划单列市以及国务院确定的其他城市，扣除标准为每月1 500元；

b.除上述城市以外的市辖区户籍人口超过100万的城市，扣除标准为每月1 100元；市辖区户籍人口不超过100万（含）的城市，扣除标准为每月800元。

如夫妻双方主要工作城市相同的，只能由一方扣除，且为签订住房租赁合同的承租人来扣除；如夫妻双方主要工作城市不同，且无房的，可按规定标准分别进行扣除。

⑥继续教育专项附加的扣除政策。

学历（学位）继续教育支出按每月400元的标准扣除；职业资格继续教育支出按每年3 600的标准扣除。学历（学位）继续教育的起止时间为入学的当月至教育结束的当月，同一学历（学位）继续教育的扣除期限最长不能超过48个月。职业资格继续教育的起止时间为取得相关职业资格继续教育证书上载明的发证（批准）日期的所属年度。需要注意的是，专项附加扣除政策从2019年1月1日开始实施，证书应当为2019年后取得的。

⑦大病医疗专项附加的扣除政策。

扣除条件：医保目录范围内的医药费用支出，医保报销后的个人自付部分；起止时间为每年1月1日至12月31日；与基本医保相关的医药费用，扣除医保报销后个人负担（是指医保目录范围内的自付部分）累计超过15 000元，且不超过80 000元的部分。

（3）雇佣和派遣单位分别支付工资、薪金的费用扣除。

在外商投资企业、外国企业和外国驻华机构工作的中方人员取得的工资、薪金收入，凡是由雇佣单位和派遣单位分别支付的，支付单位应扣缴应纳的个人所得税，以纳税人每月全部工资、薪金收入减除规定费用后的余额为应纳税所得额。为了有利于征管，采取由支付方减除费用的方法，即只有雇佣单位在支付工资、薪金时，才可按税法规定减除费用，计算扣缴税款；派遣单位支付的工资、薪金不再减除费用，以支付全额直接确定适用税率，计算扣缴个人所得税。

上述纳税人，应持两处支付单位提供的原始明细工资、薪金单（书）和完税凭证原件，选择并固定到一地税务机关申报每月工资、薪金收入，汇算清缴其工资、薪金收入的个人所得税，多退少补，具体申报期限，由各省、自治区、直辖市税务局确定。

（4）雇佣单位将部分工资、薪金上交派遣单位的费用扣除。

（5）境内、境外分别取得工资、薪金所得的费用扣除。

纳税人在境内、境外同时取得工资、薪金所得，应首先判断其境内、境外取得的所得是否为来源于一国的所得，如因任职、受雇、履约等而在中国境内提供劳务取得所得，无论支付地点是否在中国境内，均为来源于中国境内的所得。纳税人能够提供在境内、境外同时任职或者受雇及其工资、薪金标准的有效证明文件，可判定其所得是分别来自境内和境外的，应税，如果纳税人不能提供上述证明文件，则应视为来源于一国所得。若其任职或者受雇单位在中国境内，应为来源于中国境内的所得；若其任职或受雇单位在中国境外，应为来源于中国境外的所得，依照有关规定计税。

（6）个人一次取得数月奖金、年终加薪或劳动分红的费用扣除。

根据《国家税务总局关于调整个人取得全年一次性奖金等计算征收个人所得税方法问题的通知》（国税发〔2005〕9号）第二条规定：纳税人取得全年一次性奖金，单独作为一个月工资、薪金所得计算纳税，并按以下计税办法，由扣缴义务人发放时代扣代缴：

①先将雇员当月内取得的全年一次性奖金，除以12个月，按其商数确定适用税率和速算扣除数。

如果在发放年终一次性奖金的当月，雇员当月工资、薪金所得低于税法规定的费用扣除额，应将全年一次性奖金减除"雇员当月工资、薪金所得与费用扣除额的差额"后的余额，按上述办法确定全年一次性奖金的适用税率和速算扣除数。

②将雇员个人当月内取得的全年一次性奖金，按本条第（一）项确定的适用税率和速算扣除数计算征税，计算公式如下：

如果雇员当月工资、薪金所得高于（或等于）税法规定的费用扣除额，适用公式为：

$$应纳税额 = 雇员当月取得全年一次性奖金 × 适用税率 - 速算扣除数$$

如果雇员当月工资、薪金所得低于税法规定的费用扣除额，适用公式为：

$$应纳税额 = （雇员当月取得全年一次性奖金 - 雇员当月工资、薪金所得与费用扣除额的差额）×$$
$$适用税率 - 速算扣除数$$

（7）特定行业职工取得的工资、薪金所得的费用扣除。

为了照顾采掘业、远洋运输业、远洋捕捞业因季节、产量等因素的影响，职工的工资、薪金收入呈现较大幅度波动的实际情况，对这三个特定行业的职工取得的工资、薪金所得采取按年计算、分月预缴的方式计征个人所得税。年度终了后30日内，合计其全年工资、薪金所得，再按12个月平均并计算实际应纳的税款，多退少补。用公式表示为：

$$年应纳所得税额 = [（全年工资、薪金收入/12 - 费用扣除标准）× 税率 - 速算扣除数]×12$$

考虑到远洋运输具有跨国流动的特性，因此，对远洋运输船员每月的工资、薪金收入在统一扣除5 000元费用的基础上，准予再扣除税法规定的附加减除费用标准。由于船员的伙食费统一用于集体用餐，不发给个人，故特案允许该项补贴不计入船员个人的应纳税工资、薪金收入。

（8）个人取得公务交通、通信补贴收入的扣除标准。

个人因公务用车和通信制度改革而取得的公务用车、通信补贴收入，扣除一定标准的公务费用后，按照"工资、薪金所得"项目计征个人所得税。按月发放的，并入当月"工资、薪金所得"计征个人所得税；不按月发放的，分解到所属月份并与该月份"工资、薪金所得"合并后计征个人所得税。

公务费用的扣除标准，由省级税务机关根据纳税人公务、交通费用的实际发生情况调查测算，报经省级人民政府批准后确定，并报国家税务总局备案。

4. 应纳税额的计算方法

（1）一般工资、薪金所得应纳个人所得税的计算。

工资、薪金所得适用七级超额累进税率，按每月收入定额扣除5 000元或6 300元，就其余额作为应纳税所得额，按适用税率计算应纳税额。计算公式为：

$$应纳税额＝应纳税所得额×适用税率－速算扣除数$$

或：　　　　　　＝（每月收入额－5 000元或6 300元）×适用税率－速算扣除数

由于个人所得税适用税率中的各级距均为扣除费用后的应纳税所得额，因此，在确定适用税率时，不能以每月全部工资、薪金所得为依据，而只能以扣除规定费用后的余额为依据，找出对应级次的税率。

（2）雇主为其雇员负担个人所得税的计算。

在实际工作中，有的雇主（单位或个人）常常为纳税人负担税款，即支付给纳税人的报酬（包括工资、薪金，劳务报酬等所得）是不含税的净所得或称为税后所得，纳税人的应纳税额由雇主代为缴纳。这种情况下，就不能以纳税人实际取得的收入直接乘以适用税率计算应纳税额，否则，就会缩小税基，降低适用税率。正确的方法是，将纳税人的不含税收入换算为应纳税所得额，即含税收入，然后再计算应纳税额。

这里主要讲解雇主全额为雇员负担税款的情况。应将雇员取得的不含税收入换算成应纳税所得额后，计算单位或个人应当代付的税款。计算公式为：

公式1：　应纳税所得额＝（不含税收入额－费用扣除标准－速算扣除数）/（1－税率）

公式2：　　　　应纳税额＝应纳税所得额×适用税率－速算扣除数

公式1中的税率，是指不含税所得按不含税级距对应的税率；公式2中的税率，是指应纳税所得额按含税级距对应的税率。对此，在计算过程中应特别注意，不能混淆。

（3）个人一次取得数月奖金应纳个人所得税的计算。

对个人一次取得的数月奖金、年终加薪或劳动分红，可单独作为一个月的工资、薪金所得，不再从中减除费用，就以一次取得的奖金总额作为应纳税所得额，按规定税率计算纳税。

（4）不满一个月的工资、薪金所得应纳个人所得税的计算。

在中国境内无住所的个人，凡在中国境内不满一个月，并仅就不满一个月期间的工资、薪金所得申报纳税的，均应按全月工资、薪金所得为依据计算实际应纳税额。计算公式为：

$$应纳税额＝（当月工资、薪金应纳税所得额×适用税率－速算扣除数）×当月实际在中国境内的天数/当月天数$$

如果属于上述情况的个人取得的是日工资、薪金，应以日工资、薪金乘以当月天数换成月工资、薪金后，再按上述公式计算应纳税额。

（5）对实行年薪制的企业经营者应纳个人所得税的计算。

我国在建立现代企业制度中试行的年薪制，是指企业经营者平时按规定领取基本工资，年度结束后，根据其经营业绩的考核结果，再确定其效益收入。对实行年薪制的企业经营者取得的工资、薪金所得应纳的税款，可以实行按年计税、分月预缴的方式计征，即企业经营者按月领取的基本收入，应在减除 5 000 元的费用之后，按适用税率计算应纳税款并预缴，年度终了领取效益收入后，合计其全年基本收入和效益收入，再按 12 个月平均计算实际应纳的税款。计算公式为：

全年应纳税额 =[（全年基本收入和效益收入 /12- 费用扣除标准）× 适用税率 − 速算扣除数]×12

（6）对个人因解除劳动合同取得经济补偿金应纳个人所得税的计算。

根据《国家税务总局关于国有企业职工因解除劳动合同取得一次性补偿收入征免个人所得税问题的通知》精神，自 2000 年 6 月 1 日起，凡依法宣告破产的国有企业支付给职工的一次性安置费收入，免予征收个人所得税，其他企业支付给职工解除劳动合同的一次性补偿收入，在当地上年企业职工平均工资的 3 倍数额内的，可免征个人所得税；超过该标准的一次性补偿收入，应全额计税。具体办法为：对企业支付给解聘职工的一次性补偿收入，可视为一次取得数月的工资、薪金收入，允许在一定期限内平均计算。方法为：以个人取得的一次性补偿收入，除以个人在本企业的工作年限数（超过 12 年的按 12 年计算），以其商数作为个人的月工资、薪金收入，按照税法规定计算缴纳个人所得税。个人在解除劳动合同后又再次任职、受雇的，已纳税的一次性补偿收入不再与再次任职、受雇的工资薪金所得合并计算补缴个人所得税。

27.5.3　个体工商户个人所得税的计算

1. 应纳税所得额

对于实行查账征收的个体工商户，其生产、经营所得，以每一纳税年度的收入总额，减除成本、费用、损失、税金、其他支出以及允许弥补的以前年度亏损后的余额，为应纳税所得额。计算公式为：

应纳税所得额 = 收入总额 −（成本 + 费用 + 损失 + 税金 + 其他支出 + 允许弥补的以前年度亏损）

（1）收入总额。

个体工商户的收入总额，是指个体工商户从事生产经营以及与生产经营有关的活动（以下简称“生产经营”）取得的货币形式和非货币形式的各项收入，包括销售货物收入、提供劳务收入、转让财产收入、利息收入、租金收入、接受捐赠收入、其他收入。以上各项收入应当按照权责发生制原则确定。

（2）准予扣除的项目。

在计算应纳税所得额时，准予从收入总额中扣除的项目包括成本、费用、损失、税金、其他支出以及允许弥补的以前年度亏损。

①成本、费用。成本是指个体工商户在生产经营活动中发生的销售成本、销货成本、业务支出以及其他耗费。费用是指个体工商户在生产经营活动中发生的销售费用、管理费用和财务费用，已经计入成本的有关费用除外。

直接支出和分配计入成本的间接费用，是指个体工商户在生产、经营过程中实际消耗的各种原材料、辅助材料、备品配件、外购半成品、燃料、动力、包装物等直接材料和发生的商品进价成本、运输费、装卸费、包装费、折旧费、修理费、水电费、差旅费、租赁费（不包括融资租赁费）、低值易耗品等，以及支付给生产经营从业人员的工资。

销售费用，是指个体工商户在销售产品、自制半成品和提供劳务过程中发生的各项费用，包括运输费、装卸费、包装费、委托代销手续费、广告费、展览费、销售服务费，以及其他销售费用。

管理费用，是指个体工商户为管理和组织生产经营活动而发生的各项费用，包括劳动保险费、咨询费、诉讼费、审计费、土地使用费、低值易耗品摊销、开办费摊销、无法收回的账款（坏账损失）、业务招待费，以及其他管理费用。

财务费用，是指个体工商户为筹集生产经营资金而发生的各项费用，包括利息净支出、汇兑净损失、金融机构手续费，以及筹资中的其他财务费用。

②损失，是指个体工商户在生产经营活动中发生的固定资产和存货的盘亏、毁损、报废损失，转让财产损失，坏账损失，自然灾害等不可抗力造成的损失以及其他损失。

个体工商户发生的损失，减除责任人赔偿和保险赔款后的余额，参照财政部、国家税务总局有关企业资产损失税前扣除的规定扣除。

个体工商户已经作为损失处理的资产，在以后纳税年度又全部收回或者部分收回时，应当计入收回当期的收入。

③税金，是指个体工商户在生产经营活动中发生的除个人所得税和允许抵扣的增值税以外的各项税金及其附加。

④其他支出，是指除成本、费用、损失、税金外，个体工商户在生产经营活动中发生的与生产经营活动有关的、合理的支出。

（3）准予在所得税前列支的其他项目及列支标准。

①个体工商户在生产经营活动中，应当分别核算生产经营费用和个人、家庭费用。对于生产经营与个人、家庭生活混用难以分清的费用，40%视为与生产经营有关的费用，准予扣除。

②个体工商户纳税年度发生的亏损，准予向以后年度结转，用以后年度的生产经营所得弥补，但结转年限最长不得超过5年。

③个体工商户实际支付给从业人员的、合理的工资、薪金支出，准予扣除。个体工商户业主的工资、薪金支出不得税前扣除。个体工商户代其从业人员或者他人负担的税款，不得税前扣除。个体工商户发生的合理的劳动保护支出，准予扣除。

④个体工商户按照规定缴纳的摊位费、行政性收费、协会会费等，按实际发生数额扣除。

⑤个体工商户按照国务院有关主管部门或者省级人民政府规定的范围和标准为其业主和从业人员缴纳的基本养老保险费、基本医疗保险费、失业保险费、生育保险费、工伤保险费和住房公积金，准予扣除。

个体工商户为从业人员缴纳的补充养老保险费、补充医疗保险费，分别在不超过从业人员工资总额5%标准内的部分据实扣除；超过部分，不得扣除。

个体工商户业主本人缴纳的补充养老保险费、补充医疗保险费，以当地（地级市）上年度社会平均工资的 3 倍为计算基数，分别在不超过该计算基数 5% 标准内的部分据实扣除；超过部分，不得扣除。

个体工商户参加财产保险，按照规定缴纳的保险费，准予扣除。

⑥除个体工商户依照国家有关规定为特殊工种从业人员支付的人身安全保险费和财政部、国家税务总局规定可以扣除的其他商业保险费外，个体工商户业主本人或者为从业人员支付的商业保险费，不得扣除。

⑦个体工商户在生产经营活动中发生的合理的不需要资本化的借款费用，准予扣除。

个体工商户为购置、建造固定资产、无形资产和经过 12 个月以上的建造才能达到预定可销售状态的存货发生借款的，在有关资产购置、建造期间发生的合理的借款费用，应当作为资本性支出计入有关资产的成本，并依照规定扣除。

⑧个体工商户在生产经营活动中发生的下列利息支出，准予扣除：

a. 向金融企业借款的利息支出；

b. 向非金融企业和个人借款的利息支出，不超过按照金融企业同期同类贷款利率计算的数额的部分。

⑨个体工商户在货币交易中，以及纳税年度终了时将人民币以外的货币性资产、负债按照期末即期人民币汇率中间价折算为人民币时产生的汇兑损失，除已经计入有关资产成本部分外，准予扣除。

⑩个体工商户向当地工会组织拨缴的工会经费、实际发生的职工福利费支出、职工教育经费支出分别在工资、薪金总额的 2%、14%、2.5% 的标准内据实扣除。

工资、薪金总额是指允许在当期税前扣除的工资薪金支出数额。

职工教育经费的实际发生数额超出规定比例当期不能扣除的数额，准予在以后纳税年度结转扣除。

个体工商户业主本人向当地工会组织缴纳的工会经费、实际发生的职工福利费支出、职工教育经费支出，以当地（地级市）上年度社会平均工资的 3 倍为计算基数，在规定的比例内据实扣除。

⑪个体工商户发生的与生产经营活动有关的业务招待费，按照实际发生额的 60% 扣除，但最高不得超过当年销售（营业）收入的 5‰。

业主自申请营业执照之日起至开始生产经营之日止所发生的业务招待费，按照实际发生额的 60% 计入个体工商户的开办费。

⑫个体工商户每一纳税年度发生的与其生产经营活动直接相关的广告费和业务宣传费不超过当年销售（营业）收入 15% 的部分，可以据实扣除；超过部分，准予在以后纳税年度结转扣除。

⑬个体工商户根据生产经营活动的需要租入固定资产支付的租赁费，按照以下方法扣除：

a. 以经营租赁方式租入固定资产发生的租赁费支出，按照租赁期限均匀扣除；

b. 以融资租赁方式租入固定资产发生的租赁费支出，按照规定构成融资租入固定资产价值的部分应当提取折旧费用，分期扣除。

⑭个体工商户自申请营业执照之日起至开始生产经营之日止所发生的符合规定的费用，除

为取得固定资产、无形资产的支出，以及应计入资产价值的汇兑损益、利息支出外，作为开办费，个体工商户可以选择在开始生产经营的当年一次性扣除，也可自生产经营月份起在不短于3年期限内摊销扣除，但一经选定，不得改变。

开始生产经营之日为个体工商户取得第一笔销售（营业）收入的日期。

⑮个体工商户通过公益性社会团体或者县级以上人民政府及其部门，用于《中华人民共和国公益事业捐赠法》规定的公益事业的捐赠，捐赠额不超过其应纳税所得额30%的部分可以据实扣除。

财政部、国家税务总局规定可以全额在税前扣除的捐赠支出项目，按有关规定执行。

个体工商户直接对受益人的捐赠不得扣除。

公益性社会团体的认定，按照财政部、国家税务总局、民政部有关规定执行。

⑯个体工商户研究开发新产品、新技术、新工艺所发生的开发费用，以及研究开发新产品、新技术而购置单台价值在10万元以下的测试仪器和试验性装置的购置费准予直接扣除；单台价值在10万元以上（含10万元）的测试仪器和试验性装置，按固定资产管理，不得在当期直接扣除。

（4）不得在所得税前列支的项目。

个体工商户下列支出不得扣除：

①个人所得税税款；

②税收滞纳金；

③罚金、罚款和被没收财物的损失；

④不符合扣除规定的捐赠支出；

⑤赞助支出；

⑥用于个人和家庭的支出；

⑦与取得生产经营收入无关的其他支出；

⑧国家税务总局规定不准扣除的支出。

2. 资产的税务处理

个体工商户购入、自建、实物投资和融资租入的资产，包括固定资产、无形资产、递延资产等，只能采取分次计提折旧或分次摊销的方式予以列支。

（1）固定资产的税务处理。

个体工商户的固定资产是指在生产经营中使用的、期限超过一年且单位价值在1 000元以上的房屋、建筑物、机器、设备、运输工具及其他与生产经营有关的设备、工器具等。

①固定资产的折旧范围。

允许计提折旧的固定资产包括：房屋和建筑物；在用的机械设备、仪器仪表和各种工器具；季节性停用和修理停用的设备；以经营方式租出和以融资租赁方式租入的固定资产。

②不得计提折旧的固定资产。

不得计提折旧的固定资产包括：房屋、建筑物以外的未使用、不需要用的固定资产；以经营方式租入和以融资租赁方式租出的固定资产；已提足折旧继续使用的固定资产。

个体工商户应当按照税法规定的资产计价方式所确定的资产价值和规定的资产折旧年限，

计提固定资产折旧。固定资产在计提折旧前，应当估计残值（按固定资产原价的 5% 确定），从固定资产原价中减除。

③固定资产的计价。

确定固定资产价值，可以分别不同的固定资产，按以下方式计价：购入的固定资产，按实际支付的买价、包装费、运杂费和安装费等计价；自行建造的固定资产，按建造过程中实际发生的全部支出计价；以实物形式投资的固定资产，按评估确认或者合同、协议约定的价值计价；在原有基础上进行改、扩建的固定资产，按账面原价减改、扩建过程中发生的变价收入，加上改扩、建增加的支出计价。

④固定资产的折旧年限。

税法规定的固定资产折旧最短年限分别为：房屋、建筑物为 20 年；轮船、机器、机械和其他生产设备为 10 年；电子设备和轮船外的运输工具，以及与生产经营有关的器具、工具、家具等为 5 年。个体工商户由于特殊原因需要缩短固定资产折旧年限的，须报经省税务机关审核批准。

⑤固定资产的折旧方法。

固定资产折旧按年限平均法和工作量法计算提取。

a. 按年限平均法计算固定资产折旧的公式为：

$$固定资产的年折旧率 =（1-净残值率）÷ 折旧年限 ×100\%$$

$$月折旧率 = 年折旧率 /12$$

$$月折旧额 = 固定资产原价 × 月折旧率$$

b. 按工作量法计算固定资产折旧的公式为：

$$单位里程（每工作小时）折旧额 =（原值-净残值）÷ 总行驶里程（总工作小时）$$

（2）无形资产的税务处理。

无形资产是指在生产经营过程中长期使用但没有实物形态的资产，包括专利权、非专利技术、商标权、商誉、著作权、场地使用权等。

①无形资产的计价。

无形资产的计价应当按照取得的实际成本为准。具体是：作为投资的无形资产，以协议、合同规定的合理价格为原价；购入的无形资产，按实际支付的价款为原价；接受捐赠的无形资产，按所附单据或经法定评估机构评估后确认。

②无形资产的摊销。

无形资产从开始使用之日起，在有效使用期内分期均额摊销。作为投资或受让的无形资产，在法律、合同或协议中规定了使用年限的，可按该使用年限分期摊销；没有规定使用年限或自行开发的无形资产，摊销期限不得少于 10 年。

（3）递延资产的税务处理。

个体工商户自申请营业执照之日起至开始生产经营之日止所发生的符合税法规定的费用，除为取得固定资产、无形资产的支出，以及应计入资产价值的汇兑损益、利息支出之外，可作为递延资产的开办费，并于开始生产经营之日起在不短于 5 年的期限内分期均额扣除。

（4）其他流动资产的税务处理及存货计价。

流动资产是指可以在一年内或者超过一年的一个营业周期内变现或者运用的资产，包括现金、应收及预付款项和存货等。所谓存货，是指在生产经营过程中为销售或者耗用而储备的物资，包括各种原材料、辅助材料、燃料、低值易耗品、包装物、在产品、外购商品，以及自制半成品、产成品等。存货应按实际成本计价，领用或发出存货的会计核算，原则上采用加权平均法。

3. 应纳税额的计算方法

个体工商户的生产、经营所得适用五级超额累进税率，以其应纳税所得额按适用税率计算应纳税额。计算公式为：

$$应纳税额 = 应纳税所得额 \times 适用税率 - 速算扣除数$$

由于个体工商户生产、经营所得的应纳税额采用按年计算、分月或分季预缴、年终汇算清缴、多退少补的方法，因此，在实际工作中，需要分别计算按月预缴税额和年终汇算清缴税额。计算公式为：

$$本月应预缴税额 = 本月累计应纳税所得额 \times 适用税率 - 速算扣除数 - 上月累计已预缴税额$$

公式中的适用税率，是指与计算应纳税额的月份累计应纳税所得额对应的税率，该税率从五级超额累进所得税税率表（年换算月）中查找确定。

$$全年应纳税额 = 全年应纳税所得额 \times 适用税率 - 速算扣除数$$

$$汇算清缴税额 = 全年应纳税额 - 全年累计已预缴税额$$

27.5.4 企事业单位承包、承租经营所得个人所得税的计算

1. 应纳税所得额

企事业单位承包经营、承租经营所得以每一纳税年度的收入总额，减除必要费用后的余额，为应纳税所得额。其中，收入总额是指纳税人按照承包经营、承租经营合同规定分得的经营利润和工资、薪金性质的所得。

取得经营所得的个人，没有综合所得的，计算其每一纳税年度的应纳税所得额时，应当减除费用6万元、专项扣除、专项附加扣除以及依法确定的其他扣除。专项附加扣除在办理汇算清缴时减除。

从事生产、经营活动，未提供完整、准确的纳税资料，不能正确计算应纳税所得额的，由主管税务机关核定应纳税所得额或者应纳税额。

按照新修订的《个人所得税法》及《个人所得税法实施条例》的规定，"减除必要费用"是指按月减除5 000元，实际减除的是相当于个人的生计及其他费用。计算公式为：

$$应纳税所得额 = 个人承包、承租经营收入总额 - 5\,000元$$

个人在承租、承包经营期间，按照企业所得税的有关规定，凡承租经营后，未改变被租企业名称，未变更工商登记，仍以被承租企业名义对外从事生产经营活动，不论被承租企业与承租方如何分配经营成果，均以被承租企业为纳税人。即按照企业所得税的有关规定先缴纳企业所得税，然后按个人承包所得的规定计算缴纳个人所得税。

2. 应纳税额的计算方法

对企事业单位承包经营、承租经营所得适用五级超额累进税率，以其应纳税所得额按适用

税率计算应纳税额。计算公式为：

$$应纳税额 = 应纳税所得额 \times 适用税率 - 速算扣除数$$

27.5.5　劳务报酬个人所得税的计算

1. 应纳税所得额

扣缴义务人向居民个人支付劳务报酬所得时，按次或者按月预扣预缴个人所得税。劳务报酬所得以每次收入减除费用后的余额为收入额：每次收入不超过 4 000 元的，减除费用按 800 元计算；每次收入在 4 000 元以上的，减除费用按 20% 计算。劳务报酬所得，以每次收入额为预扣预缴应纳税所得额，适用 20% 至 40% 的超额累进预扣率。计算公式如下。

（1）每次收入不超过 4 000 元的。

$$应纳税所得额 = 每次收入额 - 800$$

（2）每次收入在 4 000 元以上的。

$$应纳税所得额 = 每次收入额 \times （1 - 20\%）$$

劳务报酬所得因其一般具有不固定、不经常性，不便于按月计算，所以规定：凡属于一次性收入的，以取得该项收入为一次，按次确定应纳税所得额；凡属于同一项目连续性收入的，以一个月内取得收入为一次，据以确定应纳税所得额。考虑属地管辖与时间划定有交叉的特殊情况，统一规定：以县（含县级市、区）为一地，其管辖内的一个月内同一项目的劳务服务为一次；当月跨县地域的，应分别计算。

上述劳务报酬所得中的"同一项目"，是指劳务报酬所得列举的具体劳务项目中的某一单项，如果个人兼有不同的劳务报酬所得，应当分别按不同的项目所得定额或定率减除费用。

此外，获得劳务报酬所得的纳税人从其收入中支付给中介人和相关人员的报酬，除另有规定者外，在定率扣除 20% 的费用后，一律不再扣除。对中介人和相关人取得的报酬，应分别计征个人所得税。

2. 应纳税额的计算方法

劳务报酬所得适用 20% 的比例税率，其应纳税额的计算公式为：

$$应纳税额 = 应纳税所得额 \times 适用税率$$

如果纳税人的每次应税劳务报酬所得超过 20 000 元，应实行加成征税，其应纳税额应依据相应税率和速算扣除数计算。计算公式为：

$$应纳税额 = 应纳税所得额 \times 适用税率 - 速算扣除数$$

27.5.6　稿酬所得个人所得税的计算

1. 应纳税所得额

扣缴义务人向居民个人支付稿酬所得时，按次或者按月预扣预缴个人所得税。稿酬所得以个人每次取得的收入，定额或定率减除规定费用后的余额为预扣预缴应纳税所得额。每次收入不超过 4 000 元的，定额减除费用 800 元；每次收入在 4 000 元以上的，定率减除 20% 的费用。稿酬所得费用扣除计算方法与劳务报酬所得相同。稿酬所得以每次收入减除费用后的余额为收入额，稿酬所得的收入额减按 70% 计算。

$$稿酬所得应预扣预缴税额 = 预扣预缴应纳税所得额 \times 20\%$$

2. 每次取得的收入的确定

所谓"每次取得的收入"，是指以每次出版、发表作品取得的收入为一次，确定应纳税所得额。在实际生活中，稿酬的支付或取得形式是多种多样的，比较复杂。为了便于合理确定不同形式、不同情况、不同条件下稿酬所得的税收负担，国家税务总局另有具体规定。

（1）个人每次以图书、报刊方式出版、发表同一作品，不论出版单位是预付还是分笔支付稿酬，或者加印该作品后再付稿酬，均应合并为一次征税。

（2）个人在两处或两处以上出版、发表或再版同一作品而取得的稿酬，可以分别各处取得的所得或再版所得分次征税。

（3）个人的同一作品在报刊上连载，应合并其因连载而取得的所得为一次。连载之后又出书取得稿酬的，或先出书后连载取得稿酬的，应视同再版稿酬分次征税。

（4）作者去世后，对取得其遗作稿酬的个人，按稿酬所得征税。

3. 应纳税额的计算方法

稿酬所得适用 20% 的比例税率，并按规定对应纳税额减征 30%，即实际缴纳税额是应纳税额的 70%。计算公式为：

$$应纳税额 = 应纳税所得额 \times 适用税率$$

$$实际缴纳税额 = 应纳税额 \times （1-30\%）$$

27.5.7 特许权使用费所得个人所得税的计算

1. 应纳税所得额

扣缴义务人向居民个人支付特许权使用费所得时，按次或者按月预扣预缴个人所得税。特许权使用费所得以个人每次取得的收入，定额或定率减除规定费用后的余额为预扣预缴应纳税所得额。每次收入不超过 4 000 元的，定额减除费用 800 元；每次收入在 4 000 元以上的，定率减除 20% 的费用。特许权使用费所得费用扣除计算方法与劳务报酬所得相同。其中，每次收入是指一项特许权的一次许可使用所取得的收入。对个人从事技术转让所支付的中介费，若能提供有效合法凭证，允许从其所得中扣除。

2. 应纳税额的计算方法

特许权使用费所得适用 20% 的比例税率，其应纳税额的计算公式为：

$$应纳税额 = 应纳税所得额 \times 适用税率$$

27.5.8 利息、股息、红利所得个人所得税的计算

1. 应纳税所得额

利息、股息、红利所得按月或者按次计算个人所得税，有扣缴义务人的，由扣缴义务人按月或者按次代扣代缴税款。利息、股息、红利所得，个人每次取得的收入额为应纳税所得额，不得从收入额中扣除任何费用。其中，每次收入是指支付单位或个人每次支付利息、股息、红利时，个人所取得的收入。对于股份制企业在分配股息、红利时，以股票形式向股东个人支付应得的股息、红利（即派发红股），应以派发红股的股票票面金额为收入额，计算征收个人所得税。

2. 应纳税额的计算方法

利息、股息、红利所得适用 20% 的比例税率，相应的应纳税额的计算公式为：

$$应纳税额 = 应纳税所得额（每次收入额）\times 适用税率$$

27.5.9 财产租赁所得个人所得税的计算

1. 应纳税所得额

财产租赁所得，按月或者按次计算个人所得税，有扣缴义务人的，由扣缴义务人按月或者按次代扣代缴税款。财产租赁所得，一般以个人每次取得的收入，定额或定率减除规定费用后的余额为应纳税所得额。每次收入不超过 4 000 元的，定额减除费用 800 元；每次收入在 4 000 元以上的，定率减除 20% 的费用。财产租赁所得以一个月内取得的收入为一次。

在确定财产租赁所得的应纳税所得额时，纳税人在出租财产过程中缴纳的税金和教育费附加，可持完税（缴款）凭证，从其财产租赁收入中扣除。准予扣除的项目除了规定费用和有关税费外，还准予扣除能够提供有效、准确凭证，证明由纳税人负担的该出租财产实际开支的修缮费用。允许扣除的修缮费用，以每次 800 元为限；一次扣除不完的，准予在下一次继续扣除，直到扣完为止。

个人出租财产取得的财产租赁收入，在计算缴纳个人所得税时，应依次扣除以下费用：

（1）财产租赁过程中缴纳的税费；

（2）由纳税人负担的该出租财产实际开支的修缮费用；

（3）税法规定的费用扣除标准。

应纳税所得额的计算公式为：

每次（月）收入不超过 4 000 元的。

$$应纳税所得额 = 每次（月）收入额 - 准予扣除项目 - 修缮费用（800 元为限）-800$$

每次（月）收入超过 4 000 元的。

$$应纳税所得额 =[每次（月）收入额 - 准予扣除项目 - 修缮费用（800 元为限）]\times（1-20\%）$$

2. 应纳税额的计算方法

财产租赁所得适用 20% 的比例税率。但对个人按市场价格出租的居民住房取得的所得，自 2001 年 1 月 1 日起暂减按 10% 的税率征收个人所得税。应纳税额的计算公式为：

$$应纳税额 = 应纳税所得额 \times 适用税率$$

在实际征税过程中，有时会出现财产租赁所得的纳税人不明确的情况。对此，在确定财产租赁所得纳税人时，应以产权凭证为依据。无产权凭证的，由主管税务机关根据实际情况确定纳税人。如果产权所有人死亡，在未办理产权继承手续期间，该财产出租且有租金收入的，以领取租金的个人为纳税人。

27.5.10 财产转让所得个人所得税的计算

1. 应纳税所得额

财产转让所得按月或者按次计算个人所得税，有扣缴义务人的，由扣缴义务人按月或者按次代扣代缴税款。财产转让所得以个人每次转让财产取得的收入额减除财产原值和相关税费后的余额为应纳税所得额。其中，"每次"是指以一件财产的所有权一次转让取得的收入为一次。

2. 应纳税额的计算方法

财产转让所得适用20%的比例税率，其应纳税额的计算公式为：

$$应纳税额 = 应纳税所得额 \times 适用税率$$

27.5.11　偶然所得个人所得税的计算

1. 应纳税所得额

偶然所得以个人每次取得的收入额为应纳税所得额，不扣除任何费用，除有特殊规定外，每次收入额就是应纳税所得额，以每次取得该项收入为一次。

2. 应纳税额的计算方法

偶然所得适用20%的比例税率，其应纳税额的计算公式为：

$$应纳税额 = 应纳税所得额（每次收入额） \times 适用税率$$

27.5.12　境外所得个人所得税的计算

在中国境内有住所，或者虽无住所，但在中国境内居住累计满183天以上的个人，从中国境内和境外取得的所得，都应缴纳个人所得税。实际上，纳税人的境外所得一般均已缴纳或负担了有关国家或地区的所得税。为了避免国家或地区之间对同一所得重复征税，同时维护我国的税收权益，税法规定，纳税人从中国境外取得的所得，准予其在应纳税额中扣除已在境外实缴的个人所得税税款，但扣除额不得超过该纳税人境外所得依照规定计算的应纳税额。具体规定及计税方法如下。

1. 实缴境外税款

实缴境外税款即实际已在境外缴纳的税额，是指纳税人从中国境外取得的所得，依照所得来源国或地区的法律应当缴纳并且实际已经缴纳的税额。

2. 抵免限额

准予抵免（扣除）的实缴境外税款不能超过境外所得按我国税法计算的抵免限额（应纳税额或扣除限额）。我国个人所得税的抵免限额采用分国限额法，即分别来自不同国家或地区和不同应税项目，依照税法规定的费用减除标准和适用税率计算抵免限额。对于同一国家或地区的不同应税项目，以其各项的抵免限额之和作为来自该国或该地区所得的抵免限额。计算公式为：

$$来自某国或地区的抵免限额 = \sum（来自某国或地区的某一应税项目的所得 - 费用减除标准）\times$$
$$适用税率 - 速算扣除数$$

或：

$$= \sum（来自某国或地区的某一应税项目的所得 + 境外实缴税款 - 费用减除标准）\times$$
$$适用税率 - 速算扣除数$$

上式中的费用减除标准和适用税率，均指《个人所得税法》及其实施条例规定的有关费用减除标准和适用税率。不同的应税项目减除不同的费用标准，计算出的单项抵免限额相加后，求得来自一国或地区所得的抵免限额，即分国的抵免限额。分国抵免限额不能相加。

3. 允许抵免额

允许抵免额是允许在纳税人应纳我国个人所得税税额中扣除的税额。允许抵免额要分国确定，即在计算出的来自一国或地区所得的抵免限额与实缴该国或地区的税款之间相比较，以数额较小者作为允许抵免额。

4. 超限额与不足限额结转

在某一纳税年度，如发生实缴境外税款超过抵免限额，即发生超限额，超限额部分不允许在应纳税额中抵扣，但可以在以后纳税年度仍来自该国家或地区的不足限额，即实缴境外税款低于抵免限额的部分中补扣。这一做法称为限额的结转或轧抵。下一年度结转后仍有超限额的，可继续结转，但每年发生的超限额结转期最长不得超过 5 年。

5. 申请抵免

境外缴纳税款的抵免必须由纳税人提出申请，并提供境外税务机关填发的完税凭证原件。

6. 应纳税额的计算

在计算出抵免限额和确定了允许抵免额之后，便可对纳税人的境外所得计算应纳税额。计算公式为：

$$应纳税额 = \sum（来自某国或地区的所得 - 费用减除标准）\times 适用税率 - 速算扣除数 - 允许抵免额$$

27.5.13　一本书的作者为三个人，该如何计算纳税？

两个或两个以上的个人共同取得同一项目收入的，如编著一本书、参加同一场演出等，应当对每个人取得的收入分别按照税法规定减除费用后计算纳税，即实行"先分、后扣、再税"的办法。

27.6　减免税优惠

个人所得税既是一种分配手段，也是体现国家政策的重要工具。为了鼓励科学发明，支持社会福利、慈善事业和照顾某些纳税人的实际困难，个人所得税法对有关所得项目，有免税、减税的优惠规定。

27.6.1　免税项目

个人所得税法和相关法规、政策规定，对下列各项个人所得，免征个人所得税。

（1）省级人民政府、国务院部委和中国人民解放军军以上单位，以及外国组织、国际组织颁发的科学、教育、技术、文化、卫生、体育、环境保护等方面的奖金。

（2）国债和国家发行的金融债券利息。其中：国债利息，是指个人持有的中华人民共和国财政部发行的债券而取得的利息；国家发行的金融债券利息，是指个人持有经国务院批准发行的金融债券而取得的利息。

（3）按照国家统一规定发给的补贴、津贴，是指按照国务院规定发给的政府特殊津贴和国务院规定免纳个人所得税的补贴、津贴。

（4）福利费、抚恤金、救济金。其中：福利费是指根据国家有关规定，从企业、事业单位、国家机关、社会团体提留的福利费或者从工会经费中支付给个人的生活补助费；救济金是指国家民政部门支付给个人的生活困难补助费。

（5）保险赔款。

（6）军人的转业安置费、复员费。

（7）按照国家统一规定发给干部、职工的安家费、退职费、退休工资、离休工资、离休生活补助费。其中，退职费是指符合《国务院关于工人退休、退职的暂行办法》规定的退职条件，并按该办法规定的退职费标准所领取的退职费。

（8）依照我国有关法律规定应予免税的各国驻华使馆、领事馆的外交代表、领事官员和其他人员的所得。

（9）中国政府参加的国际公约、签订的协议中规定免税的所得。

（10）对外籍个人取得的探亲费免征个人所得税。可以享受免征个人所得税优惠待遇的探亲费，仅限于外籍个人在我国的受雇地与其家庭所在地（包括配偶或父母居住地）之间搭乘交通工具且每年不超过2次的费用。

（11）经国务院财政部门批准免税的所得。

27.6.2　减税项目

有下列情形之一的，经批准可以减征个人所得税：

（1）残疾、孤老人员和烈属的所得；

（2）因严重自然灾害造成重大损失的；

（3）其他经国务院财政部门批准减税的。

上述减税项目的减征幅度和期限，由省、自治区、直辖市人民政府规定。

27.6.3　暂免征税项目

根据《财政部　国家税务总局关于个人所得税若干政策问题的通知》的规定，对下列所得暂免征收个人所得税。

（1）外籍个人以非现金形式或实报实销形式取得的住房补贴、伙食补贴、搬迁费、洗衣费。

（2）外籍个人按合理标准取得的境内、外出差补贴。

（3）外籍个人取得的语言训练费、子女教育费等，经当地税务机关审核批准为合理的部分。

（4）外籍个人从外商投资企业取得的股息、红利所得。

（5）凡符合下列条件之一的外籍专家取得的工资、薪金所得，可免征个人所得税：

①根据世界银行专项贷款协议，由世界银行直接派往我国工作的外国专家；

②联合国组织直接派往我国工作的专家；

③为联合国援助项目来华工作的专家；

④援助国派往我国专为该国援助项目工作的专家；

⑤根据两国政府签订的文化交流项目来华工作两年以内的文教专家，其工资、薪金所得由该国负担的；

⑥根据我国大专院校国际交流项目来华工作两年以内的文教专家，其工资、薪金所得由该国负担的；

⑦通过民间科研协定来华工作的专家，其工资、薪金所得由该国政府机构负担的。

（6）个人举报、协查各种违法、犯罪行为而获得的奖金。

（7）个人办理代扣代缴税款手续，按规定取得的扣缴手续费。

（8）个人转让自用达5年以上，并且是唯一的家庭生活用房取得的所得。

（9）达到离休、退休年龄，但确因工作需要适当延长离休、退休年龄的高级专家（指享受国家发放的政府特殊津贴的专家、学者），其在延长离休、退休期间的工资、薪金所得，视同离休、退休工资免征个人所得税。

（10）对国有企业职工，因企业依照《中华人民共和国企业破产法》宣告破产，从破产企业取得的一次性安置费收入，免予征收个人所得税。

（11）职工与用人单位解除劳动关系取得的一次性补偿收入（包括用人单位发放的经济补偿金、生活补助费和其他补助费用），在当地上年职工年平均工资3倍数额内的部分，可免征个人所得税。超过该标准的一次性补偿收入，应按照《国家税务总局关于个人因解除劳动合同取得经济补偿金征收个人所得税问题的通知》（国税发〔1999〕178号）的有关规定，全额计算征收个人所得税。

根据国税发〔1999〕178号文规定，个人解除劳动合同取得的一次性补偿收入，自1999年10月1日起，按以下规定征收个人所得税。

①对于个人因解除劳动合同而取得一次性经济补偿收入，应按"工资、薪金所得"项目计征个人所得税。

②考虑到个人取得的一次性经济补偿收入数额较大，而且被解聘的人员可能在一段时间内没有固定收入，因此，对于个人取得的一次性经济补偿收入，可视为一次取得数月的工资、薪金收入，允许在一定期限内进行平均。具体平均办法为：以个人取得的一次性经济补偿收入，除以个人在本企业的工作年限数，以其商数作为个人的月工资、薪金收入，按照税法规定计算缴纳个人所得税。个人在本企业的工作年限数按实际工作年限数计算，超过12年的按12年计算。

③按照上述方法计算的个人一次性经济补偿收入应纳的个人所得税税款，由支付单位在支付时一次性代扣，并于次月7日内缴入国库。

④个人按国家和地方政府规定比例实际缴纳的住房公积金、医疗保险金、基本养老保险金、失业保险基金在计税时予以扣除。

⑤个人在解除劳动合同后又再次任职、受雇的，对个人已缴纳个人所得税的一次性经济补偿收入，不再与再次任职、受雇的工资、薪金所得合并计算补缴个人所得税。

（12）城镇企业事业单位及其职工个人按照《失业保险条例》规定的比例，实际缴付的失业保险费，均不计入职工个人当期的工资、薪金收入，免予征收个人所得税。

城镇企业，是指国有企业、城镇集体企业、外商投资企业、城镇私营企业以及其他城镇企业，上述中的"职工"不包括城镇企业事业单位招用的农民合同制工人。

城镇企业事业单位和职工个人超过上述规定的比例缴付失业保险费的，应将其超过规定比例缴付的部分计入职工个人当期的工资、薪金收入，依法计征个人所得税。

（13）企业和个人按照国家或地方政府规定的比例，提取并向指定金融机构实际缴付的住房公积金、医疗保险金、基本养老保险金，免予征收个人所得税。

（14）个人领取原提存的住房公积金、医疗保险金、基本养老保险金，以及具备《失业保险条例》规定条件的失业人员领取的失业保险金，免予征收个人所得税。

（15）下岗职工从事社区居民服务业，对其取得的经营所得和劳务报酬所得，从事个体经营的自其领取税务登记证之日起、从事独立劳务服务的自其持下岗证明在当地主管税务机关备案之日起，3年内免征个人所得税；但第一年免税期满后由县以上主管税务机关就免税主体及范围按规定逐年审核，符合条件的，可继续免征1年至2年。

（16）个人取得的教育储蓄存款利息所得和按照国家或省级地方政府规定的比例缴付的住房公积金、医疗保险金、基本养老保险金、失业保险金存入银行个人账户所取得的利息所得，免予征收个人所得税。

27.6.4 减免税政策的执行

在纳税人享受减免个人所得税优惠政策时，是否须经税务机关审核或批准，应按照以下原则执行。

（1）税收法律、行政法规、部门规章和规范性文件中未明确规定纳税人享受减免税必须经税务机关审批的，且纳税人取得的所得完全符合减免税条件的，无须经主管税务机关审批，纳税人可自行享受减免税。

（2）税收法律、行政法规、部门规章和规范性文件中明确规定纳税人享受减免税必须经税务机关审批的，或者纳税人无法准确判断其取得的所得是否应享受个人所得税减免的，必须经主管税务机关按照有关规定审核或批准后，方可减免个人所得税。

（3）纳税人有"27.6.2 减税项目"规定情形之一的，必须经主管税务机关批准，方可减征个人所得税。

27.7 个人所得税的征收管理

27.7.1 全员全额扣缴申报纳税

1. 扣缴义务人

税法规定，个人所得税以取得应税所得的个人为纳税人，以支付所得的单位或者个人为扣缴义务人，包括企业（公司）、事业单位、财政部门、机关事务管理部门、人事管理部门、社会团体、军队、驻华机构（不包括外国驻华使领馆和联合国及其他依法享有外交特权和豁免权的国际组织驻华机构）、个体工商户等单位或个人。扣缴义务人应当依法办理全员全额扣缴申报。

全员全额扣缴申报，是指扣缴义务人应当在代扣税款的次月15日内，向主管税务机关报送其支付所得的所有个人的有关信息、支付所得数额、扣除事项和数额、扣缴税款的具体数额和总额以及其他相关涉税信息资料。

扣缴义务人每月或者每次预扣、代扣的税款，应当在次月15日内缴入国库，并向税务机关报送《个人所得税扣缴申报表》。

2. 全员全额扣缴税款的所得项目

实行个人所得税全员全额扣缴申报的应税所得包括：

（1）工资、薪金所得；

（2）劳务报酬所得；

（3）稿酬所得；

（4）特许权使用费所得：

（5）利息、股息、红利所得；

（6）财产租赁所得；

（7）财产转让所得；

（8）偶然所得。

27.7.2　自行申报纳税

1. 取得综合所得需要办理汇算清缴的纳税申报

取得综合所得且符合下列情形之一的纳税人，应当依法办理汇算清缴：

（1）从两处以上取得综合所得，且综合所得年收入额减除专项扣除后的余额超过 6 万元；

（2）取得劳务报酬所得、稿酬所得、特许权使用费所得中一项或者多项所得，且综合所得年收入额减除专项扣除的余额超过 6 万元；

（3）纳税年度内预缴税额低于应纳税额；

（4）纳税人申请退税。

需要办理汇算清缴的纳税人，应当在取得所得的次年 3 月 1 日至 6 月 30 日，向任职、受雇单位所在地主管税务机关办理纳税申报，并报送《个人所得税年度自行纳税申报表》。纳税人有两处以上任职、受雇单位的，选择向其中一处任职、受雇单位所在地主管税务机关办理纳税申报；纳税人没有任职、受雇单位的，向户籍所在地或经常居住地主管税务机关办理纳税申报。

纳税人办理综合所得汇算清缴，应当准备与收入、专项扣除、专项附加扣除、依法确定的其他扣除、捐赠、享受税收优惠等相关的资料，并按规定留存备查或报送。

2. 取得经营所得的纳税申报

个体工商户业主、个人独资企业投资者、合伙企业个人合伙人、承包承租经营者个人以及其他从事生产、经营活动的个人取得经营所得，包括以下情形：

（1）个体工商户从事生产、经营活动取得的所得，个人独资企业投资人、合伙企业的个人合伙人来源于境内注册的个人独资企业、合伙企业生产、经营的所得；

（2）个人依法从事办学、医疗、咨询以及其他有偿服务活动取得的所得；

（3）个人对企业、事业单位承包经营、承租经营以及转包、转租取得的所得；

（4）个人从事其他生产、经营活动取得的所得。

纳税人取得经营所得，按年计算个人所得税，由纳税人在月度或季度终了后 15 日内，向经营管理所在地主管税务机关办理预缴纳税申报，并报送《个人所得税经营所得纳税申报表

（A表）》。在取得所得的次年3月31日前，向经营管理所在地主管税务机关办理汇算清缴，并报送《个人所得税经营所得纳税申报表（B表）》；从两处以上取得经营所得的，选择向其中一处经营管理所在地主管税务机关办理年度汇总申报，并报送《个人所得税经营所得纳税申报表（C表）》。

3. 取得应税所得，扣缴义务人未扣缴税款的纳税申报

纳税人取得应税所得，扣缴义务人未扣缴税款的，应当区别以下情形办理纳税申报。

（1）居民个人取得综合所得的，按照本公告第一条办理。

（2）非居民个人取得工资、薪金所得，劳务报酬所得，稿酬所得，特许权使用费所得的，应当在取得所得的次年6月30日前，向扣缴义务人所在地主管税务机关办理纳税申报，并报送《个人所得税自行纳税申报表（A表）》。有两个以上扣缴义务人均未扣缴税款的，选择向其中一处扣缴义务人所在地主管税务机关办理纳税申报。

非居民个人在次年6月30日前离境（临时离境除外）的，应当在离境前办理纳税申报。

（3）纳税人取得利息、股息、红利所得，财产租赁所得，财产转让所得和偶然所得的，应当在取得所得的次年6月30日前，按相关规定向主管税务机关办理纳税申报，并报送《个人所得税自行纳税申报表（A表）》。

税务机关通知限期缴纳的，纳税人应当按照期限缴纳税款。

4. 取得境外所得的纳税申报

居民个人从中国境外取得所得的，应当在取得所得的次年3月1日至6月30日内，向中国境内任职、受雇单位所在地主管税务机关办理纳税申报；在中国境内没有任职、受雇单位的，向户籍所在地或中国境内经常居住地主管税务机关办理纳税申报；户籍所在地与中国境内经常居住地不一致的，选择其中一地主管税务机关办理纳税申报；在中国境内没有户籍的，向中国境内经常居住地主管税务机关办理纳税申报。

5. 因移居境外注销中国户籍的纳税申报

纳税人因移居境外注销中国户籍的，应当在申请注销中国户籍前，向户籍所在地主管税务机关办理纳税申报，进行税款清算。

（1）纳税人在注销户籍年度取得综合所得的，应当在注销户籍前，办理当年综合所得的汇算清缴，并报送《个人所得税年度自行纳税申报表》。尚未办理上一年度综合所得汇算清缴的，应当在办理注销户籍纳税申报时一并办理。

（2）纳税人在注销户籍年度取得经营所得的，应当在注销户籍前，办理当年经营所得的汇算清缴，并报送《个人所得税经营所得纳税申报表（B表）》。从两处以上取得经营所得的，还应当一并报送《个人所得税经营所得纳税申报表（C表）》。尚未办理上一年度经营所得汇算清缴的，应当在办理注销户籍纳税申报时一并办理。

（3）纳税人在注销户籍当年取得利息、股息、红利所得，财产租赁所得，财产转让所得和偶然所得的，应当在注销户籍前，申报当年上述所得的完税情况，并报送《个人所得税自行纳税申报表（A表）》。

（4）纳税人有未缴或者少缴税款的，应当在注销户籍前，结清欠缴或未缴的税款。纳税人存在分期缴税且未缴纳完毕的，应当在注销户籍前，结清尚未缴纳的税款。

（5）纳税人办理注销户籍纳税申报时，需要办理专项附加扣除、依法确定的其他扣除的，应当向税务机关报送《个人所得税专项附加扣除信息表》《商业健康保险税前扣除情况明细表》《个人税收递延型商业养老保险税前扣除情况明细表》等。

6. 非居民个人在中国境内从两处以上取得工资、薪金所得的纳税申报

非居民个人在中国境内从两处以上取得工资、薪金所得的，应当在取得所得的次月 15 日内，向其中一处任职、受雇单位所在地主管税务机关办理纳税申报，并报送《个人所得税自行纳税申报表（A 表）》。

7. 申报纳税地点

申报纳税地点一般应为收入来源地的税务机关。但是，纳税人有两处或两处以上任职、受雇单位的，可选择并固定在一地税务机关申报纳税；纳税人没有任职、受雇单位的，向户籍所在地或经常居住地主管税务机关办理纳税申报。从境外取得所得的，应向境内户籍所在地或经常居住地税务机关申报纳税。

对在中国境内几地工作或提供劳务的临时来华人员，应以税法所规定的申报纳税日期为准，在某一地区达到申报纳税的日期，即应在该地申报纳税。但为了方便纳税，也可准予个人提出申请，经批准后固定在一地申报纳税。对由在华企业或办事机构发放工资、薪金的外籍纳税人，由在华企业或办事机构集中向当地税务机关申报纳税。

纳税人要求变更申报纳税地点的，须经原主管税务机关批准。

8. 申报纳税方式

个人所得税的申报纳税方式主要有三种，即由本人直接申报纳税、委托他人代为申报纳税，以及采用邮寄方式在规定的申报期内申报纳税。其中，采取邮寄方式申报纳税的，以寄出地的邮戳日期为实际申报日期。

27.7.3　专项附加扣除操作办法

1. 享受扣除及办理时间

纳税人享受符合规定的专项附加扣除的计算时间分别如下。

（1）子女教育。学前教育阶段，为子女年满 3 周岁当月至小学入学前一月。学历教育，为子女接受全日制学历教育入学的当月至全日制学历教育结束的当月。

（2）继续教育。学历（学位）继续教育，为在中国境内接受学历（学位）继续教育入学的当月至学历（学位）继续教育结束的当月，同一学历（学位）继续教育的扣除期限最长不得超过 48 个月。技能人员职业资格继续教育、专业技术人员职业资格继续教育，为取得相关证书的当年。

学历教育和学历（学位）继续教育的期间，包含因病或其他非主观原因休学但学籍继续保留的休学期间，以及施教机构按规定组织实施的寒暑假等假期。

（3）大病医疗。专项附加扣除的时间为医疗保障信息系统记录的医药费用实际支出的当年。

（4）住房贷款利息。专项附加扣除的时间为贷款合同约定开始还款的当月至贷款全部归还或贷款合同终止的当月，扣除期限最长不得超过 240 个月。

（5）住房租金。专项附加扣除的时间为租赁合同（协议）约定的房屋租赁期开始的当月至租赁期结束的当月；提前终止合同（协议）的，以实际租赁期限为准。

（6）赡养老人。专项附加扣除的时间为被赡养人年满60周岁的当月至赡养义务终止的年末。

（7）3岁以下婴幼儿照护。专项附加扣除的时间为婴幼儿出生的当月至年满3周岁的前一个月。

享受子女教育、继续教育、住房贷款利息或者住房租金、赡养老人专项附加扣除的纳税人，自符合条件开始，可以向支付工资、薪金所得的扣缴义务人提供上述专项附加扣除有关信息，由扣缴义务人在预扣预缴税款时，按其在本单位本年可享受的累计扣除额办理扣除；也可以在次年3月1日至6月30日，向汇缴地主管税务机关办理汇算清缴申报时扣除。

享受大病医疗专项附加扣除的纳税人，由其在次年3月1日至6月30日内，自行向汇缴地主管税务机关办理汇算清缴申报时扣除。

扣缴义务人办理工资、薪金所得预扣预缴税款时，应当根据纳税人报送的《个人所得税专项附加扣除信息表》（以下简称《扣除信息表》）为纳税人办理专项附加扣除。

纳税人年度中间更换工作单位的，在原单位任职、受雇期间已享受的专项附加扣除金额，不得在新任职、受雇单位扣除。原扣缴义务人应当自纳税人离职不再发放工资、薪金所得的当月起，停止为其办理专项附加扣除。

一个纳税年度内，纳税人在扣缴义务人预扣预缴税款环节未享受或未足额享受专项附加扣除的，可以在当年内向支付工资、薪金的扣缴义务人申请在剩余月份发放工资、薪金时补充扣除，也可以在次年3月1日至6月30日，向汇缴地主管税务机关办理汇算清缴时申报扣除。

2. 报送信息及留存备查资料

纳税人选择在扣缴义务人发放工资、薪金所得时享受专项附加扣除的，首次享受时应当填写并向扣缴义务人报送《扣除信息表》；纳税年度中间相关信息发生变化的，纳税人应当更新《扣除信息表》相应栏次，并及时报送给扣缴义务人。更换工作单位的纳税人，需要由新任职、受雇扣缴义务人办理专项附加扣除的，应当在入职的当月，填写并向扣缴义务人报送《扣除信息表》。

纳税人次年需要由扣缴义务人继续办理专项附加扣除的，应当于每年12月对次年享受专项附加扣除的内容进行确认，并报送至扣缴义务人。纳税人未及时确认的，扣缴义务人于次年1月起暂停扣除，待纳税人确认后再行办理专项附加扣除。扣缴义务人应当将纳税人报送的专项附加扣除信息，在次月办理扣缴申报时一并报送至主管税务机关。

纳税人选择在汇算清缴申报时享受专项附加扣除的，应当填写并向汇缴地主管税务机关报送《扣除信息表》。

纳税人将需要享受的专项附加扣除项目信息填报至《扣除信息表》相应栏次。填报要素完整的，扣缴义务人或者主管税务机关应当受理；填报要素不完整的，扣缴义务人或者主管税务机关应当及时告知纳税人补正或重新填报。纳税人未补正或重新填报的，暂不办理相关专项附加扣除，待纳税人补正或重新填报后再行办理。

（1）纳税人享受子女教育专项附加扣除，应当填报配偶及子女的姓名、身份证件类型及号码、子女当前受教育阶段及起止时间、子女就读学校以及本人与配偶之间扣除分配比例等信息。纳税人需要留存备查的资料包括子女在境外接受教育的，应当留存境外学校录取通知书、留学签证等境外教育佐证资料。

（2）纳税人享受继续教育专项附加扣除：接受学历（学位）继续教育的，应当填报教育起止时间、教育阶段等信息；接受技能人员或者专业技术人员职业资格继续教育的，应当填报证书名称、证书编号、发证机关、发证（批准）时间等信息。纳税人需要留存备查的资料包括：纳税人接受技能人员职业资格继续教育、专业技术人员职业资格继续教育的，应当留存职业资格相关证书等资料。

（3）纳税人享受住房贷款利息专项附加扣除，应当填报住房权属信息、住房坐落地址、贷款方式、贷款银行、贷款合同编号、贷款期限、首次还款日期等信息；纳税人有配偶的，填写配偶姓名、身份证件类型及号码。纳税人需要留存备查的资料包括：住房贷款合同、贷款还款支出凭证等资料。

（4）纳税人享受住房租金专项附加扣除，应当填报主要工作城市、租赁住房坐落地址、出租人姓名及身份证件类型和号码或者出租方单位名称及纳税人识别号（社会统一信用代码）、租赁起止时间等信息；纳税人有配偶的，填写配偶姓名、身份证件类型及号码。纳税人需要留存备查的资料包括住房租赁合同或协议等资料。

（5）纳税人享受赡养老人专项附加扣除，应当填报纳税人是否为独生子女、月扣除金额、被赡养人姓名及身份证件类型和号码、与纳税人关系；有共同赡养人的，需填报分摊方式、共同赡养人姓名及身份证件类型和号码等信息。纳税人需要留存备查的资料包括约定或指定分摊的书面分摊协议等资料。

（6）纳税人享受大病医疗专项附加扣除，应当填报患者姓名、身份证件类型及号码、与纳税人关系、与基本医保相关的医药费用总金额、医保目录范围内个人负担的自付金额等信息。纳税人需要留存备查的资料包括大病患者医药服务收费及医保报销相关票据原件或复印件，或者医疗保障部门出具的纳税年度医药费用清单等资料。

纳税人应当对报送的专项附加扣除信息的真实性、准确性、完整性负责。

3. 信息报送方式

纳税人可以通过远程办税端、电子或者纸质报表等方式，向扣缴义务人或者主管税务机关报送个人专项附加扣除信息。

纳税人选择纳税年度内由扣缴义务人办理专项附加扣除的，按下列规定办理。

（1）纳税人通过远程办税端选择扣缴义务人并报送专项附加扣除信息的，扣缴义务人根据接收的扣除信息办理扣除。

（2）纳税人通过填写电子或者纸质《扣除信息表》直接报送扣缴义务人的，扣缴义务人将相关信息导入或者录入扣缴端软件，并在次月办理扣缴申报时提交给主管税务机关。《扣除信息表》应当一式两份，纳税人和扣缴义务人签字（章）后分别留存备查。

4. 后续管理

纳税人应当将《扣除信息表》及相关留存备查资料，自法定汇算清缴期结束后保存 5 年。

纳税人报送给扣缴义务人的《扣除信息表》，扣缴义务人应当自预扣预缴年度的次年起留存 5 年。

纳税人向扣缴义务人提供专项附加扣除信息的，扣缴义务人应当按照规定予以扣除，不得拒绝。扣缴义务人应当为纳税人报送的专项附加扣除信息保密。

扣缴义务人应当及时按照纳税人提供的信息计算办理扣缴申报，不得擅自更改纳税人提供的相关信息。

扣缴义务人发现纳税人提供的信息与实际情况不符，可以要求纳税人修改。纳税人拒绝修改的，扣缴义务人应当向主管税务机关报告，税务机关应当及时处理。

除纳税人另有要求外，扣缴义务人应当于年度终了后2个月内，向纳税人提供已办理的专项附加扣除项目及金额等信息。

税务机关定期对纳税人提供的专项附加扣除信息开展抽查。

税务机关核查时，纳税人无法提供留存备查资料，或者留存备查资料不能支持相关情况的，税务机关可以要求纳税人提供其他佐证；不能提供其他佐证材料，或者佐证材料仍不足以支持的，不得享受相关专项附加扣除。

税务机关核查专项附加扣除情况时，可以提请有关单位和个人协助核查，相关单位和个人应当协助。

纳税人有下列情形之一的，主管税务机关应当责令其改正；情形严重的，应当纳入有关信用信息系统，并按照国家有关规定实施联合惩戒；涉及违反税收征收管理法等法律法规的，税务机关依法进行处理：

（1）报送虚假专项附加扣除信息；

（2）重复享受专项附加扣除；

（3）超范围或标准享受专项附加扣除；

（4）拒不提供留存备查资料；

（5）国家税务总局规定的其他情形。

纳税人在任职、受雇单位报送虚假扣除信息的，税务机关责令改正的同时，通知扣缴义务人。

27.8 个人独资企业和合伙企业个人所得税的缴纳

27.8.1 个人独资企业、合伙企业个人所得税一般规定

根据国务院的决定，自2000年1月1日起，个人独资企业和合伙企业不再缴纳企业所得税，只对投资者个人取得的生产经营所得征收个人所得税。按照《个人独资企业和合伙企业投资者征收个人所得税的规定》（财税〔2000〕91号）的规定，个人独资企业和合伙企业为：

（1）依照《中华人民共和国个人独资企业法》和《中华人民共和国合伙企业法》登记成立的个人独资企业、合伙企业；

（2）依照《中华人民共和国私营企业暂行条例》登记成立的独资、合伙性质的私营企业；

（3）依照《中华人民共和国律师法》登记成立的合伙制律师事务所；

（4）经政府有关部门依照法律法规批准成立的负无限责任和无限连带责任的其他个人独

资、个人合伙性质的机构或组织。

个人独资企业以投资者为纳税人，合伙企业以每一个合伙人为纳税人（以下称"投资者"）。

27.8.2　个人独资企业、合伙企业的个人所得税税率

凡实行查账征税办法的个人独资企业、合伙企业，其税率比照"个体工商户的生产经营所得"应税项目，适用 5% ~ 35% 的五级超额累进税率，计算征收个人所得税；实行核定应税所得率征收方式的个人独资企业、合伙企业，先按照应税所得率计算其应纳税所得额，再按其应纳税所得额的大小，适用 5% ~ 35% 的五级超额累进税率计算征收个人所得税。

投资者兴办两个或两个以上企业的（包括参与兴办），年度终了时，应汇总从所有企业取得的应纳税所得额，据此确定适用税率并计算缴纳个人所得税。

27.8.3　个人独资企业、合伙企业个人所得税的计算

个人独资企业和合伙企业（以下简称"企业"）的应纳税所得额，等于每一纳税年度的收入总额减除成本、费用以及损失后的余额。

1. 收入总额

收入总额是指企业从事生产经营以及与生产经营有关的活动所取得的各项收入，包括商品（产品）销售收入、营运收入、劳务服务收入、工程价款收入、财产出租或转让收入、利息收入、其他业务收入和营业外收入。

个人独资企业的投资者以全部生产经营所得为应纳税所得额；合伙企业的投资者按照合伙企业的全部生产经营所得和合伙协议约定的分配比例确定应纳税所得额，合伙协议没有约定分配比例的，以全部生产经营所得和合伙人数量平均计算每个投资者的应纳税所得额。

生产经营所得，包括企业分配给投资者个人的所得和企业当年留存的所得（利润）。

2. 扣除项目

扣除项目比照《个体工商户个人所得税计税办法（试行）》（国税发〔1997〕43 号）的规定确定。但下列项目的扣除依照本规定执行。

（1）投资者的费用扣除标准，由各省、自治区、直辖市地方税务局参照个人所得税法"工资、薪金所得"项目的费用扣除标准确定。投资者的工资不得在税前扣除。

投资者兴办两个或两个以上企业的，其费用扣除标准由投资者选择在其中一个企业的生产经营所得中扣除。

本条规定的意义是：投资者的工资、薪金收入不再按照工资、薪金的规定单独征税，而是将其与生产、经营所得一并计算，但可按照工资、薪金征税的规定计算扣除相应的费用。相应费用的扣除，是指省、自治区、直辖市地方税务局规定允许扣除的投资者个人的费用。如各省、自治区、直辖市地方税务局未做规定的，不得扣除。

（2）企业从业人员的工资支出按标准在税前扣除，具体标准由各省、自治区、直辖市地方税务局参照企业所得税计税工资标准确定。

（3）投资者及其家庭发生的生活费用不允许在税前扣除。投资者及其家庭发生的生活费用与企业生产经营费用混合在一起，并且难以划分的，全部视为投资者个人及其家庭发生的生

活费用，不允许在税前扣除。

（4）企业生产经营和投资者及其家庭生活共用的固定资产，难以划分的，由主管税务机关根据企业的生产经营类型、规模等具体情况，核定准予在税前扣除的折旧费用的数额或比例。

（5）企业实际发生的工会经费、职工福利费、职工教育经费分别在其计税工资总额的2%、14%、1.5%的标准内据实扣除。

（6）企业每一纳税年度发生的广告和业务宣传费用不超过当年销售（营业）收入15%的部分，可据实扣除；超过部分可无限期向以后纳税年度结转。

（7）企业每一纳税年度发生的与其生产经营业务直接相关的业务招待费，按照发生额的60%扣除，但是最高不得超过当年销售或者营业收入的5‰。

（8）企业与其关联企业之间的业务往来，应当按照独立企业之间的业务往来收取或者支付价款、费用。不按照独立企业之间的业务往来收取或者支付价款、费用，而减少其应纳税所得额的，主管税务机关有权进行合理调整。

所称关联企业，其认定条件及税务机关调整其价款、费用的方法，按照《税收征收管理法》及其实施细则的有关规定执行。

（9）投资者兴办两个或两个以上企业应纳税额的计算方法：汇总其投资兴办的所有企业的经营所得作为应纳税所得额，以此确定适用税率，计算出全年经营所得的应纳税额，再根据每个企业的经营所得占所有企业经营所得的比例，分别计算出每个企业的应纳税额和应补缴税额。计算公式如下：

$$应纳税所得额 = \sum 各个企业的经营所得$$
$$应纳税额 = 应纳税所得额 \times 税率 - 速算扣除数$$
$$本企业应纳税额 = 应纳税额 \times 本企业的经营所得 \div \sum 各个企业的经营所得$$
$$本企业应补缴的税额 = 本企业应纳税额 - 本企业预缴的税额$$

3. 亏损弥补

（1）企业的年度亏损，允许用本企业下一年度的生产经营所得弥补，下一年度所得不足弥补的，允许逐年延续弥补，但最长不得超过5年。

（2）投资者兴办两个或两个以上企业的，企业的年度经营亏损不能跨企业弥补。

（3）实行查账征税方式的个人独资企业和合伙企业改为核定征税方式后，在查账征税方式下认定的年度经营亏损未弥补完的部分，不得再继续弥补。

4. 境外所得和清算所得

（1）投资者来源于中国境外的生产经营所得，已在境外缴纳所得税的，可以按照个人所得税法的有关规定计算扣除已在境外缴纳的所得税。

（2）企业进行清算时，投资者应当在注销工商登记之前，向主管税务机关结清有关税务事宜。企业的清算所得应当视为年度生产经营所得，由投资者依法缴纳个人所得税。

清算所得是指企业清算时的全部资产或者财产的公允价值扣除各项清算费用、损失、负债、以前年度留存的利润后，超过实缴资本的部分。

5. 对外投资分回的利息、股息、红利

个人独资企业和合伙企业对外投资分回的利息、股息、红利，不并入企业的收入，而应单独作为投资者个人取得的利息、股息、红利所得，按"利息、股息、红利所得"应税项目计算缴纳个人所得税。以合伙企业名义对外投资分回利息、股息、红利的，应按比例确定各个投资者的利息、股息、红利所得，分别按"利息、股息、红利所得"应税项目计算缴纳个人所得税。

6. 企业为个人家庭成员的消费性支出或出借资金

对个人投资者征收个人所得税的有关处理如下。

（1）关于个人投资者以企业（包括个人独资企业、合伙企业和其他企业）资金为本人、家庭成员及其相关人员支付消费性支出及购买家庭财产的处理问题。

个人独资企业、合伙企业的个人投资者以企业资金为本人、家庭成员及其相关人员支付与企业生产经营无关的消费性支出及购买汽车、住房等财产性支出，视为企业对个人投资者的利润分配，并入投资者个人的生产经营所得，依照"个体工商户的生产经营所得"项目计征个人所得税。

除个人独资企业、合伙企业以外的其他企业的个人投资者，以企业资金为本人、家庭成员及其相关人员支付与企业生产经营无关的消费性支出及购买汽车、住房等财产性支出，视为企业对个人投资者的红利分配，依照"利息、股息、红利所得"项目计征个人所得税。

企业的上述支出不允许在所得税前扣除。

（2）关于个人投资者从其投资的企业（个人独资企业、合伙企业除外）借款长期不还的处理问题。

纳税年度内个人投资者从其投资企业（个人独资企业、合伙企业除外）借款在该纳税年度终了后既不归还，又未用于企业生产经营的，其未归还的借款可视为企业对个人投资者的红利分配，依照"利息、股息、红利所得"项目计征个人所得税。

对私营有限责任公司的企业所得税后剩余利润，不分配、不投资、挂账达 1 年的，从挂账的第 2 年起，依照投资者（股东）出资比例计算分配征收个人所得税的规定，同时停止执行。

27.8.4　核定征收

1. 核定征收的范围

有下列情形之一的，主管税务机关应采取核定征收方式征收个人所得税：

（1）企业依照国家有关规定应当设置但未设置账簿的；

（2）企业虽设置账簿，但账目混乱或者成本资料、收入凭证、费用凭证残缺不全，难以查账的；

（3）纳税人发生纳税义务，未按照规定的期限办理纳税申报，经税务机关责令限期申报，逾期仍不申报的。

2. 核定征收方式

核定征收方式，包括定额征收、核定应税所得率征收以及其他合理的征收方式。

实行核定应税所得率征收方式的，应纳所得税的计算公式如下：

$$应纳所得税额 = 应纳税所得额 \times 适用税率$$

$$应纳税所得额 = 收入总额 \times 应税所得率$$

或：

$$应纳税所得税额 = 成本费用支出额 \div （1 - 应税所得率）\times 应税所得率$$

企业经营多业的，无论其经营项目是否单独核算，均应根据其主营项目确定其适用的应税所得率。

27.8.5 税收优惠

残疾人员投资兴办或参与投资兴办个人独资企业和合伙企业的，取得的生产经营所得，符合各省、自治区、直辖市人民政府规定的减征个人所得税条件的，经本人申请、主管税务机关审核批准，可按各省、自治区、直辖市人民政府规定减征的范围和幅度，减征个人所得税。

实行核定征税的投资者，不能享受个人所得税的优惠政策。

27.8.6 征收管理

个人所得税征收管理的其他事项，依照《税收征收管理法》《个人所得税法》的有关规定执行。

1. 申报缴纳期限

（1）投资者应纳的个人所得税税款，按年计算，分月或者分季预缴，由投资者在每月或者每季度终了后7日内预缴，年度终了后3个月内汇算清缴，多退少补。

（2）企业在年度中间合并、分立、终止时，投资者应当在停止生产经营之日起60日内，向主管税务机关办理当期个人所得税汇算清缴。

（3）企业在纳税年度的中间开业，或者合并、关闭等原因，使该纳税年度的实际经营期不足12个月的，应当以其实际经营期为一个纳税年度。

（4）投资者在预缴个人所得税时，应向主管税务机关报送《个人独资企业和合伙企业投资者个人所得税申报表》，并附送会计报表。

（5）年度终了后30日内，投资者应向主管税务机关报送《个人独资企业和合伙企业投资者个人所得税申报表》，并附送年度会计决算报表和预缴个人所得税纳税凭证。

（6）投资者兴办两个或两个以上企业的，向企业实际经营管理所在地主管税务机关办理年度纳税申报时，应附注从其他企业取得的年度应纳税所得额；其中含有合伙企业的，应报送汇总从所有企业取得的所得情况的《合伙企业投资者个人所得税汇总申报表》，同时附送所有企业的年度会计决算报表和当年度已缴个人所得税纳税凭证。

2. 纳税地点

投资者应向企业实际经营管理所在地主管税务机关申报缴纳个人所得税。投资者从合伙企业取得的生产经营所得，由合伙企业向企业实际经营管理所在地主管税务机关申报缴纳投资者应纳的个人所得税，并将个人所得税申报表抄送投资者。

投资者兴办两个或两个以上企业的，应分别向企业实际经营管理所在地主管税务机关预缴税款。年度终了后办理汇算清缴时，区别以下不同情况分别处理。

（1）投资者兴办的企业全部是个人独资性质的，投资者应分别向各企业的实际经营管理所在地主管税务机关办理年度纳税申报；并依所有企业的经营所得总额确定适用税率，以本企业的经营所得为基础，计算应纳税款，办理汇算清缴。

应纳税款的具体计算方法为：汇总其投资兴办的所有企业的经营所得的应纳税所得额，以此确定适用税率，计算出全年经营所得的应纳税额，再根据每个企业的经营所得占所有企业经营所得的比例，分别计算出每个企业的应纳税额和应补缴税额。计算公式为：

$$应纳税所得额 = \sum 各个企业的经营所得$$

$$应纳税额 = 应纳税所得额 \times 税率 - 速算扣除数$$

$$本企业应纳税额 = 应纳税额 \times 本企业的经营所得 \div \sum 各个企业的经营所得$$

$$本企业应补缴的税额 = 本企业应纳税额 - 本企业预缴的税额$$

（2）投资者兴办的企业中含有合伙性质的，投资者应向经常居住地主管税务机关申报纳税，办理汇算清缴，但经常居住地与其兴办企业的经营管理所在地不一致的，应选定其参与兴办的某一合伙企业的经营管理所在地为办理年度汇算清缴所在地，并在 5 年内不得变更。5 年后需要变更的，须经原主管税务机关批准。

27.8.7　代扣代缴个人所得税报告表

代扣代缴个人所得税报告表如表 27-5 所示。

表 27-5　代扣代缴个人所得税报告表

扣缴义务人编码：

扣缴义务人名称（公章）：							填表日期：　　年 月 日										
序号	纳税人姓名	证件类型	身份证件号码	国籍	所得项目	所得期间	收入额	免税收入	允许扣除的税费	费用扣除标准	准予扣除的捐赠额	应纳税所得额	税率/%	速算扣除数	应扣税额	已扣税额	备注
1	2	3	4	5	6	7	8	9	10	11	12	13	14	15	16	17	18
合计									—	—	—	—		—			

扣缴义务人声明

会计主管签字：　　　负责人签字：　　　　扣缴单位（或法定代表人）（签章）：

受理人（签章）：　　　受理日期：　　　年　　月　　日　　　受理税务机关（章）：

国家税务总局监制

本表一式二份，一份扣缴义务人留存，一份报主管税务机关

第 28 章
房产税

本章导读

房产税是以房屋为征税对象，按房屋的计税余值或租金收入为计税依据，向产权所有人征收的一种财产税。传统意义上的房产税主要针对用于经营或出租的房屋，一般居民用于自住的房屋不在征税范围。为了调控我国楼市价格不断上升的局面、调节收入分配，我国在 2011 年 1 月开始进行房产税改革，以上海、重庆等为试点城市，对居民自住的第二套自有住房开始征收房产税。企业经营用房产、出租用房产都需要缴纳房产税，随着试点范围的不断扩大，更多的居民住房也需要缴纳房产税。房产税是与我们的生活息息相关的一种税。

本章将解答以下问题。

（1）房产税是一种什么税？

（2）房产税的征税范围有哪些？

（3）房产税的纳税人有哪些？

（4）房产税的税率、计税依据是什么？

（5）房产税的优惠政策有哪些？

（6）房产税的纳税申报是怎样的？

28.1 认识房产税

28.1.1 什么是房产税

房产税是以房屋为征税对象，按房屋的计税余值或租金收入为计税依据，向产权所有人征收的一种财产税。

所谓房产，是以房屋形态表现的财产。房屋则是指有屋面和围护结构（有墙或两边有柱），能够遮风避雨，可供人们在其中生产、工作、学习、娱乐、居住或储藏物资的场所。至于那些独立于房屋之外的建筑物，如围墙、烟囱、水塔、变电塔、油池油柜、酒窖菜窖、酒精池、糖蜜池、室外游泳池、玻璃暖房、砖瓦石灰窑以及各种油气罐等，则不属于房产。

28.1.2 房产税的特点

（1）房产税的征税对象只是房屋，它属于财产税中的个别财产税。

（2）房产税的征税范围限于城镇的经营性房屋。

（3）房产税按照房屋的经营使用方式不同，规定了不同的征税办法。

28.2　房产税的征税范围和纳税人

28.2.1　房产税的征税范围

《中华人民共和国房产税暂行条例》规定，房产税在城市、县城、建制镇和工矿区征收。也就是说，房产税的征税范围是位于以上地区的房屋。具体规定如下。

（1）城市是指经国务院批准设立的城市。城市的征税范围为市区、郊区和市辖县县城，不包括农村。

（2）县城是指未设立建制镇的县人民政府所在地。

（3）建制镇是指经省、自治区、直辖市人民政府批准设立的建制镇。建制镇的征税范围为镇人民政府所在地，不包括所辖的行政村。

（4）工矿区是指工商业比较发达，人口比较集中，符合国务院规定的建制镇标准，但尚未设立建制镇的大中型工矿企业所在地。开征房产税的工矿区须经省、自治区、直辖市人民政府批准。

28.2.2　房产税的纳税人

房产税以在征税范围内的房屋产权所有人为纳税人。具体规定如下。

（1）产权属国家所有的，由经营管理单位纳税；产权属集体和个人所有的，由集体单位和个人纳税。

（2）产权出典的，由承典人纳税。

（3）产权所有人、承典人不在房屋所在地的，由房产代管人或者使用人纳税。

（4）产权未确定及租典纠纷未解决的，由房产代管人或者使用人纳税。

（5）无租使用其他房产的问题。纳税单位和个人无租使用房产管理部门、免税单位及纳税单位的房产，应由使用人代为缴纳房产税。

（6）自 2009 年 1 月 1 日起，外商投资企业、外国企业和组织以及外籍个人，依照《中华人民共和国房产税暂行条例》缴纳房产税。

28.3　房产税的计税依据、税率、减免税优惠和计算

28.3.1　房产税的计税依据

房产税采用从价计征的征税方式，计税办法分为按计税余值计税和按租金收入计税两种，因此，房产税的计税依据也就包括房产的计税余值和房屋租金两种。

1. 对经营自用的房屋，以房产的计税余值作为计税依据

所谓计税余值，是指依照税法规定按房产原值一次减除 10%~30% 的损耗价值以后的余额。具体规定如下。

（1）房产原值是指纳税人按照会计制度规定，在账簿"固定资产"科目中记载的房屋原价。因此，凡按会计制度规定在账簿中记载有房屋原价的，应以房屋原价按规定减除一定比例后作为房产余值计征房产税；没有记载房屋原价的，按照上述原则，并参照同类房屋确定房产

原值，按规定计征房产税。

（2）房产原值应包括与房屋不可分割的各种附属设备或一般不单独计算价值的配套设施。主要有：暖气、卫生、通风、照明、煤气等设备；各种管线，如蒸汽、压缩空气、石油、给水排水等管道及电力、电信、电缆导线；电梯、升降机、过道、晒台等。属于房屋附属设备的水管、下水道、暖气管、煤气管等应从最近的探视井或三通管起，计算原值；电灯网、照明线从进线盒连接管起，计算原值。

（3）纳税人对原有房屋进行改建、扩建的，要相应增加房屋的原值。

（4）在确定计税余值时，房产原值的具体减除比例，由省、自治区、直辖市人民政府在税法规定的减除幅度内自行确定。这样规定，既有利于各地区根据本地情况，因地制宜地确定计税余值，又有利于平衡各地税收负担，简化计算手续，提高征管效率。

（5）按照房产原值一次减除10%~30%损耗后的余值计征，10%~30%的具体扣除比例由省、自治区、直辖市人民政府确定。

①房产原值以会计账簿记录为基础，但无论会计上如何核算，房产原值均应包含地价和不可移动的房屋附属设施。

②独立的地下建筑物在进行10%~30%的扣除前先对房产的原值进行确定：

a.地下建筑物为工业用途的，以房屋原价的50%~60%作为应税房产原值；

b.地下建筑物为商业及其他用途的，以房屋原价的70%~80%作为应税房产原值。

2. 对于出租的房屋，以租金收入为计税依据

房产的租金收入，是房屋产权所有人出租房产使用权所取得的报酬，包括货币收入和实物收入。对以劳务或其他形式作为报酬抵付房租收入的，应根据当地同类房产的租金水平，确定一个标准租金额，依率计征。

如果纳税人对个人出租房屋的租金收入申报不实或申报数与同一地段同类房屋的租金收入相比明显不合理的，税务部门可以按照《税收征收管理法》的有关规定，采取科学合理的方法核定其应纳税款。具体办法由各省、自治区、直辖市税务机关结合当地实际情况制定。

28.3.2 房产税的税率

房产税采用比例税率，根据房产税的计税依据有以下情况：

（1）依据房产计税余值计税的，税率为1.2%；

（2）依据房产租金收入计税的，税率为12%；

（3）个人出租住房（不分出租后用途），依据房产租金收入计税，税率为4%；

（4）对企事业单位、社会团体以及其他组织向个人、专业化规模化住房租赁企业出租住房，依据房产租金收入计税，税率为4%。

28.3.3 房产税的减免税优惠

依据《中华人民共和国房产税暂行条例》及有关规定，目前房产税的减免税优惠如下。

（1）国家机关、人民团体、军队自用的房产免征房产税。

（2）由国家财政部门拨付事业经费的单位自用的房产免征房产税。

（3）宗教寺庙、公园、名胜古迹自用的房产免征房产税。

①宗教寺庙自用的房产，是指举行宗教仪式等的房屋和宗教人员使用的生活用房屋。

②公园、名胜古迹自用的房产，是指供公共参观游览的房屋及其管理单位的办公用房屋。公园、名胜古迹中附设的营业单位，如影剧院、饮食部、茶社、照相馆等所使用的房产及出租的房产，应征收房产税。

对国家机关、人民团体、军队、国家财政部门拨付事业经费的单位，以及宗教寺庙、公园、名胜古迹自用的房产免征房产税；但这些单位非自用的房产，例如出租或营业用的，因为已有收入来源和纳税能力，所以应按照规定征收房产税。

（4）个人拥有的非营业用的房产免征房产税。对个人所有的非营业用房产予以免税，主要是为了照顾我国城镇居民目前住房的实际状况，鼓励个人建房、购房，改善住房条件，配合城市住房制度的改革。但是，对个人所有的营业用房或出租等非自用的房产，应按照规定征收房产税。

（5）对行使国家行政管理职能的中国人民银行总行（含国家外汇管理局）所属分支机构自用的房产，免征房产税。

（6）经财政部批准免税的其他房产，主要有：

①对非营利性医疗机构、疾病控制机构和妇幼保健机构等卫生机构自用的房产，免征房产税；

②自 2001 年 1 月 1 日起，对按政府规定价格出租的公有住房和廉租住房，包括企业和自收自支事业单位向职工出租的单位自有住房，房管部门向居民出租的公有住房，落实私房政策中带户发还产权并以政府规定租金标准向居民出租的私有住房等，暂免征收房产税；

③经营公租房的租金收入，免征房产税。公共租赁住房经营管理单位应单独核算公共租赁住房租金收入，未单独核算的，不得享受免征房产税优惠政策。

28.3.4　房产税的计算

房产税应纳税额的计算公式为：

$$应纳税额 = 房产计税余值（或租金收入）\times 适用税率$$

其中：
$$房产计税余值 = 房产原值 \times （1 - 原值减除率）$$

28.4　房产税的征收管理

28.4.1　纳税义务发生时间

（1）将原有房产用于生产经营，从生产经营之月起，计征房产税。

（2）自建的房屋用于生产经营的，自建成之日的次月起，计征房产税。

（3）委托施工企业建设的房屋，从办理验收手续之日的次月起，计征房产税。对于在办理验收手续前已使用或出租、出借的新建房屋，应从使用或出租、出借的当月起按规定计征房产税。

（4）购置新建商品房，自房屋交付使用之次月起计征房产税。

（5）购置存量房，自办理房屋权属转移、变更登记手续，房地产权属登记机关签发房屋权属证书之次月起计征房产税。

（6）出租、出借房产，自交付出租、出借房产之次月起计征房产税。

（7）房地产开发企业自用、出租、出借本企业建造的商品房，自房屋使用或交付之次日起计征房产税。

（8）自 2009 年 1 月 1 日起，纳税人因房产的实物或权利状态发生变化而依法终止房产税纳税义务的，其应纳税款的计算应截止到房产的实物或权利状态发生变化的当月月末。

28.4.2　纳税期限

房产税实行按年征收，分期缴纳，纳税期限由省、自治区、直辖市人民政府规定。各地一般按季或半年预征。

28.4.3　纳税申报

房产税纳税人应根据税法要求，将现有房屋的坐落地点、结构、面积、原值、出租收入等情况，据实向当地税务机关办理纳税申报，并按规定纳税。如果纳税人住址发生变更、产权发生转移，以及出现新建、改建、扩建、拆除房屋等情况，而引起房产原值发生变化或者租金收入变化的，都要按规定及时向税务机关办理变更登记，以便税务机关及时掌握纳税人的房产变动情况。

28.4.4　纳税地点

房产税在房产所在地缴纳。房产不在同一地方的纳税人，按房产的坐落地点分别向房产所在地的税务机关缴纳。

28.4.5　房产税纳税申报表的样式

房产税纳税申报表的样式如表 28-1 所示。

表 28-1 房产税纳税申报表

计算单位：元、平方米

税款所属时期： 年 月 日 至 年 月 日

本期是否适用增值税小规模纳税人减征政策 （减免性质代码 08049901）	□ 是 □ 否	本期适用增值税小规模纳税人减征政策起始时间	年 月	减征比例（%）
		本期适用增值税小规模纳税人减征政策终止时间	年 月	

（一）从价计征房产税

序号	房产编号	房产原值	其中：出租 房产原值	计税比例	税率	所属期起	所属期止	本期应 纳税额	本期减 免税额	本期增值税小规 模纳税人减征额	本期已 缴税额	本期应补（退） 税额
1												
2												
3												
合计												

（二）从租计征房产税

序号	本期申报租金收入	税率	本期应纳税额	本期减免税额	本期增值税小规模纳税人减 征额	本期已缴 税额	本期应补（退）税额
1							
2							
3							
合计							

声明：此表是根据国家税收法律法规及相关规定填写的，本人（单位）对填报内容（及附带资料）的真实性、可靠性、完整性负责。

纳税人（签章）： 年 月 日

经办人：

经办人身份证号：

代理机构签章：

代理机构统一社会信用代码：

受理人：

受理税务机关（章）：

受理日期： 年 月 日

第 29 章
印花税

本章导读

印花税的征税范围很广，几乎涉及各行各业。它是对经济活动和经济交往中书立、领受的应税经济凭证所征收的一种税，可以使国家通过贴花的金额了解经济活动的总量。印花税具有自行贴花缴纳的特点，印花税票的使用类似于我们常用的邮票。

本章将解答以下问题。

（1）印花税是一种什么税？

（2）经营过程中的所有经济凭证都需要缴纳印花税吗？

（3）印花税应怎么计算？

（4）印花税的优惠政策有哪些？

29.1 认识印花税

29.1.1 什么是印花税

印花税是对经济活动和经济交往中书立、领受的应税经济凭证所征收的一种税。因纳税人主要是通过在应税凭证上粘贴印花税票来完成纳税义务的，故名印花税。

2021 年 6 月 10 日第十三届全国人民代表大会常务委员会第二十九次会议通过了《中华人民共和国印花税法》，于 2022 年 7 月 1 日起正式实施。

29.1.2 印花税的特点

同其他的税种相比较，印花税不论是在性质上，还是在征税方法方面，都具有不同于其他税种的特点。这些特点如下。

（1）兼有凭证税和行为税性质。印花税是对单位和个人书立、领受的应税凭证征收的一种税，具有凭证税性质。对凭证征税，实质上是对经济行为的课税。

（2）征税范围广泛。印花税的征税对象包括了经济活动和经济交往中的各种应税凭证，凡书立和领受这些凭证的单位和个人都要缴纳印花税，其征税范围是极其广泛的。

（3）税收负担比较轻。印花税与其他税种相比较，税率较低，其税负较轻，具有广集资金、积少成多的财政效应。

（4）由纳税人自行完成纳税义务。纳税人通过自行计算、购买并粘贴印花税票的方法完成纳税义务，并在印花税票和凭证的骑缝处自行盖戳注销或画销。

29.1.3 印花税票

1. 印花税票的含义

印花税票是缴纳印花税的完税凭证，由国家税务总局负责监制。其票面金额以人民币为单位，分为壹角、贰角、五角、壹元、贰元、伍元、拾元、伍十元和壹百元共九种。缴纳印花税时，按照规定的应纳税额，购贴相同金额的印花税票，凭以完税。

2021 年印花税票以"中国共产党领导下的税收事业发展"为题材，一套 9 枚，各枚面值及图名分别为：1 角（中国共产党领导下的税收事业发展·红色税收开天地）、2 角（中国共产党领导下的税收事业发展·边区税制固政权）、5 角（中国共产党领导下的税收事业发展·财源筑基迎解放）、1 元（中国共产党领导下的税收事业发展·税政统一启新篇）、2 元（中国共产党领导下的税收事业发展·利税改革添活力）、5 元（中国共产党领导下的税收事业发展·分税改革助转型）、10 元（中国共产党领导下的税收事业发展·和谐税收促发展）、50 元（中国共产党领导下的税收事业发展·宏图绘就新时代）和 100 元（中国共产党领导下的税收事业发展·砥砺奋进新征程）。

印花税票图案左上角有镂空篆体"税"字。各枚印花税票底边左侧印有"中国印花税票"和"2021"字样，中部印有图名，右侧印有面值和按票面金额大小排列的顺序号（9-X）。

2. 印花税票的鉴别

印花税票为有价证券，各地税务机关应按照国家税务总局的管理办法严格管理。2018 版印花税票采用以下防伪措施：一是采用哑铃异形齿孔，左右两边居中；二是图内红版全部采用特制防伪油墨；三是每张税票喷 7 位连续墨号；四是其他技术及纸张防伪措施。

3. 印花税票的代售

印花税票可以委托单位或个人代售，并由税务机关付给 5% 的手续费，支付来源从实征印花税款中提取。税务机关和代售单位应共同做好如下代售印花税票的工作。

（1）订立代售合同。凡代售印花税票者，应先向当地税务机关提出代售申请，必要时须提供保证人。税务机关调查核准后，应与代售户签订代售合同，发给代售许可证。代售户要指定专人负责办理印花税票的领、售、存和交款等项代售业务。代售户所领印花税票，除合同另有规定者外，不得转让他人代售或者转至其他地区销售。

（2）税务机关要对代售户的存花规定限额，代售户领花要根据售花情况填写代售印花请领单，经税务机关核准后领取。

（3）代售户所售印花税票取得的税款，须专户存储，并按照规定的期限，向当地税务机关结报，或者填开专用缴款书直接向银行缴纳，不得逾期不缴或者挪作他用。代售户领有的印花税票及所售印花税票的税款，如有损失，应负责赔偿。

（4）代售户要建立印花税票领、售、存情况的登记、清点、检查制度。

29.2　印花税的征税范围

印花税的应税凭证是指印花税税目税率表列明的合同、产权转移书据和营业账簿。印花税应税的证券交易是指转让在依法设立的证券交易所、国务院批准的其他全国性证券交易场所交易的股票和以股票为基础的存托凭证。

29.2.1　经济合同

合同是指当事人之间为实现一定目的，经协商一致，明确当事人各方权利、义务关系的协议。以经济业务活动作为内容的合同，通常称为经济合同。

我国印花税税目税率表中列举了 11 个类别的合同，具体如下。

（1）借款合同。其包括借款人向金融机构借款的合同，不包括金融机构同业拆借合同以及向非金融机构借款的合同。

（2）融资租赁合同。其包括与银行及其他金融机构签订的融资租赁合同（含融资性售后回租合同），不包括经营性租赁合同（属于租赁合同）。

（3）买卖合同。其包括动产买卖合同及发电厂与电网之间、电网与电网之间书立的购售电合同，不包括个人书立的动产买卖合同、电网与用户之间的供用电合同、不动产买卖合同（属于产权转移书据）。

（4）承揽合同。

（5）建设工程合同。

（6）运输合同。其包括货运合同和多式联运合同，不包括管道运输合同、旅客运输合同。

（7）技术合同。其包括技术开发、转让、咨询服务等合同，不包括专利权、专有技术使用权转让书据（属于产权转移书据）。

（8）租赁合同。其不包括融资租赁合同。

（9）保管合同。

（10）仓储合同。

（11）财产保险合同。其包括财产、责任、保证、信用等保险合同，不包括再保险合同、寿险合同。

此外，还应特别注意印花税的应税凭证，具体如下。

（1）在中华人民共和国境外书立在境内使用的应税凭证，应当按规定缴纳印花税，包括以下几种情形：

①应税凭证的标的为不动产的，该不动产在境内；

②应税凭证的标的为股权的，该股权为中国居民企业的股权；

③应税凭证的标的为动产或者商标专用权、著作权、专利权、专有技术使用权的，其销售方或者购买方在境内，但不包括境外单位或者个人向境内单位或者个人销售完全在境外使用的动产或者商标专用权、著作权、专利权、专有技术使用权；

④应税凭证的标的为服务的，其提供方或者接受方在境内，但不包括境外单位或者个人向境内单位或者个人提供完全在境外发生的服务。

（2）企业之间书立的确定买卖关系、明确买卖双方权利义务的订单、要货单等单据，且未另外书立买卖合同的，应当按规定缴纳印花税。

29.2.2 产权转移书据

产权转移即财产权利关系的变更行为，表现为产权主体发生变更。产权转移书据是在产权买卖、交换、继承、赠与、分割等产权主体发生变更的过程中，由产权出让人与受让人之间所订立的民事法律文书。

我国印花税税目中产权转移书据是指政府管理机关登记注册的不动产、股权及无形资产的买卖（出售）、继承、赠与、互换分割的产权转移书据，具体包括土地使用权出让书据，土地使用权、房屋等建筑物和构筑物所有权转让书据，股权转让书据，商标专用权、著作权、专利权、专有技术使用权转让书据。

29.2.3　营业账簿

印花税税目中的营业账簿归属于财务会计账簿，是按照财务会计制度的要求设置的，反映生产经营活动的账册。按照反映的内容不同，营业账簿在税目中分为记载资金的账簿（简称"资金账簿"）和其他营业账簿两类。

（1）资金账簿，是反映生产经营单位"实收资本"和"资本公积"金额增减变化的账簿。

（2）其他营业账簿，是反映除资金资产的其他生产经营活动内容的账簿，即除资金账簿以外的，归属于财务会计体系的生产经营用账册。

29.2.4　证券交易税目

印花税的证券交易税目包含转让在证券交易所、其他全国性证券交易场所交易的股票和以股票为基础的存托凭证。

29.2.5　权利、许可证照税目

权利、许可证照是政府授予单位、个人某种法定权利和准予从事特定经济活动的各种证照的统称。政府部门授予的不动产权证、工商营业执照、商标注册证、专利证等属于印花税的征税范围。

29.3　印花税的纳税人

凡在我国境内书立、领受属于征税范围内所列凭证的单位和个人，都是印花税的纳税人，包括各类企业、事业、机关、团体、部队，以及中外合资经营企业、合作经营企业、外资企业、外国公司企业和其他经济组织及其在华机构等单位和个人。按照印花税征税项目划分的具体纳税人如下。

（1）立合同人。书立各类经济合同的，以立合同人为纳税人。所谓立合同人，是指合同的当事人。当事人在两方或两方以上的，各方均为纳税人。

（2）立账簿人。建立营业账簿的，以立账簿人为纳税人。

（3）立据人。订立各种财产转移书据的，以立据人为纳税人。如立据人未贴印花或少贴印花，书据的持有人应负责贴印花。所立书据以合同方式签订的，应由持有书据的各方分别按全额贴花。

（4）出让人。证券交易的出让方。

（5）使用人。在国外书立，在国内使用应税凭证的单位和个人。

29.4 印花税的计算

29.4.1 印花税的计税依据

《中华人民共和国印花税法》（中华人民共和国主席令第八十九号）第五条规定印花税的计税依据如下：

（1）应税合同的计税依据，为合同所列的金额，不包括列明的增值税税款；

（2）应税产权转移书据的计税依据，为产权转移书据所列的金额，不包括列明的增值税税款；

（3）应税营业账簿的计税依据，为账簿记载的实收资本（股本）、资本公积合计金额；

（4）证券交易的计税依据，为成交金额。

29.4.2 印花税税率

现行印花税采用比例税率，详见表29-1。

表29-1 印花税税目税率表

税目		税率	备注
合同（指书面合同）	借款合同	借款金额的万分之零点五	指银行业金融机构、经国务院银行业监督管理机构批准设立的其他金融机构与借款人（不包括同业拆借）的借款合同
	融资租赁合同	租金的万分之零点五	
	买卖合同	价款的万分之三	指动产买卖合同（不包括个人书立的动产买卖合同）
	承揽合同	报酬的万分之三	
	建设工程合同	价款的万分之三	
	运输合同	运输费用的万分之三	指货运合同和多式联运合同（不包括管道运输合同）
	技术合同	价款、报酬或者使用费的万分之三	不包括专利权、专有技术使用权转让书据
	租赁合同	租金的千分之一	
	保管合同	保管费的千分之一	
	仓储合同	仓储费的千分之一	
	财产保险合同	保险费的千分之一	不包括再保险合同

税目		税率	备注
合同（指书面合同）	土地使用权出让书据	价款的万分之五	转让包括买卖（出售）、继承、赠与、互换、分割
	土地使用权、房屋等建筑物和构筑物所有权转让书据（不包括土地承包经营权和土地经营权转移）	价款的万分之五	
	股权转让书据（不包括应缴纳证券交易印花税的）	价款的万分之五	
	商标专用权、著作权、专利权、专有技术使用权转让书据	价款的万分之三	
营业账簿		实收资本（股本）、资本公积合计金额的万分之二点五	
证券交易		成交金额的千分之一	

1. 税率

（1）借款合同、融资租赁合同，适用税率为 0.05‰。

（2）买卖合同、承揽合同、建设工程合同、运输合同、技术合同等，适用税率为 0.3‰。

（3）租赁合同、保管合同、财产保险合同、仓储合同、证券交易等，适用税率为 1‰。

2. 适用税率的特殊要求

（1）应税合同、产权转移书据未列明金额的，印花税的计税依据按照实际结算的金额确定。计税依据按照上述规定仍不能确定的，按照书立合同、产权转移书据时的市场价格确定；依法应当执行政府定价或者政府指导价的，按照国家有关规定确定。

（2）证券交易无转让价格的，按照办理过户登记手续时该证券前一个交易日收盘价计算确定计税依据；无收盘价的，按照证券面值计算确定计税依据。

（3）同一应税凭证载有两个以上税目事项并分别列明金额的，按照各自适用的税目税率分别计算应纳税额；未分别列明金额的，从高适用税率。

29.4.3　印花税的减免优惠

印花税法实施后，纳税人享受印花税优惠政策，继续实行“自行判别、申报享受、有关资料留存备查”的办理方式。纳税人对留存备查资料的真实性、完整性和合法性承担法律责任。

（1）印花税法规定的免征印花税的凭证。

①应税凭证的副本或者抄本。

②依照法律规定应当予以免税的外国驻华使馆、领事馆和国际组织驻华代表机构为获得馆舍书立的应税凭证。

③中国人民解放军、中国人民武装警察部队书立的应税凭证。

④农民、家庭农场、农民专业合作社、农村集体经济组织、村民委员会购买农业生产资料或者销售农产品书立的买卖合同和农业保险合同。

⑤无息或者贴息借款合同、国际金融组织向中国提供优惠贷款书立的借款合同。

⑥财产所有权人将财产赠与政府、学校、社会福利机构、慈善组织书立的产权转移书据。

⑦非营利性医疗卫生机构采购药品或者卫生材料书立的买卖合同。

⑧个人与电子商务经营者订立的电子订单。

（2）国务院规定的减免。

根据国民经济和社会发展的需要，国务院对居民住房需求保障、企业改制重组、破产、支持小型微型企业发展等情形可以规定减征或者免征印花税，报全国人民代表大会常务委员会备案。

（3）延续执行的税收优惠政策。

①对公租房经营管理单位建设、管理公租房涉及的印花税予以免征。

对公租房经营管理单位购买住房作为公租房，免征印花税；对公租房租赁双方免征签订租赁协议涉及的印花税。

在其他住房项目中配套建设公租房，可以按照公租房建筑面积占总建筑面积的比例免征建设、管理公租房涉及的印花税。

②对改造安置住房经营管理单位、开发商与改造安置住房相关的印花税及购买安置住房的个人涉及的印花税予以免征。

在商品住房等开发项目中配套建造安置住房的，依据政府部门出具的相关材料房屋征收（拆迁）补偿协议或棚户区改造合同（协议），按改造安置住房建筑面积占总建筑面积的比例免征印花税。

③对个人出租、承租住房签订的租赁合同，免征印花税。对个人销售或购买住房暂免征收印花税。

④对与高校学生签订的高校学生公寓租赁合同，免征印花税。

⑤股权分置改革过程中因非流通股股东向流通股股东支付对价而发生的股权转让，暂免征收印花税。

⑥在融资性售后回租业务中，对承租人、出租人因出售租赁资产及购回租赁资产所签订的合同，不征收印花税。

⑦对铁路、公路、航运、水路承运快件行李、包裹开具的托运单据，暂免贴印花。

⑧各类发行单位之间，以及发行单位与订阅单位或个人之间书立的征订凭证暂免征印花税。

⑨2022年1月1日至2024年12月31日，由省、自治区、直辖市人民政府根据本地区实际情况，以及宏观调控需要确定，对增值税小规模纳税人、小型微利企业和个体工商户可以在50%的税额幅度内减征印花税（不含证券交易印花税）。

29.4.4 印花税应纳税额的计算

印花税应纳税额计算公式如下。

$$应纳税额 = 计税金额 \times 适用税率$$

29.5　印花税的征收管理

29.5.1　纳税方法

印花税的纳税办法，根据税额大小、贴花次数以及税收征收管理的需要，有以下三种。

（1）自行贴花办法。

这种办法，一般适用于应税凭证较少或者贴花次数较少的纳税人。纳税人书立、领受或者使用印花税法列举的应税凭证时，印花税纳税义务即已产生，应当根据应纳税凭证的性质和适用的税目税率自行计算应纳税额，自行购买印花税票，自行一次贴足印花税票并加以注销或划销，这样纳税义务才算全部履行完毕。值得注意的是，纳税人购买了印花税票，支付了税款，国家就取得了财政收入。但就印花税来说，纳税人支付了税款并不等于已履行了纳税义务，纳税人必须自行贴花并注销或划销，这样才算完整地完成了纳税义务。这也就是通常所说的"三自"纳税办法。

对已贴花的凭证，所载金额增加的，其增加部分应当补贴印花税票。凡多贴印花税票者，不得申请退税或者抵用。

（2）汇贴或汇缴办法。

这种办法，一般适用于应纳税额较大或者贴花次数较多的纳税人。

一份凭证应纳税额超过 500 元的，应向当地税务机关申请填写缴款书或者完税凭证，将其中一联粘贴在凭证上或者由税务机关在凭证上加注完税标记代替贴花。这就是通常所说的"汇贴"办法。

同一类应纳税凭证，需频繁贴花的，纳税人可以根据实际情况自行决定是否采用按期汇总缴纳印花税的方式，汇总缴纳的期限为 1 个月。采用按期汇总缴纳方式的纳税人应事先告知主管税务机关。缴纳方式一经选定，1 年内不得改变。主管税务机关接到纳税人要求按期汇总缴纳印花税的告知后，应及时登记，制定相应的管理办法，防止出现管理漏洞。对采用按期汇总缴纳方式缴纳印花税的纳税人，应加强日常监督、检查。实行印花税按期汇总缴纳的单位，汇总征税凭证和免税凭证时，凡分别汇总的，按本期征税凭证的汇总金额计算缴纳印花税，凡确属不能分别汇总的，应按本期全部凭证的实际汇总金额计算缴纳印花税。

凡汇总缴纳印花税的凭证，应加注税务机关指定的汇缴戳记，编号并装订成册后将已贴印花或者缴款书的一联粘贴附册后，盖章注销，保存备查。

经税务机关核准，持有代售许可证的代售户，代售印花税票取得的税款需专户存储并按照规定的期限，向当地税务机关结报，或者填开专用缴款书直接向银行缴纳，不得逾期不缴或者挪作他用。代售户领存的印花税票及所售印花税票的税款，如有损失，应负责赔偿。

（3）委托代征办法。

这一办法主要是通过税务机关的委托，经由发放或者办理应纳税凭证的单位代为征收印花税税款。税务机关应与代征单位签订代征委托书。所谓发放或者办理应纳税凭证的单位，是指发放权利、许可证照的单位和办理凭证的鉴证、公证及其他有关事项的单位。例如，税法规定：市场监督管理机关核发各类营业执照和商标注册证的同时，负责代售印花税票，征收印花税税款，并监督领受单位或个人负责贴花。税务机关委托市场监督管理机关代售印花税票，按代售金额 5% 的比例支付代售手续费。

29.5.2 纳税的责任和义务

发放权力、许可证照和办理凭证的鉴证、公证及其他有关事项的单位，负有监督纳税人依法纳税的义务。由于凭证贴花是取得法律效力的一个重要方面，应贴花而未贴花的凭证在法律的手续上是不完备的。所以，有关单位在发放或办理应纳税凭证时，有义务监督纳税人贴花，履行完税手续。

具体来说，有关单位有义务对纳税人的以下纳税事项进行监督：①应纳税凭证是否已粘贴印花；②粘贴的印花是否足额；③粘贴的印花是否按规定注销。对未完成以上纳税手续的，有关单位应督促纳税人当场履行纳税义务。

29.5.3 违章与处罚

印花税纳税人有下列行为之一的，由税务机关根据情节轻重予以处罚。

（1）在应纳税凭证上未贴或者少贴印花税票的或者已粘贴在应税凭证上的印花税票未注销或者未划销的，由税务机关追缴其不缴或者少缴的税款、滞纳金，并处不缴或者少缴税款的 50% 以上 5 倍以下的罚款。

（2）已贴用的印花税票揭下重用造成未缴或少缴印花税的，由税务机关追缴其不缴或者少缴的税款、滞纳金，并处不缴或者少缴税款的 50% 以上 5 倍以下的罚款，构成犯罪的，依法追究刑事责任。

（3）伪造印花税票的，由税务机关责令改正，处以 2 000 元以上 1 万元以下的罚款；情节严重的，处以 1 万元以上 5 万元以下的罚款；构成犯罪的，依法追究刑事责任。

（4）按期汇总缴纳印花税的纳税人，超过税务机关核定的纳税期限，未缴或少缴印花税的，由税务机关追缴其不缴或者少缴的税款、滞纳金，并处不缴或者少缴税款的 50% 以上 5 倍以下的罚款；情节严重的，同时撤销其汇缴许可证；构成犯罪的，依法追究刑事责任。

（5）纳税人违反以下规定的，由税务机关责令限期改正，可处以 2 000 元以下的罚款；情节严重的，处以 2 000 元以上 1 万元以下的罚款。

①凡汇总缴纳印花税的凭证，应加注税务机关指定的汇缴戳记，编号并装订成册后，将已贴印花或者缴款书的一联粘贴附册后，盖章注销，保存备查。

②纳税人对纳税凭证应妥善保存。凭证的保存期限，凡国家已有明确规定的，按规定办理；没有明确规定的，均应在履行完毕后保存 1 年。

（6）代售户对取得的税款逾期不缴或者挪作他用，或者违反合同将所领印花税票转托他人代售或者转至其他地区销售，或者未按规定详细提供领、售印花税票情况的，税务机关可视其情节轻重，给予警告或者取消其代售资格。

29.5.4 纳税环节

印花税应当在书立或领受时贴花。具体是指，在合同签订时、账簿启用时和证照领受时贴花。如果合同是在国外签订，并且不便在国外贴花的，应在将合同带入境时办理贴花纳税手续。

29.5.5 纳税地点

印花税一般实行就地纳税。对于全国性商品物资订货会（包括展销会、交易会等）上所签订合同应纳的印花税，由纳税人回其所在地后及时办理贴花完税手续；对地方主办、不涉及省际关系的订货会、展销会上所签合同的印花税，其纳税地点由各省、自治区、直辖市人民政府自行确定。

29.5.6 印花税纳税申报表的样式

印花税纳税申报（报告）表的样式如表 29-2 所示。

表 29-2　印花税纳税申报（报告）表

税款所属期限：自　年 月 日至　年 月 日
纳税人识别号（统一社会信用代码）：□□□□□□□□□□□□□□□□□□
纳税人名称：　　　　　　　　　　　　　　　　　　金额单位：人民币元（列至角分）

本期是否适用增值税小规模纳税人减征政策 （减免性质代码：09049901）				□是 □否		减征比例（％）			
应税凭证	计税金额或件数	核定征收		适用税率	本期应纳税额	本期已缴税额	本期减免税额		本期增值税小规模纳税人减征额	本期应补（退）税额
		核定依据	核定比例				减免性质代码	减免税额		
	1	2	3	4	5=1×4+ 2×3×4	6	7	8	9	10=5-6- 8-9
购销合同				0.3‰						
加工承揽合同				0.5‰						
建设工程勘察设计合同				0.5‰						
建筑安装工程承包合同				0.3‰						
财产租赁合同				1‰						
货物运输合同				0.5‰						
仓储保管合同				1‰						
借款合同				0.05‰						
财产保险合同				1‰						
技术合同				0.3‰						
产权转移书据				0.5‰						
营业帐簿（记载资金的帐簿）		—		0.5‰						
营业帐簿（其他帐簿）		—		5					—	

本期是否适用增值税小规模纳税人减征政策 （减免性质代码：09049901）					□是 □否		减征比例（%）			
应税凭证	计税金额或件数	核定征收		适用税率	本期应纳税额	本期已缴税额	本期减免税额		本期增值税小规模纳税人减征额	本期应补（退）税额
		核定依据	核定比例				减免性质代码	减免税额		
	1	2	3	4	5=1×4+ 2×3×4	6	7	8	9	10=5-6- 8-9
权利、许可证照		—		5						
合计	—	—		—						

谨声明：本纳税申报表是根据国家税收法律法规及相关规定填报的，是真实的、可靠的、完整的。

纳税人（签章）： 　　年 月 日

经办人： 经办人身份证号： 代理机构签章： 代理机构统一社会信用代码：	受理人： 受理税务机关（章）： 受理日期： 　年 月 日

第 30 章
车船税

本章导读

你是否经常听到有人抱怨买车容易养车难？停车费、保险费、保养费、油费等费用种类繁多，金额不少，负担较重。其实，有车一族还要负担车船税，即在中华人民共和国境内的车辆、船舶的所有人或者管理人应缴纳的一种税。虽然车船税税负不重，但是需要每年缴纳。

本章将解答以下问题。

（1）车船税是一种什么税？

（2）哪些人需要缴纳车船税？

（3）车船税的征收范围是什么？

（4）车船税怎么计算？

（5）车船税的优惠政策有哪些？

30.1　认识车船税

30.1.1　什么是车船税

车船税是对在中华人民共和国境内车辆、船舶的所有人或者管理人所征收的一种税。我国现行的车船税是在车船使用税和车船使用牌照税的基础上合并修订而成的。

2006 年 12 月，国务院公布了《中华人民共和国车船税暂行条例》，并于 2007 年 1 月 1 日起施行。现行的车船税法基本规范是由中华人民共和国第十一届全国人民代表大会常务委员会第十九次会议于 2011 年 2 月 25 日通过的《中华人民共和国车船税法》，自 2012 年 1 月 1 日起实施。

30.1.2　车船税法出台的意义

《中华人民共和国车船税法》的出台，对统一税制、公平税负、拓宽税基、增加地方财政收入、加强地方税收征管都具有重要的意义。《中华人民共和国车船税法》出台的意义主要表现在以下几个方面。

1. 由财产与行为税改为财产税

为了逐步建立适合我国国情的财产税制度，为地方财政提供较稳定的税收来源，并考虑到我国在机动车的使用环节已经征收养路费的情况，《中华人民共和国车船税法》将过去在保有与使用环节征收财产与行为税，改为在保有环节征收财产税，将纳税人由"拥有并且使用车船的单位和个人"改为"车辆、船舶的所有人或者管理人"。

2. 调整了减免税范围

按照公平税负、拓宽税基的原则，《中华人民共和国车船税法》采取三种方式对车船税制的减免税范围做了调整。

30.2 车船税的纳税人、征收范围、税率与税目

30.2.1 车船税的纳税人

车船税的纳税人，是指在中华人民共和国境内，车辆、船舶（以下简称"车船"）的所有人或者管理人，其应当依照《中华人民共和国车船税法》的规定缴纳车船税。

30.2.2 车船税的征收范围

车船税的征税范围包括：

（1）依法应当在车船登记管理部门登记的机动车辆和船舶；

（2）依法不需要在车船登记管理部门登记、在单位内部场所行驶或者作业的机动车辆和船舶。

境内单位和个人租入外国籍船舶的，不征收车船税。境内单位和个人将船舶出租到境外的，应依法征收车船税。

30.2.3 车船税的税率与税目

车船税实行定额税率。定额税率，也称固定税额，是税率的一种特殊形式。定额税率计算简便，适宜于从量计征的税种。车船税的适用税额，依照《中华人民共和国车船税法》所附的车船税税目税额表执行。

国务院财政部门、税务主管部门可以根据实际情况，在车船税税目税额表规定的税目范围和税额幅度内，划分子税目，并明确车辆的子税目税额幅度和船舶的具体适用税额。车辆的具体适用税额由省、自治区、直辖市人民政府在规定的子税目税额幅度内确定。

车船税采用定额税率，即对征税的车船规定单位固定税额。车船税确定税额总的原则是：非机动车船的税负轻于机动车船的税负；人力车的税负轻于畜力车的税负；小吨位船舶的税负轻于大吨位船舶的税负。由于车辆与船舶的行驶情况不同，车船税的税额也有所不同（见表 30-1）。

表 30-1 车船税税目税额表

税目		计税单位	年基准税额(元)	备注
乘用车[按发动机汽缸容量（排气量）分档]	1.0 升（含）以下	每辆	60~360	核定载客人数 9 人（含）以下
	1.0 升以上至 1.6 升（含）		300~540	
	1.6 升以上至 2.0 升（含）		360~660	
	2.0 升以上至 2.5 升（含）		660~1 200	
	2.5 升以上至 3.0 升（含）		1 200~2 400	
	3.0 升以上至 4.0 升（含）		2 400~3 600	
	4.0 升以上		3 600~5 400	

税目		计税单位	年基准税额(元)	备注
商用车	客车	每辆	480~1 440	核定载客人数9人以上，包括电车
	货车	整备质量每吨	16~120	包括半挂牵引车、三轮汽车和低速载货汽车等；挂车的年基准税额按照货车税额的50%计算
其他车辆	专用作业车	整备质量每吨	16~120	不包括拖拉机
	轮式专用机械车		16~120	
摩托车		每辆	36~180	
船舶	机动船舶	净吨位每吨	3~6	拖船、非机动驳船的年基准税额分别按照机动船舶税额的50%计算；游艇的税额另行规定
	游艇	艇身长度每米	600~2 000	

1. 机动船舶具体适用税额

车船税税目税额表中的船舶，具体适用税额为：

（1）净吨位小于或者等于200吨的，每吨3元；

（2）净吨位201~2 000吨的，每吨4元；

（3）净吨位2 001~10 000吨的，每吨5元；

（4）净吨位10 001吨及以上的，每吨6元。

拖船按照发动机功率每1千瓦折合净吨位0.67吨计算征收车船税。

2. 游艇具体适用税额

游艇的具体适用税额为：

（1）艇身长度不超过10米的游艇，每米600元；

（2）艇身长度超过10米但不超过18米的游艇，每米900元；

（3）艇身长度超过18米但不超过30米的游艇，每米1 300元；

（4）艇身长度超过30米的游艇，每米2 000元；

（5）辅助动力帆，每米600元。

30.3　车船税的计算

30.3.1　车船税的计税依据

（1）纳税人在购买机动车交通事故责任强制保险时，应当向扣缴义务人提供地方税务机关出具的本年度车船税的完税凭证或者减免税证明。不能提供完税凭证或者减免税证明的，应当在购买保险时按照当地的车船税税额标准计算缴纳车船税。

（2）拖船按照发动机功率每2马力折合净吨位1吨计算征收车船税。

（3）《中华人民共和国车船税法》及其实施条例所涉及的核定载客人数、自重、净吨位、马力等计税标准，以车船管理部门核发的车船登记证书或者行驶证书相应项目所载数额为准。纳税人未按照规定到车船管理部门办理登记手续的，上述计税标准以车船出厂合格证明或者进口凭证相应项目所载数额为准；不能提供车船出厂合格证明或者进口凭证的，由主管地方税务机关根据车船自身状况并参照同类车船核定。

30.3.2　车船税应纳税额的计算

（1）购置的新车船，购置当年的应纳税额自纳税义务发生的当日起按月计算。

$$应纳税额 = 年应纳税额 ÷12× 应纳税月份数$$

$$应纳税月份数 =12- 纳税义务发生时间（取得月份）+1$$

（2）被盗抢、报废、灭失的车船的车船税的计算。

①在一个纳税年度内，已完税的车船被盗抢、报废、灭失的，纳税人可以凭有关管理机关出具的证明和完税证明，向纳税所在地的主管税务机关申请退还自被盗抢、报废、灭失月份起至该纳税年度终了期间的税款。

②已办理退税的被盗抢车船失而复得的，纳税人应当从公安机关出具相关证明的当月起计算缴纳车船税。

（3）已缴纳车船税的车船在同一纳税年度内办理转让过户的，不另纳税，也不退税。

30.4　车船税的税收优惠

（1）捕捞、养殖渔船免征车船税。捕捞、养殖渔船是指在渔业船舶登记管理部门登记为捕捞船或者养殖船的船舶。

（2）军队、武装警察部队专用的车船免征车船税。军队、武装警察部队专用的车船是指按规定在军队、武装警察部队车船登记管理部门登记，并领取军队、武警牌照的车船。

（3）警用车船免征车船税。警用车船是指公安机关、国家安全机关、监狱、劳动教养管理机关和人民法院、人民检察院领取警用牌照的车辆和执行警务的专用船舶。

（4）依照法律规定应当予以免税的外国驻华使领馆、国际组织驻华代表机构及其有关人员的车船，免征车船税。

（5）对节能汽车，减半征收车船税。

减半征收车船税的节能乘用车应同时符合以下标准：①获得许可在中国境内销售的排量为1.6升以下（含1.6升）的燃用汽油、柴油的乘用车（含非插电式混合动力双燃料和两用燃料乘用车）；②综合工况燃料消耗量应符合相关标准。

减半征收车船税的节能商用车应同时符合以下标准：①获得许可在中国境内销售的燃用天然气、汽油、柴油的轻型和重型商用车（含非插电式混合动力、双燃料和两用燃料轻型和重型商用车）；②燃用汽油、柴油的轻型和重型商用车综合工燃料消耗量应符合相关标准。

（6）对新能源车船，免征车船税。免征车船税的新能源汽车是指纯电动商用车、插电式（含增程式）混合动力汽车、燃料电池商用车。纯电动乘用车和燃料电池乘用车不属于车船税征税范围，对其不征车船税。免征车船税的新能源汽车应同时符合以下标准：①获得许可在中国境内销售的纯电动商用车、插电式（含增程式）混合动力汽车、燃料电池商用车；②符合新能源汽车产品相关技术标准；③通过新能源汽车专项检测，符合新能源汽车相关标准；④新能源汽车生产企业或进口新能源汽车经销商在产品质量保证、产品一致性、售后服务、安全监测、动力电池回收利用等方面符合相关要求。

免征车船税的新能源船舶应符合以下标准：船舶的主推进动力装置为纯天然气发动机。发动机采用微量柴油引燃方式且引燃油热值占全部燃料总热值的比例不超过 5%。

（7）省、自治区、直辖市人民政府根据当地实际情况，可以对公共交通车船、农村居民视同纯天然气发动机。拥有并主要在农村地区使用的摩托车、三轮汽车和低速载货汽车定期减征或者免征车船税。

（8）国家综合性消防救援车辆由部队号牌改挂应急救援专用号牌的，一次性免征改挂当年车船税。

30.5　车船税的征收管理

1. 纳税期限
车船税的纳税地点为车船的登记地或者车船税扣缴义务人所在地。

2. 纳税地点
扣缴义务人代收代缴车船税的，纳税地点为扣缴义务人所在地。

纳税人自行申报缴纳车船税的，纳税地点为车船登记地的主管税务机关所在地。然赞不自行乐理登记的车船，其车船税的纳税地点为车船的所有人或者管理人所在地。

3. 纳税申报
车船税按年申报，分月计算，一次性缴纳。纳税年度为公历 1 月 1 日至 12 月 31 日，具体申报纳税期限由省、自治区、直辖市人民政府规定。

（1）税务机关可以在车船管理部门、车船检验机构的办公场所集中办理车船税征收事宜。

（2）公安机关交通管理部门在办理车辆相关登记和定期检验手续时，对未提交自上检验后各年度依法纳税或者免税证明的，不予登记，不予发放检验合格标志。

（3）海事部门、船舶检验机构在办理船登记和定期检验手续时，对未提交依法纳税或者免税证明，且拒绝扣缴义务人代收代缴车船税的纳税人，不予登记，不予发放检合格标志。

（4）对依法不需要购买机动车交通事故责任强制保险的车辆，纳税人应当向主管税务机关申报缴纳车船税。

（5）纳税人在首次购买机动车交通事故责任强制保险时缴纳车船税或者自行申报缴纳车船税的，应当提供购车发票及反映排气量、整备质量、核定载客人数等纳税相关信息及其相应凭证。

（6）从事机动车第三者责任强制保险业务的保险机构为机动车车船税的扣缴义务人，应当在收取保险费时依法代收车船税，并出具代收税款凭证。机动车车船税扣缴义务人在代收车船税时，应当在机动车交通事故责任强制保险（以下简称"交强险"）的保险单以及保费发票上注明已收税款的信息，作为代收税款凭证。已完税或者依法减税的车辆，纳税人应当向扣缴义务人提供登记地的主管税务机关出具的完税凭证或者减免税证明。纳税人没有按照规定期限缴纳车船税的，扣缴义务人在代收代缴税款时，可以一并代收代缴欠缴税款的滞纳金。车船税扣缴义务人代收代缴的欠缴税款的滞纳金，从各省、自治区、直辖市人民政府规定的纳税申报期限截止日期的次日起计算。扣缴义务人已代收代缴车船税的，纳税人不再向车辆登记地的主管税务机关申报缴纳车船税（即纳税人在购买交强险时，由扣缴义务人代收代缴车船税的，凭注明已收税款信息的交强险保险单，车辆登记地的主管税务机关不再征收该纳税年度的车船税。再次征收的，车辆登记地主管税务机关应予退还）。没有扣缴义务人的，纳税人应当向主管税务机关自行申报缴纳车船税。

4. 车船税纳税申报表的样式

车船税的纳税人应按照《中华人民共和国车船税法》的有关规定及时办理纳税申报，并如实填写车船税纳税申报表（见表30-2）。

表30-2　车船税纳税申报表

纳税人识别号

纳税人名称：（公章）

税款所属期限：自　　年　　月　　日至　　年　　月　　日　　　　　　　填表日期：　　年　　月　　日

金额单位：元

车船类别		计税单位	税额标准	数量	吨位	本期应纳税额	本期已缴税额	本期应补（退）税额
载客汽车	乘坐人数大于或等于20人	每辆						
	乘坐人数大于9人小于20人	每辆						
	乘坐人数小于或等于9人	每辆						
	发动机气缸总排气量小于等于1升	每辆						
载货汽车（包括半挂牵引车、挂车）		按自重每吨						
三轮汽车		按自重每吨						
低速货车		按自重每吨						
摩托车		每辆						
专项作业车		按自重每吨						
轮式专用机械车		按自重每吨						
小计		—						
船舶	净吨位小于或等于200吨	每吨	3元					
	净吨位201吨至2 000吨	每吨	4元					
	净吨位2 001吨至10 000吨	每吨	5元					
	净吨位10 001吨及其以上	每吨	6元					
	小计	—						
合计								

续表

纳税人或代理人声明： 此纳税申报表是根据国家税收法律的规定填报的，我确定它是真实的、可靠的、完整的。	如纳税人填报，由纳税人填写以下各栏			
	经办人 （签章）	会计主管 （签章）	法定代表人 （签章）	
	如委托代理人填报，由代理人填写以下各栏			
	代理人名称			代理人（公章）
	经办人（签章）			
	联系电话			

以下由税务机关填写

受理人	受理日期	受理税务机关（签章）

对表 30-2 的相关说明如下。

（1）本表适用于自行申报车船税的纳税人填报。

（2）本表"车船类别"相应栏次分别根据附表同类别车船对应栏次合计填写。

该表按照车船税的各税目汇总填报。各汇总数据来自附表，具体说明如下：

（1）第 1 栏"税额标准"是对应申报表所列举的车船税每一税目，按各自计税单位确定的单位税额标准，是一个既定标准；

（2）第 2 栏"数量"，指的是对应每一税目申报交纳车船税的车船数量，统计每一税目对应申报纳税的车辆数；

（3）第 3 栏"吨位"，对按照自重或净吨位征收的车辆和船舶，每一税目对应的吨位合计；

（4）第 4 栏"本期应纳税额"按照附表中同一车船类型本期应纳税额的合计数汇总填报；

（5）第 5 栏"本期已缴税额"是企业在本纳税期实际已交纳的车船税，包括被委托代征税款等。对企业已被保险机构扣缴的车船税，扣缴后可以不再办理申报。

第 31 章
税收征收管理

本章导读

成立新企业在开立银行账户前，需要进行税务登记，你知道如何办理税务登记吗？税务机关会检查账簿、凭证，纳税人应如何管理账簿、凭证？纳税申报和缴纳税款是一回事吗？纳税人纳税，税务机关征税，他们是怎样工作的？税收征收管理工作的好坏，直接关系到税收职能作用能否很好地发挥。因此，加强税收征收管理，成为税务机关的主要工作。

本章将解答以下问题。

（1）税收征收管理指的是什么？

（2）为什么要进行税务登记，如何进行税务登记？

（3）纳税人如何进行账簿、凭证的管理？

（4）什么是纳税申报？如何进行纳税申报？

（5）税务检查的内容有哪些？

（6）税收征收管理的法律责任有哪些？

31.1 认识税收征收管理

31.1.1 什么是税收征收管理

税收征收管理是国家征税机关依据国家税收法律、行政法规的规定，按照统一的标准，通过一定的程序，对纳税人应纳税额组织入库的一种行政活动，是国家将税收政策贯彻实施到每个纳税人，有效地组织税收收入及时、足额入库的一系列活动的总称。国家的税务征收管理活动可以划分为两个层次：一是税收政策、法令、制度的制定，即税收立法；二是税收政策、法令、制度的执行，也就是税收的征收管理，即税收执法。

31.1.2 税收征收管理的法律依据

税收征收管理的基本法律依据有《税收征收管理法》《中华人民共和国刑法》《中华人民共和国行政诉讼法》《中华人民共和国行政复议法》等。

税收的开征、停征以及减税、免税、退税、补税，都应该按照法律规定来执行；如果法律授权国务院规定，按照国务院制定的行政法规执行；与税收法律、行政法规相抵触的决定，税务机关有权拒绝执行。

任何单位和个人都有权检举违反税收法律、行政法规的行为，收到检举的机关和负责查处的机关应当为检举人保密，税务机关应当按照规定给予奖励。

31.1.3 税收征收管理的具体内容

税收征收管理工作主要内容包括税务管理、税款征收和税务检查三方面。

1. 税务管理

税务管理是指税收征收管理机关为了贯彻、执行国家税收法律制度，加强税收工作，协调征税关系而开展的一项有目的的活动。税务管理是税收征收管理的重要内容，是税款征收的前提和基础性工作。税务管理主要包括税务登记管理、账簿和凭证管理、纳税申报管理等方面。

2. 税款征收

税款征收是指税务机关依照税收法律、法规的规定将纳税人应当缴纳的税款组织入库的一系列活动的总称。它是税收征收管理工作的中心环节，在整个税收征收管理工作中占有极其重要的地位。《税收征收管理法》规定，税务机关依照法律、行政法规的规定征收税款，不得违反法律、行政法规的规定开征、停征、多征、少征、提前征收、延缓征收或摊派税款。纳税人、扣缴义务人按照法律、行政法规的规定或者税务机关依照法律、行政法规的规定确定的期限，缴纳或者解缴税款。除税务机关、税务人员及经税务机关依照法律、行政法规委托的单位和人员外，任何单位和个人不得进行税款征收活动。

3. 税务检查

税务检查是税务机关对内和对外检查监督的统称。对内检查是指各级税务机关根据国家的税收政策、法规、体制和税务人员管理制度，对下级税务机关及税务人员贯彻执行税收政策、法规、体制情况进行检查监督的一种方式。其中各级税务机关对税务人员的检查，通常称为"税务监察"。对外检查是指税务机关根据国家税收政策、法规及财务会计制度，对纳税人履行纳税义务情况进行检查监督的一种方式，一般称"纳税检查"或"税收检查"。税务机关对内检查和对外检查各有不同的目的、任务和作用。

此外，税收宣传、发动群众协税护税、做好促产增税，也是税收征收管理工作的重要内容。

31.2 税务登记管理

31.2.1 什么是税务登记

税务登记是整个税收征收管理的重要环节，是税务机关对纳税人的生产经营进行登记管理的一项基本制度，也是纳税收入已经纳入税务机关监督管理的一项证明。税务登记是指纳税人为依法履行纳税义务就有关纳税事宜依法向税务机关办理登记的一种法定手续。纳税人必须按照税法规定的期限办理开业税务登记、变更税务登记或注销税务登记等。

31.2.2 税务登记管理的内容

企业，企业在外地设立的分支机构和从事生产、经营的场所，个体工商户和从事生产、经营的事业单位（统称"从事生产、经营的纳税人"），以及非从事生产经营但依照法律、行政法规的规定负有纳税义务的单位和个人，均应办理税务登记。主要包括以下内容。

1. 设立税务登记

企业，企业在外地设立的分支机构和从事生产、经营的场所，个体工商户和从事生产、经营的事业单位，应当自领取营业执照之日起 30 日内，向其所在地税务机关申请办理税务登记。前文所提及的纳税人以外的纳税人，除国家机关和个人外，应当自纳税义务发生之日起30日内，向其所在地税务机关申请办理税务登记。税务登记的审核及发证工作应当自受理之日起30日内完成。

（1）申请。

纳税人新开业，应在规定的期限内向其所在地税务机关申请办理税务登记，领取并填写《税务登记表》《纳税人税种登记表》；符合增值税一般纳税人、金银首饰消费税纳税人、社会福利企业、校办企业等条件的纳税人，还应领取并填写《增值税一般纳税人申请认定表》《金银首饰消费税纳税人认定登记表》《社会福利企业证书申请表》《校办企业资格审查表》等。

纳税人按规定填好上述表格后，将表格提交给税务机关登记管理环节，并附送下列资料：

①营业执照或其他核准执业证件；

②有关合同、章程、协议书；

③居民身份证、护照或者其他合法证件；

④组织机构统一代码证书；

⑤税务机关需要的其他资料。

（2）受理。

税务登记管理环节受理、审阅纳税人填报的表格是否符合要求，附送的资料是否齐全。符合条件的，开具《税务文书领取通知单》交给纳税人。

（3）审核。

税务登记管理环节对纳税人填报的表格和附送的资料进行审核：

①审核居民身份证号码是否有在案的未履行纳税义务的记录；

②审核组织机构统一代码是否有重码问题；

③按程序审批纳税人报送的《增值税一般纳税人申请认定表》《金银首饰消费税纳税人认定登记表》《社会福利企业证书申请表》《校办企业资格审查表》等；

④必要时可对有关情况进行实地调查。

审核后符合规定的，在《税务登记表》中核定税务登记有效期限，加盖税务机关公章或税务登记专用章、经办人员签章等。

（4）发证。

税务登记管理环节根据审核意见制作《税务登记证》（正、副本）。纳税人按规定缴纳工本费后，凭《税务文书领取通知单》领取《税务登记证》及《税务登记表》等有关材料。

2. 变更税务登记

纳税人改变名称、法定代表人或者业主姓名、经济类型、经济性质、住所或者经营地点（指不涉及改变主管国家税务机关）、生产经营范围、经营方式、开户银行及账号等内容的，纳税人应当自工商行政管理机关办理变更登记之日起30日内，持下列有关证件向原主管国家税务机关提出变更税务登记书面申请报告。

变更税务登记，是纳税人税务登记内容发生变化时向税务机关申报办理的税务登记手续；注销税务登记，则是指纳税人税务登记内容发生了根本性变化，依法需终止履行纳税义务时向税务机关申报办理的税务登记手续。

（1）纳税人已在市场监督管理机关办理变更登记的，应当自市场监督管理机关变更登记之日起 30 日内，向原税务登记机关如实提供下列证件、资料，申报办理变更税务登记。

①工商登记变更表。

②纳税人变更登记内容的有关证明文件。

③税务机关发放的原税务登记证件（登记证正、副本和税务登记表等）。

④其他有关资料。

（2）纳税人按照规定不需要在市场监督管理机关办理变更登记，或者其变更登记的内容与工商登记内容无关的，应当自税务登记内容实际发生变化之日起 30 日内，或者自有关机关批准或者宣布变更之日起 30 日内，持下列证件到原税务登记机关申报办理变更税务登记：

①纳税人变更登记内容的有关证明文件；

②税务机关发放的原税务登记证件（登记证正、副本和税务登记表等）；

③其他有关资料。

（3）纳税人提交的有关变更登记的证件、资料齐全的，应如实填写税务登记变更表，符合规定的，税务机关应当日办理；不符合规定的，税务机关应通知其补齐。

（4）税务机关应当于受理当日办理变更税务登记。纳税人税务登记表和税务登记证中的内容都发生变更的，税务机关按变更后的内容重新发放税务登记证件；纳税人税务登记表的内容发生变更而税务登记证中的内容未发生变更的，税务机关不重新发放税务登记证件。

3. 注销税务登记

（1）注销税务登记的适用范围。

①纳税人发生解散、破产、撤销以及其他情形，依法终止纳税义务的，应当在向市场监督管理机关或者其他机关办理注销登记前，持有关证件和资料向原税务登记机关申报办理注销税务登记；按规定不需要在市场监督管理机关或者其他机关办理注册登记的，应当自有关机关批准或者宣告终止之日起 15 日内，持有关证件和资料向原税务登记机关申报办理注销税务登记。

②纳税人被市场监督管理机关吊销营业执照或者被其他机关予以撤销登记的，应当自营业执照被吊销或者被撤销登记之日起 15 日内，向原税务登记机关申报办理注销税务登记。

③纳税人因住所、经营地点变动，涉及变更税务登记机关的，应当在向市场监督管理机关或者其他机关申请办理变更、注销登记前，或者住所、经营地点变动前，持有关证件和资料，向原税务登记机关申报办理注销税务登记，并自注销税务登记之日起 30 日内向迁达地税务机关申报办理税务登记。

④境外企业在中国境内承包建筑、安装、装配、勘探工程和提供劳务的，应当在项目完工、离开中国境内前 15 日内，持有关证件和资料，向原税务登记机关申报办理注销税务登记。

（2）怎样办理注销税务登记

纳税人办理注销税务登记前，应当向税务机关提交相关证明文件和资料，结清应纳税款、多退（免）税款、滞纳金和罚款，缴销发票、税务登记证件和其他税务证件经税务机关核准后，办理注销税务登记手续。

①根据 2015 年《国家税务总局关于落实"三证合一"登记制度改革的通知》，已实行"三证合一，一照一码"登记模式的企业、农民专业合作社办理注销登记，须先向主管税务机关申报清税，填写《清税申报表》。清税完毕后由受理税务机关根据清税结果向纳税人统一出具《清税证明》。

②进一步优化办理企业税务注销程序。

a. 对向市场监管部门申请简易注销的纳税人，符合下列情形之一的，可免予到税务机关办理清税证明，直接向市场监管部门申请办理注销登记。

a）未办理过涉税事宜的纳税人，主动到税务机关办理清税的，税务机关可根据纳税人提供的营业执照即时出具清税文书。

b）办理过涉税事宜但未领用发票、无欠税（滞纳金）及罚款的纳税人，主动到税务机关办理清税，资料齐全的，税务机关即时出具清税文书；资料不齐的，可采取"承诺制"容缺办理，在其做出承诺后，即时出具清税文书。

c）经人民法院裁定宣告破产的纳税人，持人民法院终结破产程序裁定书向税务机关申请税务注销的，税务机关即时出具清税文书，按照有关规定核销"死欠"。

b. 对向市场监管部门申请一般注销的纳税人，税务机关在为其办理税务注销时进一步落实限时办结规定。对未处于税务检查状态、无欠税（滞纳金）及罚款、已缴销增值税专用发票及税控专用设备，且符合下列情形之一的纳税人，优化即时办结服务，采取"承诺制"容缺办理，即纳税人在办理税务注销时，若资料不齐，可在其做出承诺后，税务机关即时出具清税文书。

a）纳税信用级别为 A 级和 B 级的纳税人。

b）控股母公司纳税信用级别为 A 级的 M 级纳税人。

c）省级人民政府引进人才或经省级以上行业协会等机构认定的行业领军人才等创办的企业。

d）未纳入纳税信用级别评价的定期定额个体工商户。

e）未达到增值税纳税起征点的纳税人。

纳税人应按承诺的时限补齐资料并办结相关事项。若未履行承诺的，税务机关将对其法定代表人、财务负责人纳入纳税信用 D 级管理。

c. 处于非正常状态的纳税人在办理税务注销前，需先解除非正常状态，补办纳税申报手续。符合以下情形的，税务机关可打印相应税种和相关附加的《批量零申报确认表》，经纳税人确认后，进行批量处理。

a）非正常状态期间增值税、消费税和相关附加需补办的申报均为零申报的。

b）非正常状态期间企业所得税月（季）度预缴需补办的申报均为零申报，且不存在弥补前期亏损情况的。

d. 纳税人办理税务注销前，无须向税务机关提出终止"委托扣款协议书"申请。税务机关办结税务注销后，委托扣款协议自动终止。

e. 对已实行实名办税的纳税人，免予提供以下证件、资料。

a）税务登记证正（副）本、临时税务登记证正（副）本和发票领购簿。

b）市场监督管理部门吊销营业执照决定原件（复印件）。

c）上级主管部门批复文件或董事会决议原件（复印件）。

d）项目完工证明、验收证明等相关文件原件（复印件）。

4. 停业、复业登记

（1）实行定期定额征收方式的个体工商户需要停业的，应当在停业前向税务机关申报办理停业登记。纳税人的停业期限不得超过1年。

（2）纳税人在申报办理停业登记时，应如实填写停业复业报告书，说明停业理由、停业期限、停业前的纳税情况和发票的领、用、存情况，并结清应纳税款、滞纳金、罚款。税务机关应收存其税务登记证正（副）本、发票领购簿、未使用完的发票和其他税务证件。

（3）纳税人在停业期间发生纳税义务的，应当按照税收法律、行政法规的规定申报缴纳税款。

（4）纳税人应当于恢复生产经营之前，向税务机关申报办理复业登记，如实填写停业复业报告书，领回并启用税务登记证、发票领购簿及其停业前领购的发票。

（5）纳税人停业期满不能及时恢复生产经营的，应当在停业期满前到税务机关办理延长停业登记，并如实填写停业复业报告书。

31.2.3　税务登记证件的用途

税务登记证件是纳税人履行了税务登记义务的书面证明，除按照规定不需要发给税务机关登记证件的外，纳税人办理下列事项时，必须持税务登记证件：

（1）开立银行账户；

（2）申请减税、免税、退税；

（3）申请办理延期申报、延期缴纳税款；

（4）领购发票；

（5）申请开具外出经营活动税收管理证明；

（6）办理停业、歇业；

（7）其他有关税务事项。

31.2.4　税务登记证件的审验

税务机关对税务登记证件实行定期验证和更换制度，1年验证一次，3年更换一次。纳税人应当在规定的期限内，持有关证件到主管税务机关办理验证或更换手续。纳税人遗失税务登记证件的，应当在税务机关规定的期限内，向主管税务机关提交书面报告，及时申请补发，经税务机关审核后，予以补发。税务登记证件只限本纳税单位和个人使用，并亮证经营，不得转借、转让给其他单位和个人，严禁涂改或私毁税务登记证件，更不得非法买卖或伪造。纳税人要妥善保管税务登记证件。

从事生产、经营的纳税人外出经营，在同一地累计超过180天的，应当在营业地办理税务登记手续。

31.3 账簿、凭证管理

31.3.1 账簿设立规定

（1）从事生产、经营的纳税人应当在自领取营业执照之日起15日内按照规定设置总账、明细账、日记账以及其他辅助性账簿，其中总账、日记账必须采用订本式。

（2）纳税人、扣缴义务人采用电子计算机记账的，对于会计制度健全，能够通过电子计算机正确、完整计算其收入、所得的，其电子计算机储存和输出的会计记录，可视同会计账簿，但应按期打印成书面记录并完整保存；对于会计制度不健全，不能通过电子计算机正确、完整反映其收入、所得的，应当建立总账和与纳税或者代扣代缴、代收代缴税款有关的其他账簿。

（3）从事生产、经营的纳税人应当自领取税务登记证件之日起15日内，将其财务、会计制度或者财务、会计处理办法报送主管国家税务机关备案。纳税人、扣缴义务人采用计算机记账的，应当在使用前将其记账软件、程序和使用说明书及有关资料报送主管税务机关备案。

31.3.2 记账核算规定

（1）纳税人、扣缴义务人必须根据合法、有效的凭证进行记账核算。

（2）纳税人、扣缴义务人应当按照报送主管国家税务机关备案的财务、会计制度或财务、会计处理办法，真实、序时、逐笔进行记账核算；纳税人所使用的财务、会计制度和具体的财务、会计处理办法与有关税收方面的规定不一致时，纳税人可以继续使用原有的财务、会计制度和具体的财务、会计处理办法，进行会计核算，但在计算应纳税额时，必须按照税收法规的规定计算纳税。

31.3.3 账簿保管规定

（1）会计人员在年度结束后，应将各种账簿、凭证和有关资料按顺序装订成册，统一编号、归档保管。

（2）纳税人的账簿（包括收支凭证粘贴簿、进销货登记簿）、会计凭证、报表和完税凭证及其他有关纳税资料，除另有规定者外，保存10年，保存期满需要销毁时，应编制销毁清册，经主管国家税务机关批准后方可销毁。

（3）账簿、记账凭证、完税凭证及其他有关资料不得伪造、变造或者擅自损毁。

31.3.4 税收证明规定

（1）实行查账征收方式缴纳税款的纳税人到外地从事生产、经营、提供劳务的，应当向机构所在地主管国家税务机关提出书面申请报告，写明外出经营的理由及外销商品的名称、数量、所需时间，并提供税务登记证或其副本，由主管国家税务机关审查核准后签发《外出经营活动税收管理证明》。申请人应当按规定提供纳税担保或缴纳相当于应纳税款的纳税保证金。纳税人到外县（市）从事生产、经营活动，必须持《外出经营活动税收管理证明》，向经营地国家税务机关报验登记，接受税务管理，外出经营活动结束后，应当按规定的缴销期限，到主管国家税务机关缴销《外出经营活动税收管理证明》，办理退保手续。

（2）乡、镇、村集体和其他单位及农民个人在本县（市、区）内（含邻县的毗邻乡、镇）集贸市场出售自产自销农、林、牧、水产品需要《自产自销证明》的，应持基层行政单位（村委会）出具的证明，到主管国家税务机关申请办理。

（3）纳税人因销售货物而向购买方开具发票后，发生退货或销售折让，如果购货方已付购货款或者货款未付但已做账务处理，发票联及抵扣联无法收回的，纳税人应向购货方索取其机构所在地主管国家税务机关开具的进货退出或者索取折让证明，作为开具红字增值税专用发票的合法依据。

31.3.5　违反账簿、凭证管理规定的法律责任

（1）纳税人有下列行为之一，经主管国家税务机关责令限期改正，逾期不改正的，由国家税务机关处以 2 000 元以下的罚款，情节严重的，处以 2 000 元以上 10 000 元以下的罚款：未按规定设置、保管账簿或者保管记账凭证和有关资料的；未按规定将财务、会计制度或者财务会计处理办法报送国家税务机关备查的。

（2）扣缴义务人未按照规定设置、保管代扣代缴、代收代缴税款账簿或者保管代扣代缴、代收代缴税款记账凭证及有关资料的，经主管国家税务机关责令限期改正，逾期不改正的，由国家税务机关处以 2 000 元以下的罚款；情节严重的，处以 2 000 元以上 5 000 元以下的罚款。

31.3.6　发票管理规定

1. 发票领购的适用范围

（1）依法办理税务登记的单位和个人，在领取税务登记证后可以申请领购发票。

（2）依法不需要办理税务登记的单位，发生临时经营业务需要使用发票的，可以凭单位介绍信和其他有效证件，到税务机关代开发票。

（3）临时到本省、自治区、直辖市以外的区域从事经营活动的单位和个人，凭所在地税务机关开具的《外出经营活动税收管理证明》，在办理纳税担保的前提下，可向经营地税务机关申请领购经营地的发票。

2. 发票领购手续

按照发票管理法规的规定，申请领购发票的单位和个人应当提出购票申请，提供经办人身份证明、税务登记证件及财务印章、发票专用章的印模等资料，经主管税务机关审核后发给发票领购簿。领购发票的单位和个人凭发票领购簿核准的种类、数量以及购票方式，向主管税务机关领购发票。需要临时使用发票的单位和个人，可以直接向税务机关申请办理发票的开具。

对于跨省、市、自治区从事临时经营活动的单位和个人申请领购发票，税务机关要求提供保证人，或者缴纳不超过 1 万元的保证金，并限期缴销发票。

31.4　纳税申报管理

31.4.1　什么是纳税申报

纳税申报是指纳税人按照税法规定定期就计算缴纳税款的有关事项向税务机关提出书面报

告的法律行为，是税收征收管理的一项重要制度。

纳税人必须依照法律、行政法规规定或者税务机关依照法律、行政法规的规定确定的申报期限、申报内容如实办理纳税申报，报送纳税申报表、财务报表以及税务机关根据实际需要要求纳税人报送的其他纳税资料。具体包括：

（1）财务报表及其他说明材料；

（2）与纳税有关的合同、协议书及凭证；

（3）税控装置的电子报税资料；

（4）《外出经营活动税收管理证明》和异地完税凭证；

（5）境内或者境外公证机构出具的有关证明文件；

（6）税务机关规定应当报送的其他有关证件、资料。

扣缴义务人办理代扣代缴、代收代缴税款报告时，应当如实填写代扣代缴、代收代缴税款报告表，并报送代扣代缴、代收代缴税款的合法凭证以及税务机关规定的其他有关证件、资料。

扣缴义务人必须依照法律、行政法规规定或者税务机关依照法律、行政法规的规定确定的申报期限、申报内容如实报送代扣代缴、代收代缴税款报告表以及税务机关根据实际需要要求扣缴义务人报送的其他有关资料。具体包括：税种、税目，应纳税项目或者应代扣代缴、代收代缴税款项目，计税依据，扣除项目及标准，适用税率或者单位税额，应退税项目及税额，应减免税项目及税额，应纳税额或者应代扣代缴、代收代缴税额，税款所属期限，延期缴纳税款，欠税，滞纳金等。

31.4.2　纳税申报方式

经税务机关批准，纳税人、扣缴义务人可以直接到税务机关办理纳税申报或者报送代扣代缴、代收代缴税款报告表，也可以按照规定采取邮寄、数据电文方式办理上述申报、报送事项。

1. 直接申报

直接申报，即纳税人、扣缴义务人按照规定的期限自行到主管税务机关办理纳税申报手续。

2. 邮寄申报

邮寄申报，即经税务机关批准，纳税人、扣缴义务人采取邮寄申报的方式，将纳税申报表及有关的纳税资料通过邮局寄送主管税务机关。

3. 数据电文

数据电文方式，是指税务机关确定的电话语音、电子数据交换和网络传输等电子方式。纳税人采取数据电文方式办理纳税申报的，应当按照税务机关规定的期限和要求保存有关资料，并定期书面报送主管税务机关。

除上述方式外，实行定期定额缴纳税款的纳税人，可以实行简易申报、简并征期等纳税申报方式。"简易申报"是指实行定期定额缴纳税款的纳税人在法律、行政法规规定的期限内或税务机关依据法规的规定确定的期限内缴纳税款的，税务机关可以视同申报；"简并征期"是指实行定期定额缴纳税款的纳税人，经税务机关批准，可以采取将纳税期限合并为按季、半年、年的方式缴纳税款。

31.4.3　纳税申报的具体要求

（1）纳税人、扣缴义务人，不论当期是否发生纳税义务，除经税务机关批准外，均应按规定办理纳税申报或者报送代扣代缴、代收代缴税款报告表。

（2）实行定期定额方式缴纳税款的纳税人，可以选择简易申报、简并征期等纳税申报方式。

（3）纳税人享受减税、免税待遇的，在减税、免税期间应当按照规定办理纳税申报。

（4）纳税人、扣缴义务人按照规定的期限办理纳税申报或者报送代扣代缴、代收代缴税款报告表确有困难，需要延期的，应当在规定的期限内向税务机关提出书面延期申请，经税务机关核准，在核准的期限内办理。

纳税人、扣缴义务人因不可抗力，不能按期办理纳税申报或者报送代扣代缴、代收代缴税款报告表的，可以延期办理；但是，应当在不可抗力消除后立即向税务机关报告。税务机关应当查明事实，予以批准。

经核准延期办理前述申报、报送事项的，应当在纳税期内按照上期实际缴纳的税额或者税务机关核定的税额预缴税款，并在核准的延期内办理税款结算。

31.4.4　纳税申报的办理

纳税人办理纳税申报时，应当如实填写纳税申报表，并根据不同的情况相应报送下列有关证件、资料：

（1）财务报表及其说明材料；

（2）与纳税有关的合同、协议书及凭证；

（3）税控装置的电子报税资料；

（4）《外出经营活动税收管理证明》和异地完税凭证；

（5）境内或者境外公证机构出具的有关证明文件。

注意，纳税人在纳税期内没有应纳税款的，也应当按照规定办理纳税申报。纳税人享受减税、免税待遇的，在减税、免税期间应当按照规定办理纳税申报。

纳税人因特殊原因在征收期内不能按时申报的，可以在征收期结束前 5 日内填写《延期申报申请表》并报主管税务所（分局），税务机关审批后，下达《核准延期申报通知书》给纳税人。

纳税人或扣缴义务人经主管税务机关批准，延期向税务机关办理纳税申报，报送纳税申报表、代扣代缴或代收代缴税款报告表及其他纳税资料。在正常情况下，纳税人必须按期进行纳税申报，只有因特殊困难，才能在规定的期限内向税务机关提出书面延期申请，经税务机关核准，在核准的期限内办理。

所谓特殊困难，一般指以下几方面：

（1）受自然灾害影响，如风灾、水灾、地震等自然灾害，生产、经营面临危险的；

（2）因意外事故、突发事件的发生，如因建筑物倒塌、主要设备严重损坏、火灾等，短期内需要大量资金投入维修或者恢复生产的；

（3）因三角债或债务链造成短期贷款拖欠，流动资金困难的；

（4）其他特殊困难，如按财会制度规定，纳税人的应税产品销售成立，已经申报了税款，但货款尚未收回，资金没有到位，造成短期内纳税有困难的。

31.5 税务检查

31.5.1 什么是税务检查

税务检查是税务机关依照税收法律、行政法规的规定，对纳税人、扣缴义务人履行纳税义务或者扣缴义务及其他有关税务事项进行审查、核实、监督活动的总称。它是税收征收管理工作的一项重要内容，是确保国家财政收入和税收法律法规贯彻落实的重要手段。

31.5.2 税务检查的内容

（1）检查纳税人的账簿、记账凭证、报表和有关资料；检查扣缴义务人代扣代缴、代收代缴税款账簿、记账凭证和有关资料。

（2）到纳税人的生产、经营场所和货物存放地检查纳税人应纳税的商品、货物或者其他财产；检查扣缴义务人与代扣代缴、代收代缴税款有关的经营情况。

（3）责成纳税人、扣缴义务人提供与纳税或者代扣代缴、代收代缴税款有关的文件、证明材料和有关资料。

（4）询问纳税人、扣缴义务人与纳税或者代扣代缴、代收代缴税款有关的问题和情况。

（5）到车站、码头、机场、邮政企业及其分支机构检查纳税人托运、邮寄应纳税商品、货物或者其他财产的有关单据、凭证和有关资料。

（6）经县以上税务局（分局）局长批准，凭全国统一格式的检查存款账户许可证明，查核从事生产、经营的纳税人、扣缴义务人在银行或者其他金融机构的存款账户；税务机关在调查税收违法案件时，经设区的市、自治州以上税务局（分局）局长批准，可以查询案件涉嫌人员的储蓄存款，税务机关查询所获得的资料，不得用于税收以外的用途。

税务机关派出的人员在进行税务检查时，应当出示税务检查证件；无税务检查证件，纳税人、扣缴义务人及其他当事人有权拒绝检查。同时，被检查的纳税人、扣缴义务人及其他当事人应如实反映情况，提供资料，不得拒绝、隐瞒。

31.6 法律责任

法律责任是指行为人由于违法行为、违约行为，或者由于法律规定而应承受的某种不利的法律后果。法律责任的产生会导致不利后果。法律责任是保证法律义务得以履行的手段。

31.6.1 违反税务管理基本规定行为的处罚

（1）纳税人有下列行为之一的，由税务机关责令限期改正，处以2000元以下的罚款；情节严重的，处以2000元以上1万元以下的罚款：①未按照规定的期限申报办理税务登记、变更或注销登记的；②未按照规定设置、保管账簿或者保管记账凭证和有关资料的；③未按照规定将财务、会计制度或财务会计处理办法和会计核算软件报送税务机关备案的；④未按照规定将其全部银行账号向税务机关报告的；⑤未按照规定安装、使用税控装置，或损毁或擅自改动税控装置的；⑥纳税人未按照规定办理税务登记证件验证或者换证手续的。

（2）纳税人不办理税务登记的，由税务机关责令限期改正；逾期不改正的，由工商行政管理机关吊销其营业执照。

纳税人未按照规定使用税务登记证件，或者转借、涂改、损毁、买卖、伪造税务登记证件的，处 2 000 元以上 1 万元以下的罚款；情节严重的，处 1 万元以上 5 万元以下的罚款。

（3）扣缴义务人未按规定设置、保管代扣代缴、代收代缴税款账簿或者保管代扣代缴、代收代缴税款记账凭证及有关资料的，由税务机关责令改正，可处以 2 000 元以下的罚款；情节严重的，处以 2 000 元以上 5 000 元以下的罚款。

（4）纳税人未按规定的期限办理纳税申报和报送纳税资料的，或者扣缴义务人未按照规定的期限向税务机关报送代扣代缴、代收代缴税款报告表和有关资料的，由税务机关责令限期改正，可处以 2 000 元以下的罚款；情节严重的，可处以 2 000 元以上 1 万元以下的罚款。

31.6.2 逃避追缴欠税的法律责任

纳税人欠缴应纳税款，采取转移或者隐匿财产的手段，妨碍税务机关追缴欠缴的税款的，由税务机关追缴欠缴的税款、滞纳金，并处以欠缴税款 50% 以上 5 倍以下的罚款；构成犯罪的，依法追究刑事责任。扣缴义务人应扣未扣、应收而不收税款的，由税务机关向纳税人追缴税款，对扣缴义务人处应扣未扣、应收未收税款 50% 以上 3 倍以下的罚款。

31.6.3 偷税的法律责任

纳税人伪造、变造、隐匿、擅自销毁账簿、记账凭证，或在账簿上多列支出或者不列、少列收入，或者经税务机关通知申报而拒不申报或者进行虚假的纳税申报，不缴或者少缴应纳税款的，属于偷税。

对纳税人偷税的，由税务机关追缴其不缴或少缴的税款、滞纳金，并处不缴或者少缴的税款 50% 以上 5 倍以下的罚款；构成犯罪的，依法追究其刑事责任。

扣缴义务人采取前述手段，不缴或者少缴已扣、已收税款的，由税务机关追缴其不缴或者少缴的税款、滞纳金，并处不缴或者少缴的税款 50% 以上 5 倍以下的罚款；构成犯罪的，依法追究其刑事责任。

纳税人、扣缴义务人编造虚假计税依据的，由税务机关责令限期改正，并处 5 万元以下罚款。

31.6.4 抗税的法律责任

抗税是指纳税人、扣缴义务人以暴力、威胁方法拒绝缴纳税款的行为。依照《税收征收管理法》及《中华人民共和国刑法》有关条款的规定，情节轻微、未构成犯罪的，由税务机关追缴其拒缴的税款、滞纳金，并处以拒缴税款 1 倍以上 5 倍以下的罚款。构成犯罪的，处 3 年以下有期徒刑或者拘役，并处拒缴税款 1 倍以上 5 倍以下的罚款；情节严重的，处 3 年以上 7 年以下有期徒刑，并处拒缴税款 1 倍以上 5 倍以下罚款。以暴力方法抗税，致人重伤或者死亡的，按伤害罪、杀人罪从重处罚，并处罚款。

31.6.5　犯行贿罪的法律责任

纳税人向税务人员行贿，不缴或者少缴应纳税款的，依照《中华人民共和国刑法》规定的行贿罪追究其刑事责任，并处不缴或者少缴的税款 5 倍以下的罚款。《中华人民共和国刑法》第三百八十九条规定："对犯行贿罪的，处五年以下有期徒刑或者拘役，并处罚金；因行贿谋取不正当利益，情节严重的，或者使国家利益遭受重大损失的，处五年以上十年以下有期徒刑，并处罚金；情节特别严重的，或者使国家利益遭受特别重大损失的，处十年以上有期徒刑或者无期徒刑，并处罚金或者没收财产。"

31.6.6　骗税的法律责任

骗税是指纳税人以假报出口或者其他欺骗手段，骗取国家出口退税款的行为。依照《税收征收管理法》及《中华人民共和国刑法》有关条款的规定，骗税行为，由税务机关追缴其骗取的出口退税款，并处骗取税款 1 倍以上 5 倍以下的罚款。构成犯罪的，即以假报出口或者其他欺骗手段，骗取国家出口退税款，数额较大的，处 5 年以下有期徒刑或者拘役，并处骗取税款 1 倍以上 5 倍以下罚款；数额巨大或者有其他严重情节的，处 5 年以上 10 年以下有期徒刑，并处骗取税款 1 倍以上 5 倍以下罚款；数额特别巨大或者有其他特别严重情节的，处 10 年以上有期徒刑，或者无期徒刑，并处骗取税款 1 倍以上 5 倍以下罚款或者没收财产。

纳税人在缴纳税款后，采取前述欺骗方法，骗取所缴纳的税款的，依照《中华人民共和国刑法》第二百零一条规定处罚；骗取税款超过所缴纳的税款部分，依照规定处罚。

对骗取国家出口退税款的纳税人，税务机关可以在规定的期间内停止为其办理出口退税。

31.6.7　其他法律责任

（1）非法印制、转借、倒卖、变造或者伪造完税凭证的，由税务机关责令改正，处 2 000 元以上 1 万元以下的罚款；情节严重的，处 1 万元以上 5 万元以下的罚款；构成犯罪的，依法追究刑事责任。

（2）银行及其他金融机构未依照《税收征收管理法》的规定在从事生产、经营的纳税人的账户中登录税务登记证件号码，或者未按规定在税务登记证件中登记从事生产、经营的纳税人的账户账号的，由税务机关责令限期改正，处 2 000 元以上 2 万元以下的罚款；情节严重的，处 2 万元以上 5 万元以下的罚款。

（3）为纳税人、扣缴义务人非法提供银行账户、发票、证明或者其他方便，导致未缴、少缴税款或者骗取国家出口退税款的，税务机关除没收违法所得外，可以处未缴、少缴或者骗取的税款 1 倍以下的罚款。

（4）税务机关依照《税收征收管理法》，到车站、码头、机场、邮政企业及其分支机构检查纳税人有关情况时，有关单位拒绝的，由税务机关责令改正，可以处 1 万元以下的罚款；情节严重的，处 1 万元以上 5 万元以下的罚款。

第四篇 财务分析

第 32 章
认识会计报表

本章导读

如果我们想要了解一个企业，简单直接的方法便是阅读其会计报表。

何谓会计报表呢？从会计报表中我们到底能获知什么信息呢？会计报表有哪些类别呢？

本章将带您认识会计报表，让您能了解其概念、内容以及作用等，也为后续学习奠定基础。

32.1　财务会计报告的含义和内容

32.1.1　财务会计报告的含义

在阅读企业财务会计方面的书籍或文章时，您经常能看到与财务会计报告相关的诸多名词，如会计报表、会计报告和财务会计报告等。这些名词的含义大致相同。那么什么是财务会计报告呢？财务会计报告是指企业对外提供的反映企业在某一特定日期的财务状况和企业在某一会计期间的经营成果、现金流量等会计信息的文件。

32.1.2　财务会计报告的构成

企业的财务会计报告包括会计报表和其他应当在财务会计报告中披露的相关信息和资料。

会计报表一般包括资产负债表、利润表、现金流量表和所有者权益（也称股东权益，下同）变动表以及报表附注，如图 32-1 所示。会计报表为企业经营者和利益相关者关心的问题提供信息或答案。资产负债表、利润表、现金流量表和所有者权益变动表是企业基本的会计报表，报表附注是对会计报表列示的项目所做的进一步说明，有利于报表使用者更好地理解报表的内容。

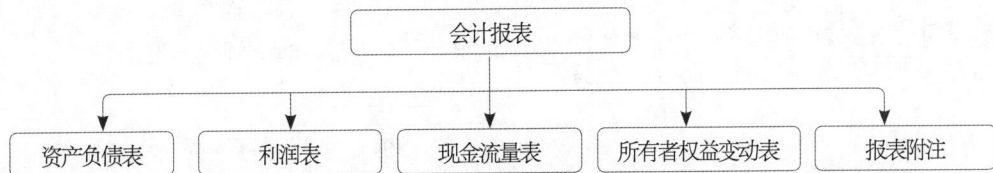

```
                    ┌──────────┐
                    │  会计报表  │
                    └──────────┘
   ┌──────────┬──────────┬──────────┬──────────┬──────────┐
┌────────┐ ┌────────┐ ┌────────┐ ┌──────────────┐ ┌────────┐
│资产负债表│ │ 利润表 │ │现金流量表│ │所有者权益变动表│ │报表附注│
└────────┘ └────────┘ └────────┘ └──────────────┘ └────────┘
```

图 32-1　会计报表的构成

其他应当在财务会计报告中披露的相关信息和资料是指对除会计报表以外，其他未能在会计报表中列示的项目所做的说明。这些项目是财务会计报告的重要组成部分，在财务会计报告分析中起着重要的作用，与报表使用者的决策相关。阅读财务会计报告时不能忽略这些内容。

财务会计报告分为年度、半年度、季度和月度财务会计报告，这是按报告内容反映的财务情况所属的时间段来划分的。由于中期财务会计报告的内容和格式类似于年度财务会计报告的内容和格式，只是相对来说有所简化，所以本书以企业年度财务会计报告为例来说明如何阅读财务会计报告。

资产负债表是反映企业在某一特定日期的财务状况的会计报表。企业编制资产负债表的目的是通过如实反映企业的资产、负债和所有者权益金额及其结构情况，帮助使用者分析评价企业资产的质量以及短期偿债能力、长期偿债能力和利润分配能力等。

利润表是反映企业在一定会计期间的经营成果的会计报表。企业编制利润表的目的是通过如实反映企业实现的收入、发生的费用以及应当计入当期利润的利得和损失等金额及其结构情况，帮助使用者分析评价企业的盈利能力等。

现金流量表是反映企业在一定会计期间的现金和现金等价物流入和流出情况的会计报表。企业编制现金流量表的目的是通过如实反映企业各项活动的现金流入、流出情况，帮助报表使用者评价企业的现金流和资金周转情况。

所有者权益变动表是反映企业在某一特定日期所有者权益增减变动情况的报表。所有者权益变动表全面反映了企业的所有者权益在年度内的变化情况，便于报表使用者深入分析企业所有者权益的增减变化情况，进而对企业的资本保值增值情况做出正确判断，从而得出对决策有用的信息。

报表附注是对在会计报表中列示项目所做的进一步说明，以及对未能在会计报表中列示项目的说明等。企业编制附注的目的是通过对会计报表做补充说明，以更加全面、系统地反映企业财务状况、经营成果和现金流量的全貌，从而向报表使用者提供更为有用的信息，帮助其做出更加科学、合理的决策。

会计报表是财务会计报告的核心内容，但是除了会计报表之外，财务会计报告还应当包括其他相关信息，具体可以根据有关法律法规的规定和外部使用者的信息需求而定。

资产负债表、利润表、现金流量表和所有者权益变动表虽然都是独立的报表，且各有各的目的与表达方式，但是彼此之间仍存在着紧密的关系，均为企业经企业信息系统所产出的结果，反映企业的经济活动。

会计报表间的勾稽关系如图 32-2 所示。

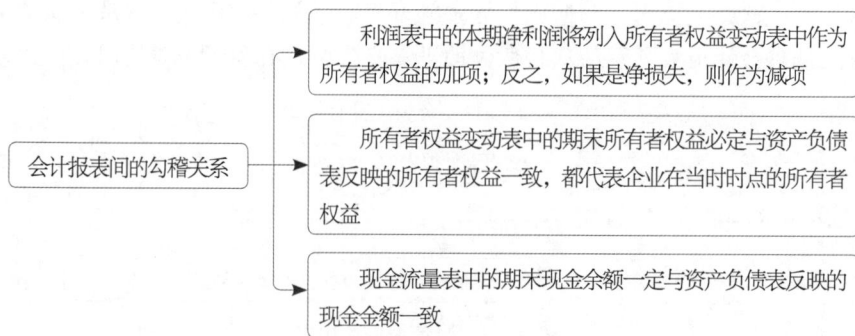

图 32-2 会计报表间的勾稽关系

32.2 会计报表的编制要求

为了确保会计报表的质量，满足信息使用者的需求，会计报表的编制必须符合数字真实、内容完整、计算准确、编报及时等基本要求，如图 32-3 所示。

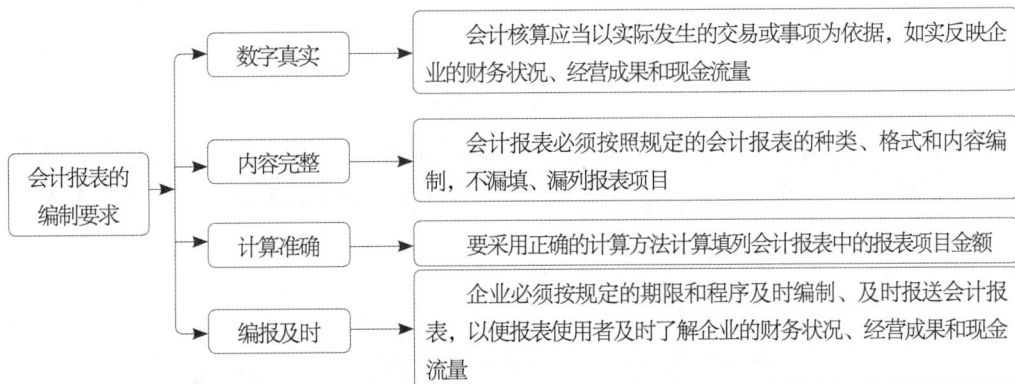

图 32-3　会计报表的编制要求

32.3　会计报表的分类

会计报表的分类如表 32-1 所示。

表 32-1　会计报表的分类

按服务对象不同	对外报表	是企业必须定期编制和定期向上级主管部门、投资者、财税部门等报送或按规定向社会公布的会计报表。资产负债表、利润表和现金流量表等均属于对外报表
	对内报表	是企业根据其内部经营管理的需要而编制的，供企业内部管理人员使用的会计报表，如成本报表等
按报表所提供的会计信息的重要性不同	主表	为主要会计报表。现行的主表主要有三张，即资产负债表、利润表和现金流量表
	附表	为从属会计报表。现行的附表主要有：利润分配表和分部报表，是利润表的附表；应交增值税明细表和资产减值准备明细表，是资产负债表的附表
按编制和报送的时间不同	中期会计报表	广义的中期会计报表包括月度、季度、半年度会计报表；狭义的中期会计报表仅指半年度会计报表
	年度会计报表	是全面反映企业整个会计年度的经营成果、现金流量情况及年末财务状况的会计报表。企业每年年底必须编制并报送年度会计报表
按编报单位不同	基层会计报表	是由独立核算的基层单位编制的会计报表，用以反映本单位财务状况、经营成果和现金流量
	汇总会计报表	是上级和管理部门将本身的会计报表与其所属单位报送的基层报表汇总编制而成的会计报表
按编报的会计主体不同	个别报表	指在由母公司和子公司组成的具有控股关系的企业集团中，以母公司和子公司各自为主体分别单独编制的报表，用以分别反映母公司和子公司各自本身的财务状况、经营成果和现金流量
	合并报表	以母公司和子公司组成的企业集团为会计主体，以母公司和子公司单独编制的个别会计报表为基础，由母公司编制的综合反映企业集团财务状况、经营成果及现金流量的会计报表

32.4 财务会计报告的使用者

在市场经济条件下，与企业有经济利害关系的有关方面通常借助企业的财务会计报告以及以会计报表为基础的一系列财务指标对企业进行财务状况评价。一般而言，与企业有经济利害关系的有关方面可以分为投资者、债权人、供应商、顾客、企业经营决策者、员工、政府管理部门、公众和竞争对手等。与企业有经济利害关系的相关者就是财务会计报告的使用者，如图32-4所示。

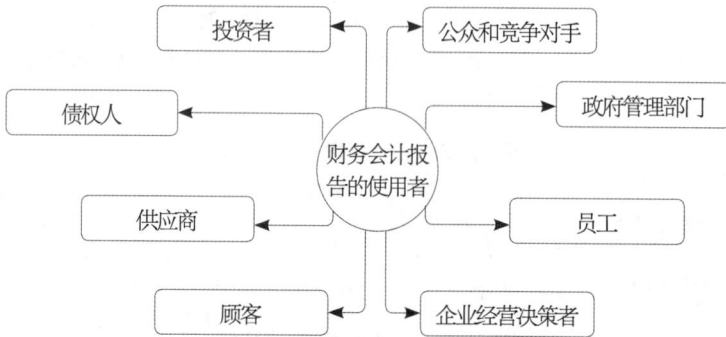

图32-4 财务会计报告的使用者

32.5 会计报表的作用

在市场经济条件下，企业所有权与经营权相分离，存在着委托经营与受托经营的关系，同时企业必须面向市场，进行经营、投资和筹资活动，这些都要求企业向投资人、债权人及其他各方面的报表使用者提供财务信息。因此，会计报表的主要作用体现在图32-5所示的几个方面。

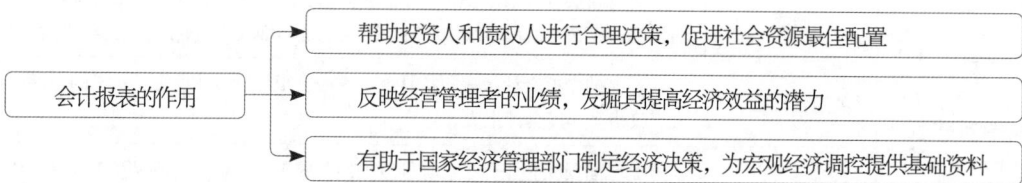

图32-5 会计报表的作用

第 33 章
财务分析——资产负债表的解读与分析

本章导读

接触过财务的人应该都知道"资产＝负债＋所有者权益"这一会计等式，但是否都知道这个等式的内涵呢？对资产、负债及所有者权益各项目是否都了解呢？本章将对资产负债表进行解读，并对资产负债表进行分析介绍。

33.1 认识资产负债表

33.1.1 资产负债表的概念及其提供的信息

资产负债表是指反映企业在某一特定日期财务状况的会计报表。它反映企业在某一特定日期所拥有或控制的经济资源、所承担的现时义务和所有者对净资产的要求权。资产负债表提供了某一日期的资产总额及其结构，表明企业拥有或控制的资源及其分布情况，有利于使用者了解企业在某一特定日期所拥有的资产总量及其结构；提供了某一日期的负债总额及其结构，表明企业未来需要用多少资产或劳务清偿债务以及清偿时间；反映了所有者在某一特定日期所拥有的权益，有利于使用者据以判断资本保值、增值的情况以及对负债的保障程度。

资产负债表是企业最重要的报表之一，它可以提供以下信息。

（1）资产、负债和所有者权益的全貌。资产负债表可以用于了解企业某一日期资产的总额，了解企业拥有的经济资源及其分布情况。

（2）反映企业某一日期的负债总额以及结构，表明企业未来需要用多少资产或者劳务清偿债务；反映所有者权益的情况，表明所有者在企业资产中所占的份额，以及权益的结构情况。

（3）提供进行财务分析的基本资料。使用者通过资产负债表所提供的数据，可以了解企业的偿债能力等。

（4）反映企业所拥有经济资源的总额及构成；资金占用情况及各种资产的比例；企业所拥有的经济资源多少来自债务人的投资等。

【小贴士】

资产负债表是企业在某一时点上财务状况的直接体现。它展现了企业在各个类目下（银行账户、建筑、生产装备以及应收账款）所拥有的资产，以及在各个类目下（短期贷款、长期贷款、应付账款）所欠的债务和总体的所有者权益（股东拥有企业多少股票与股东分红是多少）。

33.1.2 资产负债表的结构

资产负债表有两种格式，即报告式和账户式。这里重点介绍账户式结构。

在我国，资产负债表采用账户式结构，报表分为左、右两方：左方列示资产各项目，反映全部资产的分布及存在形态；右方列示负债和所有者权益各项目，反映全部负债和所有者权益的内容及构成情况。资产负债表资产总计等于负债和所有者权益总计，即"资产＝负债＋所有者权益"。资产中，流动性强的在前，流动性弱的在后。负债中，偿债期限短的在前，偿债期限长的在后。所有者权益按形成来源分类后，按其留在企业的永久程度排列。资产负债表结构示例如表33-1所示。

表33-1　资产负债表

会企01表

编制单位：　　　年　月　日　　　　　　　　　　　　　　　　　　　　　　单位：元

资产	期末余额	上年年末余额	负债和所有者权益（或股东权益）	期末余额	上年年末余额
流动资产：			流动负债：		
货币资金			短期借款		
交易性金融资产			交易性金融负债		
衍生金融资产			衍生金融负债		
应收票据			应付票据		
应收账款			应付账款		
应收款项融资			预收款项		
预付款项			合同负债		
其他应收款			应付职工薪酬		
存货			应交税费		
合同资产			其他应付款		
持有待售资产			持有待售负债		
一年内到期的非流动资产			一年内到期的非流动负债		
其他流动资产			其他流动负债		
流动资产合计			流动负债合计		
非流动资产：			非流动负债：		
债权投资			长期借款		
其他债权投资			应付债券		
长期应收款			其中：优先股		
长期股权投资			永续债		
其他权益工具投资			租赁负债		
其他非流动金融资产			长期应付款		
投资性房地产			预计负债		
固定资产			递延收益		
在建工程			递延所得税负债		

续表

资产	期末余额	上年年末余额	负债和所有者权益（或股东权益）	期末余额	上年年末余额
生产性生物资产			其他非流动负债		
油气资产			非流动负债合计		
使用权资产			负债合计		
无形资产			所有者权益（或股东权益）：		
开发支出			实收资本（或股本）		
商誉			其他权益工具		
长期待摊费用			其中：优先股		
递延所得税资产			永续债		
其他非流动资产			资本公积		
非流动资产合计			减：库存股		
			其他综合收益		
			专项储备		
			盈余公积		
			未分配利润		
			所有者权益（或股东权益）合计		
资产总计			负债和所有者权益（或股东权益）总计		

　　此外，为了使使用者通过比较不同时点资产负债表的数据，掌握企业财务状况的变动情况及发展趋势，企业需要提供比较资产负债表。

33.1.3　资产负债表的内容

　　资产负债表由表首、基本部分和补充资料三部分组成。

　　表首是报表的基本标志，列有报表名称、编制单位、报表编号、编制日期和金额单位等项目。由于资产负债是反映期末资产静态情况的报表，所以编制日期应填写报告期末最后一天的日期。

　　基本部分是报表的主体，资产负债表分为左、右两方。左方列示资产项目，资产项目按流动性分类，具体如图 33-1 所示。

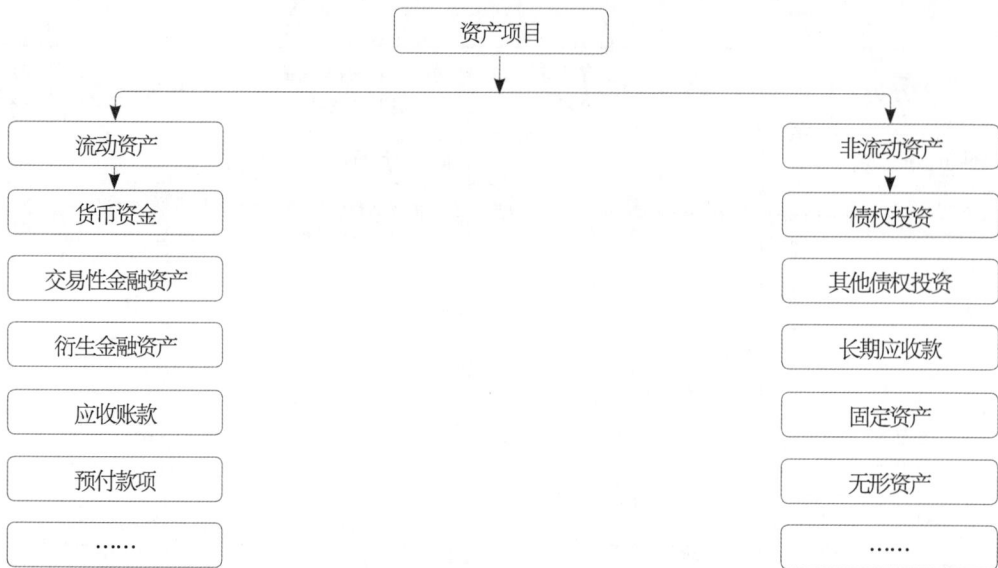

图 33-1 资产项目按流动性分类

资产负债表的右方列示负债和所有者权益。负债项目按偿还期限的长短，分为流动负债和非流动负债，如图 33-2 所示。

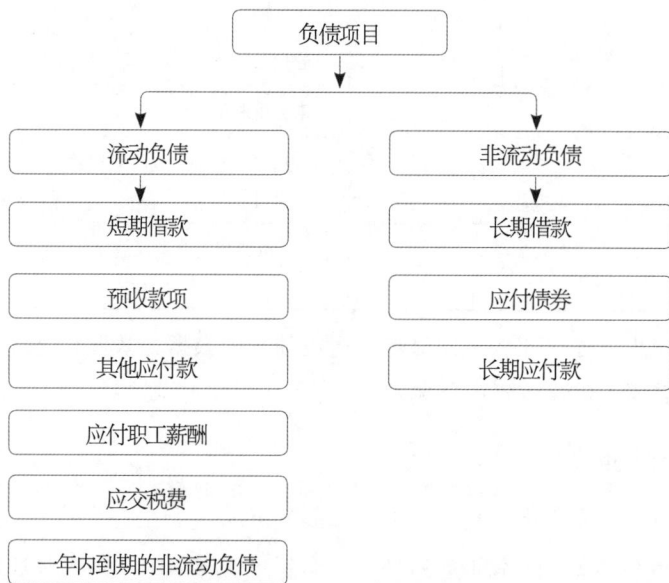

图 33-2 负债项目按偿还期限分类

所有者权益按形成来源分类，如图 33-3 所示。

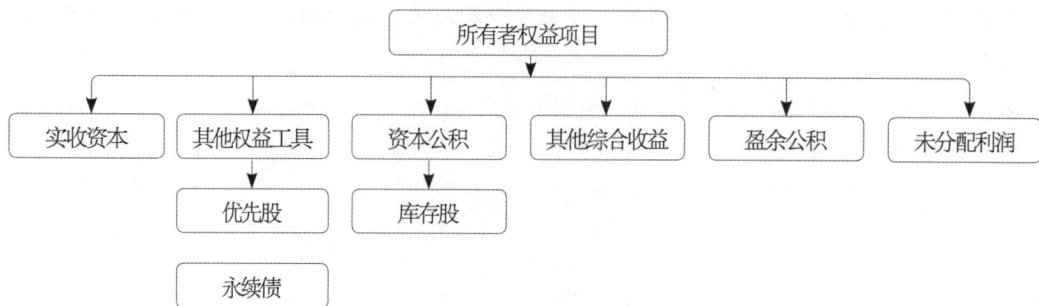

图 33-3 所有者权益按形成来源分类

　　补充资料也是资产负债的重要组成部分，作为附注列在资产负债表的下端。补充资料所提供的是使用者需要了解，但在基本部分中无法反映或难以单独反映的一些资料，主要包括商业承兑汇票贴现的金额、融资租入固定资产的原价、库存商品的期末余额、商品跌价准备的期末余额。

　　另外，资产负债表除了列示各项资产、负债和所有者权益期末余额外，通常还列示这些项目的年初余额，通过对年初、期末余额的比较，可以看出各资产、负债及所有者权益的变动及其结果。这种格式的资产负债表通常称为比较资产负债表。除非存在资产负债表日后事项的影响，在通常情况下，资产负债表各项目 12 月末余额就是当年的年末余额。

33.1.4　资产负债表的作用

　　资产负债表具有非常重要的作用，尤其是在分析企业资产质量和资产结构、判断企业财务风险等方面的作用非常明显。资产负债表主要有图 33-4 所示的四个方面的作用。

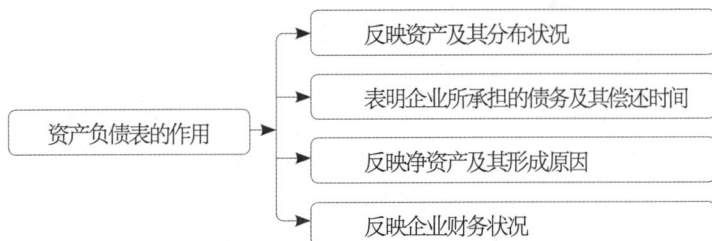

图 33-4　资产负债表的作用

33.2　认识资产项目

33.2.1　资产的概念、特征及分类

　　资产是指企业过去的交易或者事项形成的、由企业拥有或者控制的、预期会给企业带来经济利益的资源。根据资产的定义，资产具有图 33-5 所示的 3 个方面的特征。

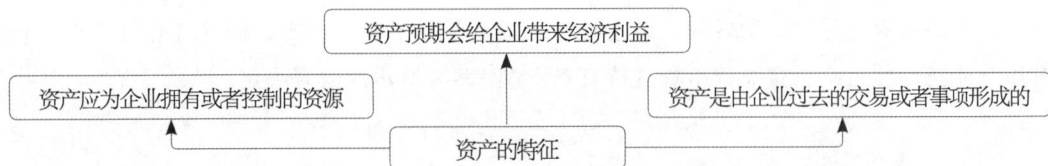

图 33-5　资产的特征

　　资产可以按照不同的标准进行分类。常见的分类标准有流动性和有无实物形态，具体如图 33-6 所示。

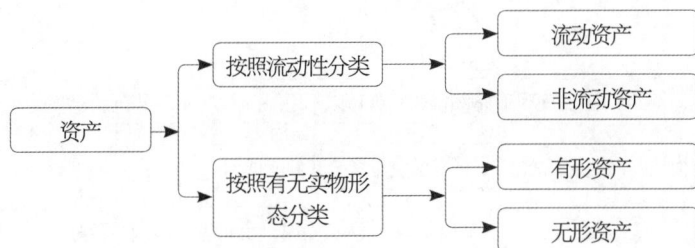

图 33-6　资产的分类

33.2.2　流动资产的概念及内容

流动资产是指企业可以在一年内或者超过一年的一个营业周期内变现或者耗用的资产，是企业资产中必不可少的组成部分。流动资产的主要内容如图33-7所示。

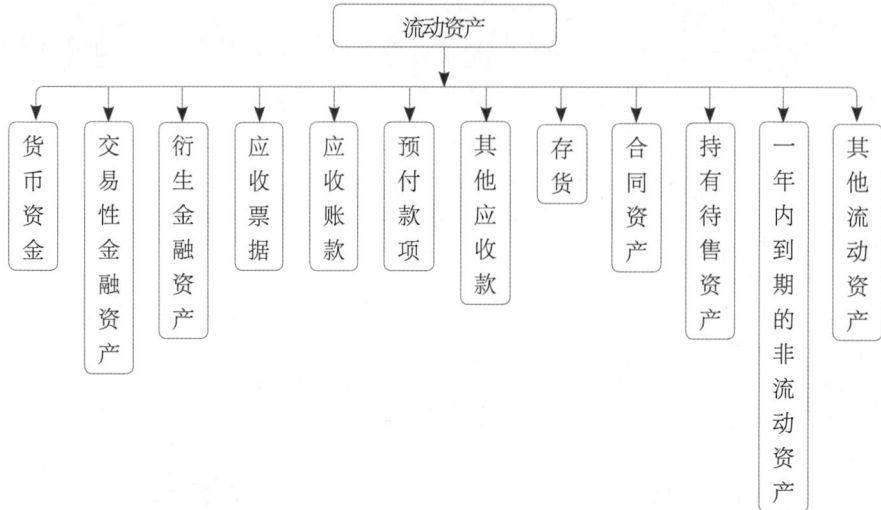

图 33-7　流动资产的主要内容

1. 货币资金

货币资金是指在企业生产经营过程中处于货币形态的那部分资金。按形态和用途不同，货币资金可分为库存现金、银行存款和其他货币资金。库存现金是指企业库存的现款。根据我国现金管理的规定，超过限额的库存现金必须当天存入银行。其他货币资金包括外埠存款、银行汇票存款、银行本票存款、信用证保证金存款、信用卡存款、存出投资款等。货币资金在企业资产中的流动性最强，盈利能力最弱。货币资金越多，企业的支付能力就越强，同时闲置的资金就有可能越多。

企业持有一定货币资金的动机主要有支付动机、预防动机和投资动机。货币资金的持有应当适度，如果持有量过大，则容易导致企业整体盈利能力下降；反之，如果持有量太小，则可能增加企业流动性风险。企业货币资金持有量由图33-8所示的因素决定。

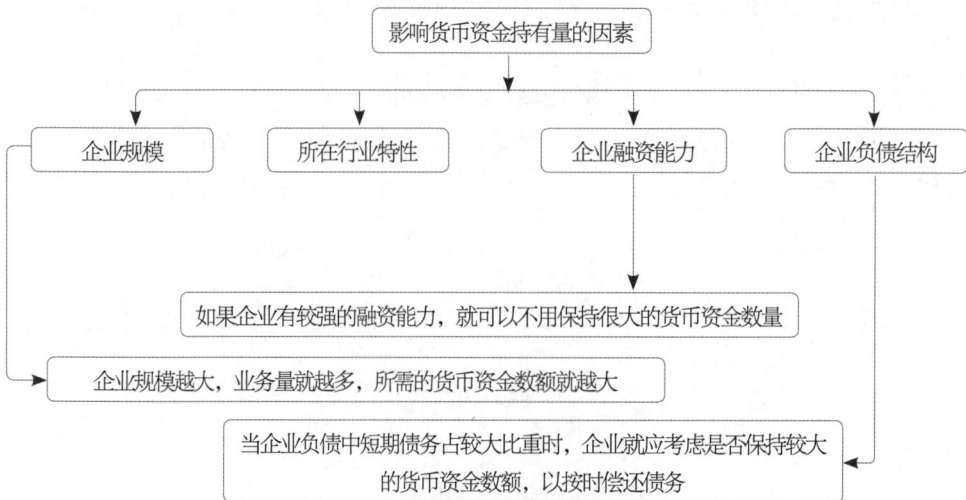

图 33-8　影响货币资金持有量的因素

2. 交易性金融资产

交易性金融资产是指企业以赚差价为目的，准备近期内出售而持有的债券投资、股票投资和基金投资。如以赚取差价为目的从二级市场购买的股票、债券、基金等。满足以下条件之一的金融资产应当划分为交易性金融资产：①取得交易性金融资产的目的主要是近期内出售或回购、赎回；②属于进行集中管理的可辨认金融工具组合的一部分，有客观证据表明企业近期采用短期获利方式对该组合进行管理；③属于金融衍生工具，但被企业指定为有效套期工具的衍生工具属于财务担保合同的衍生工具、与在活跃市场中没有报价且公允价值不能可靠计量的权益工具投资挂钩并需通过交付该权益工具结算的衍生工具除外。交易性金融资产的特点如下。①企业持有的目的是短期性的，即在初次确认时就确定其持有目的是短期获利。此处所称的短期不超过一年（包括一年）。②该资产具有活跃市场，公允价值能够通过活跃市场获取。③交易性金融资产持有期间不计提资产减值损失。

自资产负债表日起超过一年到期且预计持有时间超过一年的以公允价值计量且其变动计入当期损益的非流动金融资产的期末账面价值，在"其他非流动金融资产"项目反映。

3. 衍生金融资产

衍生金融资产也叫金融衍生工具，是与基础金融产品相对应的一个概念，指建立在基础产品或基础变量之上，其价格随基础金融产品的价格（或数值）变动的派生金融产品。这里所说的基础产品是一个相对的概念，不仅包括现货金融产品（如债券、股票、银行定期存款单等），也包括金融衍生工具。衍生金融资产的基础变量包括利率、汇率、各类价格指数、通货膨胀率，甚至天气（温度）指数等。

4. 应收票据

应收票据作为一种债权凭证，是指企业因销售商品、产品或提供劳务等而收到的，还没有到期的，尚未兑现的商业汇票，包括商业承兑汇票和银行承兑汇票。应收票据的确立使商品交易关系转变为债权债务关系，商业汇票的期限一般为 29 天至 180 天。出现在资产负债表中的应收票据，一般是能够收回的。

5. 应收账款

应收账款是指企业因销售商品、材料或提供劳务等，应向购货单位或劳务接受单位收取的款项，以及代垫的运杂费和承兑到期而未能收到款的商业承兑汇票。与应收票据相比，应收账款的信用风险更大，由此衍生出了坏账准备。企业的应收账款越多，收账期越长，发生信用减值损失的可能性就越大。此外，应收账款反映的是企业自己的资金被信用单位无偿占用的情况，信用单位一般不付利息。资金总量一定时，应收账款越多，损失就可能越大，资金的使用效率就越低，有出现现金短缺的可能性。因此，应尽量减少应收账款。

6. 预付款项

预付款项，包括预付货款和预付工程款等，预付款项是指企业按照购货合同规定预付给供应单位的款项。预付款项体现的也是一种商业信用和资金的无偿占用，其与应收账款的不同之处在于：应收账款是由销售货物或提供劳务所产生的债权，将来能收回货币资金；而预付款项则是由购货产生的，将来收回货物，即外单位占用本企业的资金。因此，预付款项越少越好。对企业而言，过多的预付款项反映企业的理财存在着一定的问题。

7. 其他应收款

其他应收款是由非购销活动所产生的应收债权，包括企业拨出的备用金，应收的各种赔款、罚款，应向职工收取的各种垫付款项，以及因不符合预付款性质而按规定转入的预付款项等。如果企业的经营活动正常，则其他应收款的数额不会过大，若其他应收款数额过大，属于不正常现象，容易产生一些不明原因的占用。因此，经营者应深入了解情况，及时发现问题，找出原因，采取措施。

8. 存货

存货是指企业期末在库、在途和在加工中的各项存货的实际成本，包括原材料、包装物、半成品、产成品等，存货历来是管理的重点内容。由于存货占资金总额的比例可能较大，其变现速度直接影响企业整体资产的流动性的强弱。存货的变现情况受市场的影响较大，存货积压或者脱销都能直接影响企业的经营成果。存货经常处于销售、重置、耗用中，其发出的计价直接影响企业资产与损益的真实性，一些企业会利用存货计价方法的改变调节利润，这是违规的。

9. 合同资产

合同资产，是指企业已向客户转让商品而有权收取对价的权利，且该权利取决于时间流逝之外的其他因素。如企业向客户销售两项可明确区分的商品，企业因已交付其中一项商品而有权收取款项，但收取该款项还取决于企业交付另一项商品的，企业应当将该收款权利作为合同资产。企业拥有的、无条件（即仅取决于时间流逝）向客户收取对价的权利应当作为应收账款单独列示。

企业应按照《企业会计准则第 14 号——收入》（2017 年修订）的相关规定根据本企业履行履约义务与客户付款之间的关系在资产负债表中列示合同资产。"合同资产"项目应根据"合同资产"科目的相关明细科目期末余额分析填列，同一合同下的合同资产应当以净额列示，其中净额为借方余额的，应当根据其流动性在"合同资产"或"其他非流动资产"项目中填列，已计提减值准备的，还应按减去"合同资产减值准备"科目的期末余额后的金额填列；其中净额为贷方余额的，应当根据其流动性在"合同负债"或"其他非流动负债"项目中填列。

10. 持有待售资产

持有待售的非流动资产包括单项资产和处置组，处置组是指作为整体出售或通过其他方式一并处置的一组资产。同时满足下列条件的非流动资产应当划分为持有待售资产：①企业已经就处置该非流动资产做出决议；②企业已经与受让方签订了不可撤销的转让协议；③该项转让将在一年内完成。

11. 一年内到期的非流动资产

一年内到期的非流动资产是指企业将于一年内到期的非流动资产，包括一年内到期的长期待摊费用和一年内可收回的长期应收款。

12. 其他流动资产

其他流动资产，是指除货币资金、交易性金融资产、应收票据、应收账款、其他应收款、存货等流动资产以外的流动资产。

33.2.3　非流动资产的概念及内容

非流动资产是指流动资产以外的资产，主要包括图 33-9 所示的内容。

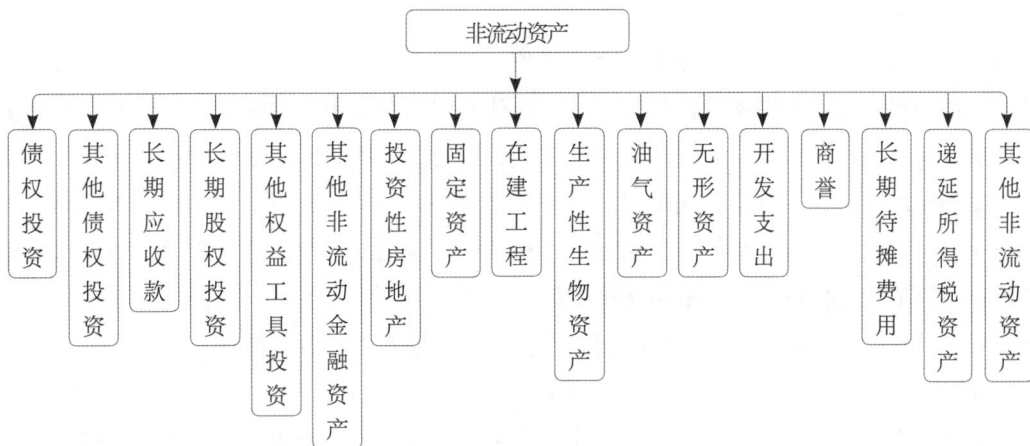

图 33-9　非流动资产的内容

1. 债权投资

债权投资，即债权性投资，是指为取得债权所进行的投资。如购买企业债券、购买国库券等，均属于债权投资。企业进行这种投资不是为了获得其他企业的剩余资产，而是为了获取高于银行存款利息的利息，并保证按期收回本息。

2. 其他债权投资

企业进行除债券以外的其他债权投资，如 1 年以上（不含 1 年）的委托贷款等，应在"其他债权投资"明细科目进行核算。此外，企业还应在该明细科目下设置"本金"和"应计利息"两个明细科目，进行明细核算。

3. 长期应收款

长期应收款是指企业融资租赁产生的应收款项和采用递延方式分期收款、实质上具有融资性质的销售商品和提供劳务等经营活动产生的应收款项，还包括实质上构成对被投资单位净投资的长期权益。

4. 长期股权投资

股权投资，又称权益性投资，是指通过付出现金或非现金资产等取得被投资单位的股份或股权，享有一定比例的权益份额的资产。其中，长期股权投资，是根据投资方在获取投资以后，能够对被投资单位施加影响的程度来划分的，而不是根据持有投资的期限长短确定的。长期股权投资包括投资方持有的对联营企业、合营企业以及子公司的投资。

长期股权投资是指通过投资取得的被投资单位的股份。企业对其他单位的股权投资，通常是为长期持有，以期控制被投资单位，或对被投资单位施加重大影响，或与被投资单位建立密切关系，以分散经营风险。长期股权投资通常具有投资大、投资期限长、风险大以及能为企业带来较大的利益等特点。

5. 其他权益工具投资

其他权益工具指的是企业发行的除普通股以外的归类为权益工具的各种金融工具。其他权益工具投资的公允价值变动计入其他综合收益，在处置时从其他综合收益转到留存收益。

6. 其他非流动金融资产

指企业所持有的不能在1年或者超过1年的一个营业周期内变现或耗用的金融资产。

7. 投资性房地产

投资性房地产，是指为赚取租金或资本增值，或两者兼有而持有的房地产，其包括：已出租的土地使用权、持有并准备增值后转让的土地使用权、已出租的建筑物。已出租的土地使用权，是指企业通过出让或转让方式取得的、以经营租赁方式出租的土地使用权；持有并准备增值后转让的土地使用权，是指企业取得的、准备增值后转让的土地使用权；已出租的建筑物，是指企业以经营租赁方式出租的建筑物，主要包括自行建造或开发活动完成后用于出租的建筑物以及正在建造或开发过程中将来用于出租的建筑物。

企业可以选择成本模式或公允价值模式对投资性房地产进行后续计量。

8. 固定资产

固定资产有三个特征，分别是：①为生产商品、提供劳务、出租或经营管理而持有；②使用寿命超过一个会计年度；③是有形资产。

固定资产在符合定义的前提下，应当同时满足以下两个条件，才能加以确认，分别为：①与该固定资产有关的经济利益很可能流入企业；②该固定资产的成本能够可靠地计量。

固定资产分析中，主要关注固定资产的折旧，因为固定资产折旧方式将直接影响企业一定期间的盈利情况。固定资产折旧的方法很多，有年限平均法、工作量法、双倍余额递减法、年数总和法。投资者在分析企业固定资产时，一要看固定资产采用什么样的折旧法。使用加速折旧法能较快收回企业的投资，减少固定资产的无形损耗，但这种方法增加了企业成本、费用的支出，一定程度上减少了利润和税收支出。二要看固定资产使用年限的确定是否合理。

9. 在建工程

在建工程，是指企业固定资产的新建、改建、扩建，或技术改造、设备更新和大修理工程等尚未完工的工程。在建工程通常有"自营"和"出包"两种方式。自营在建工程指企业自行购买工程用料、自行施工并进行管理的工程；出包在建工程是指企业通过签订合同，由其他工程队或单位承包建造的工程。事业单位的在建工程是指事业单位已经发生必要支出，但尚未完工交付使用的各种建筑（包括新建、改建、扩建、修缮等）和设备安装工程。不满足固定资产确认条件的，应在"管理费用"科目核算，不计入在建工程成本。

10. 生产性生物资产

生产性生物资产，是指为产出农产品、提供劳务或出租等目的而持有的生物资产，包括经济林、薪炭林、产畜和役畜等。生产性生物资产具备自我生长性，能够在持续的基础上予以消耗并在未来的一段时间内保持其服务能力或未来经济利益。

与消耗性生物资产相比较，生产性生物资产具有能够在生产经营中长期、反复使用，从而不断产出农产品或者长期役用的特征。消耗性生物资产收获农产品之后，该资产就不复存在；而生产性生物资产产出农产品之后，该资产仍然保留，并可以在未来期间继续产出农产品。因此，通常认为生产性生物资产在一定程度上具有固定资产的特性，例如果树每年产水果、奶牛每年产奶等。

生产性生物资产按照以下方法确定计税基础：①外购的生产性生物资产，以购买价款和支付的相关税费为计税基础；②通过捐赠、投资、非货币性资产交换、债务重组等方式取得的生产性生物资产，以该资产的公允价值和支付的相关税费为计税基础。

生产性生物资产按照直线法计算的折旧，准予扣除。企业应当从生产性生物资产投入使用月份的次月起计算折旧；停止使用的生产性生物资产，应当从停止使用月份的次月起停止计算折旧。企业应当根据生产性生物资产的性质和使用情况，合理确定生产性生物资产的预计净残值。生产性生物资产的预计净残值一经确定，不得随意变更。林木类生产性生物资产的折旧年限为10年；畜类生产性生物资产的折旧年限为3年。

11. 油气资产

油气资产是指油气开采企业所拥有或控制的井及相关设施和矿区权益。油气资产属于递耗资产。递耗资产是通过开掘、采伐、利用而逐渐耗竭，以致无法恢复或难以恢复、更新或按原样重置的自然资源，如矿藏、原始森林等。油气资产是油气生产企业的重要资产，其价值在总资产中占有较大比重。

12. 无形资产

无形资产，是指企业拥有的或者控制的没有实物形态的可辨认非货币性资产，包括专利权、非专利技术、商标权、著作权、特许权、土地使用权等。无形资产具有以下特征：①由企业拥有或者控制并能为其带来未来经济利益；②不具有实物形态；③具有可辨认性；④属于非货币性资产。

13. 开发支出

开发支出，反映企业开发无形资产过程中能够资本化形成无形资产成本的支出部分。资产负债表中的"开发支出"项目应当根据"研发支出"科目中所属的"资本化支出"明细科目期末余额填列。

14. 商誉

商誉是指企业在购买另一家企业时，购买成本大于被购买企业可辨认净资产公允价值的差额。商誉出现在企业合并中，对于非同一控制下的吸收合并，企业合并成本大于合并中取得的被购买方可辨认净资产公允价值份额的差额，应确认为商誉，在合并方的资产负债表上列示；对于非同一控制下的控股合并，企业合并成本大于合并中取得的被购买方可辨认净资产公允价值份额的差额，在合并方的个别资产负债表上不确认为商誉，而在合并报表中列示为商誉。

对企业报表上列示的商誉，财务分析人员应当仔细分析企业合并时的出价是否合理，对被合并企业的可辨认净资产公允价值的确认是否恰当，以及商誉在未来的可持续性，判断商誉减值准备是否充分等。

15. 长期待摊费用

长期待摊费用是指企业已经支出，但摊销期限在1年以上的各项费用。长期待摊费用不能全部计入当年损益，应当在以后年度内分期摊销，具体包括开办费、固定资产修理支出、租入固定资产的改良支出及摊销期限在1年以上的其他待摊费用。

16. 递延所得税资产

递延所得税资产，就是未来预计可以用来抵税的资产，递延所得税代表时间性差异对所得税的影响。递延所得税根据可抵扣暂时性差异及适用税率计算、影响（减少）未来期间应交所得税的金额。

17. 其他非流动资产

其他非流动资产是指除长期股权投资、固定资产、在建工程、无形资产等资产以外的非流动资产。其他非流动资产是指由于某种特殊原因企业不能自由支配的资产，其内容主要包括：①特准储备物资，是指具有专门用途，但不参加企业生产经营的，经国家特批储备的特种物资，如国家为应付自然灾害和意外事故等所限定的特殊用途物资；②银行冻结存款和冻结物资，这些企业资产虽仍属于企业所有，但由于某种原因被司法机关依法冻结，并且在解除冻结前无法提取、支用或者转移等。

33.3 认识负债项目

33.3.1 负债的概念及特征

负债是指企业过去的交易或者事项形成的，预期会导致经济利益流出企业的现时义务。根据负债的定义，负债具有图 33-10 所示的 3 个方面的特征。

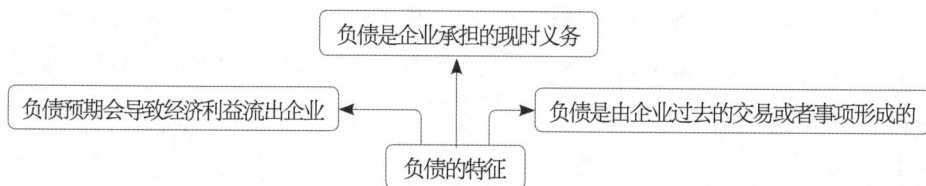

图 33-10 负债的特征

33.3.2 流动负债

流动负债是指将在 1 年（含 1 年）或者超过 1 年的一个营业周期内清偿的债务，或者自资产负债表日起 1 年内应予以清偿的债务，以及企业无权自主地将清偿推迟至资产负债表日后 1 年以上的债务。流动负债在全部负债中的比重越高，企业当前的还债压力就越大，理财和经营的风险就越大。流动负债主要包括以下内容。

1. 短期借款

企业的借款通常按其流动性或偿还时间的长短，划分为短期借款和长期借款。短期借款是指企业同银行或其他金融机构借入的期限在 1 年（含 1 年）以下的各种借款。在企业自有资金不足的情况下，企业可以向银行等金融机构举借一定数量的短期借款，以保证生产经营对资金的短期需要。由于短期借款期限较短，企业经营者应在举债时充分测算借款到期时的现金流量，保证有足够的资金偿还本息。分析人员应对会计期末短期借款的余额及与期初相比的变动情况进行研究，分析其中有无不正常之处，预测企业未来的现金流量，评价企业的短期偿债能力。

2. 交易性金融负债

交易性金融负债，指企业采用短期获利模式进行融资所形成的负债，比如应付短期债券。对交易双方来说，甲方的金融债权就是乙方的金融负债，由于融资方需要支付利息，因此，就形成了金融负债。

符合以下条件之一的金融负债，企业应当划分为交易性金融负债：①承担金融负债的目的，主要是近期内出售或回购；②金融负债是企业采用短期获利模式进行管理的金融工具投资组合中的一部分；③属于衍生金融工具。

企业公允价值能够可靠计量的金融负债符合以下条件之一的，可以在初始确认时将其直接指定为交易性金融负债：①该指定可以消除或明显减少该金融负债在计量方面存在较大不一致的情况；②企业风险管理或投资策略的书面文件已载明，该金融负债以公允价值为基础进行管理和评价并向关键管理人员报告。

3. 衍生金融负债

衍生金融工具分为部分资产和负债。同一个衍生金融工具，资产负债表日公允价值是正的，就是衍生金融资产；资产负债表日公允价值是负的，就是衍生金融负债。

4. 应付票据

应付票据是指企业在商品购销活动和对工程价款进行结算时因采用商业汇票结算方式而发生的，由出票人出票，委托付款人在指定日期无条件支付确定的金额给收款人或者持票人的票据，它包括商业承兑汇票和银行承兑汇票。应付票据按是否带息分为带息应付票据和不带息应付票据两种。企业的应付票据如果到期不能支付，不仅会影响企业的信誉和以后的资金筹集，而且会受到银行的处罚。分析人员在进行报表分析时，应当认真分析企业的应付票据，了解应付票据的到期情况，预测企业未来的现金流量。

5. 应付账款

应付账款用以核算企业因购买材料、商品和接受劳务供应等经营活动应支付的款项。对企业来说，应付账款属于企业的短期资金来源，付款期限一般在 10~30 天，而且不用支付利息。有的供应单位为刺激客户及时付款而规定了现金折扣。现金折扣是指企业为了鼓励客户在一定期限内早日偿还货款而给客户的折扣优惠。现金折扣一般表示为"2/10, 1/20, n/30"等。2/10 表示如果客户在 10 天内偿付货款，给予 2% 的折扣；1/20 表示如果客户在 20 天内偿付货款，给予 1% 的折扣；n/30 表示如果客户在 30 天内付款，则无折扣。现金折扣使得企业应收账款的数额，随着客户付款的时间不同而有所差异。企业应在规定的期限偿付应付账款，如果不按期偿付，不仅不能享受现金折扣，而且会严重影响企业的信誉，使企业在以后无法充分利用这种资金来源，影响企业未来的发展。

6. 预收款项

预收款项是企业按照合同规定或交易双方的约定，而向购买单位或接受劳务的单位在未发出商品或提供劳务时预收的款项。对企业来说，预收款项越多越好，因为预收款项作为企业的一项短期资金来源，在企业发送商品或提供劳务前，可以无偿使用；在企业发送商品和提供劳务后预收款项立即转为企业的收入。但除了某些特殊的行业或者企业外，进行报表分析时，应当给予预收款项足够的重视，因为预收款项一般是按照收入的一定比例预收的，通过预收款项的变化可以预测企业未来营业收入的变动。

7. 合同负债

合同负债，是指企业已收或应收客户对价而应向客户转让商品的义务。如企业在转让承诺的商品之前已收取的款项，又如奖励积分销售，在积分没有被兑换之前，应将积分对应的交易价格作为合同负债来处理。

8. 应付职工薪酬

应付职工薪酬是指企业为获得职工提供的服务而应付给职工的各种形式的报酬以及其他相关支出。分析人员应当注意企业是否存在少计负债的问题，以及是否利用应付职工薪酬来调节利润，可从以下方面着手：第一，企业是否将提供给职工的货币与非货币性福利全部计入了应付职工薪酬，是否存在少计、漏计的情况；第二，应检查计入应付职工薪酬的辞退福利是否符合确认的条件，企业对其数据的估计是否合理准确；第三，现金结算的股份支付是否按照权益工具的公允价值计量，企业在可行权日后的每个资产负债表日以及结算日，是否对应付职工薪酬的公允价值重新计量。如果是在正常期限内发生，则不体现企业的资金和信誉状况。一个有信誉且资金不短缺的企业，一般是不会长期拖欠员工工资的；如果企业有拖欠工资的情况，一般是企业出现了资金短缺的情况。

9. 应交税费

应交税费反映企业应交而未交的各种税费，包括应交增值税、消费税、所得税等。足额缴纳税金是每个企业应尽的法定义务。应交税费包括企业应依法缴纳的增值税、消费税、企业所得税、资源税、土地增值税、城市维护建设税、房产税、城镇土地使用税、车船税、教育费附加、矿产资源补偿费、印花税、耕地占用税等税费，以及在上缴国家之前，由企业代收代缴的个人所得税等。

10. 其他应付款

其他应付款是指企业应付、暂收其他单位和个人的款项，例如应付经营租入固定资产和包装物租金；应付、暂收所属单位、个人的款项等。

11. 持有待售负债

持有待售负债反映资产负债表日处置组中与划分为持有待售类别的资产直接相关的负债的期末账面价值。

12. 一年内到期的非流动负债

一年内到期的非流动负债是反映企业各种非流动负债在一年之内到期的金额，包括一年内到期的长期借款、长期应付款和应付债券。

13. 其他流动负债

其他流动负债是用以归纳债务或应付账款等普通负债项目以外的流动负债的资产负债表项目，一般包括或有负债。或有负债是指过去的交易或事项形成的潜在义务，其存在需通过未来不确定事项的发生或不发生予以证实；或过去的交易或事项形成的现时义务，履行该义务不是很可能导致经济利益流出企业或该义务的金额不能可靠地计量。

33.3.3 非流动负债

1. 长期借款

长期借款是指企业向银行或其他金融机构借入的期限在 1 年以上（不含 1 年）或超过 1 年的一个营业周期以上的各项借款。长期借款还款期限长、利率高，而且用途是固定的，主要用于满足长期资产资金的需要。它可以一次还本付息，也可以分次还本付息。

2. 应付债券

应付债券是指企业为筹集长期资金而实际发行的债券及应付的利息。发行债券是企业筹集长期资金的一种重要方式，其突出的优点是筹资对象广、市场大。但这种筹资方式成本高、风险大、筹资时间长，且限制条件多。相对于举借长期借款，发行债券的风险和压力更大。因为，债券是面向全社会发行的，到期如果不能偿还本息，社会影响较大。因此，在进行报表分析时，应对应付债券的金额、增减变动及其对财务状况的影响予以足够的关注。

3. 长期应付款

长期应付款包括融资租入固定资产应付款、采用补偿贸易方式引进国外设备的应付引进设备款等。与其他长期负债融资方式相比，长期应付款作为商业信用，具有使用灵活、约束性较小、筹资成本相对较低，以及给企业带来的财务压力和风险较小等优点。在进行报表分析时，应对长期应付款的数额、增减变动及其对企业财务状况的影响予以足够的关注。

4. 预计负债

预计负债是指根据或有事项等相关准则确认的各项预计负债，包括未决诉讼或未决仲裁、债务担保、产品质量保证、亏损合同、重组义务以及固定资产和矿区权益弃置义务等产生的预计负债。

与或有事项有关的义务应当在同时符合以下三个条件时确认为负债，作为预计负债进行确认和计量：①该义务是企业承担的现时义务；②履行该义务很可能导致经济利益流出企业；③该义务的金额能够可靠地计量。

5. 递延收益

递延收益是指尚待确认的收入或收益，也可以说是暂时未确认的收益。

与资产相关的政府补助，应当冲减相关资产的账面价值或确认为递延收益。与资产相关的政府补助确认为递延收益的，应当在相关资产使用寿命内按照合理、系统的方法分期计入损益。按照名义金额计量的政府补助，直接计入当期损益。相关资产在使用寿命结束前被出售、转让、报废或发生毁损的，应当将尚未分配的相关递延收益余额转入资产处置当期的损益。

与资产相关的政府补助，应当分情况按照以下规定进行会计处理：①用于补偿企业以后期间的相关成本费用或损失的，确认为递延收益，并在确认相关成本费用或损失的期间，计入当期损益或冲减相关成本；②用于补偿企业已发生的相关成本费用或损失的，直接计入当期损益或冲减相关成本。

6. 递延所得税负债

递延所得税负债是指根据应纳税暂时性差异计算的未来期间应付所得税的金额。除《企业会计准则第 18 号——所得税》中明确规定可不确认递延所得税负债的情况以外，企业对所有的应纳税暂时性差异均应确认相关的递延所得税负债。除与直接计入所有者权益的交易或事项以及企业合并中取得资产、负债相关的以外，在确认递延所得税负债的同时，应增加利润表中的所得税费用。与应纳税暂时性差异相关的递延所得税负债的确认，体现了谨慎性原则，即企业进行会计核算时不应高估资产、不应低估负债。

不确认递延所得税负债的特殊情况如下。①商誉的初始确认。②除企业合并以外的其他交易或事项中，如果该项交易或事项发生时既不影响会计利润，也不影响应纳税所得额，则所产生的资产、负债的初始确认金额与其计税基础不同，形成应纳税暂时性差异的，交易或事项发生时不确认相应的递延所得税负债。③与子公司、联营企业、合营企业投资等相关的应纳税暂时性差异，一般应确认相应的递延所得税负债，但同时满足以下两个条件的除外：一是投资企业能够控制暂时性差异转回的时间，二是该暂时性差异在可预见的未来很可能不会转回。

7. 其他非流动负债

其他非流动负债是反映企业除长期借款、应付债券等项目以外的其他非流动负债。非流动负债各项目中将于一年内（含一年）到期的非流动负债，应在"一年内到期的非流动负债"项目内单独反映。

举借其他非流动负债的优点有：①可以保持企业原有的股权结构不变和股票价格稳定；②不影响原有股东对企业的控制权；③可以增加股东收益；④支付的利息具有抵税功能。不利影响有：①可能带来股东收益的减少；②必须按规定到期偿还；③可能会给企业带来较大的财务风险。

33.4 认识所有者权益

所有者权益是指企业资产扣除负债后，由所有者享有的剩余权益。公司的所有者权益又称为股东权益。所有者权益是所有者对企业资产的剩余索取权，它是企业资产扣除债权人权益后应由所有者享有的部分，既可反映所有者投入资本的保值增值情况，又可体现保护债权人权益的理念。

所有者权益的来源包括所有者投入的资本、直接计入所有者权益的利得和损失、留存收益等。所有者权益通常由实收资本（或股本）、资本公积（含资本溢价或股本溢价、其他资本公积）、盈余公积和未分配利润构成，另外还包括其他权益工具和其他综合收益等。

1. 实收资本

实收资本是指企业投资者按照企业章程或合同、协议的约定，实际投入企业的资本。除非企业出现增资或者减资的情况，实收资本在企业正常经营期间一般不发生变动。实收资本的变动将会影响企业原有投资者对企业的所有权和控制权，而且对企业的偿债能力、盈利能力都会有很大的影响。

2. 其他权益工具

其他权益工具，是指企业发行的除普通股以外的归类为权益工具的各种金融工具。

3. 资本公积

资本公积是企业收到投资者的超出其在企业注册资本（或股本）中所占份额的投资，以及直接计入所有者权益的利得和损失等。资本公积包括资本溢价（或股本溢价）和直接计入所有者权益的利得和损失等。资本溢价（或股本溢价）是企业收到投资者的超出其在企业注册资本（或股本）中所占份额的投资。

4. 其他综合收益

其他综合收益，是指企业根据其他会计准则规定未在当期损益中确认的各项利得和损失。其他综合收益包括以后会计期间不能重分类进损益的其他综合收益和以后会计期间满足规定条件时将重分类进损益的其他综合收益两类。

5. 盈余公积

盈余公积是指企业按照规定从净利润中提取的各种积累资金。公司制企业的盈余公积分为法定盈余公积和任意盈余公积。两者的区别在于计提的依据不同：前者以国家的法律或行政规章为依据提取；后者则由企业自行决定提取依据。

6. 未分配利润

未分配利润是企业留待以后年度进行分配的结存利润，也是企业所有者权益的组成部分。相对于所有者权益的其他部分来讲，企业对未分配利润的使用分配有较大的自主权。从数量上来讲，未分配利润是期初未分配利润，加上本期实现的净利润，减去提取的盈余公积和分出利润后的余额。

33.5　从资产负债表分析企业的资产结构

分析者需要整体上阅读资产负债表，把握企业的财务结构。

资产总额是反映企业规模和财务状况的重要指标，根据年初数与年末数的变化，可以了解企业规模是扩张了还是缩小了。充足的资产不仅是企业自身经营活动的物质基础，也是企业筹集资金的重要保证。负债总额可以反映企业所面临的财务风险的大小。值得注意的是，负债的增加并不意味着企业业绩的下滑，相反，有时负债的增加是为了更好地满足经营的需要。企业在高速发展时期往往需要大量的资金，通过举债，企业不仅可以筹集到成本较低的资金，还可以保证所有者对企业的控制权。一般而言，所有者权益的增加可以反映企业经营成果的优劣，但要关注净资产的增加是否主要来源于留存收益。

33.5.1　怎么分析资产结构

资产结构是指企业中的各种资产的构成比例，主要指固定投资和证券投资及流动资金投放的比例。一些企业存在流动资金不足的问题，其中一个很重要的原因就是没有处理好非流动资产和流动资产投入的比例。从营利性来看，基于流动资产和非流动资产盈利能力上的差别，如果企业净营运资金越少，意味着企业将较大份额资金运用到盈利能力较强的非流动资产上，从而使整体盈利水平上升；但从风险性看，企业的净营运资金越少，意味着流动资产和流动负债的差额越小，则企业到期无力偿债的危险性也越大。在实际工作中，如将过多的资金投入固定资产上，极有可能招致流动资金紧张、无力进货、拖欠职工工资等恶果。资产结构管理的重点，在于确定一个既能维持企业正常开展经营活动，又能在减少或不增加风险的前提下，给企业带来更多利润的流动资金水平。

33.5.2　企业资产结构类型

企业在进行资产结构决策时，往往关注资产的流动性问题，特别是流动资产占总资产的比重。根据这个比重，资产结构通常可分为三种类型，如图 33-11 所示。

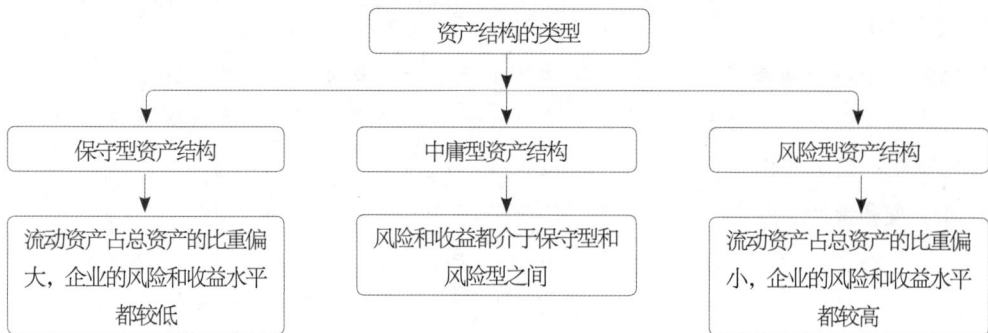

图 33-11　资产结构的类型

33.5.3　影响资产结构的因素

企业的资产结构主要受以下因素的影响，如图 33-12 所示。

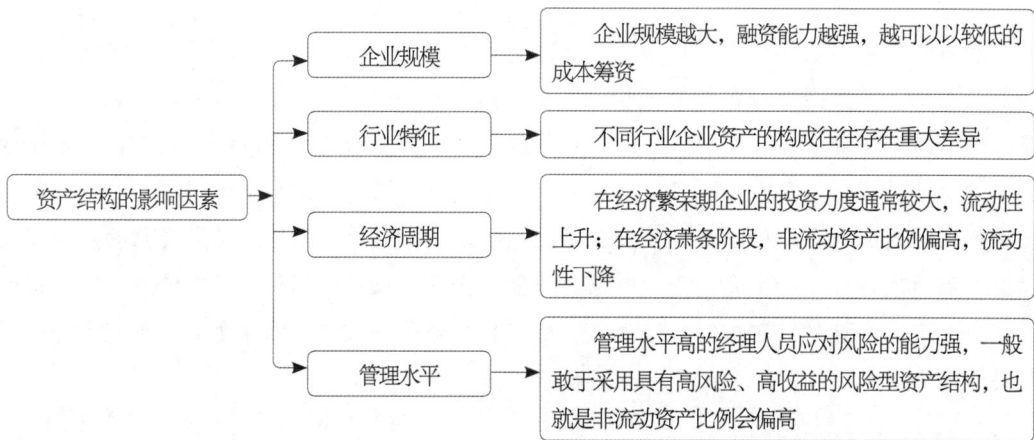

图 33-12　资产结构的影响因素

根据负债与资产总额，可以计算出企业的资产负债率。若资产负债率过高，则往往表明企业面临更大的财务风险。但是资产负债率并不是越低越好，企业可以利用财务杠杆，在企业实现盈利的情况下，使股东的收益更大。因此，在评判企业的资产负债率是否合理时，需要综合考虑行业环境、企业本身的经营特点和战略等因素。

另外，资产负债表本身提供的信息有限，而其下方的补充资料（即附注）是企业对其项目的更详细的披露说明，在分析时需要利用这些信息。在后面的章节我们会对附注进行更详细的解释说明。

33.6　资产负债表的局限性

资产负债表固然有十分重要的作用，但是其也有局限性。资产负债表的局限性主要表现在以下五个方面。

（1）资产负债表是以原始成本为报告基础的，它不反映资产、负债和所有者权益的现行市场价值。由于通货膨胀的影响，账面反映的原始成本难免不符合实际，一定程度上影响报表使用者的决策。

（2）会计信息主要是能用货币表述的信息，因此，资产负债表无法反映许多无法用货币计量的重要经济资源和义务的信息。

（3）资产负债表的信息包含了许多估计数。因此，资产负债表所提供的信息质量必然受到这些人为估计准确性的影响。

（4）客观性原则要求会计记录、报告必须以客观确定的证据为基础。但在资产负债表上，由于不能可靠地计量，许多具有重要价值的项目被忽略了。

（5）资产负债表的含义必须依靠报表使用者的判断。

第34章
财务分析——利润表的解读与分析

本章导读

财务管理的目标是什么？目前普遍认为财务管理的目标是：①使企业利润最大化；②使股东价值最大化；③使企业价值最大化。其实上述观点都是与利润密不可分的。可见，利润对企业来说非常重要。因为有了利润，企业才能生存、投资者才能有回报、员工的生活才能有保障、政府才能有税收收入……

企业的利润通过会计报表中的利润表来体现，利润表反映企业一定时期的经营成果。利润表中的各项目向报表使用者传达的信息是不一样的。通过本章的学习，您将能够更好地解读与分析利润表，而并非只关注净利润的大小。

34.1 认识利润表

34.1.1 利润表的定义与反映的内容

利润表，或称损益表，是集中反映企业在一定时期的生产经营成果的会计报表。它是把一定期间的营业收入与同一时期的营业成本及费用进行配比，计算出一定时期的净利润的报表。利润表是一张动态的会计报表。

利润表必须充分反映企业经营业绩的主要来源和构成，以帮助报表使用者判断净利润的质量及其风险，预测净利润的持续性，从而有助于报表使用者做出正确的决策。利润表可以反映企业在一定会计期间的收入情况，如实现的营业收入有多少，实现的投资收益有多少，实现的营业外收入有多少等；也可以反映一定会计期间的费用情况，如耗费的营业成本有多少，销售费用、管理费用、财务费用各有多少，营业外支出有多少等。

34.1.2 利润表的格式、列报方法及相关指标

利润表作为反映企业经营成果的会计报表，必须包括某一会计期间的所有损益内容，既要包括来自生产经营方面已实现的各项收入、已耗费的需要在本期配比的各项成本、费用，也要包括本期发生的各项营业外收支。利润表的格式有单步式和多步式两种。

单步式利润表不按企业利润的构成内容，而是将本期所有收入加在一起，然后再将所有费用加在一起，两者相减一次性计算得出当期损益。

多步式利润表是按照企业利润的构成内容分层次、分步骤地逐步、逐项计算编制而成的报表。它根据经营活动的主次和经营与非经营活动对企业利润的贡献情况排列编制。我国企业一般采用多步式利润表，其列报方法如下。

1. 利润表"本期金额"栏和"上期金额"栏的列报方法

利润表中的栏目分为"本期金额"栏和"上期金额"栏。"本期金额"栏根据"营业收

入"、"营业成本"、"税金及附加"、"销售费用"、"管理费用"、"财务费用"、"资产减值损失"、"公允价值变动收益"、"营业外收入"、"营业外支出"、"所得税费用"等损益类科目的发生额分析填列。"营业利润"、"利润总额"、"净利润"项目根据利润表中相关项目计算填列。

利润表中的"上期金额"栏应根据上年同期利润表"本期金额"栏内所列数字填列。如果上年同期利润表规定的各个项目的名称和内容同本期不相一致，应对上年该期利润表各项目的名称和数字按本期的规定进行调整，填入利润表"上期金额"栏内。

2. 利用利润表可以计算的经济指标

利用利润表本期和上期净利润可以计算生成净利润增长率，以反映企业盈利能力的发展趋势；利用利润总额和销售收入净额可以计算生成销售利润率，以反映企业经营的盈利能力；利用净利润、销售费用、管理费用和财务费用可以计算生成成本费用利润率，以反映企业投入产出情况。

利用利润表数据与其他报表或有关资料，可以生成反映企业投资回报等有关情况的指标。例如，利用净利润和净资产可以计算净资产收益率，利用普通股每股市价与每股收益可以计算出市盈率等。

"基本每股收益"和"稀释每股收益"这两项指标可向资本市场广大投资者反映上市公司（公众公司）每一股普通股所创造的收益水平。对资本市场广大投资者（股民）而言，这两项指标是反映投资价值的重要指标，是投资决策最直观、最重要的参考依据之一，是广大投资者关注的重点。鉴于此，将这两项指标作为利润表的表内项目列示，同时要求在附注中详细披露计算过程，以供投资者进行投资决策参考。这两项指标应当按照《企业会计准则第 34 号——每股收益》的规定计算填列。

利润表常见项目的计算如表 34-1 所示。

表 34-1　利润表常见项目的计算

项目	本期金额	上期金额
一、营业收入	"主营业务收入" + "其他业务收入"	
减：营业成本	"主营业务成本" + "其他业务成本"	
税金及附加	"税金及附加"	
销售费用	"销售费用"	
管理费用	"管理费用"	
研发费用	"研发费用"	
财务费用	"财务费用"	
其中：利息费用		
利息收入		
加：其他收益		
投资收益（损失以"-"号填列）	"投资收益"	
其中：对联营企业和合营企业的投资收益		

项目	本期金额	上期金额
以摊余成本计量的金融资产终止确认收益（损失以"-"号填列）		
净敞口套期收益（损失以"-"号填列）		
公允价值变动收益（损失以"-"号填列）	"公允价值变动收益"	
信用减值损失（损失以"-"号填列）	"信用减值损失"	
资产减值损失（损失以"-"号填列）	"资产减值损失"	
资产处置收益（损失以"-"号填列）	"资产处置收益"	
二、营业利润（亏损以"-"号填列）	推算认定	
加：营业外收入	"营业外收入"	
减：营业外支出	"营业外支出"	
三、利润总额（亏损总额以"-"号填列）	推算认定	
减：所得税费用	"所得税费用"	
四、净利润（净亏损以"-"号填列）	推算认定	
（一）持续经营净利润（净亏损以"-"号填列）		
（二）终止经营净利润（净亏损以"-"号填列）		
五、其他综合收益的税后净额		
（一）不能重分类进损益的其他综合收益		
1. 重新计量设定受益计划变动额		
2. 权益法下不能转损益的其他综合收益		
3. 其他权益工具投资公允价值变动		
4. 企业自身信用风险公允价值变动		
……		
（二）将重分类进损益的其他综合收益		
1. 权益法下可转损益的其他综合收益		
2. 其他债权投资公允价值变动		
3. 金融资产重分类计入其他综合收益的金额		
4. 其他债权投资信用减值准备		
5. 现金流量套期储备		
6. 外币财务报表折算差额		
……		
六、综合收益总额		
七、每股收益：		

项目	本期金额	上期金额
（一）基本每股收益	"归属于普通股股东的当期净利润"÷"当期发行在外普通股的加权平均数"	
（二）稀释每股收益	"归属于普通股股东的当期净利润"÷"假定稀释性潜在普通股转换为已发行普通股的前提下普通股股数的加权平均数"	

34.1.3　利润表的作用

利润额的多少及其发展趋势，是企业生存与发展的关键，也是企业投资者及其利害关系人关注的焦点。因此，利润表的编制与披露对信息使用者来说是至关重要的。具体来说，利润表的作用主要表现在以下方面。

（1）有利于分析企业的经营成果和盈利能力。

经营成果是一定期间的营业收入扣除相关费用后的余额，体现着企业财富增长的规模。盈利能力是一个相对指标，是企业运用一定的经济资源获取经营成果的能力，如投资报酬率、资金利润率等。利润表直接反映了企业一定会计期间的经营成果，而关于盈利能力的信息，报表使用者可根据利润表和其他财务报表资料计算取得。

（2）有助于考核企业管理人员的经营业绩。

利润表中提供的盈利方面的信息，是一项综合性信息，它既是企业在生产、经营、理财、投资等各项活动中管理效率和效益的直接表现，又是生产经营过程中投入与产出对比的结果；它既是各部门工作的参考，又是考核各部门计划执行结果的重要依据。

（3）有助于预测企业未来利润和现金流量。

利润表提供了对过去经营活动的客观记录和反映信息，有助于报表使用者更好地判断企业未来的利润状况和现金流量。

（4）有助于企业管理人员的未来决策。

利润表综合反映了企业一定会计期间的营业收入、营业成本以及期间费用，披露了利润各组成部分的情况，企业管理当局通过分析利润的增减变化，可以找到其变动的根本原因，以便在管理方面揭露矛盾、找出差距，明确今后的工作重点，做出正确的决策。

34.2　认识利润表各构成要素

利润表的构成要素主要包括收入、成本费用和利润三个部分。收入、成本费用和利润是反映企业经营成果的三个会计要素。

34.2.1　利润表中的收入

收入是指企业在日常活动中所形成的、会导致所有者权益增加的、与所有者投入资本无关的经济利益的总流入，包括销售商品收入、劳务收入、让渡资产使用权收入、利息收入、租金收入、股利收入等，但不包括为第三方或客户代收的款项。在市场经济条件下，企业只有不断地增加收入，扩大利润才能提高其生存与发展的能力。因此，收入对企业来说至关重要，我们需要对收入进行详细的分析，了解其构成与变化，判断其中存在的问题。

收入的确认有着十分严格的原则。销售商品收入同时满足下列条件的，才能予以确认。

（1）企业已将商品所有权上的主要风险和报酬转移给购货方。

（2）企业既没有保留通常与所有权相联系的继续管理权，也没有对已售出的商品实施有效控制。

（3）收入的金额能够可靠地计量。

（4）相关的经济利益很可能流入企业。

（5）相关的已发生或将发生的成本能够可靠地计量。

1. 营业收入

营业收入是指企业在从事销售商品、提供劳务和让渡资产使用权等日常经营业务过程中所形成的经济利益的总流入，分为主营业务收入和其他业务收入。

（1）主营业务收入是指企业从事某种主要生产、经营活动所取得的营业收入。主营业务收入是企业收入的主要来源，它稳定性好、数额也很大，直接体现了企业的竞争力与其市场占有情况，而企业的竞争力及市场占有率直接影响了企业未来的生存与发展。

（2）其他业务收入是指企业主营业务收入以外的所有通过销售商品、提供劳务及让渡资产使用权等日常活动，如材料物资及包装物销售、固定资产出租、包装物出租等，所形成的经济利益的流入。其他业务收入具有不经常发生、每笔业务金额一般较小、占收入的比重较小等特点。

2. 投资收益

投资收益是指企业在一定的会计期间对外投资所取得的回报。投资收益包括对外投资所分得的股利和收到的债券利息，以及投资到期收回或到期前转让债权所得款项高于账面价值的差额等。投资活动也可能遭受损失，投资到期收回或到期前转让债权所得款低于账面价值的差额，即为投资损失。随着企业掌握的管理能力和运用资金权力的日益提升和增大，资本市场的逐步完善，投资活动中获取的收益或承担的亏损，虽不是企业通过自身的生产或劳务供应活动所得的结果，却是企业利润总额的重要组成部分，并且投资收益占利润总额的比重呈越来越大的发展趋势。

3. 营业外收入

营业外收入指企业发生的与日常活动无直接关系的各项收入，例如固定资产的处置收益、债务重组收益、捐赠收入等。营业外收入并不是由企业经营资金耗费所产生的，不需要企业付出代价，其实际上是一种纯收入，不可能也不需要与有关费用进行配比；营业外收入具有非常规性和偶发性的特点。营业外收入的稳定性较差，如果营业外收入对企业的净利润贡献过大，则说明企业的盈利结构出现了问题，增加了不稳定因素。

34.2.2　利润表中的成本费用

成本是商品经济的价值范畴，是商品价值的组成部分。人们要进行生产经营活动或达到一定的目的，就必须耗费一定的资源（人力、物力和财力），其所费资源的货币表现及其对象化称为成本。

费用是指企业在日常活动中发生的、会导致所有者权益减少的、与向所有者分配利润无关的经济利益的总流出。费用有广义和狭义之分。广义的费用泛指企业各种日常活动发生的所有耗费；狭义的费用仅指与本期营业收入相配比的那部分耗费。费用的产生主要有以下几方面的原因：生产和销售产品、加工和提供劳务、让他人使用本企业资产的损失等。费用的确认除了应当符合定义外，也应当满足严格的条件，即费用只有在经济利益很可能流出，从而导致企业资产减少或者负债增加且经济利益的流出额能够可靠计量时才能予以确认。因此，费用的确认至少应当符合以下条件：

（1）与费用相关的经济利益很可能流出企业；

（2）经济利益流出企业的结果会导致资产的减少或者负债的增加；

（3）经济利益的流出额能够可靠计量。

成本与费用是两个相互联系又相互区别的概念。两者的联系是：成本是按照一定的产品归集的费用，是对象化的费用；两者都是在生产过程中所产生的。两者的区别如表 34-2 所示。

表 34-2　成本与费用的区别

项目	成本	费用
内容不同	工业企业产品成本只包括为生产一定种类或数量的完工产品所发生的费用；不包括未完工产品的生产费用和其他费用	包括管理费用、销售费用和财务费用等
计算期不同	一般与产品的生产周期相联系	计算期与会计期间相联系
对象不同	计算对象是产品	计算对象按经济用途分类
计算依据不同	以一定的成本计算对象为依据	以直接费用、间接费用为依据确定
作用不同	一是反映物化劳动与活劳动的耗费；二是资金耗费的补偿；三是检查成本和利润计划；四是综合反映企业工作质量	用于分析费用比重，了解结构变化从而加强费用管理等

利润表中的成本费用类项目如下。

1. 营业成本

营业成本是指企业所销售商品或者所提供劳务的成本。营业成本应当与所销售商品或者所提供劳务而取得的收入进行配比。营业成本又分为主营业务成本和其他业务成本。它们是与主营业务收入和其他业务收入相对应的一组概念。

（1）主营业务成本是指企业因销售商品、提供劳务或者让渡资产使用权等日常活动而发生的实际成本。

（2）其他业务成本是企业除主营业务活动以外的其他经营活动所发生的成本，主要包括销售材料成本、出租固定资产折旧额、出租无形资产摊销额、出租包装物成本或摊销额等。

产品成本包括直接材料、直接人工和制造费用。在生产过程中，直接材料的价值一次全部转移到新生产的产品中去，是产品成本的重要组成部分。直接人工指在生产中对材料进行直接加工制成产品所耗用的工人的工资、奖金和各种津贴，以及按规定比例提取的福利费。制造费用指企业各生产单位为了组织和管理生产而发生的各项间接费用。制造费用是产品成本的重要组成部分。一般情况下，企业各年应采用相同的方法核算营业成本，以保证分析时的可比性。

2. 税金及附加

税金及附加是指企业在日常活动中应负担的税费，包括消费税、城市维护建设税、资源税、教育费附加等。

3. 销售费用

销售费用是指企业在销售产品、自制半成品和提供劳务等过程中发生的费用，包括由企业负担的包装费、运输费、广告费、装卸费、保险费、委托代销手续费、展览费、租赁费和销售服务费及销售部门人员工资、职工福利费、差旅费、办公费、折旧费、修理费、物料消耗、低值易耗品摊销以及其他经费等。在安全投资的经济分析中，销售费用是计算经济效益的基础数据，而销售费用过高会造成利润减少。

分析"销售费用"项目时应注意以下两方面的问题。

（1）销售费用与主营业务收入的配比。将配比结果与行业同指标相比，考察该费用的合理性。一般来说，随着主营业务收入的增长，销售费用随之增加，这属于正常现象。如销售费用的增长超过主营业务收入的增长，则属于失常现象。

（2）销售费用与长期待摊费用的配比。以分析巨额广告费的摊销期为例，如摊销期过长，会减少当期销售费用，造成利润虚增。

4. 管理费用

管理费用是指企业为组织和管理企业生产经营所发生的费用，包括企业在筹建期间内发生的开办费、董事会和行政管理部门在企业的经营管理中发生的或者应由企业统一负担的公司经费（包括行政管理部门职工工资及福利费、物料消耗、低值易耗品摊销、办公费和差旅费等）、工会经费、董事会费（包括董事会成员津贴、会议费和差旅费等）、聘请中介机构费、咨询费（含顾问费）、诉讼费、业务招待、技术转让费、研究费用、排污费以及企业生产车间（部门）和行政管理部门等发生的固定资产修理费用等。尽管有时可以减少管理费用，但是这种减少可能对企业的发展不利。因此，在企业业务发展稳定的情况下，企业的管理费用的变动一般不会太大，对管理费用的分析应结合资产总规模与销售水平进行。

5. 研发费用

研发费用是指研究与开发某项目所支付的费用。企业内部研究开发项目研究阶段的支出，应当于发生时计入当期损益，而企业内部研究开发项目开发阶段的支出，具备以下条件时，应当确认为无形资产：①从技术上来讲，完成该无形资产以使其能够使用或出售具有可行性；②具有完成该无形资产并使用或出售的意图；③无形资产未来产生经济利益的方式，包括能够证明运用该无形资产生产的产品存在市场或无形资产自身存在市场，无形资产将在内部使用时，应当证明其有用性；④有足够的技术、财务资源和其他资源支持，以完成该无形资产的开发，并有能力使用或出售该无形资产；⑤归属于该无形资产开发阶段的支出能够可靠地计量。对于无法区分研究阶段研发支出和开发阶段研发支出的，应当将其全部费用化，计入当期损益（管理费用）。

6. 财务费用

财务费用指企业在生产经营过程中为筹集资金而发生的各项费用，包括企业生产经营期间发生的利息支出、汇兑净损失、金融机构借款手续费，以及筹资发生的其他财务费用，如债券印刷费、国外借款担保费等。但在企业筹建期间发生的利息支出，应计入开办费；与购建固定资产或者无形资产有关的，在资产尚未交付使用或者虽已交付使用但尚未办理竣工决算之前的利息支出，计入购建资产的价值；清算期间发生的利息支出，计入清算损益。企业财务费用的高低，主要取决于三个因素：贷款规模、贷款利息和贷款期限。财务费用中的利息支出应与使用资金产生的效益进行对比分析。

7. 营业外支出

营业外支出是指企业发生的与企业日常生产经营活动无直接关系的各项支出，包括非流动资产处置损失、非货币性资产交换损失、债务重组损失、公益性捐赠支出、非常损失、盘亏损失等。需要注意的是，营业外收入和营业外支出应当分别核算。在具体核算时，不得以营业外支出直接冲减营业外收入，也不得以营业外收入直接冲减营业外支出。

34.2.3　利润表中的利润

与利润相关的计算公式如下。

1. 营业利润

营业利润 = 营业收入 − 营业成本 − 税金及附加 − 销售费用 − 管理费用 − 财务费用 − 资产减值损失 + 公允价值变动收益（− 公允价值变动损失）+ 投资收益（− 投资损失）

其中，营业收入是指企业经营业务所确定的收入总额，包括主营业务收入和其他业务收入。营业成本是指企业经营业务所发生的实际成本总额，包括主营业务成本和其他业务成本。资产减值损失是指企业计提各项资产减值准备所形成的损失。公允价值变动收益（或损失）是指企业交易性金融资产等公允价值变动形成的应计入当期损益的利得（或损失）。投资收益（或损失）是指企业以各种方式对外投资所取得的收益（或发生的损失）。

2. 利润总额

利润总额 = 营业利润 + 营业外收入 − 营业外支出

其中，营业外收入（或支出）是指企业发生的与日常经营活动无直接关系的各项利得（或损失）。

3. 净利润

净利润 = 利润总额 − 所得税费用

其中，所得税费用是指企业确认的应从当期利润总额中扣除的所得税费用。

34.3　如何分析利润表

34.3.1　盈利能力分析

盈利能力是指企业获取利润的能力。利润是企业有关各方都关心的中心问题，利润是投资者取得投资收益、债权人收取本息的资金来源，是经营者经营业绩和管理效能的集中表现，也是职工集体福利设施不断完善的重要保障。因此，企业盈利能力分析十分重要。

盈利能力的强弱是一个相对概念，即利润是相对于一定的资源投入和收入而言的。利润率越高，盈利能力越强；利润率越低，盈利能力越弱。企业经营业绩的好坏最终可通过企业的盈利能力反映出来。

对企业盈利能力的分析主要指对利润率的分析。因为，尽管对利润额的分析可以说明企业财务成果的增减变动状况及其原因，为改善企业经营管理指明方向，但是，由于利润额受企业规模或投入总量的影响较大，一方面不便于不同规模的企业之间进行对比，另一方面它也不能准确地反映企业的盈利能力和盈利水平。因此，仅进行利润额分析一般不能满足各方面对财务信息的要求，还必须对利润率进行分析。

常用的利润率指标如图34-1所示。

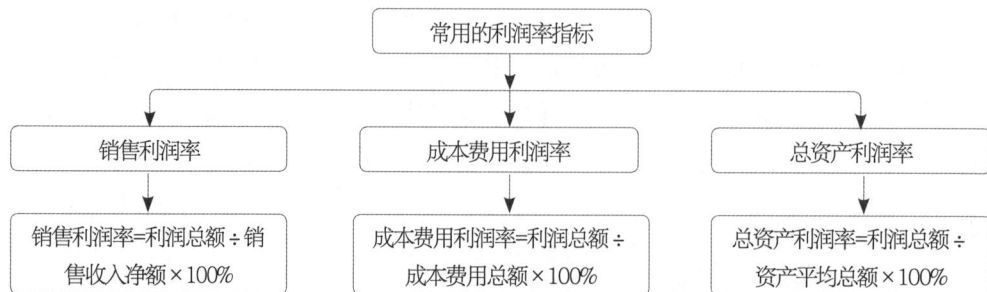

图34-1 常用的利润率指标

34.3.2 盈利结构分析

企业的盈利结构是指构成企业利润的各种不同性质的盈利项目的有机搭配比例。从质的方面来理解，表现为企业的利润是由什么样的盈利项目组成的，不同的盈利项目对企业盈利能力有不同的作用和影响。从量的方面来理解，表现为不同的盈利项目占总利润的比重，不同的盈利项目比重对企业盈利能力的作用和影响程度也不相同。所以，在盈利结构分析中，不仅要认识不同的盈利项目对企业盈利能力影响的性质，而且要掌握它们各自的影响程度。企业利润表中的盈利一般都是通过收入与支出的配比计算出来的。所以分析盈利结构，先要分析收支结构。

收支结构的第一层分析就是了解企业在一定时期内的总收入是多少，总支出是多少，总收入减去总支出后的总利润是多少。通过分析可以判明企业盈利的原因，能够揭示出企业的支出占收入的比重，从整体上说明企业的收支水平。

收支结构的第二层分析实质是揭示各个具体的收入项目或支出项目占总收入或总支出的比重。按取得收入的业务不同，企业的收入分为主营业务收入、其他业务收入、营业外收入等。由于不同的业务在企业经营中的作用不同，其对企业生存和发展的影响程度也不一样，所以不同的业务取得的收入对企业盈利能力的影响不仅有量的区别，而且有质的不同。通过分析收入结构可以把握这种区别。

企业的支出也可以按支出的性质分为主营业务成本、税金及附加、其他业务成本、各种期间费用（包括销售费用、管理费用和财务费用）、资产减值损失、营业外支出和所得税费用等。对支出的分类能揭示不同的支出与收入之间的联系，从而判明支出结构的合理性和支出的有效性。同时，不同的业务在企业经营中有不同的作用，不同性质的支出对企业盈利能力的影响也有差别。分析支出结构，把握这种差别，更能进一步判断支出的有效性。

主营业务利润是企业利润的主要来源。分析主营业务利润是分析盈利能力的关键。企业的盈利能力不仅能反映企业现在及未来能达到的盈利水平，而且能反映企业盈利的稳定性和持续性。企业投入大量的资金都是为企业的主营业务做准备的，主营业务是否经营得好是企业能否生存和发展的关键。主营业务经营得好的一个表现就是企业主营业务利润在企业总利润中占较大的比重，且一直保持着这种比重。由于企业主营业务的波动性会比其他业务的波动性小，主营业务利润的稳定性较其他业务利润的稳定性也强。如果企业利润中主营业务利润占的比重较大，那么企业的盈利结构的安全性较大，即企业利润的波动性较小。

其他业务利润是企业经营非主营业务的净收益（或亏损）；投资收益是企业对外投资的净收益（或亏损）；营业外收支差额是与企业经营无直接关系的营业外收入与营业外支出的差额。上述各种非主营业务利润与主营业务利润也是企业利润的源泉，但由于非主营业务的波动性较大，因此与主营业务利润相比，非主营业务利润的稳定性较弱。

34.3.3　影响企业利润质量的因素

作为反映企业经营成果的指标，会计利润在一定程度上体现了企业的盈利能力，同时也是目前我国企业对企业经营者进行业绩考评的重要依据。但会计分期假设和权责发生制决定了某一期间的利润并不一定具有可持续性、利润带来的资源不一定具有确定的可支配性。此外，企业经营者出于自身利益的考虑，往往会运用各种手段调节利润、粉饰利润表，从而导致会计信息失真并误导投资者、债权人及其他利益相关者。因此，人们在关注企业盈利能力的同时，也要重视对企业利润质量的分析，以下列举了影响利润质量的几个因素。

1. 主营业务收入的影响

利润表取消了"主营业务收入"和"其他业务收入"的划分，这既适应了当前企业经营日益多元化的趋势，也避免了人为粉饰利润表的可能。但从利润质量的角度来说，健康的利润应当主要来自主营业务收入。企业的主营业务收入反映企业的核心盈利能力，其创造的利润具有持续性、稳定性和可预测性。因此，在利润质量的分析中，应首先看企业的收入主要来自经常性业务收入还是非经常性业务收入，非经常性业务收入虽然也会为企业带来利润，但往往缺乏持续性和稳定性，不会对企业的长期盈利能力产生实质性影响。

2. 投资收益的影响

公允价值的确定、投资收益的高低等也将影响企业当期营业利润。鉴于公允价值计量的特殊性，我国对公允价值的使用仍然持谨慎态度，只在金融工具、投资性房地产、非同一控制下的企业合并、债务重组和非货币性交易等方面采用。在进行利润质量分析时，应清楚地认识到，公允价值能够体现会计信息的相关性，但难以确保其可靠性。此外，依靠公允价值带来的利润是暂时的，而且会受到很多外部环境因素的影响。因此，分析投资收益的质量，主要是分析投资收益有无相应的现金流量支撑和关注投资收益忽高忽低的非正常现象。

3. 期间费用的影响

一般来说，在企业的销售规模和营销策略等变化不大的情况下，销售费用的变化也不会明显。但也不能排除销售费用率上升的情况，因为这可能反映了市场竞争环境的严峻（如大量的广告费等），也可能反映了销售费用支付的浪费和无效（如开辟新的销售市场失败等）。管理费用和销售费用一样，也应当保持一定的稳定性，不能一味地追求减少，甚至在某些情况下，变动性管理费用（如研发费用、职工培训费用等）还会不减反增。财务费用的高低主要取决于借款的规模、利率和期限。如果企业要增加利润，唯一的途径就是压缩借款规模来减少财务费用，但借款规模的缩小是否会限制企业生产经营的持续发展，这是在进行利润质量分析时应该考虑的问题。

4. 营业外收入的影响

尽管营业外收入在通常情况下对利润不会产生主要贡献，但也不能忽视其对企业利润质量的影响。按现行会计准则，债务重组收益由原来计入资本公积的做法改为计入营业外收入，直接确认为当期损益，这就给企业带来利润增加的契机，特别是那些负债金额较高又有可能获得债务豁免的企业，可以由此获得巨额利润，增加每股利润。作为企业利润的构成部分，营业外收入的可靠性却有待考证，这就需要关注会计报表附注中有关债务重组的披露。

34.3.4 利润质量恶化的表现

企业利润取决于利润形成过程中各收入和费用项目的质量，利润质量变化必然会反映到企业的各个方面。对于报表使用者而言，可以根据以下方面判断企业的利润质量是否正在恶化：

（1）短时间内企业迅速扩张；

（2）过度负债导致的与高利润相伴的财务高风险；

（3）企业反常压缩酌量性成本；

（4）存货周转率偏低；

（5）非正常的会计政策变更；

（6）审计报告出现异常（如提供保留意见、否定意见、无法表示意见等）。

第 35 章
财务分析——现金流量表的解读与分析

本章导读

现金是一个企业的血液，现金的充足与否影响着企业的运营。纵观破产的企业，有很多是因为现金流出现了问题。

如何从企业的现金流量表中寻找信息，发现问题呢？首先我们应该熟悉现金流量表的内容、构成等，然后再对其进行分析。本章将对现金流量表进行详细的剖析，帮您厘清思绪。

35.1　认识现金流量表

35.1.1　什么是现金流量表

现金流量表是反映企业在一定会计期间的现金和现金等价物的流入和流出情况的报表。

首先，要正确理解、把握现金的含义。

这里所提到的现金，不是人们日常生活中经常使用的现金（日常生活中的现金常指现款），也不是会计核算中做账用的"库存现金"科目，此处的现金有其特定的含义。

现金是指企业库存现金以及可以随时用于支付的存款，它包括库存现金、银行存款和其他货币资金。也就是说现金流量表定义的"现金"是指货币资金。

要准确把握现金的含义，还需要注意银行存款和其他货币资金中企业不能随时用于支付的存款，如不能随时支取的定期存款，不应作为现金。而那些提前通知金融机构便可支取的定期存款，应包括在现金的范围之内。

其次，来看看现金等价物是什么。

现金等价物是指企业持有的期限短、流动性强、易于转换为已知金额的现金并且价值变动风险很小的投资。也就是说，一项投资被确定为现金等价物，必须同时具备以下四个条件：

（1）期限短；

（2）流动性强；

（3）易于转换为已知金额的现金；

（4）价值变动风险很小。

期限短，一般是指从购买日起 3 个月到期。例如，可在证券市场上流通的 3 个月到期的短期债券投资就属于现金等价物。企业为保证自己的支付能力，可持必要的现金，为了不使现金闲置，可以购买短期债券，在企业需要现金时，可以随时变现。由于股权性投资（或称权益性投资、股票投资）变现的金额通常不确定，因而不属于现金等价物。

现金等价物虽不是现金，但其支付能力与现金差别不大，可被视为现金。接下来提及的"现金"，除非同时提到"现金等价物"，否则均包括现金和现金等价物。

35.1.2　现金流量表的结构

现金流量表分正表和补充资料两部分。

现金流量表正表部分以"现金流入－现金流出＝现金流量净额"为基础，采取多步式，分经营活动、投资活动和筹资活动列示，分项报告企业的现金流入量和流出量。

现金流量表补充资料部分又细分为三部分：第一部分是将净利润调节为经营活动现金流量；第二部分是不涉及现金收支的重大投资和筹资活动；第三部分是现金及现金等价物净变动情况。

35.1.3　现金流量表的意义

现金流量表具有以下重要意义。

（1）弥补了资产负债表信息量的不足。

（2）便于从现金流量的角度对企业进行考核。

（3）便于报表使用者了解企业筹措现金、生成现金的能力。

（4）更能体现信息的相关性、可比性及可解释性：

①能够说明企业一定期间内现金流入和流出的原因；

②能够说明企业的偿债能力和支付股利的能力；

③能够说明企业未来获取现金的能力；

④能够说明企业投资和理财活动的状况；

⑤能够提供不涉及现金的投资和筹资活动的信息。

35.2　现金流量表的内容

35.2.1　现金的内容

现金流量表所称的"现金"不仅包括"库存现金"科目核算的现金，也包括企业"银行存款"科目核算的存入金融机构、随时可以用于支付的存款，还包括"其他货币资金"科目核算的外埠存款、银行汇票存款、银行本票存款和在途货币资金等其他货币资金。

35.2.2　现金流量

现金流量是某一段时期内企业现金流入和流出的数量。如企业销售商品、提供劳务、出售固定资产、向银行借款等取得现金，形成企业的现金流入；购买原材料、接受劳务、购建固定资产、对外投资、偿还债务等而支付现金等，形成企业的现金流出。现金流量相关信息能够表明企业经营状况是否良好、资金是否紧缺、企业偿付能力强弱，从而为投资者、债权人、企业管理者等提供非常有用的信息。

现金流量分为三类，即经营活动产生的现金流量、投资活动产生的现金流量、筹资活动产生的现金流量。

（1）经营活动是指企业投资活动和筹资活动以外的所有交易和事项。根据定义，经营活动的范围很广，它包括了企业投资活动和筹资活动以外的所有交易和事项。就工商企业来说，经营活动主要包括销售商品、提供劳务、经营性租赁、购买商品、接受劳务、广告宣传、推销产品、缴纳税款等。各类企业由于所处行业特点不同，对经营活动的认定存在一定差异，在编制现金流量表时，应根据实际情况，对现金流量进行合理的归类。

（2）投资活动是指企业长期资产的购建和不包括在现金等价物范围内的投资及其处置活动。这里所指的长期资产，是指固定资产、在建工程、无形资产、其他资产等有效期限在一年或一个营业周期以上的资产。之所以将"包括在现金等价物范围内的投资"排除在外，是因为已经将包括在现金等价物范围内的投资视同现金。投资活动主要包括取得和收回投资，购建和处置固定资产、无形资产和其他长期资产等。

（3）筹资活动是指导致企业资本及债务规模和构成发生变化的活动。这里所说的资本，包括实收资本（股本）、资本溢价（股本溢价）。与资本有关的现金流入和流出项目，包括吸收投资、取得借款、分配利润等。"债务"是指企业对外举债所借入的款项，如发行债券、向金融机构借入款项等。

35.2.3 经营活动产生的现金流量

1. 销售商品、提供劳务收到的现金

销售商品、提供劳务收到的现金指企业销售商品或提供劳务等经营活动收到的现金。要注意的是：本项目的经营活动包括所有经营活动，经营性租赁除外；本项目不包括随销售收入和劳务收入一起收到的增值税销项税额；本项目应包括收回前期的货款和本期预收的货款；发生销货退回而支付的现金应从本项目中扣除。

当期销售货款或提供劳务收到的现金可用如下公式计算得出。

销售商品、提供劳务收到的现金 = 当期销售商品或提供劳务收到的现金收入 + 当期收到前期的应收账款 + 当期收到前期的应收票据 + 当期的预收账款 − 当期因销售退回而支付的现金 + 当期收回前期核销的坏账损失

2. 收到的税费返还

收到的税费返还包括两个内容，即收到的增值税销项税额和退回的增值税和收到的除增值税外的其他税费返还。

（1）企业销售商品收到的增值税销项税额以及出口商品按规定退税而取得的现金，应单独反映。为便于计算这一项目的现金流量，企业应在"应收账款"及"应收票据"科目下分设"货款"和"增值税"两个明细科目。"应收账款（应收票据）——货款"科目用以调整计算销售商品、提供劳务收到的现金。

（2）企业除增值税税款退回外，还有其他的税费返还，如所得税、消费税、关税和教育费附加返还款等。这些返还的税费按实际收到的款项反映。

3. 收到其他与经营活动有关的现金

其他与经营活动有关的现金包括：①营业外收入相关明细本期贷方发生额；②其他业务收入相关明细本期贷方发生额；③其他应收款相关明细本期贷方发生额；④其他应付款相关明细本期贷方发生额；⑤银行存款利息收入。

当期收到的其他与经营活动有关的现金可用如下公式计算得出。

收到其他与经营活动有关的现金 = 营业外收入相关明细本期贷方发生额 + 其他业务收入相关明细本期贷方发生额 + 其他应收款相关明细本期贷方发生额 + 其他应付款相关明细本期贷方发生额 + 银行存款利息收入

4. 购买商品、接受劳务支付的现金

企业当期购买商品、接受劳务支付的现金可通过以下公式计算得出。

购买商品、接受劳务支付的现金 = 当期购买商品、接受劳务支付的现金 + 当期支付前期的应付账款 + 当期支付前期的应付票据 + 当期预付的账款 − 当期因购货退回收到的现金

上述公式中所列各项均不包括可以抵扣增值税销项税额的增值税进项税额。

5. 支付给职工以及为职工支付的现金

本项目反映企业实际支付给职工的现金以及为职工支付的现金，包括本期实际支付给职工的工资、奖金、各种津贴和补贴等，以及为职工支付的其他费用，不包括支付的离退休人员的各项费用和支付给在建工程人员的工资等。支付的离退休人员的各项费用，包括支付的统筹退休金以及未参加统筹的退休人员的费用，在"支付其他与经营活动有关的现金"项目中反映；支付的在建工程人员的工资，在"购建固定资产、无形资产和其他长期资产支付的现金"项目中反映。

需要注意的是，企业为职工支付的养老、失业等社会保险金、补充养老保险，支付给职工的住房困难补助，企业为职工缴纳的商业保险金，企业支付给职工或为职工支付的其他福利费用等，应根据职工的工作性质和服务对象，分别在"购建固定资产、无形资产和其他长期资产支付的现金"和"支付给职工以及为职工支付的现金"项目中反映。

6. 支付的各项税费

本项目反映企业按规定支付的各项税费，包括本期发生并支付的税费，以及本期支付以前各期发生的税费和预缴的税金。

7. 支付其他与经营活动有关的现金

支付其他与经营活动有关的现金包含与经营活动有关的其他现金流出，如捐赠现金支出、罚款支出、支付的差旅费、业务招待费现金支出、支付的保险费、货物的运输费、水路运输的上下力费等。其他现金流出如价值较大的，应单列项目反映。本项目可以根据"销售费用""管理费用""制造费用""营业外支出""其他应收款"等科目分别编制会计分录和记账凭证入账。

35.2.4 投资活动产生的现金流量

1. 收回投资收到的现金

企业收回的投资款项中包括两部分内容，一是投资本金，二是投资收益。除投资本金在本项目反映外，与投资本金一起收回的投资收益也应在本项目反映。但债券投资本金与利息，一般易于分清，其债券利息收入应与本金分开，在"取得债券利息收入所收到的现金"项目中单独反映。

2. 取得投资收益收到的现金

本项目反映企业因股权性投资而分得的现金股利及因债权性投资而取得的现金利息收入。

股票股利由于不产生现金流量，不在本项目中反映；包括在现金等价物范围内的债券性投资，其利息收入在本项目中反映。本项目可以根据"应收股利""应收利息""投资收益""库存现金""银行存款"等科目的记录分析填列。

3. 处置固定资产、无形资产和其他长期资产收回的现金净额

本项目反映出售固定资产、无形资产和其他长期资产所取得的现金扣除为出售这些资产而支付的有关费用后的净额。本项目还包括固定资产报废、毁损的变卖收益以及遭受灾害而收到的保险赔偿收入等。

4. 处置子公司及其他营业单位收到的现金净额

本项目专用于反映在丧失对子公司和其他营业单位控制权（因而不再将其纳入合并报表范围）的当期，所收到的处置现金对价减去该子公司和其他营业单位在处置日所持有的现金及现金等价物以及相关处置费用之后的净额。如本项目为负数，则在"支付其他与投资活动有关的现金"项目反映。跨期（指在处置日所在会计期间之前或之后的会计期间）收取的现金对价，在收到当期列报为"收回投资收到的现金"。

5. 收到其他与投资活动有关的现金

本项目反映企业除了上述各项以外，收到的其他与投资活动有关的现金流入。其他现金流入如价值较大的，应单列项目反映。本项目可以根据有关科目的记录分析填列，例如收回投资、分得股利、收到债券利息等所得的现金。

当期收到其他与投资活动有关的现金可用如下公式计算得出。

收到其他与投资活动有关的现金 = 收到购买股票和债券时支付的已宣告但尚未领取的股利和已到付息期但尚未领取的债券利息及上述投资活动项目以外的其他与投资活动有关的现金流入

6. 购建固定资产、无形资产和其他长期资产支付的现金

该项目反映企业本期购买、建造固定资产、取得无形资产和其他长期资产（如投资性房地产）实际支付的现金，包括购买固定资产、无形资产等支付的价款及相关税费，以及用现金支付的应由在建工程和无形资产负担的职工薪酬。

企业以分期付款方式购建的固定资产、无形资产，以及融资租入固定资产，各期支付的现金均在"支付其他与投资活动有关的现金"项目中反映。

为购建固定资产、无形资产而发生的借款利息资本化部分，在"分配股利、利润或偿付利息支付的现金"项目中反映。本项目可以根据"固定资产""在建工程""工程物资""无形资产""库存现金""银行存款"等科目的记录分析填列。

7. 投资支付的现金

本项目反映企业进行权益性投资和债权性投资所支付的现金，包括支付的佣金、手续费等附加费用。企业以非现金的固定资产、商品等进行的投资，在现金流量表的附注中单独反映，不包括在本项目内。

8. 取得子公司及其他营业单位支付的现金净额

本项目反映企业购买子公司及其他营业单位购买出价中以现金支付的部分，减去子公司及其他营业单位持有的现金和现金等价物后的净额。本项目可以根据"长期股权投资""库存现金""银行存款"等科目的记录分析填列。

9. 支付其他与投资活动有关的现金

本项目反映企业支付的除上述各项目外，与投资活动有关的其他现金流出，如捐赠现金支出、罚款支出、支付的差旅费、业务招待费现金支出、支付的保险费等，其他现金流出如价值较大的，应单列项目反映。本项目可以根据"销售费用""管理费用""制造费用""营业外支出""其他应收款"等科目的记录分析填列。

当期支付其他与投资活动有关的现金可用如下公式计算得出。

支付其他与投资活动有关的现金＝营业外支出（处理固定资产损失、固定资产报废损失、实物捐赠支出等除外）＋其他应付款（应付租金除外）的增加净额

35.2.5　筹资活动产生的现金流量

1. 吸收投资收到的现金

本项目反映企业以发行股票等方式筹集资金实际收到的款项净额（发行收入减去支付的佣金等发行费用后的净额）。以发行股票等方式筹集资金而由企业直接支付的审计、咨询等费用，在"支付其他与筹资活动有关的现金"项目反映。

2. 取得借款收到的现金

本项目反映企业举借各种短期、长期借款而收到的现金，以及发行债券实际收到的款项净额（发行收入减去直接支付的佣金等发行费用后的净额）。

3. 收到其他与筹资活动有关的现金

本项目反映企业除上述各项目外，收到的其他与筹资活动有关的现金。其他与筹资活动有关的现金，如果价值较大，应单列项目反映。

4. 偿还债务支付的现金

本项目反映企业以现金偿还债务的本金，包括归还金融企业的借款本金、偿付企业到期的债券本金等。企业偿还的借款利息、债券利息，在"分配股利、利润或偿付利息支付的现金"项目反映。

5. 分配股利、利润或偿付利息支付的现金

本项目反映企业实际支付的现金股利，以及支付给其他投资单位以及支付的借款利息、债券利息等。

当期分配股利、利润或偿付利息支付的现金可用如下公式计算得出：

分配股利、利润或偿付利息支付的现金＝"应付股利"科目本期借方发生额＋"长期借款——应计利息"科目的借方发生额

6. 支付其他与筹资活动有关的现金

本项目反映企业除上述各项目外，支付的其他与筹资活动有关的现金，如以发行股票、债券等方式筹集资金而由企业直接支付的审计、咨询等费用，融资租赁各期支付的现金，以分期付款方式购建固定资产、无形资产等各期支付的现金等。其他与筹资活动有关的现金，如果价值较大，应单列项目反映。

35.3　根据现金流量表进行财务状况分析

在市场经济条件下，企业要想在激烈的竞争中立于不败之地，不但要把自己的产品销售出去，更重要的是能及时收回销货款，以便经营活动能够顺利开展。除经营活动之外，企业的投资和筹资活动同样影响着企业的现金流量，从而影响企业的财务状况。对于企业而言，每种活动产生的现金流量结果可能不同，进而会对企业的财务状况产生重要的影响。因此，可以对企业财务状况进行一般分析，分析过程如下。

（1）经营活动现金流入量小于流出量，投资活动现金流入量大于流出量，筹资活动现金流入量大于流出量时，说明企业经营活动现金流入不足，企业主要靠借贷维持经营；如果投资活动现金流入量净额是依靠收回投资或处置长期资产取得的，则说明企业的财务状况较为严峻。

（2）经营活动现金流入量小于流出量，投资活动现金流入量小于流出量，筹资活动现金流入量大于流出量时，说明企业经营活动和投资活动均不能产生足够的现金流入，企业各项活动完全依赖借债维系，一旦举债困难，财务状况将十分危险。

（3）经营活动现金流入量小于流出量，投资活动现金流入量大于流出量，筹资活动现金流入量小于流出量时，说明企业经营活动产生现金流入不足，筹集资金发生了困难，企业可能主要依靠收回投资或处置长期资产所得维持运营，说明企业财务状况已陷入了困境。

（4）经营活动现金流入量小于流出量，投资活动现金流入量小于流出量，筹资活动现金流入量小于流出量时，说明企业三项活动均不能产生现金净流入，说明企业财务状况处于瘫痪状态，面临着破产或被兼并的危险。

（5）经营活动现金流入量大于流出量，投资活动现金流入量大于流出量，筹资活动现金流入量大于流出量时，说明企业财务状况良好。但要注意对投资项目的可行性研究，盲目增加投资会造成浪费。

（6）经营活动现金流入量大于流出量，投资活动现金流入量小于流出量，筹资活动现金流入量大于流出量时，说明企业经营活动和筹资活动都能产生现金净流入，说明财务状况较稳定；扩大投资出现投资活动负向净流入也属正常，但应保持适当的投资规模。

（7）经营活动现金流入量大于流出量，投资活动现金流入量大于流出量，筹资活动现金流入量小于流出量时，说明企业经营活动和投资活动均产生现金净流入，但筹资活动产生现金净流出，说明有大量债务到期需用现金偿还。如果净流入量大于净流出量，则说明财务状况较稳定，否则，财务状况不佳。

（8）经营活动现金流入量大于流出量，投资活动现金流入量小于流出量，筹资活动现金流入量小于流出量时，说明企业主要依靠经营活动的现金流入运营，一旦经营状况陷入危机，财务状况将会恶化。

35.4　现金流量表和利润表的相关指标

35.4.1　现金流量表和利润表

利润表是反映企业一定期间经营成果的重要报表，它揭示了企业利润的计算过程。利润被看成评价企业经营业绩及盈利能力的重要指标，但仅使用这一指标也存在一定的缺陷。由于收入与费用是按其归属来确认的，而不管是否实际收到或付出了现金，以此计算的利润常常使一个企业的盈利水平与其真实的财务状况不符。有的企业账面利润很多，看似业绩可观，实际却入不敷出，举步艰难；有的企业虽然账面亏损，却现金充足，周转自如。所以，仅以利润来评价企业的经营业绩和盈利能力有失偏颇。如能结合现金流量表所提供的现金流量信息，特别是经营活动现金净流量的信息进行分析，则所得到的分析结果就较为客观全面。具体分析时，可将现金流量表的有关指标与利润表的相关指标进行对比，以评价企业利润的质量。主要从以下五个指标来进行分析。

1. 营业利润现金保证率 = 经营活动产生的现金净流量 ÷ 净利润 × 100%

这一比率主要反映经营活动产生的现金净流量与当期净利润的差异程度，即当期实现的净利润中有多少是有现金保证的。营业利润现金保证率应该接近或等于 1。如果这个比率明显低于 1，说明企业的利润质量较差（如含有大量应收账款，可能存在大量的坏账损失），但是在短时间内不会对企业持续经营产生严重影响。如果这一指标连续若干期明显小于 1，并且逐期递减，说明企业的净利润缺乏足够的现金保证，利润质量很不理想。当这个指标小于 1 时，企业可能会通过增加债务筹资来满足资金的需要，但这样做势必将导致资产负债率和筹资成本提高，从而降低企业未来的盈利能力。

2. 经营活动现金流量比率 = 经营活动产生的现金净流量 ÷ 现金净流量总额 × 100%

这个指标反映企业经营活动产生的现金净流量占企业现金净流量总额的比率。这一比率越高，表明企业自身创造现金的能力越强，财务基础越牢固，偿债能力和对外筹资能力越强；这一比率越低，说明企业自身创造现金的能力越弱，财务基础越不牢固，偿债能力和对外筹资能力越弱。经营活动产生的现金净流量从本质上反映了企业自身创造现金的能力，尽管企业可以通过对外筹资的途径取得现金，但企业债务本息的偿还仍然有赖于经营活动产生的现金净流量。

3. 销售收入现金回收率 = 经营活动产生的现金净流量 ÷ 销售收入 × 100%

这一比率反映企业每一元销售收入中所能获得的现金流量。考虑到固定资产折旧的原因，这个比率应该比销售利润率（即利润总额 ÷ 销售收入净额 × 100%）高一些。这个比率高，说明每一元销售收入创造的现金流量多，利润质量比较好；如果这一比率比较低，且连续下降，说明销售收入缺乏必要的现金保证，销售收入中含有大量的应收账款，而且可能存在大量的坏账损失，将会对企业的经营成果产生不利的影响。

4. 资产现金回报率 = 经营活动产生的现金净流量 ÷ 总资产平均余额 × 100%

这个指标反映了每一元资产所能够获得的现金流量，从现金流量的角度说明了资产的周转速度。从理论上来讲，在各期销售收入基本相当、应收账款均衡周转的情况下，这个指标应该大致与总资产周转率（即销售收入 ÷ 总资产平均余额 × 100%）相等。如果实际计算出的这个指标低于总资产周转率，说明销售收入中有较大比重被现金以外的其他资产所占用（如含有大量应收账款，而且可能存在大量的坏账损失等）。这种情况如果长期存在，也会对企业的经营成果产生不良的影响。

5. 现金股利支付保证率 = 经营活动产生的现金净流量 ÷ 现金股利 × 100%

这个指标表示企业经营活动产生的现金净流量占企业实际发放的现金股利的比率，说明企业实际用来发放现金股利的资金中，有多少是来源于经营活动产生的现金净流量的。这一比率越高，说明企业支付现金股利的能力越强；这一比率越低，说明企业支付现金股利的能力越弱。不过，这个比率较高时并不意味着投资者的每股股票在当期就可以获取很多的现金股利，因为股利的发放与企业管理当局的股利政策有关，如果管理当局无意于用这些现金流量在当期发放大量的现金股利，而是青睐于用这些现金流量进行再投资，以期获得更高的投资效益，从而提高本企业的股票市价，那么，这个指标的效用就不是很大。因此，本指标对财务分析只起参考作用。

35.4.2　现金流量表与资产负债表

资产负债表是反映企业期末资产和负债状况的报表，运用现金流量表的有关指标与资产负债表有关指标，可以更为客观地评价企业的偿债能力、盈利能力及支付能力。

1. 偿债能力分析

流动比率是流动资产与流动负债之比，而流动资产体现的是能在一年内或一个营业周期内变现的资产，包括许多流动性不强的项目，如呆滞的存货、有可能收不回的应收账款，以及本质上属于费用的待摊费用、待处理流动资产损失和预付账款等。它们虽然具有资产的性质，但事实上却不能再转变为现金，不再具有偿付债务的能力。而且，不同企业的流动资产结构差异较大，资产质量各不相同，因此，仅用流动比率来分析企业的偿债能力，往往有失偏颇。可运用经营活动现金净流量与资产负债表相关指标进行对比分析，作为流动比率等指标的补充。具体内容如下。

（1）经营活动现金净流量与流动负债之比。这一指标可以反映企业用经营活动获得现金偿还短期债务的能力，该比率越大，说明偿债能力越强。

（2）经营活动现金净流量与全部债务之比。该比率可以反映企业用经营活动所获现金偿还全部债务的能力，这个比率越大，说明企业承担债务的能力越强。

（3）现金期末余额与流动负债之比。这一比率反映企业直接支付债务的能力，比率越大，说明企业偿债能力越强。但由于现金的盈利能力弱，这一比率也并非越大越好。

2. 盈利能力及支付能力分析

由于利润指标存在缺陷，可运用现金净流量与资产负债表相关指标进行对比分析，作为每股收益、净资产收益率等指标的补充。具体内容如下。

（1）每股经营活动现金净流量与总股本之比。这一比率反映每股资本获取现金净流量的能力，比率越高，说明企业支付股利的能力越强。

（2）经营活动现金净流量与净资产之比。这一比率反映投资者投入资本创造现金的能力，比率越高，变现能力越强。

（3）将销售商品、提供劳务收到的现金与主营业务收入比较，可以大致说明企业销售收回现金的情况及企业销售的质量。收现数所占比重大，说明销售收入实现后所增加的资产转换现金速度快、质量高。

（4）将分得股利或利润及取得债券利息收入所得到的现金与投资收益比较，可大致反映企业账面投资收益的质量。

第 36 章
财务分析——所有者权益变动表的解读与分析

本章导读

所有者权益变动表是资产负债表和利润表的纽带，反映了企业的全部收益。

所有者权益变动表有个特征，那便是其分为横向项目和纵向项目，通过横向、纵向项目的结合分析，可以更加清楚地知道所有者权益的变动依据。通过本章的学习，您将对所有者权益变动表有更深入的了解，也将对会计报表体系有更系统的认识。

36.1　认识所有者权益变动表

所有者权益变动表是反映企业本期内所有者权益变动情况的报表。2007 年以前，企业所有者权益变动情况是以资产负债表附表形式予以体现的。2007 年以后，上市公司对外呈报所有者权益变动表，所有者权益变动表成为与资产负债表、利润表和现金流量表并列披露的第四张会计报表。

36.1.1　所有者权益变动表的内容

所有者权益变动表应当全面反映一定时期内所有者权益变动的情况，不仅包括所有者权益总量的增减变动，还包括所有者权益增减变动的重要结构性信息，特别是要反映直接计入所有者权益的利得和损失，让报表使用者准确地理解所有者权益增减变动的根源。

在所有者权益变动表中，企业至少应当单独列示反映下列信息的项目：①净利润；②直接计入所有者权益的利得和损失；③会计政策变更和差错更正的累积影响金额；④所有者投入资本和向所有者分配利润等；⑤提取的盈余公积；⑥实收资本或股本、资本公积、盈余公积、未分配利润的期初和期末余额及其调节情况。

36.1.2　所有者权益报表的形式

为了清楚地表明所有者权益的各组成部分当期的增减变动情况，所有者权益变动表应当以矩阵的形式列示：一方面，列示导致所有者权益变动的交易或事项，不是仅仅按照所有者权益的各组成部分反映所有者权益变动情况，而是从所有者权益变动的来源对一定时期内所有者权益变动情况进行全面反映；另一方面，按照所有者权益各组成部分（包括实收资本、资本公积、盈余公积、未分配利润和库存股）及其总额列示交易或事项对所有者权益的影响。此外，企业还需要提供比较所有者权益变动表。

36.1.3　所有者权益变动表的作用

所有者权益变动表主要有以下两个作用：

（1）所有者权益变动表是资产负债表与利润表的纽带；

（2）所有者权益变动表反映了企业的全部收益。

36.2 如何分析所有者权益变动表

36.2.1 如何分析所有者权益变动表横向项目

所有者权益变动表横向项目包含：实收资本、其他权益工具、资本公积、其他综合收益、库存股、盈余公积和未分配利润。

1. 实收资本

应从以下几个方面对实收资本进行分析。

（1）实收资本增加的分析。

实收资本增加的途径有资本公积转入、盈余公积转入、利润分配转入和发行新股等，其中，利用前三种途径增加实收资本是以其他所有者权益项目的减少为前提的，也就是说，实收资本的增加是所有者权益项目内部结转所带来的。而发行新股（企业投资者增加投入资本），不仅能增加注册资本和所有者权益，而且可以增加企业的现金资产，表明投资者对企业的发展充满信心，是对企业最有利的增资方式。

实收资本的增加既能为企业的发展积累物质基础，也可能会带来一些新问题。因此，对实收资本变动的分析要综合进行。对资本公积转入、盈余公积转入、利润分配转入所增加的实收资本，主要应关注转增和分配的合理性。对投资者追加的资本，应着重分析企业的业务范围、资金的使用效率及盈利能力，是否形成新的利润增长点，是否为企业的持续发展和利润的稳定增长奠定基础。在分析实收资本增加的同时，应分析营业收入和净利润是否相应增加，从而保持或提高每股收益。

（2）实收资本结构的合理性分析。

通过分析实收资本占所有者权益总额的比重，分析其结构的合理性。

（3）实收资本的变动趋势分析。

从实收资本的变动趋势，分析所有者权益资本的增长速度和变化趋势。

2. 其他权益工具

对其他权益工具的分析，应从以下方面进行。

对于归类为权益工具的金融工具，无论其名称中是否包含"债"，其利息支出或股利分配都应当作为发行企业的利润分配，其回购、注销等作为权益的变动处理；对于归类为金融负债的金融工具，无论其名称中是否包含"股"，其利息支出或股利分配原则上按照借款费用进行处理，其回购或赎回产生的利得或损失等计入当期损益。

企业（发行方）发行金融工具，其发生的手续费、佣金等交易费用，如分类为债务工具且以摊余成本计量的，应当计入所发行工具的初始计量金额；如分类为权益工具的，应当从权益（其他权益工具）中扣除。

3. 资本公积

资本公积是企业在非经营业务中产生的增值，在未按规定转增资本之前，既无期限又无利息。

根据资本公积的性质和内容，在分析时应注意了解资本公积的形成过程，关注其使用流向，进而分析企业权益资本的质量。资本公积增加的原因包括资本溢价和其他资本公积。引入公允价值概念后，会出现大量的公允价值和账面价值的差额，这个差额计入资本公积中的其他资本公积。

4. 其他综合收益

（1）以下情况属于其他综合收益。

一是以公允价值计量且其变动计入其他综合收益的金融资产。也包括将持有至到期投资重分类为可供出售金融资产时，重分类日公允价值与账面余额的差额计入"其他综合收益"的部分。以及将可供出售金融资产重分类为采用成本或摊余成本计量的金融资产的，对于原计入资本公积的相关金额进行摊销或于处置时转出导致的其他资本公积的减少。

二是确认按照权益法核算的在被投资单位其他综合收益中所享有的份额导致的其他资本公积的增加或减少。这里需区分以下两种情况。

①对合营、联营企业投资，采用权益法核算确认的被投资单位除净损益以外所有者权益的其他变动，导致的其他综合收益的增加，不是资本交易，是持有利得。因此，不论是在投资单位的个别报表还是合并报表，均应归属于其他综合收益。

②对子公司投资，在编制合并报表时，只有因子公司的其他综合收益而在合并报表中按权益法确认的其他资本公积和少数股东权益的变动才是其他综合收益，子公司因权益性交易导致的资本公积或留存收益的变动使得合并报表按权益法相应确认的其他资本公积和少数股东权益的变动不是其他综合收益。

三是计入其他资本公积的现金流量套期工具利得或损失中属于有效套期的部分，以及其后续的转出。

四是境外经营外币报表折算差额的增加或减少。

五是与记入"其他综合收益"项目相关的所得税影响。针对不确认为当期损益而直接计入所有者权益的所得税影响。

六是其他情况，具体如下。

①自用房地产或存货转换为采用公允价值模式计量的投资性房地产，转换当日的公允价值大于原账面价值，其差额计入所有者权益导致的其他资本公积的增加，及处置时的转出。

②计入其他资本公积的，满足运用套期会计方法条件的境外经营净投资套期产生的利得或损失中有效套期的部分，以及其后续的转出。

（2）不属于其他综合收益的情况。

一是所有者资本投入导致的实收资本（或股本）与资本公积（资本溢价）的增加，包括控股股东捐赠视为资本投入而确认的资本公积（资本溢价）增加。

二是当期实现净利润导致的所有者权益的增加，以及利润分配导致的所有者权益相关项目的减少。

三是同一控制下企业合并，合并方在企业合并中取得的净资产账面价值与支付的合并对价账面价值（或发行股份面值总额）的差额，调整资本公积或留存收益而导致的所有者权益的增减变动。

四是在编制合并报表时按照权益法核算的子公司除净损益和其他综合收益以外所有者权益的其他变动导致投资单位相应确认的其他资本公积的增减变动。如对子公司投资，在编制合并报表时，采用权益法核算，对子公司因权益性交易产生的资本公积或留存收益的变动而相应确认的其他资本公积的变动。

五是以权益结算的股份支付，在确认成本费用时相应增加其他资本公积，以及在行权日减少其他资本公积和确认的资本溢价导致的资本公积的变动。

六是减资导致的所有者权益的减少，包括收购本企业股份、库存股的转让和注销而导致的所有者权益项目的增减变动。

七是高危行业企业按照国家规定提取和使用安全生产费，导致"专项储备"项目的增加或减少。

八是其他权益性交易导致的所有者权益的增减变动。

①购买子公司少数股东拥有的对子公司的股权，母公司在编制合并报表时，因购买少数股权新取得的长期股权投资与按照新增持股比例计算应享有子公司自购买日（或合并日）开始持续计算的净资产份额之间的差额，调整资本公积（资本溢价），资本公积不足冲减的，调整留存收益，此处理导致的合并报表所有者权益的增减变动不属于其他综合收益。

②母公司在不丧失控制权的情况下部分处置对子公司的长期股权投资，在合并报表中处置价款与处置长期股权投资相对应享有子公司净资产的差额计入所有者权益的部分。

③接受控股股东或控股股东的子公司直接或间接的捐赠（包括直接捐赠现金或实物资产、直接豁免或代为清偿债务等），导致的资本公积（资本溢价）的增加。

④上市公司收到的由其控股股东或其他原非流通股股东根据股改承诺为补足当期利润而支付的现金，按权益性交易原则处理导致的资本公积（资本溢价）的增加。

⑤企业购买上市公司，被购买的上市公司不构成业务的，购买企业按照权益性交易的原则进行处理导致的合并报表资本公积（资本溢价）的增减变动。

⑥上市公司大股东将其持有的其他公司的股份按照合同约定价格（低于市价）转让给上市公司的高级管理人员（该项行为的实质是股权激励），上市公司按照股份支付的相关要求进行会计处理。

按照授予日权益工具的公允价值计入成本费用和资本公积，而导致的资本公积的增加。或者，上市公司的股东将其持有的上市公司的股份赠予（或低价转让给）激励对象。根据要求应视为股东先将股份赠予（或转让）上市公司，上市公司以零价格（或特定价格）向这部分股东定向回购股份。然后，按照经证监会备案无异议的股权激励计划，由上市公司将股份授予激励对象。上市公司接受股份赠予参照接受大股东捐赠的处理原则，即按权益性交易原则确认资本公积（资本溢价）的增加。

5. 库存股

库存股是指已经认购缴款，由发行公司通过购入、赠予或其他方式重新获得，可再行出售或注销的股票。库存股既不分配股利，又不附投票权，并且必须存入公司的金库。

按照通常的财务理论，库存股亦称库藏股，是指由公司购回而没有注销并由该公司持有的已发行股份。库存股在回购后并不注销，而由公司自己持有，在适当的时机再向市场出售或用于对员工的激励。简单地说，就是公司将已经发行出去的股票，从市场中买回，存放于公司，而尚未再出售或注销。库存股的特性和未发行的股票的特征类似，即没有投票权和分配股利的权利，且公司解散时也不能变现。

股份公司对回购股份，往往将其作为资本运作的一种方式，而库存股制度的建立对股份公司的股权结构调整和激励机制的安排有很大的作用。库存股回购的情形因回购的目的不同而有所不同，具体可以根据《中华人民共和国公司法》第一百四十二条所规定的公司可以回购本公司股份的几种情形来展开，见图 36-1。

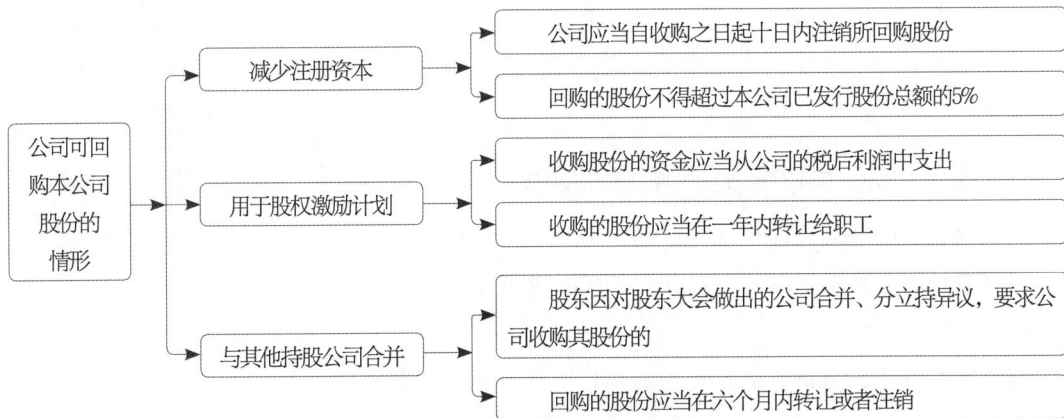

图 36-1　公司可回购本公司股份的情形

分析时应特别注意的是，公司在进行股票回购时有无操纵市场的嫌疑，公司的董事有无利用股份回购及再出售机制操控公司的股价从中谋取私利的情形，公司是否通过缩小股本规模而提高每股收益或者其他比率，营造其业绩较好的假象等。

6. 盈余公积

根据《中华人民共和国公司法》等有关法规的规定，企业当年实现的净利润，一般应当按照如下顺序进行分配。

（1）提取法定公积金。

公司制企业的法定公积金按照税后利润的 10% 的比例提取（非公司制企业也可按照超过 10% 的比例提取），在计算提取法定盈余公积的基数时，不应包括企业年初未分配利润。公司法定公积金累计额为公司注册资本的 50% 以上时，可以不再提取法定公积金。

公司的法定公积金不足以弥补以前年度亏损的，在提取法定公积金之前，应当先用当年利润弥补亏损。

（2）提取任意公积金。

公司从税后利润中提取法定公积金后，经股东会或者股东大会决议，还可以从税后利润中提取任意公积金。非公司制企业经类似权力机构批准也可提取任意盈余公积。

（3）向投资者分配利润或股利。

公司弥补亏损和提取盈余公积后所剩余的利润，有限责任公司股东按照实缴的出资比例分取红利，但是，全体股东约定不按照出资比例分取红利的除外；股份有限公司按照股东持有的股份比例分配，但股份有限公司章程规定不按持股比例分配的除外。

股东会、股东大会或者董事会违反规定，在公司弥补亏损和提取法定公积金之前向股东分配利润的，股东必须将违反规定分配的利润退还公司。公司持有的本公司股份不得分配利润。

7. 未分配利润

未分配利润是企业留待以后年度进行分配的结存利润，也是企业所有者权益的组成部分。相对于所有者权益的其他部分来讲，企业对未分配利润的使用分配有较大的自主权。从数量上来讲，未分配利润是期初未分配利润，加上本期实现的净利润，减去提取的各种盈余公积和分配利润后的余额。

对未分配利润的分析要注意了解未分配利润的增减变动总额、变动原因和变动趋势，尤其是分析净利润的变动对未分配利润的影响，同时应分析企业的利润分配政策对未分配利润的影响。

36.2.2　如何分析所有者权益变动表纵向项目

所有者权益变动表纵向项目包含的部分项目有会计政策变更、前期差错更正、综合收益总额、所有者投入和减少资本、利润分配和所有者权益内部结转。

1. 会计政策变更

会计政策变更，是指企业对相同的交易或者事项将原来采用的会计政策改用另一会计政策的行为，也就是说在不同的会计期间执行不同的会计政策。

为保证会计信息的可比性，使报表使用者在比较企业一个以上期间的会计报表时，能够正确判断企业的财务状况、经营成果和现金流量的趋势，《企业会计准则》规定，企业应当按照会计准则规定的原则和方法进行核算，各期采用的会计原则和方法应当保持一致，但是，也不能认为会计政策完全不能变更。在一般情况下，企业采用的会计政策，在每一会计期间应当保持一致，不得随意变更，除非法律法规或者会计制度等要求企业进行会计变更，或者有充分的理由说明变更后的会计信息质量更高。

对会计政策变更的分析，投资者要仔细阅读和分析附注中关于会计政策变更的性质、内容和原因，同时也要关注当期和前期会计报表中因会计政策变更而受到影响的项目的名称和调整金额。

2. 前期差错更正

前期差错，是指没有运用或错误运用下列两种信息，而对前期会计报表造成省略或错报：编报前期会计报表时预期能够取得并加以考虑的可靠信息；前期财务会计报告批准报出时能够取得的可靠信息。

前期差错通常包括计算错误、应用会计政策错误、疏忽或曲解事实和舞弊产生的影响，以及存货、固定资产盘盈等。对前期差错更正进行分析，报表使用者要仔细阅读和分析附注中关于企业披露的、与前期差错更正有关的信息，如前期差错的性质、各个报告期会计报表中受影响的项目的名称和调整金额，以及这些调整对该期财务成果的影响。

常见的前期差错主要有以下几个方面。

（1）采用法律或会计准则等行政法规、规章所不允许的会计政策。例如，按照我国会计制度规定，为购建固定资产而发生的借款利息费用，在固定资产尚未交付使用前发生的，应予以资本化，计入所购建固定资产的成本；在固定资产交付使用后发生的，计入当期损益。如果企业固定资产已交付使用后发生的借款费用也计入该项固定资产的价值，予以资本化，则属于企业采用法律或会计准则等行政法规、规章所不允许的会计政策。

（2）对事实的忽视和误用。例如，企业对某项建造合同应按建造合同规定的方法确认营业收入，但该企业按确认商品收入的原则确认收入。

（3）账户分类以及计算错误。例如，企业购入的 5 年期国债，想长期持有，但在记账时计入了交易性金融资产，导致账户分类上的错误，并导致资产负债表上的流动资产和非流动资产的金额也有错误。

（4）会计估计错误。例如，企业在估计某项固定资产的预计使用年限时，多估计或少估计预计使用年限，而造成会计估计错误。

（5）划分收益性支出与资本性支出出现差错。例如，工业企业发生的管理人员的工资一般作为收益性支出，直接计入当期损益，而发生的工程人员的工资一般作为资本性支出。如果企业将发生的工程人员的工资计入了当期损益，则属于收益性支出与资本性支出的划分错误。

（6）漏记已完成的交易。例如，企业销售一批商品，商品已发出，并开出增值税专用发票，商品销售收入确认的条件均已满足，但企业在期末未将已实现的销售收入入账。

（7）提前确认未实现的收入。例如，在采用委托代销销售方式下，企业应在收到代销单位的代销清单时，确认其营业收入，如企业在发出委托代销商品时即确认收入，则为提前确认尚未实现的收入。

3. 综合收益总额

该项目反映了企业净利润与其他综合收益的合计金额。综合收益，包括其他综合收益和综合收益总额。其中，其他综合收益反映企业根据企业会计准则规定未在损益中确认的各项利得和损失扣除所得税影响后的净额；综合收益总额是企业净利润与其他综合收益的合计金额。

4. 所有者投入和减少资本

该项目反映了某一会计期间企业的所有者新增投入的情况，包括新增发股票、发行股票股利等。所有者投入和减少资本反映企业当年所有者投入的资本和减少的资本。

①所有者投入的普通股：反映企业接受普通股投资者投入形成的实收资本（或股本）和资本公积，应根据"实收资本""资本公积"等科目发生额分析填列。

②其他权益工具持有者投入资本：反映企业接受其他权益工具持有者投入形成的实收资本（或股本）和资本公积，应根据"实收资本""资本公积"等科目发生额分析填列。

③股份支付计入所有者权益的金额：反映企业处于等待期中的权益结算的股份支付当年计入资本公积的金额，应根据"资本公积"科目所属的"其他资本公积"二级科目的发生额分析填列。

5. 利润分配

该项目反映某个会计期间企业利用当期的税后利润提取的盈余公积、风险准备金及分配的股利等。通过对该项目的分析，投资者可以了解企业的利润分配情况，判断企业的分配政策，估计企业的分配能力。

6. 所有者权益内部结转

该项目反映企业所有者权益各项目的内部结构变动情况，如利用资本公积转增资本、利用盈余公积转增资本、利用盈余公积弥补亏损等。要注意的是，无论该项目的各组成部分如何变动，只能影响所有者权益的结构而无法使其总额发生改变。

36.3 从所有者权益变动表看利润分配

利润分配，是将企业实现的净利润，按照国家财务制度规定的分配形式和分配顺序，在国家、企业和投资者之间进行的分配。利润分配的过程与结果，关系到所有者的合法权益能否得到保护，企业能否长期、稳定发展，为此，企业必须加强利润分配的管理和核算。企业利润分配的主体一般有国家、投资者、企业和企业内部职工；利润分配的对象主要是企业实现的净利润；利润分配的时间即确认利润分配的时间是利润分配义务发生的时间和企业做出决定向内向外分配利润的时间。

利润分配的顺序根据《中华人民共和国公司法》等有关法规的规定，企业当年实现的净利润，一般应按照下列内容、顺序和金额进行分配：企业实现的利润总额按国家规定做相应调整后，应先依法缴纳所得税，利润总额减去缴纳所得税后的余额即为可供分配的利润。除国家另有规定者外，可供分配利润按图36-2所示的顺序分配。

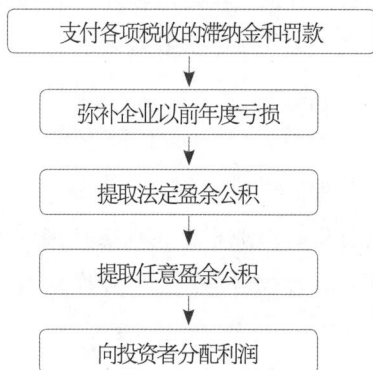

支付各项税收的滞纳金和罚款

弥补企业以前年度亏损

提取法定盈余公积

提取任意盈余公积

向投资者分配利润

图 36-2　利润分配的顺序

36.4 所有者权益结构的影响因素

所有者权益结构是指所有者权益的各项目金额占所有者权益总额的比重。它反映了企业所有者各项目的分布情况，揭示了企业的经济实力和风险承担能力。此外，由于所有者权益中的盈余公积和未分配利润都属于留存收益，是企业税后利润分配的结果，所以分析所有者权益结构也能了解企业的内部积累能力，间接反映企业的经营情况。影响所有者权益结构的因素有：

（1）所有者权益的规模；

（2）利润分配政策；

（3）企业控制权；

（4）权益资本成本；

（5）外部因素。

36.5　所有者权益变动表的优势与缺陷

现行所有者权益变动表以矩阵的形式列报，既反映导致所有者权益变动的交易或事项，即按照所有者权益变动的来源对一定时期内所有者权益变动情况进行全面反映，也按照所有者权益各组成部分及其总额列示交易或事项对所有者权益的影响。但所有者权益变动表也存在一些缺陷，例如内容混乱、分类不合理等。

第 37 章
财务分析——会计报表附注的解读与分析

本章导读

会计报表附注具有很长的篇幅，对报表使用者进行报表分析十分重要。如果说四大会计报表是对企业的财务状况、现金流量、经营成果的整体反映，那么会计报表附注就是对这些信息的解释。会计报表附注还披露了一些报表中未列示的信息，而这些信息可能对报表使用者的决策有着重要的作用。

通过本章的学习，您将了解到会计报表附注常包含的内容，懂得如何阅读会计报表附注，懂得如何分析会计报表附注的相关项目等。

37.1 认识会计报表附注

37.1.1 会计报表附注的含义与作用

按照《会计法》规定，财务会计报告由会计报表、会计报表附注和财务状况说明书构成。所谓会计报表附注，是为便于报表使用者了解会计报表的内容而对会计报表的编制基础、编制依据、编制原则和方法及报表重要项目等所做的解释和补充说明。

会计报表附注能够提供反映上市公司会计报表真实程度的依据或线索。会计报表附注越详细，报表使用者判断上市公司会计报表反映其财务状况、经营成果和现金流量情况真实程度的依据或线索就越多。

会计是对企业经济活动的反映和监督，而这种反映与监督是通过一定会计处理方法（即会计政策），包括对会计要素的确认、计量、记录和报告来完成的。而会计报表附注就是按照有关法律法规的要求，以一定的方式向报表使用者提供企业会计政策的揭示信息，这种揭示信息包括财务揭示信息和非财务揭示信息。

会计报表附注的作用包括：①有助于提高会计报表信息的使用价值；②有助于协调会计信息质量特征要求之间的矛盾。

37.1.2 会计报表附注的内容

会计报表附注是为了便于报表使用者理解会计报表的内容，而对会计报表的编制基础、编制依据、编制原则、编制方法及报表重要项目等所做的解释和补充说明，是财务决算报告的重要组成部分。

依据国家有关财务会计法规等规定，企业会计报表附注至少应该披露如下相关内容。

1. 企业的基本情况

企业的基本情况包括企业注册地、组织形式和总部地址；企业的性质及主要经营活动；子公司以及集团公司的名称；财务会计报告的批准报出者和财务会计报告批准报出日。

2. 会计报表的编制基础

反映企业财务会计报告的编制是以持续经营为基础的还是以清算为基础的。在一般情况下，正常经营的企业的财务会计报告的编制都是以持续经营为基础的。

3. 重要会计政策和会计估计的说明

（1）不符合会计核算前提的说明。

一般认为，会计假设是会计核算的前提条件，基于会计核算而编制的会计报表一般也是以基本会计假设为前提的。由于企业所处的社会经济环境极其复杂，会计人员有必要对社会经济环境做出判断。只有规定了会计核算的前提条件，会计核算才能正常进行。会计核算的基本前提，即基本会计假设，包括会计主体假设、持续经营假设、会计分期假设和货币计量假设四项。编制会计报表一般都以基本会计假设为前提，报表使用者通常不会对此产生误解，所以在一般情况下不需要加以说明。但如果编制的会计报表未遵循基本会计假设，则必须予以说明，并解释这样做的理由。

（2）重要会计政策和会计估计的说明。

《国际会计准则第 1 号——会计报表的列报》要求对会计政策的说明包括下列内容。综合性会计政策：合并政策、外币核算、全面估价政策（历史成本、一般购买力、重置价值）、资产负债表日以后发生的事项、租赁、分期付款购买和有关利息、税务、长期合同、特许权。资产：应收账款、存货（库存和在产品）和有关销货成本、应计折旧资产及其折旧、生长中作物、开发用地及有关的开发费用、投资研究和开发费、专利权和商标权、商誉。负债：预付保单、承诺事项和或有事项、退休金费用和退休办法、解职费及多余人员津贴。损益：确认收入的方法、维护费、维修费和改良费、处理财产的损益。《企业会计制度》对会计报表附注中会计政策的说明基本上是依据《国际会计准则第 1 号——会计报表的列报》得出的。

会计估计是指企业对其结果不确定的交易或事项以新的可利用的信息为基础所做的判断。

（3）重要会计政策和会计估计变更的说明，以及重大会计差错更正的说明。

企业采用的会计政策应当前后一致，不应随意变动，以保持连续性，便于报表使用者将前后各期的会计信息相互比较。若企业认为采用新政策能使企业会计报表对事项或交易的反映更为恰当，则可以对以往采用的会计政策做出某些变更。按照国际会计准则，如果会计政策变更对本期或已列报的以前各期有重大影响，或可能对以后期间有重大影响，则企业应披露如下内容：变更的原因；已在本期净损益中确认的调整金额；已列报的各期资料所包括的调整金额以及有关前期已包括在会计报表中的调整金额。如果列报的资料不具有可操作性，应予披露。主要包括以下事项：会计政策变更的内容和理由；会计政策变更的影响数；累积影响数不能合理确定的理由；会计估计变更的内容和理由；会计估计变更的影响数；会计估计变更的影响数不能合理确定的理由；重大会计差错的内容；重大会计差错的更正金额。

4. 或有事项的说明

在企业持续经营期，会产生一些或有事项。所谓或有，是指企业的收益或损失并不确定，在未来发生或不发生某个或某几个事件时，才能得到证实。例如，企业现在正有一个未决诉讼，如果败诉，可能赔款 100 万元，这就是或有事项。

常见的或有事项有：①应收账款有可能无法收回；②对售后商品提供担保；③已贴现票据

可能发生追索；④为其他企业债务提供担保；⑤未决诉讼；⑥因损坏另一方的财产而可能发生赔偿；⑦由于污染了环境而可能发生治污费或可能支付罚金；⑧在发生税收争议时，有可能补交税款或获得税款返还。

企业在会计报表附注中对或有事项加以披露时，应当说明以下内容：①或有事项的性质；②影响或有事项未来结果的不确定因素；③或有损失和或有收益的金额。如果无法估计或有损失和或有收益的金额，则应当说明不能做出估计的原因。

5. 资产负债表日后事项的说明

资产负债表日后事项，是指自年度资产负债表日后至会计报表批准报出日之间发生的需要调整或说明的事项。资产负债表日后事项可分为两类：一是对资产负债表日存在的情况提供证明的事项，可称为调整事项；二是资产负债表日后才发生的事项，可称为非调整事项。只有非调整事项才应在会计报表附注中加以说明。

资产负债表日后事项中的调整事项必须是：在资产负债表日或以前已经存在，资产负债表日后得以证实的事项；对按资产负债表日存在状况编制的会计报表产生影响的事项。对调整事项，不仅要调整会计报表上的有关数据，而且需做出有关的账务处理。

资产负债表日后新发生的事项，若不涉及资产负债表日存在状况，但如不加以说明，将会影响会计报表使用者做出正确的估计和决策，这类事项为非调整事项。资产负债表日后的非调整事项必须是：资产负债表日并不存在，完全是资产负债表日后新发生的事项；对理解和分析会计报表有重大影响的事项。对非调整事项，由于其对资产负债表日存在状况无关，故不应调整资产负债表日编制的会计报表，应在会计报表附注中说明事项的内容和对财务状况、经营成果及现金流量的影响；如无法估计其影响，应当说明无法估计的理由。

6. 关联方关系及其交易的说明

对关联方，国际会计准则中将其定义为"在财务或经营决策中，如果一方有能力控制另一方或对另一方施加重大影响，则认为他们是关联方"。在我国，按规定，当关联方之间存在控制和被控制关系时，无论关联方之间有无交易，均应在会计报表附注中披露企业经济性质、类型、名称、法定代表人、注册地、注册资本及其变化、企业的主营业务、所持股份或权益及其变化。当存在共同控制、重大影响时，在没有发生交易的情况下，可以不披露关联方关系；在发生交易时，应当披露关联方关系的性质。主要披露的内容如下。

（1）在存在控制关系的情况下，关联方如为企业，不论它们之间有无交易，都应说明如下事项：企业经济性质或类型、名称、法定代表人、注册地、注册资本及其变化，企业的主营业务，所持股份或权益及其变化。

（2）在企业与关联方发生交易的情况下，企业应说明关联方关系的性质、交易类型及其交易要素，这些要素一般包括：交易的金额或相应比例、未结算项目的金额或相应比例、定价政策（包括没有金额或只有象征性金额的交易）。

（3）关联方交易应分别关联方以及交易类型予以说明，类型相同的关联方交易，在不影响报表使用者正确理解的情况下可以合并说明。

（4）对关联方交易价格的确定，如果高于或低于一般交易价格的，应说明其价格的公允性。

7. 重要资产转让及其出售的说明

8. 企业合并、分立的说明

9. 会计报表重要项目的说明

企业对会计报表重要项目的说明，应当按照资产负债表、利润表、现金流量表、所有者权益变动表及其列示顺序，采用文字和数据相结合的方式进行披露。主要内容如下。

（1）应收款项及计提坏账准备的方法。

①说明坏账的确认标准、坏账准备的计提方法和计提比例，并重点说明如下事项：本年度全额计提坏账准备，或计提坏账准备的比例较大的（计提比例一般超过 40%，下同），应单独说明计提的比例及其理由；以前年度已全额计提坏账准备，或计提坏账准备的比例较大的，但在本年度又全额或部分收回的，或通过重组等其他方式收回的，应说明其原因、原估计计提比例的理由，以及原估计计提比例的合理性；对某些金额较大的应收款项不计提坏账准备，或计提坏账准备比例较低（一般为 5% 或低于 5%）的理由；本年度实际冲销的应收款项及其理由，其中，实际冲销的关联交易产生的应收款项应单独披露。

②应收款项还应列表按账龄、坏账准备和应收账款净额等分别进行披露。

（2）存货核算方法。

①说明存货的分类、取得、发出、计价方法，低值易耗品和包装物的摊销方法，以及计提存货跌价准备的方法和存货可变现净值的确定依据。

②存货还应列表按类别等分别进行披露。

（3）投资的会计核算方法。

①说明当期发生的投资净损益，其中重大的投资净损益项目应单独说明；说明短期投资、长期股权投资和长期债权投资的期末余额，其中长期股权投资中属于对子公司、合营企业、联营企业投资的部分，应单独说明；说明当年提取的投资损失准备、投资的计价方法，以及短期投资的期末市价；说明投资总额占净资产的比例；采用权益法核算时，还应说明投资企业与被投资单位会计政策的重大差异；说明投资变现及投资收益汇回的重大限制；说明股权投资差额的摊销方法、债券投资溢价和折价的摊销方法，以及长期股权投资减值准备的计提方法。

②短期投资和长期投资还应列表按投资类别等分别进行披露。

③对于长期股票投资还应按股票类别、股票数量、占被投资单位的股权比例和初始投资成本等列表进行披露。

④对于长期债券投资还应按债券种类、面值、年利率、初始投资成本、到期值、本期利息、累计应收或已收利息等列表进行披露。

（4）固定资产计价和折旧方法。

①说明固定资产的标准、分类、计价方法和折旧方法，各类固定资产的计划使用年限、预计净残值率和折旧率，如有在建工程转入、出售、置换、抵押和担保等情况，应予以说明。

②固定资产还应列表按类别、原价、累计折旧、净值等分别进行披露。

（5）无形资产的计价和摊销方法。

①说明无形资产的标准、分类、计价方法和摊销方法，各种无形资产的摊销年限，如有置换、抵押和担保等情况，应予以说明。

②无形资产还应列表按种类、实际成本、期初余额、本期增加数、本期转出数、本期摊销数、期末余额等分别进行披露。

（6）长期待摊费用的摊销方法。

对长期待摊费用应说明种类、形成原因、摊销期间，并列表按种类、期初余额、本期增加数、本期摊销数、期末余额等进行披露。

10. 收入的确认

说明当期确认的下列各项收入的金额：销售商品的收入、提供劳务的收入、利息收入、使用费收入、本期分期收款确认的收入。

11. 所得税的会计处理方法

说明所得税的会计处理是采用应付税款法，还是采用纳税影响会计法；如果采用纳税影响会计法，应说明是采用递延法还是债务法。

12. 合并报表的说明

说明合并范围的确定原则；本年度合并报表范围如发生变更，企业应说明变更的内容、理由。

另外，会计报表附注还应包括有助于理解和分析会计报表需要说明的其他事项。

37.2 会计报表附注的结构及其分析的分类

在分析上市公司的会计报表之前，应该先阅读和分析会计报表附注。在分析会计报表的过程中，我们需要结合会计报表附注。

37.2.1 会计报表附注的结构

一般来说，会计报表附注的第一部分是公司的基本情况；第二部分是公司所采用的主要会计处理方法、会计处理方法的变更情况及变更原因，以及对财务状况和经营成果等的影响；第三部分是控股子公司及合营公司的基本情况；第四部分是会计报表主要项目注释；第五部分是其他事项的说明。

37.2.2 会计报表附注分析的分类

在会计报表附注中，报表使用者可以寻找到辨别会计报表反映企业财务状况、经营成果和现金流量情况真实程度的有用线索。在后文论述的静态分析、趋势分析、同业比较、基本面分析和现场调查中，都需要利用会计报表附注提供的线索。

会计报表附注作为会计报表的一部分，其分析可归纳为三个方面，即财务状况分析、盈利能力分析和资产管理效率分析。

1. 财务状况分析

在对财务状况进行分析时，重点应落在分析企业的财务弹性上。财务弹性是企业在面临突发事件而产生现金需求时，做出有关反应的能力。现代企业处于不确定的经济环境之中，从而会面临更多的突发事项，需要应付更多的突发资金需求。通过会计报表附注可以从以下几个方面分析企业的财务弹性：①未使用的银行贷款指标；②可能迅速转化为现金的长期资产的有关状况，可用非经营性资产所占的比重来衡量；③企业的长期债务状况；④或有事项和担保。

2. 盈利能力分析

在对企业盈利能力进行评价时，重点是对企业的盈利状况进行预测。盈利预测信息能够帮助报表使用者评价企业未来现金流量，从而做出合理的经济决策。利用会计报表附注，报表使用者可以更准确地了解企业经营活动的性质、经营活动的财务影响，认清企业发展的趋势；可通过了解企业的未来发展计划，了解企业生产经营的总目标、影响企业目标的内外部因素和为实现总目标可采取的措施及可能面临的风险。

3. 资产管理效率分析

在对资产管理效率进行分析时，利用会计报表附注可揭示企业各项资产管理效率高低的内外部原因以及预测企业未来资产管理情况。

37.3　与会计报表附注相关的项目

37.3.1　会计政策变更

会计政策变更，是指企业对相同的交易或事项由原来采用的会计政策改用另一会计政策的行为。为保证会计信息的可比性，使报表使用者在比较企业一个以上期间的会计报表时，能够正确判断企业的财务状况、经营成果和现金流量的趋势，在一般情况下，企业应在每期采用相同的会计政策，不应也不能随意变更会计政策。但是，按照《会计法》的规定，在特定情况下，会计政策可以变更，即满足图 37-1 所示的条件之一时，企业应改变原采用的会计政策。

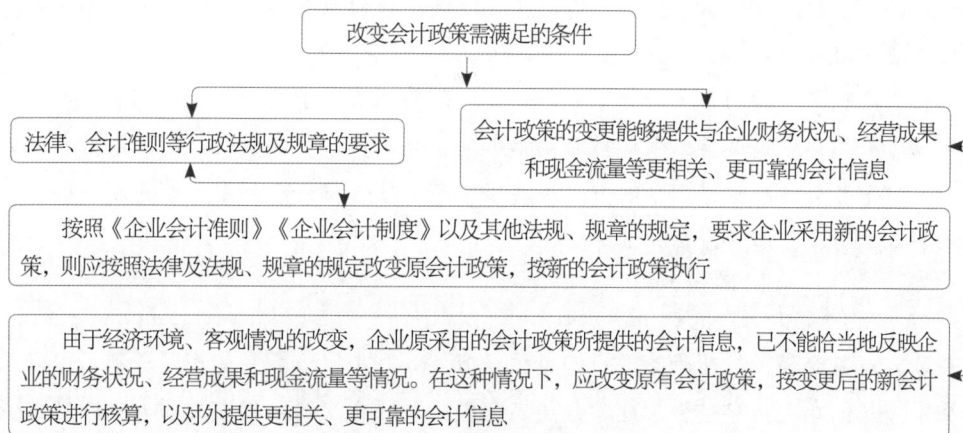

图 37-1　改变会计政策需满足的条件

37.3.2　或有事项

或有事项是过去的交易或事项形成的一种状况，其结果需由未来不确定事件的发生或不发生加以证实。常见的或有事项有商业票据背书转让或贴现、未决诉讼、未决仲裁、产品质量保证等。或有事项可分为或有负债和或有资产：或有负债若确认为负债，则需确认支出，不确认为负债时只需做相关说明；或有资产不计入收益。但是在将或有负债确认为负债时，所确认的支出仅是估计值，不确认为负债时不必披露金额，投资者需对或有事项发生的可能性及金额予以估计。对于未决诉讼和未决仲裁事项，投资者需要考虑若败诉对企业现金流量、生产经营等的影响和胜诉时款项收回的可能性。还要特别关注担保金额较大的企业。

投资者在查看或有事项的时候要小心谨慎，查看的主要步骤有五步，如图37-2所示。

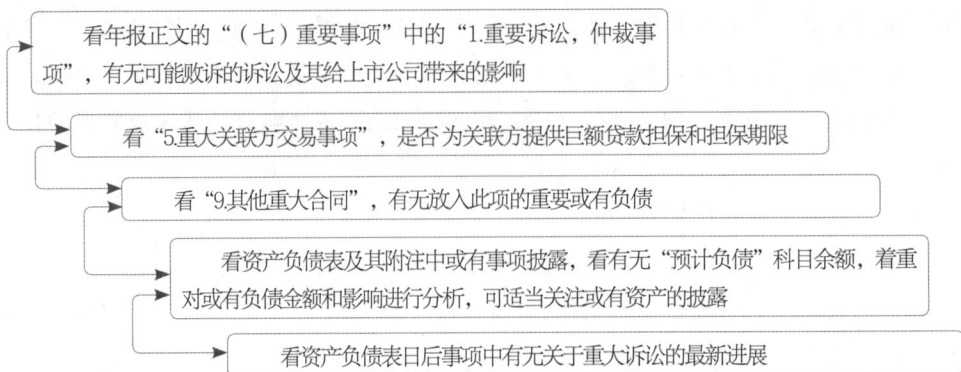

看年报正文的"（七）重要事项"中的"1.重要诉讼，仲裁事项"，有无可能败诉的诉讼及其给上市公司带来的影响

看"5.重大关联方交易事项"，是否为关联方提供巨额贷款担保和担保期限

看"9.其他重大合同"，有无放入此项的重要或有负债

看资产负债表及其附注中或有事项披露，看有无"预计负债"科目余额，着重对或有负债金额和影响进行分析，可适当关注或有资产的披露

看资产负债表日后事项中有无关于重大诉讼的最新进展

图 37-2　或有事项查看五步骤

37.3.3　资产负债表日后重要事项

这类事项在资产负债表日后才发生或存在，它不影响资产负债表日的存在状况，因此不需对资产负债表日编制的会计报表进行调整，但由于事项重大，如不加以说明，会影响报表使用者对会计报表的理解，进而将影响报表使用者的决策。例如，企业发行新的股票或债券，企业对另一企业进行巨额投资，自然灾害导致资产损失，外汇汇率发生较大变动，董事会决定发放股票股利等。

至于在资产负债表日后发生的、有助于对资产负债表日存在状况的金额做出重新估计的调整事项（如已证实资产发生了减损、销售退回，已确定获得或支付的赔偿等），则应调整资产负债表日的会计报表。

在理解资产负债表日后事项的会计处理时，还需要明确以下两个问题：第一，如何确定资产负债表日后某一事项是调整事项还是非调整事项，是对资产负债表日后事项进行会计处理的关键；第二，企业会计准则以列举的方式说明了资产负债表日后事项中，哪些属于调整事项，哪些属于非调整事项，但并没有列举详尽。

37.3.4　关联方及其交易

对关联方及其交易的分析是指通过检查关联方关系和关联方交易的有关资料，以确认会计报表附注中披露的相关信息是否公允、合法、完整。关联方交易是指在关联方之间转移资源或义务的事项，而不论是否收取价款。我国企业通常存在四种关联方交易关系：第一，以股权为纽带，形成控股关系；第二，以购销为纽带，形成购销依赖关系；第三，以资金为纽带，形成资金借贷或担保关系；第四，以人事为纽带，形成人事交叉关系。

37.3.5　其他重要事项

1. 分析税费减免对利润的影响程度

上市公司需要承担的税金及附加将影响营业利润，其他税金还将对净利润产生影响。上市公司所享受的税收优惠政策的变动会引起其上缴税额变动，投资者应该对此进行分析，找出公司利润对税费减免的依附程度。投资者应该关注税收优惠政策的变化，并考虑所得税减免优惠撤销时对总利润是否会产生重大影响。

2. 分析子公司对总利润的影响程度

一家上市公司可以有多家子公司和关联企业，各家子公司对总公司利润贡献、盈利能力影响都不同。分析上市公司子公司和关联企业的基本情况，找出对公司经营活动和盈利能力影响较大的子公司和关联企业，并对其做出重点调查和分析。

3. 详细说明重要项目

此处所称的重要项目以涉及减值准备的项目为主，例如，应收账款、对外投资、固定资产、无形资产、在建工程、短期投资等。如果会计报表附注对这些项目没有说明，或说明笼统，应引起警觉。另外，少见的会计报表项目或报表项目的名称反映不出相关业务性质或报表项目金额异常的，需要说明原因。

第38章
财务分析——会计报表的基本分析方法

本章导读

无论是作为企业的外部投资者，还是作为内部管理者，或者债权人，懂得分析会计报表都是进行较优决策的前提。对于刚接触财务分析的人来说，掌握财务分析的方法是关键。

本章主要讲述的是财务分析的各种方法，除了方法之外，本章还讲述了财务分析的局限以及改进财务分析的措施。

38.1 会计报表分析的内容

财务分析是以财务会计报告资料及其他相关资料为依据，采用一系列专门的分析技术和方法，对企业等经济组织过去和现在的经营活动、投资活动、筹资活动、分配活动的盈利能力、营运能力、偿债能力和发展能力状况等进行分析与评价的经济管理活动。它是企业生产、经营、管理活动的重要组成部分，其主要内容包括图38-1所示的几个部分。

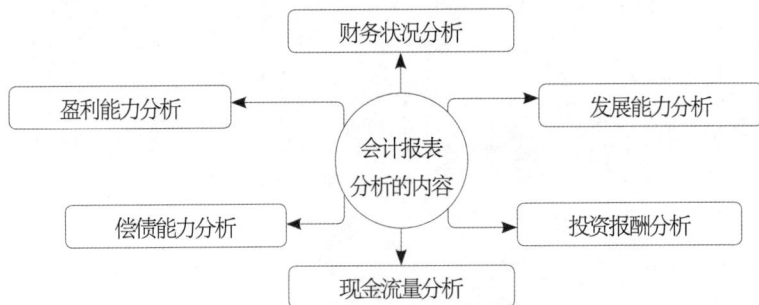

图38-1 会计报表分析的内容

38.2 会计报表的分类

我国现有的会计报表分析方法有很多种分类。

一种常见的分类是：横向分析法、纵向分析法、趋势百分率分析法、财务比率分析法。横向分析的前提是采用前后期对比的方式编制，并增设"绝对金额增减"和"百分率增减"两栏，以揭示各会计项目所发生的绝对金额变化和百分率变化；纵向分析是同一年度会计报表各项目之间的比率分析，其前提是必须采用"百分率"或"可比性"形式编制资产负债表和利润表，从而揭示出各个会计项目的数据在企业财务中的相对意义；趋势百分率分析是将连续多年的会计报表中的某些重要项目的数据集中在一起，同基准年的相应数据进行比较，并计算出百分率；财务比率分析是指通过将两个有关的会计项目数据相除而得到各种财务比率来揭示同一张报表中不同项目之间或不同会计要素之间所存在的逻辑关系。

另一种常见的分类是：比较分析法、趋势分析法、比率分析法和因素分析法。比较分析法是为了说明财务信息之间的数量关系与数量差异，为进一步的分析指明方向的方法。这种比较可以是将实际与计划相比，也可以是将本期与上期相比，还可以是与同行业的其他企业相比；趋势分析法是为了揭示财务状况和经营成果的变化及其原因、性质，帮助预测未来情况的方法。用于进行趋势分析的数据既可以是绝对值，也可以是比率或百分比形式的数据；因素分析法是分析几个相关因素对某一财务指标的影响程度的方法，一般要借助于差异分析的方法；比率分析法是通过对财务比率的分析，了解企业的财务状况和经营成果的方法，往往要借助于比较分析法和趋势分析法。

在实际工作当中，比率分析法应用十分广泛。

38.3　财务分析的作用

财务管理是企业内部管理的重要组成部分，而财务分析则在企业的财务管理中起着举足轻重的作用，强化财务管理理念、掌握财务分析程序和财务分析方法对提高企业财务管理水平均具有重要意义。财务分析的作用如图 38-2 所示。

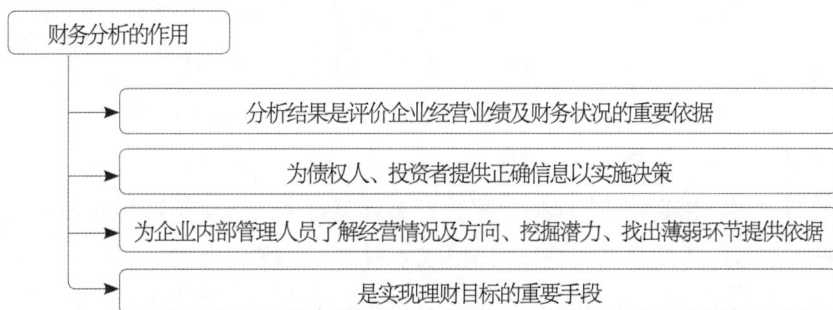

图 38-2　财务分析的作用

38.4　财务分析的方法

38.4.1　比较分析法

比较分析法是会计报表分析的基本方法之一，是通过将某项财务指标与性质相同的指标评价标准进行对比，揭示企业财务状况、经营情况和现金流量情况的一种分析方法。比较分析法是基本的分析方法，在会计报表分析中应用很广。

比较分析法的分类如图 38-3 所示。

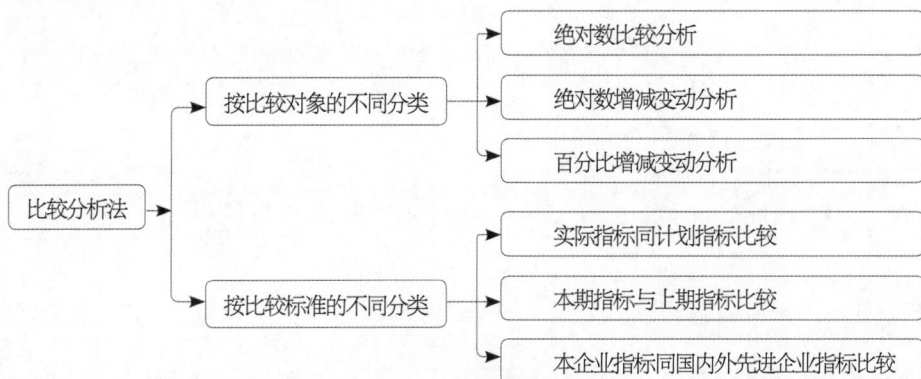

图 38-3　比较分析法的分类

38.4.2 因素分析法

因素分析法又叫连环替代法，是指数法原理在经济分析中的应用和发展。它根据指数法的原理，在分析多种因素影响的事物变动时，为了观察某一因素变动的影响而将其他因素固定下来，如此逐项分析，逐项替代。

差额分析法是因素分析法的一种简化形式，利用各个因素的比较值与基准值之间的差额，来计算各因素对分析指标的影响。例如，企业利润总额受三个因素影响，其表达式为：利润总额 = 营业利润 ± 投资损益 ± 营业外收支净额。在分析去年和今年的利润变化时可以分别算出今年利润总额的变化，以及三个影响因素的变化，这样就可以了解今年利润增加或减少主要是由三个因素中的哪个因素引起的。

在采用因素分析法时，应注意以下问题。

（1）因素分析的关联性。所确定的构成某项经济指标的各个因素，必须在客观上存在因果关系，这些因素要能反映所分析的经济指标发生差异的内在原因，否则计算结果不能说明问题。

（2）因素替代的顺序性。替代因素时，必须按照各个因素的依存关系，按一定顺序排列并依次替代，不可随意颠倒，否则就会得出不同的计算结果。因此，有关分析人员对分析计算的结果要紧密结合实际经济活动加以评价。

（3）顺序替代的连环性。在应用因素分析法计算每一因素变动的影响额时，都是在前一次计算的基础上进行的，并且采用连环比较的方法来确定因素变动的结果。

（4）计算结果的假定性应用。利用因素分析法计算的各因素变动的影响数，会因替代顺序不同而有差别，因而计算结果不免带有假定性。这种方法的计算结果只是在某种假定前提下的影响结果，若脱离了这种假定前提，可能就不会产生这种影响结果。因此，有关分析人员对分析计算的结果要紧密结合实际经济活动加以评价。

38.4.3 比率分析法

比率分析法就是把某些彼此存在关联的项目加以对比，计算出比率，据以确定经济活动变动程度的分析方法。比率是相对数，采用这种方法，能够把某些条件下的不可比指标变为可以比较的指标，以利于进行分析。比率主要有三类：相关比率、构成比率和效率比率，如图38-4所示。

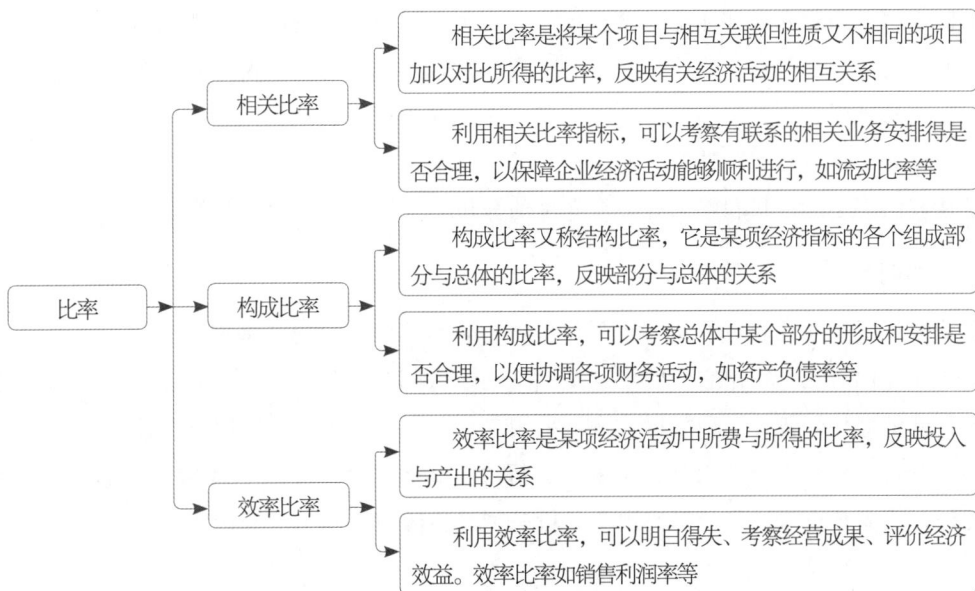

图 38-4　比率的分类及其意义

综上所述，比率分析法的优点是计算简便，计算结果容易判断，而且可以与不同规模的企业进行比较，甚至也能与不同行业企业进行比较。但是在采用这一方法时，应该注意以下三点。

（1）对比项目的相关性。分子和分母必须具有相关性，对比不相关的项目是没有意义的。

（2）对比口径的一致性。分子和分母必须在计算时间、范围等方面保持口径一致。

（3）衡量标准的科学性。运用比率分析，需要选用一定的标准，以便对企业的财务状况做出评价。

由于企业的经营活动是错综复杂而又相互联系的，因而比率种类很多，关键是选择有意义的、互有联系的项目数值来进行比较。同时，不同的财务分析者使用的指标是不同的。作为股票投资者，主要运用以下四种比率来进行财务分析。

（1）反映企业盈利能力的比率。主要有资产报酬率、资本报酬率、股价报酬率、股东权益报酬率、股利报酬率、每股账面价值、每股盈利、价格盈利比率，以及普通股的利润率、价格收益率、股利分配率、销售利润率、销售毛利、营业比率、税前利润与销售收入比率等。

（2）反映企业偿债能力的比率。可划分为两类：①反映企业短期偿债能力的比率，有流动比率、速动比率、流动资产构成比率等；②反映企业长期偿债能力的比率，有股东权益对负债比率、负债比率、举债经营比率、产权比率、固定比率、固定资产与长期负债比率、利息保障倍数等。

（3）反映企业扩展经营能力的比率。主要通过再投资率来反映企业内部扩展经营的能力，除此之外，还包括举债经营比率、固定资产对长期负债比率。

（4）反映企业经营效率的比率。主要有应收账款周转率、存款周转率、固定资产周转率、资本周转率、总资产周转率等。

在财务分析中，比率分析运用得十分广泛，但其也有局限性，突出表现在：比率分析属于静态分析，用于预测未来并非绝对合理可靠；比率分析所使用的数据为账面价值，难以反映物价水平的影响。可见，在运用比率分析时，要注意以下几点：一是要注意将各种比率有机联系起来进行全面分析，不可单独地看某种比率，否则便难以准确地判断企业的整体情况；二是要注意审查企业的性质和实际情况，而不仅是着眼于会计报表；三是要注意结合差额分析，这样才能对企业的历史、现状和将来有一个详尽的分析、了解，达到财务分析的目的。

38.4.4　趋势分析法

趋势分析法又叫比较分析法、水平分析法，它是将两期或连续多期的相同指标或比率进行定基对比和环比对比，得出它们的增减变动方向、数额和幅度，以揭示企业财务状况、经营情况和现金流量变化趋势的一种分析方法。采用趋势分析法通常要编制比较会计报表。

趋势分析法总体上分四大类：①纵向分析法；②横向分析法；③标准分析法；④综合分析法。此外，趋势分析法还包括趋势预测分析法，又称时间序列预测分析法。

38.5　财务分析的四大局限

财务分析对考察企业理财得失，评价企业财务状况优劣，判断企业经济效益好坏，帮助投资者和债权人等进行投资、信贷决策等，都发挥着极大的作用。但是，同时也应看到各种财务分析方法由于受到分析资料来源的局限，财务分析与评价的结果并不绝对准确。财务分析主要的局限性表现为以下四个方面。

1. 会计报表本身的局限性

会计报表是会计的产物。会计有特定的假设前提，并要执行统一的规范。报表使用者只能在规定意义上使用报表数据，不能认为报表揭示了企业全部实际情况。以历史成本报告资产，以币值不变为前提，它忽视了技术水平、供求关系等因素对持有资产价值的影响。稳健原则要求预计损失而不预计收益，这有可能造成夸大费用，少计收益和资产，不能反映利润的真实水平。按年度分期报告，属短期报告，不能充分反映长期投资决策信息。会计报表无法体现出非货币形态的能力、信誉、资源的价值，显得不够全面。

2. 报表的真实性问题

只有根据真实的会计报表，才能得出正确的分析结论。财务分析通常假定报表是真实的。财务分析的目的之一是通过运用一定的分析方法客观、真实地揭示企业经营管理及其财务状况，从而为改善经营管理提供可靠的决策信息。而会计报表所提供的数据资料是否真实可靠，不仅受制于主观因素，同时也与会计方法的合理性密切相关。如果会计方法不当，或者过多地掺杂各种人为因素，那么会计报表所提供资料的真实可靠性就缺乏必要的保证。例如，企业在月末结账时把短期借款偿还掉，等结完账后再借入款项，则会造成企业的负债较少、资金流动性较强的假象。

3. 会计政策的不同选择影响可比性

会计准则允许对同一会计事项的处理从几种不同规则和程序中进行选择，例如折旧方法、所得税费用的确认方法、存货计价方法等。

4. 比较基础方面的局限性

在进行比较分析时，必须选择比较的基础，作为评价企业当期实际数据的参考标准，包括企业历史数据、同业数据和计划数据。财务分析就是将会计报表所提供的数据资料进行比较的过程。因此，会计报表数据资料是否具有可比性，对财务分析结果产生重大影响，如果将不可比的资料强行进行比较，就很难得出正确的分析结果。影响会计报表资料及财务分析可比性的因素，主要有计算方法、计价标准、时间跨度和经营规模等。一旦这些条件发生变动而相关人员在分析时又未予以考虑，则必然对分析的结果产生不利的影响。

38.6 改进财务分析的措施

改进财务分析的措施如图 38-5 所示。

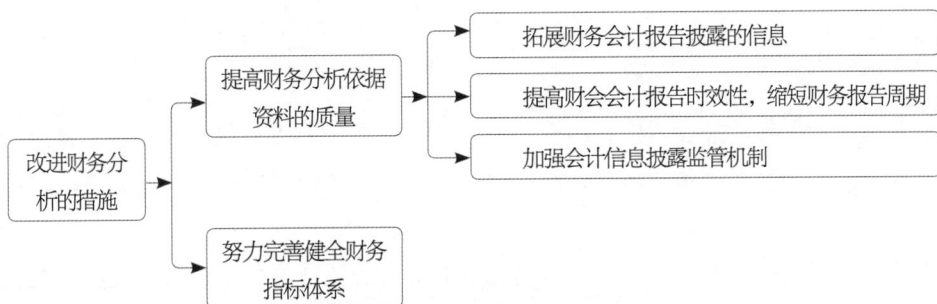

图 38-5 改进财务分析的措施

企业在进行财务分析时，切勿仅凭某些比率或者指标对企业的财务状况及经营成果下结论、定性质，而是尽可能综合运用不同的分析方法对企业的经营情况进行全面系统的研究与分析。

第 39 章
财务分析——财务比率分析

本章导读

前面已对财务分析方法中的比率分析法做了简单介绍，本章将运用比率分析法对会计报表进行分析。本章着重从企业的偿债能力、营运能力、盈利能力、成长能力几个方面进行分析。通过这样的分析，分析人员基本能把握住企业经营的大致情况，有助于了解企业的现状及预测前景。

39.1 认识财务比率

比率分析法是把会计报表数据，结合公司财务会计报告中的其他有关信息，将同一报表内部或不同报表间的相关项目联系起来，通过计算比率，反映相关项目之间的关系，用以评价公司财务状况和经营状况等的方法。它是财务分析中基本、重要的方法。

比率分析法所用的比率种类很多，运用比率分析法的关键是要选择有意义的、互相关联的项目数据进行比较。分析者一般运用图 39-1 所示的四类比率进行财务分析。

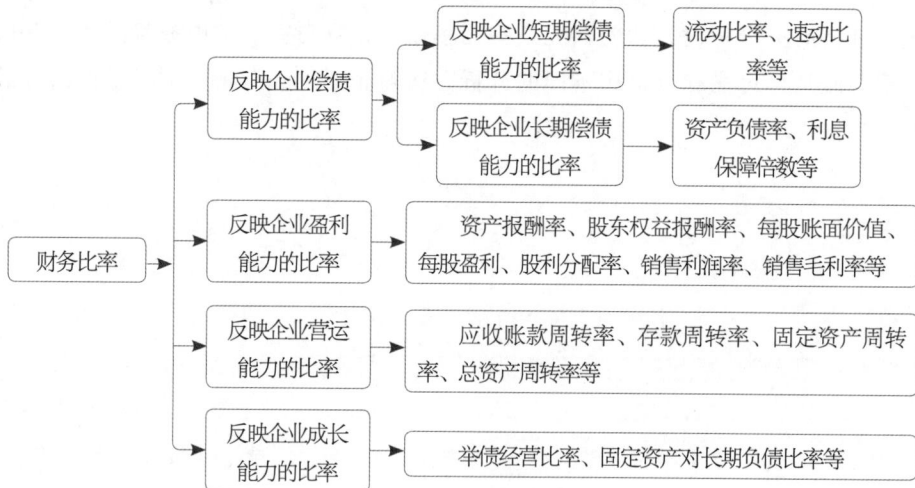

图 39-1 财务比率

39.2 认识偿债能力

偿债能力是指企业偿还到期债务的能力。偿债能力分析包括短期偿债能力分析和长期偿债能力分析两个方面。本书以 M 股份有限公司（以下简称"M 公司"）的会计报表数据为例进行讲解。该公司 2×22 年的资产负债表、利润表、现金流量表和股东权益变动表（简表）分别如表 39-1、表 39-2、表 39-3 和表 39-4 所示。

表 39-1 资产负债表

会企 01 表

编制单位：M 公司　　　　　　　　　2×22 年 12 月 31 日　　　　　　　　　单位：万元

资产	年末金额	年初金额	负债和股东权益	年末金额	年初金额
流动资产：			流动负债：		
货币资金	43	25	短期借款	60	44
交易性金融资产	6	12	交易性金融负债	27	10
衍生金融资产	0	0	应付账款	105	113
应收账款	402	210	预收款项	22	4
预付款项	22	4	合同负债	0	0
其他应收款	12	22	应付职工薪酬	2	1
存货	130	316	应交税费	5	4
合同资产	0	0	其他应付款	37	38
持有待售资产	0	0	持有待售负债	0	0
一年内到期的非流动资产	77	11	一年内到期的非流动负债	0	0
其他流动资产	8	0	其他流动负债	53	5
流动资产合计	700	600	流动负债合计	311	219
非流动资产：			非流动负债：		
债权投资	0	0	长期借款	440	244
其他债权投资	0	44	应付债券	239	260
长期应收款	0	0	其中：优先股		
长期股权投资	29	0	永续债		
其他权益工具投资	0	0	长期应付款	50	60
其他非流动金融资产	0	0	预计负债	0	0
投资性房地产	0	0	递延收益	0	0
固定资产	1 237	955	递延所得税负债	0	0
在建工程	18	46	其他非流动负债	0	7
无形资产	6	8	非流动负债合计	729	571
开发支出	0	0	负债合计	1 040	790
商誉	0	0	股东权益：		
长期待摊费用	5	15	股本	100	100
递延所得税资产	0	0	其他权益工具	0	0
其他非流动资产	5	0	其中：优先股		
非流动资产合计	1 300	1 068	永续债		
			资本公积	10	10

续表

资产	年末金额	年初金额	负债和股东权益	年末金额	年初金额
			减：库存股	0	0
			其他综合收益	0	0
			盈余公积	60	39
			未分配利润	790	729
			股东权益合计	960	878
资产总计	2 000	1 668	负债和股东权益总计	2 000	1 668

表 39-2　利润表

会企 02 表

编制单位：M 公司　　　　　　　　2×22 年　　　　　　　　单位：万元

项目	本年金额	上年金额
一、营业收入	2 900	2 750
减：营业成本	2 643	2 503
税金及附加	27	27
销售费用	22	20
管理费用	46	39
研发费用	0	0
财务费用	110	96
其中：利息费用	0	0
利息收入	0	0
资产减值损失	0	0
	0	0
加：其他收益	0	0
投资收益（损失以 "−" 号填列）	6	0
其中：对联营企业和合营企业的投资收益	0	0
公允价值变动收益（损失以 "−" 号填列）	0	0
资产处置收益（损失以 "−" 号填列）	0	0
二、营业利润（亏损以 "−" 号填列）	58	65
加：营业外收入	44	72
减：营业外支出	1	0
三、利润总额（亏损总额以 "−" 号填列）	101	137
减：所得税费用	19	26
四、净利润（净亏损以 "−" 号填列）	82	111

项目	本年金额	上年金额
五、其他综合收益的税后净额	0	0
（一）不能重分类进损益的其他综合收益	0	0
1. 重新计量设定受益计划变动额	0	0
2. 权益法下不能转损益的其他综合收益	0	0
3. 其他权益工具投资公允价值变动	0	0
4. 企业自身信用风险公允价值变动	0	0
……	0	0
（二）将重分类进损益的其他综合收益	0	0
1. 权益法下可转损益的其他综合收益	0	0
2. 其他债权投资公允价值变动	0	0
3. 金融资产重分类计入其他综合收益的金额	0	0
4. 其他债权投资信用减值准备	0	0
5. 现金流量套期	0	0
6. 外币财务报表折算差额	0	0
……	0	0
六、综合收益总额	82	111
七、每股收益	—	—
（一）基本每股收益	—	—
（二）稀释每股收益	—	—

表 39-3　现金流量表

会企 03 表

编制单位：M 公司　　　　　　　　　2×22 年　　　　　　　　　单位：万元

项目	本年余额	上年余额（略）
一、经营活动产生的现金流量：		
销售商品、提供劳务收到的现金	2 710	
收到的税费返还	0	
收到其他与经营活动有关的现金	10	
经营活动现金流入小计	2 720	
购买商品、接受劳务支付的现金	2 353	
支付给职工以及为职工支付的现金	28	
支付的各项税费	91	
支付其他与经营活动有关的现金支出	14	

续表

项目	本年余额	上年余额（略）
经营活动现金流出小计	2 486	
经营活动产生的现金流量净额	234	
二、投资活动产生的现金流量：		
收回投资收到的现金	4	
取得投资收益收到的现金	6	
处置固定资产、无形资产和其他长期资产收回的现金净额	12	
处置子公司及其他营业单位收到的现金净额	0	
收到其他与投资活动有关的现金	0	
投资活动现金流入小计	22	
购建固定资产、无形资产和其他长期资产支付的现金	359	
投资支付的现金	29	
支付其他和投资活动有关的现金	0	
投资活动现金流出小计	388	
投资活动产生的现金流量净额	−366	
三、筹资活动产生的现金流量：		
吸收投资收到的现金	0	
取得借款收到的现金	260	
收到其他与筹资活动有关的现金	0	
筹资活动现金流入小计	260	
偿还债务支付的现金	20	
分配股利、利润或偿付利息支付的现金	65	
支付其他与筹资活动有关的现金	25	
筹资活动现金流出小计	110	
筹资活动产生的现金流量净额	150	
四、汇率变动对现金及现金等价物的影响	0	
五、现金及现金等价物净增加额	18	
加：期初现金及现金等价物余额	25	
六、期末现金及现金等价物余额	43	
补充资料		
1.将净利润调节为经营活动现金流量：		
净利润	47	
加：资产减值准备	0	

项目	本年余额	上年余额（略）
固定资产折旧、油气资产折耗、生产性生物资产折旧	100	
无形资产摊销	2	
长期待摊费用摊销	10	
处置固定资产、无形资产和其他长期资产的损失（收益以"–"号填列）	–15	
固定资产报废损失（收益以"–"号填列）	0	
公允价值变动损失（收益以"–"号填列）	0	
财务费用（收益以"–"号填列）	110	
投资损失（收益以"–"号填列）	–6	
递延所得税资产减少（增加以"–"号填列）	0	
递延所得税负债增加（减少以"–"号填列）	0	
存货的减少（增加以"–"号填列）	186	
经营性应收项目的减少（增加以"–"号填列）	–192	
经营性应付项目的增加（减少以"–"号填列）	–8	
其他	0	
经营活动产生的现金流量净额	234	
2. 不涉及现金收支的重大投资和筹资活动：		
债务转为资本	0	
一年内到期的可转换公司债券	0	
融资租入固定资产	0	
3. 现金及现金等价物净变动情况：		
现金的期末余额	43	
减：现金的期初余额	25	
加：现金等价物的期末余额	0	
减：现金等价物的期初余额	0	
现金及现金等价物净增加额	18	

表 39-4　股东权益变动表（简表）

编制单位：M 公司　　　　　　　　　　　　2×22 年　　　　　　　　　　　　单位：万元

项目	本年金额						上年金额
	股本	资本公积	减：库存股	盈余公积	未分配利润	股东权益合计	（略）
一、上年年末余额	100	10		39	729	878	
加：会计政策变更							

项目	本年金额						上年金额
	股本	资本公积	减：库存股	盈余公积	未分配利润	股东权益合计	（略）
前期差错更正							
二、本年年初余额	100	10		39	729	878	
三、本年增减变动金额							
（一）净利润					82	82	
（二）其他综合收益							
上述（一）和（二）小计					82	82	
（三）股东投入和减少资本							
1.股东投入资本							
2.股份支付计入股东权益的金额							
3.其他							
（四）利润分配							
1.提取盈余公积				21	−21	0	
2.对股东的分配					0	0	
3.其他							
（五）股东权益内部结转							
1.资本公积转增股本							
2.盈余公积转增股本							
3.盈余公积弥补亏损							
4.其他							
四、本年年末余额	100	10		60	790	960	

39.2.1 短期偿债能力分析

短期偿债能力是企业的债权人、投资者、材料供应单位等所关心的重要内容。对债权人来说，企业要具有充分的偿债能力，才能保证债权的安全，才能按期取得利息、到期收回本金。对投资者来说，如果企业的短期偿债能力出现问题，就会导致企业经营管理人员花费大量精力去筹措资金以还债，难以全神贯注于经营管理，还会增加企业筹资的难度，或加大临时性紧急筹资的成本，影响企业的盈利能力。对供应单位来说，较弱的短期偿债能力则可能影响应收账款的获取。因此，企业短期偿债能力是企业本身及有关方面都很关心的重要问题。反映企业短期偿债能力的财务指标主要如下。

1. 流动比率

流动比率是流动资产与流动负债的比率。它表明企业每一元流动负债有多少流动资产作为偿还的保证，反映企业用可在短期内转变为现金的流动资产偿还到期流动负债的能力，计算公式如下：

$$流动比率 = \frac{流动资产}{流动负债}$$

在一般情况下，流动比率越高，反映企业短期偿债能力越强，债权人的权益越有保证。流动比率高，不仅反映企业拥有的营运资金多，可用以抵偿债务，而且表明企业可以变现的资产数额大，债权人遭受损失的风险小。一般认为流动比率为 2 比较适宜，它表明企业财务状况稳定可靠，除了能满足日常生产经营的流动资金需要外，还有足够的财力偿付短期到期债务。如果流动比率过低，则表示企业可能难以如期偿还债务。但是，流动比率也不能过高，过高则表明企业流动资产占用较大，会影响资金的使用效率和企业的盈利能力。流动比率过高，还可能是应收账款占用过多，在产品、产成品积压导致的。因此，分析流动比率还需注意流动资产的结构与周转情况、流动负债的数量与结构等情况。

根据 M 公司的会计报表数据（计算结果四舍五入后保留两位小数，下同）：

$$本年流动比率 = 700 \div 311 = 2.25$$
$$上年流动比率 = 600 \div 219 = 2.74$$

流动比率假设全部流动资产都可用于偿还流动负债，M 公司的流动比率降低了 0.49（2.74-2.25），即每一元流动资产提供的流动负债保障减少 0.49 元。

2. 速动比率

速动比率是企业速动资产与流动负债的比率。速动资产包括货币资金、应收票据、应收账款、其他应收款等流动资产，存货、预付账款则不应计入。这一比率用以衡量企业流动资产中可以立即用于偿付流动负债的财力。

在计算速动资产时，之所以要扣除存货，是因为存货是流动资产中变现较慢的部分。它通常要经过产品的售出和账款的收回两个过程才能变为现金。存货中还可能包括因不适销对路而难以变现的产品。至于预付账款，其本质上属于费用，同时又具有资产的性质，只能减少企业未来时期的现金付出，却不能转变为现金。因此，存货、预付账款等不应计入速动资产。速动比率的计算公式为：

$$速动比率 = \frac{速动资产}{流动负债}$$
$$速动资产 = 流动资产 - 存货 - 预付账款$$

速动比率可用作流动比率的辅助指标。有时企业流动比率虽然较高，但流动资产中易于变现、可用于立即支付的资产很少，则企业的短期偿债能力仍然较弱。因此，速动比率能更准确地反映企业的短期偿债能力。根据经验，一般认为速动比率为 1 较为合适，它表明企业的每 1 元短期负债，都有 1 元易于变现的资产可作为抵偿。如果速动比率过低，说明企业的短期偿债能力存在问题；但如果速动比率过高，则又说明企业因拥有过多的货币性资产，而可能失去一些有利的投资和获利机会。

根据 M 公司的会计报表数据：

$$本年速动比率 = （43+6+402+12）\div 311 = 1.49$$
$$上年速动比率 = （25+12+210+22）\div 219 = 1.23$$

速动比率假设速动资产是可偿债资产，表明每一元流动负债有多少速动资产作为偿债保障。M 公司的速动比率比上年提高了 0.26，说明为每一元速动资产提供的流动负债保障增加了 0.26 元。

3. 营运资本

营运资本是指流动资产超过流动负债的部分，其计算公式如下：

$$营运资本 = 流动资产 - 流动负债$$

根据 M 公司的会计报表数据：

$$本年营运资本 = 700-311 = 389（万元）$$

$$上年营运资本 = 600-219 = 381（万元）$$

营运资本的比较分析，主要是与本公司上年数据比较。M 公司本年和上年营运资本的比较数据如表 39-5 所示。

表 39-5 M 公司营运资本比较数据

金额单位：万元

项目	本年		上年		增长		
	金额	结构（%）	金额	结构（%）	金额	增长（%）	结构（%）
流动资产	700	100	600	100	100	17	100
流动负债	311	44	219	36.5	92	42	92
营运资本	389	56	381	63.5	8	2.1	8
非流动资产	1 300		1 068		232		
长期资本	1 689		1 449		240		

从表 39-5 的数据可得到以下分析结果。

（1）上年流动资产 600 万元，流动负债 219 万元，营运资本 381 万元。从相对数看，营运资本配置比率（营运资本 ÷ 流动资产 ×100%）为 63.5%，流动负债提供流动资产所需资本的 36.5%，即 1 元流动资产需要偿还 0.37 元的流动负债。

（2）本年流动资产 700 万元，流动负债 311 万元，营运资本 389 万元。从相对数看，营运资本配置比率为 56%，流动负债提供流动资产所需资本的 44%，即 1 元流动资产需要偿还 0.44 元的流动负债。偿债能力比上年下降了。

（3）本年与上年相比，流动资产增加 100 万元（增长 17%），流动负债增加 92 万元（增长 42%），营运资本增加 8 万元（增长 2%）。营运资本的绝对数增加，似乎"缓冲垫增厚了"，但由于流动负债的增长速度超过流动资产的增长速度，债务的"穿透力"增强了，即偿债能力降低了。新增流动资产 100 万元只配置了 8%，其余的 92% 都靠增加流动负债解决。可见，营运资本政策的改变使公司本年的短期偿债能力下降了。

4. 现金比率

现金比率是企业现金类资产与流动负债的比率。现金类资产包括企业所拥有的货币资金和持有的有价证券（指易于变为现金的有价证券），是速动资产扣除应收账款后的余额。由于应收账款存在着发生坏账损失的可能，某些到期的账款也不一定能按时收回，因此，速动资产扣除应收账款后的余额能较准确地反映企业直接偿付流动负债的能力。其计算公式如下：

$$现金比率 = \frac{现金类资产}{流动负债}$$

在一般情况下，企业不可能也无必要保留过多的现金类资产。如果现金比率过高，就意味着企业所筹集的流动负债未能得到合理的运用。

5. 表外信息

上述变现能力指标，都是从会计报表资料中取得的。还有一些会计报表资料没有反映出来的因素，也会影响企业的短期偿债能力，甚至其影响力较大。报表使用者多了解些这方面的情况，有利于做出正确的判断。

企业流动资产的实际变现能力，可能比会计报表反映的变现能力要强一些，主要可通过以下几个因素了解企业流动资产的实际变现能力。

①可动用的银行贷款指标。银行已同意、企业未办理贷款手续的银行贷款限额，可以随时增加企业的现金，提高支付能力。

②准备很快变现的长期资产。由于某种原因，企业可能将一些长期资产在短时间内出售变为现金，增强短期偿债能力。企业出售长期资产，一般情况下都是要经过慎重考虑的，企业应根据近期利益和长期利益的辩证关系，正确决定是否出售长期资产。

③偿债能力的声誉。如果企业的长期偿债能力一贯很好，有一定的声誉，在短期偿债方面出现困难时，可以很快地通过发行债券和股票等方式解决资金的短缺问题，提高短期偿债能力。这一因素取决于企业自身的信用声誉和当时的筹资环境。

39.2.2　长期偿债能力分析

长期偿债能力，指企业偿还长期负债的能力。企业的长期负债，包括长期借款、应付长期债券等。可从以下两个角度评价企业长期偿债能力：从偿债的义务看，包括按期支付利息和到期偿还本金两个方面；从偿债的资金来源看，则应是企业经营所得的利润。在正常生产经营的情况下，企业不可能依靠变卖资产还债，而只能依靠实现利润来偿还长期债务。因此，企业的长期偿债能力是和企业的盈利能力密切相关的。这里仅从债权人考察借出款项的安全程度以及企业考察负债经营的合理程度出发，来分析企业的长期偿债能力。

1. 资产负债率

资产负债率又称负债比率，是企业负债总额对资产总额的比率。它表明在企业资产总额中，债权人提供的资金所占的比重，以及企业资产对债权人权益的保障程度。这一比率越低，表明企业的长期偿债能力越强。计算公式如下：

$$资产负债率 = \frac{负债总额}{资产总额} \times 100\%$$

资产负债率也表示企业对债权人资金的利用程度。如果此项比率较高，从企业所有者来说，可利用较少的自有资本投资形成较多的生产经营用资产，不仅扩大了生产经营规模，而且在经营状况良好的情况下，还可以利用财务杠杆原理，得到较多的投资利润。但如果这一比率过高，则表明企业的债务负担重，企业的资金实力不强，企业的债务能力就缺乏保证，对债权人不利。企业资产负债率过高，债权人的权益就有风险，一旦资产负债率超过 100%，则说明企业资不抵债，有濒临倒闭的危险，债权人将受损失。

根据 M 公司的会计报表数据：

$$本年资产负债率 = 1\,040 \div 2\,000 \times 100\% = 52\%$$

$$上年资产负债率 = 790 \div 1\,668 \times 100\% = 47.36\%$$

与上年相比，M 公司的资产负债率略有提高，说明 M 公司总资产中通过负债取得的资产的比例增加，企业上年对负债的保障程度相对于今年更大，同时今年的举债能力相对于上年也有所下降。

2. 所有者权益比率和权益总资产率

所有者权益比率是所有者权益同资产总额的比率。该比率反映企业资产中有多少是所有者投入的，可以用下列公式表示：

$$所有者权益比率 = \frac{所有者权益}{资产总额}$$

上式中所有者权益和资产总额可以按期末数计算，也可以按本期平均数计算。所有者权益比率与资产负债率之和按同口径计算应等于 1。所有者权益比率越高，资产负债率就越低，企业的财务风险也就越小。所有者权益比率是从另一面来反映企业长期财务状况和长期偿债能力的。

所有者权益比率的倒数，称为权益总资产率，又称权益乘数，说明企业资产总额是所有者权益的多少倍。该项比率越大，表明所有者投入的资本在资产总额中所占的比重越小，对负债经营利用得越充分。可用下列公式表示：

$$权益总资产率 = \frac{资产总额}{所有者权益}$$

3. 产权比率

产权比率又称负债与所有者权益比率，是负债总额与所有者权益之间的比率。它反映企业所有者权益对债权人权益的保障程度。这一比率越低，表明企业的长期偿债能力越强，债权人权益的保障程度越高，债权人承担的风险越小，在这种情况下。债权人就愿意向企业增加借款。其计算公式如下：

$$产权比率 = \frac{负债总额}{所有者权益}$$

产权比率与资产负债率分别从不同的角度反映对债权的保障程度和企业长期偿债能力。因此，两者的经济意义是相同的，具有相互补充的作用。

4. 利息保障倍数

利息保障倍数又称已获利息倍数，是指企业生产经营所获得的息税前利润与利息费用的比率。它是衡量企业偿付负债利息能力的指标。企业生产经营所获得的息税前利润对利息费用的倍数越多，说明企业支付利息费用的能力越强。因此，债权人要通过分析利息保障倍数指标来衡量债权的安全程度。利息保障倍数可通过以下公式计算得出：

$$利息保障倍数 = \frac{利润总额 + 利息费用}{利息费用}$$

企业已获息税前利润应是利息费用的多少倍才算企业偿付利息能力强？这要根据往年经验结合行业特点来判断。根据稳健原则考虑，应以倍数较低的年度为评价依据。

根据 M 公司的会计报表数据：

$$本年利息保障倍数＝（101+110）÷110=1.92$$

$$上年利息保障倍数＝（137+96）÷96=2.43$$

利息保障倍数表明每 1 元利息支出有多少倍的息税前利润做保障。它可以反映债务的风险大小。如果企业一直按时付息，则长期负债可能可以延期偿还，举借新债也比较容易。

39.3　认识营运能力

企业营运能力主要指企业营运资产的效率与效益。企业营运资产的效率主要指资产的周转率或周转速度；企业营运资产的效益通常指企业的产出额与资产占用额之间的比率。

39.3.1　全部资产营运能力分析

全部资产营运能力分析就是对企业全部资产的营运效率进行的综合分析。全部资产营运能力分析包括对反映全部资产营运能力的指标进行计算与分析。

企业全部资产营运能力，主要指投入或使用全部资产所取得的产出的能力。由于企业的总产出，一方面从生产能力角度考虑，可用总产值表示，另一方面从满足社会需要角度考虑，可用总收入表示，因此，反映全部资产营运能力的指标主要有全部资产产值率、全部资产收入率和全部资产周转率。

1. 全部资产产值率

全部资产产值率是指企业占用每百元资产所创造的总产值，计算公式为：

$$全部资产产值率＝\frac{总产值}{平均总资产}×100\%$$

该指标反映了总产值与总资产之间的关系。在一般情况下，该指标越高，说明企业资产的投入产出率越高，企业全部资产运营状况越好。总产值与总资产的关系还可用另一指标表示，即百元产值占用资金，其计算公式为：

$$百元产值占用资金＝平均总资产÷总产值$$

该指标越低，反映全部资产营运能力越强。该指标可在上式基础上，从资产占用形态角度进行分解，即：

$$百元产值占用资金＝（流动资产÷总产值＋固定资产÷总产值＋其他资产÷总产值）$$

依据上式，可分析全部资产产值率或百元产值占用资金变动受各项资产营运效果的影响。

2. 全部资产收入率

全部资产收入率是指占用每百元资产所取得的收入额，计算公式是：

$$全部资产收入率＝总收入÷平均总资产×100\%$$

该指标反映了企业收入与资产占用之间的关系。通常，全部资产收入率越高，企业全部资产营运能力越强，营运效率越高。该指标比全部资产产值率更能准确反映企业全部资产的营运能力，因为企业总产值往往既包括完工产品产值，又包括在产品产值；既包括已销售的商品产值，又包括库存产品产值。在市场经济条件下，企业产品只有销售出去了，才实现了收入，才是真正意义的产出。对全部资产收入率的分析，正是要考虑收入与产值的关系。其因素分解式是：

$$全部资产收入率 = （总产值 \div 平均总资产）\times （总收入 \div 总产值）\times 100\%$$
$$= 全部资产产值率 \times 产品销售率$$

可见，企业要取得较高的全部资产收入率，一方面要提高全部资产产值率，另一方面要提高产品销售率。

3. 全部资产周转率

$$全部资产周转率 = 总周转额（总收入）\div 平均总资产$$

在全部资产中，周转速度最快的是流动资产，因此，全部资产周转速度受流动资产周转速度影响较大。根据全部资产周转速度与流动资产周转速度的关系，可确定影响全部资产周转率的因素，因素分解式如下：

$$全部资产周转率 = （销售收入 \div 平均流动资产）\times （平均流动资产 \div 平均总资产）$$
$$= 流动资产周转率 \times 流动资产占总资产的比重$$

可见，全部资产周转率取决于两大因素：一是流动资产周转率，因为流动资产的周转速度往往高于其他资产的周转速度，若加速流动资产周转，就会使总资产周转速度加快，反之，则会使总资产周转速度减慢；二是流动资产占总资产的比重，因为流动资产周转速度快于其他资产周转速度，所以，企业流动资产所占比例越大，总资产周转速度越快，反之则越慢。

39.3.2 流动资产营运能力分析

流动资产周转率，既是反映流动资产周转速度的指标，也是综合反映流动资产利用效果的基本指标。它是一定时期内流动资产平均占用额和流动资产周转额的比率，是用流动资产的占用量和其所完成的工作量的关系来表明流动资产的经济效益的指标。流动资产周转率的计算，一般可以采取以下两种方式：

$$流动资产周转次数 = 流动资产周转额 \div 流动资产平均余额$$

$$流动资产周转天数（周转期）= 计算期天数（360）\div 流动资产周转次数 = 流动资产平均余额 \times$$
$$计算期天数 \div 流动资产周转额$$

流动资产的周转次数或天数，均表示流动资产的周转速度。流动资产在一定时期的周转次数越多，即流动资产每周转一次所需要的天数越少，周转速度就越快，流动资产营运能力就越强；反之，流动资产周转次数越少，周转速度就越慢，流动资产营运能力就越弱。

从上述公式可知，流动资产周转期的计算，必须利用"计算期天数""流动资产平均余额""流动资产周转额"三个数据。对于计算期天数，为了计算方便，全年按360天计算，全季按90天计算，全月按30天计算。对于流动资产平均余额的确定，要注意以下两点：一要注意范围，不同的周转率，流动资产的范围不尽相同；二要注意用平均占用额而不能用期末或期初占用额。流动资产周转额一般指企业在报告期中有多少流动资产完成了周转，即完成了货币到商品，再到货币这一循环过程的流动资产数额。流动资产周转额既可用销售收入表示，也可用销售成本表示。

进行流动资产周转率因素分析，首先应找出影响流动资产周转率的因素。从流动资产周转率的计算公式，可分解出影响流动资产周转率的因素，具体分解式如下：

$$流动资产周转次数（率）＝销售收入 ÷ 流动资产平均余额$$

$$＝（销售成本 ÷ 流动资产平均余额）× 销售收入 ÷ 销售成本$$

$$＝流动资产垫支周转次数 × 成本收入率$$

可见，影响流动资产周转次数的因素，一是流动资产垫支周转次数，二是成本收入率。流动资产垫支周转次数准确地反映了流动资产在一定时期可周转的次数；成本收入率说明了企业的所费与所得之间的关系。当成本收入率大于 1 时，说明企业有经济效益，此时流动资产垫支周转次数越多，流动资产营运能力越强；反之，如果成本收入率小于 1，说明企业所得弥补不了所费，这时流动资产垫支次数增加，反而不利于企业经济效益的提高。

1. 企业存货的周转情况

存货周转率是指企业在一定时期内存货可周转的次数，或存货每周转一次所需要的天数。因此，存货周转率指标有存货周转次数和存货周转天数两种形式，计算公式如下：

$$存货周转次数＝销售成本 ÷ 平均存货$$

$$平均存货＝（期初存货＋期末存货）÷2$$

$$存货周转天数＝计算期天数 ÷ 存货周转次数＝计算期天数 × 平均存货 ÷ 销售成本$$

应当注意，存货周转次数和存货周转天数的实质是相同的。但是其评价标准却不同，存货周转次数是个正指标，因此，周转次数越多越好。但过高的存货周转率也可能说明在管理方面存在其他问题。影响存货周转率的因素很多，主要受材料周转率、在产品周转率和产成品周转率的影响，计算公式分别是：

$$材料周转率＝当期材料消耗额 ÷ 平均材料库存$$

$$在产品周转率＝当期完工产品成本 ÷ 平均在产品成本$$

$$产成品周转率＝销售成本 ÷ 平均产成品库存$$

这三个周转率的评价标准与存货周转率评价标准相同，都是周转次数越多越好，周转天数越少越好。通过对不同时期存货周转率的比较，可评价存货管理水平，查找出影响存货利用效果的原因，不断提高存货管理水平。在企业生产均衡和产销平衡的情况下，存货周转率可用下式表示：

$$存货周转天数（率）＝材料周转天数 × 材料消耗额 ÷ 总产值生产费＋在产品周转天数＋产成品周转天数$$

存货周转率还可以衡量存货的储存是否适当，是否能保证生产不间断地进行和产品有秩序地销售。存货既不能储存过少，否则会造成生产中断或销售紧张；又不能储存过多，否则会形成呆滞、积压。存货周转率也反映存贷结构与质量的状况。因为只有存货结构合理，才能保证生产和销售任务正常、顺利地进行；只有质量合格，存货才能有效地流动，从而达到存货周转率提高的目的。存货是流动资产的重要组成部分，往往占流动资产总额的一半以上。因此，存货的质量和流动性对企业的流动比率具有举足轻重的影响并进而影响企业的短期偿债能力。

根据 M 公司的会计报表数据：

$$本年存货周转次数＝\frac{2\ 643}{（130＋316）÷2}＝11.85（次／年）$$

$$本年存货周转天数 =365÷\frac{2\,643}{（130+316）÷2}=30.80（天/次）$$

$$本年存货与收入比 =130÷2\,900×100\%=4.48\%$$

2. 企业应收账款的周转情况

应收账款周转情况分析，主要通过对应收账款周转率的计算与分析进行。应收账款周转率的计算公式是：

$$应收账款周转率 =赊销收入净额÷应收账款平均余额$$

$$赊销收入净额 =销售收入-现销收入-销售退回、销售折让、销售折扣$$

应收账款周转率可以用来估计应收账款的变现速度和管理效率。应收账款收回迅速既可以节约资金，也说明企业信用状况好，不易发生坏账损失。一般认为应收账款周转率越高越好。

反映应收账款周转速度的另一个指标是应收账款周转天数，其计算公式为：

$$应收账款周转天数 =计算期天数（365）÷应收账款周转率=应收账款平均余额×365÷赊销收入净额$$

按应收账款周转天数进行分析，则周转天数越短越好。

应收账款周转速度，不仅反映企业的营运能力而且由于应收账款是企业流动资产的重要组成部分，其变现速度和变现程度是企业流动比率的重要补充。应收账款周转速度也反映着企业的短期偿债能力，通过将应收账款账龄指标与原定的始销期限进行对比，还可用以评价购买单位的信用程度，以及企业原定的信用条件是否恰当。

影响应收账款周转情况的因素有：第一，季节性经营的企业使用这个指标时不能反映实际情况（淡季应收账款水平偏低）；第二，大量使用分期付款结算方式；第三，大量使用现金结算的销售方式；第四，年末大量销售或年末销售量大幅度下降。这些因素都会对该指标计算结果产生较大的影响。会计报表的外部使用人员可以将计算出的本年该指标与该企业其他各期的该指标、与行业平均水平或其他类似企业的指标相比较，以判断该指标的高低。

根据 M 公司的会计报表数据：

$$本年应收账款周转次数 =2\,900÷388=7.47（次/年）$$

$$本年应收账款周转天数 =365÷（2\,900÷388）=48.83（天/次）$$

$$本年应收账款与收入比 =388÷2\,900×100\%=13.38\%$$

3. 营业周期分析

营业周期指从取得存货开始到销售存货并收回现金为止的这段时间。营业周期的长短取决于存货周转天数和应收账款周转天数。营业周期的计算公式如下：

$$营业周期 =存货周转天数+应收账款周转天数$$

把存货周转天数和应收账款周转天数加在一起计算出来的营业周期，指的是将期末存货全部变为现金所需的时间。在一般情况下，营业周期短，说明资金周转速度快，管理效率高，资产的流动性强，资产的风险低；营业周期长，说明资金周转速度慢，管理效率低，风险高。因此，分析研究企业的营业周期，并想方设法缩短营业周期，对增强企业资产的管理效果具有重要意义。

39.3.3　固定资产营运能力分析

固定资产周转率是指企业销售收入与固定资产平均余额的比率。它是反映企业固定资产周转情况，从而衡量固定资产利用效率的一项指标，计算公式为：

$$固定资产周转率 = 销售收入 ÷ 固定资产平均余额$$

固定资产周转率高，表明企业固定资产利用充分，同时也能表明企业固定资产投资得当，固定资产结构合理，能够充分发挥固定资产营运效率；反之，如果固定资产周转率不高，则表明固定资产使用效率不高，企业的营运能力不强。

在运用固定资产周转率时，需要考虑固定资产净值因计提折旧而逐年减少、因更新重置而增加的影响；在不同企业间进行分析比较时，还要考虑采用不同折旧方法对固定资产净值的影响等。

39.3.4　认识总资产周转率

反映总资产周转情况的指标是总资产周转率，它是企业销售收入与资产平均余额的比率。其计算公式如下：

$$总资产周转率 = 销售收入 ÷ 总资产平均余额$$

这一比率可用来分析企业全部资产的使用效率。如果这个比率较低，则说明企业利用全部资产进行经营的效率较低，最终会影响企业的盈利能力。在总资产周转率较低时，企业应该采取措施提高各项资产的利用程度，从而提高销售收入。

根据 M 公司的会计报表数据：

$$本年总资产周转率 =2\,900÷2\,000=1.45（次／年）$$
$$本年总资产周转天数 =365÷（2\,900÷2\,000）=251.72（天／次）$$
$$本年总资产与收入比 =2\,000÷2\,900×100\%=68.97\%$$

表 39-6 列示了 M 公司总资产及各项资产的周转情况及占收入的比例。

表 39-6　M 公司总资产及各项资产的周转情况及占收入的比例

资产	资产周转天数（天／次）			资产与收入比		
	本年	上年	变动	本年(%)	上年(%)	变动（个百分点）
货币资金	5.41	3.15	2.26	1.5	0.9	0.6
交易性金融资产	0.76	1.51	−0.75	0.2	0.4	−0.2
应收票据	1.76	0.88	0.88	0.5	0.4	0.1
应收账款	48.83	25.55	23.28	13.2	7	6.3
预付款项	2.77	0.50	2.27	0.7	0.1	0.6
应收利息						
应收股利						
其他应收款	1.51	2.77	−1.26	0.4	0.8	−0.4
存货	16.36	39.77	−23.41	3.9	11.4	−7.4

资产	资产周转天数（天/次）			资产与收入比		
	本年	上年	变动	本年（%）	上年（%）	变动（个百分点）
一年内到期的非流动资产	9.69	1.38	8.31	2.6	0.4	2.2
其他流动资产	1.01	0	1.01	0.3	0	0.3
流动资产合计	88.10	75.51	12.59	3.2	21.4	1.9
其他债权投资	0	5.54	−5.54	0	1.6	−1.6
债权投资						
长期应收款						
长期股权投资	3.65	0	3.65	1	0	1
固定资产	155.69	120.20	35.49	40.3	32.5	7.8
在建工程	2.27	5.79	−3.52	0.6	1.2	−0.6
固定资产清理				0	0.4	−0.4
无形资产	0.76	1.01	−0.25	0.2	0.3	−0.1
开发支出						
商誉						
长期待摊费用	0.63	1.89	−1.26	2	0.5	−0.3
递延所得税资产						
其他非流动资产	0.63	0	0.63	0.1	0	−0.1
非流动资产合计	163.63	134.43	29.20	42.2	36.5	5.8
资产合计	251.73	209.94	41.79	66.7	59	7.7

在进行总资产周转率的因素分析时，通常使用"资产周转天数"或"资产与收入比"指标，不使用"资产周转次数"。因为各项资产周转次数之和不等于总资产周转次数，不便于分析各资产项目变动对总资产周转率的影响。

根据周转天数分析，本年总资产周转天数是251.72天，比上年增加30.52天。影响较大的项目是应收账款增加23.28天、存货减少23.4天、固定资产增加35.49天。

39.4 认识盈利能力

盈利能力是企业在一定期间内获取利润的能力，也就是企业利用所拥有的经济资源，经过一定会计期间的经营，以收抵支获取盈余资产的能力。企业财务状况和经营业绩的好坏，最终体现在盈利能力的强弱上，盈利能力是上市公司偿债能力、营运能力的基础。评价盈利能力的指标主要有3个。

一是反映企业经营活动初始盈利能力的指标，即销售毛利率，计算公式为：

$$销售毛利率 = 销售毛利 \div 销售收入 \times 100\%$$

企业营业利润形成的基础是销售毛利，它反映了对经营期内费用的承受能力，销售毛利率体现了企业的盈利空间，分析该指标，可以揭示企业的定价政策、成本控制等方面的优劣势及在同行业中的竞争地位。该指标越高，表明企业为社会新创价值越多，贡献越大，也反映企业在增产的同时，也创造了更多的利润，实现了增产增收。

二是反映企业经营活动最终盈利能力的指标，即销售净利率，计算公式为：

$$销售净利率 = 净利润 \div 销售收入 \times 100\%$$

该指标反映1元销售收入带来的净利润是多少，表示销售收入的收益水平。从该指标的计算公式来看，净利润与销售净利率成正相关关系，销售收入与销售净利率成负相关关系。企业在增加销售收入的同时，必须相应获得更多的净利润，才能使销售净利润保持不变或有所提高。

根据M公司的会计报表数据：

$$本年销售净利率 = 82 \div 2\,900 \times 100\% = 2.83\%$$

$$上年销售净利率 = 111 \div 2\,750 \times 100\% = 4.04\%$$

$$变动的百分点 = 2.83\% - 4.04\% = -1.21$$

三是净资产收益率，计算公式为：

$$净资产收益率 = 净利润 \div 平均净资产 \times 100\%$$

该比率说明股东投资额的盈利能力，不同的资本结构对净资产收益率有不同的影响，即净资产收益率受筹资方式的影响，只要净资产收益率大于债权人所提供资金的资本成本，净资产收益率就会提高。

1. 利润来源分析

从上市公司利润表可得：

$$利润总额 = 营业利润 + 投资净收益 + 营业外收支净额 + 以前年度损益调整 + 补贴收入$$

$$营业利润 = 主营业务利润 + 其他业务利润$$

$$R = 营业利润（P_1） \div 利润总额（P）$$

（1）当 $P_1 > 0$，$P > 0$，R 趋近于1时，说明企业盈利主要靠自身的经营，利润的可靠性或稳定性较强。

（2）当 $P_1 > 0$，$P < 0$ 时，在补贴收入和以前年度损益影响较小时，说明企业对外投资出现较大损失，或营业外损失较大或二者兼而有之。

（3）若 $P_1 < 0$，$P > 0$ 时，说明企业的利润一方面来源于对外投资，另一方面则来源于营业外收入。以上两种来源是企业的非可控因素，分析时不可盲目乐观。

（4）$P_1 < 0$，$P > 0$，说明企业的亏损首先是企业经营存在问题，其次是受投资收益和营业收益的影响。

2. 成本费用利润率

成本费用利润率是指企业利润总额与成本费用总额的比率。它是反映企业生产经营过程中发生的耗费与获得的收益之间关系的指标，计算公式为：

$$成本费用利润率 = 利润总额 \div 成本费用总额 \times 100\%$$

该比率越高，表明企业耗费所取得的收益越高。成本费用利润率是一个能直接反映增收节支、增产节约效益的指标。企业利润的增加和费用的减少，都能使这一比率提高。

3. 总资产利润率

总资产利润率是企业利润总额与企业资产平均总额的比率，也称资金利润率。它是反映企业资产综合利用效果的指标，也是衡量企业利用借入资产和所有者权益总额所取得盈利的重要指标。其计算公式为：

$$总资产利润率 = 利润总额 ÷ 资产平均总额 × 100\%$$

该比率越高，表明资产利用的效益越好，整个企业的盈利能力越强，经营管理水平越高。

根据 M 公司的会计报表数据：

$$本年总资产利润率 = 82 ÷ 2\,000 × 100\% = 4.10\%$$

$$上年总资产利润率 = 111 ÷ 1\,668 × 100\% = 6.65\%$$

$$变动的百分点 = 4.10\% - 6.65\% = -2.55\%$$

总资产利润率的分解如表 39-7 所示。

表 39-7　总资产利润率的分解

项目	本年	上年	变动
销售收入（万元）	2 900	2 750	150
净利润（万元）	82	111	−29
总资产（万元）	2 000	1 668	332
总资产利润率（%）	4.10	6.65	−2.55
销售净利率（%）	2.83	4.04	−1.21
总资产周转次数（次/年）	1.45	1.65	−0.20

M 公司的总资产利润率比上年降低 2.55 个百分点，其原因是销售净利率和总资产周转次数都降低了。哪一个因素变动的影响更大呢？可以使用差额分析法进行定量分析。

$$销售净利率变动的影响 = 销售净利率变动 × 上年总资产周转次数$$

$$= (-1.21) × 1.65 = -2.00$$

$$总资产周转次数变动的影响 = 本年销售净利率 × 总资产周转次数变动$$

$$= 2.83\% × (-0.20) × 100\% = -0.57\%$$

销售净利率下降，使总资产利润率下降 2.00%；总资产周转次数减少，使总资产利润率下降 0.57%。由此可见，销售净利率下降是总资产利润率下降的主要原因。

4. 权益利润率

权益利润率是企业利润总额与平均股东权益的比率。它是反映股东投资收益水平的指标。其计算公式为：

$$权益利润 = 利润总额 ÷ 平均股东权益 × 100\%$$

该项比率越高，表明股东投资的收益水平越高，盈利能力越强；反之，则表明收益水平不高，盈利能力不强。权益利润率与总资产和净权益比率、总资产周转率和销售利润率这三个指标间的关系可用公式表示如下：

$$权益利润率 = 利润总额 ÷ 平均股东权益 × 100\% = (总资产 ÷ 平均股东权益) × (销售收入净额 ÷ 总资产) × (利润总额 ÷ 销售收入净额)$$

为了反映投资者可以获得的利润，上述公式中的利润总额也可按税后利润计算。

根据 M 公司的会计报表数据：

$$本年权益利润率 = （82 \div 960）\times 100\% = 8.54\%$$

$$上年权益利润率 = （111 \div 878）\times 100\% = 12.64\%$$

M 公司本年权益利润率降低了，表明盈利能力不如上年。

5. 每股收益

每股收益是衡量上市公司盈利能力的重要财务指标，反映普通股的盈利水平。在分析时可进行不同公司间的比较，了解公司相对盈利能力，也可以进行同一公司不同时期的比较，了解公司盈利能力的变化趋势。每股收益计算公式为：

$$每股收益 = 净利润 \div 年末普通股股份总数$$

但是，每股收益不反映股票所含的风险，并且每股收益多，不一定意味着分红多，也并不意味着现金多。

假设 M 公司无优先股，2×22 年 12 月 31 日普通股每股市价 35 元，2×22 年流通在外的普通股加权平均股数 100 万股。根据 M 公司的会计报表数据：

$$本年每股收益 = 135 \div 100 = 1.35（元 / 股）$$

6. 市盈率

市盈率指普通股市价为每股收益的倍数，计算公式为：

$$市盈率 = 每股市价 \div 每股收益$$

该指标反映市场对公司的期望。市盈率越高，表明市场越看好公司的未来。该指标是一个动态指标。同时，该指标反映着风险大小，市盈率高，风险大；反之，风险小。

市盈率的高低受净利润的影响，而净利润受可选择的会计政策的影响，同时市盈率还受市价影响，市价变动的影响因素也有很多。观察市盈率的变化趋势是较重要的。

根据 M 公司会计报表数据：

$$本年市盈率 = 35 \div 1.35 = 25.93$$

在对企业盈利能力进行分析时，首先，应确定重点项目；其次，需要深入各项目内部进一步分析。此时，需要依靠报表附注提供的资料以及其他可以收集到的信息。M 公司利润表结构变动如表 39-8 所示。

表 39-8　M 公司利润表结构变动

项目	本年金额（万元）	上年金额（万元）	变动金额（万元）	本年结构（%）	上年结构（%）	变动（个百分点）
一、营业收入	2 900	2 750	150	100.00	100.00	0.00
减：营业成本	2 643	2 503	140	91.14	91.02	0.12
税金及附加	27	27	0	0.93	0.98	-0.05
销售费用	22	20	2	0.73	0.70	0.03
管理费用	46	39	7	1.59	1.42	0.17
财务费用	110	96	14	3.79	3.49	0.3

项目	本年金额 （万元）	上年金额 （万元）	变动金额 （万元）	本年结构 （％）	上年结构 （％）	变动 （个百分点）
资产减值损失	0	0	0	0.00	0.00	0.00
加：公允价值变动收益	0	0	0	0.00	0.00	0.00
投资收益	6	0	6	0.21	0.00	0.21
二、营业利润	58	65	−7	2.00	2.36	−0.36
加：营业外收入	44	72	−28	1.52	2.62	1.10
减：营业外支出	1	0	1	0.03	0.00	0.03
三、利润总额	101	137	−36	3.48	4.98	−1.5
减：所得税费用	19	26	−7	0.66	0.95	−0.29
四、净利润	82	111	−29	2.83	4.04	−1.21

对毛利率变动的原因，可以分部门、分产品、分顾客群、分销售区域或分推销员进行分析，视分析的目的以及可取得的资料而定。

M 公司报表附注显示的分产品的毛利资料如表 39-9 所示。

表 39-9 M 公司分产品的毛利资料

产品类别	营业收入（万元）		营业成本（万元）		营业毛利（万元）		毛利率（％）	
	本期数	上期数	本期数	上期数	本期数	上期数	本期数	上期数
音响类产品	1 589	1 881	1 882	1 964	−293	−83	−18.43	−4.41
软件类产品	508	475	302	285	206	180	40.55	37.89
数码类产品	903	494	440	243	463	250	51.27	50.61
合计	2 900	2 750	2 643	2 503	376	336	12.97	12.22

通过表 39-9 和其他背景资料可知：音响类产品是该公司的传统产品，目前其销售额仍占销售收入的较大部分，其毛利率是负值，已失去继续产销的价值；软件类产品本期和上期毛利率基本持平，销售额略有增长；数码类产品销售迅速增长，毛利率很高，其销售额占销售收入的大部分。因此，应结合市场竞争和公司资源情况，分析是否可以扩大数码类产品和软件类产品的产销规模，以及音响类产品能否更新换代。如果均无可能，音响类产品的亏损可能继续增加，而数码类产品和软件类产品的高毛利可能引来竞争者，盈利能力还可能进一步下降。

39.5 认识成长能力

成长能力一般反映公司的扩展经营能力，说明公司的长远扩展能力、未来生产经营实力。反映成长能力的指标如下。

（1）主营业务收入增长率，即本期的主营业务收入减去上期的主营业务收入之差再除以上期主营业务收入的比值。通常，具有成长性的公司多数是主营业务突出、经营比较单一的公司。因此，利用主营业务收入增长率这一指标可以较好地考察公司的成长性。主营业务收入增长率高，表明公司产品的市场需求大，业务扩张能力强。如果一家公司能连续几年保持 30% 以上的主营业务收入增长率，则基本上可以认为这家公司具备成长性。

（2）主营利润增长率，即本期主营业务利润减去上期主营业务利润之差再除以上期主营业务利润的比值。一般来说，主营利润稳定增长且占利润总额的比例呈增长趋势的公司处在成长期。一些公司尽管年度内利润总额有较大幅度的增加，但主营业务利润却未相应增加，甚至大幅下降，这样的公司利润质量不高。对这样的公司，投资者尤其需要警惕，其可能存在巨大的风险，也可能存在资产管理费用居高不下等问题。

（3）净利润增长率，即本期净利润减去上期净利润之差再除以上期净利润的比值。净利润是公司经营业绩的最终结果。净利润的增长是公司成长的基本特征，净利润增幅较大，表明公司经营业绩突出，市场竞争能力强；反之，净利润增幅小甚至出现负增长也就谈不上具有成长性了。

（4）利润保留率。利润保留率 =（税后利润 – 应发股利）÷ 税后利润。该指标说明公司税后利润的留存程度，反映公司的扩展能力和补亏能力。该比率越大，说明公司成长能力越强。

（5）再投资率。再投资率 =（税后利润 – 应付利润）÷ 股东权益。该指标反映公司在一个经营周期后的成长能力。该比率越大，说明公司在本期获利大，今后的扩展能力强。

必须指出，上述指标是从不同角度、以不同方式反映和评价公司的财务状况和经营成果的，因此，要充分理解各种指标的内涵及作用，并考虑各指标之间的关联性，才能对公司的生产经营状况做出正确、合理的判断。

第 40 章
财务分析——财务综合分析

本章导读

前面讲的是对企业的不同方面的能力进行分析，体现的是局部信息，如果想知晓企业整体的能力，那么就要采用综合分析方法了。本章介绍财务综合分析常见的三种方法：财务比率综合评分法、杜邦分析法以及雷达图法。

所谓财务综合分析，就是将企业营运能力、偿债能力和盈利能力等方面的分析纳入一个有机的分析系统之中，全面地对企业财务状况、经营状况等进行分析，从而对企业经济效益做出较为准确的评价与判断。

"纸上得来终觉浅，绝知此事要躬行。"在了解了财务综合分析法的基础上，应深入实务，选取一个企业作为分析对象，运用不同的分析方法，对其进行财务综合分析。

40.1 认识财务比率综合评分法

1928 年，亚历山大·沃尔出版的《信用晴雨表研究》和《财务报表比率分析》中提出了信用能力指数的概念。他选择了 7 个财务比率，即流动比率、产权比率、固定资产比率、存货周转率、应收账款周转率、固定资产周转率和自有资金周转率，分别给定各指标的比重，然后确定标准比率（以行业平均数为基础），将实际比率与标准比率相比，得出相对比率，将相对比率与各指标比重相乘，得出总评分。他提出了财务比率综合评分法，即把若干个财务比率用线性关系结合起来，以此来评价企业的财务状况。财务比率综合评分法又被称为沃尔分析法。

财务比率综合评分法主要是将若干财务指标通过线性组合，形成综合性的分值来评判企业的信用水平。其基本程序如下。

（1）选择评价企业财务状况的比率指标。

（2）确认各评价指标的权重。

（3）确定各评价指标的标准值（该标准值可以是企业的预算标准值或行业的平均值等）。

（4）计算各指标的实际值。

（5）求出评价指标实际值和标准值的相对比率，公式为：

$$各项评价指标的得分 = 各项指标的权重 \times (指标的实际值 \div 指标的标准值)$$

（6）求出评价指标的综合分数（一般用百分制表示）。

由此可见，利用财务比率综合评分法对企业财务指标进行统计分析大体可以分为两大步骤：综合评分标准的确定［即上述程序（1）到程序（3）］和进行财务状况实际评分［即上述程序（4）到程序（6）］。

（7）根据综合得分评价企业财务状况。如果综合得分等于或者接近 100 分，说明企业财务状况良好，达到了预先设定的标准；如果综合得分低于 100 分很多，说明其财务状况较差，应采取措施加以改善；如果综合得分超过 100 分，说明其财务状况很理想。

40.2　认识杜邦分析法

杜邦分析法利用几种主要的财务比率之间的关系来综合地分析企业的财务状况。这种分析方法最早由美国杜邦公司使用，故名杜邦分析法。杜邦分析法是一种用来评价企业盈利能力和股东权益回报水平，从财务角度评价企业绩效的一种经典方法，其基本思想是将企业净资产收益率逐级分解为多项财务指标的乘积，这样有助于深入分析比较企业经营业绩。

40.2.1　杜邦分析法下不同主体关注的重点内容

杜邦分析法把股东权益收益率作为分析的核心指标。

投资者使用杜邦分析法，其侧重点在于关注权益收益率大小、权益收益率变化的影响及原因、相关财务指标的变动对权益收益率将会造成什么影响、怎样激励和约束经营者的经营行为才能确保权益收益率达到要求等。而经营者使用杜邦分析法的侧重点主要在于关注以下内容。经营结果是否达到了投资者对权益收益率的要求：如果经营结果达到了投资者对权益收益率的要求，自身的薪金将会达到多少，职位是否会稳中有升；如果经营结果达不到投资者对权益收益率的要求，薪金将会降为多少，职位是否会被降低。应该重点关注哪些财务指标。采取哪些有力措施才能使经营结果达到投资者对权益收益率的要求，才能使薪金和职位都能稳中有升。

40.2.2　杜邦分析图及相关指标分析

图 40-1 所示为杜邦分析图。

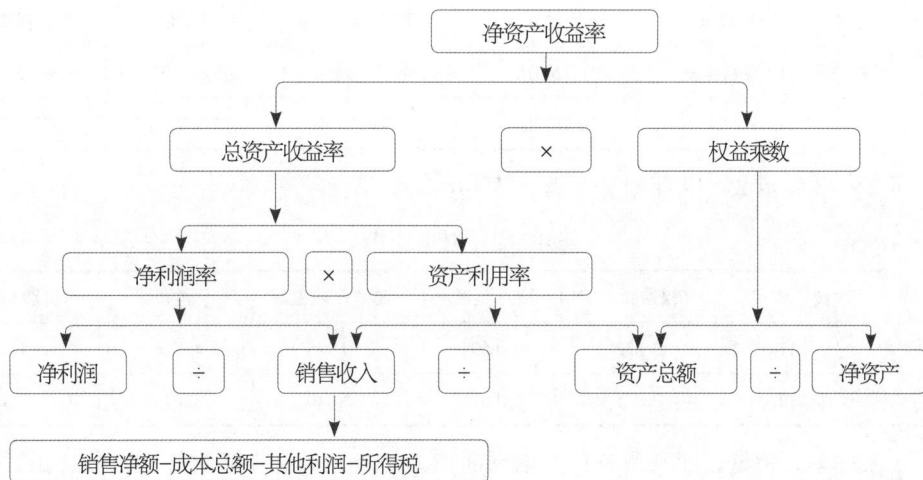

图 40-1　杜邦分析图

净资产收益率反映所有者投入资本的盈利能力，反映企业筹资、投资、资产运营等活动的效率。它是一个综合性强、具有代表性的指标，是杜邦体系的核心。该指标的高低取决于总资产收益率与权益乘数。

总资产收益率是净利润与平均资产总额之比。它等于净利润率与资产利用率之积。总资产收益率是影响净资产收益率的重要指标，具有很强的综合性，而总资产收益率又取决于净利润率和资产利用率。资产利用率反映总资产的周转速度。对资产利用进行分析，需要对影响资产周转的各因素进行分析，以判明影响企业资产周转的主要问题是什么。净利润率反映销售收入的收益水平。扩大销售收入、减少成本费用是提高企业净利润率的根本途径，而扩大销售收入，同时也是提高资产利用率的必要条件和途径。

权益乘数是资产总额与净资产之比，等于"1–资产负债率"的倒数，用公式表示为：

$$权益乘数 = \frac{1}{1 - 资产负债率}$$

式中，资产负债率是指全年平均资产负债率。它是企业全年平均负债总额与全年平均资产总额之比。权益乘数主要受资产负债率的影响，资产负债率高，权益乘数就高，说明企业有较高的负债程度，企业较多地利用了财务杠杆，同时也存在较大的风险。企业既要充分有效地利用全部资产，提高资产利用效率，又要妥善安排资金结构。

杜邦分析法的显著特点是将若干个用以评价企业经营效率和财务状况的比率按内在联系有机地结合起来，形成一个完整的指标体系，并最终通过净资产收益率来综合反映。采用这一方法，可使财务分析的层次、条理更清晰，能较好地反映企业的经营和盈利状况。

40.2.3 杜邦分析法的案例

杜邦分析法可以解释指标变动的原因，以及为采取措施指明方向。下面以 A 公司为例，说明杜邦分析法的运用。

A 公司的基本财务数据如表 40-1 所示。

表 40-1 A公司基本财务数据

单位：元

年份	净利润	销售收入	资产总额	负债总额	全部成本
2×13 年	10 274.04	401 224.01	296 222.94	205 677.07	393 867.42
2×14 年	12 653.92	757 613.81	319 580.21	215 659.54	735 747.24

A 公司 2×13 年至 2×14 年财务比率如表 40-2 所示。

表 40-2 财务比率

年份	净资产收益率	权益乘数	资产负债率	总资产收益率	净利润率	资产利用率
2×13 年	0.114	3.272	0.694	0.035	0.026	1.35
2×14 年	0.123	3.075	0.675	0.040	0.017	2.37

净资产收益率是衡量企业利用资产获取利润能力的指标。净资产收益率充分考虑了筹资方式对企业盈利能力的影响，因此，它所反映的盈利能力是企业经营能力、财务决策和筹资方式等多种因素综合作用的结果。

该公司的净资产收益率在 2×13 年至 2×14 年出现了一定程度的好转，从 2×13 年的 0.114 增加至 2×14 年的 0.123。将净资产收益率分解为权益乘数和总资产收益率，以找到产生这一变化的原因。

净资产收益率 = 权益乘数 × 总资产收益率

$$2×13 年：0.114=3.272×0.035$$
$$2×14 年：0.123=3.075×0.040$$

通过分解可以明显地看出，该公司净资产收益率的变动在于资本结构（权益乘数）变动和资产利用效果（总资产收益率）变动两方面共同作用的结果。而该公司的总资产收益率太低，资产利用效果较差。

继续对总资产收益率进行分解：

$$总资产收益率 ＝ 净利润率 × 资产利用率$$
$$2×13 年：0.035=0.026×1.35$$
$$2×14 年：0.040=0.017×2.37$$

通过分解可以看出，$2×14$ 年的资产利用率有所提高，说明资产的利用得到了比较好的控制，该公司利用其总资产产生销售收入的效率在增加。资产利用率提高的同时净利润率在降低，接着对净利润率进行分解：

$$净利润率 ＝ 净利润 ÷ 销售收入$$
$$2×13 年：0.026=10\,274.04÷401\,224.01$$
$$2×14 年：0.017=12\,653.92÷757\,613.81$$

与 $2×13$ 年相比，$2×14$ 年的销售收入大幅度提高，但是净利润的提高幅度却很小，分析其原因是成本费用增多，从表 40-1 可知：全部成本从 $2×13$ 年的 393 867.42 元增加到了 $2×14$ 年的 735 747.24 元，与销售收入的增加幅度大致相当。

通过分解可以看出，杜邦分析法有效地解释了指标变动的原因，为采取应对措施指明了方向。

在本例中，净资产收益率低的主要原因是全部成本过大。全部成本的大幅度提高导致了净利润提高幅度不大，而销售收入大幅度增加，这就引起了净利润率的降低，显示出该公司盈利能力降低。总资产收益率的提高归功于资产利用率的提高，净利润率的降低起到了阻碍的作用。

A 公司权益乘数下降，说明该公司的资本结构在 $2×13$ 年至 $2×14$ 年发生了变动，该公司的权益乘数两年均处于 2 ~ 5，即资产负债率在 50% ~ 80%，这表明 A 公司属于激进战略型企业。管理者应该准确把握公司所处的环境，准确预测利润，合理控制负债带来的风险。

因此，对于 A 公司，当前十分重要的就是努力减少各项成本，在控制成本上下功夫，同时要保持高资产利用率。这样，可以使净利润率得到提高，进而使总资产收益率提高。

40.2.4　杜邦分析法的局限及变形

从企业绩效评价的角度来看，杜邦分析法只包括财务方面的信息，不能全面反映企业的实力，有很大的局限性，在实际运用中需要加以注意，必须结合企业的其他信息加以分析。杜邦分析法的局限主要表现在以下几个方面。

（1）对短期财务结果过分重视，有可能助长企业管理层的短期行为，从而忽略企业长期价值的创造。

（2）财务指标反映的是企业过去的经营业绩，但在目前的信息时代，顾客、供应商、雇员、技术创新等因素对企业经营业绩的影响越来越大，而杜邦分析法在这些方面是无能为力的。

（3）在目前的市场环境中，企业的无形知识资产对提高企业长期竞争力至关重要，杜邦分析法不能解决无形资产的估值问题。

帕利普财务分析体系是美国哈佛大学教授帕利普对杜邦财务分析体系进行了变形、补充而发展起来的。帕利普在其所撰写的《企业分析与评价》一书中，将财务分析体系中的常用财务比率分为四大类：偿债能力比率、盈利比率、资产管理效率比率和现金流量比率。帕利普财务分析的原理是将某一个要分析的指标层层分解，这样便可探究财务指标发生变化的根本原因。

1. 可持续增长率——统一财务比率

从长远看，企业的价值取决于企业的盈利能力和增长能力。这两项能力又取决于企业产品市场战略和资本市场战略；而产品市场战略包括企业的经营战略和投资战略，资本市场战略又包括融资战略和股利政策。财务分析的目的就是评价企业在经营管理、投资管理、融资战略和股利政策四个领域的管理效果。可持续增长率是企业在保持盈利能力和财务政策不变的情况下能够达到的增长比率，它取决于净资产收益率和股利政策。因此，可持续增长率分析将企业的各种财务比率统一起来，以评估企业的增长战略是否可持续，其原理如图40-2所示。

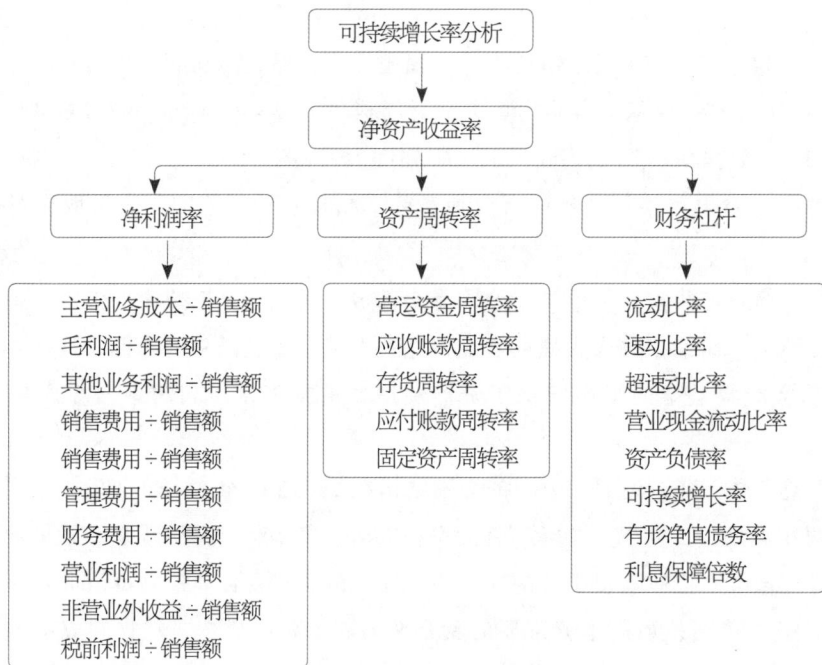

图40-2　可持续增长率分析

可持续增长率的计算公式为：

$$可持续增长率 = 净资产收益率 \times （1 - 股利支付比率）$$

$$净资产收益率 = 净利润 \div 所有者权益平均余额$$

2. 分析利润影响因素——分解净资产收益率

企业的净资产收益率受两个因素的影响：企业利用资产的有效性，与股东的投资相比企业的资产基础有多大。净资产收益率的分解计算公式如下：

$$净资产收益率 = 资产收益率 \times 财务杠杆$$

为了更直观地了解利润的影响因素，将净资产收益率进一步分解为：

$$净资产收益率 = 净利润率 \times 资产周转率 \times 财务杠杆$$

此分解后的公式表明：影响企业净利润的因素是净利润率、资产周转率和财务杠杆。

3. 评估经营管理——分解净利润率

净利润率表明企业经营活动的盈利能力，因此，对净利润率进行分解能够评估企业的经营管理效率。常用的分析工具是共同尺度损益表，该表中的所有项目都用一个销售收入比率表示。共同尺度损益表可用于企业一段时间内损益表各项目的纵向比较，也可用于行业内企业间的横向比较。共同尺度损益表可用于了解企业的毛利率与其竞争战略的关系、变动的原因、期间费用率与其竞争关系、企业的经营管理效率等。

4. 评估投资管理——分解资产周转率

对资产周转率的详细分析可评估企业投资管理的效率。资产管理分为流动资产管理和非流动资产管理。流动资产管理分析的重点在应收账款、存货和应付账款。评估资产管理效率的主要财务指标有资产周转率、存货周转率、应收账款周转率、应付账款周转率、固定资产周转率、营运资金周转率。通过分析这些财务指标，可评估企业的投资管理效果。

5. 评估财务管理——检验财务杠杆作用

财务杠杆使企业拥有大于其产权的资产基础，即企业通过借款和一些不计息债务等来增加资本。只要债务成本低于该债务资产带来的收益，财务杠杆就可以提高企业的净资产收益率，但同时财务杠杆也加大了企业的风险。评估企业财务杠杆风险程度的财务指标有流动比率、速动比率、超速动比率和营业现金流动比率等流动性比率以及资产负债率、可持续增长率、有形净值债务率和利息保障倍数等长期偿债比率。

40.3 认识雷达图法

40.3.1 雷达图法简介

雷达图法亦称综合财务比率分析图法，又可称为戴布拉图、蜘蛛图，是一种财务状况综合评价方法。按这种方法所绘制的财务比率综合图状似雷达，故得此名。

雷达图法解决的问题有：①综合分析和评价企业经营状况；②寻找企业的优势和弱势；③经理人在日常管理中分析所在部门的工作业绩处于什么水平。

雷达图从静态和动态两个方面分析企业的财务状况。静态分析方面，将企业的各种财务比率与其他相似企业或整个行业的财务比率做横向比较；动态分析方面，把企业现时的财务比率与先前的财务比率做纵向比较，以发现企业财务及经营情况的发展变化方向。雷达图法把纵向和横向的分析比较方法结合起来，计算综合企业的收益性、安全性、流动性、成长性及生产性这五类指标。

1. 收益性指标

分析收益性指标，目的在于观察企业一定时期的收益及盈利能力。主要指标含义及计算公式如表 40-3 所示。

表40-3 企业主要的收益性指标

收益性指标	基础含义	计算公式
资产报酬率	反映企业总资产的利用效果	（净收益＋利息费用＋所得税）÷平均资产总额
所有者权益报酬率	反映所有者权益的回报	税后净利润÷所有者权益
普通股权益报酬率	反映股东权益的报酬	（净利润－优先股股利）÷平均普通股权益
普通股每股收益额	反映股东权益的报酬	（净利润－优先股股利）÷普通股股数
股利发放率	反映股东权益的报酬	每股股利÷每股利润
市盈率	反映股东权益的报酬	每股市价÷每股收益
销售利润率	反映企业销售收入的收益水平	利润总额÷销售收入
销售毛利率	反映企业销售收入的收益水平	销售毛利÷销售收入
销售净利润率	反映企业销售收入的收益水平	净利润÷销售收入
成本费用利润率	反映企业为取得利润所付出的代价	（净收益＋利息费用＋所得税）÷成本费用总额

2. 安全性指标

安全性指的是企业经营的安全程度，也可以说是资金调度的安全性。分析安全性指标，目的在于观察企业在一定时期内的偿债能力，其主要指标和相关含义及计算公式如表40-4所示。

表40-4 企业主要的安全性指标

安全性指标	基础含义	计算公式
流动比率	反映企业短期偿债能力和信用状况	流动资产÷流动负债
速动比率	反映企业立刻偿付流动负债的能力	速动资产÷流动负债
资产负债率	反映企业总资产中有多少负债	负债总额÷资产总额
所有者权益比率	反映企业总资产中有多少所有者权益	所有者权益÷资产总额
利息保障倍数	反映企业经营所得偿付借款利息的能力	（税前利润－利息费用）÷利息费用

其中，流动比率说明每1元负债有多少流动资金作为保证，比率越高，流动负债得到偿还的保障就越大。但比率过高，则反映企业流动资产过多，未能有效利用，可能会影响企业的盈利能力。通常认为，流动比率在2左右比较合适。从流动资产中扣除存货后则可得到速动资产。通常认为，速动比率在1左右较为合适。

资产负债率越高，企业借债资金在全部资金中所占比重越大，在负债的利息率低于资产报酬率的条件下，股东的投资收益率越高，对股东越有利，说明经营有方，善用借债。但是，资产负债率越高，借债越多，偿债能力就越弱，财务风险就越大。而资产负债率低，说明企业在偿债时存在着资金缓冲。因此，资产负债率也要保持适当水平，一般来说，低于50%的资产负债率比较好。

所有者权益比率与资产负债率之和等于 1，所有者权益比率越大，资产负债率越小，财务风险就越小；利息保障倍数如果低于 1，说明企业经营所得还不足以偿付借债利息，因此，该比率至少应大于 1，该比率越高，说明按时按量支付利息就越有保障。

3. 流动性指标

分析流动性指标的目的在于观察企业在一定时期内资金周转状况，掌握企业资金的运用效率。主要流动性指标的含义及计算公式如表 40-5 所示。

表 40-5　企业主要的流动性指标

流动性指标	基础含义	计算公式
总资产周转率	反映全部资产的使用效率	销售收入 ÷ 总资产平均余额
固定资产周转率	反映固定资产的使用效率	销售收入 ÷ 固定资产平均余额
流动资产周转率	反映流动资产的使用效率	销售收入 ÷ 流动资产平均余额
应收账款周转率	反映年度内应收账款的变现速度	销售收入 ÷ 应收账款平均余额
存货周转率	反映存货的变现速度	销售成本 ÷ 平均存货

总资产周转率、固定资产周转率、流动资产周转率分别反映全部资产、固定资产和流动资产的使用效率，比率越高，说明资产利用率越高，盈利能力越强；应收账款周转率反映年度内应收账款转为现金的速度，比率越高，说明应收账款收回的速度越快，产生坏账损失的可能性越小；存货周转率越高，说明投入存货至销售收回的平均期间就越短，资金收回越快，效率越高。

4. 成长性指标

分析成长性指标的目的在于观察企业在一定时期内经营能力的发展变化趋势，一个企业即使收益性高，但成长状况并不好，也就表明其未来盈利能力可能会下降。因此，以发展的眼光看企业，动态地分析企业的财务资料，对战略制定来讲特别重要。主要的成长性指标如表 40-6 所示。

表 40-6　企业主要的成长性指标

成长性指标	基本含义	计算公式
销售收入增长率	反映销售收入变化趋势	本期销售收入 ÷ 前期销售收入
税前利润增长率	反映税前利润变化趋势	本期税前利润 ÷ 前期税前利润
固定资产增长率	反映固定资产变化趋势	本期固定资产 ÷ 前期固定资产
人员增长率	反映人员变化趋势	本期职工人数 ÷ 前期职工人数
产品成本降低率	反映产品成本变化趋势	本期产品成本 ÷ 前期产品成本

5. 生产性指标

分析生产性指标的目的在于了解在一定时期内企业的生产经营能力、水平和成果的分配。主要生产性指标如表 40-7 所示。

表 40-7 企业主要的生产性指标

生产性指标	基本含义	计算公式
人均销售收入	反映企业人均销售能力	销售收入 ÷ 平均职工人数
人均净利润	反映企业经营管理水平	净利润 ÷ 平均职工人数
人均资产总额	反映企业生产经营能力	资产总额 ÷ 平均职工人数
人均工资	反映企业成果分配状况	工资总额 ÷ 平均职工人数

上述企业财务能力的五性分析结果可以用雷达图表示出来，如图 40-3 所示。

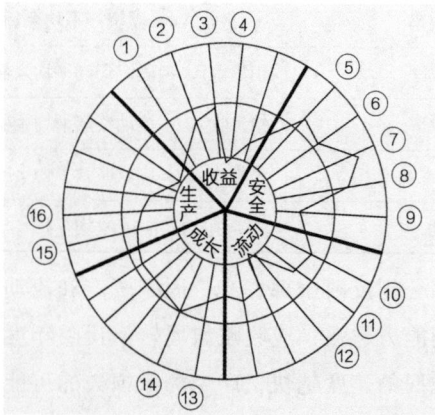

收益性指标：
①资产报酬率；②所有者权益报酬率；③销售利润率；④成本费用利润率
安全性指标：
⑤流动比率；⑥速动比率；⑦资产负债率；⑧所有者权益比率；⑨利息保障倍数
流动性指标：
⑩总资产周转率；⑪应收账款周转率；⑫存货周转率
成长性指标：
⑬销售收入增长率；⑭产值增长率
生产性指标：
⑮人均工资；⑯人均销售收入

图 40-3 雷达图

雷达图的绘制方法是：首先，画出三个同心圆，最小的圆代表同行业平均水平的 1/2 值或最低水平，中间的圆代表同行业平均水平，又称标准线，最大的圆代表同行业先进水平或平均水平的 1.5 倍；然后，从圆心出发把这三个圆平均分成五个扇形，分别代表收益性、安全性、流动性、成长性和生产性指标区域；再次，从五个扇形区的圆心开始以放射线的形式分别画出相应的财务指标线，并标明指标名称及标度，财务指标线的比例尺由该经营比率的量纲与同行业的水平来决定；最后，把企业同期的相应指标值用点标在图上，以线段依次连接相邻点，形成的多边形折线闭环就代表了企业的真实财务状况。

依据图 40-3 可以看出，当指标值处于标准线以内时，说明该指标低于同行业平均水平，需要加以改进；若接近最小圆或处于其内，说明该指标处于极差状态，企业在相关方面可能存在问题；若处于标准线外侧，说明该指标处于较理想状态，是企业的优势所在。当然，并不是所有指标都处于标准线外侧就是好的，要具体指标具体分析。

40.3.2 雷达图法的改进

由于雷达图具有全面、清晰、直观、易判断等特点，所以它诞生以来一直受到财务分析报告阅读者的青睐，但雷达图法还存在不足之处。它虽然运用了大量的定量指标，从财务的角度来看，对企业的评价也较全面，但它的各定量指标是孤立的，缺乏与同行业企业和同类型企业比较的量化指标。雷达图只是企业自身业绩的一种自我孤立反映，因而其评价概念是模糊的，难以得出客观的量化评价结论。这样的效果显然不够理想。雷达图法既不便于企业之间进行比较，也不便于企业将当前财务状况与历年财务状况进行比较，因此，其不完善的方面需要改进。

　　为使财务分析对企业的评价结论客观，必须克服雷达图法缺乏定量比较指标的模糊性。这就需要制定一个统一的分类标准，以确切界定评价对象。基于此，可以对企业财务各条比率线上的各项指标予以标准化，使雷达图多边形面积的大小与企业的财务状况成一定的比例关系。根据这种比例关系与雷达图基准圆面积的对比可得出一个关于企业财务状况的简单评分，再根据综合评分结果，按企业等级划分标准对企业进行等级划分。

第 41 章
财务分析——识别企业的利润操纵行为

本章导读

企业操纵利润是非法的、不合规则的行为，因此有必要识别企业是否存在利润操纵行为。本章介绍了几种常见的利润操纵手段，您可以据此试着寻找企业是否有操纵利润的痕迹。

41.1 认识利润操纵

41.1.1 利润操纵的定义

对于利润操纵，会计界存在两种观点：第一种观点是将利润操纵等同于西方会计文献中的盈余管理，即公司管理层为实现自身效用或公司市场价值最大化等目的进行会计政策选择，从而调节公司盈余的行为；第二种观点是公司管理层出于某种动机，利用法规政策的空白或灵活性，甚至违法违规等各种手段对企业财务利润或盈利能力进行操纵的行为。无论是第一种观点所称的盈余管理还是第二种观点所称的利润操纵，都给证券市场带来许多非理性因素，为其健康发展埋下隐患。本书采用第二种观点。

41.1.2 利润操纵的动机

上市公司进行利润操纵的动机主要包括以下几个方面，如图 41-1 所示。

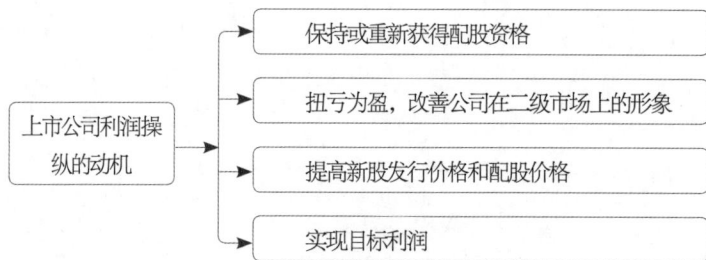

图 41-1　上市公司利润操纵的动机

1. 保持或重新获得配股资格

企业上市的直接动机就是想从社会上直接筹集到发展所需要的资金。只要上市公司符合国家规定的有关政策和法规，便可以不断在证券市场上进行融资。目前，配股是公司在上市之后进行再融资的重要手段。所以，未失去配股资格的公司会保有资格，失去配股资格的公司会千方百计重新获得配股资格。证监会对配股政策做出的规定为："上市后最近三年净资产利润率平均在 10% 以上，计算期内任何一年都必须高于 6%。"如果上市公司前两年的经营状况良好，其净资产收益率均能达到规定的标准，但如果第三个会计年度的净资产收益率过低，使得三年平均净资产收益率达不到 10%，或当年净资产收益率达不到 6%，就意味着公司要从下一个会计年度起重新努力，直到达到要求后才能进行融资，也意味着最少三年以内，上市公司无法进行配股，无法从证券市场上融得经营所需资金。

2. 扭亏为盈，改善公司在二级市场上的形象

上市会提高企业的知名度，但如果上市公司的业绩不佳甚至亏损，股票就会进入"垃圾股"行列，公司形象也随之受损。更为重要的是，按照我国证券交易所的规定，如果上市公司连续两年亏损或当年每股净资产低于面值，就要被实施有别于其他股票的交易制度，在股票名称之前冠以"ST"的符号以示区别；如果连续三年亏损，上市公司的股票就要被暂时停止交易，甚至被摘牌。

3. 提高新股发行价格和配股价格

上市公司发行股票的直接目的就是最大限度地从社会筹集资金，上市公司所能筹集资金的数量取决于股票发行数量和股票发行价格两个因素。

4. 实现目标利润

1997 年 1 月 6 日，证监会正式颁布《招股说明书的内容和格式》和《上市公告书的内容和格式》并于 1997 年 4 月 1 日正式实施。为了配合两个制度的实施，证监会发出了《关于股票发行工作中的若干通知》。上述制度规范要求上市公司预测的会计数据包括会计年度利润总额、每股收益、市盈率、预测实现上市后的每股净资产，并说明所得税税率，如果发行人有需要编制合并报表的子公司，还应提供合并盈利预测。

41.1.3　操纵利润的危害

会计利润是会计信息的重要组成部分，会计利润失真，无论是对广大的投资者，还是对整个社会、政府以及金融部门和企业，都存在着极大的危害。操纵利润的主要危害如图 41-2 所示。

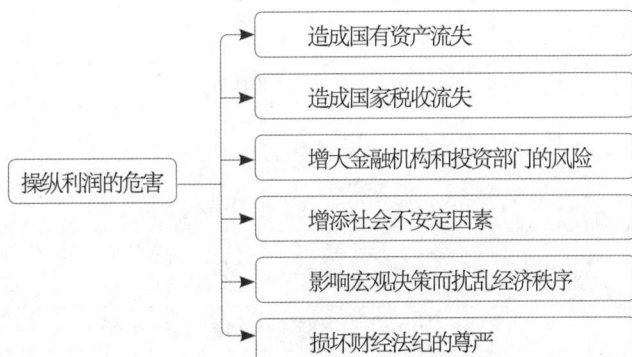

图 41-2　上市公司操纵利润的危害

1. 造成国有资产流失

上市公司通过制造虚假利润骗取享受国家的优惠政策或财政补贴；在虚假财务会计报告的掩护下，有些上市公司通过国有股减持等形式转移、私分和侵占国有资产，造成大量的国有资产流失。

2. 造成国家税收流失

许多上市公司为了偷逃税金，经常多开进项增值税专用发票，少开销项增值税专用发票，制造假会计凭证，少交增值税，同时又使当期利润减少，从而少交企业所得税，偷逃税款，造成国家税收流失。

3. 增大金融机构和投资部门的风险

金融机构和投资部门依据企业的盈利状况向企业提供贷款和投资，部分上市公司为获得其贷款和投资，制造虚假的利润，企业虚盈实亏，这会导致金融机构和投资部门的资金有可能无望收回，金融机构和投资部门的风险加大。

4. 增添社会不安定因素

虚假利润容易造成虚假繁荣，引发经济膨胀，增加人们的期望值等。如在上市公司制造出浮夸、虚假利润的背后，国有资产不仅得不到保值增值，反而大量流失，超过一定限度必然影响国民经济的健康发展，对经济生活构成许多隐患。

5. 影响宏观决策而扰乱经济秩序

国家制定宏观经济政策时在很大程度上依据有关的会计信息，如果基层单位财务造假，那么输出的虚假信息必然影响宏观经济信息的及时性、准确性和有效性。当财务造假积累至一定规模且不能及时发现和排除时，国家赖以决策的信息就会失真，就会影响宏观决策而扰乱经济秩序。

6. 损坏财经法纪的尊严

利润造假为法律法规所不容。它的存在和蔓延是对国家法律法规的蔑视，是对法律的挑战，长期下去，人民对国家法律法规的严肃性、权威性必然产生怀疑，法律法规的贯彻、落实必然会遇到越来越大的阻力和障碍。

41.2　操纵利润的手法

企业操纵利润的常见手法如图41-3所示。

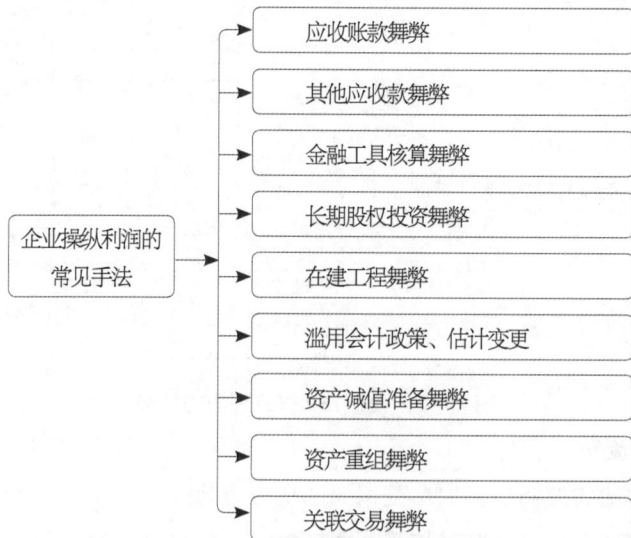

图41-3　企业操纵利润的常见手法

41.2.1　应收账款舞弊

应收账款是企业因销售产品、提供劳务及其他原因，应向购货方或接受劳务的单位收取的款项，一般而言，应收账款能否收回，对企业业绩影响很大。

应收账款作为影响企业利润的主要因素，长期以来被许多企业作为粉饰企业利润的一种工具。企业在实际操作过程中，通常会采用以下应收账款舞弊手段，对企业利润，特别是年终利润进行粉饰。

（1）根据盈亏需求计提应收账款坏账准备。企业往往会根据自己年终时对报表盈亏的需求，通过少计提或多计提坏账准备来增加或减少利润。如有些企业的应收账款已经成为坏账，但是企业为了虚增利润还是继续计提坏账准备。

（2）企业为了让账面上的主营业务收入增长，会选择在年终的时候虚开发票，同时在次年的时候又以质量不符等原因将应收账款冲销。这样就能使得企业上年的应收账款虚增。

（3）企业将已经损失的资产转入"其他应收款"科目，使企业的亏损无法体现出来，这同样起到了虚增利润的作用。

41.2.2　其他应收款舞弊

其他应收款舞弊的手法如下。

1. 利用"其他应收款"科目隐藏短期投资，截留投资收益

例如，某股份有限公司资金充裕，在近期刚好没有大额资金支出，为了使闲散资金能够升值，该企业在资本市场上买入了股票和债券，但企业进入证券交易市场的资金没有通过交易性金融资产反映，而是采用捏造一家往来单位、虚列债权的手法掩饰其短期投资。企业在购买时，借记"其他应收款"科目，贷记"银行存款"科目。当资金退出证券交易市场时又做金额相等的反向分录。而这部分资金在证券交易市场上产生的投资收益用作账外资金，用来增加企业高层员工的奖金和福利开支。

2. 利用其他应收款隐藏利润，偷逃税款

为了逃避应缴税金，企业常用的手法是将销售收入、其他业务收入、营业外收入挂在其他应收款上。例如，某超市的年销售额在 500 万元左右。根据规定，从事货物批发或零售的纳税人，年应税销售额在 500 万元以下的，税务部门按小规模纳税人的标准向其征收增值税。该超市财务部门测算今年的销售额将超过 500 万元，预计为 540 万元。于是该超市将 50 万元（不含税）的主营业务收入挂在"其他应收款"科目贷方，以保持其小规模纳税人的身份。超市借记"银行存款"科目 50 万元，贷记"其他应收款"科目 50 万元。从表面上看容易让人理解为超市收回了对方欠自己的款项，而实际上，这笔其他应收款在之前并没有借方发生额。税法规定，小规模纳税人销售货物或者提供应税劳务的征收率是 3%。按照一般纳税人缴税和按照小规模纳税人缴税测算，该超市的缴税差额为 71.4（540×16%−500×3%）万元。另外，该超市还少交了 50 万元主营业务收入产生的税金及附加和企业所得税。

3. 利用其他应收款转移资金

企业不正常的重大现金流出多记录于"其他应收款"科目。例如，某企业高级管理人员凌驾于企业内部控制制度之上，将企业经营性资金转入企业下设的二级子公司，借记"其他应收款"科目，贷记"银行存款"科目。而后，又将这笔资金从二级子公司账户转到其个人银行存款账户中。

4. 利用其他应收款私设小金库

例如，企业账面记录借给职工个人的差旅费，实际上其并不是企业员工，将相关款项记入"其他应收款"科目，实际上这些款项全部转到了企业"小金库"中。

5. 利用其他应收款隐藏费用

上市公司为了满足资本市场上财务监管机构所设立的特定行为的先决条件，在盈利水平不佳的年度往往会通过"其他应收款"科目直接列支费用，虚减企业的费用。

41.2.3 金融工具核算舞弊

根据《企业会计准则第22号——金融工具确认和计量》的规定，对于交易性金融资产，在取得时以成本计量，期末按照公允价值对金融资产进行后续计量，公允价值的变动计入当期损益。按照这一规定，上市公司进行短期股票投资，将采用市价法。这样的规定对股票投资者更有益处，如果当期股票或债券的价格大幅上升，上市公司当期利润就会大幅增加。衍生金融工具一律以公允价值计量，并从表外移到表内反映。随着我国股改的深化，以及股指期货这一交易品种的推出，上市银行和证券公司必须考虑到表内化将对企业利用衍生金融工具进行风险管理的行为产生重大影响，由此也将对报表产生影响。例如，某上市公司以每股5元在二级市场买入了1 000万股股票，年底上涨到10元并卖出，原来该公司的5 000万元账面所得不计入当期利润，报表中仍按照每股5元计入资产。但如今按照每股10元计价，则上市公司增加了5 000万元投资收益，上市公司容易借此机会操纵利润来降低市盈率，防止股价下跌。

41.2.4 长期股权投资舞弊

根据《企业会计准则》的规定，上市公司对于持有股权比率20%以下的子公司一般采用成本法核算；对于持有股权比率20%以上、50%以下的子公司采用权益法核算。在不同核算方法下，上市公司当期利润可能不一样，因此，对连年亏损的子公司，上市公司一般将其股权减持至19%，以暂时隐藏该项亏损；而对盈利状况较好的子公司如实际持股比例在20%以下，上市公司一般会想方设法提高持股比例至20%以上，将投资收益核算方法由成本法改为权益法，一方面可虚增当期利润，另一方面却无须为这些增加的利润缴纳所得税。

41.2.5 在建工程舞弊

如企业在建工程完工了而不进行竣工决算，那么利息就可计入在建工程成本，从而使当期费用减少（财务费用减少），又可以少提折旧，这样就可以从两个方面来虚增利润。

41.2.6 滥用会计政策、估计变更

会计政策是指企业会计核算时所遵循的具体原则以及企业所采纳的具体会计处理方法。它有以下特点：①会计政策包括不同层次，涉及具体会计原则和会计处理方法；②会计政策是在允许的会计原则和会计方法中做出的具体选择；③会计政策是企业进行会计核算的直接依据；④企业所选用的会计政策应当在前后各期保持一致。但企业常通过滥用会计政策变更操纵利润，如随意改变折旧的计提方法从而达到调整利润的目的。

会计估计则是指企业对其结果不确定的交易或事项以最近可利用的信息为基础所做的判断。由于企业经营活动中内在不确定因素的影响，某些会计报表项目不能精确地计量，而只能

加以估计。如果进行估计的基础发生变化，或者取得新的信息、积累更多的经验等，可能需要对会计估计进行变更。因为会计估计过多地依靠会计人员的职业判断，所以容易出现人为调节利润的情况。

41.2.7　资产减值准备舞弊

资产减值准备舞弊表现为资产减值准备计提不当。企业应当定期或者至少于每年年度终了对各项资产进行全面检查，并根据谨慎性原则的要求，合理地预计各项资产可能发生的损失，对可能发生的各项资产损失计提资产减值准备。资产减值准备计提不当主要表现为：

（1）利用计提减值准备，将以前年度虚增的利润以计提减值准备的方式冲回；

（2）编制全额计提减值准备理由，为以后年度减亏盈利创造条件。

41.2.8　资产重组舞弊

资产重组是企业为了实现优化资本结构、调整产业结构、完成战略转移等目的而实施的资产转换和股权转换。然而，在一些上市公司中，资产重组却被用作操纵利润的手段。例如，净资产收益率不到 10% 的上市公司或亏损公司通过资产重组，把非上市公司的利润转移到上市公司。

41.3　防止利润被操纵的方法

防止利润被操纵的方法如图 41-4 所示。

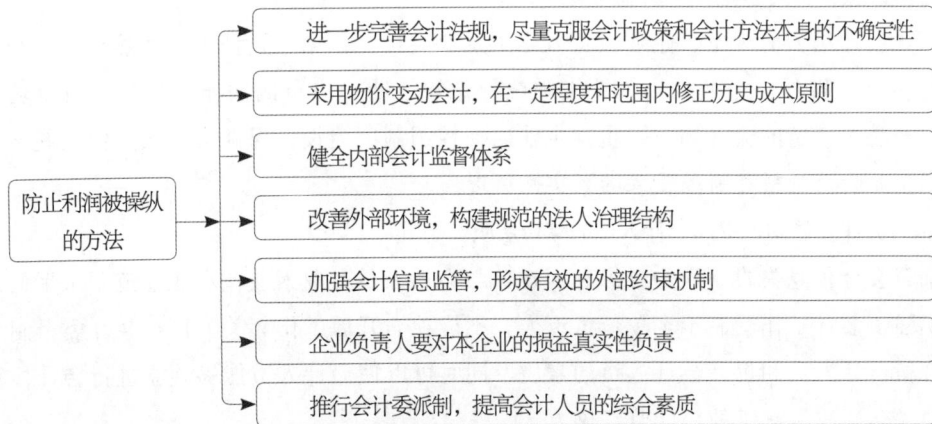

图 41-4　防止利润被操纵的方法

1. 进一步完善会计法规，尽量克服会计政策和会计方法本身的不确定性

当前我国建立现代企业制度要求赋予企业充分的自主权，与之相适应的会计改革也要求给予企业较大的会计政策选择权。在会计制度上目前要做的是把规则制定得更具体和更具可操作性，在对会计政策和会计方法的选择上要有所限制，避免企业通过会计制度的缺陷来调节利润。

2. 采用物价变动会计，在一定程度和范围内修正历史成本原则

由于物价变动，历史成本会计不能为信息使用者提供可靠的会计信息，而物价变动会计可以弥补历史成本会计这一不足，能反映和修正物价上涨或下跌对会计数据的影响。采用物价变动会计，根据各类资产的特点，制定具体的价值调整方法，可以反映企业各类资产的实际价值、各种产品的实际成本以及准确计算各会计期间的实际损益，避免历史成本会计产生的虚增、虚减收益，提供准确会计信息。

3. 健全内部会计监督体系

《会计法》对凭证编制、会计账簿登记、会计报表编制等会计核算要求，保证会计核算内容的准确完整，保证会计信息质量都有明确规定。现在要做的是严格会计法律责任，改变当前有法不依、违法不纠的混乱局面。对粉饰经营业绩，强迫、诱使会计人员做假账、编制假财务会计报告的企业负责人和编造虚假核算资料的会计人员要严格依照《会计法》进行惩处。

4. 改善外部环境，构建规范的法人治理结构

要想从制度上杜绝虚假会计信息的产生，避免人为操纵利润，确保会计信息质量管理的有效运行，必须完善法人治理结构，强化企业内部监督约束机制，强化监事会、财务总监、内部审计机构、审计委员会的职权，建立健全经理人的激励约束机制，为经理人制定期股和期权薪酬制度等较长时期的经营业绩的评价标准，鼓励经理人集中精力提高企业长期经济效益。

5. 加强会计信息监管，形成有效的外部约束机制

要消除相关人员弄虚作假，操纵利润的现象，必须依靠包括会计师事务所、证券监管部门和证券交易所在内的社会监督，促进企业严格遵守会计规范。

同时，要制定有关法规，对因出具虚假财务会计报告和审计报告，有意或明显过失提供错误会计信息造成会计信息使用者重大损失的，要追究提供者的责任。

6. 企业负责人要对本企业的损益真实性负责

按照《会计法》的规定，企业负责人是本企业会计工作第一责任人，当然也要对盈余信息的真实性负首要责任。企业负责人要增强法律意识，明确应负的法律责任，克服急功近利思想，学习和掌握一定的会计知识，重视企业内部控制制度建设，保证会计人员依法履行职责，切实对本企业会计资料和财务成果的真实性负责。

7. 推行会计委派制，提高会计人员的综合素质

目前，会计信息失真、人为操纵利润现象与会计人员专业素质差和职业道德水平低下、法制观念不强，会计工作受制于本单位负责人，不能独立开展工作有关。推行会计委派制，有利于选拔合格会计人员和提高会计人员的素质，同时可以使会计人员能够独立进行会计核算，更好地行使《会计法》赋予的会计监督权力。